Schäfer/Conzen
Praxishandbuch der Immobilien-Investitionen

Praxishandbuch der Immobilien-Investitionen

Herausgegeben von

Dr. Jürgen Schäfer

und

Dr. Georg Conzen

Bearbeitet von

Hermann Aukamp, Düsseldorf; *Dr. Werner Bals,* Frankfurt am Main;
Dr. Frank Billand, Hamburg; *Martin J. Brühl,* Frankfurt am Main;
Dr. Georg Conzen, Düsseldorf; *Raimund Ellrott,* Hamburg;
Michael Englisch, Frankfurt am Main; *Dr. Dierk Ernst,* Pullach;
Wolfgang Fink, Stuttgart; *Peter-Hans Forster,* Stuttgart; *Uwe Freitag,* Pullach;
Dr. Christiane Gebhardt, St. Gallen; *Ruth Hoeske,* Frankfurt am Main;
Dr. Isabelle Jandura, Frankfurt am Main; *Dr. Henning Klöppelt,* Hamburg;
Dr. Helmut Knepel, Bad Homburg; *Christian A. Lange,* New York;
Robert D. Lange, New York; *Bettina Lechtape,* Frankfurt am Main;
Andreas Lehner, Mainz; *Hermann Marth,* Essen; *Dr. Dirk Matthey,* Bonn;
Dr. Andreas May, Frankfurt am Main; *Dr. Wulf Meinel,* Frankfurt am Main;
Dr. Gerhard Niesslein, Frankfurt am Main; *Olaf Petersen,* Hamburg;
Prof. Dr. Dieter Rebitzer, Geislingen; *Dr. Jürgen Schäfer,* Bad Homburg;
Dr. Peter Schmidt-Breitung, Eschborn; *Dr. Gregor Seikel,* Frankfurt am Main;
Axel Siepmann, Frankfurt am Main; *Satya-Alexei Sievert,* Frankfurt am Main;
Jürgen Stinner, Wiesbaden; *Dr. Ruedi Schwarzenbach,* Zürich;
Axel Vespermann, Frankfurt am Main; *Dr. Kristin Wellner,* Frankfurt am Main und
Dr. Josef Maria Wodicka, Frankfurt am Main

Verlag C. H. Beck München 2005

Verlag C. H. Beck im Internet:
beck.de

ISBN 3 406 53159 8

© 2005 Verlag C. H. Beck oHG
Wilhelmstraße 9, 80801 München

Druck: Druckerei C. H. Beck
(Adresse wie Verlag)

Satz: Fotosatz H. Buck
Zweikirchener Straße 7, 84036 Kumhausen

Gedruckt auf säurefreiem, alterungsbeständigem Papier
(hergestellt aus chlorfrei gebleichtem Zellstoff)

Vorwort

Investitionen in Immobilien sind ein schwieriges Geschäftsfeld. Dies belegen nicht zuletzt die in den letzten Jahren sowohl auf institutioneller als auch auf privater Seite verstärkt festzustellenden Fehlinvestitionen bzw. Wertreduktionen in den Immobilienbeständen.

Diese Situation wird in Zukunft nicht einfacher werden. Eine zunehmende Internationalisierung, neuartige Immobilienanlagevehikel, der Glaube über komplizierte Investmentkonstruktionen die Gesetzmäßigkeiten der Immobilienwirtschaft aushebeln zu können, die demographische Entwicklung, die ansteigende Geschwindigkeit sich verändernder rechtlicher sowie steuerrechtlicher Rahmenbedingungen und vieles andere mehr, werden den Immobilieninvestoren und Immobilienmanagern das Erreichen des Zieles, eine dauerhaft renditestarke Immobilienanlage zu generieren, nicht erleichtern.

Die Ursachen für Fehlinvestitionen oder Wertverluste während der Haltedauer liegen nicht selten in der Unterschätzung der Komplexität der Immobilieninvestitionen und dem fehlenden Know-how.

Mit diesem Buch wird erstmals – ausschließlich von Praktikern für die Praxis – ein umfassender, leicht verständlicher Überblick über alle wesentlichen Aspekte der Immobilieninvestitionen gegeben. Hierzu zählen zum Beispiel die Erfolgsfaktoren des Immobilieninvestments und die Anforderungsprofile und Vorgehensweisen der institutionellen und privaten Investoren im Rahmen des Investitions- und Desinvestitionsprocederes. Darüber hinaus wird in sehr detaillierter Form das Portfolio-, Asset- und Facilitymanagement sowie das notwendige Controlling beschrieben. Zur praxisgerechten Abrundung sind Analyse-, Prognose- und Finanzierungsmethoden, steuerliche und rechtliche Aspekte beziehungsweise Gestaltungsmöglichkeiten und eine Reihe von Arbeitshilfen dargestellt.

Die Autoren sind ausnahmslos renommierte und erfolgreiche Praktiker.

Wir wünschen dem Leser, dass ihm dieses Handbuch für seine tägliche Arbeit wichtige Hinweise und Anleitungen gibt.

Bad Homburg v.d.H./Düsseldorf im April 2005

Dr. Jürgen Schäfer
Dr. Georg Conzen

Inhaltsübersicht

Inhaltsübersicht

Inhaltsverzeichnis

Inhaltsverzeichnis

Inhaltsverzeichnis

Inhaltsverzeichnis

Inhaltsverzeichnis

Inhaltsverzeichnis

Inhaltsverzeichnis

Inhaltsverzeichnis

Inhaltsverzeichnis

Inhaltsverzeichnis

Inhaltsverzeichnis

Inhaltsverzeichnis

Literaturverzeichnis

Bals, Werner . . . . Die ökonomische Position von Anteilinhabern offener Immobilienfonds: eine Analyse, Diss., 1993, Frankfurt am Main 1994.

Bialas, Rolf/Jung, Michael . in: Gestalten und Verwalten: Aufgaben und Verständnis der Bundesärztekammer; Alterssicherung in eigener Verantwortung, Köln 1997.

Bone-Winkel, Stephan, Schulte, Karl-Werner und Sotelo, Ramon . . . . Beurteilung indirekter Immobilienanlagen, in: Schulte, Karl-Werner (Hrsg.) (2005): Immobilienökonomie, Band I: Betriebswirtschaftliche Grundlagen, 3. Aufl., München 2005.

Boutonnet/Loipfinger/ Neumeier/Nickl/Richter . . Geschlossene Immobilienfonds. Deutscher Sparkassen Verlag; Stuttgart 2004.

Brealey, Richard A./ Myers, Stewart C. . . . . . . Principles of Corporate Finance, New York 2003.

Bruns, Christoph/ Meyer-Bullerdiek, Frieder . . Professionelles Portfolio-Management: Aufbau, Umsetzung und Erfolgskontrolle strukturierter Anlagestrategien, 3., überarb. u. erw. Auflage, Stuttgart 2003.

Büschgen, Hans/ Everling, Oliver . . . . Handbuch Raiting, Wiesbaden 1996.

Del Casino, Joseph J. . . . . Portfolio Diversification Considerations, in: Pagliari, Joseph L. (Jr.) (Hrsg.): The Handbook of real estate portfolio management, Chicago 1995, S. 913–966.

Drukaczyk, Jochen . . . . . . Theorie und Politik der Finanzierung, 2., völlig neu gestalt. Auflage, München 1933.

Eichholtz, Piet M. A. . . . . How to invest internationally? Region and property type on a global scale, in: Real Estate Finance, Fall 1997, S. 51–56.

Ernst & Young . . . . 2003, Value Added and Opportunity Funds: E&Y's 2003 Opportunistic Real Estate Private Equity Fund Survey.

Fisher, Jeffery, D./ Liang, Youguo . . . . Is Sector Diversification More Important Than Regional Diversification?, in: Real Estate Finance, Vol. 17, No. 3, Fall 2000, S. 35–40.

Frerk, Carsten . . . . Finanzen und Vermögen der Kirchen in Deutschland, Aschaffenburg, 2002.

Fuller, R./Kerr, H. . . . . . Estimating the Divisional Cost of Capital: An Analysis of the Pure-Play Technique, in: Journal of Finance, Vol. 36, 1981, S. 997–1009.

Geltner, David/ Miller, Norman G. . . . . . . Commercial Real Estate Analysis and Investments, Mason 2001.

Literaturverzeichnis

Günther, Stefan . . . . Praktische Bedeutung und professioneller Einsatz von Benchmarkportfolios, in: Kleeberg, Jochen M./Rehkugler, Heinz (Hrsg.): Handbuch Portfoliomanagement, Bad Soden/Ts. 1998, S. 165–189.

Hielscher, Udo . . . . Investmentanalyse, unter Mitwirkung von Dietrich K. Eckart, 3., unwesentl. veränd. Aufl., München, Wien 1999.

Janssen, Jürgen /
Laatz, Wilfried . . . . Statistische Datenanalyse mit SPSS für Windows: eine anwendungsorientierte Einführung in das Basissystem und das Modul exakte Tests, 2. neubearb. Auflage, Heidelberg 1997.

Jung, Michael . . . . in: Handbuch der Altersversorgung; gesetzliche, betriebliche und private Altersversorgung in Deutschland, Frankfurt 1998.

Kannengießer, Walter . . . . . In eigener Verantwortung, St. Augustin 1998.

Krumbach, Torsten . . . . . . Immobilien-Rating, in Rating aktuell 3/2004.

Loipfinger, Stefan . . . . Marktanalyse der Beteiligungsmodelle, 2004.

Lüdicke/Arndt/Götz . . . . Geschlossene Fonds Rechtliche, steuerliche und wirtschaftliche Fragen bei Immobilien-, Film-, Schiffs-, Flugzeug- und Windenergiefonds. C.H. Beck; München 2002.

Markowitz, Harry M. . . . . Portfolio Selection, New York 1959.

Markowitz, Harry M. . . . . Portfolio Selection, in: The Journal of Finance, Vol. 7, No. 3, March 1952, S. 77–91.

McIntosh, Willard . . . . Real Estate Portfolio Benchmarking, in: The Journal of Real Estate Portfolio Management, Vol. 3, No. 1, 1997, S. 75–77.

Murer, Alexander . . . . Fondsklassifizierung und Erfolgsfaktoren für Real Estate Private Equity Fonds, Hohenheim 2003.

Opitz, Gerhard . . . . Geschlossene Immobilienfonds Wirtschaftliche, Rechtliche und steuerliche Konzeptionen. Rudolf Haufe Verlag; Freiburg 1995.

Perridon, Louis /
Steiner, Manfred . . . . Finanzwirtschaft der Unternehmung, 8., überarb. Aufl., München 1995.

Pfnür, Andreas /
Armonat Stefan . . . . Ergebnisbericht Immobilienkapitalanlage institutioneller Investoren – Risikomanagement und Portfolioplanung, Arbeitspapier Nr. 26, Hamburg 2001.

Ropeter, Sven-Eric . . . . . . Investitionsanalyse für Gewerbeimmobilien, Schriften zur Immobilienökonomie, Band 5, Hrsg. Schulte, Karl Werner, Köln 1998.

Roth, Helmut . . . . Bestand- und Rentenverwaltung in den Berufsständischen Versorgungswerken, Berlin 2000.

Roth, Helmut . . . . Die Berufsständischen Versorgungswerke sind den Herausforderungen der Zukunft gewappnet, ZÄBL WL 5/2004, S. 46.

Rotte, Nico B. . . . . Investitionen mit Real Estate Private Equity, Östrich-Winkel 2004.

Rußig, Volker . . . . Die volkswirtschaftliche Bedeutung der Immobilienwirtschaft, ifo Institut für Wirtschaftsforschung e.V. an der Universität München (Hrsg.), München 2005.

Sanders, Anthony B. /
Pagliari, Joseph L. (Jr.) /
Webb, James R. . . . . Portfolio management concepts and their application to real estate, in: Pagliari, Joseph L. (Jr.) (Hrsg.): The Handbook of real estate portfolio management, Chicago u.a. 1995, S. 117–172.

Schäfer, Jürgen /
Conzen, Georg . . . . Praxishandbuch der Immobilienprojektentwicklung, C.H. Beck, München 2002.

Schäfers, Wolfgang . . . . . . Strategisches Management von Unternehmensimmobilien: Bausteine einer theoretischen Konzeption und Ergebnisse einer empirischen Untersuchung, Diss. ebs, Schriften zur Immobilienökonomie, Bd. 3, Köln 1997.

Schmitt-Lermann, Hans . . Hundert Jahre Bayerische Versorgungskammer in: Die Bayerische Versorgungskammer in Vergangenheit und Gegenwart, 3. Aufl. München 1975.

Schulte, Karl-Werner . . . . . Wirtschaftlichkeitsberechnung, 4. Aufl., Heidelberg, u.a. 1986.

Schulte, Karl-Werner (Hrsg.) Immobilienökonomie, Band I: Betriebswirtschaftliche Grundlagen, 3. Aufl., München 2005.

Spremann, Klaus . . . . Portfoliomanagement, München, Wien 2000.

Steiner, Manfred /
Bruns, Christoph . . . . Wertpapiermanagement, 8., überarb. und erw. Auflage, Stuttgart 2002.

Trotz, Raymond (Hrsg.) . . Immobilien- Markt- und Objektrating, Köln 2004–09–13.

Ulrich, Jörg . . . . Private Real Estate Management im Private Banking, Bad Soden, 2001.

Wellner, Kristin . . . . Entwicklung eines Immobilien-Portfolio-Management-Systems – Zur Optimierung von Rendite-Risiko-Profilen diversifizierter Immobilien-Portfolios –, Diss. 2002, hrsg. von Pelzl, Wolfgang, Reihe: Immobilienmanagement, Band 3, Norderstedt 2003.

Williams, John B. . . . . . . The Theory of Investment Value, Cambridge 1938.

Wilson, James H. /
Droms, William G. . . . . . Don't Put All Your Eggs in One Basket: Using asset allocation to select the right investments may be the key to a comfortable retirement, in: Journal of Accountancy, January 1999, S. 24–30.

Winkler, Peter . . . . Empirische Wirtschaftsforschung, Berlin 1997.

Wittrock, Carsten . . . . . . Messung und Analyse der Performance von Wertpapierportfolios, Eine theoretische und empirische Untersuchung, hrsg. von Steiner, Manfred, Bad Soden/Ts. 1995.

Von Auer, Ludwig . . . . . . Ökonometrie … Eine Einführung, Berlin Heidelberg 2003.

Zerbst, R. H. /
Cambon, B. R. . . . . Real Estate: Historical Returns and Risks, in: Journal of Portfolio Management, Vol. 10, Spring, 1984, S. 5–20.

Zitelmann, Rainer /
Quint, Andreas . . . . Immobilien – Stiefkinder der privaten Vermögensverwaltung, Die Bank 2/2004.

Literaturverzeichnis

Datenquellen/Internet www.controllerspielwiese.de, 2004
www.handelsakademie.at/?modul=bwl_main, 2004.
ww.ipdindex.co.uk/results/indices/indices.asp, 2004.

Abkürzungsverzeichnis

Abkürzungsverzeichnis

FK.	Fremdkapital
FM.	Facility Management
GbR.	Gesellschaft des bürgerlichen Rechts
GDV.	Gesamtverband der deutschen Versicherungswirtschaft
GEFMA.	Deutscher Verband für Facility Management e.V.
GEWOS.	Institut für Stadt-, Regional- und Wohnforschung
GewStG.	Gewerbesteuergesetz
GFZ.	Geschossflächenzahl
gif.	Gesellschaft für immobilienwirtschaftliche Forschung e.V.
GIK.	Gesamtinvestitionskosten
GIS.	Geoinformationssystem
GmbH	Gesellschaft mit beschränkter Haftung
GPR.	Global Property Research
GrEStG.	Grunderwerbsteuergesetz
GrStG.	Grundsteuergesetz
GRZ.	Grundflächenzahl
GU.	Generalunternehmer
GÜ.	Generalübernehmer
GuG.	Grundstücksmarkt und Grundstückswert
HGB.	Handelsgesetzbuch
HOAI.	Honorarordnung für Architekten und Ingenieure
IAS.	International Accounting Standards
ICR	Interest-Coverage-Ratio
IDW.	Institut der Wirtschaftsprüfer
IFD.	Initiative Finanzstandort Deutschland
IFMA.	International Facility Management Association
IFRS.	International Financial Reporting Standards
InvG.	Investmentgesetz
InWIS.	Institut für Wohnungswesen, Immobilienwirtschaft, Stadt- und Regionalentwicklung
IOS.	Investors Overseas Services
IPD.	Investment Property Databank
IPMS.	Immobilien-Portfolio-Management.Systeme
IPO.	Initial Public Offering
ipv.	Integrale Prozess Verantwortung
IRR.	Internal Rate of Return
IVSC.	International Valuation Standards Committee
KAG.	Kapitalanlagegesellschaft
KAGG.	Gesetz über Kapitalanlagegesellschaften
KfW.	Kreditanstalt für Wiederaufbau
KG.	Kommanditgesellschaft
KonTrAG.	Gesetz zur Kontrolle und Transparenz der AG
KPI.	Key Performance Indikators
KStG.	Körperschaftssteuergesetz
KWG.	Kreditwesengesetz
LG.	Leasinggeber
LN.	Leasingnehmer
LTC.	Loan-To-Cost
LTV.	Loan-To-Value
LZB.	Landeszentralbank
MaBV.	Makler- und Bauträgerverordnung
MAK.	Mindestanforderungen an das Kreditgeschäft
MBS.	Mortgage Backed Securities
MDAX.	Midcap Index der deutschen Börse
MFL.	Mietfläche

MIS.	Management Informationssystem
MPT.	Modern Portfolio Theory
MwSt.	Mehrwertsteuer
NAV.	Net Asset Value
NOI.	Net Operating Income
NOPAT.	Net Operating Profit After Tax
NPV.	Net Present Value
ÖPNV.	Öffentlicher Personennahverkehr
PPM.	Private Placement Memorandum
PPP.	Public Private Partnership
REIT.	Real Estate Investment Trust
REM.	Real Estate Management
RICS.	Royal Institution of Chartered Surveyors
RMBS.	Residential Mortgage Backed Securities
RoCE.	Return on Capital Employed
RTC.	Resolution Trust Corporation
SEC.	Securities and Exchange Commission
SLA.	Service-Level-Agrements
SLB.	Sale-and-lease-back-Modell
SolZ.	Solidaritätszuschlag
SWOT,	Strenges-Weakness-Opportunities-Threats
TEGoVA.	The European Group of Valuers Associations
TFM.	Technisches Facility Management
US-GAAP.	United States Generally Accepted Accounting Principles
UStG.	Umsatzsteuergesetz
VAG.	Versicherungaufsichtsgesetz
VDH.	Verband Deutscher Hypothekenbanken
VK.	Verkaufspreis
VOB.	Verdingungsordnung für Bauleistungen
VOFI.	Vollständiger Finanzplan
VVG.	Gesetz über den Versicherungsvertrag
WACC.	Weighted Average Cost of Capital
WB.	Wirtschaftlichkeitsberechnung
WertR.	Wertermittlungsrichtlinien
WertV.	Wertermittlungsverordnung
WKN.	Wertpapierkennnummer

Autorenverzeichnis

Hermann Aukamp ist langjähriger Leiter Immobilieninvestment und Abteilungsdirektor der Nordrheinischen Ärzteversorgung in Düsseldorf. Das Versorgungswerk verfügt über ein weitgespanntes Immobilien-Portfolio, von der inländischen Direktanlage und Projektentwicklung über Spezialfonds Europa, KG-Beteiligungen Nordamerika und Asien bis zu internationalen Immobilienaktien- und Reitfonds.

Aukamp ist Vorsitzender bzw. Mitglied verschiedener Anlageausschüsse und berät weitere Einrichtungen bei der Strukturierung ihrer Immobilieninvestments.

Dr. Werner Bals, Dipl. Kaufmann und Dr. rer. pol. an der Universität Regensburg. Seit Juli 2002 bei der CREDIT SUISSE ASSET MANAGEMENT Immobilien Kapitalanlagegesellschaft mbH als Geschäftsführer tätig; von 1993 bis 2002 war er zuletzt als Direktor bei der Immobilienfondsgesellschaft der Dresdner Bank AG tätig und für die kaufmännischen Belange (Finanzen, Fondsbuchhaltung, Controlling) der offenen Immobilienfonds verantwortlich. Darüber hinaus leitete er den Bereich Institutional Sales.

Dr. Frank Billand ist Mitglied des Vorstandes der DIFA Deutsche Immobilien Fonds AG, einem Unternehmen der *Union Investment Gruppe,* das als Spezialkreditinstitut für offene Immobilien- und Spezialfonds zum genossenschaftlichen Finanzverbund der Volks- und Raiffeisenbanken gehört. Hier zeichnet er verantwortlich für einen der beiden Bereiche Immobilien Asset Management (Deutschland, Zentraleuropa, Skandinavien und Italien), den Produktbereich Shopping Center, das Immobilien Projektmanagement sowie die Abteilung Immobilien Marketing, Kommunikation. Nach seiner Ausbildung zum Bankkaufmann studierte er Volkswirtschaftslehre und begann 1984 seine berufliche Karriere bei der Hochtief AG wo er bis zum Wechsel des Unternehmens als Sprecher der Geschäftsleitung des Unternehmensbereichs Development tätig war.

Martin J. Brühl BSc (Hons) FRICS ist als geschäftsführender Gesellschafter für das Deutschlandgeschäft von Cushman & Wakefield Healey & Baker verantwortlich und leitet zudem die in der Advisory Group von C&W Deutschland zusammengefassten Bereiche Immobilienbewertung, Corporate Finance Beratung, Bautechnische Beratung und Angewandte Marktforschung. Nach Ausbildung zum Bankkaufmann hat Martin Brühl Troperty Valuation and Finance" an der City University Business School in London studiert. Er ist Fellow der Royal Institution of Chartered Surveyor und öffentlich bestellter und vereidigter Sachverständiger für Grundstücksbewertung. Nach beruflichen Stationen bei namhaften Unternehmen aus den Bereichen Immobilienberatung und Wirtschaftsprüfung wirkte er als geschäftsführender Gesellschafter in der Beratungsfirma Morgan Harrop Brühl Consulting, die im Frühjahr 1999 von Healey & Baker übernommen wurde.

Dr. Georg Conzen, ist Mitglied der Geschäftsführung der RAG Gewerbeimmobilien GmbH (RGI), ein Unternehmen im Verbund der RAG Immobilien AG, Essen. Seine Aufgabenschwerpunkte liegen dort in der Immobilien-Projektentwicklung sowie im Immobilien-Investment. Bereits im Rahmen seines Studiums spezialisierte er sich auf das Themenfeld Development. Anfang der 90er Jahre verfasste er die erste Dissertation mit dem Schwerpunkt Immobilien-Projektentwicklung. Dr. Georg Conzen war vor seiner jetzigen Tätigkeit mehrere Jahre Leiter verschiedener Projekte bei der Hochtief Projektentwicklung GmbH, Frankfurt, und anschließend als Prokurist bei der IVG in Bonn zuständig für die nationalen Immobilienprojekte des Unternehmens. Er ist Dozent und Prüfer an der EUROPEAN BUSINESS SCHOOL für den Bereich Immobilienökonomie. Im Weiteren ist er Mitherausgeber und Co-Autor des „Praxishandbuches der Immobilien-Projektentwicklung" (C.H. Beck Verlag).

Dipl.-Geogr. Raimund Ellrott. Nach dem Abitur am Hainberg Gymnasium in Göttingen 1983 und dem Bundeswehrdienst, Studium der Geografie und Betriebswirtschaftslehre an der Georg-August-Universität in Göttingen von 1984 bis 1990. Vom 1.4.1991 bis 31.12.1998 Ressort- bzw. Studienleiter; ab 1.1.1999 geschäftsführender Gesellschafter der PRISMA INSTITUT GmbH und seit 1.1.2001 Geschäftsführer der GfK PRISMA INSTITUT GmbH & Co. KG, Hamburg. Zum 1. Juli 2000 sind die PRISMA INSTITUT GmbH, Hamburg, und die GfK-Gruppe, Nürnberg, – die weltweite Nr. 5 unter den Marktforschungsinstituten – einen Verbund eingegangen, um sich vor dem Hintergrund einer zunehmenden Internationalisierung des Immobiliengeschäftes auch international adäquat aufzustellen – so wie es in Deutschland bereits mehr als drei Jahrzehnte der Fall ist.

Die fachlichen Schwerpunkte von Raimund Ellrott liegen bei Standort-/Marktanalysen für Einzelhandelsprojekte bzw. multifunktionale Immobilienentwicklungen, Raumverträglichkeitsgutachten, Portfolio-Untersuchungen für Immobilienfonds sowie empirischen Grundlagenstudien in der Stadt- und Regionalforschung. Seit 2002 ist Raimund Ellrott auch Mitglied in der Deutschen Akademie für Städtebau und Landesplanung und seit 2004 im Handelsausschuss der Handelskammer Hamburg tätig.

Michael Englisch, Director of Property Business Development (Europe). Als Director of Property Business Development (Europe) ist Michael Englisch seit Januar 2004 bei Henderson Global Investors für die Entwicklung und Strukturierung neuer Immobilienanlageprodukte für europäische institutionelle Investoren sowie die Betreuung von Key Accounts zuständig.

Nach Bankausbildung und Studium der Wirtschaftswissenschaften/Unternehmensführung in Koblenz, Paris und Cranfield assistierte Herr Englisch mehrere Jahre dem Vorstandsvorsitzenden der BfG Bank AG und war anschließend in verschiedenen Funktionen im Immobiliengeschäft dieses Instituts bis zu dessen Übernahme durch die SEB AG im Jahr 2000 tätig. Danach trug er bei der DB Real Estate als Projektleiter für Einkauf und Strukturierung von Immobilienportfolioprodukten Verantwortung, wo er seit 2002 auch dem Vorstand einer Wohnimmobilienbeteiligungsgesellschaft angehörte. Herr Englisch ist Mitglied der RICS Royal Institution of Chartered Surveyors (MRICS).

Dr. Dierk Ernst, Studium der Rechtswissenschaften in München, Genf und Hamburg. Zweites Staatsexamen im Januar 1974 und Beginn der beruflichen Tätigkeit bei der KG Allgemeine Leasing Ende 1973. Seit 1979 Geschäftsführer dieser Gesellschaft. Seit 1995 Geschäftsführender Gesellschafter der HANNOVER LEASING und Geschäftsführender Gesellschafter der TERCON Immobilien Projektentwicklungsgesellschaft mbH, beide mit Sitz in München.

Die HANNOVER LEASING ist eine der führenden Leasinggesellschaften in Deutschland, zu deren Gesellschaftern die Landesbank Hessen-Thüringen und die IVG zählt. Die TERCON Immobilien Projektentwicklungsgesellschaft gehört zum Konzern der IVG Holding AG in Bonn.

Wolfgang Fink ist seit 1995 Vorsitzender der Geschäftsführung der Allianz Immobilien GmbH und verantwortet dort insbesondere das Ressort Portfoliomanagement. Die Allianz Immobilien GmbH managt als Dienstleister die Immobilienbestände der deutschen Allianz Gesellschaften sowie weiterer Unternehmen. Seit 2001 ist er ebenfalls Vorsitzender der Geschäftsführung der Allianz Center Management GmbH.

Vor seinem Engagement bei der Allianz war er in verschiedenen Leitungsfunktionen unter anderem für die Bietigheimer Wohnbau GmbH, die Volksfürsorge Versicherungsgruppe, die ECE Projektmanagement Internationel GmbH (Geschäftsführer) sowie TLG Treuhand Liegenschaftsgesellschaft mbH tätig.

Neben seiner Tätigkeit bei der Allianz nimmt der Diplom-Volkswirt regelmäßig Aufgaben als Lehrbeauftragter an der FWI Führungsakademie der Wohnungs- und Immobilienwirtschaft in Bochum wahr und ist in mehreren Immobilienunternehmen als Aufsichtsrat bzw. Beirat tätig.

Peter-Hans Forster. Nach einem Bauingenieurs- und betriebswirtschaftlichem Aufbaustudium startete Peter-Hans Forster seine berufliche Laufbahn im Bereich der Softwareentwicklung. Danach verantwortete er bei Digital Equipment GmbH die Neu- und Umbauten sowie die Projektentwicklungen. Von 1991 bis 1997 war er Referatsleiter Bau bei der Allianz Versicherungs AG. Ab 1998 leitete er bei der Allianz Immobilien GmbH das Regionalmanagement München. Seit 2003 ist er bei DeTeImmobilien Leiter Real Estate Management der Niederlassung Region Bayern, seit 2004 auch Niederlassungsleiter.

Uwe Freitag ist nach seiner Ausbildung zum Bankkaufmann bei der Kreissparkasse Würzburg und dem Studium der Betriebswirtschaftslehre an der Fachhochschule Würzburg-Schweinfurt-Aschaffenburg (Abschluss: Diplom-Betriebswirt (FH)) seit 1999 Projektmanager bei der KG Allgemeine Leasing GmbH & Co., Grünwald und seit 1999 als Projektleiter bei der HANNOVER LEASING GmbH & Co. KG in Pullach. Dort ist er zuständig für Konzeption von Finanzierungs- und Beteiligungsmodellen sowie den Einkauf von Immobilien für geschlossene Immobilienfonds.

Dr. Christiane Gebhardt ist Associate Partnerin am Malik Management Zentrum St. Gallen und leitet den Bereich Immobilien.

Ruth Hueske. Ergänzend zu ihrem Abschluss als Diplom-Kauffrau, absolvierte Ruth Hueske das Aufbaustudium Corporate Real Estate Management an der European Business School. Seit 1997 ist sie bei DeTeImmobilien tätig. Mitte 2003 übernahm sie die Leitung des Bereiches Corporate Development und verantwortet seit dem die strategische Ausrichtung von DeTeImmobilien. Ein wesentliches Projekt ist u.a. die Internationalisierung von DeTeImmobilien.

Dr. Isabelle Jandura studierte Volkswirtschaftslehre an der Albert-Ludwigs-Universität zu Freiburg und schloss Ihr Studium im Jahr 1999 als Diplom-Volkswirtin ab. Anschließend studierte sie für 6 Monate am Real Estate Department der University of Wisconsin-Madison. Seit 2000 war sie als wissenschaftliche Assistentin am Lehrstuhl für Finanzwirtschaft und Banken der Albert-Ludwigs-Universität zu Freiburg tätig. Im Juni 2002 hat sie den Kontaktstudiengang Sachverständigenwesen an der Deutschen Immobilien Akademie, Freiburg, als Diplom-Sachverständige für die Bewertung von bebauten und unbebauten Grundstücken, Mieten und Pachten abgeschlossen. Im Februar 2003 promovierte sie mit der empirischen Arbeit „Immobilien im Mixed-Asset Portfolio – Europa vs. USA". Seit März 2003 arbeitet sie als Senior Consultant in der Advisory Group von Cushman & Wakefield Healey & Baker in Frankfurt. Sie ist Autorin einer Reihe von immobilienwirtschaftlichen Beiträgen in Fachzeitschriften und Handbüchern.

Dr. Henning Klöppelt ist seit 2003 Sprecher der Geschäftsführung der Warburg-Henderson Kapitalanlagegesellschaft mbH in Hamburg. Nach einer Banklehre studierte er Betriebswirtschaftslehre in Münster und Köln. Anschließend war Dr. Klöppelt rd. vier Jahre als Wissenschaftlicher Mitarbeiter am Seminar für Bankbetriebslehre an der Universität zu Köln tätig. 1994 trat er in den Dresdner Bank-Konzern ein. Nach verschiedenen Stationen im Bereich „internationales Privatkundengeschäft" war er von 1996 bis 1999 Mitarbeiter des Vorstandes. 1999 wechselte Dr. Klöppelt als Bereichsleiter für Marketing/Vertrieb in die DEGI Gesellschaft für Immobilienfonds mbH. 2001 wurde er in die Geschäftsführung berufen. In 2003 wechselte Dr. Klöppelt zu Warburg-Henderson und verantwortet dort den Auf- und Ausbau der Gesellschaft. Warburg-Henderson ist Spezialist für internationales Immobilien-Portfolio-Management und konzentriert sich auf institutionelle Anleger.

Dr. Helmut Knepel ist Partner bei der Feri Finance AG. Dort leitet er als Direktor den Immobilienbereich der Feri Gruppe. Gleichzeitig ist er Mitglied der Geschäftsleitung der Feri Research GmbH. Neben dem Management von Immobilien Portfolios gehört zu seinen Aufgaben die Betreuung der Research-Aktivitäten.

Nach dem Studium der Volks-, Betriebswirtschaft und Maschinenbau an der Technischen Universität Frankfurt als Projektleiter in einem Sonderforschungsbereich mit der Entwicklung von Prognosesystemen befasst. Seit 1981 ist er Lehrbeauftragter für Prognosemethoden und Ökonometrie an der Universität Frankfurt. Nach seiner Forschungstätigkeit war er von 1984 bis 1991 bei der Hoechst AG in Frankfurt in der Unternehmensplanung u.a. für den Aufbau zentraler Prognose- und Informationssysteme verantwortlich. Zuletzt war er Geschäftsführer einer Tochtergesellschaft von Hoechst und anderer Chemieunternehmen.

Christian A. Lange, President, co-founded European Investors in 1983. Christian is Chief Investment Officer of EII's direct real estate, real estate securities and generel portfolio investment activities and is a member of the firm's U.S. Equities and REIT Investment Committees. He is also responsible for providing investment advisory services to European based families. Christian brings substantial investment experience to the firm with years of securities and real estate experience, which has included the acquisition, management and sale of more than $ 800 million of property. He has a global perspective of investments, markets, companies and investors. From 1976 to 1983, he was a Managing Director of Friedrich Flick Industrieverwaltung KgaA, Duesseldorf, with responsibilities for international securities portfolios, real estate investments and major direct industrial investments. Between 1968 and 1974, Christian served as Vice President of Goldman Sachs AG in Zurich, where he was instrumental in forming Goldman Sach's first European office. Born in Germany, Christian earned an MBA form the Johann Wolfgang Goethe University, Frankfurt/Main, in 1967.

Robert Lange, Vice President, was with European Investors 1992–2000 and re-joined in 2003. Robert is responsible for International Private Client and Institutional Marketing and Client Services. From 2000 to 2003, Robert was with Morgan Stanley, Private Wealth Management, London, where he advised on- and off-shore German-speaking family offices and wealthy individuals on global asset allocation and investment management alternatives. Prior to Morgan Stanley, Robert spent 8 years at European Investors, including two years in U.S. Equity Portfolio Management, four years in Real Estate and Corporate Finance and two years in Client Services. Robert received his MBA from the Leonard Stern School of Business at New York University in 1999 and is a graduate of Boston University's School of Management with a BS in Finance.

Bettina Lechtape. Nach ihrem Architekturstudium war Frau Lechtape in den 90er Jahren als Referatsleiterin Hochbau bei der Deutschen Telekom AG in Köln tätig. Seit 1996 hat sie am Aufbau von DeTeImmobilien mit der Ausrichtung als Facility Management-Dienstleister am Markt mitgewirkt und war hier bis 2003 für die Gewinnung von Neukunden verantwortlich. Heute leitet sie bei DeTeImmobilien das Key Account Management für den Kunden Sireo Real Estate Asset Management GmbH. Seit 1999 ist Frau Lechtape in der IFMA der International Facility Management Association als Regionalkreisleiterin und Vorstandsmitglied engagiert.

Andreas Lehner ist Vorstandsvorsitzender der Deutsche Wohnen AG in Frankfurt am Main. Nach dem Abschluss des Studiums zum Diplom-Wirtschaftsingenieur an der FH München und zum Diplom-Kaufmann an der Uni München fand er 1985 sein erstes Engagement bei der Allg. Deutsche Philips-Industrie GmbH. Danach wechselte er zu Deloitte & Touche International einer international operierenden Wirtschaftsprüfungs- und -beratungsgesellschaft. Im Jahre 1993 gründete er die innova Gesellschaft für Unternehmungssentwicklung mbH und entwickelte diese zu einer der führenden, auf die Immobilienwirtschaft ausgerichteten Beratungsgesellschaft. Innerhalb der innova Unternehmungsgruppe war er seit 2001 Mitglied des Vorstands der Innosys AG. Weitere Tätigkeiten sind Aufsichtsratsmandate u.a. bei der Berliner Gesellschaft zum Controlling der Immobilien-Altrisiken mbH sowie Lehrbeauftragungen an der Berufsakademie Stuttgart am Lehrstuhl Immobilienwirtschaft und an der Akademie der Immobilienwirtschaft in Stuttgart und Hamburg.

Hermann Marth ist Vorsitzender des Vorstandes der RAG Immobilien AG in Essen. Nach dem Studium der Rechtswissenschaften an der Universität Bonn und Münster trat er nach verschiedenen beruflichen Stationen, u.a. bei der STEAG AG und dem Krupp-Konzern, 1995 in den RAG-Konzern ein. Seit 1999 ist er Vorsitzender des Vorstands der heutigen RAG Immobilien AG, einer der großen Immobiliengesellschaften Deutschlands mit den Kerngeschäftsfeldern Wohnimmobilien, Flächenentwicklung und Gewerbeimmobilien sowie Immobilien-Dienstleistungen.

Dr. Dirk Matthey arbeitete nach BWL-Studium in Münster, Assistententätigkeit und Promotion an der RWTH Aachen als Abteilungsleiter im Finanz- und Rechnungswesen der RWE AG in Essen und anschließend als Bereichsleiter Betriebswirtschaft und Direktor der VEBA AG in Düsseldorf. Danach war er Geschäftsführer und Finanzvorstand bei Tochterunternehmen im VIAG-Konzern in München.

Seit 1996 ist Dr. Matthey Finanzvorstand der IVG Immobilien AG, zuständig für Controlling, Finanzen, Investor Relations, Rechnungswesen und Recht.

Dr. Andreas May. Rechtsanwalt seit 1990. Gründungspartner der Sozietät GSK Gassner Stockmann & Kollegen. Herr Dr. May ist im Frankfurter Büro für GSK Gassner Stockmann & Kollegen auf dem Gebiet des privaten Immobilienbaurechts tätig. Der Schwerpunkt seiner Tätigkeit liegt in der rechtlichen Betreuung größerer Projektentwicklungen und Immobilientransaktionen.

Dr. Wulf Meinel, RA, Managing Director, The Carlyle-Group, Frankfurt ist seit 2001 für die Immobilieninvestitionen in Deutschland, Österreich, Schweiz, Zentraleuropa und Skandinavien der europäischen Immobilienfonds von Carlyle verantwortlich. Davor war er Director Europe bei LaSalle Investment Management und Leiter Vertriebsmanagement Europa bei der vormaligen Dresdner Bank Tochter Deutsche Hyp.

Jahrgang 1961, verheiratet, drei Kinder. Studium der Rechtswissenschaften in Bonn und Freiburg, Promotion mit einer Arbeit über europäisches Recht 1992, Magisterabschluss in Politischen

Wissenschaften in Freiburg. Über 12 Jahre Erfahrung im Immobiliengeschäft durch Tätigkeit als Investmentmanager, Banker und Rechtsanwalt.

Dr. Gerhard Niesslein. Dr. Gerhard Niesslein ist Vorsitzender der Geschäftsführung von De-TeImmobilien. Nach seinem Jurastudium in Wien startete er seine Karriere als Trainee bei der Deutschen Bank. Danach war er bei Metro, International Inc., einer Gesellschaft der Eigentümer der Lehndorff Gruppe, mehrere Jahre in Kanada tätig. Als Geschäftsführer verantwortete Dr. Niesslein die Geschäfte für die DPE Entwicklungsgesellschaft, eine Beteiligung der Deutschen Bank, sowie für die Commerz Immobilien GmbH. Von 1994 bis 1999 war er Generalbevollmächtiger und Vorstandsmitglied der Hessischen Landesbank.

Dipl.-Volkswirt Olaf Petersen. Nach dem Volkswirtschaftsstudium an der Christian-Albrechts-Universität zu Kiel (Abschluss 1987) zwei Jahre wissenschaftlicher Mitarbeiter des Statistischen Landesamtes Schleswig-Holstein. Von 1990 bis 1998 Chef-Ökonom der Bundesarbeitsgemeinschaft der Mittel- und Großbetriebe des Einzelhandels (BAG) e.V., Köln. Vom 1.4. bis 31.12.1998 Ressortleiter; ab 1.1.1999 geschäftsführender Gesellschafter der GfK PRISMA INSTITUT GmbH & Co. KG, Hamburg.

Zum 1. Juli 2000 sind die PRISMA INSTITUT GmbH, Hamburg und die GfK-Gruppe, Nürnberg, – die weltweite Nr. 5 unter den Marktforschungsinstituten – einen Verbund eingegangen, um sich vor dem Hintergrund einer zunehmenden Internationalisierung des Immobiliengeschäftes auch international adäquat aufzustellen – so wie es in Deutschland bereits mehr als drei Jahrzehnte der Fall ist. Die fachlichen Schwerpunkte von Olaf Petersen liegen bei Standort-/Marktanalysen für Einzelhandelsprojekte bzw. multifunktionale Immobilienentwicklungen, Raumverträglichkeitsgutachten, Portfolio-Untersuchungen für Immobilienfonds sowie der Analyse der gesamtwirtschaftlichen Rahmenbedingungen der Einzelhandels- und Immobilienbranche.

In diesem Kontext seit 2002 eines von drei Mitgliedern in dem von der IMMOBILIEN ZEITUNG gegründeten „Rat der Immobilienweisen", dem wichtigsten ressortübergreifenden, branchenbezogenen Fachgremium der Immobilienwirtschaft.

Professor Dr. rer. pol. Dieter W. Rebitzer, Diplom-Betriebswirt und Diplom-Volkswirt, geboren 1965 in Nürnberg, studierte an der Friedrich-Alexander-Universität Erlangen-Nürnberg, der Sophia University Tokio und an der London School of Economics and Political Science. Bereits während des Studiums engagierte er sich als Unternehmer und Berater in den Vereinigten Staaten und Osteuropa. Nach Abschluss seiner Promotion über die Steuerungszentralen der Weltwirtschaft arbeitete Rebitzer zunächst in einer strategischen Unternehmensberatung in München und war danach in leitenden Funktionen in der Immobilienwirtschaft tätig, zuletzt als geschäftsführender Gesellschafter. 2002 wurde Rebitzer zum Professor für Finanzierung und Investition am Department of Real Estate an der Hochschule für Wirtschaft und Umwelt Nürtingen-Geislingen berufen (www.hfwu.de). Seine derzeitigen Arbeits- und Beratungsschwerpunkte sind Weiterbildung, Wissensmanagement, Planspiele, Finanzierungs- und Sanierungskonzepte, Standort-, Investitions- und Wirtschaftlichkeitsanalysen, Immobilieninvestmentstrategien und -management sowie International Real Estate.

Dr. Jürgen Schäfer, MRICS, ist seit Oktober 2003 Mitglied der Geschäftsleitung der Feri Wealth Management GmbH und zuständig für den Bereich Immobilien. Seine aktuellen Tätigkeitsschwerpunkte liegen in der Selektion von Immobilieninvestments, Beratung der Mandanten sowie der Durchführung von immobilienbezogenen Investitions-, Management- und Desinvestitionsprozessen.

Dr. Jürgen Schäfer ist promovierter Jurist, Bankkaufmann und Immobilienökonom (ebs). Er ist Mitglied der *Royal Institution of Chartered Surveyors* und verschiedener Anlageausschüsse sowie Dozent und Prüfer an der *European Business School* für den Bereich Immobilienökonomie. Darüber hinaus ist er Mitherausgeber und Co-Autor des Praxishandbuches Immobilien-Projektentwicklung.

Vor seiner Tätigkeit bei der Feri war er in Leitungsfunktionen für die Viterra Development GmbH (Niederlassungsleitung), die OFB-Bauvermittlungs- und Gewerbebau-GmbH und die Commerz Immobilien GmbH tätig.

Dr. Schmidt-Breitung ist Vorsitzender der Geschäftsführung der VR Bauregie GmbH und gleichzeitig Leiter des Unternehmensbereichs bei der VR-Leasing in Eschborn. Nach dem Studium der Architektur in Weimar widmete er sich der Projektentwicklung von Wohn- und

Gewerbeimmobilien. Mit diesem Tätigkeitsschwerpunkt leitete er ab 1996 als einer der Geschäftsführer die GBB-Projektentwicklung GmbH, eine Tochtergesellschaft der Commerz-Immobilien GmbH und der ehemaligen VEBA-Immobilien AG. Nach dem Wechsel in der Eigentümerstruktur der Gesellschaft war er 1999 maßgebhch bei der Gründung der Immobiliengesellschaft der E-on, der Viterra-Gewerbeimmobilien GmbH, wiederum mit dem Schwerpunkt der Entwicklung gewerblicher Immobilienprojekte beteiligt. Dort war er Sprecher der Geschäftsführung.

Im Jahre 2002 wechselte er zur VR-Leasing. Schwerpunkt seiner Tätigkeit dort ist die Anbahnung und der Abschluss von Immobilien-Leasing-Geschäften und das baubegleitende Projektmanagement gewerblicher Immobilieninvestitionen.

Die zusätzliche Ausbildung beim INSEAD in Fontainebleau und der Eintritt in die Royal Institution of Chartered Surveyor sind weitere Stationen seines beruflichen Werdegangs.

Dr. Ruedi Schwarzenbach ist Leiter des BahnUmwelt-Zentrums der SBB.

Dr. Gregor Seikel. Dipl.-Kfm., Fachanwalt für Steuerrecht, Rechtsanwalt seit 1994. Partner der Sozietat GSK Gassner Stockmann & Kollegen in Frankfurt am Main. Seit einer Zulassung im Jahr 1994 berät Herr Dr. Seikel auf den Gebieten des Gesellschafts- und Steuerrechts sowie des Immobilienrechts. Der Schwerpunkt seiner Tätigkeit liegt in der rechtlichen Betreuung und Strukturierung von Immobilien- und Unternehmenstransaktionen.

Axel Siepmann ist Partner der Sietz and Partner Ltd. & Co. KG, Frankfurt. In dieser Funktion berät er nationale und internationale Mandanten in Fragestellungen des Investment Banking, insbesondere Real Estate Investment Banking. Von 1995 bis 1998 war Axel Siepmann bei Price Waterhouse Corporation Finance Beratung GmbH, Frankfurt beschäftigt, zuletzt als Manager. Zu seinen Aufgaben gehörten in dieser Zeit Due Diligence Prüfungen im Rahmen von Unternmenserwerben und Börsengängen, die Erstellung von Unternehmenswertgutachten, M&A Beratung und zuletzt Immobilienberatung einschließlich der Erstellung von Immobilienbewertungen.

1999 trat Axel Siepmann bei Andersen Sietz Real Estate GmbH bzw. Sietz und Partner GmbH, Frankfurt ein und wurde 2000 zum geschäftsführenden Gesellschafter von Sietz und Partner GmbH bestellt. Seit seinem Eintritt bei Sietz und Partner begleitete er u.a. erfolgreich abgeschlossene Immobilienportfoliotransaktionen im Wert von mehr als 3,5 Mrd. € als auch die IPO-Beratung der Bundesrepublik Deutschland im Rahmen des Börsengangs der Deutsche Post AG. Axel Siepmann studierte von 1990 bis 1995 Wirtschaftswissenschaften an der Ruhr-Universität-Bochum und an der Ecole Superieure de Commerce, CERAM, Nizza. 1999 schloss er das Aufbaustudium mit dem Immobilienökonom an der European Business School in Oestrich-Winkel ab. In 2000 legte er die Prüfung zum Corporate Finance Representative bei der Securities and Futures Authority in London ab. Er ist verheiratet und hat zwei Kinder.

Satya-Alexei Sievert. Zwei maßgebliche Stationen von Satya-Alexei Sievert waren DBImm und AHS im Konzern der Deutschen Bahn AG. Hier verantwortete er in unterschiedlichen Positionen unter anderem das kaufmännische Bewirtschaftungsmanagement und führte bundesweit ein technisches Immobilienmanagementsystem ein. Seit Anfang 2003 leitet der Dipl. Betriebswirt den Zentralbereich Facility Management Konzepte & Solutions von DeTeImmobilien und verantwortet das zentralisierte Kalkulationswesen, geschäftsfeldübergreifende Konzeptionen.

Jürgen Stinner ist seit über 30 Jahren in der Immobilienwirtschaft tätig. Nach Banklehre und Studium der Volks- und Betriebswirtschaftslehre war er zunächst von 1973 bis 1979 im Bereich Bau- und Immobilienservice der WestLB tätig, leitete von 1979 bis 1983 das Controlling und dann zusätzlich das Rechnungswesen inkl. Bauspartechnik der LBS Münster-Düsseldorf. Von 1983 bis 1995 gehörte er der Geschäftsleitung der DAL in Mainz an, seit 1991 als Sprecher der Geschäftsführung. Seit ihrer Gründung war er von 1995 bis Ende 2004 Vorstandsvorsitzender der Westdeutschen ImmobilienBank. Im März 2005 ist er als Partner in die Stephan Unternehmens- und Personalberatung GmbH, Bad Homburg eingetreten.

Axel Vespermann, Co-Head of Real Estate Investment. Seit Mai 2003 bei der CREDIT SUISSE ASSET MANAGEMENT Immobilien KAG als Leiter Immobilienakquisition tätig. Vor dem Eintritt in die CSAM Immobilien KAG war er mehrere Jahre, ebenfalls in der internationalen Akquisition, für die offenen Immobilienfondsgesellschaften DB Real Estate und Deka Immobilien tätig. Insgesamt verfügt Herr Vespermann über 10 Jahre Erfahrung in der Immobilienbranche.

Das Studium der Internationalen Betriebswirtschaft absolvierte er an der ISM International School of Management mit Auslandssemestern in Großbritannien, Frankreich und Niederlanden.

Dr. Kristin Wellner, Diplom-Volkswirtin, Diplom-Immobilienökonom ADI. Seit April 2003 bei der CREDIT SUISSE ASSET MANAGEMENT Immobilien Kapitalanlagegesellschaft mbH als Real Estate Porfolio Analyst tätig.

In 2002 promovierte sie zum Thema „Entwicklung eines Immobilien-Portfolio-Management-Systems" an der Universität Leipzig.

Davor lag eine 4-jährige wissenschaftliche Mitarbeit am Institut für Immobilienmanagement der Universität Leizig. In der Zeit sammelte sie auch Erfahrungen im Real-Estate-Portfolio-Consulting mit den Schwerpunkten Portfoliomanagement und Immobilien-Controlling.

Dr. Josef Maria Wodicka. Rechtsanwalt seit 1993. Partner der Sozietät GSK Gassner Stockmann & Kollegen in Frankfurt am Main. Herr Dr. Wodicka ist auf die Gebiete des privaten Immobilien- und Baurechts spezialisiert. Der Schwerpunkt seiner Tätigkeit liegt in der rechtlichen Begleitung von Projektentwicklungen.

Teil 1
Anlageformen, generelle Aspekte der Immobilien-investition sowie Immobilieninvestoren

Übersicht

1. Generelle Aspekte

1.1 Anlageklasse Immobilie

Zielsetzungen und Motive von Investitionen in Immobilien sind unterschiedlich. **Selbstgenutzte Immobilien** dienen privaten Haushalten, Unternehmen und Staat zur eigenen Bedarfsdeckung. Bei Immobilienunternehmen steht die Immobilie als **Geschäftszweck** im Mittelpunkt. Auf dem Kapitalanlagemarkt schließlich werden Immobilien neben Aktien und Bonds als eigenständige **Anlagekategorie** (Asset-Klasse) betrachtet. Die folgende Tabelle zeigt die Profile der Anlageklassen hinsichtlich der Erfüllung der Investitionsziele.

Abb. 1: Anlageklassen im Vergleich

Ziele	Immobilien	Aktien	Renten	Cash
Rendite	●	●	◗	○
Liquidität	○	◗	◗	●
Sicherheit	●	◗	◗	◗

Erfüllungsgrad: ● gut, ◗ mittel, ○ schlecht

Immobilienengagements sind langfristiger Natur. Immobilien erzielen **laufende, stabile Erträge** (Mieten). Die im Vergleich zu Aktien geringe Rendite kann über Beleihung und den Einsatz von Fremdkapital verbessert werden (Leverage). Als Sachwert bieten Immobilien langfristige **Sicherheit, Inflationsschutz und Wert-stabilität.** Zusätzlich ergeben sich Steuervorteile. Der immer vorhandene Boden-wert begrenzt das Verlustrisiko. Jedoch sind Immobilien höchst **illiquide** verbunden mit hohen Transaktions- und Verwaltungskosten. Der Markt ist in regionale und sektorale Teilmärkte zersplittert. Immobilien eignen sich zum langfristigen Aufbau und zur Erhaltung von Vermögen. Weil ihr Marktwert anders als bei Aktien oder Renten nicht kontinuierlich ermittelt wird, können stille Reserven gebildet werden. Immobilien besitzen eine geringe Korrelation gegenüber Aktien und Renten. Eine Diversifikation in Immobilien verbessert grundsätzlich das Rendite-Risiko-Profil.

Die Voraussetzungen für eine erfolgreiche Immobilienanlage hängen stark von der jeweiligen Nutzungsart ab. Zu den generellen **Erfolgsfaktoren** einer jeden Immobilieninvestition zählen:

- Standort (Mikro-, Makrostandort)
- Mieter (Qualität, Bonität, Struktur)
- Marktentwicklung (Mieten, Verkaufspreis)
- Nutzungsflexibilität
- Timing
- Einkaufspreis

1.2 Volkswirtschaftliche Daten

Die Bedeutung der Immobilienwirtschaft innerhalb der Volkswirtschaft wird gemeinhin unterschätzt. So besteht beispielsweise der deutsche **Kapitalstock zu 85 % aus Immobilien.** Zu diesem Ergebnis kommt das ifo Institut für Wirtschaftsforschung in einer Studie (Rußig 2005). Die Bruttowertschöpfung der Immobilienwirtschaft einschließlich Baugewerbe am gesamten BIP liegt bei 17 %. Der Wert aller bebauten Grundstücke wird mit rund 1,7 Bill. Euro angegeben – was einem durchschnittlichen Quadratmeterpreis von etwa 38 Euro entspricht. 12,5 % (4,5 Mio. ha) der Gesamtfläche (35,7 Mio. ha) sind Verkehr- und Siedlungsflächen.

Der **Immobilienbestand** in Deutschland wird vom Rat der Immobilienweisen 2004 auf über 7,1 Billionen € geschätzt. Dazu zählen die selbst genutzten oder vermieteten Wohnungen der privaten Haushalte (3,4 Bio. €) sowie die Wohnungen im Besitz von Wohnungsunternehmen und anderen Gesellschaften (2,1 Bio. €). Hinzu kommt der Wert der gewerblich genutzten Immobilien (1,6 Bio. €). Der deutsche Immobilienbestand besteht somit zu mehr als drei Vierteln aus Wohnimmobilien.

Abb. 2: Struktur des Immobilienbestandes in Deutschland 2004

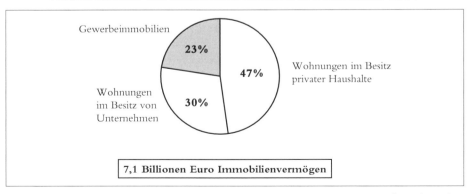

Quelle: BulwienGesa

Das **Vermögen** der privaten Haushalte (8,3 Bio. €) ist knapp zur Hälfte in Immobilien investiert (3,8 Bio. €). Die Gesamtverschuldung der privaten Haushalte ist zu 80 % durch Immobilienfinanzierungen bedingt. Unternehmervermögen sind überwiegend in Firmenbeteiligungen und ungefähr zu 10 bis 15 % in Immobilien investiert. Historisch gewachsene Vermögen ohne direkten Unternehmensbezug sind mit bis zu zwei Drittel in Immobilien angelegt. Bei Nicht-Immobilien-Unternehmen (Non-property-Companies) erreicht der Buchwert der Grundstücke und Gebäude einen Anteil von 10 % an der Bilanzsumme. Eine Bewertung zum Verkehrswert würde den Anteil schätzungsweise auf über ein Drittel ansteigen lassen. Versicherungen und Pensionskassen legen rund 5 % in Immobilien an. Bei Stiftungen und Kirchen liegen die Werte deutlich höher.

Die auf dem deutschen Immobilienmarkt 2004 getätigten **Umsätze** haben nach Angaben der GEWOS einen Wert von 114 Mrd. € bei rund 800.000 Transaktionen. Abb. 3 zeigt die sektoralen Umsatzanteile (ohne Grundstücke). Die Umschlagquote beträgt ungefähr 2 % des Bestandes, was einer mittleren Haltedauer von 50 Jahren entspricht.

Abb. 3: Sektorale Verteilung der Immobilienumsätze 2004

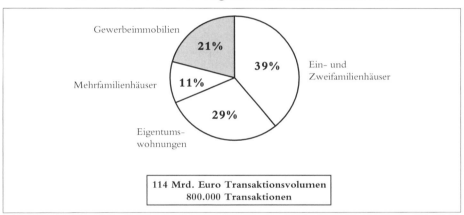

Quelle: GEWOS Institut für Stadt-, Regional- und Wohnforschung

1.3 Rendite

Investitionsentscheidungen werden nach **Rendite- und Risikoüberlegungen** gefällt. Grundlage ist die Kapitalmarkttheorie, die zwar nicht pauschal auf die Immobilienwirtschaft übertragbar ist, aber deren Gültigkeit mittlerweile auch für Immobilien anerkannt wird. Danach sind die erwartete Rendite und das Risiko einer Investition die entscheidenden Faktoren für die Portfoliostrukturierung.

Die **Rendite** (Rentabilität, Return-on-Investment, ROI) gibt den finanziellen Erfolg im Verhältnis zum eingesetzten Kapital an. Die Einflussfaktoren auf die Rendite stehen in einer Wechselwirkung zueinander. Von hoher Bedeutung sind:

– Mieteinnahmen

– Anschaffungs- bzw. Herstellungskosten
– erzielbarer Verkaufserlös

Eine mittlere Bedeutung haben:

– Instandhaltungskosten
– kalkulatorischer Zinssatz für Eigenkapital
– Zinssatz für Fremdkapital
– nicht umlagefähige Betriebskosten
– Verwaltungskosten und Steuern

Die **tatsächliche Rendite** einer Immobilieninvestition kann nur ex post ermittelt werden. Die Beurteilung erfolgt deshalb aufgrund von Vergangenheitswerten oder über die **erwartete Rendite** zum Investitionszeitpunkt.

Generell wird zwischen statischen und dynamischen Verfahren unterschieden. **Statische Verfahren** operieren mit Anfangs- oder Durchschnittswerten und vernachlässigen die Restnutzungsdauer der Immobilie. Damit sind die ermittelten Werte tendenziell zu hoch. Die in der Praxis angewendeten Begrifflichkeiten sind eng miteinander verwandt, werden jedoch unterschiedlich interpretiert.

Der **Kaufpreis-Faktor (Multiplikator)** gibt den Kaufpreis als Vielfaches der jährlichen Nettomieteinnahme an. Beispielsweise bedeutet ein Faktor von 12, dass der Kaufpreis der 12-fachen Jahresnettomiete entspricht. Faktoren werden als Bandbreite angegeben, die den individuellen Gegebenheiten je nach Lage, Nutzungsart, Qualität oder Alter angepasst werden. Ein hoher Faktor entspricht einer geringen Rendite und umgekehrt. Über den Kehrwert kann die Verzinsung des eingesetzten Kapitals (Kaufpreis) ermittelt werden. Im obigen Beispiel sind es 8,33 %.

Unter der **Nettoanfangsrendite** werden die Nettomieteinnahmen des ersten Jahres in Prozent vom Kaufpreis einschließlich Erwerbsnebenkosten verstanden. Es handelt sich annähernd um den reziproken Wert des Multiplikators, bei dem die Erwerbsnebenkosten unberücksichtigt bleiben. Andere Methoden bereinigen die Mieten um Verwaltungs-, Instandhaltungs- und nicht umlegbare Betriebskosten. Die **Maklerformel** dient ebenfalls zur pauschalen Wertermittlung. Ansatzpunkt ist hier die Jahresnettomiete, die durch einen marktüblichen Zinssatz geteilt wird.

Dynamische Verfahren berücksichtigen die zeitliche Struktur der Cashflows während der gesamten Laufzeit der Investition. Um den **Cashflow** zu bestimmen, sind **sämtliche ein- und ausgehenden Zahlungströme** zu erfassen. Bei Projekten kann die Ermittlung der einmaligen Kosten nach DIN 276 erfolgen (vgl. hierzu die Kostenkennwerte der BKI-Datenbank). Laufende Kosten können sich an der DIN 18 960 orientieren: Kapitalkosten, Abschreibungen, Verwaltungskosten, Steuern, Betriebskosten und Bauunterhaltungskosten. Dabei ergibt sich immer ein **Prognoseproblem**, das bei Immobilien wegen der langen Laufzeiten von besonderer Bedeutung ist. Bereits vermeintlich kleine Änderungen der Ausgangswerte oder Steigerungsraten verändern aufgrund von Zinseszinseffekten das Gesamtergebnis erheblich.

Bei der **DCF-Methode** (discounted cashflow) werden die Cashflows der einzelnen Jahre mit einem Kalkulationszinssatz zum Investitionszeitpunkt abgezinst, der die geforderte Mindestverzinsung des eingesetzten Kapitals und die Zeitpräferenz des Investors angibt. Aus den **Barwerten** wird schließlich die **interne Verzinsung IRR** (internal rate of return) der Investition berechnet.

Von Interesse sind häufig die **durchschnittlichen Kapitalkosten WACC** (weighted average cost of capital), die sich aus den gewichteten Zinssätzen für Eigen- und Fremdkapital berechnen lassen.

Die Methode der **Vollständigen Finanzpläne (VOFI)** orientiert sich dagegen an **Endwerten**. In einem VOFI werden sämtliche Cashflows der Investition explizit in tabellarischer Form abgebildet. Daraus werden Vermögensendwert und Rendite berechnet. Im Gegensatz zur DCF-Methode werden die Beträge nicht diskontiert, was periodengenaue Nebenrechnungen für Steuern und Liquiditätsverlauf ermöglicht. Die Rendite wird aus dem Verhältnis von Gewinn zu eingesetztem Kapital unter Berücksichtigung der Laufzeit ermittelt.

Abb. 4: Allgemeine Formeln zur Berechnung der jährlichen Rendite

Zinseszinsrechnung:
Jährliche Rendite r_g nach geometrischer Methode:
$$r_g = \sqrt[n]{\frac{K_n}{K_0}} - 1$$

Kapitalmarktrechnung:
Jährliche Rendite r_s nach logarithmischer Methode:
$$r_s = \frac{\ln K_n - \ln K_0}{n}$$

Beispiel: Anfangskapital $K_0 = 250.000$ Euro, Endkapital $K_n = 400.000$ Euro, $n = 8$ Jahre Laufzeit.

$$r_g = \sqrt[8]{\frac{400.000}{250.000}} - 1 = 6,051\% \qquad r_s = \frac{\ln 400.000 - \ln 250.000}{8} = 5,875\%$$

1.4 Risiko

Jede Investition ist mit Risiken verbunden. Gemäß der Kapitalmarkttheorie besteht das **Risiko** ganz einfach darin, dass die erwartete Rendite nicht erreicht wird. Das Risiko wird als Abweichung der Rendite von ihrem Erwartungswert interpretiert und über Standardabweichung bzw. Varianz (Volatilität) berechenbar. Risiken werden in systematische und unsystematische Risiken unterschieden. Durch **Diversifikation** (Risikostreuung) kann das **unsystematische Risiko** verringert werden. Dieses Risiko wird auf der Mikroebene durch das Objekt beispielsweise aufgrund von Nutzungsart, Standort, Finanzierung, Mieterstrukturen oder technische Gegebenheiten verursacht. Das **systematische Risiko** indessen ist nicht diversifizierbar und bleibt dem Investor immer erhalten. Dazu rechnen makroökonomische Faktoren wie Zinsen, Inflation oder Länderrisiken.

Die Risikostreuung erfolgt nach **Standorten** (Länder, Regionen, Städte) und **Nutzungsarten** (Büro, Handel etc.). Ferner kann nach Mieterbranche, Vertragslaufzeit, Investitionsvolumen, Objektgröße oder -alter diversifiziert werden.

Risikotragfähigkeit und Risikobereitschaft sind individuell unterschiedlich ausgeprägt. Das optimale Portfolio ist erreicht, wenn das Portfolio **risikoeffizient** ist und der **individuellen Risikoneigung** des einzelnen Anlegers entspricht. Die Abbildung zeigt für den Immobilienmarkt, dass eine weltweite Diversifikation das geringste Risiko besitzt. Allerdings wird dadurch die maximal erzielbare Rendite nicht erreicht, denn diese wird mit einem höheren Risiko bewertet.

Abb. 5: Kurve effizienter Immobilien-Portfolios (1993–2004)

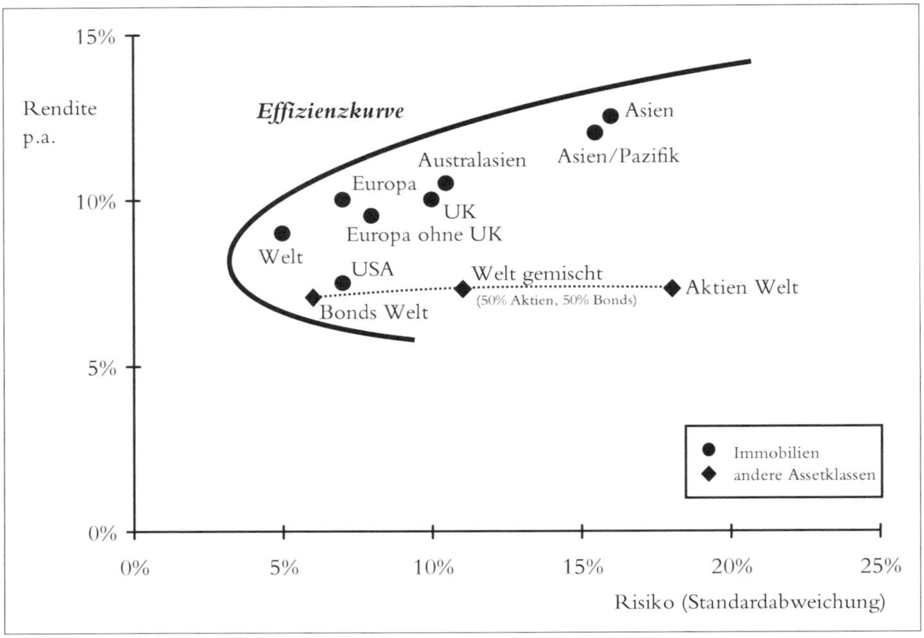

Quelle: eigene Berechnungen nach Allianz Dresdner und Henderson Global Investors

Abb. 6: Streifzug durch die Kapitalmarkttheorie

Portfolio Selection (Markowitz)	Fundament der Kapitalmarkttheorie ist die 1952 von Markowitz entwickelte Portfolio Selection. Darin sind die erwartete Rendite und das Risiko die entscheidenden Faktoren. Das Risiko wird als Schwankungsbreite der Rendite um ihren Erwartungswert definiert. Effiziente Portfolios sind solche, zu denen es bei gleicher Rendite kein Portfolio mit einem geringeren Risiko bzw. zu denen es bei gleichem Risiko kein Portfolio mit einer höheren Rendite gibt. Für das Portfoliorisiko ist die Korrelation der Renditen der einzelnen Positionen von zentraler Bedeutung. Nicht die Anzahl der ins Portfolio aufgenommen Positionen, sondern ihre Beziehungen zueinander spielen eine Rolle.
Capital Asset Pricing Model (CAPM)	Mitte der 1960er Jahre entwickelten Sharpe, Lintner und Mossin das Capital Asset Pricing Model (CAPM) auf der Grundidee der Portfoliotheorie. Für die Bewertung eines Investitionsobjektes ist nicht das gesamte, sondern nur das nicht diversifizierbare Risiko von Bedeutung. Die Übernahme dieses Risikos wird vom Markt durch eine Risikoprämie (ß) vergütet.
Arbitrage Pricing Theory (APT)	Die von Ross 1976 entwickelte Arbitrage Pricing Theory (APT) bezieht mehrere Risikoquellen ein (Multifaktorenmodell). Unter Arbitrage wird die Ausnutzung von Preisunterschieden verstanden. Eine Übereinstimmung zwischen erwarteter Rendite und korrekter Risikoprämie wird durch Kauf und Leerverkauf erzielt. Arbitrage ist nicht mehr möglich, wenn der Markt sich im Gleichgewicht befindet.

Realoptionen	Mit zunehmender Komplexität von Investitionen steigt auch die Bedeutung strategischer Handlungsalternativen, die durch die klassischen Verfahren zur Investitionsbewertung nicht abgebildet werden. Die Empfehlung der klassischen Verfahren (kaufen oder nicht kaufen) werden durch Realoptionen nicht ersetzt, sondern lediglich ergänzt und verfeinert. Investitionsentscheidungen sind von der Entwicklung der erfolgswirksamen Umfeldvariablen abhängig. Im Ergebnis entsteht mehr Handlungsflexibilität; das Investitionsrisiko verringert sich. Realoptionen sind trotz einiger Unterschiede analog zu den Finanzoptionen zu betrachten.
Behavioral Finance	Untersuchungen haben gezeigt, dass die neoklassische Kapitalmarkttheorie atypische Erscheinungen auf den Märkten nicht erklären kann. Daraufhin entstanden Ende des 20. Jahrhunderts die verhaltenswissenschaftlichen Erklärungsansätze (Behavioral Finance). Sie gelten wegen der realistischen Annahmen über das Individualverhalten der Marktteilnehmer, die auch in der Praxis begrenzt rational handeln und Verhaltensanomalien entwickeln, als relativ treffsicher.
Sharpe-Ratio	Bei der Sharpe-Ratio (reward to variability ratio) wird die Überrendite (excess return), die gegenüber einem risikolosen Marktzinssatz erzielt wird, ins Verhältnis zum Gesamtrisiko gesetzt.
Treynor-Ratio	Bei der Treynor-Ratio (reward to volatility ratio) wird die Überrendite zum Beta (systematisches Risiko) ins Verhältnis gesetzt.
Jensens Alpha	Jensens Alpha wird aus der Differenz zwischen realisierter und erwarteter Risikoprämie ermittelt und zeigt die risikoadjustierte Überrendite gegenüber einer Benchmark auf.

1.5 Timing

Der Immobilienmarkt ist **zyklischen Schwankungen** unterworfen. Diese werden durch konjunkturelle Entwicklungen, markttypische Zeitverzögerungen, adaptive Erwartungen und unvollkommene Informationen verursacht. Verstärkend wirken steuer- und finanzmarktpolitische Eingriffe (Steuervorteile, Subventionen, Deregulierung oder Beleihungsvorschriften). Den Schwankungen kann durch **antizyklische Nachfrage** in Verbindung mit längerfristigen Mietverträgen teilweise entgegen gewirkt werden. In Deutschland fallen die Zyklen gedämpfter aus als in den meisten anderen Ländern.

Charakteristisch sind **Immobilien-Zyklen** bei Büromärkten. Ursache ist zum einen die hohe Korrelation zwischen der allgemeinen Konjunktur und der Büroflächennachfrage der Unternehmen. Zum anderen verhindert die lange Entwicklungsdauer eine rasche Anpassung an die aktuelle Marktsituation und führt zu zeitlichen Verzögerungen. Die in der Volkswirtschaftslehre als **Schweinezyklus** bezeichnete Erscheinung bewirkt, dass in Boomphasen ein starker Anstieg der Mietpreise zu beobachten ist. In Schwächeperioden sind dagegen massive Preiseinbrüche und Leerstände zu verzeichnen.

Die durchschnittlichen Leerstandsraten steigen langfristig. Auch in Boomphasen wird – wie schon in den USA zu beobachten – keine Vollvermietung mehr erreicht. Der Sockelleerstand erhöht sich von Zyklus zu Zyklus, was einen Paradigmenwechsel bei den Investitionsstrategien erfordert.

Abb. 7: Entwicklung der Leerstände bei Büroimmobilen

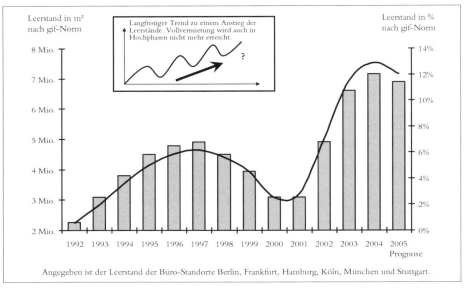

Angegeben ist der Leerstand der Büro-Standorte Berlin, Frankfurt, Hamburg, Köln, München und Stuttgart.

Quelle: eigene Darstellung nach BulwienGesa

Die folgende Darstellung verdeutlicht, dass die zyklischen Auswirkungen sich durch Diversifikation in Standorte aus unterschiedlichen Marktphasen verringern lassen. Leider bewegen sich die Standorte im Zeitverlauf mit unterschiedlichen Geschwindigkeiten.

Abb. 8: Immobilien-Konjunktur als Immobilien-Uhr

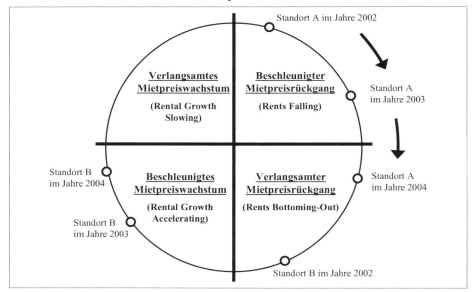

Quelle: eigene Darstellung nach Jones Lang LaSalle

Die **Investitionsdauer** hängt vom Zeithorizont des Investors, der Marktsituation, der Nutzungsdauer und von der Nutzungsart der Immobilie ab. Mit zunehmendem Gebäudealter steigen die Kosten für Instandhaltung und Bewirtschaftung überproportional an. So wird bei Bürogebäuden im **Lebenszyklus** über die Jahre verteilt das 10-fache der ursprünglichen Investition für Baunutzungskosten verbraucht (Life-cycle costs). Die Höhe dieser Kosten kann in der Nutzungsphase kaum noch beeinflusst werden und wird weitgehend in der Projektphase vorherbestimmt.

1.6 Management

Beim **Real Estate Investment Management** (REIM) stehen Kapitalanlagegesichtspunkte im Vordergrund, die an den Vorgaben des Investors ausgerichtet sind. Ziel ist die Optimierung der **Performance**. Instrumenten der Performance-Messung sind kapitalmarktorientierte Kennzahlen wie **Sharpe-Ratio**, **Treynor-Ratio** und **Jensens Alpha**. Das Portfolio kann alle Anlageformen sowie eigen- und fremd genutzte Immobilien umfassen. REIM kann in drei Teilbereiche untergliedert werden. Auf der **Investment-Ebene** werden die Ziele und Strategien des Investors berücksichtigt und das institutionelle Umfeld geschaffen. Auf der **Portfolio-Ebene** findet das Management des Immobilienbestandes statt. Gegenstand der **Objekt-Ebene** sind alle auf ein einzelnes Objekt ausgerichteten Immobiliendienstleistungen. Den grundlegenden Aufbau des REIM als mehrstufiges System verdeutlicht die folgende Abbildung:

Abb. 9: Schematischer Aufbau Real Estate Investment Management

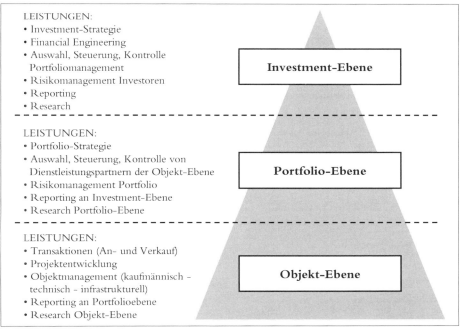

LEISTUNGEN:
• Investment-Strategie
• Financial Engineering
• Auswahl, Steuerung, Kontrolle Portfoliomanagement
• Risikomanagement Investoren
• Reporting
• Research

Investment-Ebene

LEISTUNGEN:
• Portfolio-Strategie
• Auswahl, Steuerung, Kontrolle von Dienstleistungspartnern der Objekt-Ebene
• Risikomanagement Portfolio
• Reporting an Investment-Ebene
• Research Portfolio-Ebene

Portfolio-Ebene

LEISTUNGEN:
• Transaktionen (An- und Verkauf)
• Projektentwicklung
• Objektmanagement (kaufmännisch - technisch - infrastrukturell)
• Reporting an Portfolioebene
• Research Objekt-Ebene

Objekt-Ebene

Quelle: gif

1.7 Informationsquellen

Informationen sind ein wesentlicher Baustein bei der Vorbereitung, Durchführung und Kontrolle einer jeden Immobilieninvestition. Die Informations- und Datenlage zum Thema Immobilien hat sich hierzulande in den letzten 15 Jahren spürbar verbessert. Nahezu jedes größere Maklerhaus veröffentlicht entsprechende **Marktberichte** und Studien oder verbreitet einen Newsletter. Daneben ist eine beachtliche Qualitätssteigerung zu erkennen, die mit dem Entstehen von immobilienwirtschaftlichen Bildungs- und Forschungseinrichtungen einhergeht. Weitere Anbieter sind Beratungs- und Prüfungsgesellschaften, Banken, Versicherungen und institutionelle Investoren. Hinzu kommen Presse, Verbände, Forschungsinstitute und Messen. Für das Publikum sind **Immobilienportale** von Interesse. Die nachfolgende Übersicht gibt einen Marktüberblick und erhebt keinen Anspruch auf Vollständigkeit. Zahlreiche Publikationen sind im Internet kostenlos verfügbar.

Ausgewählte Informationsquellen für Marktberichte und Research

Informationsquelle	Homepage
Aengevelt	www.aengevelt.com
Allianz	www.allianzgroup.com
Atisreal	www.atisreal.de
Bellevue (Fachmagazin)	www.bellevue.de
BDL Bundesverband deutscher Leasing-Unternehmen	www.leasingverband.de
BFW Bundesverband Freier Immobilien- und Wohnungsunternehmen	www.bfw-bund.de
BKI Baukosteninformationszentrum Deutscher Architektenkammern	www.baukosten.de
Brockhoff	www.brockhoff.de
BulwienGesa	www.bulwiengesa.de
BVI Bundesverband Investment und Asset Management	www.bvi.de
CB Richard Ellis	www.cbre.de
Cushman & Wakefield Healy & Baker	www.cushmanwakefield.de
Dachverband Deutscher Immobilienverwalter	www.immobilienverwalter.de
Der Immobilienbrief (Internet-Newsletter)	www.der-immobilienbrief.de
Deutsche Bank Research	www.dbresearch.de
DID Deutsche Immobilien Datenbank	www.dix.de
Dr. Lübke	www.dr-luebke.de
Dresdner Bank Research	www.dresdnerbank.com
DTZ	www.dtzresearch.com
ebs Alumni-Netzwerk	www.immoebs.de
Efonds24 (Marktplatz)	www.efonds24.de
Empirica Institut	www.empirica-institut.de
Engel & Völkers	www.engelvoelkers.de

Informationsquelle	Homepage
Expo Real (Fachmesse)	www.exporeal.net
EY Ernst & Young	www.ey.com
GDV Gesamtverband der Dt. Versicherungswirtschaft	www.gdv.de
GdW Bundesverband deutscher Wohnungs- und Immobilienunternehmen	www.gdw.de
GEWOS	www.gewos.de
GfK Prisma Institut	www.gfk-prisma.de
GIF Gesellschaft für immobilienwirtschaftliche Forschung	www.gif-ev.de
Hypo Real Estate	www.hyporealestate.com
Hypoport	www.hypoport.de
HypoVereinsbank	www.hypovereinsbank.de
IKB Deutsche Industriebank	www.ikb.de
Immobilienmanager (Fachmagazin)	www.immobilienmanager.de
Immobilienpool (Marktplatz)	www.immopool.de
Immobilienscout24 (Marktplatz)	www.immobilienscout24.de
Immobilienwirtschaft (Fachmagazin)	www.iw-magazin.de
Immobilienzeitung	www.immobilien-zeitung.de
Immonet (Marktplatz)	www.immonet.de
Institut Wohnen und Umwelt	www.iwu.de
IVD Immobilienverband Deutschland	www.ivd-bundesverband.net
Jones Lang LaSalle	www.joneslanglasalle.de
Kemper's	www.kempers.de
Knight Frank	www.knightfrank.com
KPMG	www.kpmg.de
Loipfinger	www.loipfinger.de
Mipim (Fachmesse)	www.mipim.com
Planethome (Marktplatz)	www.planethome.de
Real I.S.	www.realisag.de
RICS	www.rics.org
Rödl & Partner	www.roedl.de
Savills	www.savills.de
Scope	www.scorpe.de
VDH Verband deutscher Hypothekenbanken	www.hypverband.de
VGF Verband Geschlossene Fonds	www.vgi-online.de
Westdeutsche Immobilienbank	www.westimmobank.de
ZDB Zentralverband deutsches Baugewerbe	www.zdb.de

Quelle: eigene Recherchen

2. Immobilien im Überblick

2.1 Besonderheiten

Immobilien unterscheiden sich wesentlich von anderen Wirtschaftsgütern und können durch typische **Immobilien-Eigenschaften** abgrenzt werden.

- **Immobilität** beschreibt die Standortgebundenheit und die Einbindung in ein bauliches Umfeld (Mikrostandort).
- Eine Immobilie ist **beschränkt teilbar** und kann in der Regel nur als Ganzes erworben werden. Ausnahmen sind Fonds- und Beteiligungsgesellschaften sowie das Teileigentum beim Erwerb von Eigentumswohnungen.
- Immobilien sind **heterogen**. Jede Immobilie ist einzigartig. Es gibt keine zwei exakt gleichen Immobilien. Immobilien unterscheiden sich durch ihre Lage, Gestaltung und Nutzungsart. Manche Immobilien sind hinsichtlich ihrer Merkmale jedoch ähnlich.
- Eine Immobilie entsteht in einem **mehrjährigen Entwicklungsprozess**, der von der Objektart und der Dauer des Genehmigungs- und Herstellungsverfahrens abhängig ist. Die Anpassungsgeschwindigkeit an veränderte Umwelt- und Marktsituationen ist gering.
- Immobilien besitzen eine **lange Lebens- und Nutzungsdauer** – 100 Jahre sind nicht selten. Technische und wirtschaftliche Nutzungsdauer sind unterschiedlich. Die wirtschaftliche Nutzungsdauer kann durch Instandhaltungs- und Modernisierungsmaßnahmen – als Grundvoraussetzungen für die Erhaltung der langfristigen Wettbewerbsfähigkeit der Immobilie – verlängert oder bei Unterlassung verkürzt werden. Das Gebäude unterliegt einer wirtschaftlichen Abnutzung, was durch entsprechende **Abschreibungen** berücksichtigt wird. Das Grundstück wird in Deutschland nicht abgeschrieben.
- Immobilien machen einen **hohen Kapitaleinsatz** und eine langfristige Kapitalbindung erforderlich.
- Immobilien sind Sachanlagen, die sich hinsichtlich ihrer eingeschränkten **Fungibilität** deutlich von Geldanlagen unterscheiden.
- Immobilieneigentum verursacht **hohe Transaktions- und Verwaltungskosten**. Neben einmaligen Kosten für Grunderwerbsteuer, Notar und Grundbuch sind laufende Verwaltungskosten etwa für die Erstellung von Betriebs- und Nebenkostenabrechnungen, die Umsetzung von Auflagen oder die Durchführung notwendiger Instandhaltungen zu entrichten.
- Die Eigentumsrechte an Immobilien werden durch **gesetzliche Reglementierungen** beschränkt. Beispiele sind Mietrecht, Planungsrecht, Baurecht, Steuerrecht sowie Denkmal-, Natur- oder Immissionsschutzgesetze.

Die aufgeführten Merkmale sind als Beispiele für typische Immobilieneigenschaften anzusehen. Generell gilt: Immobilien sind wenig fungibel, kapitalintensiv, langfristig orientiert, managementintensiv und wenig vergleichbar.

2.2 Wohnimmobilien

Der Markt für **Wohnimmobilien** (residential properties) zeichnet sich durch komplizierte Angebotsbedingungen und mieterfreundliche Gesetze aus. Eine Besonderheit liegt im Kostengefälle zwischen älteren und neuen Wohnungen bei oft geringen Qualitätsunterschieden. Aufgrund der Bestandstrukturen wird die erzielbare Miete weitgehend durch das Angebot aus früheren Baujahren mit geringeren Herstellungskosten bestimmt. Bei Neubauten ist die **Kostenmiete** durchweg höher. Für einen Investor ergibt sich eine angemessene Rendite, wenn er steuerliche Aspekte oder Fördermöglichkeiten in seine Kalkulation einbezieht. Der Mietwohnungsbau ist stark von direkten oder indirekten staatlichen Transfers abhängig.

Das Marktverhalten von Mietern und Vermietern wird von der Marktlage beeinflusst. Ein **Mietermarkt** kommt zustande, wenn das Angebot an verfügbaren Wohnungen die Nachfrage übersteigt. Der Mieter befindet sich dann in einer für ihn günstigen Situation und kann zwischen den angebotenen Wohnungen frei wählen. Der Vermieter hingegen muss sich bemühen, seine Wohnung am Markt unterzubringen. Im umgekehrten Fall, wenn die Nachfrage nach Wohnraum das Angebot übersteigt, entsteht ein **Vermietermarkt**.

Die **Bautätigkeit** im Wohnungswesen ist seit Jahren rückläufig und stark von regionalen Disparitäten geprägt. Im Jahr 2003 wurden in Deutschland noch 268.000 Wohnungen mit einer durchschnittlichen Wohnfläche von 118 m^2 fertig gestellt, davon 90% in Neubauten.

Die **Bautätigkeit** im Wohnungswesen ist seit Jahren rückläufig und stark von regionalen Disparitäten geprägt. Im Jahr 2003 wurden in Deutschland noch 268.000 Wohnungen mit einer durchschnittlichen Wohnfläche von 118 m^2 fertig gestellt, davon 90% in Neubauten. Die veranschlagten Kosten lagen im Durchschnitt bei 247.000 Euro je Wohnung oder 2.100 Euro pro m^2. Die daraus resultierende Erneuerungsquote von 0,7% führt mittelfristig zu einer Überalterung der Bestände und generiert Neubau- und Sanierungspotenziale. Knapp die Hälfte des Wohnungsbestandes ist zwischen 1949 und 1978 errichtet worden. Ein Drittel der Wohnungen ist 60 Jahre oder älter. Die Durchschnittsmiete im Jahr 2002 über alle Wohnungs- und Haushaltstypen hinweg beträgt 408 Euro.

Der **Wohnungsbedarf** wird bis 2020 trotz sinkender Bevölkerungszahlen aufgrund steigender Haushaltszahlen leicht steigen. Mittelfristig wird eine Pro-Kopf-Wohnfläche von mehr als 50 m^2 prognostiziert. Immer mehr alte Menschen bewohnen in kleineren Haushalten mehr Wohnfläche als jüngere Menschen. Der Trend zu größeren Wohnungen und Einfamilienhäusern hält an. Die Nachfrage in wirtschaftsstarken Regionen wird stabil bleiben, während in strukturschwachen Gebieten weitere Rückgange zu erwarten sind.

Abb. 10: Strukturdaten zu den 2002 bewohnten Wohneinheiten

Bewohnte Wohneinheiten	35,8 Mio.	Fläche je Wohneinheit	89,4 m^2
Belegung mit Haushalten	36,1 Mio.	Fläche je Person	41,6 m^2
Belegung mit Personen	76,8 Mio.	Personen je Wohneinheit	2,2

Quelle: Statistisches Bundesamt

Abb. 11: Langfristige Entwicklung von Wohn- und Gewerbeimmobilien in Deutschland

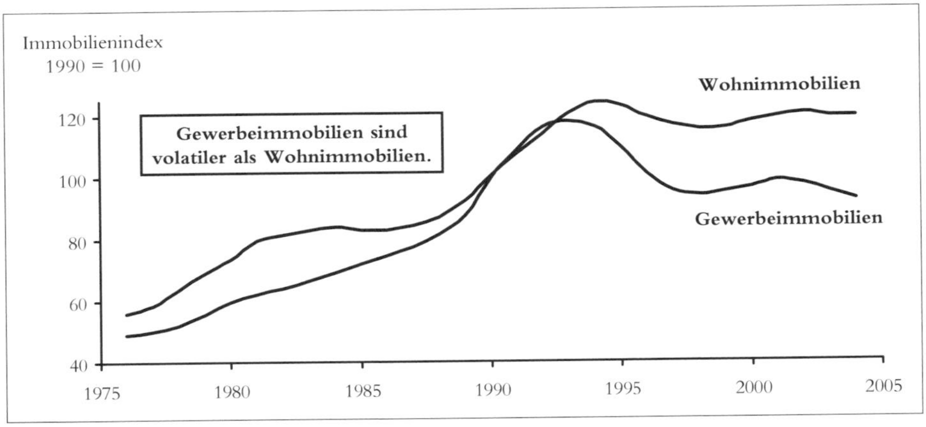

Quelle: eigene Darstellung nach BulwienGesa

2.3 Gewerbeimmobilien

Gewerbeimmobilien (commercial properties) sind komplexer als Wohnungen. Aus diesem Grund investieren vor allem institutionelle Investoren direkt oder indirekt in Gewerbeimmobilien. Privatanleger beteiligen sich fast ausschließlich über indirekte Anlageformen. Gewerbeimmobilien sind Immobilien, die nicht oder nicht überwiegend zu Wohnzwecken genutzt werden (Residualgröße). Investitionen und Finanzierungen gelten als gewerblich, wenn sie nicht dem Wohnungsmarkt zugeordnet sind.

Branchenentwicklungen beeinflussen die Mietpreise und Werthaltigkeit von einzelnen Gewerbeimmobilien erheblich, was sich in einem höheren Rendite-Risiko-Niveau ausdrückt. Die erzielbaren **Renditen** sind höher als bei Wohnimmobilien. Dies gilt allerdings auch für die damit verbundenen Risiken.

Im Gegensatz zum Wohnungsmarkt mit gesetzlich verankerten Mieterrechten besteht bei der Ausgestaltung von gewerblichen Mietverträgen weitgehende **Vertragsfreiheit**, die eine Anpassung nach oben oder unten ermöglicht. Umgekehrt erhöht die stärkere Konjunkturabhängigkeit der gewerblichen Mieter das Mietausfallrisiko. Verwertungsrisiken bei der Veräußerung von Gewerbeimmobilien haben einen erheblichen Einfluss auf die Rentabilität. Flexible Gebäudekonzepte und alternative Nutzung helfen die Wertentwicklung zu stabilisieren.

Unterschieden werden Büro-, Handels-, Industrie- und Sonderimmobilien. Kapitalanlagen erfolgen hauptsächlich in Büro- und Handelsimmobilien. Der Anteil eigen genutzter Gewerbeimmobilien liegt nach Jones Lang LaSalle in Deutschland bei 64%, in den USA hingegen nur bei 24%, was erhebliche Potentiale für die Investoren bedeutet.

Sonderimmobilien sind jeweils auf eine bestimmte Nutzung zugeschnitten. Dadurch werden Drittverwendungsfähigkeit und Fungibilität eingeschränkt. Eine Umnutzung verursacht hohe Kosten (sunk costs). Sowohl die Rendite als auch die Risiken sind höher als bei klassischen Gewerbeimmobilien. Sonderimmobilien sind immer Betreiber- und/oder Managementimmobilien. Beispiele sind Hotel, Golf-platz, Shopping-Center oder Bahnhof.

Bei **Betreiberimmobilien** wird das Management des Objektes vom Nutzer (Mieter, Pächter) übernommen, dessen Kerngeschäft durch die Immobilie maßgeb-lich bestimmt wird. Typisch sind Hotels, Kinos oder Seniorenimmobilien.

Managementimmobilien besitzen gleichzeitig mehrere Betreiber. Daher benötigt die Immobilie zusätzlich ein Objekt-Management. Beispiel: Shopping-Center. Dort werden die Aktivitäten der Einzelhändler (Betreiber) von Center-Ma-nagement koordiniert.

2.3.1 Büroimmobilien

Büroimmobilien sind die klassischen Anlageobjekte für institutionelle Investoren. Die Nachfrage nach Büroflächen hängt von der **Bürobeschäftigtenzahl** ab. Eine steigende Erwerbstätigenzahl erhöht die Nachfrage nach Büro, weil dann die An-zahl der Bürobeschäftigten ebenfalls ansteigt. Auch der kontinuierliche Wandel zur Dienstleistungsgesellschaft geht mit einer steigenden Anzahl von Bürobeschäftigten einher. Gleichzeitig war lange Zeit ein Anstieg der **Flächenkennziffer** zu beobach-ten. Diese gibt die Flächeninanspruchnahme je Bürobeschäftigten an. Im Mittel ste-hen einem Bürobeschäftigten rund 33 m² Fläche zur Verfügung. Weniger als 20 m² gibt es für 7% der Bürobeschäftigten. 29% verbrauchen 40 m² und mehr. Dabei sind starke Schwankungen je nach Standort, Unternehmensgröße, Branche und Miethöhe zu verzeichnen.

Der deutsche **Büroimmobilienbestand** wird auf 335 Mio. m² BGF oder 245 Mio. m² nach GIF geschätzt. Die Mietfläche nach GIF (Richtlinie MF-G) ist in der Regel kleiner sein als nach BGF (DIN 277), weil bestimmte Flächen, die nicht zur Mietfläche zählen, zur BGF gezählt werden.

Einen einheitlichen Markt für Büroimmobilien gibt es in Deutschland nicht. **Stand-ortvielfalt** herrscht vor. Ein Viertel der Bürofläche konzentriert sich auf sieben Städ-te. Dies sind Berlin, Düsseldorf, Frankfurt, Hamburg, Köln, München und Stuttgart.

Abb. 12: Büroflächenverteilung in Deutschland

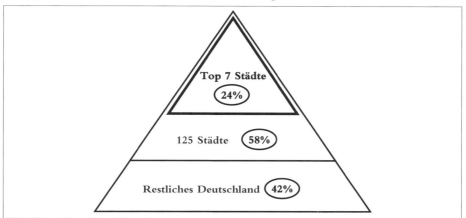

Quelle: eigene Darstellung nach BulwienGesa

Die Bevölkerungsentwicklung und die ungewisse Zahl der Erwerbstätigen sind die zentralen Unsicherheitsmomente für langfristige **Büromarktprognosen**. Einige Szenarien lassen den Bedarf bis 2030 um bis zu 30 % sinken, während andere Szenarien einen Anstieg um 40 % für möglich halten. Generell wird sich die räumliche Verteilung deutlich verändern. Einige Wachstumsregionen (München etc.) werden sich behaupten, während periphere Büroregionen einem unaufhaltsamen Verfallprozess mit dauerhaft hohen Leerständen zum Opfer fallen.

Abb. 13: Bürostandorte in Deutschland (1993–2004)

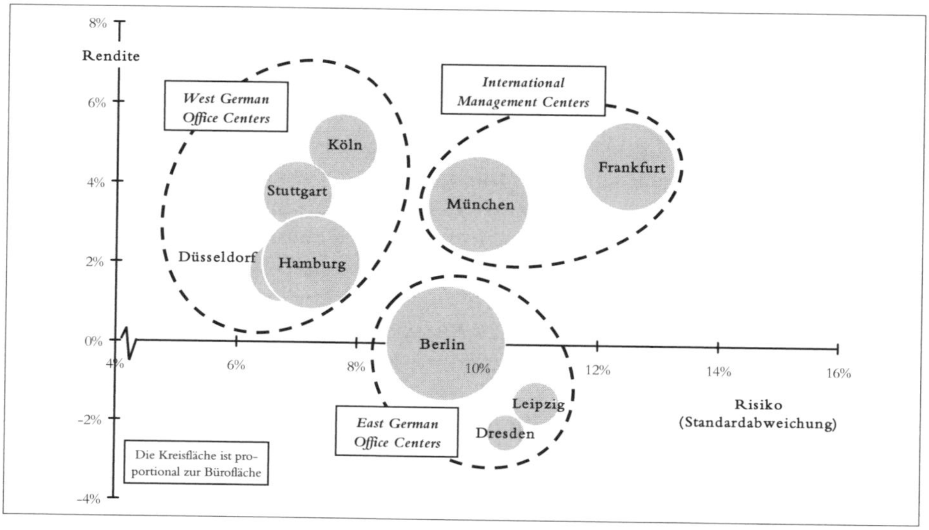

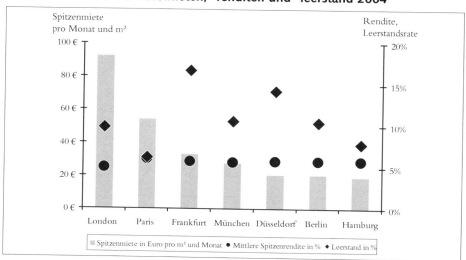

Quelle: eigene Darstellung nach DEGI

Abb. 14: Büromieten, -renditen und -leerstand 2004

Quelle: eigene Berechnungen nach Knight Frank und Jones Lang LaSalle

Die absoluten Leerstände sind vor dem Hintergrund der jährlichen Vermietungsleistung zu betrachten. In Standorten mit hohen Umsätzen relativieren sich daher die Leerstände. Die Renditen bewegen sich derzeit zwischen 5 bis 6%.

2.3.2 Handelsimmobilien

Als **Einzelhandelsimmobilien** werden Objekte bezeichnet, die von Unternehmen zum Verkauf von Waren genutzt werden. Die **Typenvielfalt** reicht von kleinflächigen Fach- und Spezialgeschäften über Super- und Verbrauchermärkte, Kaufhäuser bis zu großflächigen Einkaufszentren und Shopping-Centern. Einkaufpassagen, Galerien oder Markthallen runden die Palette ab. Den typischen Einzelhandelsstandort gibt es nicht. In Abhängigkeit vom Kaufverhalten und der angesprochenen Zielgruppe finden sich Handelsimmobilien in der City, in Stadtteil- und Nebenzentren, an der Stadtperipherie oder auf der grünen Wiese. Stets sind ausreichende Parkmöglichkeiten, attraktive Sortimentsgestaltung und gute Erreichbarkeit die zentralen Erfolgsfaktoren.

Abb. 15: Betriebsformen im deutschen Einzelhandel

Betriebsform	Marktanteil	Trend
Traditionelle Fachgeschäfte	25,9%	↘
Fachmärkte	21,4%	↗
Filialisierter Nonfood-Einzelhandel	13,2%	↘
SB-Warenhäuser/Verbrauchermärkte	11,5%	↗
Lebensmitteldiscounter	10,2%	↑
Supermärkte	7,9%	↘
Versandhandel	6,0%	→
Warenhäuser	3,9%	↘

Quelle: GfK Prisma Institut

Die **Rendite- und Wertentwicklung** bei Einzelhandelsimmobilien korreliert mit der Entwicklung der Ladenmieten, die durch die erzielbaren Umsätze beeinflusst wird. Das Umsatzpotenzial wird wiederum durch die einzelhandelsrelevante **Kaufkraft** der Bevölkerung und das **Einzugsgebiet** bestimmt. Trotz rückläufiger oder stagnierender Einzelhandelsumsätze steigt die **Einzelhandelsfläche** seit Jahren und hat 2004 einen Bestand rund 115 Mio. m^2 erreicht. Die anhaltende Flächenexpansion geht mit einer Betriebsstättenkonzentration einher, so dass die mittlere Verkaufsfläche je Betriebsstätte ansteigt. Die **Verkaufsfläche** beträgt **1,3 m^2** je Einwohner mit steigender Tendenz. Im europäischen Vergleich nimmt Deutschland (hinter Österreich) damit einen Spitzenplatz ein. In Großbritannien liegt die Pro-Kopf-Verkaufsfläche bei 0,7 m^2, in den USA bei 3,1 m^2. Die tendenziell sinkende **Flächenproduktivität** liegt bei ungefähr 3.500 € Umsatz pro m^2 Verkaufsfläche.

Die m^2-Mieten der Einzelhandelsflächen werden von der Shopgröße und der Lage maßgeblich bestimmt. Die Erhebungen der Maklerhäuser beziehen sich meist auf eine Standardshopgröße, die mit rund 100–120 m² definiert wird. Die Renditen liegen in den Top-Zentren bei etwa 5–6%.

Abb. 16: Strukturzahlen ausgewählter Einzelhandelsstandorte 2003

Standort	Kaufkraft-kennziffer je Einwohner	Umsatz-kennziffer je Einwohner	Einzelhandels-zentralität	Einzelhandels-Fläche in Mio. m²
Berlin	101,0	102,8	101,8	4,1
Düsseldorf	115,5	143,3	124,1	1,3
Frankfurt	107,3	122,6	114,2	1,4
Hamburg	105,4	121,8	115,6	2,3
München	129,9	153,9	129,9	1,5

Quelle: GfK, HDE, Jones Lang LaSalle, Engel & Völkers und Atisreal

Abb. 17: Mieten Top-Einzelhandelsstandorte

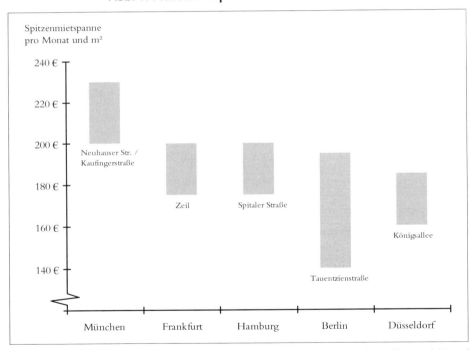

Quelle: eigene Berechnungen nach Jones Lang LaSalle, Engel & Völkers und Atisreal

Abb. 18: Einzelhandelsrelevante Fachbegriffe

Kaufkraftkennziffer	Das Kaufkraftniveau hängt vom Einkommen der Bevölkerung ab, das von der Wirtschaftskraft der Region bestimmt wird. Gemessen wird das Kaufkraftniveau durch die Kaufkraftkennziffer, die relativ zum Bundesdurchschnitt (= 100) dargestellt wird. Hinsichtlich der Verteilung sind ein Süd-Nord- und ein West-Ost-Gefälle zu beobachten.
Umsatzkennziffer	Die Umsatzkennziffern zeigen die regionale Verteilung der Einzelhandelsumsätze in Deutschland auf Basis der Umsatzsteuerstatistiken. Die Umsatzkennziffer gibt das Gewicht einer Region in Bezug zum Gesamtumsatz in Deutschland an; die Umsatzkennziffer pro Kopf verdeutlicht die Abweichung vom Durchschnitt.
Einzelhandelszentralität	Die Zentralitätskennziffer wird aus der Division der Umsatzkennziffer durch die einzelhandelsrelevante Kaufkraft berechnet. Die Einzelhandelszentralität eines Ortes zeigt das Verhältnis der örtlichen Einzelhandelsumsätze zu der am Ort vorhandenen Nachfrage. Wenn die Zentralität einen Wert von über 100 % erreicht, wird Kaufkraft aus dem Umland abgezogen und umgekehrt. Je höher die Zentralität eines Ortes ist, desto höher die Sogkraft auf die Kaufkraft aus dem Umland.

2.3.3 Hotels

Hotels zählen zu den „Paradiesvögeln" unter den Immobilien und sind unteilbare **Betreiberimmobilien**. Typisch sind schwankende Auslastung und hohe Fixkosten aufgrund der personalintensiven Bereitstellung. Erfolgreiche Hotels erreichen eine Zimmerbelegung von über 60 %. Die Pachtquoten liegen je nach Kategorie zwischen 22 bis 27 Prozent des nachhaltigen Umsatzes. Kennzahlen sind **ADR** (average daily room rate) und Auslastungsgrad (occupancy rate). Durch Multiplikation beider Werte ergibt sich der Gesamtertrag Logis je verfügbares Zimmer oder **RevPAR** (revenue per available room). Investitionen in Hotelimmobilien sind **verwaltungsarm** und erfordern langfristige (meist 20-jährige), indexierte Pachtverträge mit bonitätsstarken, renommierten Betreibern.

2.3.4 Freizeitimmobilien

Zu den **Freizeitimmobilien** zählen Fitness-Studios, Freizeit- und Erlebnisparks, Multiplex-Kinos, Opern, Musicaltheater, Urban Entertainment Center, Science Center, Stadien, Arenen, Spaßbäder und Sportanlagen. All diese Anlagen sind in hohem Maße von Konjunktur und **Modetrends** abhängig. Durch oftmals kurze Lebenszyklen sind Nachnutzungsmöglichkeiten zu beachten. Freizeitimmobilien haben in der Regel ein überregionales **Einzugsgebiet,** werden laufend verändert, modernisiert und vor allem beworben, wodurch zusätzliche Kosten entstehen. Investoren bevorzugen multifunktionelle, nutzungsflexible Objekte.

2.3.5 Sozialimmobilien

Seniorenimmobilien, Kliniken und ähnliche Einrichtungen sind Betreiberimmobilien. Beispiele sind Wohn- und Pflegeheime, Reha-Kliniken oder Senioren-Residenzen. Der Erfolg hängt unmittelbar mit Leistung des Betreibers zusammen. Zudem sind bei der Betreuung älterer Menschen umfangreiche gesetzliche Rahmenbedingungen zu berücksichtigen. Eingeschränkte Drittverwendungsfähigkeit und mögliche Änderung der gesetzlichen Rahmenbedingungen (Heimgesetz und Pflegeversicherung) sind zu beachten.

2.3.6 Logistikimmobilien

Die Logistikbranche befindet sich im Umbruch. Gut vermietete **Logistikimmobilien** werden zunehmend als Investmentchance mit stabilen Cashflows und überdurchschnittlichen Renditen wahrgenommen. Die fortschreitende Vernetzung der Produktionsprozesse zwingt die Unternehmen ihre Immobilienkonzepte anzupassen. Lagerbestände werden reduziert. Moderne Zentrallager garantieren hohe Umschlaggeschwindigkeiten und ersetzen sukzessive Regionallager. Erfolgsfaktoren sind optimale Verkehrsanbindung, kostengünstige Flächenbereitstellung und flexible Nutzungskonzepte.

3. Anlageformen im Überblick

3.1 Direkte und indirekte Anlage

Investoren haben grundsätzlich die Wahl zwischen der Direktanlage in Immobilien und indirekten Anlageformen.

Mit dem **direkten Kauf** einer oder mehrerer Immobilien wird das rechtliche und wirtschaftliche Eigentum mit allen Rechten und Pflichten erworben. Vorteil ist die uneingeschränkte Kontrolle über die Immobilie. Einnahmen, die durch die Immobilie erzielt werden, oder Wertsteigerungen kommen dem Investor direkt zugute. Von Nachteil sind die **Transaktionskosten**: Grunderwerbsteuer (3,5 %), Notar- und Grundbuchgebühren (1,0 bis 1,5 %), ggf. Maklerprovisionen sowie Kosten für Kapitalbeschaffung oder Projektentwicklung. Außerdem erfordert der direkte Erwerb einer Immobilie einen hohen **Kapitaleinsatz**. Gerade bei Gewerbeimmobilien ist daher ein direkter Erwerb für durchschnittliche Privatanleger finanziell kaum möglich. Durch die hohe Kapitalbindung entstehen Klumpenrisiken. Weitere Nachteile sind der **Verwaltungsaufwand** für die Bewirtschaftung der Immobilie und das Leerstandsrisiko gerade bei Wohnungen.

Mit einer **indirekten Immobilienanlage** erwirbt der Investor kein direktes Immobilieneigentum. Vielmehr stellt er sein Kapital einem professionellen Marktteilnehmer zur Verfügung. Dieser legt das Kapital dann in Immobilien an. Hierfür gibt es in Deutschland drei klassische Anlagevehikel: offene und geschlossene Immobilienfonds und Immobilien-Aktiengesellschaften. Diese zählen zu den institutionellen Investoren. Weitere Produkte wie Projektentwicklungsfonds, Immobilienhandelsfonds, Opportunity Fonds oder Zertifikate sind (noch) von nachrangiger Bedeutung.

Im Vergleich zur Direktanlage sind indirekte Anlagen **fungibler** und **pflegeleichter**. Die Transaktionskosten sind niedriger und eine Beteiligung ist schon mit geringen Beträgen möglich. Dies eröffnet dem breiten Publikum den Zugang zur Immobilienanlage. Der Markt ist durch eine wachsende Nachfrage nach indirekten Immobilienanlageformen gekennzeichnet. Bevorzugtes Produkt der privaten Anleger war in den letzten Jahren der offene Immobilienfonds und bei den institutionellen Anleger der Immobilien-Spezialfonds. Vorteile der indirekten Immobilienanlage sind neben hoher Fungibilität, ein geringer Kapitaleinsatz, Diversifikation und nicht zuletzt die Arbeitserleichterung durch die Abgabe der Managementfunktion.

Langfristig ist ein anhaltender **Trend zu Immobilienanlageprodukten** zu erwarten. Die jährlichem Mittelzuflüsse von institutionellen Investoren für indirekte Anlageprodukte bis 2010 werden auf durchschnittlich 1,7 Mrd. € jährlich geschätzt (ohne ausländische Investoren). Die Immobilienquoten werden steigen. Zwei Drittel des Mittelzuflusses wird von **Versicherungen**, ein Drittel von Pensionskassen und Versorgungswerken erwartet. Zunehmend nutzen ausländische Investoren deutsche Vehikel für internationale Investments. Dies begünstigt den Markteintritt neuer Wettbewerber und eine weitere Internationalisierung.

Abb. 19: Produktpräferenzen institutioneller Investoren

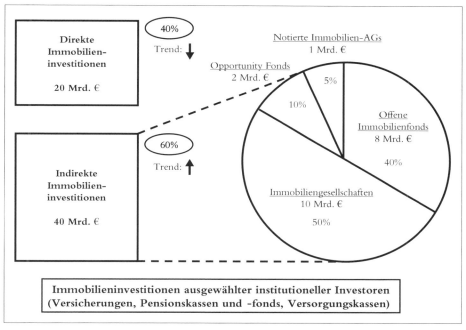

Quelle: Ernst & Young

3.2 Retail und Institutional Products

Retail Products sind für **private Kapitalanleger** (Endverbraucher) konzipiert. Typische Erfolgsfaktoren sind kleine Stückelung, hohe Fungibilität, breite Auswahl marktgängiger Produktvarianten und Steuerorientierung.

Institutional Products werden für **institutionelle Investoren** konzipiert. Erfolgsfaktoren sind Performance und Diversifikation. In beiden Segmenten gibt es (noch) zu wenige **zielgruppenspezifische Produkte**. Die Aktien- und Bondmärkte können hier als Vorbild dienen. In den kommenden Jahren wird sich deshalb mit hoher Wahrscheinlichkeit die Produktpalette spürbar vergrößern. Marktbreite und Markttiefe werden zunehmen.

Abb. 20: Rendite-Risiko-Cluster bei Immobilienanlageprodukten

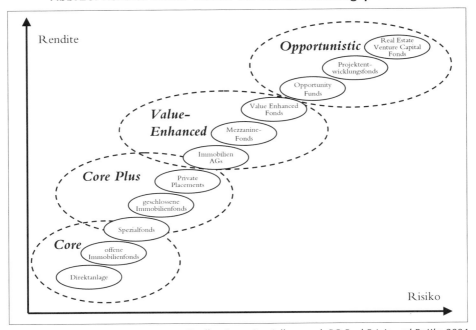

Quelle: eigene Darstellung nach DB Real Estate und Rottke 2004

3.3 Ausgewählte Immobilienprodukte

3.3.1 Geschlossene Immobilienfonds

Geschlossene Immobilienfonds (closed–end fund) sind durch ein vorab festgelegtes Fondsvolumen definiert, mit dem eine oder mehrere Immobilien erworben werden. Nach vollständiger Platzierung des benötigten Beteiligungskapitals wird der Fonds **geschlossen**. Fondsobjekte und Vertragswerk sind im **Emissionsprospekt** ausführlich beschrieben und dem Investor zum Zeichnungszeitpunkt bekannt. Die Prospekterstellung unterliegt keinen gesetzlichen Regelungen. Eine Hilfestellung bieten die Richtlinie IDW S 4 vom Institut der Wirtschaftsprüfer (www.idw.de) oder die Prospektierungsvorgaben vom VGI Verband der Initiatoren geschlossener Immobilienfonds (www.vgi-online.de).

Ein geschlossener Fonds hat die Rechtsform einer **Personengesellschaft** (GmbH & Co. KG oder GbR). Üblich sind 50 bis 250 Mio. €. Beteiligungskapital (Zeichnungskapital). Die Mindestbeteiligung für Privatanleger beginnt in der Regel bei 10.000 bis 50.000 €. Entscheidend ist die Erzielung eines steuerlichen Totalgewinns, weshalb die geplante Laufzeit des Fonds bei mindestens 8 bis 10 Jahren liegt, üblich sind rund 20 Jahre. Ein Verkauf der Fondsanteile ist prinzipiell jederzeit möglich. Weil kein initiatoren- und vertriebsunabhängiger Zweitmarkt existiert, ist die **Fungibilität begrenzt**. Eine laufende Wertermittlung findet nicht statt.

Die Personengesellschaft (KG) besteht aus unbeschränkt haftenden Komplementären und beschränkt haftenden **Kommanditisten**, die sich entweder direkt

(Direktkommanditist) oder aus organisatorischen Gründen über einen Treuhänder (Treuhandkommanditist) beteiligen. Durch die GmbH als Komplementärin wird die Haftung bei einer GmbH & Co. KG eingeschränkt. Die Haftung der Kommanditisten ist auf deren Einlage begrenzt. Eine Nachschusspflicht wird in der Regel ausgeschlossen. Die Fondsgesellschaft kann als Vermögen verwaltende oder gewerblich tätige Personengesellschaft konzipiert werden.

Die gesondert festgestellten Einkünfte der Fondsgesellschaft werden den Gesellschaftern als **steuerliches Ergebnis** direkt zugerechnet. Sofern die GmbH & Co. KG weder gewerblich tätig noch gewerblich geprägt ist, werden Einkünfte aus Vermietung und Verpachtung erzielt. Beteiligte Kapitalgesellschaften erzielen gewerbliche Einkünfte. Die Besteuerung erfolgt auf Ebene der einzelnen Gesellschafter. Verluste sind mit anderen Einkünften (ggf. beschränkt) verrechenbar. Steuerlich relevant das steuerliche Ergebnis des Fonds. Die **Ausschüttung** bezeichnet die (steuerfreien) Zahlungen an die Gesellschafter. Aufgrund der bisherigen Spekulationsfrist von 10 Jahren betrug der Anlagehorizont für Privatanleger mindestens 10 Jahre und ist von der Erzielung eines steuerlichen Totalgewinns abhängig. Veräußerungsgewinne im Privatvermögen sind dann steuerfrei, im Betriebsvermögen dagegen grundsätzlich steuerpflichtig.

Vertriebskosten werden mit 10 bis 15% bezogen auf das platzierte Eigenkapital kalkuliert. Dazu kommen Kosten für Konzeption, Treuhänder, laufende Verwaltung und die Marge des Initiators. Insgesamt liegen die **weichen Kosten** bei 20 bis 25% bezogen auf das platzierte Eigenkapital. Der Anteil der weichen Kosten am Fondsvolumen sollte bei 10 bis 15% liegen und auch bei reinen Eigenkapitalfonds 25% nicht überschreiten.

Der geschlossene Immobilienfonds kam mit der Sonderabschreibung Ost in den 90er Jahren zur vollen Blüte. Spitzenverdiener finanzierten den Löwenanteil der Beteiligung über die Steuerersparnis. Unabhängig von der Qualität der Immobilien wurden die Fonds mit den höchsten **Verlustzuweisungen** am meisten nachgefragt. Viele Investoren haben damals Kapital verloren.

Geschlossene Fonds sind bei Privatanlegern und institutionellen Investoren akzeptiert. Institutionelle Anleger wählen geschlossene Immobilienfonds, weil diese eine sichere Anlage für den **Deckungsstock** darstellen. Daher ist die Eignung des Fonds für den Deckungsstock von Bedeutung. **Als Deckungsstock** wird das gesonderte Vermögen eines Versicherungsunternehmens bezeichnet, durch das die Ansprüche der Versicherungsnehmer gesichert werden und auf das andere Gläubiger keinen Zugriff haben. Bedingt durch Einsparungen beim Vertrieb und der laufende Anlegerverwaltung werden höhere Renditen als bei Publikumsfonds erreicht.

Das **kumulierte Eigenkapitalvolumen** der geschlossenen Immobilienfonds erreicht Ende 2004 **rund 171 Mrd. €**, davon waren rund 80% in deutsche Immobilien investiert. Im Jahr 2004 wurde Eigenkapital in Höhe von 5,3 Mrd. € in geschlossene Immobilienfonds investiert. Davon entfielen 42% auf deutsche Immobilien. 58% wurden im Ausland platziert. Hauptzielländer sind die USA und Kanada mit Eigenkapitalzuflüssen in Höhe von 1,8 Mrd. €. Für die Zukunft sind mehr internationale Produkte und steigende Auslandsanteile zu erwarten. Die durchschnittliche **Zeichnungssumme** der rund 250.000 Zeichner lag bei 37.500 €. Zwei Drittel der Fondsanteile wurden über Kreditinstitute vertrieben. Die 10 umsatzstärksten Initiatoren platzierten 52% des Eigenkapitals. Weitere 20 Initiatoren teilen sich den restlichen Markt. Weitere 120 Marktteilnehmer konnten minimale oder keine Umsätze verbuchen. Aktuelle Daten sind bei www.loipfinger.de und www.scope.de zu finden.

3.3.2 Offene Immobilienfonds

Ein **offener Immobilienfonds** (open-end fund) ist ein rechtlich unselbständiges **Immobilien-Sondervermögen** und wird von einer **Kapitalanlagegesellschaft (KAG)** getrennt von ihrem eigenen Vermögen als verwaltet. Die KAG wird neu oder als weiteres Sondervermögen einer bestehenden KAG gegründet. Für das Immobilien-Sondervermögen müssen bestimmte Anlagevorschriften eingehalten werden. Daher werden offene Immobilienfonds von der **Bundesanstalt für Finanzdienstleistungsaufsicht (BaFin)** überwacht. Die Zahl der Anleger und der erworbenen Immobilien ist nach oben hin **offen**. Beteiligungen sind ab einem Betrag von 50 € möglich. In den Sondervermögen befinden sich meist mehr als 50 Immobilien. Ein Erfolgsfaktor ist die **hohe Fungibilität** des offenen Immobilienfonds. Durch die (in der Regel) jederzeitige Rücknahmeverpflichtung der Anteilsscheine, die börsentägliche Anteilspreisermittlung und die halbjährliche Publizitätspflicht eine hohe Marktakzeptanz erreicht wird. Nachteilig sind die kosten- und zeitintensive Gründung (Sondervermögen, ggf. KAG). **Einwertungsgewinne** – von einigen Zeitgenossen als unseriös bezeichnet – entstehen, wenn die Gutachter des Fonds zu dem Ergebnis kommen, dass der Marktwert der Immobilie höher ist als der soeben bezahlte Kaufpreis.

Die KAG unterliegt den **Besteuerungsgrundsätzen** einer Kapitalgesellschaft. Das Sondervermögen gilt nach dem Körperschaftssteuergesetz (KStG) als Zweckvermögen und ist von Ertragsteuern (KSt/GewSt) befreit (Transparenzprinzip). Jedoch ist **Quellensteuer** (KESt/ZASt) auf Ausschüttungen oder Thesaurierungen von Erträgen ist zu entrichten. Investoren erhalten einen Teil der Ausschüttung steuerfrei. Erträge der Anteilscheininhaber aus Anteilen am Sondervermögen (Fonds), die im Privatvermögen gehalten werden, sind Einkünfte aus Kapitalvermögen. Werden die Anteile im Betriebsvermögen gehalten, liegen Einkünfte aus Gewerbebetrieb vor. Bei Übertragung der Grundstücke an das Sondervermögen fällt Grunderwerbsteuer (GrESt) an. Die Übertragung der Anteilscheine löst keine GrESt aus.

Offene Immobilienfonds werden seit 1959 aufgelegt. Lange Zeit wurde vorwiegend in **deutsche Büroimmobilien** investiert. Die Risiko- und Renditedifferenz zwischen den einzelnen Fonds war gering. Anfang der 90-er Jahre wurden europäische Märkte erschlossen. Heute stehen hauptsächlich ausländische Immobilien auf der Kaufliste. Im Ausland sind die Mietanfangs-Renditen oftmals höher als in Deutschland, allerdings auch die damit verbundenen Risiken. Die fremden Märkte unterliegen höheren Schwankungen. Oftmals fehlt den Fonds noch das lokale Know-how. Hinzu kommen Währungsrisiken außerhalb der Eurozone.

16 Marktteilnehmer haben bis Ende 2004 insgesamt **30 offene Immobilienfonds** aufgelegt. Zwei Drittel der Mittel konzentrieren sich auf vier Kapitalanlagegesellschaften. Das kumulierte Mittelaufkommen der offenen Immobilienfonds liegt bei **87,2 Mrd. €**, davon waren 31% in deutsche und 49% in ausländische Immobilien investiert. Vorzugsstandorte sind London und Paris. Die durchschnittliche

Liquiditätsquote lag bei 20%, ist aber sehr ungleich über die einzelnen Fonds verteilt. Insgesamt wurden 2004 rund 3,1 Mrd. € in offene Fonds investiert. Marktdaten liefert der BVI Bundesverband Investment und Asset Management e.V. (www.bvi.de).

3.3.3 Spezialfonds

Spezialfonds werden als Produktvariation des offenen Immobilienfonds für institutionelle Anlegergruppen aufgelegt. An einem Spezialfonds dürfen **maximal 30 nicht–natürliche Personen** beteiligt sein. Auf eine gesonderte Darstellung wird hier verzichtet, weil sie weitgehend der gleichen Systematik wie offene Fonds unterliegen.

Versicherungen und Pensionskassen legen in Immobilien-Spezialfonds wegen der **Deckungsstockfähigkeit** an. Trotz ihrer Bilanzierung als Wertpapiere werden Spezialfonds der Immobilienquote zugerechnet. Die Objekte werden nicht abgeschrieben, sondern mit ihren Zeitwerten erfasst. Die tatsächlich erzielten Renditen werden ohne Minderung durch Abschreibungen ausgewiesen.

Für Spezialfonds sprechen **Kostenvorteile**, weil Direktanlagen gerade bei geringer Immobilienquote einen hohen Verwaltungsaufwand verursachen. Zudem wird durch die Managementgebühr eine Kostensicherheit erzeugt. Fördernd wird sich die im Gespräch befindliche grunderwerbsteuerfreie Übertragung von Direktanlagen in einen Spezialfonds auswirken. Für die Zukunft kann den Spezialfonds ein **erhebliches Wachstumspotenzial** bescheinigt werden.

Per 30.12.2004 haben 17 Marktteilnehmer alles in allem **72 Immobilien–Spezialfonds** aufgelegt, an denen 287 institutionelle Anleger beteiligt sind. Das kumulierte Mittelaufkommen der Spezialfonds liegt bei **13,9 Mrd. €**, davon entfallen 36% auf den Marktführer OIK (IVG). Die Mittelzuflüsse lagen 2004 bei 1,1 Mrd. €. Aktuelle Marktdaten siehe BVI.

3.3.4 Immobilien–Aktiengesellschaften

Eine weitere Anlageform sind **Immobilienaktien**. Darunter werden Anteile an Unternehmen verstanden, die ihre Erträge aus Immobiliengeschäften erzielen. Die deutschen **Immobilien-Aktiengesellschaften** sind aus Unternehmen entstanden, die das bisherige Kerngeschäft nicht mehr betreiben und/oder über umfangreichen Immobilienbesitz verfügen. Anfang der 90er Jahre waren vermehrt Neugründungen zu beobachten.

Immobilieaktien kombinieren die Vorteile der Immobilie (Sicherheit) mit denen der Aktie (Liquidität) und schaffen so einen **fungiblen, börsenbewerteten Immobilienbesitz**. Dieser zeichnet sich durch geringe Transaktionskosten, kleine Stückelungen, hohe Transparenz und internationale Akzeptanz aus. Aktien können ab einem Wert von einem Euro ausgegeben werden. Damit können sich auch Kleinanleger beteiligen. Zudem sind die Spekulationsfristen bei Aktien kürzer als bei Direktanlagen in Immobilien. Von Nachteil sind der **geringe Streubesitz** (Free Float) und die – anders als in den USA, Großbritannien oder Frankreich – geringe Marktbedeutung (< 1%). Bei der Bewertung von Aktiengesellschaften mit Immobilienbeständen kommt dem **Net Asset Value (NAV)** eine wichtige Rolle zu:

	Verkehrswert der Immobilien
+	Wert sonstiger Vermögensgegenstände
–	Fremdkapital
–	Overheadkosten (kapitalisiert)
=	Net Asset Value (NAV)

Immobiliengesellschaften werden in Deutschland meistens mit einem **Discount** (Abschlag) auf den Substanzwert gehandelt. Dadurch wird ein Ausgleich für die im Veräußerungsfall durch die vermutete Hebung stiller Reserven verursachten Steuern geschaffen. Je höher die stillen Reserven, desto höher ist der Abschlag.

Als Beteiligungsgesellschaft kann auch eine **GmbH-Struktur** gewählt werden, wenn sich beispielsweise wenige Anleger (z.B. ausländische Investoren) mit hohem Kapitalvolumen beteiligen. Die GmbH ist die am wenigsten aufwändige Form der Kapitalgesellschaft, während die AG an strenge formale Erfordernisse gebunden ist. Für Übertragung der GmbH-Anteile ist ein notarieller Vertrag erforderlich, für die Übertragung von Aktien existieren keine besonderen Formvorschriften. Die Haftung der Gesellschafter beschränkt sich in beiden Fällen auf ihre Einlage.

Die Einkünfte der jeweiligen Kapitalgesellschaft sind gewerblich und unterliegen auf Ebene der Gesellschaft der **Körperschaftsteuer** und der **Gewerbesteuer** (Ausnahme: Erweiterte Kürzung). Ausschüttungen an Privatanleger unterliegen dem Halbeinkünfteverfahren. Ausschüttungen an beteiligte Kapitalgesellschaften sind steuerfrei. Veräußerungsgewinne beim Verkauf der Immobilie sind auf der Ebene der Kapitalgesellschaft steuerpflichtig. Die Veräußerung der Anteile ist für Privatanleger steuerfrei, wenn die Veräußerung außerhalb der Spekulationsfrist erfolgt und die Beteiligung unter 1% liegt. Bei Veräußerung innerhalb der Spekulationsfrist oder Beteiligung von mindestens 1% greift das Halbeinkünfteverfahren. Bei Erwerb der Immobilie durch Kapitalgesellschaft fällt Grunderwerbsteuer an. Obwohl Immobilien-Aktien eine höhere Korrelation zu Immobilien als zu Aktien aufweisen, werden sie auf die Aktienquote von Versicherungsgesellschaften angerechnet.

Vom Bankhaus Ellwanger & Geiger wurde 1995 der **DIMAX** als Index für deutsche Immobilienaktiengesellschaften aufgelegt (31.12.1988 = 100). Er setzt sich derzeit aus 45 Titeln zusammen. Die Gewichtung der einzelnen Titel erfolgt nach der Marktkapitalisierung der Gesellschaften. Der Indexstand wird börsentäglich auf der Basis der Kassakurse ermittelt. Die Zuordnung als Immobilienaktie und die Aufnahme in den Index erfolgt, wenn von Umsatz und Ertrag mindestens **75 % aus den Immobiliengeschäft** stammt. Dazu zählen Immobilienhandel, Vermietung und Verpachtung, Immobilienverwaltung, Projektentwicklung und Immobilienberatung. Die **Marktkapitalisierung** (Börsenwert) der im DIMAX gelisteten Papiere beträgt **5,7 Mrd. €** per 31.12.2004. Dabei zeigt sich eine starke Konzentration auf wenige große Marktteilnehmer. Das größte Unternehmen erreicht einen Anteil von fast 20%, auf die Top Five entfällt die Hälfte des Marktwertes.

Ein erwähnenswerter Performance-Index für Immobilien (nicht AGs!) ist der von der DID Deutschen Immobilien Datenbank entwickelte **DIX Deutscher Im-**

mobilien Index. Der Wert des DIX wird in einer seit 1995 jährlich durchgeführten Auswertung von Immobilienerträgen und Wertentwicklungen festgestellt und seit 1998 auch veröffentlicht. Die dazu notwendigen Informationen werden von institutionellen Investoren zur Verfügung gestellt. Ende 2003 waren rund 2.300 **deutsche Bestandsimmobilien** mit einem Verkehrswert von fast 35 Mrd. € im DIX erfasst. Der Nachteil des DIX ist, dass nur etwa ein Drittel des Immobilienmarktes berücksichtigt wird.

Bedeutende **internationale Immobilienindices** sind: EPRA Index (European Public Real Estate Association), EPRA/NAREIT Index, E&G EPIX European Property Stock Index, Salomon Smith Barney World Equity Index Property und GPR 15 Europe/GPR General.

3.3.5 Real Estate Investment Trusts

Ein **Real Estate Investment Trust (REIT)** ist eine börsennotierte US-Aktiengesellschaft. REITs gibt es seit 1960. REITs sind zu mindestens 75 % in Immobilien investiert und generieren mindestens 75 % der Bruttogewinne aus Immobiliengeschäften. Die Zahl der Aktionäre muss mindestens 100 betragen. Ferner dürfen nicht mehr als 50 % der Aktien von fünf oder weniger Investoren gehalten werden. Es werden **Equity-REITs** (Management/Entwicklung), **Mortgage-REITs** (Immobilienkredite) und **Hybrid-REITs** (Mischform) unterschieden. Ferner gibt es REIT-Fonds.

Derzeit sind an den US-Börsen ungefähr 180 Gesellschaften mit einem Börsenwert von **rund 400 Mrd. Dollar** gehandelt. Etwa 20 weitere REITs sind gelistet, werden aber nicht gehandelt. Darüber hinaus existieren über 800 nicht gelistete REITs. Im Allgemeinen erwirtschaften REITs eine Durchschnittsrendite von **über 12 %** und haben **geringe Kursschwankungen**.

REITs werden voraussichtlich ab 2006 die deutsche Produktpalette ergänzen, erfordern jedoch noch einige Weichenstellungen für die erfolgreiche Einführung. Unterschiede zu den offenen Fonds bestehen beispielsweise hinsichtlich der Bewertung der Vermögensgegenstände oder im Rendite-Risiko-Profil.

3.3.6 Opportunity Fonds

Real Estate Opportunity Funds etablieren sich zunehmend am internationalen Immobilienmarkt. Die noch relativ junge Fondsklasse stellt für die Immobilienbranche das Gegenstück zu den Private-Equity-Fonds bei Unternehmensbeteiligungen dar. Opportunity Funds kalkulieren mit einer Eigenkapitalrendite von rund 20 Prozent bei einer Haltedauer von etwa fünf Jahren. Bevorzugt wird der Erwerb von **Bestandsimmobilien**. Der Ertrag ergibt sich aus der Optimierung des Bestandes durch aktives Miet- und Verwaltungsmanagement, Nutzung von Baureserven und Durchführung von Privatisierungsaktivitäten. Investiert wird grundsätzlich in allen Lagen und oft weit mehr als 100 Mio. €.

Abb. 21: Entwicklung der Immobilienanlageprodukte im Vergleich

Offene Immobilienfonds	Offene Immobilienfonds	Geschlossene
- Publikumsfonds -	- Spezialfonds -	Immobilienfonds

M i t t e l z u f l ü s s e   i n   M r d .   E u r o

Publikumsfonds: 2,4 / 7,5 / -2,8 / 7,3 / 14,9 / 13,7 / 3,1 ('98 '99 '00 '01 '02 '03 '04)

Spezialfonds: 0,6 / 1,7 / 1,7 / 2,4 / 2,9 / 1,5 / 1,1 ('98 '99 '00 '01 '02 '03 '04)

Geschlossene: 5,2 / 5,1 / 3,8 / 3,6 / 4,7 / 4,8 / 5,3 ('98 '99 '00 '01 '02 '03 '04)

I m m o b i l i e n b e s t ä n d e   i n   M r d .   E u r o   (2 0 0 4)

87,2 Mrd. Euro   13,9 Mrd. Euro   ~ 171 Mrd. Euro

○ Cash   ■ Deutsche Immobilien   □ Internationale Immobilien

Quelle: eigene Berechnungen nach BVI, Loipfinger und Scope Group

3.3.7 Genereller Vergleich

Merkmale direkter und indirekter Kapitalanlageformen

Merkmale	Direktanlage	Indirekte Anlageformen		
		Geschlossener Immobilienfonds	Offener Immobilienfonds (Spezialfonds)	Immobilien AG
Geschäftszweck und Rechtskon-struktion	Direkteigentum an Immobilien zum Zweck der Selbst-nutzung oder als Kapitalanlage (Per-sonengesellschaft, evtl. Objektgesell-schaft)	Erwerb, Bau und Verwaltung von Immobilien (GbR oder KG) KG ist Eigentümer, Anleger ist Kom-manditist (direkt oder über Treu-händer) GbR ist Eigentümer als Treuhänderin für Anlegerge-meinschaft	Rechtlich unselbst-ändiges Immobili-en-Sondervermö-gen, das von einer KAG (AG oder GmbH) verwaltet wird KAG legt im eige-nen Namen für gemeinschaftliche Rechnung der An-leger an	Anleger wird Ak-tionär einer bör-sennotierten AG (mind. 75 % der Umsätze/Erträge aus Immobilienge-schäften), die Ei-gentümerin des Immobilien ist (di-rekt oder indirekt über Objektgesell-schaften)
Kapital	Nicht geregelt	Geschlossen (nach Vollplatzierung des Fonds), Urkunde	Offen (keine Be-schränkung der Fondsvolumen), Wertpapier	Stufenweise durch Kapitalerhöhung, Namens- oder In-haberaktien

Merkmale	Direktanlage	Indirekte Anlageformen		
		Geschlossener Immobilienfonds	Offener Immobilienfonds (Spezialfonds)	Immobilien AG
Beleihung	Ja	Bedingt möglich, wegen Fremdfinanzierung auf Fondsebene	Ja	Ja
Fungibilität	Gering, objektabhängig (Marktsituation, Lage, Qualität, Nutzungsart usw.), hohe Transaktionskosten	Fondsabhängig und individuelle Transaktionen	Börsentäglich, gesetzliche Rücknahmeverpflichtung durch KAG (zeitliche Verzögerung ggf. zulässig)	Börsentäglicher Handel
Anlegerhaftung	Keine Haftungsbeschränkung	KG: Komplementäre unbeschränkt, Kommanditisten bis zur Höhe ihrer Kapitaleinlage GbR: von Rechts wegen unbeschränkt, durch Haftungsbeschränkung oder Treuhandkonstruktion vermeidbar	Auf investiertes Kapital beschränkt	Auf investiertes Kapital beschränkt
Anlegerschutz	Evtl. MaBV bei Erwerb durch Bauträger	Kaum gesetzliche Regelungen und Prospekthaftung	Gesetzliche Regelungen und Prospekthaftung	Gesetzliche Regelungen und Prospekthaftung
Wertermittlung von Anteilen und Immobilien	Individuelle Immobilienbewertung (Kauf, Verkauf, Beleihung)	Individuelle Anteilsbewertung (meist bei Verkauf durch Schätzung)	Ausgabe- und Rücknahmepreise börsentäglich, Immobilienbestand jährlich durch Sachverständigenausschuss oder bei An- und Verkäufen	Börsenbewertung durch Aktienkurs, Besonderheit: NAV-Problem, Verkehrswerte teilweise im Geschäftsbericht publiziert
Transparenz	Keine Publizitätspflicht	Regelt Gesellschaftsvertrag, meist jährliche Reports Buchführungs-, Bilanzierungspflicht (KG)	Halbjahres- und Jahresbericht, diverse Meldungspflichten	Jährlicher Geschäftsbericht, Quartalsberichte
Risikofaktoren	Objektrisiko, Diversifikation von Portfoliogröße abhängig	Initiatorenrisiko, geringe Diversifikation	Bewertungs- und Liquiditätsrisiko, hohe Diversifikation	Aktienrisiko, mittlere bis hohe Diversifikation
Angebot (per 31.12.2004)	k.A.	Mehr als 120 Initiatoren, davon etwa 25 marktrelevant, bislang ca. 4.000 Fonds auf dem Markt platziert	30 offene Fonds durch 16 KAG aufgelegt 72 Spezialfonds durch 17 KAG aufgelegt	45 (DIMAX), davon etwa ein Dutzend marktrelevant

Merkmale	Direktanlage	Indirekte Anlageformen		
		Geschlossener Immobilienfonds	Offener Immobilienfonds (Spezialfonds)	Immobilien AG
Nachfrage (per 31.12.2004)	k.A.	3 bis 4 Mio. Beteiligungen (Schätzung) 171 Mrd. Euro Fondsvolumen	87,2 Mrd. Euro Fondsvolumen (offene Fonds) 287 beteiligte Institutionelle Investoren, 13,9 Mrd. Euro Fondsvolumen, (Spezialfonds)	5,7 Mrd. Euro Marktkapitalisierung (DIMAX) Geringer Streubesitz

Quelle: eigene Darstellung

Abb. 22: Immobilientypen und ihre generelle Eignung für Immobilienanlageprodukte

Immobilientyp	Optimale Laufzeit der Mietverträge	Wertsteigerungschance	Risiko	Offene Immobilienfonds	Geschlossene Immobilienfonds	Immobilien-AG
Büro ★	kurz- bis mittelfristig	mittel bis hoch	gering bis mittel	+	+	+/−
Büro	mittel- bis langfristig	gering	gering bis hoch	+/−	+	+/−
Einzelhandel 1a-Lage	mittelfristig	mittel bis hoch	gering	+	−	−
Einzelhandel B-Lage	langfristig	gering	gering bis hoch	+/−	+	+/−
Shopping Center ★	kurz- bis mittelfristig	mittel bis hoch	mittel	+	−	+/−
Shopping Center	mittelfristig, Ankermieter: langfristig	gering	mittel bis sehr hoch	+/−	+/−	−
Hotel ★	langfristig	mittel bis hoch	gering bis mittel	+/−	+	+/−
Hotel	mittel- bis langfristig	gering bis mittel	mittel bis sehr hoch	+/−	+	+/−
Logistik	mittel- bis langfristig	gering	mittel bis sehr hoch	+/−	+	+/−
Spezial ★	mittel- bis langfristig	mittel bis hoch	mittel bis hoch	+	+/−	+/−
Spezial	langfristig	gering	mittel bis sehr hoch	+/−	+/−	+
Wohnen	Mietrecht !	gering	gering	+/−	+/−	+/−

Legende: + = geeignet, +/− = bedingt geeignet, − = nicht geeignet, ★ = exklusive, nicht duplizierbare Lage

Quelle: erweiterte Darstellung nach Bone-Winkel/Schulte/Sotelo, 2005, 702 ff.

Abb. 23: Vergleich der Immobilienanlageprodukte nach Anlagekriterien

Anlagekriterium	Offener Immobilienfonds	Geschlossener Immobilienfonds	Immobilien-AG
Anlagehorizont	mittel- bis langfristig	langfristig	kurz-, mittel- und langfristig
Mindestbeteiligung	< 100 Euro	ab 10.000 Euro	1 Aktie (z.B. IVG = 14 Euro)
Veräußerbarkeit	börsentäglich, standardisiert	individueller Einzelverkauf	börsentäglich, standardisiert
Risikostreuung	ja	nein	ja
Möglichkeit der Risikoübernahme und –finanzierung	nein	nein	ja
Möglichkeit der Finanzierung von Wertentwicklungs- potenzialen	ja	nein	nein
Transparenz der Wertentwicklung	hoch	gering	gering
Haftung über das Anlagekapital hinaus	nein	i. d. R. nein (evtl. steuerrechtlich)	nein
Direkte Einfluss- und Kontrollorgane	keine	Gesellschafter- versammlung	Hauptversammlung

Quelle: modifizierte Darstellung nach Bone-Winkel/Schulte/Sotelo, 2005, 700 ff.

Für einen generellen Vergleich der Anlageformen werden oben drei tabellarische Übersichtsdarstellungen gewählt. Zunächst werden die **Merkmale** der Direktanlage in Immobilien denen der klassischen Immobilienanlageprodukte (offene und geschlossene Fonds sowie Immobilienaktien) gegenübergestellt. Dabei zeigen sich signifikante Unterschiede zwischen den Anlageformen etwa hinsichtlich der rechtlichen Konstruktion.

Die **Immobilientypen** (Nutzungsarten) spielen ebenso wie Lage und Standort eine wichtige Rolle bei der Auswahl von Immobilien für bestimmte Produkte. Für jede Anlageform gibt es mehr oder weniger gut geeignete Nutzungsarten und Lagen. Ergänzend wird in der Übersicht eine Empfehlung für die optimale Laufzeit der Mietverträge sowie eine grobe Abschätzung zum Ausmaß von Chancen und Risiken angeboten.

Aus der Sicht eines Investors sind weniger die Merkmale der Immobilienanlageform oder die darin gebündelten Nutzungstypen oder Lagen von Bedeutung, sondern vor allem der Erfüllungsgrad im Hinblick auf die individuellen **Anlagekriterien- und ziele**.

4. Immobilieninvestoren im Überblick

4.1 Investorengruppen

Die Abbildung zeigt die Unterscheidung zwischen Privatinvestoren und institutionellen Investorengruppen.

Abb. 24: Systematisierung der Immobilieninvestoren

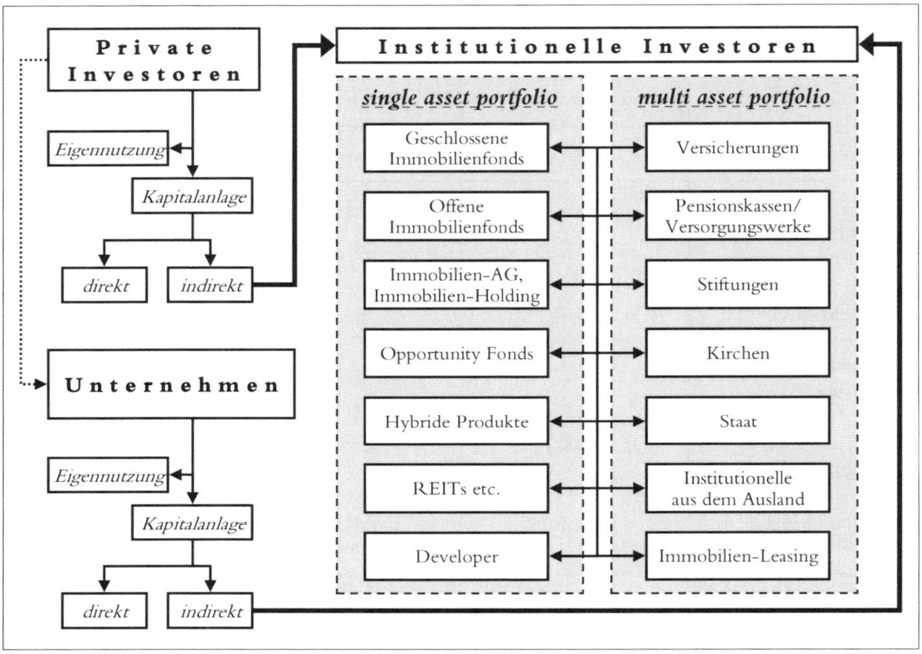

Quelle: modifizierte und erweiterte Darstellung nach Bone-Winkel 1996, 671

4.2 Private Investoren

Eigener Immobilienbesitz ist in Deutschland eine beliebte Anlageform vor allem für mittlere und größere Privatvermögen. Wertsteigerungen und Steuervergünstigen ermöglichen einen kontinuierlichen **Vermögensaufbau**. Allerdings ergeben sich Probleme, wenn das vorhandene Kapital nur für den Erwerb eines Einzelobjektes ausreicht, bei dem der Ertrag von einem Mieter abhängig ist. Häufig wird auch die Verwaltung aus zeitlichen oder fachlichen Gründen zum Ärgernis. Und bei Arbeitslosigkeit oder Scheidung wird die Liegenschaft manchmal vorzeitig veräußert oder zwangsweise liquidiert.

Private Investoren erwerben insbesondere Wohnimmobilien für den eigenen Bedarf oder als Kapitalanlage. 43 % der **Wohnungen** werden von den Eigentümern selbst genutzt, 37 % befinden sich im Besitz von privaten Kapitalanlegern. Nur 20 % sind im Bestand gewerblicher Vermieter. Bevorzugte Anlageobjekte sind Eigentumswohnungen, Wohn- und Geschäftshäuser sowie kleinere Gewerbeobjekte. Die selbst genutzte Immobilie stellt eine Sonderform der Vermögensanlage dar, bei der immaterielle Motive im Vordergrund stehen. Daneben haben private Investoren im Jahr 2004 über 8,4 Mrd. € in **Immobilienfonds** angelegt: rund 3,1 Mrd. € in offene Immobilienfonds und 5,3 Mrd. € in geschlossene Immobilienfonds. Weitere Immobilienprodukte sind von untergeordneter Bedeutung.

Die heterogene Schar der privaten Investoren unterscheidet sich speziell hinsichtlich Investitionsvolumina und Professionalität, die mit zunehmendem Investitionsvolumen ansteigt. Die **Anlagestrategien** von vermögenden Privatpersonen, die teilweise über private Vermögensverwaltungen professionell am Markt agieren, sind mit denen der institutionellen Anleger durchaus vergleichbar. Generell lassen sich Privatinvestoren durch **emotionale Produktwahl**, geringere Investitionsvolumina, geringere Professionalität und Steuerorientierung von institutionellen Investoren abgrenzen.

4.3 Institutionelle Investoren

Institutionelle Investoren sind **Kapitalsammelstellen** mit Multi-Asset-Portfolios oder Unternehmen, die Immobilien zum Zwecke der Kapitalanlage für sich oder Dritte kaufen und vermieten. Dazu rechnen Versicherungen, Pensionskassen und Pensionsfonds, Unterstützungskassen und Versorgungswerke, aber auch Stiftungen, Kirchen, Leasinggesellschaften, Kapital anlegende Unternehmen und ausländische Investoren. Weitere Institutionelle sind die schon behandelten **Immobilienprodukte** (Immobilienfonds, Immobilien-AGs etc.) und die dahinter stehenden Initiatoren und Projektentwicklungsgesellschaften. Die Gruppe der institutionellen Investoren kann je nach Betrachtung unterschiedlich abgegrenzt werden. Eine einheitliche Begriffsdefinition existiert nicht.

Abb. 25: Marktanteile institutioneller Investoren

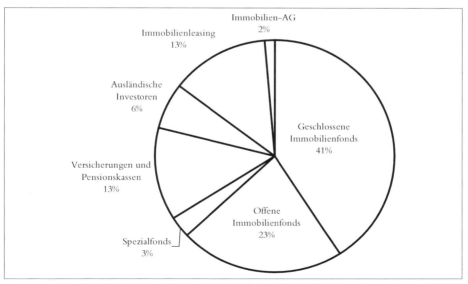

Quelle: BDL, Bulwien, BVI, Deutsche Bundesbank (aufgeführte Investorengruppen = 100 %)

Die obige Abbildung verdeutlicht die überragende Bedeutung der Immobilienfonds. Institutionelle Anleger mit Multi-Asset-Portfolio haben rund **5 % in Immobilien** angelegt. Der geringe Anteil lässt einen **Nachholbedarf** erkennen.

Die Investitionen erfolgen jeweils zur Hälfte in **Bestandsimmobilien**. Es folgen neue Immobilienprojekte mit einem Drittel. Der Rest entfällt auf die Entwicklung von Bestandsimmobilien.

Die Hälfte der Immobilienbestände der institutionellen Investoren besteht aus **Büroimmobilien**. Lediglich bei Versicherungen und Immobilien-AG ist der Anteil der Wohnimmobilien in etwa gleich hoch.

Abb. 26: Struktur der Immobilienbestände institutioneller Investoren

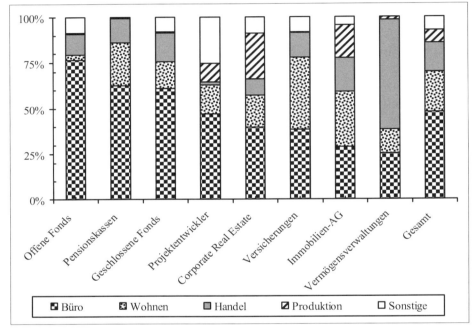

Quelle: Pfnür und Armonat 2001, 34

4.3.1 Versicherungen

Versicherungen haben nach dem **Versicherungsaufsichtsgesetz (VAG)** den Betrieb von Versicherungsgeschäften zum Gegenstand. Nicht dazu zählen die Sozialversicherungsträger, die Versorgungswerke der Berufsverbände und die Unterstützungskassen des Handwerks.

Versicherungsgesellschaften verfolgen eine **konservative Anlagestrategie**, die fünf Grundsätzen gerecht wird: Sicherheit, Rentabilität, Liquidität, Mischung und Streuung. Zulässige Investitionen sind Aktien, Renten, Beteiligungen, direkte Immobilieninvestments und Immobilienfonds. Einige Versicherungen sind Initiatoren von Immobilien-Spezialfonds und bringen dort ihr Immobilienvermögen ein. Die immobilienrelevanten **Anlagevorschriften** für Versicherungen sind in der Abbildung zusammengefasst. Derzeit ist ein starker Anstieg der **indirekten** Immobilieninvestitionen in allen Versicherungsbereichen zu beobachten.

690 Versicherungen haben 2003 **rund 42,6 Mrd. €** oder 4,9 % von 872 Mrd. € Investitionsvolumen in Immobilien angelegt.

– direkte Engagements: 54 % der Immobilienanlagen (22,6 Mrd. €)
– indirekte Engagements: 46 % der Immobilienanlagen (19,4 Mrd. €)

4.3.2 Pensionskassen und Versorgungswerke

Eine **Pensionskasse** ist ein Lebensversicherungsunternehmen und kann von einem oder mehreren Unternehmen getragen werden. Ein **Pensionsfonds** ist eine rechtsfähige Versorgungseinrichtung (Durchführungsweg). Beide unterliegen der Versicherungsaufsicht und erbringen im Wege der Kapitaldeckung beitrags- oder leistungsbezogen Altersvorsorgeleistungen für ein oder mehrere Unternehmen. Wie bei Versicherungen sind Deckungsstöcke unter Berücksichtigung der jeweiligen Pensionspläne zu bilden.

Pensionskassen verfolgen eine konservative Investmentstrategie. Zulässige Investitionen sind Darlehen, Renten, Beteiligungen, Aktien, direkte und indirekte Immobilieninvestments. **Pensionsfonds** zeigen verstärktes Interesse an indirekten Immobilien-Anlageprodukten und bringen teilweise ihr Immobilienvermögen in dieses Anlagevehikel ein. Pensionskassen ziehen **Direktanlagen** vor, um ihre Immobilienquote erfüllen zu können. Die immobilienrelevanten **Anlagevorschriften** für Pensionskassen sind in der Abbildung zusammengefasst.

Versorgungswerke verfolgen eine sehr konservative Investmentstrategie, die schwerpunktmäßig in Renten und Investmentfonds erfolgt. Zulässig sind auch direkte und indirekte Immobilieninvestments. Versorgungswerke zeigen zunehmend Interesse an indirekten Immobilien-Anlageprodukten, sind jedoch derzeit überwiegend in direkten Immobilieninvestments engagiert.

190 Pensionskassen (inkl. Pensionsfonds) haben 2003 **rund 2,6 Mrd. €** oder 4,2 % von 62,2 Mrd. € Investitionsvolumen in Immobilien angelegt. 79 Versorgungswerke haben in 2003 **rund 5,0 Mrd. €** oder 8,0 % von 62,5 Mrd. € Investitionsvolumen in Immobilien angelegt.

– direkte Engagements: 86 % der Immobilienanlagen (6,4 Mrd. €)
– indirekte Engagements: 14 % der Immobilienanlagen (1,1 Mrd. €)

4.3.3 Stiftungen

Der langfristige Trend zu Stiftungen ist in Deutschland ungebrochen. Damit eine **Stiftung** entstehen kann, ist eine Genehmigung durch die zuständige Landesbehörde erforderlich. Einzelheiten sind in einer **Stiftungssatzung** niedergelegt. Nach Einrichtung der Stiftung wacht die Stiftungsaufsichtsbehörde darüber, dass die **Stiftungsziele** eingehalten werden.

Die **Anlagevorschriften** sind vom **Kapitalerhaltungsgrundsatz** geprägt. Dazu zählt eine vorsichtige Anlagepolitik, keine spekulativen Geschäfte und keine laufenden Vermögensumschichtungen. Sonst besteht die Gefahr von der steuerbefreiten Vermögensverwaltung zum steuerpflichtigen Geschäftsbetrieb zu werden. Daneben sind rechtsformspezifische Rahmenbedingungen im Hinblick auf den Stifter oder

Stiftungsvorstand, Stiftungszweck oder Stiftungssatzung einzuhalten. Hinsichtlich der Anlagemöglichkeiten und Strategien verhalten sich Stiftungen wie andere private und institutionelle Investoren.

Der Bundesverband Deutscher Stiftungen (www.stiftungen.org) schätzt das Vermögen der über 12.000 Stiftungen auf 50 Mrd. €. Schätzungen gehen davon aus, dass **15% der Stiftungsvermögen in Immobilien** angelegt sind, was einem Immobilienbestand von **7,5 Mrd. €** entspricht.

4.3.4 Kirchen

Das Vermögen der **Kirchen** in Deutschland wird häufig unterschätzt, weil es sich auf eine Vielzahl kirchlicher Rechtsträger – von der Dorfgemeinde bis zu den Hilfswerken – verteilt. Der Grundbesitz der christlichen Kirchen wurde zuletzt 1937 in einer offiziellen Reichs-Statistik erfasst. Aktuelle Zahlen gibt es nicht. Unbestätigte Schätzungen von Frerk gehen davon aus, dass die christlichen Kirchen in Deutschland direkt und indirekt **Immobilienwerte von 150 Mrd. €** besitzen. Der Flächenbestand wird auf 6,8 Mrd. m² geschätzt. Damit zählen die Kirchen zu bedeutsamen Akteuren auf dem Immobilienmarkt.

4.3.5 Immobilienleasing

Das **Immobilienleasing** hat sich als Finanzierungsalternative behauptet. Die Immobilien-Leasing-Quote lag 2003 bei 9,9% gemessen an den gewerblichen Immobilieninvestitionen ohne Wohnungsbau. Der Leasingnehmer erwirbt ein zeitlich beschränktes, wirtschaftliches Nutzungsrecht gegen Zahlung einer Leasingrate. Die Vertragskonstruktion ist aufwendig und kompliziert. Die Objektgesellschaften refinanzieren sich zu 100%. Das Neugeschäftsvolumen der rund 25 aktiven Marktteilnehmer betrug 8,5 Mrd. €. Das Vermietvermögen lag 2003 bei 78,7 Mrd. €, der durchschnittliche Anschaffungswert bei 14,5 Mio. €. Der Restbuchwert beträgt **51,7 Mrd. €**.

4.3.6 Non–Property–Unternehmen

Das Immobilienvermögen der deutschen Nicht-Immobilien-Unternehmen wird auf einen **Buchwert von rund 220 Mrd. €** geschätzt.

Die Anschaffungs-/Herstellungskosten der Immobilenbestände aller 30 DAX-Unternehmen betragen 182,2 Mrd. Euro, die Buchwerte 113,4 Mrd. Euro (62% Restbuchwert). Im Durchschnitt wird die Immobilie eines DAX-Unternehmen für rund 6 Mio. Euro angeschafft bzw. hergestellt und 2002 mit einem Buchwert von 3,7 Mrd. Euro bilanziert (vgl. aktuelle Geschäftsberichte).

4.3.7 Ausländische Investoren

Ausländische Investoren speziell aus den USA, Westeuropa und dem arabischen Raum halten in Deutschland Immobilienbesitz und -beteiligungen im Wert von rund **25 Mrd. €** (einschließlich Dunkelziffer). In Zukunft ist mit verstärkten Engagements zu rechnen. Angestrebt werden vor allem Core und Core Plus Investments mit einem Anlagehorizont von bis zu 12 Jahren. Die Renditeerwartungen liegen bei 10%. Weltweit tätige Asset Manager etablieren sich langsam aber stetig auf dem deutschen Immobilienmarkt. Die Übersicht verdeutlicht deren Kapitalmacht.

Abb. 27: Bedeutende Globale Asset Manager

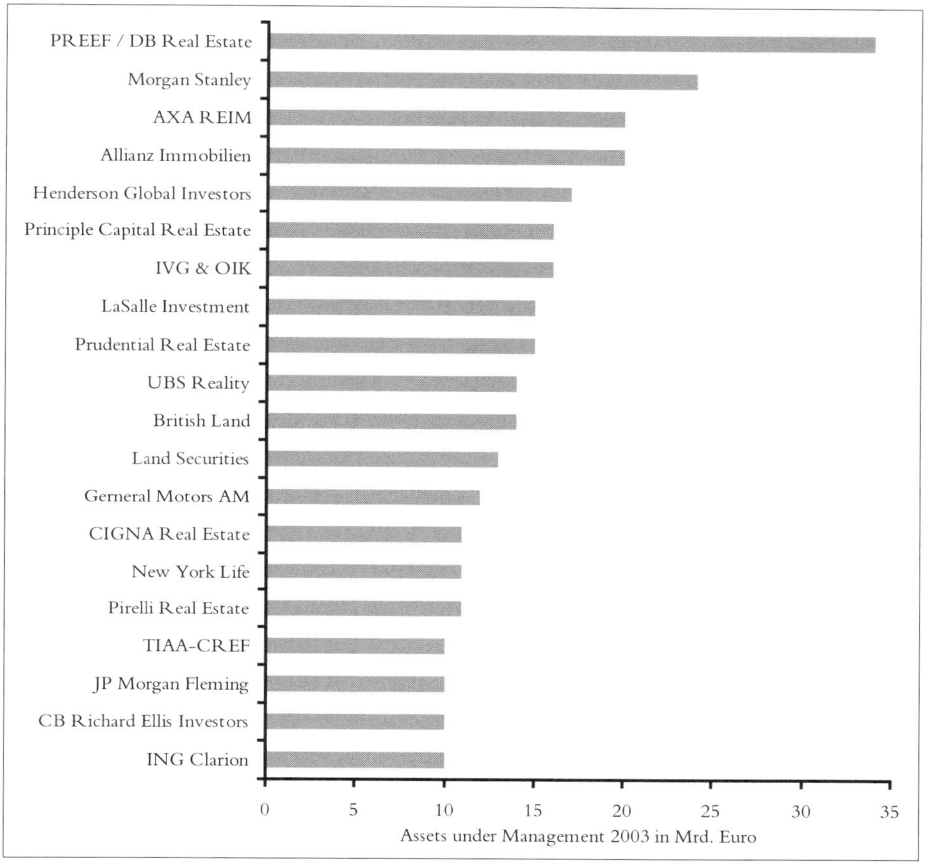

Quelle: Sal. Oppenheim, Allianz und IVG

Allerdings ist Deutschland als größter Immobilienmarkt Europas in der Beliebt-heitsskala der Immobilien-Investoren erst im Mittelfeld zu finden. Die grenzüber-schreitenden Direktinvestitionen in Europa (40,7 Mrd. Euro in 2004) fließen be-vorzugt nach Großbritannien (ca. 40%). Auf Platz zwei liegt Frankreich (ca. 20%). Weitere bedeutende Zielmärkte sind die Niederlande, Schweden, Spanien, Italien und Deutschland. Hinsichtlich der Nutzungsarten werden Büro- (ca. 50%) vor Ein-zelhandelsimmobilien (ca. 25%) favorisiert. Insgesamt ist ein Trend zu einem An-stieg der europäischen Immobilien-Direktinvestitionen zu beobachten.

Abb. 28: Immobilien-Direktinvestitionen in Europa

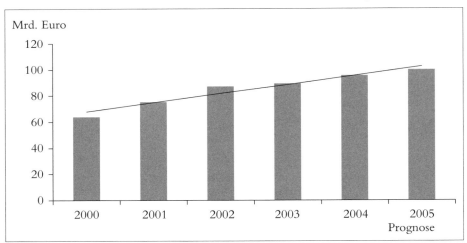

Quelle: Jones Lang LaSalle

Teil 2
Immobilieninvestoren im Einzelnen

I. Offene Immobilienfonds

Übersicht

1. Der Weg der Offenen Immobilienfonds zur eigenständigen Asset Klasse unter den Investmentfonds

Offene Immobilienfonds sind eine überaus populäre Anlageform für Privatanleger mit einer nahezu 50 Jahre langen Geschichte in Deutschland.[1] Das Grundprinzip ist denkbar einfach und wurde bis heute nicht wesentlich verändert: Mit einer Anlage in einem der 30 Offenen Immobilienfonds können sich Privatpersonen bereits mit sehr kleinen Beträgen am Wertzuwachs eines nach Objektarten und Regionen breit gestreuten Immobilienvermögens beteiligen, das von einem professionellen Management verwaltet wird.[2]

Die präferierten Objektarten der Offenen Immobilienfonds sind im wesentlichen Bürogebäude, Hotels und Einzelhandelsimmobilien.

Aus den typischen Eigenschaften dieser Anlage:
– Sachwert-Basis
– Inflationsschutz über die Indexierung der meisten Mietverträge
   und die
– geringe Volatilität (Schwankung der Performance im Zeitverlauf)

---

[1] Offene Immobilienfonds stehen auch für institutionelle Anleger zur Verfügung und werden von diesen in zunehmendem Maße genutzt. Wegen der Langfristigkeit der Anlage dominieren jedoch Privatanleger unter den Anteilinhabern der Fonds.

[2] Da dieser Beitrag nur den Aspekt des Investments behandelt, kann auf die spezifischen Eigenarten Offener Immobilienfonds nur am Rande eingegangen werden. Eine umfassende aktuelle Arbeit zu diesem Anlageprodukt ist verfügbar mit dem Buch „Offene Immobilienfonds" von Walter Klug, erschienen 2004 im Fritz Knapp Verlag Frankfurt am Main.

resultiert die Eignung Offener Immobilienfonds für sehr langfristige Investitionen z.B. für Zwecke der Altersversorgung, Ansparen eines Startvermögens für Ausbildungszwecke von Kindern oder andere Investitionsziele mit sehr langem Zeithorizont. Seit Auflage des ersten Offenen Immobilienfonds haben nahezu alle Fonds jederzeit einen Wertzuwachs im Jahresverlauf erzielt. Anteile an Offenen Immobilienfonds sollten sich aufgrund der genannten Eigenschaften in jedem gut strukturierten Anlage-Portfolio finden.

Noch Mitte der 90er Jahre lag das Fondsvermögen der Offenen Immobilienfonds bei 30 Mrd. €. Das änderte sich insbesondere ab 2000 in den Folgejahren der massiven Verluste an den Aktienmärkten mit den höchsten Nettomittelzuflüssen, die den Offenen Immobilienfonds jemals zugegangen sind: 2002 und 2003 summierten sich diese auf 12,7 Mrd. € bzw. 13,9 Mrd. € (Vgl. Abbildung 1).

Abb. 1: Entwicklung des Fondsvermögens der Offenen Immobilienfonds (Mrd. €)

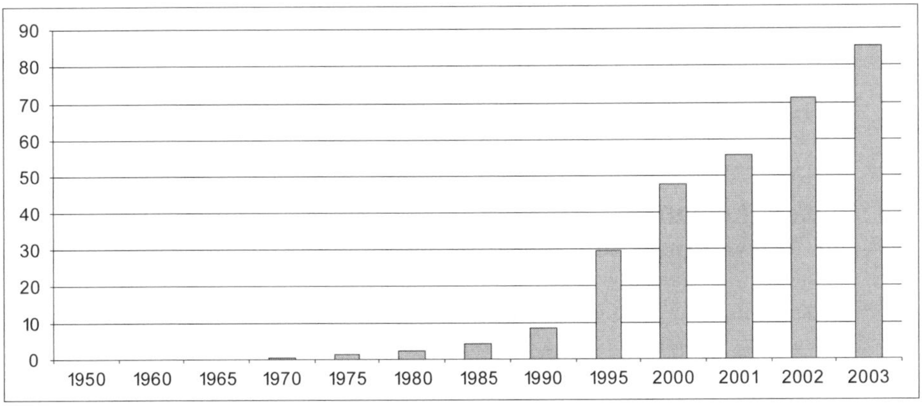

Quelle: BUJ-Jahrbuch S. 99

Unter den großen institutionellen Investorengruppen im Gewerbeimmobilienbereich kamen die Offenen Immobilienfonds Ende 2003 auf ein insgesamt betreutes Fondsvermögen von 85 Mrd. €, verglichen mit 160 Mrd. €[3] für die geschlossenen Immobilienfonds und ca. 10 Mrd. € Marktkapitalisierung für die Immobilien-Aktiengesellschaften.

Offene Immobilienfonds sind mit den erwähnten Mittelzuflüssen zu den dominierenden Investoren am deutschen Gewerbeimmobilienmarkt avanciert (Abbildung 2).

---

[3] *Loipfinger,* Marktanalyse der Beteiligungsmodelle 2004, S. 23.

Abb. 2: Immobilieninvestitionen institutioneller Investoren in Deutschland seit 1990

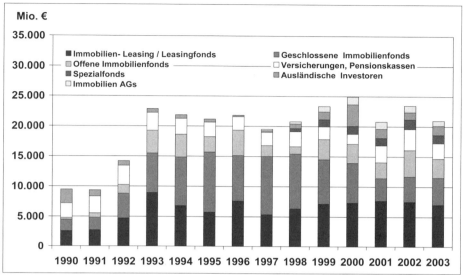

Quelle: Bulwien AG

Eine wesentliche Eigenart der Offenen Immobilienfonds besteht in ihrem Konstruktionsmerkmal, wonach die Anleger jederzeit ohne Kündigungsfristen ihre Anteile (zum Tagespreis) zurückerhalten können. Diese volkswirtschaftlich sinnvolle Fristentransformation ist bewusst vom Gesetzgeber gewollt, stellt naturgemäß aber an das Fondsmanagement hohe Anforderungen, weil Investitionen in Immobilien langfristiger Natur sind und nicht oder nur bedingt kurzfristig und jederzeit liquidiert werden können. Auch vor diesem Hintergrund ist die bekannte Handlungsmaxime der Fondsmanager „bei jedem Ankauf an den Verkauf denken" zu verstehen. Die Zeiten des Investierens für die „Ewigkeit" sind vorbei, aktives Portfoliomanagement ist mehr denn je gefragt und forciertes Verkaufen kann unfreiwillig aufgrund von Mittelrückflüssen jederzeit zur Notwendigkeit werden. Phasen mit Nettomittelrückflüssen hat es in der Geschichte der Offenen Immobilienfonds immer schon gegeben. So ungewöhnlich hoch die o.a. Zuflüsse 2002 und 2003 ausfielen, so sind es nunmehr auch die Mittelabflüsse, mit denen einige Deutschlandfokussierte Fonds seit Ende 2003 z.T. massiv konfrontiert sind. Weitsichtiges Portfoliomanagement und eine vorsorgliche Liquiditätspolitik sowie eine langfristig angelegte Vertriebssteuerung sind die wesentlichen Voraussetzungen, solche Entwicklungen aufzufangen. Der Gesetzgeber hat solchen Schwankungen dadurch Rechnung getragen, dass im Kapitalanlagegesetz bestimmte Ober- und Untergrenzen für die Liquiditätshaltung geregelt sind.

2. Entwicklung und aktuelle Ausgestaltung des rechtlichen Rahmens für offene Immobilienfonds

Der rechtliche Rahmen, unter dem die Offenen Immobilienfonds agieren, ist seit 1969 das **Gesetz über Kapitalanlagegesellschaften (KAGG)**. Offene Immobilienfonds werden in Form von Grundstückssondervermögen von **Kapitalanlagegesellschaften (KAG)** verwaltet. Das KAGG stuft sie als Spezialkreditinstitut in der Rechtsform der AG oder GmbH ein, womit sie zusätzlich den Bestimmungen des Kreditwesengesetzes (KWG) unterliegen und damit unter die Überwachung durch die Bundesanstalt für Finanzdienstleistungsaufsicht (BaFin) fallen.

Während ein geschlossener Fonds im Normalfall nur wenige hundert Anleger hat, weisen Offene Immobilienfonds z.T. über 500.000 Anteilinhaber auf. Der Schutz der Privatanleger hat bei der Gesetzgebung für die Offenen Immobilienfonds und der laufenden Überwachung von deren Geschäftstätigkeit von Beginn an im Vordergrund gestanden. Damit wird dem Umstand Rechnung getragen, dass der einzelne Anteilinhaber keinen direkten Einfluss auf die Geschäfts- und Anlagepolitik der Kapitalanlagegesellschaft nehmen kann. Aus dem Primat des Anlegerschutzes resultieren einige Konstruktionsmerkmale der Offenen Immobilienfonds, die mehr oder weniger direkt ihre Auswirkungen auf den Investmentprozess haben.

Abb. 3: Gesetzesrahmen und Überwachungseinrichtungen der Offenen Immobilienfonds

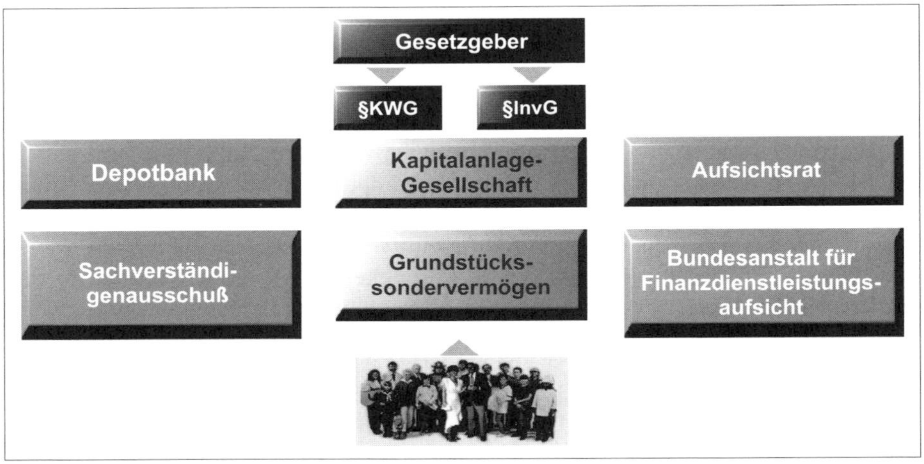

Quelle: DIFA

Der **institutionelle Rahmen** der Offenen Immobilienfonds lässt sich wie folgt beschreiben:

- Die **Kapitalanlagegesellschaft** (KAG) fungiert als Managementgesellschaft, die im eigenen Namen aber für Rechnung der Anteilinhaber Sondervermögen verwaltet. Im Normalfall betreut eine KAG mehrere Sondervermögen. Die größten KAGs wie z.B. DEKA, DIFA, DB Real Estate, CGI und DEGI gehören jeweils einer der großen deutschen Bankengruppen an.

– **Grundstückssondervermögen** entstehen nicht durch Gesellschaftsgründung, sondern aufgrund von **Vertragsbedingungen**, die von der KAG aufgestellt und von BaFin zu genehmigen sind. In den Vertragsbedingungen werden verbindlich die Anlagepolitik, die Anlageziele, das Verfahren zur Ausgabe und Rücknahme von Fondsanteilen, die Bewertung sowie die Ermittlung der Erträge geregelt.

– Verfügungen über die Vermögensgegenstände des Grundstückssondervermögens erfordern die Zustimmung einer **Depotbank**, die unabhängig von der KAG die Einhaltung der Vertrags- und gesetzlichen Rahmenbedingungen der jeweiligen Transaktion überprüft. Sichtbarster Ausdruck dieser Regelung ist der sog. Depotbankvermerk im Grundbuch, mit dem die Depotbankrechte für jedermann sichtbar dokumentiert werden.

– Unmittelbaren Einfluss auf den Investmentprozess kommt dem **Sachverständigenausschuss** zu. Er besteht aus mindestens drei Mitgliedern, die unabhängige, zuverlässige und fachlich geeignete Persönlichkeiten mit besonderen Erfahrungen auf dem Gebiet der Bewertung von Liegenschaften sein müssen. Vorschlag und Bestellung erfolgen durch die KAG, BaFin hat ein Ablehnungsrecht.

Der Sachverständigenausschuss hat nach dem Ertragswertverfahren in Anlehnung an die Wertermittlungsverordnung zu bewerten:[4]

– die zum Erwerb vorgesehenen Liegenschaften, sei es bei Direkterwerb oder als Vermögensbestandteil von Beteiligungsgesellschaften,

– spätestens alle 12 Monate die zum Sondervermögen gehörenden bzw. im Eigentum einer Grundstücksgesellschaft stehenden Liegenschaften,

– die zur Veräußerung vorgesehenen Liegenschaften, soweit das jährlich angefertigte Gutachten nicht mehr als aktuell anzusehen ist.

– Schließlich wird das Management der KAG durch die gesellschaftsrechtlich üblichen Organe wie den **Aufsichtsrat oder sog. Anlageausschüsse** überwacht.

Das Kapitalanlagegesetz ist mit dem dynamischen Wachstum und der Öffnung der Kapitalmärkte laufend weiterentwickelt worden. Insbesondere die Veränderungen im Rahmen des dritten und vierten Kapitalmarktförderungsgesetzes schufen bahnbrechende Neuerungen für die Offenen Immobilienfonds, wozu in Verbindung mit neu aufgelegten Sondervermögen die Aufhebung der Grenze für Investitionen ausserhalb Europas (EWR) und die erweiterten Möglichkeiten der Beteiligung an Grundstücksgesellschaften gehören.

Spätestens bis 2007 haben die Offenen Immobilienfonds ihre Vertragsbedingungen an das seit Januar 2004 gültige **Investmentgesetz** (InvG) anzupassen, das damit an die Stelle des KAGG tritt.

Der Schutz des Anlegers dokumentiert sich auch in besonderen Regelungen, die sich aus den genannten Gesetzen und Vertragsbedingungen ergeben. Maßgebend für den Investmentprozess ist hierbei vor allem der Grundsatz der **Risikostreuung**, den das Management einer KAG in allen Handlungen zur Verwaltung der Sondervermögen zu beachten hat. Das findet seinen direkten Niederschlag in den **Anlagegrenzen**, die Klumpenrisiken vermeiden und zu breit gemischten Immobilienportfolien führen sollen.

---

[4] Zu dem Bewertungsverfahren vgl. den Beitrag von M. Brühl in diesem Handbuch.

Der Anteil am Wert des Grundstückssondervermögens darf maximal betragen

- 15% für Einzelliegenschaften,[5]
- 20% für Grundstücke im Zustand der Bebauung (z.B. Projektentwicklungen),
- 30% für Liegenschaften in Ländern mit Fremdwährungen soweit das Währungsrisiko nicht durch Finanzinstrumente abgesichert wird,
- 49% für Beteiligungen an Immobiliengesellschaften,[5]
- 20% für Beteiligungen an Immobiliengesellschaften, an denen die KAG keine Kapitalmehrheit hält.[5]

Die zunehmende Liberalisierung der zulässigen Anlageformen und -regionen hat zu einer großen Zahl von Neugründungen von Offenen Immobilienfonds geführt. Die führenden Kapitalanlagegesellschaften haben insbesondere auf die erweiterte Zulassung von außereuropäischen Immobilieninvestitionen mit der Auflage von sog. Globalfonds reagiert. Dies zusammen mit der Schaffung eines einheitlichen Währungsraums im größten Teil Europas hat die Immobilienfonds in ihrer Anlagepolitik weiter internationalisiert und unabhängiger vom deutschen Markt werden lassen.

3. Steuerliche Rahmenbedingungen

Für die Offenen Immobilienfonds gilt das sog. Transparenzprinzip: Die KAG ist als Zweckvermögen in Deutschland von der Körperschafts- und Gewerbesteuer befreit, die Besteuerung erfolgt beim Anleger. Dort sind die entsprechenden Fondserträge als Einkünfte aus Kapitalvermögen der Einkommensteuer unterworfen. Angerechnet werden hierbei die zulässigen Sparer- und Werbungskostenfreibeträge.

Auslandserträge der KAG unterliegen der Steuer im entsprechenden Standortland der Immobilien. In Deutschland bleiben diese Erträge i.d.R. steuerfrei, sofern zwischen beiden Ländern ein Doppelbesteuerungsabkommen vereinbart worden ist. Es kommt lediglich der sog. Progressionsvorbehalt zur Anwendung.

Steuerfrei bleiben für den Anleger schließlich auch Gewinne aus Verkäufen von Liegenschaften, wenn die Spekulationsfrist von 10 Jahren überschritten worden ist. Zusammen mit der steuermindernden Wirkung einer Einbeziehung von zulässigen Abschreibungen ergibt sich aus all diesen Regelungen ein steuerfreier Anteil auf die Ausschüttungen, der in einigen Fällen 50% des Bruttoertrags deutlich überschreiten kann.

4. Investitionsziele und -entscheidungskriterien

4.1 Portfoliostrategie

Das rasante Wachstum der Fondsvolumina, die vom Gesetzgeber zugelassene weitere Internationalisierung, gestiegene Anforderungen des Vertriebs an die Produkteigenschaften sowie die Zyklizität der Kapital- und Immobilienmärkte haben die Bedeutung eines strategischen Immobilien-Portfoliomanagements in den Vordergrund rücken lassen.

---

[5] Diese Regelungen gelten nicht während der ersten vier Jahre eines Fonds (Aufbauphase).

Grundlegende Arbeiten über die praktischen Möglichkeiten, die in der betriebswirtschaftlichen Forschung entwickelten und insbesondere im Wertpapierbereich
angewandten Portfolio-Management Ansätze auf das spezielle Feld der Gewerbeimmobilien zu übertragen, sind bisher kaum zu finden.[6] Immobilien-Portfoliomanagement läßt sich beschreiben als Analyse, Planung, Steuerung und Kontrolle von
Immobilienaktivitäten zur langfristigen Sicherung von Erfolgspotentialen und zur
Risikobegrenzung. Immobilien-Portfoliomanagement stellt eine Systematik bereit
zur Allokation von Immobilieninvestitionen in solche Geschäftsfelder, in denen
relative Wettbewerbsvorteile und aussichtsreiche Marktchancen bestehen. Auf der
Basis gegebener Anlegerpräferenzen soll durch Immobilien Portfoliomanagement
eine Optimierung der – z.T. konkurrierenden – Ziele Rentabilität, Sicherheit und
Liquidität erreicht werden. Aufgrund der eingeschränkten Fungibilität von Immobilieninvestments sind über lange Jahre gewachsene Immobilienbestände nur in vergleichsweise langen Zeiträumen strategisch neu auszurichten. Phasen außerge-
wöhnlicher Mittelzuflüsse wie in 2002/2003 erleichtern jedoch eine Neuausrichtung beispielsweise in Richtung einer stärkeren Internationalisierung und wurden
durch die hiervon begünstigten Fonds entsprechend genutzt.

Eine formulierte und auf der Grundlage belastbarer Daten und Analysen aus dem
hauseigenen oder zugekauften Research basierende Portfoliostrategie ist die wichtigste Basis für die Selektion von Produkten und Märkten.

Die wesentlichen Parameter, aus denen für Immobilienfonds eine Portfoliostrategie entwickelt wird, sind

– die Verfassung und Perspektiven der Zielmärkte gemessen an der Entwicklung,
   von Angebot und Nachfrage, Miethöhe und -nebenleistungen, Leerstand, Wachs-
   tumsaussichten etc.,

– die Produktart (Büro, Handel, Hotel, Logistik, Spezialimmobilien etc.),

– die Länder und Städte, in denen investiert wird,

– die bestehende Gewichtung je Produktart und Stadt,

– die Wahl zwischen Ankauf vermieteter Immobilien und Projektentwicklungen.

Neben den o.a. Parametern determiniert auch die Erwartungshaltung der Anleger
die Anlagepolitik. Der typische Anleger in Offenen Immobilienfonds hat ein hohes
Sicherheitsbedürfnis und einen langfristigen Anlagehorizont. Dementsprechend
nutzen die KAG die seit 2002 nahezu unbegrenzten Möglichkeiten globaler Investments nur sehr behutsam und systematisch. Bisher unerschlossene Auslandsmärkte werden i.d.R. erst nach Aufbau eines tragfähigen Beziehungsnetzwerks zu
lokal ansässigen Geschäftspartnern bearbeitet. In diesem Zusammenhang ist daran
zu erinnern, dass der Aufbau von dauerhaft tragfähigen Kontakten in neuen Aus-
landsmärkten einen Zeitbedarf von 2–3 Jahren in Anspruch nehmen kann. Immobilienmärkte haben ihre eigenen lokalspezifischen Rahmenbedingungen und Besonderheiten, zudem herrscht seit einiger Zeit weltweit ein Überschuss an Anlage
suchendem Kapital.

---

[6] Eine der wenigen Ausnahmen ist die Arbeit „Das strategische Management von offenen Immobilienfonds" von *Bone-Winkel,* erschienen 1994 im Verlag Rudolph Müller.

Die eigentliche Herausforderung liegt nicht nur in der Kunst, geeignete Objekte für die Sondervermögen zu finden und gegen die lokale und internationale Konkurrenz zu Preisen, die von den Mitgliedern des Sachverständigenausschusses als marktkonform bestätigt werden, für die Sondervermögen zu erwerben. Nach Ankauf geht es um die Immobilienverwaltung, hier insbesondere die Vermietung frei werdender Flächen, die über den nachhaltigen Erfolg der Investition entscheiden wird.

Letztendlich mündet eine Portfoliostrategie in konkreten Empfehlungen für das Asset Managment der Offenen Immobilienfonds, in welche Kategorien (Bestandsobjekte oder Projektentwicklungen), Märkte im In- und Ausland und Produktarten im gewählten Zeitraum investiert oder wo desinvestiert werden soll.

Die regionale Verteilung der in Offenen Immobilienfonds investierten Objekte ergibt sich aus folgender Abbildung.

Abb. 4: Regionale Verteilung von Gewerbeimmobilien in Offenen Immobilienfonds

Anzahl der Immobilien an ausgewählten Standorten		
Deutschland	**Rest – Europa**	**Global**
Berlin: 68	Amsterdam: 53	New York: 4
Düsseldorf: 89	Brüssel: 44	San Francisco: 3
Frankfurt: 156	Budapest: 5	Sydney: 5
Hamburg: 71	Den Haag: 16	Tokio: 3
Köln: 33	Glasgow: 7	Washington: 5
München: 81	Lissabon: 3	Atlanta, Chicago, Los
Stuttgart: 28	London: 65	Angeles, New Jersey,
	Luxemburg: 6	Seattle je 1
Summe 526	Madrid: 13	
	Mailand: 17	Summe 25
	Paris: 99	
	Prag: 3	
	Rotterdam: 12	
	Stockholm: 8	
	Wien: 18	
	Summe 369	

Quelle: Rechenschafts- und Halbjahresberichte der Kapitalanlagegesellschaften
(Grundstücks-Gesellschaften und Projekte sind enthalten)
Stand: April 2004

Die Übergewichtung nationaler Märkte wie z.B. Frankfurt, wo sich Ende April 2004 fast immer noch soviel Objekte in den Sondervermögen befunden haben wie in Paris und London zusammen, ist vor dem Hintergrund der noch jungen Internationalisierung der Offenen Immobilienfonds zu verstehen. Der Trend wird in den kommenden Jahren weiter in Richtung der etablierten Auslandsmärkte gehen. Es ist jedoch durchaus denkbar, dass mit einer Verbesserung der Rahmenbedingungen in Deutschland die hiesigen Märkte aufgrund ihrer komparativen Vorteile wieder an Interesse gewinnen werden.

4.2 Produktarten und Entscheidungskriterien

Die dominierende Produktart in allen Immobilienportfolien der Offenen Immobilienfonds sind **Bürogebäude** in ihren verschiedenen Ausprägungen. Sie machen ca. 70% vom Fondsvermögen aus und bilden damit in etwa die Verhältnisse an den Gewerbeimmobilienmärkten ab.

Die wesentlichen Kriterien für die Selektion von geeigneten Büroobjekten sind

- langfristige Vermietung an bonitätsstarke Mieter,
- nachhaltige Vermietbarkeit über die Laufzeit der laufenden Mietverträge hinaus,
- hinreichend gesichertes Wertentwicklungspotenzial, resultierend aus dem Mikro- und Makroumfeld der Immobilie sowie ihren konzeptionellen Eigenschaften.

Die beiden letztgenannten Punkte setzen u.a. eine hohe Flexibilität der Immobilie im Hinblick auf unterschiedliche Büroformen (Zellen-, Gruppen-, Kombi- oder Großraumbüros), unterschiedlich große und variierbare Mieteinheiten sowie technische Ausstattung oder zumindest die Möglichkeit der Nachrüstung voraus. Hier fliessen die Erfahrungen aus der laufenden Vermietungspraxis der Offenen Immobilienfonds unmittelbar in die Prüfung und Verhandlung von Ankaufsobjekten bzw. -projekten ein.

Aufgrund der geänderten Bilanzierungsvorschriften (IFRS) gehen immer mehr Unternehmen dazu über, sich von ihren Bestandsimmobilien durch Verkauf zu trennen und diese langfristig zurückzumieten. Aus dieser Überlegung heraus werden seit einiger Zeit zahlreiche Transaktionen in Deutschland im Bürobereich initiiert und umgesetzt. In Einzelfällen handelt es sich dabei nicht nur um Bestandsimmobilien, sondern auch um Neubauvorhaben, die von Beginn an für Verkauf und Anmietung vorgesehen sind. Da die Offenen Immobilienfonds sehr langfristig disponieren, ist in all diesen Fällen die Nachhaltigkeit des Mietertrags entscheidend. Auch wenn Produkt und Mieter allen Anforderungen gerecht werden, sind in diesen Fällen sehr oft Standort und Konzeption der Immobilie als nicht „drittverwendungsfähig" einzustufen. Die Anschlussvermietung ist damit zweifelhaft, womit eine Investition nicht infrage kommen sollte. An den zunehmenden Fällen von Pakettransaktionen können sich die Offenen Immobilienfonds aufgrund ihrer besonderen Bewertungsverfahren[7] kaum beteiligen. Für sie kommt i.d.R. nur der Einzelerwerb infrage.

Die zweitwichtigste Produktart der Offenen Immobilienfonds sind **Einzelhandelsimmobilien** und hier insbesondere Shopping Center. Auch in Zeiten insgesamt stagnierender oder gar schrumpfender Einzelhandelsumsätze generieren diese Immobilien nachhaltige Erträge, sofern sie bestimmte Voraussetzungen erfüllen. In Deutschland sind die Umsatzrückgänge der letzten Jahre im Einzelhandel sowohl konjektureller als auch struktureller Natur:

- Aus verschiedenen realen und psychologischen Ursachen verharrt die Binnenkonjunktur seit Jahren auf einem niedrigen Niveau. Stagnierende Realeinkom-

---

[7] Jeder einzelne Vermögensgegenstand muss dem Verkehrswert entsprechen. Damit scheiden Transaktionen aus, in denen Preisabschläge einzelner Objekte mit -aufschlägen anderer kompensiert werden.

men, der Euro-Effekt, Unsicherheit über die Stabilität des eigenen Arbeitsplatzes
stehen hier im Vordergrund.

– Der Anteil der Einzelhandelsausgaben an den privaten Konsumausgaben ist seit
  Jahren rückläufig. Mit etwas mehr als 30 % liegt dieser Wert bei der Hälfte dessen, was z.B. in den EU-Beitrittsländern noch gilt. Die wesentlichen Ursachen
  sind hier der Preisverfall im Einzelhandel selbst sowie die für reife Volkswirtschaften typischerweise steigenden Ausgaben für Gesundheit, Entertainment,
  Reisen, Bildung etc.

Die Herausforderung in diesem Umfeld liegt darin, mit professionell konzipierten
und an Standorten mit ausreichendem Einzugsgebiet hinsichtlich Kaufkraft und
Einwohnerzahl positionierten Einkaufszentren gegen den allgemeinen Trend nachhaltig rentable Investitionen zu platzieren. Ausschlaggebend für die Selektion geeigneter Objekte und Projekte sind

– die kritische Mindestgröße der Einkaufszentren, die bei etwa 60 Geschäftsein-
  heiten und 25.000 qm Verkaufsfläche liegen sollte,

– der Branchenmix mit den bekannten Magnetbetrieben für große Flächenein-
  heiten und kleinen Geschäften und Gastronomiebetrieben auch regionaler Her-
  kunft,

– Verfügbarkeit von ausreichendem Stellplatzangebot,

– gute Verkehrsanbindung,

– Wettbewerbssituation im Umfeld und -planungen.

Für die Offenen Immobilienfonds ist es auch von ausschlaggebender Bedeutung,
dass ein erfahrenes Center Management die Funktionsfähigkeit und Wirtschaftlichkeit des Centers dauerhaft sicherstellt. Die Idee der betriebenen (Einzelhandels-)
Immobilie kam in den 60er Jahren nach Deutschland und hat hier seitdem zur Realisierung von über 300 größeren Einkaufszentren geführt. Da die Grenzen der Versorgung mit solchen Immobilien in den meisten Regionen Deutschland absehbar
sind, steigt das Interesse an Akquisitionen im Ausland. Hier kommen insbesondere
die Beitrittsländer der Europäischen Union ins Blickfeld, wo in wenigen Jahren ein
enormer Aufholprozess an Einzelhandelsinvestitionen erfolgt ist. Die westeuropäischen Märkte für Einkaufszentren sind für die Offenen Immobilienfonds dagegen
nur sehr langsam erschließbar. Restriktives Baurecht und die Dominanz regionaler
Investoren und Betreiber führen nur zu einem sehr überschaubaren Angebot für das
Anlage suchende Kapital.

Den dritten Rang unter den Immobilienprodukten mit ebenfalls steigender Bedeutung in Zeiten schwacher Büromärkte nehmen **Hotels** ein. Hotels mit bekannten marktstarken Betreibern und langfristigen Pachtverträgen galten lange Zeit als
Stabilisatoren in gut gemischten Immobilienportefeuilles. Hinzukommt, dass außer
der Wartung von Dach und Fach das Bestandsmanagement weitgehend zu den Ob-
liegenheiten des Pächters gehört. Auch hier haben wir es folglich mit einer betriebenen Immobilie zu tun, allerdings im Unterschied zum Shopping Center jeweils
mit nur einem Mieter.

Offene Immobilienfonds dürfen aufgrund ihrer gesetzlichen Vorgaben nur Hotels mit Pachtverträgen erwerben. Die vor allem im Ausland normalerweise anzutreffenden Managementverträge für Hotelbetriebe scheiden aus dem Anlagespektrum somit aus. Allerdings gibt es zwischen beiden Formen eine Vielzahl von Konstruktionen, die den Interessen beider Parteien gerecht werden können. Dazu gehören alle Regelungen, bei denen eine Festpacht kombiniert wird mit einer umsatz- oder gewinnabhängigen variablen Pacht. In der Praxis trifft man auch zunehmend auf sog. Cap-Klauseln, bei denen ein virtuelles Reservekonto angespart wird und im Falle von unerwarteten Markteinbrüchen die Pachtzahlung gestundet oder ausgesetzt werden kann. Es kommt in diesen Verträgen letztlich auf die standortspezifische wohl ausgewogene Risikoallokation an, ob ein Hotelinvestment für einen sicherheitsorientierten Offenen Immobilienfonds noch interessant ist oder nicht.

Zu den wesentlichen Entscheidungskriterien beim Ankauf von Hotelobjekten zählen außer den genannten:

– Solidität und Marktstärke des Betreibers: Im Vordergrund steht hierbei der Zugang zu einem der großen weltweiten Buchungssysteme, der auch an Standorten mit hoher Wettbewerbsintensität eine ausreichende Belegung sichern sollte;

– Standort und Zielkundschaft des Betriebs: Priorität liegt auf zentral oder an wichtigen Verkehrsknotenpunkten gelegenen Businesshotels, rein touristisch geprägte oder Low Budget Produkte werden von den Offenen Immobilienfonds eher gemieden,

– Variabilität der Hotelimmobilien in Bezug auf Betreiber, d.h. Möglichkeit der Nachvermietbarkeit an andere Betreiber bei aufkommenden Problemen mit dem ursprünglichen Pächter.

Die noch nicht ausgestandene Wirtschaftskrise der letzten Jahre hat bei den Hotels in einigen Fällen ihr bisheriges Alleinstellungsmerkmal der langfristigen Verpachtung und weitgehenden Sorgenfreiheit für die Eigentümer in den Hintergrund treten lassen. Ehrgeizige Expansionsprogramme mit der Folge von Fehl- und Überproduktion, restriktive Reiserichtlinien für Mitarbeiter von Konzernen und ausbleibende Überseegäste haben einigen Hotelketten schwer zu schaffen gemacht. Aus dieser Mischung von selbst verschuldeten Problemen und marktbedingten Anpassungszwängen resultieren Restrukturierungsprogramme, die nicht selten auch die Eigentümer der Hotelstandorte mit einbeziehen. Auch aufgrund dieser Erfahrungen legen die Offenen Immobilienfonds bei ihren Investitionsentscheidungen zunehmend Wert auf die o.a. erwähnte Gebäudeflexibilität im Hinblick auf das mögliche „Umflaggen" auf andere Betreiber. Die Fondsgesellschaften sind zudem gut beraten, nicht zu viele Betriebe mit derselben Betreibergesellschaft zu erwerben, um Klumpenrisiken auch hier zu minimieren.

Abb. 5: Aufteilung der Anlagen Offener Immobilienfonds in Büro-, EZH-, Hotel- und sonstige Immobilien

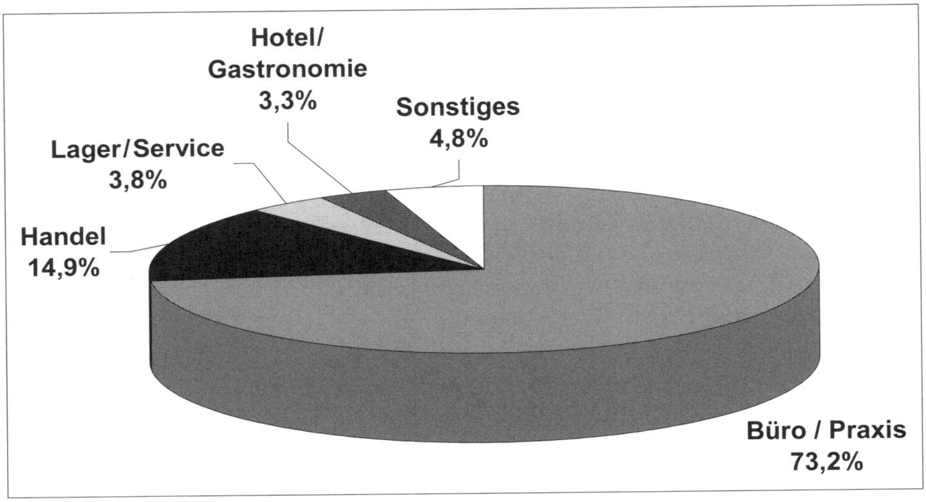

Hotel/
Gastronomie
3,3%

Sonstiges
4,8%

Lager/Service
3,8%

**Handel
14,9%**

**Büro / Praxis
73,2%**

Quelle: Rechenschaftsberichte, eigene Berechnung
Stand: April 2004

Insgesamt ist im Investorenverhalten ein Trend zu organisierten, betriebenen Immobilien festzustellen. Die höchste Entwicklungsstufe hinsichtlich Anforderung an Qualität der Architektur, Vernetzung mit der unmittelbaren Umgebung, Nutzungsvielfalt, Mieterservice, technische Ausstattung und Management ist in den sog. **CityQuartieren** zu sehen. Hier bilden mehrere Gebäude unterschiedlicher Nutzung mit einer erkennbaren architektonischen Einheit ein Ensemble, das ihre Bewohner und Nutzer auch aufgrund der hierin angelegten öffentlichen Wege und Plätze sowie des übergreifenden Managements als Quartier wahrnehmen. Vor dem Hintergrund der immer wichtiger werdenden Bindung der Mieter durch attraktive nutzenstiftende Eigenschaften an die Immobilien – bei kürzer werdenden Mietvertragslaufzeiten! – werden solche Immobilien einen wichtigen Part in gut gemischten Fondsvermögen wahrnehmen.

Die folgende Übersicht veranschaulicht noch einmal die Hierarchie der Immobilienarten hinsichtlich ihrer Wertigkeit gemessen am jeweiligen Grad von Organisation, Service und Synergie:

Abb. 6: Immobilienarten

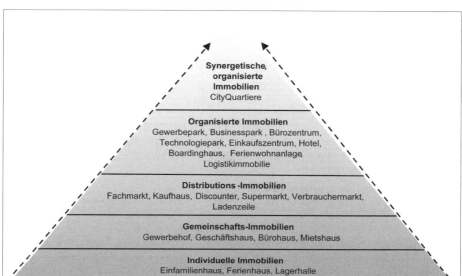

Quelle: entnommen aus einem Vortrag von Jürgen Ehrlich von 2003

Auf die übrigen Produktarten wie z.B. Logistik, Spezial- oder Wohnimmobilien wird wegen ihres Anteils von kleiner 5% an den Portefeuilles der Offenen Immobilienfonds hier nicht weiter eingegangen.

4.3 Liquiditätssituation und Finanzierungsaspekte

Auf die Orientierung des Fondsmanagements an den gesetzlich vorgegebenen Mindest- und Höchstanteilen der Liquidität in den Sondervermögen wurde bereits hingewiesen. In Anbetracht der kürzer werdenden Zyklen von Mittelzu- und -abflüssen sind die meisten Kapitalanlagegesellschaften dazu übergegangen, eine höhere als die gesetzlich vorgeschriebene Mindestliquidität vorzuhalten. Sind die Liquiditätsreserven durch unerwartet hohe Nettomittelabflüsse aufgezehrt, bleibt die Option, Liquiditätsspielräume durch die Beleihung der Fondsimmobilien oder durch deren Veräußerung zu schaffen. Die Offenen Immobilienfonds zeichnen sich im Gegensatz zu anderen Immobilienvehikeln durch einen hohen Anteil von Eigenkapitalfinanzierung aus.

Fremdfinanzierungen gehen KAG für den Ankauf von Liegenschaften normalerweise nur im Ausland ein und zwar aus zwei Gründen. Zum einen wird in Ländern außerhalb der Eurozone mit einer teilweisen Fremdfinanzierung in lokaler Währung eine Absicherung des Währungsrisikos im entsprechenden Umfang erreicht. Zum anderen wird durch Anrechnung der Fremdkapitalzinsen bei der Ermittlung der zu versteuernden Einkünfte die Steuerschuld im Sitzland der Immobilie verringert.

Für die **Finanzierung und deren Besicherung im Falle von Beteiligungsgesellschaften** hat der Gesetzgeber einige Restriktionen vorgegeben, mit denen die hiermit verbundenen Risiken eingegrenzt werden sollen.[8]

5. Transaktionsstrukturen und Risikoallokation in Verbindung mit Investitionen

Offenen Immobilienfonds stehen mehrere Transaktionsstrukturen zur Verfügung, die zu einer Erweiterung ihres Liegenschaftenvermögens führen. Grundsätzlich ist hierbei zu unterscheiden zwischen dem klassischen Erwerb von vermieteten Bestandsimmobilien und der Projektentwicklung in mehreren Varianten.

5.1 Ankauf von Bestandsobjekten

Jede der großen Kapitalanlagegesellschaften erreichen jedes Jahr ca. 2.500 Angebote an Gewerbeimmobilien. Davon kommen zwischen 5 % und 10 % in die engere Auswahl und ein Bruchteil hiervon führt wiederum zu konkreten Verhandlungen. Hieraus mag abzuleiten sein, dass es an Anlageobjekten eigentlich keinen Mangel geben kann. Dennoch: Hochvermietete Gewerbeobjekte an zukunftsfähigen Standorten und mit hoher Ausstattungsqualität sind in den aktuellen Zeiten (2005) schrumpfender Nachfrage und wachsender Leerstände die absolute Ausnahme. Die wenigen in diese Kategorie fallenden Objekte werden von ihren Eigentümern quasi im Auktionsverfahren zu Preisen angeboten, die wenig attraktiv für die Offenen Immobilienfonds sind. Letztere reagierten auf diese Verknappung mit zwei Strategien:

– Ausweitung der Investitionstätigkeit ins Ausland

   und

– Engagement schon in der Bauphase von Objekten oder in eigen initiierten Projektentwicklungen.

Lange Zeit galt Deutschland als besonders teurer wenn nicht gar als teuerster Standort für Gewerbeimmobilien. Dies gehört weitgehend der Vergangenheit an, nachdem die Globalisierung auch die Investmentmärkte für Immobilien erfasst hat und mit der Schaffung eines einheitlichen Währungsraums in weiten Teilen Europas die Wettbewerbsintensität hier deutlich gestiegen ist. Die Preise für Qualitätsimmobilien in Städten wie Paris und London sind inzwischen auf ein Niveau gestiegen, das dem in den deutschen Immobilienhochburgen sehr nahe kommt.

Auf die zweite Alternativstrategie, den Einstieg in Immobilienprojekte in ihrer Bau- oder Entwicklungsphase, wird im folgenden Kapitel eingegangen.

An dieser Stelle soll in diesem für Praktiker aufgelegten Handbuch auf eine Quelle häufiger Missverständnisse zwischen Verkäufern und Käufern von Gewerbeimmobilien eingegangen werden – der **Preisermittlung**. Sie unterliegt natürlich den Gesetzen von Angebot und Nachfrage, dennoch ist es für jede Seite wichtig zu wissen, wie die andere „rechnet".

---

[8] S. § 69 InvG.

Die unterschiedliche Herangehensweise an die Preisfindung soll an folgender beispielhaften Wirtschaftlichkeitsberechnung für Offene Immobilienfonds verdeutlicht werden:

Abb. 7: Ankaufskalkulation eines Offenen Immobilienfonds

AUFWAND			
Kaufpreis		=	20.900.000
Grunderwerbsteuer	[3,5%]	=	848.540
Notar, Gericht, Beratung	[0,50 - 0,75%]	=	218.723
Makler	[%]	=	209.000
Sonstiges (z.B. Instandhaltungsstau)		=	0
Zwischenfin.	[Zinssatz: Kapitalisierungszinssatz]	=	0
Fondsgebühr[1]	[1%]	=	209.000
Gesamtinvestition			**€ 22.385.263**
ERTRAG			
(a) Mieterträge			
Läden		=	0
Büros	*gemäß Einzel-*	=	1.417.896
Wohnungen	*mietenaufstellung*		0
Lager		=	0
Stellplätze		=	129.000
			1.546.896
(b) Sonstige Erträge			
Nebenkostenumlage		=	240.840
Instandhaltungspauschale	[0,60 €/m²]	=	0
Verwaltungspauschale	[1,00 - 5,00% der *JM*]	=	77.345
			318.185
KOSTEN			
Kosten umlagefähig		=	240.840
Kosten nicht umlagefähig		=	0
Verwaltungskosten	[1,00 - 5,00% der *JM*]	=	77.345
Instandhaltung Nutzfläche	[3,50 - 10,00 €/m²]	=	35.123
Instandhaltung Stellplätze	[25,00 €/SP]	=	5.375
Mietrisiko[2]	[4,00% des *JE*]	=	74.603
Überschuß p.a.			**€ 1.431.792**
Nettoanfangsrendite (= Überschuß : Gesamtinvestition)			**6,40 %**

Bruttorendite

Nettoanfangsrendite

JM = Jahresmiete
JE = Jahresertrag

1) Projektentwicklungen bis zu 2 %
2) je nach Nutzungsart

Quelle: DIFA

Verkäufer, speziell Entwickler, entwickeln ihre Preisforderung in der Regel aus der Multiplikation des Bruttomietertrags mit einem markt-, standort- und produktspezifischen Multiplikator. Für Offene Immobilienfonds sieht die Rechnung etwas differenzierter aus und zwar sowohl auf der Kosten- als auch der Ertragsseite. Zielgröße ist die Nettoanfangsrendite, der Quotient aus dem Überschuss der laufenden Erträge über die laufenden und kalkulatorischen Aufwendungen einerseits und den gesamten Investitionskosten andererseits. Die Fondsgesellschaften beziehen regelmäßig auch die längerfristige Renditeentwicklung der Ankaufsobjekte in ihren Entscheidungsprozess ein, doch schon wegen des Bewertungsverfahrens der unabhängigen Sachverständigen steht die Nettoanfangsrendite im Vordergrund.

Zu den Komponenten im einzelnen:

– Investitionskosten: Zur Kaufpreisforderung sind noch die Ankaufsnebenkosten für Notar, Grunderwerbsteuer, Fondsaufwand, Makler, Berater etc. zu addieren. Häufig kommen noch absehbare einmalige Aufwendungen für Instandsetzungsmaßnahmen oder zusätzliche Investitionen hinzu, soweit sie nicht vom Verkäufer getragen werden.

– Überschuss: Zum Bruttomietertrag werden alle zusätzlichen Einkünfte aus Nebenkostenumlage, Instandhaltungs- und Verwaltungspauschalen etc. hinzuaddiert.
Der Überschuss ermittelt sich nach Abzug sämtlicher Nebenkosten – darunter
auch die nicht umlagefähigen – Verwaltungs- und Instandhaltungskosten sowie
eines kalkulatorischen Ansatzes für das jeweilige Mietrisiko.

5.2 Ankauf von laufenden Baumaßnahmen und Projekten sowie Eigen-Projektentwicklung von Bestandsimmobilien und erworbenen Liegenschaften

Wie im vorangegangenen Kapitel erläutert, gehen die Fondsgesellschaften schon
seit einigen Jahren dazu über, Immobilien zu einem früheren Zeitpunkt als der Fertigstellung und Inbetriebnahme zu erwerben. Hierfür gibt es im wesentlichen zwei
Begründungen:

– Aufgrund der besseren Verhandlungsposition bei noch nicht vermieteten Bauvorhaben lassen sich je nach Risikoallokation günstigere Ankaufsbedingungen
realisieren.
– Die KAG kann schon in die Konzeption des Projekts und später während der
Umsetzung ihre Erfahrungen als Langfristinvestor bzgl. Ausstattung, Flexibilitäts-
erfordernisse, Mietvertragsgestaltung etc. einbringen. Speziell Projektentwickler
konzipieren Immobilien häufig eher transaktionsorientiert im Hinblick auf einen maximalen Verkaufserfolg und lassen die längerfristigen Investoren- und Be-
treiberaspekte in den Hintergrund treten.

Der vermeintliche Vorteil besserer Ankaufskonditionen kann schnell zu einem mehr
oder weniger großen Nachteil werden, wenn die Risiken eines Entwicklungs- oder
Bauprojekts falsch eingeschätzt und nicht adäquat zugeordnet worden sind. Schon
aus diesem Grund hat der Gesetzgeber eine Grenze für solche Investitionen gesetzt
(s.o. Kap. 2). Positiv gewendet können hierin aber auch Chancen realisiert werden,
die zum Vorteil der Anleger genutzt werden. Jede KAG sollte vor Eingehen von
Entwicklungs- und Baurisiken eine klare Position definiert haben, in welchem Umfang sie die mit den Chancen verbundenen Risiken für das jeweilige Sondervermögen bereit und in der Lage ist, einzugehen.

Für den früheren Einstieg in die Realisierungsphase einer Immobilie gibt es
mehrere Zeitpunkte mit jeweils eigenen Chancen und Risiken und Anforderungen
an Management und Organisation:

5.2.1 Ankauf von Bauvorhaben kurz vor Fertigstellung

Der vertragliche Einstieg in Bauvorhaben kurz vor Fertigstellung ist die häufigste
Form des Ankaufs von noch nicht in Betrieb befindlichen Gewerbeimmobilien. Das
Fertigstellungsrisiko sowie das Vermietungsrisiko für noch nicht vermietete Flächen
werden hierbei i.d.R. über Fertigstellungs- und Erstvermietungsgarantien des Er-
stellers abgesichert. Gezahlt wird pro rata Fertigstellung oder bei Übernahme des
fertiggestellten Objekts. Höhere Ansprüche an die Verträge ergeben sich im Normalfall beim Kauf von Gesellschaftsanteilen anstelle des Direktkaufs von Immobili-
en. Denn hier tritt der Investor in die Position des Bauherrn mit allen damit verbundenen Risiken und Pflichten. Diese lassen sich jedoch u.a. durch die Vereinba-

rung von verschiedenen Übernahme- und Zahlungsvoraussetzungen für das Bauvorhaben absichern.

5.2.2 Erwerb von Bauvorhaben vor oder kurz nach Baubeginn

Eine andere Risikokategorie ist der Erwerb von Bauvorhaben bereits vor oder kurz nach Baubeginn. Dies ist eine von Projektentwicklern zunehmend präferierte Transaktionsform, weil sie in Zeiten zunehmender Kreditvergaberestriktionen die Möglichkeit eröffnet, die Zwischenfinanzierung zumindest teilweise über den Endinvestor darzustellen. Dies und der gesicherte Exit reduzieren die immanenten Risiken des Entwicklers beträchtlich, gleichwohl unter Inkaufnahme von Konditionenvorteilen. Aus Fondssicht kommt zu den oben genannten Vorteilen die Möglichkeit, direkten Einfluss auf die Mietvertragsgestaltung und die Qualität der Immobilie zu nehmen. Sehr verbreitet ist diese Transaktionsart bei Entwicklern von Einkaufszentren, die aus strategischen Überlegungen bereits vor Baubeginn ein gesichertes Exitszenario bevorzugen.

5.2.3 Erwerb von Grundstücken mit Baurecht und Durchführung einer Projektentwicklung in Eigenregie oder in Kooperation mit einem Partner

Die höchste Stufe des Immobilieninvestments hinsichtlich Komplexität und Chancen-Risiko-Verhältnis ist die Projektentwicklung. In Anbetracht der regen Bautätigkeit der großen Player unter den Offenen Immobilienfonds in den vergangenen Jahren ist an dieser Stelle darauf hinzuweisen, dass Projektentwicklung nur ein alternativer Weg zu attraktiven Immobilien sein kann, was sich durch deutlich bessere Renditen als im Normalfall des Ankaufs fertiggestellter und vermieteter Immobilien dokumentieren sollte. Alternativ zur Projektentwicklung in Eigenregie bietet sich die Zusammenarbeit mit einem kompetenten Entwickler an. In der Praxis gibt es nicht gerade eine Vielzahl erfolgreicher Beispiele von solchen Partnerschaften, weil die Interessendivergenz sehr häufig zu aufreibenden Konflikten während der Realisierung führt. Ein Grundverständnis der Zusammenarbeit muß vorhanden sein, dann lässt sich einiges über entsprechende Verträge regeln.[9] Grundsätzlich sollten die typischen Risiken einer Projektentwicklung derjenigen Partei zugeordnet werden, die sie aufgrund Ihrer strategischen Ausrichtung, Fachkompetenz und Risikobereitschaft am ehesten in der Lage ist zu steuern.

Die Offenen Immobilienfonds werden sich nach Einschätzung des Autors in den kommenden Jahren mit eigen initiierten Projektentwicklungen eher zurückhalten. Das hat im wesentlichen zwei Ursachen. Zum einen müssen die Fondsgesellschaften heute erkennen, dass nach Jahren historisch hoher Mittelzuflüsse die Kapitalströme zugunsten ihrer Sondervermögen deutlich geringer geworden und damit die für mehrjährige Projektentwicklungen notwendige Vorhersehbarkeit von verfügbaren Mitteln weniger sicher geworden sind. Zum anderen gebietet die zurückgegangene Performance der Fonds, eine hohe Priorität auf Investments mit sofor-

---

[9] Vgl. hierzu *Conradi,* Vertragsgestaltung in der Projektentwicklung in Handbuch der Immobilien-Projektentwicklung, hrsg. Von *Schulte/Bone-Winkel,* 2002 sowie *Höfler* Praxishandbuch der Immobilien-Projektentwicklung, hrsgg. *Schäfer* und *Conzen,* 2002.

tigem Ertrag zu legen. In diesem Spannungsfeld werden die Fondsgesellschaften deutlich selektiver in der Wahl von Projektentwicklungen. Diese bleiben aber eine wichtige Handlungsoption, vor allem vor dem Hintergrund der auf einigen internationalen Märkten zu beobachtenden starken Preissteigerungen für vermietete Qualitätsimmobilien. Projektentwicklung ist im übrigen auch ein wichtiger Weg, nicht mehr vermietbare Bestandsimmobilien wieder in attraktive Objekte zu konvertieren.

6. Der Ankaufsprozess bei Offenen Immobilienfonds

Der Prozess von der ersten Identifikation einer Investitionschance bis zum vertraglichen Abschluss durchläuft normalerweise in zwei Phasen die folgenden Schritte:

6.1 Abgleich mit Portfoliostrategie

Am Anfang des Prozesses sollte der Abgleich der geplanten Investition mit der gültigen Portfoliostrategie des jeweiligen Sondervermögens stehen. Andernfalls würde das Management rein opportunistisch handeln, was sicherlich nicht im Einklang mit der gegenüber Vertriebsorganisationen und Anlegern kommunizierten planmäßigen Investitionsstrategie stünde.

6.2 Wirtschaftliche Beurteilung

Hier geht es um die Einschätzung der Renditepotenziale, Mieterbonität, Mieten und Mietenentwicklung, die Möglichkeiten von Kostenreduzierungen und späteren Erweiterungen.

6.3 Makro-/Mikro-Standortresearch

Die großen KAG verfügen i.d.R. über eigene Researchabteilungen, die in die Bewertung des Status Quo und der Entwicklungsperspektiven des unmittelbaren Umfelds des Immobilienstandorts einbezogen werden. Im Falle von Investitionen im Ausland werden häufig auch die entsprechenden Kapazitäten aus den volkswirtschaftlichen Abteilungen der Muttergesellschaften hinzugezogen.

Bei positivem Ausgang der bis hier erfolgten Prüfungen kommt es üblicherweise zu einem Grundsatzbeschluss, den Ankauf der entsprechenden Immobilie mit größerem Aufwand voranzutreiben (2. Phase). Sinnvoll ist dann eine Vereinbarung zwischen beiden Parteien, die für die KAG das Risiko des relativ hohen Analyseaufwands durch Gewährung von zeitlich befristeter Exklusivität reduziert.

6.4 Rechtliche Beurteilung

Ein wesentlicher Schwerpunkt der Due Diligence liegt in der rechtlichen Beurteilung so verschiedener Bereiche wie Grundbuch/Baulastenverzeichnis, Baurecht, Kauf-, Pacht-, Mietverträge etc. Bei besonders aufwändigen Transaktionen werden für diese arbeitsintensiven Tätigkeiten Kanzleien mit entsprechender Fachkompetenz hinzugezogen. Die Analyseergebnisse sind hier häufig Gegenstand von Nachbesserungen oder Garantien der Verkäuferseite, wobei ein immer wiederkehrendes Spezialthema das Schriftformerfordernis von Mietverträgen ist.

6.5 Technische Beurteilung

Auch die umfassende technische Beurteilung der angebotenen Objekte führt sehr häufig zu notwendigen Anpassungen der anfangs geplanten Rahmenbedingungen für den Eigentümerwechsel. Sie umfasst die Altlastenprüfung, Gebäudeanalyse, Instandhaltungsprognose, Analyse des Baugrunds und der Gründung, ggf. werden Elektrosmog- und Schallgutachten erforderlich.

6.6 Wertbestätigung

Zwingend erforderlich ist vor Ankauf die Bestätigung des Gesamtinvestments als weitgehend deckungsgleich mit dem durch den Sachverständigenausschuss ermittelten Wert. In der Regel kommt das Ertragswertverfahren nach der deutschen Wertermittlungsverordnung zum Einsatz. Das Ergebnis wird in einem Beschluss der unabhängigen Sachverständigen der jeweiligen KAG dokumentiert. Im Falle von Anteilskäufen von Beteiligungsgesellschaften ist zusätzlich eine Wertermittlung der zu erwerbenden Gesellschaftsanteile durch einen Wirtschaftsprüfer durchzuführen. Hier kann es z.B. durch vorher nicht erkennbare Steuerlatenzen zu Überraschungen kommen, die einen Ankauf zu den ursprünglichen Vorstellungen gelegentlich verhindern.

6.7 Depotbankzustimmung

Die Depotbank der KAG hat in bestimmten Fällen den Erwerb und jede Veräußerung im Hinblick auf Übereinstimmung mit den vertragsbedingungen des jeweiligen Sondervermögens und den rechtlichen Rahmenbedingungen zu prüfen und zu genehmigen.

6.8 Gremienzustimmungen

Je nach Rechtsform und Statuten muss das Management schließlich die Genehmigung seiner Aufsichtsgremien einholen. Einige Gesellschaften sind in den letzten Jahren mit zunehmender Zahl an Transaktionen dazu übergegangen, den Geschäftsleitungen ihrer Kapitalanlagegesellschaften eine gewisse Eigenkompetenz einzuräumen und spezielle Grundstücksanlageausschüsse einzurichten, um die Sitzungen der Aufsichtsräte zu entlasten.

7. Ausblick

In die über längere Phasen vergleichsweise ruhig verlaufenen Entwicklung der Offenen Immobilienfonds ist seit Ende 2003 viel Bewegung geraten verbunden mit der Frage nach der Zukunft dieser im internationalen Maßstab einzigartigen Form der indirekten Immobilienanlage:

– Die vom Gesetzgeber eröffneten Möglichkeiten der Internationalisierung, die Möglichkeit auch in Objektgesellschaften zu investieren und andere Erleichterungen eröffneten den Fondsgesellschaften weite Handlungsspielräume, die in unterschiedlichem Masse genutzt wurden und werden. Damit einher geht eine deutliche Spreizung der Fonds im Hinblick auf Performance, Anlagespektrum und Risikobereitschaft.

– Die größte Immobilienkrise der Nachkriegszeit hat auch bei den Offenen Immobilienfonds deutliche Spuren hinterlassen. Leerstände, Insolvenzen unter den Mietern und daraus resultierende Abwertungen führten zu Jahresrenditen, die durchweg unter dem Aufgabeaufschlag der Gesellschaften liegen.

Da nach den gerade erlebten Enttäuschungen mit anderen Anlageprodukten das Anlegervertrauen noch sehr belastet ist, haben einige Fonds mit hohen Mittelabflüssen zu kämpfen.

– Erstmals mussten größere KAG Stützungsmaßnahmen gegen unerwartet hohe Mittelabflüsse anwenden. In keinem Fall kam es bisher zur vorübergehenden Schließung eines Fonds, wovon auch für die Zukunft auszugehen ist.

– In Deutschland hat eine Diskussion über neue Kapitalmarktinstrumente für indirekte Immobilienanlagen eingesetzt. Im Vordergrund steht hierbei das im angelsächsischen Ausland bewährte Instrument der Real Estate Investment Trusts. Hierunter werden Immobiliengesellschaften verstanden, die sich ihr Kapital i.d.R. über die Börse beschaffen, keiner Körperschafts- und Gewerbesteuerpflicht unterliegen (Steuertransparenzprinzip mit der Steuererhebung ausschließlich beim Anleger), den größten Teil ihrer Erträge ausschütten müssen und relativ frei und unreglementiert in der Wahl ihrer Investitionen und Geschäftsprozesse sind.

In solchen Zeiten gibt es regelmäßig Stimmen, die einen Bedeutungsrückgang für die Offenen Immobilienfonds vorhersagen.[10] Es ist unbestritten, dass einige Fondsgesellschaften vor ungewohnten Herausforderungen stehen. Unverkennbar ist auch, dass Kapitalmarktthemen im Management von Offenen Immobilienfonds immer mehr in den Vordergrund rücken und diese sich nicht länger nur auf das klassische Immobilienmanagement konzentrieren können. Die Nähe zu und engere Kooperation mit den mit solchen Themen naturgemäß besser vertrauten Mutterhäusern (Banken und Asset Manager) wird für die Immobilienfonds immer wichtiger. Ungeachtet dessen ist der Autor überzeugt, dass sich die Offenen Immobilienfonds mit ihren zu Beginn dieses Beitrags aufgeführten spezifischen Eigenschaften bewähren und im Wettbewerb auch mit neuen Instrumenten behaupten werden. Mit zunehmendem Wettbewerb steigt erfahrungsgemäß auch die Kreativität der Kapitalanlagegesellschaften. Zusammen mit ihren Muttergesellschaften werden sie neue Anlageprodukte entwickeln, um den sich verändernden Präferenzen der Kunden gerecht zu werden. Insbesondere die steigende Bedeutung der Altersvorsorge in Deutschland, die im internationalen Vergleich noch geringe Anlagequote des Fondssparens und der Mangel an Anlageprodukten mit vergleichbaren Eigenschaften wird den Offenen Immobilienfonds auch weiterhin eine bedeutende Perspektive bieten. Da-

---

[10] Zuletzt wurde dies den Offenen Immobilienfonds Ende der 90er Jahre vorhergesagt, da sie durch die damals mit großer Euphorie startenden Immobilien Aktiengesellschaften verdrängt würden.

mit sind die Offenen Immobilienfonds weiterhin zu den wichtigsten Immobilien-investoren auf den entsprechenden Märkten zu rechnen.

Neue Instrumente der indirekten Immobilienanlage werden andere Anle-gergruppen ansprechen und bieten neue Chancen auch für die Offenen Immobi-lienfonds, wenn sie zu einem höheren Transaktionsvolumen im deutschen Immo-bilienmarkt und insbesondere auch zu dessen stärkerer Öffnung für ausländische In-vestoren führen. Weitere Liberalisierungsschritte seitens des Gesetzgebers wären wünschenswert, insbesondere die Möglichkeit für die Offenen Immobilienfonds, im Ausland in die dort verbreiteten Real Estate Investment Trusts in zumindest be-grenztem Umfang investieren zu können. Ernsthaft erwogen sollte mittelfristig auch die Erweiterung der zulässigen Anlagegegenstände auf privatisierbare Bereiche der öffentlichen Infrastruktur, die ein weites Feld für die deutsche Reformagenda in den kommenden Jahren darstellen dürften.

II. Internationale Immobilien-Spezialfonds

Übersicht

1. Grundlagen

1.1 Definition Immobilien-Spezialfonds

In Deutschland existiert für Immobilien-Spezialfonds[1] mit dem Investmentgesetz ein klar definierter Rechtsrahmen. Im Allgemeinen zählen sie zu den nicht börsennotierten indirekten Immobilienanlagen (siehe Abbildung 1). Gegenüber den geschlossenen Fonds grenzen sich Immobilien-Spezialfonds vor allem dadurch ab, dass sie einer strengen institutionellen Aufsicht unterliegen und ihre Anlagestrategie nach dem Grundsatz der Risikodiversifizierung ausgerichtet ist. Während geschlossene Immobilienfonds in der Regel nur in ein Objekt oder in ein kleines Portfolio investieren, umfasst der Immobilienbestand voll investierter Immobilien-Spezialfonds grundsätzlich mehr als zehn Immobilien.

Abb. 1: Klassifizierung von Immobilieninvestitionen

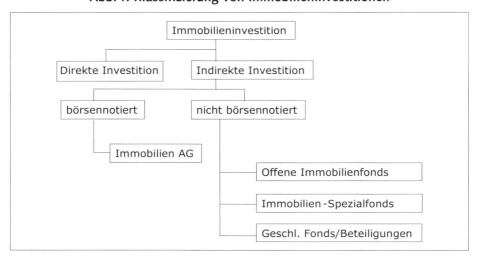

---

[1] Synonyme Begriffe sind Spezial-Immobilien-Sondervermögen, Immobilien-Spezial-Sondervermögen.

Gegenüber den ebenfalls im Investmentgesetz geregelten Offenen Immobilien-Publikumsfonds[2] unterscheiden sich Spezialfonds vor allem dadurch, dass der Anlegerkreis gesetzlich eingeschränkt ist. Während Anteile an Offenen Immobilien-Publikumsfonds überwiegend von privaten Investoren erworbenen werden, dürfen nach § 2 Abs. 3 InvG die Fondsanteile von Spezialfonds auf Grund schriftlicher Vereinbarungen mit der Kapitalanlagegesellschaft jeweils von nicht mehr als 30 Anlegern, die nicht natürliche Personen sind, gehalten werden. Darüber hinaus ist im Rahmen dieser Vereinbarungen mit den Anteilsinhabern sicherzustellen, dass die Anteilsscheine nur mit Zustimmung der Kapitalanlagegesellschaft von den Anteilinhabern übertragen werden dürfen. (§ 92 InvG).

Weitere materielle Unterschiede zwischen Offenen Immobilien-Publikumsfonds und Immobilien-Spezialfonds bestehen bei der Einflussnahme auf die Investitionsentscheidungen und bei der Liquiditätssteuerung. Bei einem Immobilien-Spezialfonds sind die Investoren in einem Anlageausschuss vertreten und können somit direkten Einfluss auf die Anlagestrategie nehmen und Empfehlungen zu An-/Verkaufsentscheidungen geben. Zudem erfolgt der Mittelzufluss bedarfsorientiert. Der Offene Immobilien-Publikumsfonds kann hingegen seine Mittelzu- und abflüsse nicht steuern. Starke Mittelzuflüsse führen häufig zu einer direkten Erhöhung der Liquiditätsquote, da Immobilien nicht unmittelbar akquiriert werden können. Um unerwartete Mittelabflüsse auffangen zu können, besteht für die Immobilien-Publikumsfonds die gesetzliche Verpflichtung, mindestes fünf Prozent des Fondsvermögens in liquiden Mitteln zu halten. In Zeiten einer Niedrigzinsphase führt dies zu einer Verwässerung der Immobilien-Rendite durch Geldmarktanlagen. Für Immobilien-Spezialfonds besteht diese Verpflichtung nicht.

Bei Immobilien-Spezialfonds lassen sich zwei Grundtypen unterscheiden, die durch die Anzahl der Investoren bestimmt sind: Individualfonds sowie Pool- bzw. Gemeinschaftsfonds.

Der Individualfonds ist dadurch gekennzeichnet, dass das Eigenkapital nur von einem Investor zur Verfügung gestellt wird. Der besondere Vorteil liegt darin, dass Anlageziele, -strategie und Investmenthorizont auf die individuellen Vorstellungen der Anlegers angepasst werden können. Darüber hinaus sind die Entscheidungswege bei Investitionsentscheidungen kürzer und es können Bestandsimmobilien an den Spezialfonds verkauft werden, ohne mit anderen Co-Investoren darüber diskutieren zu müssen. Der Individualfonds setzt aber eine hohe Investitionssumme voraus, die bei mindestens 150 Mio. € liegen sollte. Nur ab diesem Volumen ist der Aufbau eines international diversifizierten Immobilien-Portfolio wirtschaftlich sinnvoll.

Für Investoren mit geringem Investitionsbedarf bieten sich Pool- oder Gemeinschaftsfonds an. Diese werden von den Kapitalanlagegesellschaften für einen bis 30 Investoren umfassenden Anlegerkreis aufgelegt. Der Vorteil von Poolfonds liegt darin, dass sich institutionelle Investoren bereits mit Beträgen zwischen fünf und

---

[2] Anmerkung d.V.: Der Begriff „Offen" im Zusammenhang mit Immobilien-Publikumsfonds bezieht sich nicht auf den Anlegerkreis, sondern charakterisiert, dass die Größe eines Fonds grundsätzlich unbegrenzt ist. Daher lassen sich auch Immobilien-Spezialfonds als „Offene Immobilien-Spezialfonds" bezeichnen, wenn Anleger keine Begrenzung der auszugebenen Anteile festgelegt haben.

25 Mio. € an breit gestreuten Immobilien-Portfolios beteiligen können, ohne die Nachteile von Immobilien-Publikumsfonds in Kauf nehmen zu müssen. Vor allem bei Investoren, die internationalen Rechnungslegungsvorschriften unterliegen, kann über eine Beteiligung an einem Poolfonds die Konsolidierungspflicht des Fonds vermieden werden. Über den Anlageausschuss können die Anleger Einfluss auf die Portfolio-Strategie und konkrete Investitionsentscheidungen nehmen.

Das Wesen eines Immobilien-Spezialfonds ist durch das Zusammenspiel von verschiedenen Beteiligten mit Überwachungs-, Beratungs- und Ausführungsfunktionen gekennzeichnet (siehe Abbildung 2). Hierbei handelt es sich im Einzelnen um die Kapitalanlagegesellschaft (einschließlich Aufsichtsrat), die Depotbank, das Sondervermögen, den Sachverständigenausschuss, den/die Investor(en) und den Anlageausschuss.

Abb. 2: Allgemeiner Aufbau eines Immobilien-Spezialfonds

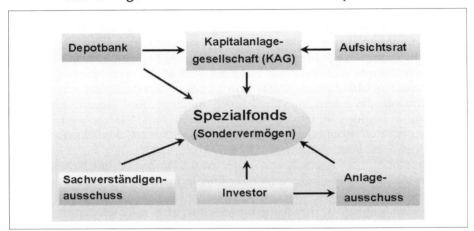

Die Kapitalanlagegesellschaft ist ein Spezial-Kreditinstitut, das unter der Aufsicht der Bundesanstalt für Finanzdienstleistungsaufsicht (BaFin) steht. Der Geschäftszweck ist darauf ausgerichtet, eingelegtes Geld im eigenen Namen und für gemeinschaftliche Rechnung der Anleger nach dem Grundsatz der Risikomischung anzulegen und für die sich ergebenden Rechte der Anteilsinhaber, Urkunden (Anteilscheine) auszustellen (§ 2 Abs. 6 InvG). Die Mitglieder des vorgeschriebenen Aufsichtsrates sollen ihrer Persönlichkeit und ihrer Sachkunde nach die Wahrung der Interessen der Anleger gewährleisten. (§ 6 InvG)

Die Depotbank hat nicht nur eine verwaltende Tätigkeit, sondern parallel auch eine überwachende Funktion. Die Depotbank muss beispielsweise vor Auszahlungen alle Zahlungsvoraussetzungen überprüfen und vor Ankauf einer Immobilie sicherstellen, dass keine gesetzlichen Grenzen verletzt werden (§ 2 Abs. 7 InvG).

Das Immobilien-Sondervermögen ist ein Investmentfonds, der treuhänderisch durch die Kapitalanlagegesellschaft für Rechnung der Anleger nach Maßgabe des Investmentgesetzes und den Vertragsbedingungen, nach denen sich das Rechtsverhältnis der Kapitalanlagegesellschaft zu den Anlegern bestimmt, verwaltet wird. Der rechtliche Eigentümer der Immobilien ist die Kapitalanlagegesellschaft; das wirtschaftliche Eigentum liegt jedoch bei dem Anteilscheininhaber. Die Anleger haben das Recht zur Rückgabe der Anteile (§ 2 Abs. 2 InvG).

Der Sachverständigenausschuss setzt sich aus unabhängigen, zuverlässigen und fachlich geeigneten Persönlichkeiten zusammen. Diese werden von der Kapitalanlagegesellschaft bestellt und müssen der Bundesanstalt für Finanzdienstleistungsaufsicht angezeigt werden (§ 77 InvG). Hauptaufgabe der Sachverständigen ist die Bewertung bei Ankauf/Verkauf der Objekte. Darüber hinaus findet mindestens einmal jährliche eine Evaluierung des Immobilienbestandes statt. Dem Sachverständigenausschuss kommt eine besondere Bedeutung zu, da die Anteilpreise von Immobilien-Sondervermögen keiner börsenmäßigen Bewertung unterliegen, sondern sie auf Basis der von Sachverständigen ermittelten Verkehrswerte der Immobilien bei Publikumsfonds börsentäglich und bei Spezialfonds mindestens einmal im Monat berechnet werden.

Als Investoren sind ausschließlich nicht natürliche Personen zugelassen (§ 91 Abs. 1 InvG). Maximal 30 institutionelle Investoren können sich an einem Spezialfonds beteiligen. Hierbei handelt es sich um Kapitalsammelstellen im herkömmlichen Sinne (Versicherungen, berufsständische Versorgungswerke und Pensionskassen) bzw. Kreditinstitute, Stiftungen und Verbände, aber auch Industrieunternehmen.

Die Investoren bilden einen Anlageausschuss, der in der Regel mindestens zweimal im Jahr zusammentrifft. Der Anlageausschuss gibt Empfehlungen zur Fondsstrategie, Ausschüttung, Objekterwerb/-verkauf und Fremdfinanzierung.

Die besondere Attraktivität international ausgerichteter Immobilien-Spezialfonds ergibt sich für institutionelle Anleger daraus, dass sie sich an einem über Ländergrenzen hinweg diversifizierten Immobilien-Portfolio beteiligen können, ohne dafür eigene personelle Ressourcen für das Management dieses Portfolios vorhalten zu müssen. Vielfach ist eine sinnvolle internationale Streuung der Immobilienanlagen im Rahmen von Direktanlagen unter wirtschaftlichen und portfoliostrategischen Gesichtspunkten nicht darstellbar. Über eine Beteiligung an einem Immobilien-Spezialfonds profitieren die Anleger zudem vom Know-how und der internationalen Präsenz der Kapitalanlagegesellschaft.

Neben der Möglichkeit der größeren internationalen Diversifizierung des Portfolios ergeben sich aus international investierenden Immobilien-Spezialfonds auch interessante Renditechancen, da die Immobilienrenditen in vielen ausländischen Immobilienmärkten häufig über denen im Inland liegen.

Weiterhin bieten der Spezialfonds gegenüber der Direktanlage auch bilanzielle Vorteile. Im Jahresabschluss werden – anstelle der einzelnen Immobilien und den zugehörigen Erträgen und Aufwendungen – Wertpapiere sowie deren Erträge ausgewiesen. Bei institutionellen Anlegern, die einen Konzernabschluss nach internationalen Rechnungslegungsvorschriften erstellen, bleibt dieser Vorteil auch dann erhalten, wenn sie keinen maßgeblichen Einfluss auf das Gesamtportfolio haben.

Darüber hinaus bieten Immobilien-Spezialfonds weitere Vorteile wie einfache Administration, hohe Transparenz, Sicherungsstockfähigkeit, geringere Kosten als bei der Direktanlage im Ausland sowie Mitwirkungsmöglichkeiten für den Investor bei Anlageentscheidungen (siehe Abbildung 3).

Abb. 3: Vorteile internationaler Immobilien-Spezialfonds im Überblick

+ **Maßgeschneiderte internationale Immobilien-Portfolio-Strategie**
+ **Attraktive (Ausschüttungs-)renditen**
+ **Mit max. 30 Anlegern überschaubarer Investorenkreis**
+ **Zugriff auf Expertise und Kompetenz des international erfahrenen Portfolio-Managers**
+ **Hohe Transparenz**
+ **Geringer Verwaltungsaufwand; Immobilien-Kapitalanlagegesellschaft übernimmt Kauf/Verkauf, Vermietung sowie kaufmännische und technische Verwaltung der Objekte**
+ **Leverage-Effekt: Über Einsatz von bis zu 50% Fremdkapital kann das Renditeergebnis optimiert werden**
+ **Bilanzielle Vorteile**

1.2 Rechtliche Rahmenbedingungen für das Portfolio-Management

Die besonderen Vorschriften für das Portfolio-Management von Immobilien-Spezialfonds befinden sich in Abschnitt 3 des Investmentgesetzes (§§ 66 bis 82). Diese Vorschriften haben maßgeblichen Einfluss auf die Entwicklung und Umsetzung der Anlagestrategien; sie gelten sowohl für Immobilien-Publikumsfonds als auch für Immobilien-Spezialfonds.

Nach § 67 InvG dürfen Immobilien-Sondervermögen grundsätzlich Mietwohn-, Geschäfts- und gemischtgenutzte Grundstücke als Vermögensgegenstände direkt oder über Immobilien-Beteiligungsgesellschaften erwerben. Darüber hinaus kann die Kapitalanlagegesellschaft in Erbbaurechte sowie bis zu maximal 15% des Wertes der Sondervermögens in Rechte in Form des Wohnungseigentums, Teileigentums, Wohnungserbbaurechts und Teilerbbaurechts investieren. Beschränkungen gelten für Grundstücke im Zustand der Bebauung und unbebaute Grundstücke, deren Anteil am Fondsvermögen jeweils 20% nicht überschreiten darf.

Nach § 67 Abs. 5 dürfen Vermögensgegenstände nur gekauft werden, wenn der nach § 77 bestellte Sachverständigenausschuss sie zuvor bewertet hat und die aus dem Sondervermögen zu erbringende Gegenleistung den ermittelten Wert nicht oder nur unwesentlich übersteigt.

Besondere Vorschriften gelten für den Erwerb von Immobilien-Beteiligungsgesellschaften (§§ 68 f. InvG). Für internationale Immobilienfonds ist von Bedeutung, dass auch der Kauf von Beteiligungen möglich ist. In verschiedenen Ländern stellen sie für die Kapitalanlagegesellschaften die bevorzugte Form des Immobilienerwerbs dar. Das maximale Gewicht der Immobilien-Gesellschaften an einem Immobilien-Sondervermögen ist auf 49% begrenzt. Minderheitsbeteiligungen dürfen nicht mehr als 20% des Wertes des Immobilien-Sondervermögens ausmachen. Nicht erlaubt sind Beteiligungen an der gleichen Immobilien-Gesellschaft sowohl für Rechnung von Publikumsfonds als auch für Rechnung von Spezialfonds.

Hinsichtlich der internationalen Streuung hat es in der jüngeren Vergangenheit deutliche Erleichterungen gegeben. Heute können Immobilien oder grundstücksgleiche Rechte weltweit erworben werden, sofern die Voraussetzungen des § 67

Abs. 3 InvG erfüllt sind. Beispielsweise müssen die Vertragsbedingungen die zugelassenen Zielländer und maximale Anlagequoten enthalten, damit eine angemessene regionale Streuung sichergestellt werden kann. Darüber hinaus darf nur in Ländern investiert werden, in denen eine freie Übertragbarkeit der Vermögensgegenstände möglich ist, der Kapitalverkehr unbeschränkt ist und die Rechte und Pflichten der Depotbank nicht eingeschränkt werden.

Maßgeblichen Einfluss auf die Portfoliostrategie eines internationalen ausgerichteten Immobilien-Spezialfonds haben die Risikostreuungsanforderungen des Investmentgesetzes. Nach § 73 InvG dürfen Immobilien zum Zeitpunkt des Ankaufs nicht mehr als 15 % des Wertes des Sondervermögens ausmachen. Darüber hinaus darf der Gesamtwert aller Immobilien, deren Anteil am Gesamtportfolio bei über zehn Prozent liegt, 50 % des Wertes des Sondervermögens nicht überschreiten. Bei der Berechnung dieser Grenzwerte dürfen aufgenommene Kredite nicht abgezogen werden. Aus diesen Vorschriften ergibt sich die Notwendigkeit, dass ein Immobilienfonds nach dem InvG bei Vollinvestition mindestens neun Grundstücke im Portfolio haben muss.

Das Währungsrisiko der Immobilienfonds hat der Gesetzgeber auf 30 % des Wertes des Sondervermögens beschränkt (§ 67 Abs. 4 InvG). Grundsätzlich besteht für die Fonds die Möglichkeit, zu 100 % in einer fremden Währung zu investieren; dann müssen allerdings 70 % des Wertes des Sondervermögens durch geeignete risikobegrenzende oder vermeidende Maßnahmen wie Devisentermingeschäfte, Optionen, Futures oder Fremdkapitalaufnahmen abgesichert werden.

Generell gilt für die Einhaltung der Anlagerestriktionen des InvG eine Anlaufzeit von vier Jahren (§ 74 InvG). Da bei Immobilien-Spezialfonds die institutionelle Investoren in der Regel ihre Eigenkapitalzusage auf eine bestimmte Summe begrenzen, steht von Anfang an fest, wie hoch die maximalen Investitionssummen pro Immobilie sein dürfen.

1.3 Marktüberblick

Der Markt für Immobilien-Spezialfonds hat sich in den vergangenen Jahren sehr dynamisch entwickelt. Allein von 1998 bis Ende 2003 stieg das Volumen der Immobilien-Spezialfonds von rd. 3 Mrd. € um 10,5 Mrd. € auf ca. 13,5 Mrd. €, d.h. um etwa 350 % (siehe Abbildung 4).

**Abb. 4: Entwicklung des Immobilien-Spezialfondsvolumens
von 1998 bis 2003[3]**

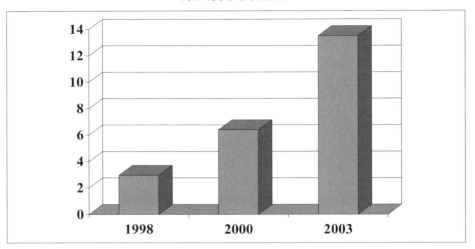

Nach einer Analyse von Entzian/Kandlbinder existierten per Ende 2003 insgesamt 18 Kapitalanlagegesellschaften, die 76 Immobilien-Spezialfonds verwalten. Gemessen am Fondsvermögen und Anzahl der Fonds zählen Oppenheim Immobilien KAG (€ 5,2 Mrd./27), iii (€ 2,2 Mrd./6) und Hansainvest (€ 1,1 Mrd./2) zu den größten Gesellschaften. Im ersten Halbjahr 2004 wiesen im Neugeschäft Warburg-Henderson Kapitalanlagegesellschaft für Immobilien (€ 85,5 Mio.), LB Immo Invest (€ 41,6 Mio.) und Hansainvest (€ 30 Mio.) die höchsten Mittelaufkommen auf.[4] Damit zeichnet sich ein Trend ab, dass jüngere Gesellschaften in den kommenden Jahren schneller wachsen als die schon seit Jahren etablierten.[5]

In den vergangenen Jahren hat es eine regelrechte Gründungswelle von Immobilien-Kapitalanlagegesellschaften gegeben. Die insgesamt positiven Wachstumsperspektiven im Markt für Immobilien-Spezialfonds haben dazu geführt, dass Versicherungen, Banken und erstmalig auch ausländische Vermögensverwalter Neugründungen vorgenommen haben. Dazu zählen z.B. Gerling Investment, LB Immo Invest, Kan-Am Grund Spezialfondsgesellschaft, IVG Immobilien, Aareal Immobilien KAG und Warburg-Henderson Kapitalanlagegesellschaft für Immobilien. Interessant ist, dass sich inzwischen ausländische Finanzdienstleister an der Gründung einer deutschen Immobilien-Kapitalanlagegesellschaft beteiligen. So wurde 2001 Warburg-Henderson gemeinsam von der renommierten Hamburger Privatbank M.M.Warburg & CO und dem angelsächsischen Asset Manager Henderson Global Investors gegründet. Diese Immobilien-Kapitalanlagegesellschaft positioniert sich

---

[3] Vgl. *Entzian,* Gute Erfahrungen – gute Perspektiven?, in: Immobilien&Finanzierung, 55.Jg., 1./2. Ausgabe August 2004, S. 7, *Kandlbinder/Entzian,* zitiert in *Raggamby,* Ungebrochenes Anlageinteresse, Plan, Ausgabe 1/2004, S. 18.

[4] Quelle: Statistik des BVI Bundesverband Investment und Asset Management e.V., Frankfurt.

[5] Vgl. *Entzian,* Gute Erfahrungen – gute Perspektiven?, in: Immobilien&Finanzierung, 55.Jg., 1./2. Ausgabe August 2004, S. 7 f.

als Spezialist für pan-europäische Immobilien-Spezialfonds und hat das Ziel, in den kommenden Jahren zu den marktführenden Unternehmen zu zählen.

Der Gründungsboom wird sich voraussichtlich auch in den kommenden Jahren weiter fortsetzen. Dieser Trend wird untermauert von den interessanten Wachstumsperspektiven vor allem für international/global ausgerichtete Immobilien-Spezialfonds.

Marktanalysen zeigen, dass institutionelle Anleger in den nächsten Jahren beabsichtigen, ihre Immobilieninvestitionen zu erhöhen. Beispielsweise hat eine Umfrage von FERI bei rd. 230 Investoren ergeben, dass diese bis Ende 2005 ihre Immobilienquote von 4,9 % um 0,7 % auf 5,6 % steigern wollen. Insgesamt besteht die Absicht, zusätzlich rd. 7 Mrd. € in Immobilien anzulegen. Mehr als 70 % (= 5 Mrd. €) sollen in Immobilien-Spezialfonds fließen. Der Investitionsschwerpunkt wird voraussichtlich auf international ausgerichteten Immobilien-Spezialfonds liegen.[6] Damit gelten die Perspektiven für diese Fonds als ausgezeichnet.

1.4 Besonderheiten internationaler Immobilieninvestments

Immobilienmärkte sind gegenüber den Kapitalmärkten (Aktien, Renten) durch mangelnde Transparenz und hohe Heterogenität gekennzeichnet. Für die Intransparenz sind in aller erster Linie fehlende Daten über Transaktionen am Immobilienmarkt verantwortlich. Im Vermietungsbereich veröffentlichen weder die Vermieter noch die Mieter detaillierte Angaben über Mietzinshöhe und Laufzeit eines Mietvertrages. Die häufig von Maklerhäusern veröffentlichten Daten umfassen in der Regel deskriptive Angaben zu Flächenumsätzen, Leerständen, Spitzen- und durchschnittlichen Mieten in den bedeutsamen Immobilienstandorten. Damit wird die Einschätzung der aktuellen und der zukünftigen Marktentwicklung erheblich erschwert. Ähnliches gilt im Investmentmarkt für die Veröffentlichung von Daten über An- und Verkäufe von Immobilien. Vielfach werden weder die Kaufpreise noch die Anfangsrenditen genannt. Dies hat zur Folge, dass bei Immobilienakquisitionen die Preisverhandlungen häufig schwierig und zeitintensiv sind. Darüber hinaus liegen nur selten aussagefähige Zeitreihen über die Wertentwicklungen in internationalen Immobilienmärkten vor. Ausnahmen bilden hier Großbritannien und Irland, für die bereits seit über zwanzig Jahren detaillierte Performancedaten vorliegen.

Die mangelnde Datenqualität und -quantität haben zur Folge, dass Immobilienmärkte auch keine (Informations-)Effizienz aufweisen und damit die portfoliotheoretischen Erkenntnisse aus dem Wertpapierbereich wenn überhaupt, dann nur sehr eingeschränkt auf das Immobilien-Portfolio-Management übertragen werden.

Die Heterogenität der internationalen Märkte hat verschiedene Dimensionen. Zum einen gilt in allen nationalen und internationalen Immobilienmärkte, dass jede Immobilie aufgrund ihre Lage, Nutzungsart, Mieterstruktur, Architektur etc. einzigartig ist. Zum anderen sind die Rahmenbedingungen in den einzelnen Märkten häufig sehr unterschiedlich. Dies bezieht sich beispielsweise auf Käufer- und Verkäuferstrukturen, Abschluss und Abwicklung von Kaufverträgen sowie rechtliche Rahmenbedingungen. Darüber hinaus befinden sich internationale Immobilien-

---

[6] Vgl. o.V., in: Die Welt, 12. Jan 2004, *Klöppelt,* Die Vertriebsstrategie der Warburg-Henderson KAG, in: Immobilien&Finanzierug, 2004, (56. Jg.), 1./2. Ausgabe August, S. 36 f.

märkte häufig in unterschiedlichen Marktzyklusphasen. Während in einzelnen Ländern beispielsweise der Kauf von Einzelhandelsimmobilien attraktiv erscheint, ist vielleicht in anderen Staaten der Höhepunkt bereits überschritten und Büroimmobilien deutlich attraktiver. Auch hieran zeigt sich, dass Immobilienmarktresearch eine wichtige Voraussetzung für erfolgreiches internationales Immobilien-Portfolio-Management ist.

Eine weitere Herausforderung bei internationalen Immobilienakquisitionen ist der direkte Marktzugang. Vor allem in Zeiten, in denen eine hohe Nachfrage nach interessanten Immobilien besteht, sind lokale Netzwerke mit potenziellen Verkäufern ein wichtiger Erfolgsfaktor. Nur ein direkter Zugang zu den Verkäufern stellt sicher, zu einem möglichst frühen Zeitpunkt und ohne Einschaltung weitere Vermittler, die (nur) die Transaktionskosten weiter erhöhen, Kenntnis über interessante Immobilienangebote zu erlangen. Die Bedeutung solcher Netzwerke steigt mit dem Grad der Marktintransparenz. Darüber hinaus muss ein Vertrauensverhältnis zwischen Verkäufer und Kaufinteressenten bestehen. Nur wenn der Verkäufer von der tatsächlichen Kaufabsicht, Diskretion und Bonität des Verhandlungspartners überzeugt ist, wird er bereit sein, in die teilweise über Monate dauernden Verhandlungen einzutreten und dem Kaufinteressent für eine bestimmte Zeit Exklusivität einzuräumen, damit dieser beispielsweise die zeit- und kostenintensive due diligence durchführen kann. Bei nicht ausreichender lokaler Präsenz besteht die Gefahr, dass ankaufswillige ausländische Investoren nur Kenntnis von Immobilien erlangen, die bereits seit langer Zeit am Markt angeboten wurden und die z.B. aufgrund zu hoher Preisvorstellungen und/oder Mängeln bzw. zu hohen Risiken bisher keinen (lokalen) Käufer gefunden haben.

Eine besondere Komplexität bei internationalen Immobilienmarkttransaktionen ergibt sich aus den uneinheitlichen steuerlichen Rahmenbedingungen. Vor einem Kauf sowie während der gesamten Haltedauer einer Immobilie sind Portfolio Manager gefordert, die Steuergesetzgebung präzise zu prüfen. Andernfalls kann ein Immobilienerwerb, der auf Basis von Vorsteuerrenditen attraktiv ist, später bei Fälligkeit von Steuerzahlungen sich als unrentabel herausstellen.

Im Ergebnis bleibt festzuhalten, dass internationale Immobilienmärkte in hohem Maße unterschiedliche Voraussetzungen für Immobilieninvestitionen bieten. Daher ist es von entscheidender Bedeutung für erfolgreiche Immobilieninvestitionen, dass Immobilien-Manager über umfassende Reserach-Kapazitäten sowie lokal verwurzeltes Netzwerk für den Marktzugang verfügen.

2. Investitionsziele

2.1 Renditeziele

Rendite und Risiko sind zwei Komponenten, die bei der Betrachtung des Renditeziels des Fonds im Zusammenhang gesehen werden müssen und nicht isoliert voneinander. Im institutionellen Bereich werden zwischen Investor und Portfolio Manager als Renditeziele in der Regel Benchmarks vereinbart. Diese stellen die (Mindest-)Anforderungen an den Portfolio Manager da, die während der Laufzeit eines Fonds erreicht bzw. überschritten werden sollen. Im Allgemeinen lassen sich absolute und relative Benchmarks unterscheiden. Absolute Zielvorgaben sind Prozentangaben bezüglich der jährlichen angestrebten Ausschüttung auf das eingesetzte Eigenkapital häufig kombiniert mit der Internal Rate of Return (IRR) über die Laufzeit der Fonds. Relative Benchmarks beziehen sich in der Regel auf Marktindizes, die vom Portfolio Management durch aktives Management „geschlagen" werden sollen. Passive Mandate, wie im Wertpapierbereich, die darauf ausgerichtet sind, einen repräsentativen Index abzubilden, sind im Immobilienbereich nicht üblich.

Werden Immobilieninvestitionen ausschließlich aus der Risikoperspektive betrachtet, so lassen sich auf Immobilienebene zwei Risikogruppen identifizieren[7]. Jede Investition hat ein Anleihen- sowie ein Wachstums-(=Aktien) Risiko. Welches der beiden Risikoarten stärker in die Analyse der Investition eingeht, hängt entscheidend von der Mietvertragsbeschaffenheit im Investitionszeitpunktes ab. Je länger der Mietvertrag gestaltet ist, desto mehr stellt der Investor auf die Bonität des Mieters ab. Liegt ein kurzfristiges Nachvermietungsrisiko vor, hängt es vor allem von der herrschenden Marktmiete ab, inwieweit die Immobilie die angestrebte Rendite erreichen wird.

Im Bereich des internationalen Immobilien-Portfolio-Managements wird das Fondsuniversum häufig in vier Risikoklassen aufgeteilt, die gleichzeitig Aussagen zu den Renditezielen machen. Die Klassifizierung sind Core, Core+, Value added und Opportunistic. Letztere findet man im Spezialfondsbereich nicht, da opportunistisch geprägte Fonds mit einem hohen Fremdkapitalanteil von >80% LTV (loan to value) arbeiten (müssen), um sehr hohe Eigenkapitalrenditen erreichen zu können (siehe Abbildung 5).

Abb. 5: Rendite-/Risiko-Profile internationaler Immobilienfonds

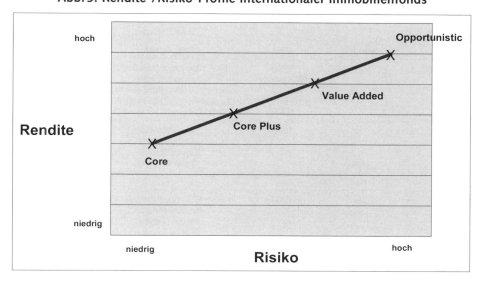

[7] Vgl. *Schofield,* The Global Property Market Risk Premium, S. 3 ff., Henderson Global Investors (Hrsg.), November 2001.

2.2 Probleme des bench marking in internationalen Immobilienmärkten

Aufgrund der bereis angesprochenen Problematik mangelnder Datenqualität und -quantität in den internationalen Immobilienmärkten existieren – anders als bei Aktien und Anleihen – nur selten aussagefähige Marktindizes, die als relative Benchmarks herangezogen werden könnten. Ausnahmen bilden beispielsweise Großbritannien und Irland, in denen es bereits seit Anfang der 80er Jahre umfangreiche Datenbanken gibt mit historischen Zeitreihen über Mieten und Preisentwicklungen der drei Immobilienmarktsektoren Einzelhandel, Büro und Logistik/Gewerbeparks. Darüber hinaus wird der Versuch unternommen, für immer mehr Länder repräsentative Indizes zu entwickeln und zu veröffentlichen. Die Investment Property Databank (IPD) hat zusammen mit ihren Partnern für zahlreiche europäische Länder Immobilienmarktindices entwickelt (siehe Tabelle 1). Im Mai 2004 hat IPD erstmals einen europäischen Index vorgestellt, der aber noch keine vollständige Marktabdeckung repräsentiert. Sicherlich wird es noch einige Jahre dauern, bis in allen bedeutenden Ländern mit institutionellen Immobilienmärkten eine ausreichende Qualität der Daten erreicht werden kann.

Tab. 1: Zusammenfassung der EU-15 Marktabdeckung von IPD und Partnern[8]

Land	abgedeckt durch IPD/Partner	Start	Verfügbare Kennzahlen	Schätzung der Marktgröße
Österreich	nein	–	–	–
Belgien	nein	–	–	–
Dänemark	ja	2000	ERV (*) Wachstum Ankaufsrendite Income return Capital Return Total Return	ja
Finnland	von KTI	1998	Total Return	?
Frankreich	ja	1998 (Bürosektor zurückgerechnet bis 1986)	ERV Wachstum (seit 2002) Ankaufsrendite Income return (Büro seit 86) Capital Return (Büro seit 86) Total Return (Büro seit 86)	ja
Deutschland	ja	1996	Ankaufsrendite Income return Capital Return Total Return	ja
Griechenland	nein	–	–	–
Irland	ja	1984	ERV Wachstum Ankaufsrendite Income return Capital Return Total Return	ja

(*) ERV = Estimated Rental Value

---

[8] Quelle: IPD/KTI/Henderson Global Investors, zitiert in: *Chaplin,* Synthesising and forecasting IPD type indices in Europe, Vortag im Rahmen der IPD/INREV Conference 2004 in Wien, Stand: 2/2002.

Land	abgedeckt durch IPD/Partner	Start	Verfügbare Kennzahlen	Schätzung der Marktgröße
Italien	Einsatz bei Beratung	–	–	–
Luxemburg	nein	–	–	–
Niederlande	ja	1995 und zurück-gerechnet bis 1977 (nur Einzelhandel und Büro)	ERV Wachstum (seit 1995) Ankaufsrendite (seit 1995) Income return Capital Return Total Return	ja
Portugal	ja	2000	ERV Wachstum (seit 2001) Ankaufsrendite Income return Capital Return Total Return	ja
Spanien	ja	2001	Ankaufsrendite Income return Capital Return Total Return	ja
Schweden	ja	1997 und zurück-gerechnet bis 1984	ERV Wachstum (seit 1998) Ankaufsrendite (seit 1997) Income return Capital Return Total Return	ja
Großbritannien	ja	1981	ERV Wachstum Ankaufsrendite Income return Capital Return Total Return	ja

Die Probleme der relativen Benchmarks führen dazu, dass mit Investoren bei internationalen Immobilien-Spezialfonds absolute Benchmarks in Verbindung mit dem erwarteten Risiko als Vorgaben für das Portfolio Management vereinbart werden. Hierbei werden ein Wert für die jährlich angestrebte Ausschüttung auf das eingesetzte Eigenkapital und ein Wert für die angestrebte Gesamtperformance (IRR) über eine bestimmte Laufzeit gewählt.

3. Investment–Strategien

3.1 Aufbau neuer Portfolien

Die besondere Problematik beim Aufbau eines neuen Portfolios für einen Immobilien-Spezialfonds besteht darin, dass Investoren zunächst Eigenkapital für Immobilienkäufe zur Verfügung stellen, die erst innerhalb eines bestimmten Zeitraums angekauft werden sollen. Bei Vertragsabschluss sind in der Regel die Objekte noch nicht bekannt und das Portfolio Management hat die Aufgabe, strategiekonforme Objekte zu identifizieren und für das Sondervermögen zu erwerben. Die Dauer der Investitionsperiode hängt erfahrungsgemäß vom Fondsvolumen ab und wird üblicherweise mit zwei bis drei Jahren veranschlagt.

Grundlage jeder Überlegungen zum Aufbau neuer Portfolien bilden die Bedürfnisse des jeweiligen Kunden. Hierbei sind vor allem das vorhandene Immobilienexposure, geforderte (Mindest-) Zielrenditen, Benchmark(s), Anlagehorizont und Risikopräferenz zu berücksichtigen. Darauf aufbauend werden für das Zielportfolio die Länderallokation sowie die Gewichtung der Immobilienmarktsektoren (Büro, Einzelhandel, Logistik, Wohnen, Sonstige) festgelegt. Hierbei ist es notwendig, den Gesichtspunkt einer ausreichenden Diversifikation von Anfang an in die Überlegungen mit einzubeziehen. Ein entscheidender Einflussparameter stellt die geplante Fondsgröße dar. Je größer das erzielbare Fondsvolumen, desto höher ist der realisierbare Diversifikationsgrad. Wichtig beim Aufbau eines Portfolios ist es, nicht nur eine geographische Diversifikation und eine Risikostreuung nach Nutzungsarten zu erreichen, sondern es bedarf auch Analysen der Mieterstruktur im Portfolio sowie der Tiefe der Mietnachfrage nach unterschiedlichen Sektoren in den jeweiligen Märkten. Diese zeigen auf, ob im Falle einer notwendigen Anschlussvermietung eine breite Mietnachfrage zur Verfügung steht.

3.2 Optimierung von Bestandsportfolien

Für institutionelle Investoren stellen Immobilien-Spezialfonds nicht nur bei Neuinvestitionen eine interessante Anlageform dar, sondern auch für die Optimierung von Bestandsportfolien. Hierbei lassen sich zwei Immobilien-Spezialfonds-Typen unterscheiden: Zum einen sogenannte Selbststeuererfonds und zum anderen Verwertungsfonds.

Bei Selbststeuererfonds nutzen institutionelle Investoren den Spezialfonds als Plattform für ihre eigenen Immobilienaktivitäten. Sie übernehmen das Asset Management und in der Regel auch die Immobilienverwaltung, d.h. die Kapitalanlagegesellschaft gliedert diese Funktionen auf Basis eines Geschäftsbesorgungsvertrages an den Investor aus. Der Investor erhält die gesamte Infrastruktur eines Immobilien-Spezialfonds. Darüber hinaus stellt die Kapitalanlagegesellschaft wichtige Reporting- und Controllingfunktionen zur Verfügung. Für die institutionellen Anleger ergeben sich daraus eine Reihe von Vorteilen. Aufgrund von Skaleneffekten stellt die Kapitalanlagegesellschaft eine kostengünstige, aber dennoch hochprofessionelle und leistungsfähige Buchungsplattform für das Immobiliengeschäft zur Verfügung. Unabhängige Sachverständige übernehmen einmal im Jahr die Bewertung des Portfolios. Darüber hinaus wirken sich regelmäßige Abschreibungen nicht renditemindernd aus. Außerdem lassen Immobilien-Spezialfonds den Einsatz von Fremdkapital zu, wodurch die Eigenkapitalrendite in Niedrigzinsphasen teilweise deutlich gesteigert werden kann. Gleichzeitig kann der Selbststeuerer seine eigene Anlagestrategie bestimmen und umsetzen. Hierfür steht ihm das Know-how der Kapitalanlagegesellschaft zur Verfügung.

Bei der Einbringung von Immobilien in einen Verwertungsfonds werden Liegenschaften in einen Immobilien-Spezialfonds eingebracht, die sich nicht (mehr) für das strategische Zielportfolio des Investors qualifizieren. Die Kapitalanlagegesellschaft stellt hierbei das für die Optimierung und gegebenenfalls auch Verwertung der Immobilienbestände erforderliche Know-how und die Ressourcen zur Verfügung. Durch Zusammenführung von Teilportfolios verschiedener institutioneller Anleger erhält die Kapitalanlagegesellschaft ausreichend große Volumina, um die erforderlichen Ressourcen zur Verfügung stellen und die Verwertung von schwierigen Immobilien wirtschaftlich erfolgreich vorzunehmen zu können.

Insgesamt bieten Verwertungsfonds für institutionelle Anleger die Vorteile einer Beschleunigung der Portfoliobereinigung/-umschichtung, einer Entlastung des eigenen Immobilien Managements sowie der Chance einer Renditeoptimierung des nicht-strategischen Teilportfolios.

4. Umsetzung internationaler Immobilieninvestmentstrategien

4.1 Bedeutung von Investmentprozessen

Investmentprozesse beschreiben im Allgemeinen den Rahmen aller investmentspezifischen Handlungen. Hierbei steht im Mittelpunkt, auf welche Art und Weise der Portfolio Manager die Anlagestrategie in konkrete An- und Verkaufsentscheidungen umsetzt. Der Investmentprozess macht seine Handlungen nachvollziehbar sowie vor allem transparent und stellt damit einen wichtigen Baustein des Risikomanagements dar.

Im Wertpapierbereich zählen Investmentprozesse bereits seit sehr langer Zeit zu den Standards des Portfolio Managements. Im Immobilienbereich setzen sich strukturierte Investmentprozesse erst langsam durch. In der Vergangenheit wurden Portfolios vielfach im Rahmen von buy and hold-Strategien aufgebaut. Anlageentscheidungen erfolgten nicht selten auf opportunistischer Basis, d.h. ein Objekt wurde erworben, wenn die Architektur und die wirtschaftlichen Eckdaten interessant erschienen. Die Auswirkungen auf das Gesamtportfolios spielten eine untergeordnete Rolle. Der Einsatz von Research und quantitativer Analyse für die Entscheidungsfindung fällt häufig beträchtlich hinter den Standards zurück, die bei Aktien und festverzinslichen Wertpapieren angewendet werden.

Im angelsächsischen Property Portfolio Management sind Investmentprozesse weit verbreitet und entsprechend entwickelt. Im Wettbewerb um Investoren stellen sie nicht selten einen entscheidenden Wettbewerbsfaktor dar. Zunehmend ist als Trend erkennbar, dass Investoren zukünftig nur Mandate an Portfolio Manager mit etablierten Investmentprozessen vergeben.

Aufgrund der Tatsache, dass Immobilienanlagen im Vergleich zu anderen Anlageklassen weniger transparent und weniger effizient sind, besitzt das Research eine herausragende Funktion im Investmentprozess. Es sollte daher sämtliche Phasen begleiten und die Entscheidungen des Portfolio Managers unterstützen.

Bei Immobilien-Spezialfonds ist zusätzlich die Einbindung der Investoren in die weiteren Phasen des Investmentprozesses ein wichtiges Merkmal (siehe Abbildung 6). Auf Basis der mit den Anlegern abgestimmten Ziele und Strategie identifiziert die Kapitalanlagegesellschaft in den einzelnen Ländern strategiekonforme Immobilien. Diese Objekte werden in der Regel dem Anlageausschuss vorgestellt und mit ihm besprochen. Nach entsprechender Zustimmung wird der Objektankauf weiterverfolgt. Nach weiteren Prüfungen werden die Kaufvertragsverhandlungen abgeschlossen und in enger Abstimmung mit dem Anlageausschuss wird die Entscheidung über den Objektkauf getroffen. Kurz vor der kaufvertraglichen Fälligkeit des Kaufpreises ruft die Kapitalanlagegesellschaft das notwendige Eigenkapital bei den Investoren ab. Diese erwerben die ihnen für dieses Geschäft vorgegebene Anzahl von Anteilen am Immobilien-Spezialfonds. Nach Übergang von Nutzen und Lasten gehen die Immobilien in das Sondervermögen über. Im Anschluss beginnt die routinemäßige Berichterstattung (=Reporting) der Gesellschaft über die (Performance-)Entwicklung des Objekts bzw. des gesamten Portfolios.

Abb. 6: Akquisitionsprozess beim Neuaufbau eines Immobilien-Portfolios

Diese Phasen des Investmentprozesses stellen sicher, dass die Anleger detailliert über jeden Schritt informiert werden und vollständige Transparenz erhalten. Damit reduziert sich für sie das Risiko, dass das von ihnen zur Verfügung gestellte Eigenkapital in Immobilien investiert wird, die ihren Erwartungen nicht entsprechen.

4.2 Research

Wie bereits ausgeführt, liefert gerade in intransparenten Märkten das Research wichtige Erkenntnisse über die jeweiligen Märkte und erlaubt dem Asset Manager die zukünftige Entwicklung des Investments innerhalb des jeweiligen Marktes besser zu quantifizieren. Es kann zwischen einem deskriptiven und einem analytischen Research entschieden werden.

Das deskriptive Research sammelt Marktdaten und beschreibt den Ist-Zustand des jeweiligen Marktes. Es erklärt sozusagen die Immobilie aus dem Immobilienmarkt heraus und lässt Aussagen zur Entwicklung des Marktes von zwölf bis vierundzwanzig Monate zu. Eine Immobilie stellt jedoch eine langfristige Investition dar. Daher liefert ein deskriptives Research nicht die erforderlichen Daten für das Immobilien-Portfolio-Management.

Ein Lösungsansatz bildet das analytische Research. Die Immobilie wird bei diesem Ansatz nur als Hülle für die wirtschaftlichen Tätigkeiten einer Unternehmung betrachtet. Der zu erzielende Mietwert orientiert sich maßgeblich an dem wirtschaftlichen Mehrwert, der auf der Fläche erwirtschaftet werden kann. Als Nachfragegrößen gelten hier makroökonomische Faktoren, die gleichzeitig immobilienspezifische Treiber sind. Über ökonometrische Modelle wird die Nachfrage nach Flächen in den jeweiligen Regionalwirtschaften prognostiziert.

Das Angebot errechnet sich aus den vorhandenen marktgängigen Flächen und den in Zukunft zusätzlich zur Verfügung gestellten Flächen in Abhängigkeit der diversen Bauzyklen. Dieser Ansatz erlaubt Prognosen von bis zu fünf Jahren und hilft durch die Einbindung in den Investmentprozess, Investitionsentscheidungen auf fundierte Daten zu stützen, die Investition nachvollziehbar zu gestalten und Risiken zu identifizieren.

Damit ist das analytische Research für das langfristig ausgerichtete Portfolio-Management von Immobilien-Spezialfonds dem deskriptiven überlegen. Allerdings stellt das analytische Research sehr hohe Anforderungen an die involvierten Mitarbeiterinnen und Mitarbeiter.

4.3 „All business is local" – Lokale Präsenz als Erfolgsfaktor

Obwohl es sich bei Immobilien um eine globale Assetklasse handelt, ist das Geschäft sehr lokal geprägt. Der wirtschaftliche Erfolg einer Immobilieninvestition hängt von zahlreichen lokalen Einflussfaktoren ab wie Lage, Beschaffenheit, Struktur und Bonität der Mieter. Die lokale Kenntnis muss daher als einer der wichtigsten Erfolgsfaktoren angesehen werden. Schließlich ist es das Ziel eines jeden Investors, möglichst die attraktivsten Immobilien angeboten zu bekommen. Dabei ist es von Vorteil, wenn der Investor im lokalen Markt präsent und als Teilnehmer bekannt ist.

In vielen Immobilienmärkten hängt der Umfang der präsentierten Immobilien, der sogenannte Dealflow, von den lokalen Netzwerken ab. Nach Auffassung der Verfasser ist es daher von entscheidender Bedeutung für eine international tätige Immobilienkapitalanlagegesellschaft, in den größten internationalen Märkten mit eigenen Ressourcen vor Ort präsent zu sein. Damit ist nicht nur gewährleistet, dass marktrelevante Informationen umgehend in die Anlageentscheidungen einfließen und der Dealflow erhöht wird, sondern auch, dass bei der späteren Immobilienverwaltung alle wichtigen Entscheidungen wie z.B. Revitalisierung, Entwicklung, Verlängerung/Neuabschluss von Mietverträgen vor Ort vorbereitet und umgesetzt werden können.

Die in der Vergangenheit häufig erfolgten sogenannten „Jet-Set-Akquisitionen" bergen dagegen das Risiko, dass nur solche Objekte erworben werden können, die bereits von den lokalen Marktteilnehmern abgelehnt wurden. Bei diesem Akquisitionstyp wird unterstellt, dass Portfolio Manager sich Objekte von Maklerhäusern vorstellen lassen und von ihrem Sitz aus nur kurz für die Kaufvertragsverhandlungen an den Standort der Immobilie fliegen. Im internationalen Bereich wird das in diesem Verfahren investierte Geld häufig auch als „stupid money" bezeichnet.

Damit lässt sich festhalten, dass eine lokale Präsenz mit erfahrenen Mitarbeitern für internationale Investitionen ein wesentlicher Erfolgsfaktor ist.

4.4 Finanzierungsstrategien

Die Aufgabenstellung im Rahmen der Finanzierungsstrategie für einen Immobilien-Spezialfonds ist grundsätzlich identisch wie bei jeder direkten und indirekten Immobilien-Anlageform. Im Mittelpunkt stehen das Verhältnis zwischen Eigenkapital zu Fremdkapital, die Zinsbindungsfristen sowie die Währung.

In Phasen niedriger Zinsen nutzen Immobilien-Spezialfonds Fremdfinanzierungen bei Objektankäufen. Liegen die Fremdfinanzierungssätze unter den Immobilienrenditen, lässt sich ein sogenannten positiver Leverage-Effekt und damit eine Steigerung der Eigenkapitalrendite erzielen. Nach den Vorschriften des Investmentgesetzes können zu 50 % der Wertes der Immobilien (LTV) fremdfinanziert werden (§ 82 InvG)[9]. Auch für die Gewährung von Darlehen an Immobilien-Gesellschaften bestehen entsprechende Regelungen (siehe § 69 InvG).

Nach Festlegung der Fremdfinanzierungsquote erfolgt die Wahl der Zinsbindungsfrist. Basis bildet die Einschätzung der zukünftigen Zinsentwicklung. Im gegenwärtigen Zinsumfeld lassen sich in der Praxis zwei unterschiedliche Ansätze beobachten. Risikofreudige Manager und Investoren setzen häufig auf variable Zinsen, da Statistiken belegen, dass über lange Zeiträume damit höhere Eigenkapitalrenditen realisiert werden konnten. Dieser Ansatz birgt aber auch Risiken. Beispielsweise könnte die Bereitschaft bestehen, (zu) hohe Kaufpreise zu zahlen, da der Leverage-Effekt die Zielrenditen (noch) ermöglicht. Darüber hinaus könnten plötzlich steigende Zinsen zu negativen Eigenkapitalrenditen bei der Immobilienanlage führen. Unter Umständen muss damit gerechnet werden, dass zusätzliches Eigenkapital erforderlich ist. Konservative Anleger setzen eher auf fristenkongruente Finanzierungsstrategien, bei denen die Laufzeit der Darlehen an die Haltedauer der Immobilien angepasst wird.

Weiterhin stellt die Wahl der Währung, in der das Fremdkapital aufgenommen wird, eine wichtige Entscheidung dar. Immobilien-Spezialfonds wählen bei Immobilienanlagen in Fremdwährung in der Regel Darlehen in der gleichen Währung zur Währungskursabsicherung. Dies hat darüber hinaus den Vorteil, dass die Fremdkapitalzinsen in der Regel im Ausland steuerlich abzugsfähig sind.

5. Risikocontrolling

Das Konzept des Immobilien-Spezialfonds beinhaltet Strukturen und Investitionsrichtlinien, die vor allem dem Grundgedanken des Investorenschutzes entsprechen und somit auch die Grundlage des Risikocontrollings bilden. Wie bereits im ersten Abschnitt „Grundlagen" ausführlich dargestellt, existieren für das Vehikel des Immobilien-Spezialfonds eine Reihe von internen und externen überwachenden bzw. beratenden Institutionen und Organen wie Depotbank, Aufsichtsrat, Geschäftsführung, Wirtschaftsprüfer, BaFin, Sachverständigenausschuss und nicht zuletzt der Anlageausschuss. Sie stellen den institutionellen Rahmen für das Risikocontrolling dar.

---

[9] Vgl. *Kretschmer,* Die Relevanz von Immobilien-Spezialfonds im Rahmen der Vermögensverwaltung eines berufsständischen Versorgungswerkes, in: Spezialfonds aus Anlegersicht – eine Erfolgsgeschichte, BVI Bundesverband Deutscher Investment- und Asset Management-Gesellschaften e.V. (Hrsg.), Frankfurt a.M., 2002, S. 57.

Die Verantwortung des Risikomanagements liegt primär bei der Geschäftsleitung der Kapitalanlagegesellschaft, dessen Durchführung vom Aufsichtsrat überwacht wird. Das Risikomanagement beinhaltet Erfassung, Messung und nicht zuletzt Steuerung der Risiken.[10]

5.1 Klassifizierung der Risiken

Die Erfassung von Risiken stellt eine Kernaufgabe des Risikomanagements dar. Grundsätzlich lassen sich zwei Risikogruppen zu unterscheiden. Zum einen existiert in jeder Unternehmung ein operationelles Risiko, das sich aus menschlichen, technischen Fehlern oder auch durch fehlerhafte unternehmensinternen Prozesse zusammensetzt. Zum anderen existieren Risiken im Zusammenhang mit den eigentlichen Investments.

Im ersten Fall helfen die unterschiedlichen Organe und im Besonderen die Geschäftsführung der Kapitalanlagegesellschaft des Immobilien-Spezialfonds sicherzustellen, dass die internen definierten Ablaufprozesse eingehalten werden, alle Positionen durch ausreichend qualifiziertes Personal besetzt sind und eine durchgehende gegenseitige Überprüfung durch die verschiedenen Organe stattfindet.

Wird das eigentliche Immobilieninvestment betrachtet, so lassen sich wiederum zwei unterschiedliche Risiken klassifizieren. Die Risikokomponenten bestehen aus dem strukturellen und dem spezifischen Risikos.

Das strukturelle Risiko repräsentiert das Marktrisiko[11] und bringt zum Ausdruck, wie stark die Rendite einer Immobilie sowie des Gesamtportfolios von allgemeinen Marktschwankungen abhängig ist. Das spezifische Risiko bezieht sich auf die einzelne Immobilie und deren Wechselwirkungen mit dem Gesamtportfolio (Anzahl der Objekte im Fonds, Nutzungsarten, Größe der Objekte, etc.).

Das strukturelle Risiko kommt vor allem bei der Erstellung der Fondsstrategie zum Tragen. Ist der Investor beispielsweise risikosavers, so wird bei der Auswahl der Zielländer ein Hauptaugenmerk auf stabile und risikoarme Märkte gelegt. Dazu zählen Märkte mit hoher Transparenz, ausreichender Größe und Liquidität, sicherem Rechts- und Steuersystem sowie mit guter Prognostizierbarkeit der Wirtschaftsentwicklung.

5.2 Strategien und Instrumente

Bei der Behandlung der operationellen oder der investmentspezifischen Risiken lassen sich vier Ansätze herausstellen. Nach der Identifizierung von Risiken und einer anschließenden Abwägung muss entschieden werden, ob Risiken vermieden, genommen, reduziert bzw. abgesichert werden sollen. Als einfaches Beispiel kann hier die Absicherung des Währungskursrisikos erwähnt werden. Entscheidet sich die Geschäftsführung für die Absicherung des Währungsrisikos, so lässt sich das Risiko u.a. durch Devisentermingeschäfte, Optionen oder Futures auf andere Kapitalmarktteilnehmer für ein gewisses Entgeld transferieren.

---

[10] Vgl. hierzu und zum folgenden BVI-Leitlinien für das Risikomanagement im Investment- und Asset Management, Oktober 2004, S. 1 ff.

[11] Vgl. ausführlich *Schofield,* The Global Property Market Risk Premium, S. 3 ff., Henderson Global Investors (Hrsg.), November 2001.

Als wichtigstes Instrument ist ein stringenter und nachvollziehbarer Investment-prozess zu nennen. Dieser ermöglicht erst die Schaffung einer erhöhten Transparenz der Investmenttätigkeiten und somit zu einer Risikoidentifizierung, -quantifizie-rung und schlussendlich zu einer Risikoreduzierung bzw.- vermeidung.

6. Schlussbemerkung

Internationale Immobilien-Spezialfonds stehen seit einigen Jahren hoch in der Gunst der Anleger. Sie ermöglichen den institutionellen Investoren einen schnellen, kostengünstigen und bequemen Zugang zu den internationalen Immobilienmärk-ten. Diese weisen häufig attraktive Renditen auf und stellen eine sehr gute Diver-sifizierung stark inlandslastiger Immobilienportefeuilles dar. Internationale Immobi-lienmärkte besitzen eine hohe Komplexität. Schlechte Datenqualität und -quantität, damit einhergehende mangelnde Transparenz und Heterogenität sowie schwieriger lokaler Marktzugang stellen erhebliche Anforderungen an das internationale Im-mobilien-Portfolio-Management.

Immobilien-Kapitalanlagegesellschaften, die über stringente Investmentprozesse, hochqualifiziertes Research und lokale Präsenz verfügen, stellen für institutionelle Investoren die idealen Partner für internationale Immobilien-Investitionen dar. In Verbindung mit einem professionellen Risiko-Controlling, dass durch die rechtli-chen Vorgaben flankiert wird, ist der Immobilien-Spezialfonds für den zukünftigen Wettbewerb gut gerüstet.

III. Versicherungen

Übersicht

1. Die Immobilie als Kapitalanlageobjekt

„Nicht alle Eier in einen Korb legen" – dieses sogenannte Großmutter-Rezept hat neben vielen modernen Theorien zur Kapitalanlage auch heute noch uneingeschränkt Bedeutung. Die Immobilie ist und bleibt ein Bestandteil der Kapitalanlagen.

Welche Besonderheiten zeichnen die Immobilie als Assetklasse gegenüber den konkurrierenden Anlagemöglichkeiten aus?

Bei jeder Immobilie handelt es sich letztlich um ein Unikat, da Gebäudetypus, Funktionalität und Umfeldbedingungen von Objekt zu Objekt differieren. Selbst bei standardisierten Gebäuden, zum Beispiel Reihenhäusern oder bei den typisierten Plattenbauten der früheren DDR, gibt es standort- und lagespezifische Besonderheiten, die letztlich keine direkte Duplizierung von Verkehrswerten zulassen. Ein standardisierter Markenartikel wird hingegen überregional zu gleichen Preisen angeboten.

Für die Immobilienwirtschaft stellt die Zeitkomponente eine besondere Herausforderung dar. Allein die Konzept- und Planungsphase kann einen mehrjährigen Zeitraum umfassen. Zusätzlich ist die eigentliche Bauphase je nach Komplexität des Bauvorhabens mit ein bis zwei Jahren bis zur Fertigstellung zu berücksichtigen. Während dieser langen Zeit können sich jedoch Nutzervorstellungen geändert haben, so dass sich eine Vermietung als schwierig heraus stellt. In diesem Zusammenhang darf insbesondere auf die aktuell unterschiedlichen Erwartungen von Büronutzern verwiesen werden. Der Investor muss sich aber frühzeitig für das Konzept des Zellenbüros, des Gruppen-, Großraum- oder Kombibüros entschieden haben. Kurzfristige bauliche Anpassungen sind in aller Regel nur mit erheblichem Aufwand möglich und führen zu entsprechenden Renditeeinbußen.

Im Vergleich zum Immobilienerwerb gestaltet sich der Ankauf von Aktien oder festverzinslichen Wertpapieren denkbar einfach. Bei Immobilientransaktionen sind vielfältige, rechtliche Festlegungen zu beachten, verbunden mit – abhängig von der Vertragskonstruktion – teilweise erheblichen Transaktionskosten, zum Beispiel Notariatsgebühren, Grunderwerbssteuer, Maklerhonorare etc. Darüber hinaus gestaltet sich die laufende Betreuung von Immobilien im Vergleich zu anderen Assetklassen als sehr personalintensiv, da die Objekte vermietet sowie kaufmännisch und technisch verwaltet werden müssen. Mieter sind sehr kritische Kunden, die meist „rund um die Uhr" betreut werden wollen; dabei geht es oft nicht nur um objektbezogene Problemstellungen. Für institutionelle Kapitalanleger ist ergänzend ein aktives Portfoliomanagement, d.h. die kontinuierliche Auseinandersetzung und Überprüfung der Zusammensetzung des Immobilienbestandes zur Performance-Optimierung unabdingbar.

Ein wesentlicher Unterschied zu anderen Assetklassen besteht auch in der äußerst schwachen Transparenz des Immobilienmarktes. Der Börsenkurs einer Aktie ist unproblematisch ablesbar, die Ermittlung des korrekten Verkehrswertes einer Immobilie bewegt sich hingegen in einer anderen Welt. Auch die Wettbewerbssituation ist selbst für Immobilienprofis vielfach intransparent, da keine einheitlichen Daten und Informationen vorliegen bzw. diese mühsam beschafft und ihre Aussagekraft und Verlässlichkeit geprüft werden müssen.

Die Immobilienkapitalanlage verfügt jedoch über einen ganz wesentlichen Vorteil: ein Gebäude kann optimiert, umstrukturiert und ggf. revitalisiert werden. Der Ankauf eines festverzinslichen Wertpapiers hingegen ist von zwei Entscheidungen gekennzeichnet, dem An- und Verkauf. Diese Gestaltungsmöglichkeiten bei Immobilienobjekten können bei einer entsprechend qualifizierten Expertise zu attraktiven Performancesteigerungen führen.

Ohne Zweifel ist die Immobilie ein Produkt mit Langfristcharakter. Allerdings ist in den Immobilienmarkt in den letzten Jahren doch erhebliche Bewegung gebracht worden, so dass aus Sicht des Anlegers die ausschließlich langfristige Bestandshaltung eines Objektes grundsätzlich in Frage gestellt ist.

2. Kapitalanlage bei Versicherungsgesellschaften

Vorrangige Aufgabe und Unternehmenszweck von Versicherungsgesellschaften ist die Übernahme von Risiken und die damit verbundene Bereitstellung von Versicherungsschutz für die Kunden. Das Kapital zur Erfüllung dieser oftmals langfristig angelegten Verpflichtungen sammeln die Gesellschaften in Form von Beiträgen und Prämien von ihren Kunden ein und übernehmen damit gleichzeitig ihre zweite wichtige Aufgabe: das eingesammelte Vermögen entsprechend der Vorschriften des Versicherungsaufsichtsgesetzes ‚sicher und rentabel bei jederzeitiger Liquidität'[1] anzulegen. Das Kapitalanlagegeschäft ist in diesem Sinne kein Selbstzweck, sondern eine Verpflichtung, die sich aus der Erfüllung der im Versicherungsgeschäft eingegangenen Verbindlichkeiten ergibt.

Im Jahr 2003 hat die deutsche Versicherungswirtschaft[2] rund 147 Mrd. € an Versicherungsprämien und Beiträgen eingenommen. Der größte Versicherungszweig, die Lebensversicherungsbranche, hatte hieran einen Anteil von rund 45,8 %, die pri-

---

[1] Vgl. § 54 Abs. 1 VAG.
[2] Quelle: Schätzung Beitragsaufkommen GDV – Mitglieder Lebens-, Schaden-/Unfall-, Kranken- und Rückversicherer.

vate Krankenversicherung und die Kraftfahrtversicherung erwirtschafteten jeweils
16,8 % bzw. 15,3 % des Beitragsaufkommens. Insgesamt haben die deutschen Erst-
versicherer (Sparten Leben, Kranken, Schaden/Unfall) zusammen mit den Rück-
versicherern im Jahr 2003 ca. 982 Mrd. €[3] an den internationalen Kapitalmärkten
angelegt. Die Lebensversicherungsbranche hat nicht nur das höchste Beitragsaufkommen, sondern ist mit rund 62 % der Gesamtanlagen auch wichtigster Kapitalanleger innerhalb der Branche. Zu begründen ist die überproportional hohe Kapi-
talanlagequote mit dem großen Anteil kapitalbildender Produkte innerhalb des Le-
bensversicherungsgeschäfts.

Trotz des jährlichen Abgangs für fällige Policen und angefallene Verpflichtungen
ist das angelegte Gesamtkapital in den letzten Jahren stetig angewachsen – nicht zuletzt aufgrund der ansehnlichen Verzinsung, die in der Vergangenheit erwirtschaftet
werden konnte.

**Abb. 1: Entwicklung der Kapitalanlagen der deutschen Versicherungsbranche
seit der Wiedervereinigung; Lebens-, Schaden-/Unfall-, Kranken-
und Rückversicherer[4]**

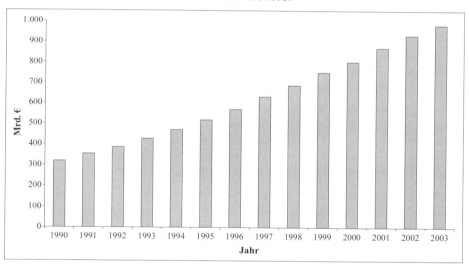

Ziele der Kapitalanlage bei Versicherungsgesellschaften sind vorrangig die Erhaltung
der Anlagen (Sicherheit) und die kontinuierliche Erzielung von positiven Erträgen.
Bezogen auf die kurzfristige Betrachtung im laufenden Geschäft bedeutet dies die
jährliche Erhöhung des Sicherungsvermögens (früher: Deckungsstock) und den
jährlichen bilanziellen Ausweis stabiler Gewinne.

---

[3] Quelle: vorl. Zahlen GDV/BaFin IV Qu. 2003; die Gesamtversicherungsbranche, inklusive
der Pensions- und Sterbekassen konnte über einen Kapitalbestand von 1.059,5 Mrd. € verfügen.
[4] Quelle: GDV/BaFin; vorläufige Werte für 2003.

2.1 Rechtliche Investitionsrahmenbedingungen

Den rechtlichen Rahmen für die Kapitalanlage der Versicherungsgesellschaften gibt im Wesentlichen das **Versicherungsaufsichtsgesetz** (VAG) vor. Es ist gegenwärtig in der 2003 novellierten Fassung in Kraft und regelt die Anlage der Versichertengelder. Besonders hervorzuheben sind die Ausführungen der §§ 7, 54, 65 und 66, die das Anlagegeschäft erheblich beeinflussen. Darüber hinaus gelten die Vorschriften der **Anlageverordnung** (bis 2002 festgelegt in § 54 a VAG) und des **HGB**. Überwacht wird die Einhaltung der gesetzlichen und aufsichtsrechtlichen Vorschriften durch die am 1. Mai 2002 gegründete Bundesanstalt für Finanzdienstleistungsaufsicht (BaFin). Die **BaFin**, mit Sitz in Bonn und Frankfurt, übernimmt entsprechend dem Gesetz über die integrierte Finanzdienstleistungsaufsicht vom 22. April 2002 die Aufgaben der ehemaligen Bundesaufsichtsämter für das Kreditwesen (BAKred), für das Versicherungswesen (BAV) und für den Wertpapierhandel (BAWe) und hat sowohl die rechtliche Kontrolle als auch die Finanzaufsicht über die Versicherungsgesellschaften in Deutschland. In der Bundesrepublik existiert somit eine einheitliche staatliche Aufsicht, die neben den rund 700 Versicherungsunternehmen auch ca. 2.700 Kreditinstitute und 800 Finanzdienstleistungsinstitute in Deutschland betreut.

2.1.1 Anlagegrundsätze

Die Sicherstellung der versprochenen Leistungen gegenüber dem Versicherungsnehmer nimmt im Versicherungsaufsichtsgesetz (VAG) den ersten Rang ein. Hervorzuheben ist § 54 „**Anlagegrundsätze für das gebundene Vermögen**":

> *(1) Die Bestände des Sicherungsvermögens (§ 66) und das sonstige gebundene Vermögen gemäß Absatz 5 sind unter Berücksichtigung der Art der betriebenen Versicherungsgeschäfte sowie der Unternehmensstruktur so anzulegen, dass möglichst große Sicherheit und Rentabilität bei jederzeitiger Liquidität des Versicherungsunternehmens unter Wahrung angemessener Mischung und Streuung erreicht wird.* <

Das Kriterium „Sicherheit der Anlage" ebenso wie die Vorgabe der „Mischung und Streuung" nehmen besonderen Einfluss auf die Anlagestrategie auch bei den Immobilienanlagen der Assekuranzen. Opportunistische Anlagen oder Konzentration auf Teilmärkte sind schon qua Gesetz ausgeschlossen, Diversifikation hingegen ist klar vorgegeben.

2.1.2 Anlageverordnung

Die Anlageverordnung ersetzt seit dem 1.1.2002 die Bestimmungen des § 54 a VAG, „Anlagekatalog für das gebundene Vermögen". Ergänzend zum § 54 Abs. 2 VAG werden hierin die Anlagearten für das gebundene Vermögen qualifiziert und die Quoten − damit die Mischung und Streuung − der Anlagen im Gesamtportfolio festgelegt. Die Ausgliederung des Anlagekatalogs aus dem VAG ermöglicht eine Anpassung der Verordnung außerhalb des Gesetzes und somit eine höhere Flexibilität in der Reaktion auf Veränderungen an den Finanzmärkten. Als Beispiel dafür kann die seit August 2004 geltende Fassung der Anlageverordnung angeführt werden − darin wird u.a. die Anlage in Hedgefonds neu geregelt.

2.1.3 Gebundenes und freies Vermögen

Die zur Kapitalanlage zur Verfügung stehenden Aktiva bei Versicherungsunternehmen werden in zwei Vermögensblöcke eingeteilt – das gebundene Vermögen, welches wiederum in Sicherungsvermögen und ‚sonstiges gebundenes Vermögen‘ untergliedert wird, und das freie (restliche) Vermögen.

Das **Sicherungsvermögen** dient zur Abdeckung der Verpflichtungen aus dem Versicherungsgeschäft, d.h. es sichert die vertraglichen Ansprüche der Versicherungsnehmer. Im Wesentlichen entspricht die Höhe des Sicherungsvermögens auf der Aktivseite der Bilanz der sog. Deckungsrückstellung auf der Passivseite. Der weitere Umfang des Sicherungsvermögens ist in § 66 Abs. 1 a VAG exakt geregelt.

Die Kapitalanlagen im Sicherungsvermögen sind:

– entsprechend den Vorschriften des § 54 VAG und der AnlV anzulegen,
– gesondert von jedem anderen Vermögen zu verwalten und am Sitz des Unternehmens aufzubewahren (§ 66 Abs. 5 VAG),
– einem Treuhänder zu unterstellen, ohne dessen Zustimmung das Unternehmen nicht über die Vermögenswerte verfügen kann (§§ 70 ff. VAG)
– einzeln in ein Vermögensverzeichnis einzutragen, welches der Aufsichtsbehörde (BaFin) am Schluss eines jeden Geschäftsjahres vorzulegen ist (§ 66 Abs. 6 VAG).

Bei Versicherern, die vorzugsweise kapitalbildende Produkte vertreiben, z.B. Lebensversicherer, beträgt das Sicherungsvermögen in der Regel deutlich mehr als 90 % des gebundenen Vermögens. Sachversicherer, die traditionell kurzfristigere Produktlaufzeiten anbieten, führen den überwiegenden Kapitalbestand des gebundenen Vermögens im ‚sonstigen gebundenen Vermögen‘.

Das **sonstige gebundene Vermögen** stellt im Wesentlichen die aktive Gegenposition zu versicherungstechnischen Rückstellungen, Verbindlichkeiten und Rechnungsabgrenzungsposten dar. Eine Treuhänderfunktion und ein Anlageverzeichnis ist für die Anlagen im sonstigen gebundenen Vermögen gesetzlich nicht vorgesehen. Die BaFin wird im Zuge des Nachweises zum Sicherungsvermögen zum Jahresende über das sonstige gebundene Vermögen informiert.

Das **freie (restliche) Vermögen** unterliegt nicht den Anlagekriterien des VAG und kann frei investiert werden.

2.2 Zulässige Kapitalanlagen

Entsprechend der vorgenannten rechtlichen Rahmenbedingungen dürfen die zufließenden Mittel in folgende Anlagearten investiert werden:

– Darlehensforderungen, Schuldverschreibungen und Genussrechte
– Schuldbuchforderungen
– Aktien
– Beteiligungen
– Grundstücke und grundstücksgleiche Rechte
– Anteile an Organismen für gemeinschaftliche Anlage in Wertpapiere
– laufende Guthaben bei Kreditinstituten

Darüber hinaus ist die Investition in sogenannte „Sonstige Anlagen" gestattet, die im VAG bzw. in der Anlageverordnung definiert sind.

Die zulässige Kapitalanlage in Immobilien bezieht sich grundsätzlich auf bebaute, in der Bebauung befindliche oder zur alsbaldigen Bebauung vorgesehene Grundstücke innerhalb des EWR. Ebenso gestattet ist der Erwerb von „Anteilen an Grundstücks-Sondervermögen, die überwiegend aus im EWR belegenen Grundstücken, grundstücksgleichen Rechten oder Beteiligungen an Grundstücksgesellschaften bestehen". Ausnahmsweise dürfen nach den Regelungen von § 5 der Anlageverordnung 5 % der Bestände des Sicherungsvermögens und 20 % des übrigen gebundenen Vermögens in Staaten außerhalb des EWR belegen sein.

Damit steht den Versicherungsunternehmen generell die gesamte Anlagepalette auf den Grundstücksmärkten offen, wie Büro- und Geschäftshäuser, Wohnimmobilien, gemischt genutzte Immobilien, Einkaufszentren, Gewerbeparks, Hotels etc.

Grundstücke, die die vorgenannten Kriterien nicht erfüllen – z.B. Bauerwartungsland, nicht zur alsbaldigen Bebauung bestimmtes Bauland etc. – können im Rahmen der sog. Öffnungsklausel (§ 1 Abs. 2 AnlV) oder mit Ausnahmegenehmigung der BaFin (§ 1 Abs. 3 AnlV) dem gebundenen Vermögen zugeführt werden.

2.3 Besonderheiten

Bei einer Immobilieninvestition ist die Angemessenheit des Kaufpreises auf der Grundlage des Gutachtens eines vereidigten Sachverständigen oder in vergleichbarer Weise zu prüfen (§ 1 Abs. 14 AnlV). Der Erwerb ist der Aufsichtsbehörde anzuzeigen.

Um eine Kapitalanlage für die Zuführung zum Sicherungsvermögen zu qualifizieren, sind zusätzlich folgende Punkte zu gewährleisten:

– ein sog. Treuhänder-Sperrvermerk ist in Abt. II des Grundbuchs der jeweiligen Immobilie einzutragen; ohne Zustimmung des Treuhänders zur Aufhebung des Sperrvermerks ist ein späterer Verkauf des Produkts und eine Entnahme aus dem Sicherungsvermögen ausgeschlossen

– das Immobilienanlageprodukt wird zum Bilanzwert (§ 66 Abs. 3 a VAG) in das Sicherungsvermögen eingestellt; ist der Bilanzwert höher als der Verkehrswert, so ist der niedrigere der beiden als sog. Anrechnungswert anzusetzen; (gemäß § 66 Abs. 3 a VAG setzt die Aufsichtsbehörde ‚für belastete Grundstücke und grundstücksgleiche Rechte' … ‚den Wert im Einzelfall fest')

– die Zuführung der Anlage zum Sicherungsvermögen ist der Aufsichtsbehörde anzuzeigen

Grundsätzlich löst der Erwerb einer Immobilienanlage immer die Anzeigepflicht gegenüber der BaFin nach § 54 VAG aus – unabhängig von der Zuführung zum gebundenen oder freien Vermögen.

Der bei Immobiliengeschäften verbreitete Einsatz von **Fremdkapital** ist bei Investitionen von Versicherungsunternehmen ein Ausnahmefall. Prinzipiell ist die Kreditaufnahme den Versicherungsunternehmen im VAG zwar nicht untersagt, die Aufsichtsbehörde bewertet die Kreditaufnahme zum Zweck der Wiederanlage allerdings als ‚unzulässiges Geschäft' nach § 7 VAG oder als ‚Gefährdung der Belange der Versicherten' entsprechend § 81 VAG, womit die Aufnahme von Fremdkapital de facto ausscheidet. Zahlreiche Rundschreiben der BaFin – zuvor des BAV – regeln den Umgang mit Fremdkapital. Die Ausnutzung des sog. Leverage-Effekts zur Steigerung der Performance scheidet somit für Versicherer bei Immobiliendirektinvestitionen aus.

Bei Auslandsinvestitionen steht die Qualifizierung für das Sicherungsvermögen häufig in Konkurrenz zu Fragen der Steueroptimierung. Die erforderlichen besonderen Gesellschafts- und Finanzierungsstrukturen haben zur Folge, dass nur für einen Teil des Gesamtinvestments die Voraussetzungen für eine Zuführung zum Sicherungsvermögen geschaffen werden können. Der Rest des Investments ist mit Mitteln aus dem freien Vermögen zu finanzieren.

Die sehr unterschiedlichen steuerlichen Regelungen bei Auslandsinvestitionen können im Rahmen dieses Beitrages und aufgrund ständiger Veränderungen nicht dargestellt werden.

2.4 Historische Entwicklung der Kapitalanlage

Die Kapitalanlage der deutschen Versicherungswirtschaft[5] hat sich in den letzten Jahrzehnten positiv entwickelt. Während 1980 rund 143 Mrd. € investiert wurden ist die Investitionssumme bis zum Jahr 2003 auf rund 1.060 Mrd. € angewachsen.

Abb. 2: Kapitalanlagen der deutschen Versicherungswirtschaft 1980–2003[5]

	1980		1990		2000		2003	
	Mrd. Euro	in %	Mrd. Euro	in %	Mrd. Euro	in %	Mrd. Euro	in %
Grundstücke	14,2	9,9	23,0	6,3	27,0	3,1	25,0	2,4
Hypotheken	22,0	15,4	43,3	11,8	67,1	7,7	73,1	6,9
Darlehen[1]	63,5	44,3	170,1	46,5	151,7	17,4	216,9	20,5
Namensschuldverschreibungen[1]					217,7	25,0	216,0	20,4
Festverz. Wertpapiere	27,6	19,3	61,1	16,7	75,6	8,7	103,2	9,7
Aktien	4,6	3,2	10,1	2,8	33,1	3,8	18,1	1,7
Investmentzertifikate	4,3	3,0	29,7	8,1	194,6	22,3	235,5	22,2
Policedarlehen	1,7	1,2	4,9	1,3	5,1	0,6	5,5	0,5
Beteiligungen u. Anteile an verb. Unternehmen	2,9	2,1	19,5	5,3	80,4	9,2	134,9	12,7
Fest-; Termingelder etc.	1,5	1,1	3,7	1,0	9,4	1,1	23,4	2,2
Sonstiges	0,8	0,5	0,7	0,2	9,3	1,1	7,9	0,7
Gesamt:	**143,2**	**100,0**	**366,1**	**100,0**	**871,2**	**100,0**	**1059,5**	**100,0**

1 Ausleihungen an verbundene Unternehmen; Ausleihungen an Unternehmen, mit denen ein Beteiligungsverhältnis besteht;
Schuldscheinforderungen und Darlehen; übrige Ausleihungen;
Namensschuldverschreibungen sind bis 1990 unter der Position Darlehen ausgewiesen

Quelle: GEWOS

Obwohl sich die Immobilienanlage im Bestand der Assekuranzen in absoluten Zahlen bis 2000 ebenfalls positiv entwickelt hat, hat sich der relative Anteil am Gesamtkapitalanlagebestand kontinuierlich deutlich verringert. Zum Ende des Jahres 2003 beträgt der Anteil der Immobilien nach Buchwerten lediglich 2,4% der Ge-

---

[5] Kapitalanlage der deutschen Versicherungswirtschaft: Lebens-, Schaden-/Unfall-, Kranken- und Rückversicherer sowie Pensions- und Sterbekassen. Q: GDV 2004.

samtanlage und liegt damit bei nur ¼ des Anteilsvolumens, das die Immobilie noch 1980 in den Portfolien der Versicherer hatte. Unberücksichtigt sind in dieser Aufstellung allerdings die indirekten Anlagen, die sich z.B. in den Positionen Beteiligungen oder Anteile an verbundenen Unternehmen wiederfinden. Unter Hinzurechnung dieser Investitionen dürfte der Immobilienanteil an den Gesamtanlagen mit etwa 4%[6] anzugeben sein.

Abb. 3: Anteil der Grundstücke/Immobilien an der Gesamtkapitalanlage

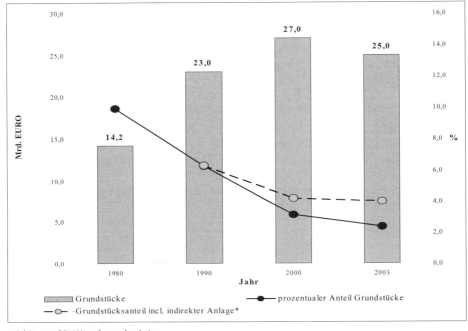

* Schätzung GDV/Annahmen des Autors

Die stetige Abnahme des Immobilienanteils an den gesamten Kapitalanlagen hat mehrere Ursachen. Ein immobilienspezifischer Grund ist die jährliche Abschreibung (AfA), die bei den bilanzierten Buchwerten berücksichtigt wird und das Bestandskapital jährlich mindert. Wesentlicher Grund für den Rückgang des prozentualen Anteils ist jedoch die langfristig nicht optimale Performance der Assetklasse Immobilie. Im Vergleich zu konkurrierenden Anlageformen schneidet die Immobilie unterdurchschnittlich ab. Darüber hinaus ist das Management von Immobilienbeständen mit besonderen Anforderungen und nicht unerheblichem Aufwand verbunden.

Unabhängig davon werden unter Berücksichtigung der VAG – Vorgabe ‚Mischung und Streuung‘ – Immobilien in den Portfolien der Versicherer immer einen festen Platz behalten.

---

[6] Quelle: Schätzung GDV, Annahmen des Autors.

Nicht zu vernachlässigen bei der Bemessung der Bedeutung des Anlageprodukts Immobilie am Gesamtanlagebestand der Kapitalanlagen ist der Anteil der stillen Reserven. Die stille Reserve wird gemäß HGB nicht im Anlagevermögen der Bilanz ausgewiesen und geht entsprechend nicht in die Kapitalanlagestatistik ein. Die Bedeutung der stillen Reserve kann und wird je nach Bestand, Zusammensetzung und Alter der Portfolien bei den einzelnen Gesellschaften sehr unterschiedlich sein.

3. Immobilienanlageprodukte und -formen

3.1 Direktinvestitionen und/oder indirekte Investitionen

Eine Immobilienanlage war bis vor wenigen Jahren in der Regel eine direkte Anlage: der Erwerb eines Grundstücks oder Gebäudes und der Eintrag als neuer Eigentümer im Grundbuch. Selbstverständlich werden diese „typischen" Immobiliengeschäfte auch heute noch getätigt, jedoch ist festzustellen, dass der Anteil der indirekten Investitionen am Gesamttransaktionsvolumen in der Immobilienkapitalanlage seit Jahren zunehmend an Bedeutung gewinnt. Während die direkte Anlage stets den grundbuchamtlichen Eigentumsübergang beinhaltet und die Zahlung von Grunderwerbssteuer auslöst, ist die indirekte Anlage in der Regel nicht mit dem grundbuchamtlichen Eintrag des Erwerbers verbunden. Der Käufer erwirbt nicht die Immobilie selbst, sondern z.B. Anteile einer Gesellschaft, in deren Eigentum sich die Immobilie befindet.

Vor allem im Auslandsgeschäft ist der „share deal" eher ein Regelfall. Steuerliche Komponenten und Fragen der Bilanzierung beeinflussen dort die Entscheidung zu Gunsten des indirekten Investments. Für Versicherer hat zusätzlich die Frage der Zuführung des Anlageprodukts zum Sicherungsvermögen eine ausschlaggebende Bedeutung.

Neben dem Erwerb von Gesellschaftsanteilen sind Immobilienfonds in verschiedener Ausprägung ein häufig vertretenes Anlageprodukt. Immobilienaktien und immobilienbesicherte Schuldverschreibungen (Hypothekenpfandbriefe, mortgage backed securities, first mortgage debentures, real estate investment trusts) stellen ebenfalls eine besondere Anlagekategorie innerhalb der indirekten Immobilienanlagen dar. Während der Käufer bei direkten Anlagen und Beteiligungen an Gesellschaften in der Regel selbst Einfluss auf das Objektmanagement nehmen kann – und somit auf die Wertschöpfungskette innerhalb des Anlagezyklus – ist der Einfluss bei Fonds und Schuldverschreibungen vergleichsweise gering. Die Fremdvergabe des Managements ist als Risikofaktor in der Anlageentscheidung zu berücksichtigen.

Die verschiedenen Anlageprodukte und -formen werden in weiteren Kapiteln dieses Handbuches ausführlich dargestellt.

3.2 Risiko versus Chance

Immobilieninvestitionen haben im Vergleich zu anderen Kapitalanlagen historisch eine vergleichsweise niedrige Volatilität. Diese Aussage gerät jedoch ins Wanken, wenn beispielsweise die aktuelle Situation der regionalen Büromärkte in Deutschland betrachtet wird. Bei deutlich wachsenden Leerständen und erheblich geringeren Mieten bei Neu- bzw. Nachvermietungen geraten die Verkehrswerte und damit die Performance erheblich in Bewegung, insbesondere da mit nivellierenden Entwicklungen kurz- bis mittelfristig nicht zu rechnen ist. Dennoch, bei Transaktionen mit Augenmaß qualifiziert sich die Immobilienanlage auch künftig als sogenanntes Betongold.

Die Risikobetrachtung bei Immobilien hat in den letzten 10 Jahren erheblich an Bedeutung gewonnen, neben der Ertragserwartung ist die Risikokomponente ein gleichgewichtiger Erfolgsfaktor.

Im Rahmen dieses Beitrags soll auf die kontinuierlich anwachsende Zahl und Entwicklung von Risikodefinitionen und Risikomaßen verzichtet werden. Versicherungsunternehmen verhalten sich in aller Regel streng risikoavers, d.h. hochspekulative Immobilienobjekte passen nicht ins Portfolio. Bei einer risikoneutralen Attitüde – wenn also als Äquivalent auf die Chance eines Mehrertrags beinahe jedes Risiko in Kauf genommen wird – wird der Versicherer auf andere Assetklassen zurückgreifen, nicht jedoch auf die Immobilie.

Vereinfacht sind unter Risikoaspekten zu entscheiden:

– Objektrisiken
  • Einzelschicksale der Immobilien
– Portfoliorisiken
  • kumulierende Einzelschicksale
– allgemeine Marktrisiken
  • insbesondere konjunkturelle Veränderungen

Aufgrund des Unikatscharakters von Immobilien sind die Objektrisiken umfassend bei den einzelnen Objektanalysen zu berücksichtigen, d.h. konkret im Rahmen von z.B. objektspezifischen 5-Jahres- oder 10-Jahres-Hochrechnungen. Allgemeine Portfoliorisiken, wie z.B. die regionale Verteilung der Bestände oder die Branchenorientierungen bei Vermietungen etc., können hingegen ausschließlich im Rahmen von übergreifenden Portfolioanalysen mit pauschalierten Ansätzen bewertet werden.

Die Risikoeinschätzung bei einer Immobilieninvestition ist dann erfolgreich, wenn die wirtschaftlich vernünftige Balance zwischen Einkommen und Wertsteigerung über den Investitionszeitraum gefunden wird.

Zur Risikomessung werden bevorzugt Scoring-Modelle angeboten. Dabei sind Investitionskriterien einzeln zu gewichten und mit entsprechenden Punkten zu bewerten. Die Addition der Punktzahlen stellt dann die Basis für Investitionsvergleiche dar. Diese gelegentlich etwas willkürliche Methodik lässt jedoch außer Acht, dass bei Immobilien bereits die Nichterfüllung eines einzelnen Kriteriums (sog. k.o.-Kriterium) die Realisierung einer Investition ausschließt.

4. Anlagepolitik
Von der „Liegenschaftsverwaltung" zum „Portfoliomanagement"

4.1 Paradigmenwechsel in der Immobilienwirtschaft

Der Name „Liegenschaftsverwaltung" führt bereits begrifflich in eine gefährliche Nähe zum „liegen lassen". Das Aufgabengebiet der klassischen Immobilienverwaltung bestand darin, die vorhandenen Objekte im gegebenen Rahmen kaufmännisch und technisch ordnungsgemäß zu unterhalten. Einmal erworbene Immobilien blieben dauerhaft im Eigentum, unternehmerisch reagiert wurde im Wesentlichen nur bei extremen Problemsituationen.

In der nächsten Phase wurde aus dem Verwalter dann der Objektmanager, d.h. es vollzog sich ein Übergang zu einer aktiven Bewirtschaftung der Immobilie, allerdings lag der Fokus weiterhin auf der Performance-Optimierung des einzelnen Objektes.

Erst der nächste Entwicklungsschritt, das Portfoliomanagement, rundet das Aufgabenspektrum ab. Die aktive Steuerung von Immobilienvermögen – mit Blick für das Ganze – ist ein stetiger Prozess, bei dem Chance und Risiko der Immobilienanlagen im Sinne des Investors beeinflusst werden. In aller Regel kann erst durch eine laufende Umschichtung des Bestandes das Ertragspotenzial der Anlageart Immobilie konsequent ausgeschöpft werden.

4.2 Portfoliomanagement

4.2.1 Begriffliche Abgrenzung

Die Bezeichnungen

Assetmanagement
Portfoliomanagement und
Objektmanagement

werden in der Immobilienbranche oft für höchst unterschiedliche Aktivitäten verwendet. Diesem Beitrag liegen folgende Definitionen zu Grunde:

Assetmanagement:
als Oberbegriff für die Steuerung aller Kapitalanlagen

Portfoliomanagement:
als Steuerung eines aggregierten Immobilienbestandes

Objektmanagement:
als Steuerung einer jeweils konkreten Immobilie im Sinne einer laufenden Betreuung (Propertymanagement).

Ein einheitlicher Sprachkodex für die Branche existiert zur Zeit nicht. So ist in Stellenanzeigen für einen Portfoliomanager beispielsweise zu lesen, dass sich der Bewerber auch mit der Abrechnung von Nebenkosten zu befassen hat. Eine solche Funktion ist eindeutig dem Objektmanagement zuzuordnen. In der Immobilienbranche herrscht teilweise eine babylonische Sprachverwirrung: Begriffe wie Rendite, Miete, Leerstand, Mietfläche etc. werden vielfach höchst unterschiedlich interpretiert. In diesem Zusammenhang ist die Initiative der gif, Gesellschaft für immobilienwirtschaftliche Forschung, zu begrüßen, die eine eindeutige Abgrenzung der für die Immobilienwirtschaft relevanten Begriffe vornimmt.

Portfoliomanagement kann als systematische Planung, Steuerung und Kontrolle eines Bestandes von Vermögenswerten definiert werden. Das Objektmanagement hingegen deckt das objektspezifische Spektrum von Vermietung, laufender kaufmännischer und technischer Betreuung, Nebenkostenabrechnung, Instandhaltung, Modernisierung und Objektoptimierung ab.

4.2.2 Aufbau des Portfoliomanagements

Das Portfoliomanagement setzt sich aus 3 Elementen zusammen:

Qualitatives Portfoliomanagement
Strategisches Portfoliomanagement
Operatives Portfoliomanagement

Abb. 4: Portfoliomanagement

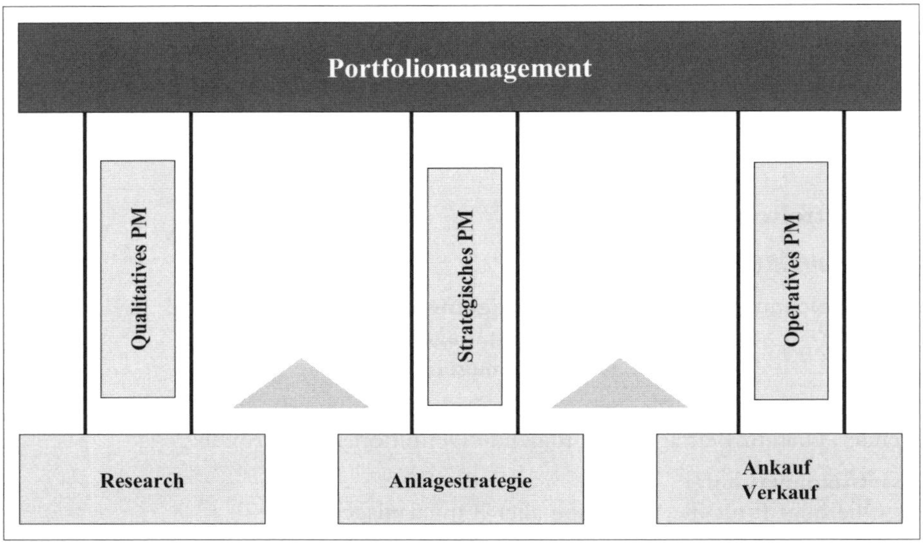

Das **qualitative Portfoliomanagement** ist insbesondere darauf ausgerichtet, künftige Marktentwicklungen zu analysieren und Trends zu bewerten, die für die Immobilienanlage relevant sein können. Es werden also Entwicklungsperspektiven der regionalen, nationalen und internationalen Immobilienmärkte untersucht. Diese Analysen beziehen sich jedoch nicht nur auf rein strukturelle Betrachtungen oder Standortanalysen, sondern auch auf die Entwicklung von Nutzererwartungen für unterschiedliche Immobilienarten. Darüber hinaus sind allgemeine volkswirtschaftliche Tendenzen einzubeziehen, die als Rahmenbedingungen für Immobilieninvestitionen zu berücksichtigen sind.

Aus den Ergebnissen und Bewertungen des qualitativen Portfoliomanagements leitet sich dann die für den jeweiligen Investor zuzuschneidende An- und Verkaufsstrategie, d.h. das **strategische Portfoliomanagement** ab. Das bestehende Immobilienportfolio ist mit dieser Zielvorstellung für eine optimale Anlagestrategie zu vergleichen, um konkrete Handlungsempfehlungen zu erarbeiten.

Die wesentlichen Determinanten der Portfoliostruktur zeigt die folgende Abbildung:

Abb. 5: Portfoliostruktur

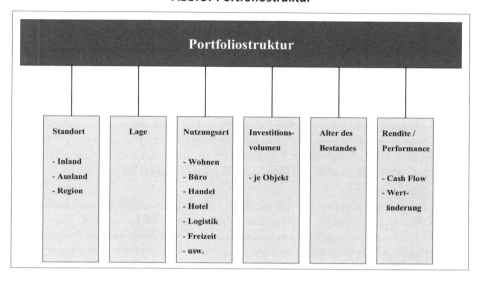

Das **operative Portfoliomanagement** ist für die konkrete Umsetzung der Anlagestrategie verantwortlich. Es geht letztlich darum, das richtige Objekt zum richtigen Zeitpunkt zu erwerben bzw. zu verkaufen. Die Akquisition von neuen Immobilienprojekten bzw. -objekten ist selbstverständlich als integrativer Prozess zu verstehen, wobei die Federführung beim Portfoliomanagement liegt.

4.3 Anlagestrategie

Anlagestrategien leiten sich für jeden Investor aus dessen individueller Gewichtung einzelner Anlagekriterien ab. Für einen größeren deutschen Versicherer gelten z.B. folgende anlagestrategischen Zielvorstellungen:

1. Standort

Als Standort für neue Investitionen in Deutschland kommen im Wesentlichen die Ballungsgebiete Berlin, Düsseldorf/Köln, Frankfurt, Hamburg und München in Betracht. Diese Festlegung gilt insbesondere für Büroimmobilien. Bei Einzelhandelsobjekten, insbesondere Shopping-Centern, sind auch alternative Standorte mit überörtlicher Ausstrahlung interessant. Nach interner Festlegung sollen rund 50% der Neuinvestitionen im Ausland getätigt werden. Die Akquisitionsaktivitäten konzentrieren sich bevorzugt auf die Großstädte in den europäischen Nachbarländern. Konkrete Beispiele aus den Jahren 2003 und 2004 sind Investitionen in Amsterdam, Brüssel, Paris und Prag.

2. Lage

Im internen, langjährigen Vergleich wird die beste Performance bei Immobilien in sogenannten 1A-Lagen realisiert. Auch in Zukunft konzentrieren sich die Akquisitionen auf die jeweils für die Nutzungsart bezogene Toplage; Standort und Lage müssen positive Entwicklungsperspektiven bieten, sonst scheidet ein Investment grundsätzlich aus.

3. Nutzungsart

Die Akquisitionen richten sich mit eindeutigem Schwerpunkt auf gewerbliche Nutzungen, d.h. Büro- und Einzelhandelsobjekte. Der Wohnungsanteil am Gesamtportfolio wird sich auch in Zukunft weiter reduzieren. Aufgrund der mangelnden Fungibilität werden Objekte mit hoher Betreiberabhängigkeit, z.B. Freizeitimmobilien und ähnliche Sonderimmobilien, nicht ins Portfolio aufgenommen. Hotelinvestitionen und Logistikimmobilien stellen ebenfalls absolute Ausnahmefälle dar. In der Anlegerbranche wird dann bevorzugt auf sog. Nischenprodukte ausgewichen, wenn im Kernportfolio keine Erfolge zu verzeichnen sind und unbedingt Anlagegelder zu platzieren sind – eine gefährliche Investitionspolitik, wie die Erfahrung in konjunkturellen Schwächephasen zeigt.

4. Investitionsvolumen

Das Investitionsvolumen pro Projekt bzw. Objekt ist nach oben und unten zu limitieren, um Aufwands- und Risikoaspekte adäquat zu gewichten. Eine detaillierte Deckungsbeitragsrechnung weist aus, dass bei Kleinobjekten in der Regel ein deutlich höherer relativer Verwaltungsaufwand besteht. Ergänzend ist zu berücksichtigen, dass in den präferierten Standorten und Lagen kaum sogenannte Kleinobjekte zu erwerben sind. Eine Obergrenze je Investment ist notwendig, um die Ausgewogenheit des Portfolios zu sichern; andernfalls wäre die Performance von einem einzigen oder einigen wenigen Immobilienakquisitionen abhängig.

5. Alter des Bestandes

Um eventuell erhöhten Instandhaltungs- und Modernisierungskosten im Lebenszyklus einer Immobilie vorzubeugen und den ständig erweiterten Nutzeransprüchen gerecht zu werden, ist eine laufende Verjüngung von Immobilienbeständen unumgänglich. Entsprechend der Einzelvorgabe des jeweiligen institutionellen Investors können sich allein durch diesen Aspekt hohe „Turn-Rates" beim Verkauf ergeben. Je länger dieser Verjüngungsaspekt zurückgestellt wird, desto höher wird der Verkaufsdruck.

6. Performance

In einem nicht nur für Immobilienorganisationen jährlich zu erstellenden und abzuarbeitenden Business-Plan dominiert das Hauptziel „Optimierung der Performance für den Auftraggeber/Investor" mit absolutem Vorrang. Die Performance setzt sich aus dem laufenden Objektüberschuss (Cashflow) sowie der jährlichen Verkehrswertveränderung zusammen. Ausschlaggebend für eine positive Investitionsentscheidung ist die künftige Performance-Erwartung, die auf Basis einer 10- und 20-jährigen Investitionsrechnung ermittelt wird. Grundsätzlich gilt, dass die Performanceanforderung im Einzelfall um so höher liegt, je mehr Risikokomponenten des Investments zu berücksichtigen sind.

In der Vergangenheit haben sich die Versicherungsgesellschaften, abgesehen von wenigen Ausnahmefällen, auf direkte Immobilieninvestitionen konzentriert. In den letzten Jahren haben die Beteiligungen an Projekt- bzw. Objektgesellschaften sowie an speziellen Fondslösungen zugenommen. Die Höhe der jeweiligen Beteiligung hängt neben dem disponiblen Anlagekapital von der Attraktivität der Objekte im Portfolio, der Zusammensetzung der beteiligten Gesellschafter sowie der Professionalität des Managements ab.

Im Zusammenhang mit indirekten Immobilienanlagen gewinnt das Financial Engineering erheblich an Bedeutung. Unter Financial Engineering ist die Entwicklung maßgeschneiderter Problemlösungen für Investitionen im Sinne einer steuerlichen, finanziellen und rechtlichen Optimierung zu verstehen. Insbesondere bei ausländischen Immobilienanlagen besteht zum Teil ein erheblicher Bedarf an konzeptioneller Vorarbeit, um eine attraktive Nachsteuerperformance zu gewährleisten und zugleich den Erfordernissen des Sicherungsvermögens gerecht zu werden.

Exkurs: Projektentwicklungen

Unter Berücksichtigung der nun schon mehrjährigen Schwächephase des Immobilienmarktes hat sich die Zahl der qualifizierten Projektentwicklungsunternehmen, die für institutionelle Anleger die eigentlichen Lieferanten für Immobilienprodukte sind, deutlich verringert. Diese Veränderung führt zwangsläufig dazu, dass nicht nur der Erwerb von Bestandsobjekten, sondern auch ein Engagement in Projektentwicklungen in Betracht kommt. Die Projektentwicklung wird unter Abwägung der besonderen Risiken dann realisiert, wenn sie eine Möglichkeit und Instrument zum günstigen Objekteinkauf darstellt.

4.4 An- und Verkaufsentscheidungen

Bei allen institutionellen Investoren, somit auch bei Versicherungsgesellschaften, besteht ein klarer Abstimmungsprozess bei Transaktionsentscheidungen. Im Rahmen der Platzierung von großvolumigen An- und Verkäufen hat sich neben dem sog. Off-Market-Deal, d.h. der Einzelansprache von Investoren, insbesondere das beschränkte Bieterverfahren etabliert.

4.4.1 Ankäufe

Immobilienofferten werden zunächst vom regional zuständigen und spezialisierten Akquisiteur geprüft und unter Anforderung umfassender Objektunterlagen vorverhandelt. Nach Rücksprachen mit Abteilungs- und Geschäftsleitung wird über die Weiterverfolgung des Ankaufs entschieden. Dabei wird in aller Regel bereits ein Tableau der Rahmenkonditionen vorgegeben. Sollte mit dem Verkäufer eine Einigung auf dieser vorbezeichneten Basis möglich sein, so findet eine innerdisziplinäre Projekt- und Ankaufsbesprechung statt. In dieser Runde sind alle für eine Investition wichtigen Aufgabenbereiche vertreten: Portfoliomanagement, Objektmanagement, Baumanagement, Recht und Steuern, Geschäftsführung, ggf. ergänzt um Stabspositionen. Bei gemeinsam verabschiedeter Ankaufsempfehlung ist die Investitionsvorlage gemäß unternehmensspezifischem Kompetenzraster zu erstellen. Nach Genehmigung durch die zuständigen Entscheidungsgremien erfolgt die definitive Due Diligence und die kaufvertragliche Regelung.

Die Bearbeitungsfristen solcher Ankaufsprozesse gestalten sich sehr unterschiedlich. Bei besonders attraktiven Offerten können Entscheidungsprozesse innerhalb weniger Tage definitiv abgeschlossen werden. Der Zeitrahmen von der Information über die Immobilienofferte bis zur Ankaufsentscheidung wird letztlich nicht vom eigentlichen Entscheidungsprozess determiniert, sondern von den oft langwierigen Verhandlungen zu Haupt- und Nebenpunkten einer Objektakquisition mit dem Verkäufer.

4.4.2 Verkäufe

Zielvorgabe für Portfolio- und Objektmanagement ist es, jede einzelne Immobilie jedes Jahr neu auf den Prüfstand zu stellen. Ausschlaggebend ist dann die künftige Performance-Erwartung, die – sofern die sonstigen Rahmendaten des Immobilienmarktes korrespondieren – zu einer Aufnahme des konkreten Objektes in die „Verkaufsliste" führen. Auch in diesem Zusammenhang gibt es klare Prozesse von der Objektprüfung bis hin zur endgültigen Verkaufsentscheidung. In diesem Kontext scheint der Hinweis wichtig, dass die Verkaufsentscheidung vom Objekt- und vom Portfoliomanagement getragen wird. Bei einer anderen Vorgehensweise wäre die angestrebte Optimierung der Performance des Immobilienportfolios gefährdet, da keine eindeutige Entscheidungsgrundlage und Identifikation aller Beteiligten mit dem Desinvestment vorliegt.

4.5 Portfolioanalyse

Voraussetzung für ein aktives Portfoliomanagement ist ein verlässliches Datensystem, bei dem sämtliche Einzelobjekte eines Portfolios in ein komplexes Beurteilungs- und Bewertungssystem eingeordnet sind. Diese Portfolioanalyse kann nur dann sinnvoll ausgelegt sein, wenn sowohl Top-down- als auch Bottom-up-Prozesse berücksichtigt sind. Insbesondere ist erforderlich, dass mit dieser Analyse auch tatsächlich „gelebt" wird und sie nicht – wie vielfach bei Analysen, Untersuchungen, Reports etc. üblich – in den Schreibtischschubladen der Mitarbeiter verstauben. Ein relativ einfaches Bewertungssystem kann mit 4 Kategorien operieren:

I. längerfristiges Bestandsobjekt:
   Bei dieser Zuordnung wird mit längerfristig positiven Performanceerwartungen gerechnet. Es handelt sich zusammenfassend um sogenannte problemlose Objekte

II. längerfristiges Bestandsobjekt mit Überprüfung grundlegender konzeptioneller, baulich-technischer Maßnahmen sowie Vermietungskonzepten:
   Diese Kategorie beinhaltet Objekte, bei denen z.B. das Hauptmietverhältnis in einigen Jahren endet und somit rechtzeitig Alternativen aufzubauen sind. Ebenso umfasst diese Kategorie Objekte mit besonderen baulichen Umstrukturierungen

III. mittelfristiges Bestandsobjekt zur Prüfung auf Veräußerung bzw. Umstrukturierung/Optimierung:

Diese Kategorie erfordert die höchste Bearbeitungsintensität. Es ist eine Entscheidung herbeizuführen, ob und ggf. unter Berücksichtigung welcher Nachinvestitionen und Vermietungsaktivitäten ein Objekt im Bestand gehalten werden soll.

IV. kurz- oder mittelfristiges Verkaufsobjekt:

Bei dieser Kategorie steht fest, dass die einbezogenen Objekte aus Gründen der Portfoliobereinigung am Markt veräußert werden. Nach dieser grundsätzlichen Festlegung leiten sich Nebenentscheidungen ab, wie z.B. optimaler Verkaufszeitpunkt, Bildung von sogenannten Verkaufspaketen, Privatisierung von Wohnungsbeständen etc.

Der Aufbau dieser Portfolioanalyse kann je nach spezifischen Investorvorstellungen entsprechend variiert werden, z.B. durch Ergänzung zusätzlicher Kategorien. Entscheidend aber ist, dass aus Sicht der Unternehmenssteuerung sowohl ein Gesamtbild über das Portfolio vorliegt als auch eine Einzelaussage pro Objekt mit konkreter Handlungsempfehlung abzuleiten ist.

Die nachfolgende Abbildung zeigt in aggregierter Form den entsprechenden „Zustand" eines Dummy-Portfolios:

Abb. 6: Modell eines Dummy-Bestandes

Nutzart	Ausprägung (in Stück bzw. in EUR)	Kategorie = Bewertung des Objektes				Summe aller bewerteten Objekte
		I	II	III	IV	
Wohnen	Anzahl der Objekte	60	16	11	5	92
	Verkehrswert	805.500.000	191.500.500	116.349.000	41.880.500	1.155.230.000
Handel	Anzahl der Objekte	12	3	4	1	20
	Verkehrswert	170.100.000	41.500.000	62.545.000	12.000.000	286.145.000
Büros eigengenutzt	Anzahl der Objekte	27	11	0	0	38
	Verkehrswert	405.900.000	168.500.000	0	0	574.400.000
Büros fremdgenutzt	Anzahl der Objekte	76	14	8	11	109
	Verkehrswert	1.155.070.000	180.820.000	44.580.800	61.584.200	1.442.055.000
Mischnutzung	Anzahl der Objekte	16	7	3	2	28
	Verkehrswert	132.890.500	114.585.000	62.653.200	25.831.300	335.960.000
Sonstige Nutzung	Anzahl der Objekte	9	3	0	1	13
	Verkehrswert	118.751.500	56.000.500	0	31.458.000	206.210.000
Summe gesamt	Anzahl der Objekte	200	54	26	20	300
	Verkehrswert	2.788.212.000	752.906.000	286.128.000	172.754.000	4.000.000.000

Auf der Grundlage dieser Portfolioanalyse kann, getrennt nach einzelnen Nutzungsarten, auch für jede Bewertungskategorie eine eindeutige Aussage getroffen werden. Es ist z.B. sofort ablesbar, in welcher Größenordnung Wohnobjekte zur Veräußerung anstehen.

Die Portfolioanalyse liefert in differenzierter Form auch Aussagen zur

a) regionalen Verteilung der Verkehrswerte der Immobilien
b) zur Altersstruktur des Portfolios
c) zur Performanceentwicklung sowie
d) zur Struktur der Mietvertragslaufzeiten

Die Aussagekraft der Portfolioanalyse ist umso tragfähiger, je qualifizierter die Einzelbeurteilung von Objekten vorgenommen wird. In diese Einzelbeurteilung von Immobilien sind alle üblichen Kriterien analog allgemeiner Verkehrswertgutachten aufzunehmen. Hierzu gehören Standort- und Lagebeurteilungen, Einschätzungen der künftigen Instandhaltungs- und Modernisierungserfordernisse, Mietertragskalkulationen etc. Nach unseren Erfahrungen liefert eine 5-Jahres-Betrachtung zur künftigen Entwicklung die besten Ergebnisse. Insbesondere erlaubt diese Perspektivrechnung auch klare Ableitungen von Controllingmaßnahmen. Diese Hochrechnungen pro Objekt sind jährlich neu fortzuschreiben, um die Aktualität der Portfolioanalyse als Gesamtheit abzusichern.

Abb. 7: Modell einer Portfoliostruktur nach Nutzungsklassen/ (Dummy-Portfolio)

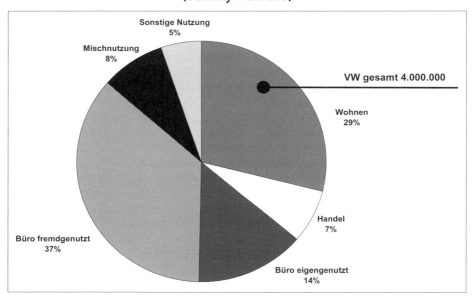

5. Wertermittlung

Den „Werten" von Immobilien kommt bei den Versicherungsgesellschaften besondere Bedeutung zu. Die Immobilie wird mit dem Anschaffungswert (Kaufpreis plus Nebenkosten) in die Bilanz eingestellt, wobei die Angemessenheit der Kaufpreise durch Sachverständigengutachten zu bestätigen ist. Für das Sicherungsvermögen wird der Anrechnungswert ermittelt. Basis für die Performancemessung sowie die Ausweisung stiller Reserven ist der Verkehrswert des Anlageprodukts.

Um ein Höchstmaß an Objektivität bei der Wertermittlung zu gewährleisten, hat der Gesetzgeber folgende Vorschriften verabschiedet:

- § 194 Baugesetzbuch (BauGB),
- Wertermittlungsverordnung (WertV 98),
- Wertermittlungsrichtlinien (WertR 2002).

Zur Feststellung des Wertes einer Immobilie gibt es mehrere methodische Ansätze. Bezogen auf das strategische Ankaufsprofil von Versicherern ist das Ertragswertprinzip das ausschlaggebende Verfahren. Das Ertragswertverfahren berücksichtigt zwei

Komponenten: den Bodenwert und die aus der Immobilie erwirtschafteten Erträge (Cashflow-Überschuss). Insbesondere die Nachhaltigkeit der Erträge sowie die realistische Einschätzung von Bewirtschaftungskosten, Instandhaltung und Restnutzungsdauer sind als Schlüsselfaktoren bei der Wertermittlung zu bezeichnen. Die einzelnen Wertermittlungsverfahren werden an anderer Stelle dieses Handbuches ausführlich erläutert.

In der Praxis werden oft erhebliche Abweichungen zwischen dem Ergebnis einer Wertermittlung und dem realistischen Marktwert, der durch entsprechenden Kaufpreis dokumentiert wird, festzustellen sein. Verkehrswertgutachten sollten daher keine alleinige Entscheidungsgrundlage für eine Investition darstellen, letztlich ist die Expertise des Managements gefordert.

6. Performancemessung
Von der „Buchrendite" zum „Total Return"

Die nachfolgende Übersicht soll die diversen bei Versicherungsgesellschaften verwendeten Definitionen zusammenfassen:

1. Brutto-Rendite:

$$\frac{\text{Rohertrag}}{\text{Anschaffungswert}}$$

2. Anschaffungswert-Rendite:
(net initial yield im 1. Jahr)

$$\left.\begin{array}{l}\text{Rohertrag}\\-\ \text{Erhaltungskosten}\\-\ \text{sonstige Kosten}\end{array}\right\} = \text{Ergebnis}$$
$$\text{Anschaffungswert}$$

3. Bilanzwert-Rendite:

$$\left.\begin{array}{l}\text{Rohertrag}\\-\ \text{Erhaltungskosten}\\-\ \text{sonstige Kosten}\\-\ \text{Abschreibungen}\end{array}\right\} = \text{Reinertrag}$$
$$\text{Anschaffungswert}$$

4. Bilanzwert-Netto-Rendite:

$$\frac{\text{Reinertrag} \ +/-\ \text{Veräußerungsgewinn/-verlust}}{\text{Bilanzwert}}$$

5. Verkehrswert-Rendite:

$$\frac{\text{Ergebnis vor AfA}}{\text{Verkehrswert}}$$

6. Interner Zinsfuß: Zinssatz, bei dem die Summe der Barwerte der Einnahmen genau der Summe der Barwerte der Ausgaben entspricht

7. Total Return: einjährige Performance (lfd. Ergebnis und Wertänderung)

Im Management von Immobilienunternehmen bzw. bei Immobilienabteilungen von Versicherungsgesellschaften war es früher tatsächlich leichter, schnell und unkompliziert Renditeaussagen zu treffen. Im Wesentlichen ging es um die Anschaffungswert- und die Bilanzwertrenditen eines Objektes bzw. eines Portfolios. Diese statischen Berechnungsverfahren sind jedoch betriebswirtschaftlich wenig überzeugend und ermöglichen auch keinen Vergleich mit anderen Assetklassen im Sinne von erfolgsbezogenen Benchmarks. Der Managementerfolg kann nicht auf Bilanzwertbasis gemessen werden.

Für die Performancemessung kommen somit als sinnvoller Ansatz ausschließlich die Berechnungsmethodik des internen Zinsfußes und des Total Return als dynamische Verfahren in Betracht.

Die Renditekennziffer „Total Return" – die auch der deutsche Immobilienindex (DIX) verwendet – ist ein einfaches Maß für die Ertragskraft einer Immobilie oder eines Portfolios in einer Periode, bei der die Wirkungen der wesentlichen Einflussgrößen in dieser Periode entsprechend ihrem Auftreten zeitnah berücksichtigt werden.

Als Komponenten des Total Return werden dabei im Zähler die Gesamtheit des Cashflow-Überschusses der Immobilie/des Portfolios aus dem laufenden Ergebnis der Periode und die durch Marktveränderungen sich ergebenden Wertveränderungen berücksichtigt. Im Nenner des Quotienten steht das durchschnittlich über die Periode investierte Liegenschaftsvermögen unter Berücksichtigung von Zu- und Abgängen.

Die marktgegebene Wertentwicklung der Immobilie bzw. des Portfolios wird dabei als Differenz der Verkehrswerte (Marktwerte) zu Ende und zu Beginn der Periode berechnet. Zu- bzw. Abgänge werden anteilig addiert bzw. subtrahiert, wobei die tatsächlich erlösten Verkaufspreise bzw. aufgewendeten Kaufpreise in der Verkehrswertermittlung Berücksichtigung finden.

Die Systematik der Investitionsrechnung wird aktuell durch endwertorientierte Vermögenswertmethoden bereichert. Auf diesem Feld können insbesondere die Ausarbeitungen von Prof. Dr. Karl-Werner Schulte, European Business School (ebs), Oestrich-Winkel, weiter führen. Bei der Endwertmethode bildet das Vermögen am Ende des Planungszeitraums, das sogenannte Endvermögen, die Zielgröße. Das Endvermögen der Sachinvestition ist mit dem Endvermögen einer Finanzinvestition zu vergleichen. Die Sachinvestition ist zwangsläufig vorteilhaft, wenn das Endvermögen der Sachinvestition größer ist als das Endvermögen der Finanzinvestition. Das Endvermögen wird in diesem Zusammenhang mit Hilfe eines vollständigen Finanzplans ermittelt, in den sämtliche (direkten und indirekten) Zahlungen explizit eingehen.

7. Ausblick

Die Aussage „Immobilien brauchen wir immer" – kann zusammenfassend als Perspektive für das Kapitalanlagegut Immobilie gelten. Da sich nicht jeder die Immobilie leisten kann, die er benötigt, werden auch zukünftig immer Investoren für diese Anlageklasse gesucht werden.

Die spezielle Anlagestrategie einzelner Investoren kann und wird dabei völlig unterschiedlich ausgeprägt sein. Je nach Risikobereitschaft und Performanceerwartung wird sie sich auf bestimmte Anlageprodukte kaprizieren, andere vernachlässigen. Generell gilt auch bei Immobilien: je höher die in Aussicht gestellte Rendite, desto größer ist auch das Anlagerisiko. Um den Risiken und Anforderungen des Marktes gewachsen zu sein, ist eine klare Strategie und ein professionelles Management der Immobilienbestände unentbehrlich und gleichzeitig der Schlüssel für eine erfolgreiche Anlagepolitik.

Versicherer sind bestrebt und gehalten die Ihnen anvertrauten Gelder ‚sicher und rentabel' anzulegen. Entsprechend waren Sie bei ihren Anlagen heute und in der Vergangenheit eher „auf der sicheren Seite" – und werden es auch in Zukunft bleiben. Hochspekulative Immobilienanlagen scheiden daher grundsätzlich aus. Die strategische Fokussierung liegt auch in Zukunft eindeutig auf Immobilienobjekten mit gesicherten Einkommensströmen bei geringem Risiko.

IV. Geschlossene Immobilienfonds

Übersicht

1. Bedeutung und Kurzcharakterisierung geschlossener Immobilienfonds

Geschlossene Immobilienfonds stellen seit langem eine nicht nur für Privatanleger geeignete Form der Geldanlage in Immobilien dar und haben sich erfolgreich neben der Direktanlage, den offenen Immobilienfonds sowie den in Immobilien investierenden Aktiengesellschaften etablieren können. Mit der Beteiligung an einem geschlossenen Immobilienfonds wird dem Investor ermöglicht, auch bereits mit relativ geringem Kapitaleinsatz (in der Regel Mindestbeteiligungssummen von 10.000–25.000 €) und Aufwand, an den Renditechancen von durch Fachleuten ausgesuchten Immobilien zu partizipieren.

Deutlich wird die Bedeutung geschlossener Immobilienfonds bei einem Blick auf das in der Vergangenheit realisierte und verwaltete Investitionsvolumen von rund 156,97 Mrd. € sowie das dafür bei Investoren eingesammelte Eigenkapital von rund 75,21 Mrd. €.[1]

Tab. 1: Überblick über das von geschlossenen Immobilienfonds im Zeitraum von 1999 bis 2003 platzierte Eigenkapital und realisierte Fondsvolumen

	1999	2000	2001	2002	2003
Platziertes Eigenkapital	6.104,7 Mio. €	4.661,4 Mio. €	4.356,3 Mio. €	4.706,8 Mio. €	4.763,2 Mio. €
Realisiertes Fondsvolumen	13.008,9 Mio. €	9.737,3 Mio. €	9.012,6 Mio. €	10.367,0 Mio. €	11.246,9 Mio. €

Quelle: Stefan Loipfinger: Marktanalyse der Beteiligungsmodelle 2004

Charakteristisch für einen geschlossenen Immobilienfonds ist die finanzielle Beteiligung von Investoren, üblicherweise als Gesellschafter, an einer für einen bestimmten Investitionszweck, dem Erwerb einer oder mehrerer ausgewählter Immobilien,

---

[1] *Loipfinger,* 2004.

gegründeten Gesellschaft (Beteiligungs- oder Fondsgesellschaft). Finanziert wird das Investitionsvorhaben in der Regel mittels Eigenkapital der Investoren sowie Bankdarlehen, welches von der Fondsgesellschaft aufgenommen wird. Der Fondsinitiator gibt in der Regel zugunsten der Fondsgesellschaft eine sog. Platzierungsgarantie ab, mit der die Schließung des Fonds (Ausstattung der Fondsgesellschaft mit den erforderlichen finanziellen Mitteln lt. Investitionsplan durch den Fondsinitiator) sichergestellt wird. Die Chancen und Risiken aus der Immobilie liegen bei den Investoren. Gewonnen werden die Anleger eines geschlossenen Immobilienfonds üblicherweise mittels eines Fondsprospektes des Fondsinitiators in dem u.a. die wesentlichen wirtschaftlichen, rechtlichen und steuerlichen Grundlagen des Investitionsvorhabens beschrieben werden. Diese Fondsprospekte müssen ab dem 1.7.2005 gemäß dem vom Bundestag verabschiedeten Anlegerschutzverbesserungsgesetz, vor Veröffentlichung von der Bundesanstalt für Finanzdienstleistungsaufsicht (BaFin) genehmigt werden. Als Initiatoren geschlossener Immobilienfonds treten eine Vielzahl von Unternehmen am Markt auf. Diese lassen sich in Gesellschaften mit sowie ohne Bankenhintergrund unterscheiden. Auf die Initiatoren mit Bankenhintergrund entfallen dabei ca. 38% (Marktanteil 1995 bis 2003) des platzierten Eigenkapitals mit steigender Tendenz und rund 62% auf die Initiatoren ohne Bankenhintergrund.[2]

Die beschriebene Grundstruktur eines geschlossenen Immobilienfonds lässt sich schematisch wie folgt darstellen.

Abb. 1: Schematische Grundstruktur eines geschlossenen Immobilienfonds

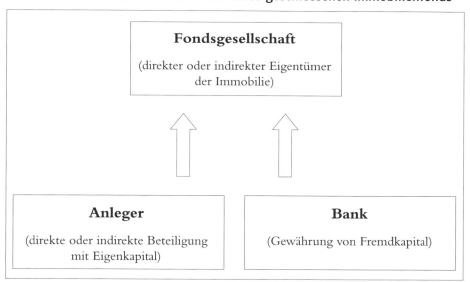

---

[2] *Loipfinger,* 2004.

2. Arten von geschlossenen Immobilienfonds

Im Wesentlichen lassen sich geschlossene Immobilienfonds in steuerorientierte und ausschüttungsorientierte Fonds sowie nach der Belegenheit des Investitionsobjektes in inländische und ausländische Fonds unterscheiden. In der Praxis treten auch Mischformen auf.

2.1 Steuerorientierte vs. ausschüttungsorientierte Fonds

Bei den steuerorientierten Fonds steht die Erzielung eines möglichst hohen anfänglichen negativen steuerlichen Ergebnisses für den Anleger im Vordergrund. Die steuerlichen Verluste, die seitens der Fondsgesellschaft in der Investitionsphase erzielt werden, können dem Anleger aufgrund seiner Gesellschafterstellung anteilig, d.h. in Höhe seiner Beteiligungsquote zugewiesen werden. Dieser kann diese steuerlichen Verluste mit seinen positiven Einkünften verrechnen und somit seine Steuerlast im betreffenden Jahr mindern. Dadurch wird der effektive Kapitaleinsatz des Investors reduziert. Auch in der an die Investitionsphase anschließenden Vermietungsphase wird versucht, die positiven steuerlichen Ergebnisse möglichst niedrig zu halten bzw. in die Zukunft zu verlagern. Die steuerliche Belastung des Anlegers soll so, im Rahmen des nach den steuerlichen Rahmenbedingungen Zulässigen, niedrig gehalten werden. Da für die steuerliche Anerkennung der anfänglichen negativen Ergebnisse beim einzelnen Anleger die Erzielung eines steuerlichen Totalgewinns sowohl auf Ebene der Fondsgesellschaft als auch beim jeweiligen Anleger erforderlich ist, erreicht der Anleger in der Regel lediglich eine Steuerstundung und keine effektive Steuerersparnis.

Erreicht werden die steuerlichen Anlaufverluste u.a. durch einen größeren Einsatz von Fremdkapital auf der Fondsebene – Nutzung des Leverage-Effektes – und der Nutzung steuerlicher Gestaltungsspielräume wie etwa der degressiven Abschreibung sowie der Werbungskosten.

Zielgruppe für steuerorientierte Fonds sind Investoren mit hoher Steuerprogression, welche die steuerlichen Anlaufverluste entsprechend nutzen können.

Durch die Abschaffung der Sonderabschreibung Ost sowie den jüngsten weiteren Veränderungen der steuerlichen Rahmenbedingungen (u.a. Einführung § 2b EstG, 5. Bauherrenerlass) sind die negativen steuerlichen Ergebnisse der Fonds in der Investitionsphase deutlich gesunken. Dies hat die Bedeutung der steuerorientierten Fonds stark abnehmen lassen. Nachfolgende Tabelle veranschaulicht den Rückgang der Verlustzuweisungen für den Anleger.

Tab. 2: Überblick über die durchschnittliche Summe der Verlustzuweisung in % bezogen auf das Eigenkapital des Anlegers

Platzierungsjahr	1998	1999	2000	2001	2002	2003
Verlustjahre	1998 bis 2001	1999 bis 2002	2000 bis 2003	2001 bis 2004	2002 bis 2005	2003 bis 2006
Summe der Verlustzuweisung	77 %	63 %	52 %	31 %	29 %	25 %

Quelle: Stefan Loipfinger: Marktanalyse der Beteiligungsmodelle 2004

Im Gegensatz zu den steuerorientierten Fonds steht bei den ausschüttungsorientierten Fonds der Gedanke der Kapitalanlage, also die Erzielung langfristiger laufender Erträge aus der Vermietung der Immobilie sowie deren langfristiger Wertzuwachs im Vordergrund. Die seitens des Fonds laufend und bei Veräußerung erzielten Liquiditätsüberschüsse werden an die Investoren ausgeschüttet. Steuerliche Möglichkeiten werden genutzt, um weitestgehend steuerfreie Ausschüttungen an die Anleger zu erreichen.

Die ausschüttungsorientierten Fonds sind aufgrund ihres Kapitalanlagegedankens auch für Anleger mit mittleren Einkommen geeignet.

2.2 Inländische vs. ausländische Fonds

Bei den sog. inländischen Fonds werden ausschließlich Immobilien erworben, die in der Bundesrepublik liegen. Das kumulierte Investitionsvolumen der inländischen Fonds liegt per Ende 2003 bei ca. 127,2 Mrd. €.[3] Dies entspricht rund 81% des bisher insgesamt realisierten Investitionsvolumen der geschlossenen Immobilienfonds.

Seit einigen Jahren werden verstärkt auch geschlossene Fonds aufgelegt, die in ausländische Immobilien investieren. Dem Anleger werden somit die Chancen ausländischer Immobilienmärkte zugänglich gemacht und eine Risikodiversifikation durch Ausnutzung unterschiedlicher Konjunktur- und Immobilienzyklen ermöglicht. Daneben weisen diese Fonds teilweise erhebliche steuerliche Vorteile auf. Diese resultieren aus der Besteuerung der Immobilie und somit der Mieterträge nach dem sog. Belegenheitsprinzip im jeweiligen Staat in dem sich die Immobilie befindet. Dies führt bei Vorhandensein entsprechender Doppelsteuerungsabkommen dazu, dass dem Anleger die im Ausland vorhandenen Freibeträge sowie niedrigen Steuersätze zugute kommen und zum Großteil steuerfreie Einnahmen erzielt werden können.

Den mit Abstand wichtigsten Immobilienmarkt für ausländischen Fonds stellen die USA als größte Volkswirtschaft der Welt dar mit deutlichem Abstand gefolgt von den Niederlanden. An Bedeutung gewinnen in der jüngsten Vergangenheit Österreich, Kanada, Frankreich sowie die der EU neu beigetretenen osteuropäischen Staaten Polen, Tschechien und Ungarn.

Tab. 3: Überblick über das von ausländischen Fonds im Zeitraum 1999 bis 2003 platzierte Eigenkapital und realisierte Fondsvolumen nach Ländern

	USA/ Kanada	Niederlande	Österreich	Osteuropa	sonstige
Platziertes Eigenkapital 1999–2003	7.833,7 Mio. €	2.106,7 Mio. €	655,9 Mio. €	145,5 Mio. €	700,1 Mio. €
Realisiertes Fondsvolumen 1999–2003	16.470,3 Mio. €	4.499,3 Mio. €	1.365,6 Mio. €	289,1 Mio. €	1.358,3 Mio. €

Quelle: Stefan Loipfinger: Marktanalyse der Beteiligungsmodelle 2004

---

[3] *Loipfinger,* 2004.

Der auffällige vergleichsweise hohe Zufluss von Kapital in die relativ kleinen Volkswirtschaften Niederlande und Österreich lässt sich insbesondere mit den für deutsche Anleger günstigen Regelungen der herrschenden Doppelbesteuerungsabkommen erklären.

3. Abgrenzung geschlossener Immobilienfonds

3.1 Abgrenzung zu offenen Immobilienfonds

Anders als der geschlossene Immobilienfonds unterliegt der offene Immobilienfonds u.a. dem „Gesetz über Kapitalanlagegesellschaften" (KAGG) sowie dem Kre-
ditwesengesetz (KWG), da Kapitalanlagegesellschaften als Kreditinstitute gelten.
Überwacht wird die Einhaltung der Vorschriften, die u.a. Vorgaben über die Anlagepolitik machen, von der Bundesanstalt für Finanzdienstleistungsaufsicht (BaFIN).

Kapitalanlagegesellschaften sind Unternehmen, deren Geschäftsbereich darauf
ausgerichtet ist, bei ihnen angelegtes Geld im Namen und für gemeinschaftliche
Rechnung der Anleger (Anteilsinhaber) nach dem Grundsatz der Risikomischung
gesondert vom eigenen Vermögen (Sondervermögen) in Form von Wertpapier-Be-
teiligungs- oder Grundstückssondervermögen anzulegen und über die sich hieraus
ergebenden Rechte der Anteilsinhaber Urkunden (Anteilsscheine) über eine sog.
Depotbank auszustellen. Die Depotbank übernimmt ferner eine Sicherheitsfunkti-
on für den Anleger durch die „Überwachung" des Liegenschaftsbestandes (u.a. Zustimmungspflicht der Depotbank bei Verfügung über das Grundstückssondervermögen) sowie der Verwahrung der übrigen zum Sondervermögen gehörenden Vermögensgegenstände (Wertpapiere und liquide Mittel).

Die ausgegebenen Anteilsscheine können grundsätzlich jederzeit von den Anlegern zu den seitens der Kapitalanlagegesellschaft regelmäßig festgestellten Rück-
nahmepreis (Gesamtwert des Sondervermögens abzüglich eventuell vorhandener
Verbindlichkeiten im Verhältnis zu den ausgegebenen Anteilsscheinen) zurückgege-
ben werden und sind somit fungibel. Der Wert des Immobiliensondervermögens
wird gemäß KAGG durch den sog. Sachverständigenausschuss, der aus mindestens
drei unabhängigen, fachlich geeigneten und auf dem Gebiet der Bewertung von
Immobilien besonders erfahrenen Experten besteht nach dem Ertragswertverfahren
festgestellt. Bei geschlossenen Fonds existiert im Gegensatz dazu nur ein teilweise
funktionierender Zweitmarkt (siehe hierzu Punkt 7.3). Um in der Lage zu sein, täglich Anteile zurücknehmen zu können, sieht das KAAG vor, dass mindestens 5 % des
Sondervermögens täglich verfügbar angelegt sind.

Die Anzahl der Anleger und damit die Höhe des Investitonsvolumens ist bei offenen Immobilienfonds theoretisch unbegrenzt. Bei geschlossenen Immobilienfonds hingegen stehen üblicherweise die Gesamtinvestitionskosten des Fonds fest.
Somit ergibt sich auch eine Begrenzung der Anzahl der Investoren.

Besteuert werden die Erträge des Immobiliensondervermögens auf Ebene der
Investoren, als Einkünfte aus Kapitalvermögen im Sinne des § 20 EStG (Privatvermögen). Werden die Fondsanteile im Betriebsvermögen gehalten, werden die Einkünfte entsprechend der Einkunftsart des Betriebes diesen Einkünften hinzugerechnet. Außerordentliche Gewinne aus dem Verkauf von Liegenschaften außerhalb

der steuerlichen Spekulationsfrist von 10 Jahren werden bei Privatanlegern nicht besteuert. Veräußerungsgewinne beim Verkauf von Fondsanteilen offener Fonds sind beim Privatanleger steuerfrei, wenn diese nach Ablauf der Spekulationsfrist von 12 Monaten getätigt werden.

3.2 Abgrenzung zu Leasingfonds

Der wesentliche Unterschied der geschlossenen Immobilienfonds zu den Leasingfonds liegt darin, dass die Immobilie beim letzteren dem Nutzer seitens der Fondsgesellschaft nicht mittels eines „normalen" Mietvertrages, sondern über einen Leasingvertrag zur Nutzung überlassen wird. Üblicherweise „least" (mietet) dabei der Verkäufer der Immobilie diese im Rahmen einer sog. „Sale and Lease back Transaktion" über eine vorab festgelegte, nur aus wichtigem Grund kündbare Vertragslaufzeit (Grundmietzeit), zu einer definierten Leasingrate (Mietzins) zurück. Die Höhe der Leasingrate orientiert sich nicht wie bei einem gewerblichen Mietvertrag am ortsüblichen Marktmietzins, sondern wird aus den Parametern Gesamtinvestitionskosten, Restwert, Vertragslaufzeit, Darlehensrest und Zinssatz kalkuliert. Der Leasingvertrag als sog. „triple-net-Vertrag" wälzt des Weiteren die vollständige Instandhaltung und Instandsetzung der Immobilie einschließlich Dach und Fach auf den Leasingnehmer (Mieter) über. Auch sind sämtliche Nebenkosten der Liegenschaft, nicht nur die nach der zweiten Berechnungsverordnung auf den Mieter umlegbaren, seitens des Leasingnehmers zu tragen. Am Ende der festen unkündbaren Vertragslaufzeit wird dem Leasingnehmer eine dinglich gesicherte Kaufoption oder in selteneren Fällen dem Leasinggeber (Fondsgesellschaft) ein Andienungsrecht zum vorab definierten Optionspreis (Restwert) eingeräumt. Dies führt letztlich dazu, dass die Fondsgesellschaft zwar zivilrechtlicher und in der Regel auch wirtschaftlicher Eigentümer der Immobilie wird, diese aber im Vergleich zu einem geschlossenen Immobilienfonds mit gewerblichen Mietverträgen viel weniger Risiken zu tragen hat. Im Gegenzug verzichtet der Anleger auf die Partizipation an einer möglichen Wertsteigerung der Immobilie, da der Optionspreis bereits vorab fixiert wurde.

Um eine Zurechnung des wirtschaftlichen Eigentums in der Steuerbilanz beim Leasinggeber zu erreichen, sind die sog. Leasingerlasse (Vollarmortisationserlass gemäß Schreiben des Bundesministeriums für Wirtschaft und Finanzen vom 21.3.1972 sowie Teilarmortisationserlass gemäß Schreiben des Bundesministeriums für Wirtschaft und Finanzen vom 23.12.1991) zu beachten. Demnach muss bei den allerdings in der Praxis kaum vorkommenden Vollarmortisationsverträgen (die in der Grundmietzeit fälligen Leasingraten decken die Anschaffungs- und Herstellungskosten des Leasinggebers einschließlich Neben- und Finanzierungskosten vollständig ab) die Grundmietzeit mindestens 40% und höchstens 90% der betriebsgewöhnlichen Nutzungsdauer der Gebäude betragen. Bei den Teilarmortisationsverträgen (die Anschaffungs- und Herstellungskosten des Leasinggebers einschließlich Neben- und Finanzierungskosten werden durch die während der Grundmietzeit zu entrichtenden Leasingraten nur zum Teil abgedeckt) ist hingegen nur die Obergrenze von 90% der betriebsgewöhnlichen Nutzungsdauer zu beachten. Etwaige Zahlungen, die bei Ausübung einer Kaufoption seitens des Leasingnehmers zu zahlen sind, bleiben bei der Bewertung ob ein Teil- oder Vollarmortisationsvertrag vorliegt außer Betracht.

Ferner muss für die Zuordnung des wirtschaftlichen Eigentums der Optionspreis bei Verträgen, die eine Kaufoption für den Leasingnehmer vorsehen, mindestens dem Restbuchwert der Immobilie vermindert um die lineare Abschreibung gemäß § 7 Abs. 4 EStG entsprechen. Auch hat bei einer nach Ablauf der Grundmietzeit vertraglich vorgesehenen Mietverlängerungsoption zugunsten des Leasingnehmers die Anschlussleasingrate mindestens 75 % des Mietentgeltes, das für eine nach Art, Ausstattung und Lage vergleichbaren Immobilie zu zahlen wäre, zu betragen.

Ebenso ist für die Zurechnung beim Leasinggeber erforderlich, dass der Leasingnehmer nicht das wirtschaftliche Risiko des zufälligen ganzen oder teilweisen Untergangs der Immobilie zu tragen hat, d.h. nicht von der Verpflichtung zur Zahlung der Leasingrate frei wird oder die Kosten für einen Wiederaufbau übernehmen muss. Des Weiteren muss sich die Verpflichtung zur Zahlung der Leasingrate für den Leasingnehmer mindern, wenn die Nutzung der Immobilie für diesen langfristig ausgeschlossen ist und er dies nicht zu vertreten hat. Diese Risiken werden üblicherweise durch den Abschluss entsprechender Versicherungen abgedeckt.

Außerdem darf für die Zurechnung des wirtschaftlichen Eigentums kein sog. Spezialleasing vorliegen. Dies ist der Fall, wenn die Immobilie so auf den Nutzer zugeschnitten ist, dass diese ausschließlich durch diesen sinnvoll zu nutzen ist.

Für den Anleger stehen bei einen Immobilienleasingfonds aufgrund der Chancen und Risikoverteilung weniger die Immobilie als die Bonität des Leasingnehmers im Vordergrund. Der Anleger erhält bedingt durch die Konzeption eines Leasingfonds mit fixierter Vertragslaufzeit sowie klarer Endschaftsregelung und damit einhergehenden festen Leasingraten und Optionspreisen, lediglich eine Verzinsung seines Kapitals, die sich an festverzinslichen Wertpapieren dieser Bonitätsklasse orientiert. Daneben erhöhen steuerliche Effekte aus beispielsweise anfänglichen negativen steuerlichen Ergebnissen der Fondsgesellschaft die Rendite des Anlegers (siehe auch Punkt 2.1).

Durch diese vorbeschriebenen, die Anlegerrendite verbessernden steuerlichen Effekte ist es einem Leasingfonds in der Regel möglich, eine gegenüber einer alternativen Finanzierung günstigere Leasingrate für den Leasingnehmer zu kalkulieren. Der Aspekt einer im Vergleich günstigen Finanzierung kombiniert mit der Bilanzierung der Immobilie beim Leasinggeber (Handels- und Steuerbilanz), bei gleichzeitiger uneingeschränkter Nutzungsmöglichkeit sowie Zugriffsmöglichkeit auf die Immobilie am Ende der Vertragslaufzeit begründen die Attraktivität einer Leasingfinanzierung für Unternehmen und die öffentliche Hand.

Aufgrund der veränderten steuerlichen Rahmenbedingungen lassen sich heute wesentliche für den Anleger positive steuerliche Effekte praktisch kaum noch erzielen. Dies hat einhergehend mit den Einzug internationaler Rechnungslegungsvorschriften bei den Unternehmen wie IAS bzw. IFRS (International Accounting Standards bzw. International Financial Reporting Standards) und US-GAAP (United States Generally Accepted Accounting Principles), die strengere Vorschriften für die Zurechnung bzw. Bilanzierung des Leasingobjektes anlegen, zu einen Rückgang von Finanzierungen mittels Leasingfonds geführt.

Tab. 4: Überblick über das von Leasingfonds im Zeitraum von 1997 bis 2003 platzierte Eigenkapital und realisierte Fondsvolumen

	1997	1998	1999	2000	2001	2002	2003
Platziertes Eigenkapital	3,47 Mrd. €	3,71 Mrd. €	1,59 Mrd. €	1,83 Mrd. €	0,55 Mrd. €	0,44 Mrd. €	0,26 Mrd. €
Realisiertes Fondsvolumen	6,47 Mrd. €	7,18 Mrd. €	3,51 Mrd. €	3,03 Mrd. €	2,18 Mrd. €	1,65 Mrd. €	1,06 Mrd. €

Quelle: Stefan Loipfinger: Marktanalyse der Beteiligungsmodelle 2004

4. Investitionsobjekte geschlossener Immobilienfonds sowie deren Auswahl und Akquise durch den Fondsinitiator

4.1 Arten von Investitionsobjekten und deren Bedeutung

Grundsätzlich kommen für geschlossene Immobilienfonds fast sämtliche Nutzungsarten einer Immobilie in Betracht. Dies sind im Wesentlichen folgende:

– Büroimmobilien
– Geschäftshäuser
– Warenhäuser, Einkaufsmärkte und Fachmärkte
– Logistikimmobilien
– Wohnimmobilien
– Betreiberimmobilien (z.B. Hotels, Senioren- und Pflegeheime)
– Spezialimmobilien (z.B. Industrieflächen)

In diesem Zusammenhang ist auch auf die sog. Projektentwicklungsfonds hinzuweisen. Hierbei kooperiert der Fondsinitiator mit einem Projektentwickler und es wird in ein aussichtsreiches Projektentwicklungsvorhaben investiert. Da in der Regel erst geringe Flächen des projektierten Objektes vermietet sind, ist das Risiko für den Anleger jedoch höher als bei einem herkömmlichen Fondsprodukt. Dem steht eine höhere Chance bei einer erfolgreichen Vermarktung gegenüber.

Die Bedeutung der einzelnen Immobilienarten stellt sich bei den geschlossenen Immobilienfonds unterteilt nach inländischen und ausländischen Fonds wie folgt dar:

Tab. 5: Nutzungsarten inländischer geschlossener Immobilienfonds

	1999	2000	2001	2002	2003
Büro	26,4 %	37,4 %	51,4 %	69,1 %	61,3 %
Laden	14,0 %	18,0 %	9,9 %	2,0 %	4,9 %
Einkaufszentren	11,4 %	5,4 %	7,5 %	12,5 %	7,8 %
Logistikimmobilien	0,9 %	1,8 %	1,9 %	0,5 %	3,0 %
Wohnen	24,3 %	18,3 %	12,5 %	4,1 %	5,0 %
Hotel	7,9 %	6,2 %	6,2 %	8,0 %	6,8 %
Sozialimmobilien	5,3 %	4,3 %	2,1 %	1,7 %	3,6 %
Sonstige Nutzung	9,8 %	8,6 %	8,5 %	2,1 %	7,6 %
Gesamtinvestitionsvolumen	8,22 Mrd. €	6,41 Mrd. €	4,28 Mrd. €	4,85 Mrd. €	5,64 Mrd. €

Quelle: Stefan Loipfinger: Marktanalyse der Beteiligungsmodelle 2004

Tab. 6: Nutzungsarten ausländischer geschlossener Immobilienfonds

	1999	2000	2001	2002	2003
Büro	63,4 %	56,8 %	69,9 %	82,9 %	82,6 %
Laden	4,8 %	6,0 %	4,5 %	3,1 %	3,8 %
Einkaufszentren	21,6 %	29,1 %	17,5 %	10,2 %	8,2 %
Logistikimmobilien	2,1 %	1,7 %	1,5 %	0,1 %	1,3 %
Wohnen	3,8 %	1,1 %	1,1 %	1,9 %	0,1 %
Hotel	0,4 %	2,9 %	2,7 %	0,9 %	1,0 %
Sozialimmobilien	0,0 %	0,1 %	0,1 %	0,0 %	0,0 %
Sonstige Nutzung	3,9 %	2,3 %	2,7 %	0,9 %	2,2 %
Gesamtinvestitions- volumen	4,79 Mrd. €	3,33 Mrd. €	4,73 Mrd. €	5,52 Mrd. €	5,60 Mrd. €

Quelle: Stefan Loipfinger: Marktanalyse der Beteiligungsmodelle 2004

Es wird deutlich, dass geschlossene Immobilienfonds insbesondere im Ausland überwiegend in Büroimmobilien und Einkaufszentren/Ladenflächen investieren. Die übrigen Nutzungsarten treten u.a. aufgrund ihrer teilweise stark eingeschränkten Fungibilität (z.B. Spezialimmobilien), konjunktureller Gegebenheiten oder der eingeschränkten Attraktivität für Fondszeichner (z.B. Sozialimmobilien) in den Hintergrund. Ferner wird das Einkaufsverhalten der Fondsinitiatoren auch durch das vorhandene Angebot an Objekten bestimmt.

4.2 Auswahlkriterien

Die Kriterien die letztlich bei der Auswahl einer Immobilie und somit für den Ankauf eines Objektes für einen Fondsinitiator entscheidend sind, unterscheiden sich prinzipiell nicht wesentlich von den Kriterien, die auch ein anderer (institutioneller) Käufer bei seiner Prüfung anlegt. Diese Kriterien werden nachfolgend im einzelnen allgemein beschrieben, wobei nicht näher auf die Besonderheiten der einzelnen Nutzungsarten eingegangen wird.

4.2.1 Objektspezifische Kriterien

Bei den objektspezifischen Kriterien sind insbesondere die zeitgemäße Ausstattung und Bauqualität der Immobilie, die sich u.a. aus der Baubeschreibung (wesentliche Elemente: Rohbaukonstruktion, Fassade, Innenausbau, Sanitärinstallationen und objekte, Heizungs- und Lüftungsanlagen, Elektroinstallationen, Gebäudetechnik, Außenanlagen) ergibt, die Konzeption sowie Zuschnitte der Mietflächen (Verhältnis vermietbare Fläche zur Gesamtfläche) und der Bauzustand zu nennen. Es muss sichergestellt sein, dass das Objekt aufgrund der Ausstattung und des Zuschnitts der Mietflächen nicht nur für den aktuellen Mieter nutzbar ist. Dadurch wird auch eine Folgevermietung an Dritte leicht möglich. Ferner sollte bei Bestandsobjekten kein Instandhaltungsstau vorhanden sein.

Diese bautechnischen Fragen werden seitens des Fondsinitiators im Vorfeld bei einer technischen Objektprüfung (Due Dilligence) durch entsprechendes Fachpersonal geprüft. Die Ergebnisse insbesondere bezüglich zukünftiger Instandhaltungsaufwendungen fließen in die Fondskalkulation mit ein.

4.2.2 Standort

Der wichtigste Punkt bei der Beurteilung einer Immobilie ist die Einschätzung des Standortes, denn der Standort (Lage) ist letztlich für die nachhaltige Vermietbarkeit eines Objektes und damit für dessen Rentierlichkeit ausschlaggebend. Bei der Standortbewertung werden folgende Aspekte untersucht:

– Makrolage
  Die Region und die Stadt, in der sich die Immobilie befindet, werden u.a. hinsichtlich Wirtschafts- und Kaufkraft, Verkehrsanbindung, Bevölkerungsentwicklung und -struktur sowie Mietnachfrage (Quantität und Qualität) analysiert und bewertet.

– Mikrolage
  Bei der Mikroanalyse – das direkte Umfeld des Objektes – spielen Faktoren wie die unmittelbare Infrastruktur (Verkehrsanbindung und Nahversorgung), die jetzigen und zukünftigen Wettbewerbsobjekte sowie die Mietnachfrage (Quantität und Qualität) für diesen Bereich eine Rolle.

Üblicherweise lässt sich der Fondsinitiator ein Standortgutachten von einem unabhängigen Sachverständigen anfertigen.

4.2.3 Vermietungssituation

Die wesentlichen Aspekte bei der Beurteilung der Vermietungssituation unter Berücksichtigung von Untermietverhältnissen sind folgende:

– Vermietungsstand der Immobilie
  Hier ist der tatsächliche Leerstand, unter Einbeziehung zwar vermieteter aber nicht seitens des Mieters genutzter Flächen zu ermitteln. Idealerweise ist das Objekt zu 100% vermietet oder der Leerstand über werthaltige Mietgarantien abgesichert.

– Mietermix
  Es sind die sog. Single-Tenant oder Multi-Tenant Objekte zu unterscheiden. Bei einem einzigen Mieter – Single-Tenant – liegt ein sehr viel höheres Anschlussvermietungsrisiko bei Auslauf des Mietvertrages vor als bei einer Vielzahl von Mietverträgen.

– Mietvertragslaufzeiten sowie eingeräumte Optionsrechte zur Mietverlängerung
  Wann läuft der oder die Mietverträge aus, fallen diese Zeitpunkte etwa zusammen.

– Miethöhe
  Liegen die vereinbarten Mieten über oder unter dem aktuellen bzw. bei Auslauf von Mietverträgen erwarteten Marktniveau.

– Wertsicherungsklauseln
  Sind die vereinbarten Mieten wertgesichert mittels Indexierung, d.h. eine Koppelung der Miete an die Entwicklung eines Lebenshaltungskostenindexes, oder sind Staffelmieten vereinbart.

– Mieterbonität/Mietsicherheiten
  Ist die Bonität der Mieter ausreichend, um die Mieten langfristig zahlen zu können.

– Mietnebenkosten
  Einschätzung, ob die Mietnebenkosten im Vergleich zu ähnlichen Objekten günstig oder teuer sind.
– Mietflächendefinition
  Ist die angewandte Mietflächendefinition marktgängig und sind die vertraglich definierten Mietflächen auch an Dritte vermietbar.

4.2.4 Rechtliche und steuerliche Aspekte

Hierunter fällt insbesondere die Frage, ob der Objekterwerb als Asset-Deal oder als Share-Deal abgewickelt werden kann. Beim sog. Asset-Deal wird die Immobilie direkt vom Verkäufer mittels notariellem Grundstückskaufvertrag erworben und die Fondsgesellschaft wird als neuer Eigentümer in das Grundbuch eingetragen. Dies löst den Anfall von Grunderwerbsteuer von zur Zeit 3,5 % bezogen auf die Gegenleistung sowie Notarkosten für den Grundstückskaufvertrag und Gebühren für die Eintragung des Eigentümerwechsels im Grundbuch aus. Der Anfall dieser nicht unerheblichen Steuern und Gebühren kann in der Regel bei einem sog. Share-Deal vermieden werden. Dabei wird die Gesellschaft, welche Eigentümerin der Immobilie ist, von der Fondsgesellschaft erworben. Bei der zu erwerbenden Gesellschaft handelt es sich üblicherweise um eine Objektgesellschaft, in der sich nur die betreffende Immobilie befindet. Der Prüfungsaufwand beim Share-Deal fällt normalerweise allerdings deutlich höher aus, da eventuelle Risiken aus der Gesellschaftsübernahme – insbesondere die nicht sofort ersichtlichen Verbindlichkeiten – identifiziert, bewertet und seitens des Verkäufers beispielsweise durch eine werthaltige Freistellungserklärung abgesichert werden müssen.

Ferner spielt die Frage der umsatzsteuerpflichtigen Vermietung eine wichtige Rolle, da der Vermieter dann von der Option des Verzichts auf Steuerbefreiung gemäß § 9 UStG Gebrauch machen kann und die abgeführte Umsatzsteuer, beispielsweise aus den Baukosten zurückerhält. Sollte sich jedoch innerhalb von 10 Jahren seit Fertigstellung des Objektes – Berichtigungszeitraum – der Anteil der steuerpflichtigen Vermietung ändern, dann ist nach § 15a UStG der Vorsteuerabzug, auch aus den Baukosten quotal zu berichtigen. Dies kann bei einer späteren – innerhalb des Berichtigungszeitraums stattfindenden – umsatzsteuerfreien Vermietung zu erheblichen Steuerzahlungen führen. Im umgekehrten Fall, d.h. bei einer steuerpflichtigen Vermietung von vorher steuerfrei vermieteten Fläche, besteht eine Chance für den Erwerber.

4.2.5 Kaufpreis

Der Kaufpreis für die Immobilie muss unter kritischer Würdigung der vorbeschriebenen Kriterien den allgemeinen Marktgegebenheiten und der Qualität der Immobilie entsprechen. Dies wird in der Regel durch ein Sachverständigengutachten belegt.

Ferner muss der Kaufpreis so bemessen sein, dass es dem Fondsinitiator möglich ist, ein vertriebsfähiges Fondsprodukt zu konzipieren. D. h. auch unter Berücksichtigung der sog. weichen Kosten (siehe Punkt 5.3) sowie der Finanzierungskosten muss der Fondszeichner eine Rendite und Ausschüttung erhalten, die mindestens mit ähnlichen Fonds vergleichbar ist. Nur so kann der Fondsinitiator davon ausgehen, genügend Investoren für den Fonds zu finden und das vorgesehene Eigenkapital einzusammeln. Der Kaufpreisfaktor – Verhältnis des Kaufpreises zu der anfänglichen Jahresnettomiete – wird daher nur in seltenen Fällen über dem 15-fachen der anfänglichen Jahresnettomiete für deutsche Büroimmobilien liegen.

4.2.6 Sonstige initiatorspezifische Kriterien

Seitens des Fondsinitiators bestehen häufig Vorgaben bezüglich des Objektvolumens. Ein bestimmtes Volumen sollte dabei nicht unterschritten werden, da die Emission eines Fonds für den Initiator mit hohen Aufwendungen verbunden ist. Diese Mindestgröße ist von Initiator zu Initiator unterschiedlich. Auch spielt die jeweilige Nutzungsart der Immobilie sowie das Belegenheitsland des Objektes eine Rolle.

Ferner spielt das Nachfrageverhalten der Fondszeichner nach bestimmten Produkten, beispielsweise nach geschlossenen US-Immobilienfonds eine wichtige Rolle, da deren Nachfrage letztlich das Nachfrageverhalten der Fondsinitiatoren bestimmt. Auch ist der vorgesehene Vertriebsweg – Publikumsfonds oder Private Placement – von Bedeutung.

Für eine deutsche Büroimmobilie, die über einen Publikumsfonds vertrieben werden soll, wird in der Regel ein Investitionsvolumen von 20 bis 25 Millionen € nicht unterschritten, während bei einem Private Placement das Investitionsvolumen niedriger sein kann.

4.3 Akquisition von Immobilien

Da – wie bereits ausgeführt – zur Zeit die Rendite geschlossener Immobilienfonds im Wesentlichen durch die Mietrendite der Immobilie und nur im geringen Umfang durch Steuereffekte bestimmt wird, ist die Auswahl einer oder mehrerer geeigneter renditestarker Immobilien durch den Fondsinitiator entscheidend für den wirtschaftlichen Erfolg eines Fonds. Der Fondsinitiator muss somit über einen guten Zugang zu den lokalen Immobilienmärkten und den jeweiligen Marktteilnehmern verfügen. Dies gilt insbesondere für enge Immobilienmärkte, in denen alleine aufgrund deren Größe das Angebot an für geschlossene Immobilienfonds geeigneten Objekten überschaubar ist. Beispiele für enge Märkte sind einige der typischerweise von Fondsinitiatoren präferierten ausländischen Märkte wie Österreich, Niederlande oder Kanada.

4.3.1 Verkäufergruppen

Die potentiellen Verkäufer der Immobilien (sowohl Bestandsobjekte als auch Neubauten und Projektentwicklungsvorhaben) lassen sich in folgende Gruppen untergliedern:

– Institutionelle Investoren
  Versicherungen, Banken, Immobilienfonds, Pensionskassen, Leasinggesellschaften, Immobilien-Aktiengesellschaften treten nicht nur als Käufer, sondern bei Umsetzung von ihren Desinvestitionsstrategien auch als Verkäufer auf.

– Unternehmen und Konzerne
  Viele Unternehmen betrachten Immobilienbesitz in jüngster Zeit als nicht mehr
  zu ihrem Kerngeschäft gehörend und trennen sich daher davon oder verkaufen
  Immobilien zur Liquiditätsbeschaffung.

– Öffentliche Hand
  Aufgrund der verschärften Haushaltslage veräußert die öffentliche Hand verstärkt ihren Immobilienbesitz.

– Privatpersonen
  Hierunter sind vermögende Privatpersonen zu verstehen, die im Rahmen eines
  professionellen Vermögensmanagements in Immobilien investiert haben.

– Projektentwickler
  Der frühzeitige Verkauf einer entwickelten Immobilie ist üblicherweise das Ziel
  eines jeden Projektentwicklers.

4.3.2 Akquisitionswege

Aufgrund ihrer Bedeutung als Nachfrager nach Immobilien werden viele Fondsinitiatoren oftmals direkt von den Verkäufern oder über von diesen beauftragten
Maklerunternehmen angesprochen. Daneben werden Fondsinitiatoren selbstverständlich auch selbst aktiv, um Immobilien, die ihrem Anforderungsprofil entsprechen (siehe Punkt 4.2), zu finden. Bei diesen eigenen Akquisitionsaktivitäten lassen
sich grundsätzlich der Direktkontakt zum potentiellen Verkäufer sowie der Kontakt
über Dritte unterscheiden. Als Dritte fungieren dabei neben Immobilienmaklern
u.a. auch Steuer- oder Rechtsberater, die im Immobiliensektor tätig sind, Bauunternehmen oder Banken.

Aus Kostengründen, insbesondere der Vermeidung von Maklergebühren wird
der Direktkontakt zu den Verkäufern bevorzugt. Ferner wird ein möglichst frühzei-
tiger Kontakt seitens des Fondsinitiators angestrebt, um seine Wünsche bezüglich
der steuerlichen und rechtlichen Gestaltung der Transaktion später umsetzen zu
können.

5. Konstruktion und Konzeption eines geschlossenen Immobilienfonds

Regelmäßig sollen bei der Strukturierung des Fonds verschiedene Ziele erreicht
werden. Dies sind die Bündelung der Investoren, ihres Kapitals sowie ihrer Interessen über die Fondsgesellschaft. Gleichzeitig soll möglichst das Haftungsrisiko der
Investoren aus der Investition und der Fremdfinanzierung der Fondsgesellschaft begrenzt sowie in der Regel die steuerlichen Effekte aus der Immobilie an die Anleger weitergegeben werden.[4] Nachfolgend wird die rechtliche und steuerliche
Struktur sowie die wirtschaftliche Prognoserechnung eines geschlossenen Immobilienfonds beschrieben. Auf die Besonderheiten bei ausländischen Fonds wird nicht
näher eingegangen. Im Wesentlichen ähnelt die Struktur bei diesen Fonds jedoch
der nachfolgend dargestellten.

---

[4] *Lüdicke / Arndt / Götz* 2002.

5.1 Rechtliche Struktur

5.1.1 Fondsgesellschaft

Am Markt hat sich insbesondere zur Erfüllung der vorgenannten Ziele die Kommanditgesellschaft in der Ausprägung der GmbH & Co. KG als Standard etabliert. Die Komplementärin als Vollhaftern hat dabei die Rechtsform einer GmbH und leistet in der Regel keine oder nur eine geringe Einlage. Die Anteile der Komplementärin werden üblicherweise seitens des Fondsinitiators gehalten. Die Eigenkapitalausstattung der Fondsgesellschaft wird von den Kommanditisten über deren Kommanditeinlage erbracht. Diese haften nur in Höhe ihrer Kommanditeinlage, die in das Handelsregister eingetragen wird (Haftungsbegrenzung).

Die Geschäftsführung der Gesellschaft liegt bei der Komplementärin. Aus steuerlichen Überlegungen heraus wird häufig neben der Komplementärin einem Kommanditisten, der ebenfalls vom Fondsinitiator gestellt wird, die Geschäftsführungsbefugnis eingeräumt. Gemäß den Regelungen des Gesellschaftsvertrages haben die Kommanditisten wesentliche Mitspracherechte. Bei einer Vielzahl von Geschäften wie beispielsweise Änderungen am Gesellschaftsvertrag, Kapitalerhöhungen, Änderungen des Investitionsplans, Verwendung des Liquiditätsüberschusses, Feststellung des Jahresabschlusses oder Entlastung der Geschäftsführung benötigt die Geschäftsführung deren Zustimmung. Die Anzahl der Stimmrechte jedes Gesellschafters richtet sich in der Regel nach der Höhe seiner Einlage in die Gesellschaft.

Daneben werden in seltenen Fällen meistens aus steuerlichen Überlegungen Kapitalgesellschaften üblicherweise in der Rechtsform der GmbH verwendet.

5.1.2 Beteiligungsform des Anlegers

Dem Anleger stehen üblicherweise die direkte und die indirekte Beteiligung an der Fondsgesellschaft zur Auswahl. Diese unterscheiden sich insbesondere durch die Publizität des Handelsregisters und die damit verbundene Offenlegung der Beteiligung, welche bei der direkten Beteiligung mit Eintragung in das Handelsregister entsteht.

Bei der direkten Beteiligung wird der Anleger unmittelbarer Gesellschafter – Kommanditist bei der GmbH & Co. KG Variante – der Fondsgesellschaft. Alternativ kann sich der Anleger aber auch indirekt, also mittelbar über einen Treuhandkommanditisten, beteiligen. Dabei schließt der Anleger (Treugeber) mit der Treuhandgesellschaft (Treuhänder), die seitens des Fondsinitiators verwaltet wird, einen Treuhand- und Beteiligungs-Verwaltungsvertrag ab. Auf dieser Grundlage setzt der Treuhandkommanditist seine Beteiligung um den entsprechenden Betrag bei der Fondsgesellschaft herauf. Im Außenverhältnis ist somit lediglich der Treuhänder Gesellschafter der Fondsgesellschaft. Über den Treuhand- und Beteiligungs- Verwaltungsvertrag ist der Treuhänder gegenüber dem Anleger schuldrechtlich verpflichtet, dessen Interessen zu wahren und dessen Stimm-, Kontroll- und Informationsrechte in der Fondsgesellschaft entsprechend auszuüben. Der Treugeber kann durch Kündigung des Treuhand- und Beteiligungs-Verwaltungsvertrages seine indirekte Beteiligung auch jederzeit in eine direkte umwandeln. Die Stellung der beiden Gesellschaftergruppen – direkte Gesellschafter und Treugeber – in der Fondsgesellschaft ist somit gleichwertig. Die Verwendung eines Treuhandkommanditisten führt u.a. durch die geringere Anzahl von Handelsregisteranmeldungen zu Arbeitserleichterungen in der Verwaltung und damit zu Kostenersparnissen.

Seltene Formen der indirekten Beteiligung sind die (atypisch) stille Gesellschaft und die Unterbeteiligung.

Häufiger werden in der Praxis auch sog. Doppelstockmodelle verwendet. Dabei beteiligt sich an der Fondsgesellschaft eine weitere (oder mehrere) Personengesellschaft(en) – üblicherweise eine GmbH & Co. KG – die häufig als Alleinkommanditistin der Fondsgesellschaft fungiert. Diese Konstruktion bringt Vorteile, wenn das Eigenkapital zu unterschiedlichen Zeitpunkten oder von unterschiedlichen Investorengruppen aufgebracht werden soll.

5.1.3 Wesentliche Verträge

Bei der Realisierung eines geschlossenen Immobilienfonds müssen seitens des Fondsinitiators bzw. der Fondsgesellschaft eine Vielzahl von Verträgen neu geschlossen oder, falls diese bereits bestehen, übernommen werden. Diese Verträge lassen sich systematisch in folgende Gruppen untergliedern:

– Objektverträge
– Objektgestehungsverträge
– Finanzierungsverträge
– Konzeptionsverträge
– Gesellschaftsrechtliche Verträge

Die Objektverträge umfassen sämtliche Verträge, die direkt mit den Investitionsobjekt zusammenhängen. Dies sind insbesondere die bestehenden Mietverträge sowie die Verwaltungs- und Facility-Management-Verträge, in denen die direkte Objektverwaltung erfasst ist.

Je nach dem wie und in welchem Zustand das Investitionsobjekt erworben wird, kann es sich beim Objektgestehungsvertrag um einen reinen notariellen Grundstückskaufvertrag oder bei einer Gesellschaftsübernahme um einen Anteilskaufvertrag handeln. Bei einem noch zu errichtenden Objekt wird neben dem Grundstückskauf- oder Erbbaurechtsvertrag noch ein Generalübernehmer- oder Generalunternehmervertrag abgeschlossen. Mit diesen Hauptverträgen sind üblicherweise noch eine Vielzahl weiterer Nebenverträge verbunden.

Zur Finanzierung des Investitionsvorhabens wird neben dem Investorenkapital in der Regel zur Optimierung der Anlegerrendite Fremdkapital eingesetzt. Dies bedingt den Abschluss entsprechender Darlehensverträge. Zur Absicherung dieser Darlehen müssen Sicherheiten, wie beispielsweise Grundschulden oder die Abtretung der Rechte aus den Mietverträgen bestellt werden und die in diesem Zusammenhang erforderlichen Vereinbarungen getroffen werden.

Seitens des Fondsinitiators werden bei der Konzeption und Projektierung eine Reihe von Leistungen erbracht, die mit der Fondsgesellschaft vertraglich vereinbart werden müssen. Dies sind insbesondere die Fondskonzeption (Ermittlung der wirtschaftlichen Grundlagen des Investitionsvorhabens), Vermittlung von Eigen- und Fremdkapital (Beschaffung von Investorenkapital sowie Darlehen), Prospektherausgabe (Erstellung eines Emissionsprospektes), Platzierungsgarantie (Fondsinitiator garantiert die Schließung des Fonds) und Geschäftsbesorgung (Laufende Verwaltung der Fondsgesellschaft). Daneben werden für die rechtliche und steuerliche Beratung der Fondsgesellschaft entsprechende Verträge geschlossen.

Bei den gesellschaftsrechtlichen Verträgen sind u.a. der Gesellschaftsvertrag der Fondsgesellschaft und bei üblicher Einschaltung eines Treuhänders noch der Treuhand- und Beteiligungs-Verwaltungsvertrag zu nennen.

Abb. 2: Schematische Darstellung der wichtigsten Vertragsbeziehungen eines geschlossenen Immobilienfonds

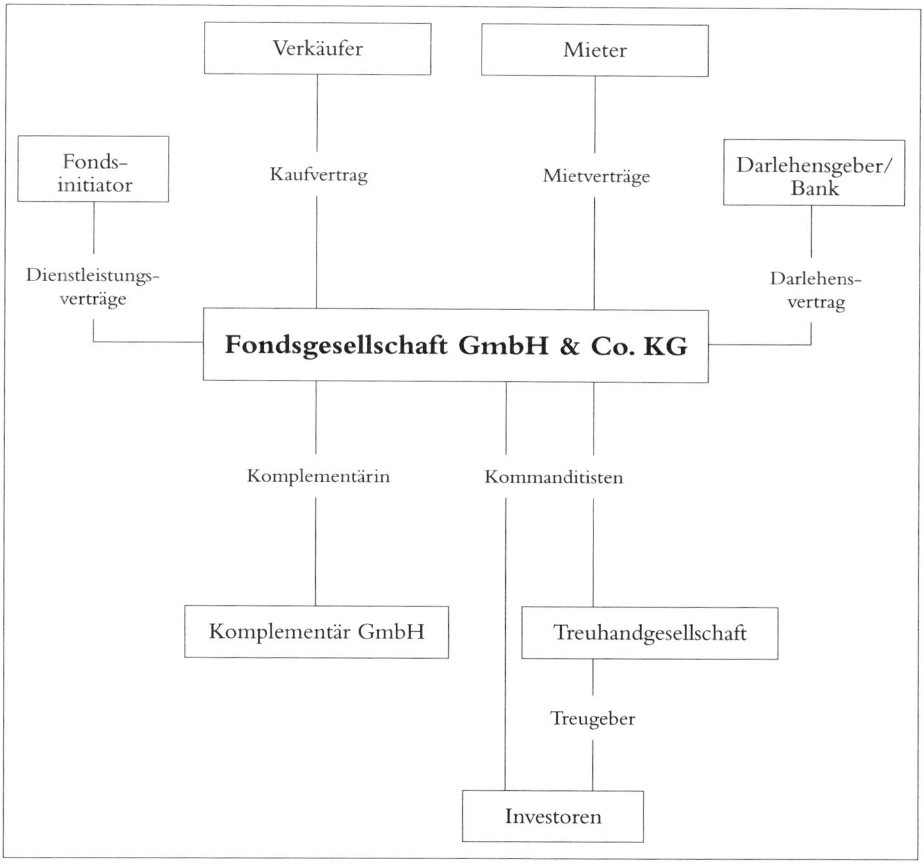

5.2 Steuerliche Struktur

Zielsetzung ist es, die Steuerbelastung für die Fondsgesellschaft und den Anleger möglichst gering zu halten, um eine attraktive Nachsteuerrendite zu erzielen. Ferner sollen aufgrund der steuerlichen Transparenz der Fondsgesellschaft möglichst die anfänglichen negativen steuerlichen Ergebnisse aus der Immobilieninvestition für den Anleger nutzbar gemacht werden.

5.2.1 Einkommenssteuerliche Behandlung

Grundsätzlich kommen für den Anleger für seine laufende Einkünfte im Rahmen seiner Beteiligung an einem geschlossenen Immobilienfonds folgende Einkunftsarten in Betracht: Einkünfte aus Vermietung und Verpachtung, Einkünfte aus Gewerbebetrieb sowie sonstige Einkünfte.

Üblicherweise wird seitens des Fondsinitiators angestrebt, bei der Fondsgesellschaft und beim Anleger, der seine Beteiligung im Privatvermögen hält, Einkünfte aus Vermietung und Verpachtung zu erzielen, da dies die günstigste Alternative darstellt. Hierzu wird konzeptionell die Einbindung eines geschäftsführenden Kommanditisten bei der Fondsgesellschaft vorgesehen, um deren gewerbliche Prägung zu vermeiden. Ferner muss die Mitunternehmerstellung des Anlegers auch bei einer Beteiligung über einen Treuhänder sichergestellt und der Gesellschaftsvertrag sowie Treuhand- und Beteiligungs-Verwaltungsvertrag entsprechend ausgestaltet werden.

Bei den Einkünften aus Vermietung und Verpachtung wird die Steuerbemessungsgrundlage als Überschuss der Einnahmen über die Werbungskosten unter Berücksichtigung des Zu- und Abflussprinzips ermittelt. Die bei der Fondsgesellschaft im Zusammenhang mit deren Organisation und dem Objekterwerb anfallenden Kosten lassen sich wie folgt unterteilen:

— Anschaffungskosten für Grund und Boden (diese sind nicht abschreibungsfähig)

— Anschaffungs- oder Herstellungskosten des Gebäudes (diese sind sukzessive mit 2% p.a. abschreibungsfähig)

— Anschaffungsnebenkosten (diese sind verursachungsgerecht dem Grund und Boden oder dem Gebäude zuzurechnen)

— sofort abzugsfähige Werbungskosten

Die Abgrenzung der sofort abzugsfähigen Werbungskosten von den übrigen Ausgabenkategorien ergibt sich aus dem sog. 5. Bauherrenerlass vom 20.10.2003. Demnach ist der Anleger immer als Erwerber einer Immobilie – Erwerberfonds – zu qualifizieren, wenn der Fondsinitiator der Fondsgesellschaft ein einheitliches Vertragswerk vorgibt und die Gesellschafter in ihrer gesellschaftsrechtlichen Verbundenheit keine Möglichkeit besitzen, hierauf Einfluss zu nehmen. Sofortabzugsfähige Werbungskosten sind insbesondere Zinsen der Zwischen- und Endfinanzierung, Vorauszahlung von Schuldzinsen für bis zu 12 Monate, Kreditbearbeitungsgebühren, Damnum bis maximal 5% der Darlehenssumme, Mietgarantien (4 Monatsmieten bei unvermieteten und 2 Monatsmieten bei vermieteten Objekt), Beiträge zu Versicherungen, Fremdkapitalvermittlungsprovisionen sowie Bürgschaftsgebühren für die Zwischen- und Endfinanzierung.

Mögliche Verlustausgleichsbeschränkungen für den Anleger können sich aus § 2b EStG, der Regelungen für sog. Verlustzuweisungsmodelle enthält, aus § 10d EStG, der den Verlustrücktrag und -vortrag beschränkt, sowie aus § 15a EStG, der die Verlustbegrenzung bei beschränkter Haftung regelt, ergeben.

Der Hauptvorteil der Einkunftsart Vermietung und Verpachtung für den Anleger tritt bei der Veräußerung der Immobilie oder der Fondsbeteiligung nach mindestens 10 Jahren zu Tage, da eventuelle Veräußerungsgewinne steuerfrei sind. Voraussetzung ist, dass die Beteiligung im Privatvermögen gehalten wird.

Sollten bei der Fondsgesellschaft Einkünfte aus Gewerbebetrieb erzielt werden, liegt der wesentliche Unterschied darin, dass das Zu- und Abflussprinzip nicht zum Tragen kommt und Zahlungen, die sich wirtschaftlich über mehrere Jahre auswirken, entsprechend ergebniswirksam verteilt werden. Daneben wirkt sich nachteilig aus, dass ein Veräußerungsgewinn steuerpflichtig ist.

Unabhängig von der Einkunftsart ist es Grundvoraussetzung für die steuerliche Anerkennung und Verwertbarkeit temporärer negativer Einkünfte aus der Fondsbeteiligung, im Sinne der Verrechnung mit anderen positiven Einkünften und der Steuerpflicht der positiven Einkünfte, dass sowohl auf Ebene der Fondsgesellschaft als auch auf Ebene des jeweiligen Gesellschafters auch bei Refinanzierung der Einlage (Sonderwerbungskosten), die Absicht besteht, auf Dauer nachhaltig Überschüsse bzw. Gewinne zu erzielen (Totalüberschuss/Totalgewinn). D.h. es ist ein positives Gesamtergebnis in der Zeit von Gründung bis zur Veräußerung oder Aufgabe der Beteiligung zu erzielen. Bei Einkünften aus Vermietung und Verpachtung muss der Totalüberschuss innerhalb eines Betrachtungszeitraums von 30 Jahren erzielt werden, wobei eventuelle Veräußerungsgewinne aufgrund deren Steuerfreiheit außer Ansatz bleiben.

Für die Anleger eines geschlossenen Immobiliefonds erfolgt die Feststellung der steuerlichen Einkünfte immer im Rahmen des sog. gesonderten und einheitlichen Feststellungsverfahren gemäß § 180 AO. Demnach wird die Veranlagung vom Betriebsstättenfinanzamt der Fondsgesellschaft für alle beteiligten Anleger durchgeführt und den jeweiligen Wohnsitzfinanzämtern von Amtswegen mitgeteilt.

5.2.2 Weitere Steuern

An weiteren Steuern, welche die Fondsgesellschaft oder den Anleger betreffen können, werden nachfolgend kurz die Gewerbesteuer und die Erbschafts- und Schenkungssteuer beleuchtet. Bezüglich der Grunderwerbsteuer und der Umsatzsteuer wird auf die Ausführungen in Punkt 4.2.4 verwiesen.

Die Gewerbesteuer fällt bei Einkünften aus Vermietung und Verpachtung weder auf Ebene der Fondsgesellschaft noch beim Anleger an. Zu beachten ist allerdings der Tatbestand des sog. gewerbliche Grundstückshandel, der zu einer Gewerbesteuerpflicht führen kann. Dieser ist erfüllt, wenn die sog. Drei-Objekt-Grenze auf Ebene der Fondsgesellschaft oder des Anlegers überschritten wird. Danach ist die Veräußerung von mehr als drei Objekten innerhalb eines Fünfjahreszeitraums grundsätzlich gewerblich. Die zeitliche Grenze von fünf Jahren hat allerdings keine starre Bedeutung. Ein gewerblicher Grundstückshandel kann beispielsweise bei einer höheren Zahl von Veräußerungen nach Ablauf dieses Zeitraums, aber auch bei einer hauptberuflichen Tätigkeit im Baubereich vorliegen. Für einen Anleger, der zu mindestens 10% an einer Fondsgesellschaft beteiligt ist oder dessen Beteiligung einen Verkehrswert von 250.000 € überschreitet, wird eine Veräußerung der Beteiligung innerhalb von fünf Jahren zu den drei Objekten der sog. Drei-Objekt-Grenze hinzugerechnet. Sollten bei diesem Anleger noch weitere Objekte im zeitlichem Zusammenhang zu berücksichtigen sein, liegt auf seiner Ebene ein gewerblicher Grundstückshandel vor. Der Gewinn unterliegt somit der Einkommen- und der Gewerbesteuer.

Für Zwecke der Erbschaft- und Schenkungsteuer wird nach derzeitiger Rechtslage bei der Bewertung der Beteiligung, das Immobilienvermögen der Fondsgesellschaft mit den Grundbesitzwerten nach den Vorschriften des Bewertungsgesetzes zum jeweiligen Stichtag – Bedarfswert – ermittelt. Nach dem Ertragswertverfahren des Bewertungsgesetzes ergibt sich der Grundbesitzwert aus dem 12,5fachen der durchschnittlichen Jahresmiete der letzten drei Jahre vor dem Besteuerungszeitpunkt, abzüglich der Wertminderung aufgrund des Alters in Höhe von 0,5 % p.a., höchstens jedoch 25 %. Von diesem so ermittelten Wert sind noch die Schulden in voller Höhe abzuziehen, so dass sich in der Regel ein für den Anleger günstiger steuerlicher Wert der Beteiligung ergibt, der auch negativ sein kann.

5.3 Wirtschaftliche Prognoserechnung

Für jeden geschlossenen Immobilienfonds wird ein Investitions- und Finanzplan sowie eine Prognoserechnung für die steuerlichen und Liquiditätsergebnisse des Anlegers erstellt.

Beim Investitions- und Finanzplan werden die voraussichtlichen Investitionskosten (Mittelverwendung) ermittelt und deren Finanzierung (Mittelherkunft) mit Eigen- sowie Fremdkapital dargestellt. Die Investitionskosten lassen sich in die rein objektbezogenen Kosten (Objektkaufpreis, Grunderwerbsteuer, Notar- und Grundbuchkosten, technische Objektprüfung, etc.), die sog. weichen Kosten (Kosten der Konzeption, EK- und FK-Vermittlung, Prospektherausgabe, Platzierungsgarantie etc.) und die Finanzierungskosten (Disagio, Bankbearbeitungsgebühren etc.) aufteilen. Bei der Aufnahme von Fremdkapital ist es durchaus üblich, in geringem Umfang auch Fremdwährungsdarlehen in Anspruch zu nehmen, die im Vergleich zu Euro-Darlehen niedrigverzinslich sind.

In der Prognoserechnung wird der wahrscheinliche Verlauf der Einnahmen und Ausgaben der Fondsgesellschaft und die sich daraus für den Anleger ergebenden Ausschüttungen sowie das sich ergebende steuerliche Ergebnis für den Prognosezeitraum abgebildet. Als Prognosezeitraum wird üblicherweise in Abhängigkeit vom angestrebten Verkaufszeitpunkt von einer Zeitspanne zwischen 10 und 20 Jahren ausgegangen. Die wesentlichen Parameter der Prognoserechnung sind auf der Einnahmen-, Ertragsseite die Mieteinnahmen, die Zinserträge, auf Liquiditätsreserven und der Verkauf des Objektes. Auf der Ausgaben-, Aufwandseite sind dies insbesondere Zins und Tilgung für die Darlehen, Abschreibungen für Abnutzungen, Instandhaltungsaufwendungen, Aufwendungen für Neuvermietungen, nicht auf den Mieter umlegbare Objektkosten, Verwaltungskosten sowie nicht abzugsfähige Vorsteuer.

Da für den gesamten Prognosezeitraum keine Vertragssicherheit bestehen kann, muss in der Prognoserechnung mit verschiedenen Annahmen gearbeitet werden. Wichtige Kalkulationsprämissen sind insbesondere die Annahmen bezüglich der zukünftigen Entwicklung der Mieteinnahmen, des Zinssatzes für eine Anschlussfinanzierung nach Auslauf der Zinsbindungsdauer sowie des Objektverkaufs. Wesentlich beeinflusst werden beispielsweise die Mieteinnahmen von der Inflationsrate, wenn diese an die Entwicklung der Lebenshaltungskosten gekoppelt sind sowie den angenommenen Leerstandszeiten und Miethöhen bei Folgevermietungen. Ebenso hat der angenommene Faktor für die Veräußerung der Immobilie am Ende des Prognosezeitraums großen Einfluss auf die Rendite des Anlegers. Dieser sollte daher in der Regel nicht über dem Einkaufsfaktor liegen. Für eine seriöse Prognose- und Renditeberechnung müssen daher seitens des Fondsinitiators konservative Annahmen zu Grunde gelegt werden.

6. Risiken eines geschlossenen Immobilienfonds

Jede Immobilieninvestition und somit auch die Investition in einen geschlossenen Immobilienfonds ist aufgrund ihres langfristigen und unternehmerischen Charakters mit Risiken verknüpft. Aufgabe eines Fondsinitiators ist es daher, diese zum Teil latenten Risiken im Vorfeld zu identifizieren, zu bewerten und soweit möglich entsprechende Vorsorge zu treffen. Eine Reihe von Risiken verbleiben aber zwangsläufig bei den Fondsanlegern. Risiken eines geschlossenen Immobilienfonds sind insbesondere folgende:

– Objektrisiken
  Dies sind sämtliche Risiken im Zusammenhang mit der Immobilie, wie beispielsweise Altlasten, Mängel der Bauqualität oder Instandhaltungsrisiken. Diese Risiken können in der Regel durch die technische Objektprüfung im Vorfeld eines Erwerbs sowie durch die laufende Überwachung durch Fachpersonal minimiert werden.

– Mietrisiken
  Hierunter fallen das Anschlussvermietungsrisiko bei Auslauf eines Mietvertrages oder das Bonitätsrisiko des Mieters. Durch die Auswahl von langfristig an bonitätsstarke Unternehmen vermieteten Objekten sowie eine fundierte Standortanalyse – siehe Punkt 4.2.2 – ist eine Risikoreduzierung möglich.

– Wertentwicklungsrisiko
  Die zukünftige Wertentwicklung der Immobilie hängt im Wesentlichen vom Standort, den zukünftig erzielbaren Mieten sowie der allgemeinen Wirtschafts- und Konjunkturentwicklung ab.

– Finanzierungsrisiken
  Dies sind insbesondere die Frage einer gesicherten Finanzierung für das Investitionsvorhaben sowie das Zinsänderungs- und Währungsrisiko bei Auslauf von Zinsfestschreibungszeiträumen und Fremdwährungsdarlehen. Die Finanzierung mittels Darlehen ist in der Regel gewährleistet, da ein Fondsinitiator ohne Vorlage einer Finanzierungszusage einer Bank keinen verbindlichen Kaufvertrag für das Objekt abschließen wird. Ferner gibt normalerweise ein Platzierungsgarant eine Platzierungsgarantie für die Schließung des Fonds ab. Sollte zu einem bestimmten Zeitpunkt das vorgesehene Eigenkapital nicht platziert sein, wird somit der Platzierungsgarant der Fondsgesellschaft die erforderlichen finanziellen Mittel zur Verfügung stellen. Durch die langfristige Eindeckung von Zinskonditionen, 10 Jahre oder länger, wird versucht, Kalkulationssicherheit bezüglich der Zinsen zu erhalten.

– Konzeptionelle Risiken

Dies sind mögliche Fehler seitens des Fondsinitiators in der rechtlichen und steuerlichen Konzeption des Fonds. Seitens des Fondsinitiators wird im Vorfeld ein Steuergutachten beauftragt um solche Fehler auszuschließen.

– Gesellschaftsrechtliche Risiken

In Gesellschafterversammlungen der Fondsgesellschaft werden aufgrund des Mehrheitsprinzip Beschlüsse gefasst. Diese können den Interessen des einzelnen Anlegers entgegenstehen.

– Prospektrisiken

Im Verkaufsprospekt des Fonds können fehlerhafte Angaben enthalten sein. Emissionsprospekte werden nach Maßgabe des Prüfungsstandards IDW S4 „Grundsätze ordnungsgemäßer Beurteilung von Prospekten über öffentlich angebotene Kapitalanlagen" des Instituts der Wirtschaftsprüfer erstellt und ein entsprechendes Prospektprüfungsgutachten eines Wirtschaftsprüfers über die Einhaltung dieser Standards eingeholt. Alle Prospektangaben müssen die im Zeitpunkt der Herausgabe maßgeblichen rechtlichen und wirtschaftlichen Verhältnisse sowie die gültigen gesetzlichen Vorschriften und Verwaltungsrichtlinien berücksichtigen, da ansonsten der Fondsinitiator/Prospektherausgeber haftet. Dieser haftet jedoch nicht für Abweichungen aufgrund von Änderungen gesetzlicher Grundlagen und künftigen Entwicklungen.

– Risiken in der Prognoserechnung

Die der Prognoserechnung zugrunde liegenden Annahmen können zu optimistisch, Einnahmen zu hoch und Ausgaben zu niedrig kalkuliert, sein. Neben der eigenen Beurteilung der dargestellten Prämissen kann der Anleger die Leistungsbilanz des Fondsinitiators einsehen. In dieser werden die bisher aufgelegten Fonds des Initiators und deren Ergebnisse – Ausschüttungen und steuerliche Ergebnisse – den prognostizierten Werten gegenübergestellt. Ein seriöser Anbieter wird stets die Fondskalkulation auf konservative Prämissen aufbauen und Risikopuffer vorsehen.

7. Investoren

7.1 Investorengruppen und Investorengewinnung

Eine Unterscheidung der Fondsinvestoren kann nach ihren Anlagemotiven in steuerorientierte oder in ausschüttungsorientierte Anleger erfolgen (siehe hierzu Punkt 2.1). Wie bereits ausgeführt treten steuerliche Aspekte, insbesondere bei den Privatanlegern, immer stärker in den Hintergrund.

Ferner sind die Privatanleger und die institutionellen Investoren zu unterscheiden. Unter die institutionellen Investoren fallen beispielsweise Versicherungen, Banken und Sparkassen, Stiftungen oder Versorgungswerke wie Pensions- und Unterstützungskassen. Diese legen einen Teil ihrer Mittel aus Portfoliooptimierungsüberlegungen und zur Risikodiversifikation in Immobilien an. Aufgrund der Höhe des Investitionsvolumens, fehlendem Spezialwissen oder Kostenüberlegungen erfolgen diese Investitionen zum Teil indirekt, d.h. über eine Beteiligung an einem Fonds.

Bei den Privatanlegern kann eine Differenzierung nach ihrer Beteiligungshöhe in „Kleinanleger" und „vermögende Privatanleger" – in der Regel ab einer Beteiligungshöhe von 250.000 bis 500.000 € – vorgenommen werden.

Um die Anleger für ihre Fondsprodukte zu gewinnen, bedienen sich Fondsinitiatoren u.a. folgender Vertriebskanäle:

- Direktvertrieb durch den Fondsinitiator
- Vertrieb über Banken und Sparkassen
- Vertrieb über freie Finanzdienstleister und Vertriebe

Den wichtigsten Vertriebskanal für die Fondsinitiatoren stellten 2003 die Banken und Sparkassen dar. Diese konnten rund 75 % des gesamten Eigenkapitals, welches in geschlossene Immobilienfonds investiert wurde, einsammeln. Die durchschnittliche Zeichnungssumme für auf Privatanleger ausgerichtete Publikumsfonds lag 2003 bei rund 34.630 €.[5]

7.2 Private Placement

Wie bereits ausgeführt erfolgt die Gewinnung der Privatanleger im Publikumsbereich mittels eines öffentlichen Fondsprospektes. Davon zu unterscheiden sind die sog. Private Placements, bei denen den Investoren lediglich die wirtschaftlichen Eckdaten des Investitionsvorhabens dargestellt werden. Diese Private Placements werden seitens des Fondsinitiators für eine spezielle Zielgruppe, wie die institutionellen Investoren oder auch zum Teil die vermögenden Privatanleger aufgelegt. Dabei wird das Fondsprodukt genau auf die speziellen Bedürfnisse der jeweiligen Investoren zugeschnitten. Ein Beispiel hierfür ist die Deckungsstockfähigkeit der Kapitalanlage, die für Versicherungen und Versorgungswerke eine wichtige Rolle bei ihren Investitionsüberlegungen spielt. Bei Private Placements liegt die Mindestzeichnungshöhe deutlich über den Mindestzeichnungssummen im Publikumsbereich und beginnt meistens bei 500.000 bis 1.000.000 €. Die Private Placements spielen bezogen auf das gesamte realisierte Investitionsvolumen der geschlossenen Immobilienfonds nur eine nachgeordnete Rolle.

7.3 Zweitmarkt

Aufgund des langfristigen Charakters einer Beteiligung an einem geschlossenen Immobilienfonds sowie insbesondere dessen gesellschaftsrechtlichen und steuerlichen Struktur, ist die Fungibilität der Fondsanteile stark eingeschränkt. Um Anlegern eine Weiterveräußerung während der Fondslaufzeit zu ermöglichen, haben einige Fondsinitiatoren einen sog. Zweitmarkt für ihre Fonds ins Leben gerufen. Sie versuchen, An- und Verkaufswünsche zusammenzuführen und bei den Transaktionen behilflich zu sein. Nach Meldung einzelner Initiatoren konnte 2003 auf diese Weise ein Zweitmarktumsatz von rund 130,7 Millionen € erzielt werden.[6] Das Hauptproblem für den Handel mit „gebrauchten" Fondsanteilen stellt dabei neben eventueller steuerlicher Fragen die neutrale und faire Bewertung der Fondsanteile dar. Käufer und Verkäufer müssen hierzu sämtliche aktuellen Informationen zur wirtschaftlichen Situation vorliegen.

---

[5] *Loipfinger,* 2004.

Daneben haben die Börsen in Düsseldorf und Hamburg Handelsplattformen für den Handel mit Anteilen an geschlossenen Fonds initiiert. Das Düsseldorfer Modell Gefox sieht dabei eine Zulassung der Fonds zum Handel nach festgelegten Kriterien und eine laufende Bewertung vor. Der Erfolg dieser institutionalisierten Handelsplattformen bleibt abzuwarten.

8. Ausblick

Geschlossene Immobilienfonds werden aufgrund ihrer Vorteile für den Anleger, nämlich eine Beteiligung an von Experten ausgesuchten renditestarken in- und ausländischen Immobilien, die mit relativ geringem Kapitaleinsatz und Aufwand erfolgen kann, auch weiterhin eine wichtige Rolle am Kapitalmarkt spielen. Gerade wegen den jüngsten Diskussionen um die private Altersvorsorge ist insbesondere mit einer steigenden Nachfrage von privaten Investoren zu rechnen. Diese werden den geschlossenen Immobilienfonds mit langlaufenden inflationsgesicherten Mietverträgen als einen wichtigen Baustein ihrer Altersvorsorge verstärkt nutzen. Für 2004 und den Folgejahren werden daher seitens der Fondsinitiatoren Platzierungsergebnisse erwartet die mindestens an die erfolgreichen Vorjahre anknüpfen.

Abzuwarten ist, ob sich auch bei den geschlossenen Immobilienfonds die Einführung eines externen unabhängigen Fondsratings – Bewertung der Qualität einer Finanzinvestition unter Berücksichtigung der erwarteten Rendite und des Risikos – durchsetzt.

---

[6] *Loipfinger*, 2004.

V. Berufsständische Versorgungswerke im Überblick

Übersicht

In Deutschland gibt es über 80 berufsständische Versorgungswerke der freien verkammerten Berufe. Die berufsständischen Versorgungswerke sollen ihren Mitgliedern und deren Familien eine angemessene Alters- und Hinterbliebenenversorgung gewährleisten und die Angehörigen der einzelnen Berufsstände im Invaliditätsfall wirksam absichern. Um einen wirksamen und umfassenden Schutz der Mitglieder und den dauerhaften Bestand der Versorgungswerke sicherzustellen, beruhen die Versorgungswerke auf dem Prinzip der Pflichtversicherung, d.h., dass grundsätzlich jeder Angehörige des Berufsstandes auch beitragspflichtiges Mitglied in dem jeweiligen Versorgungswerk sein muss.

1. Wirtschaftliche Bedeutung der Versorgungswerke

Die berufsständischen Versorgungseinrichtungen haben im Jahr 2003 über 665.000 Mitgliedern die soziale Absicherung im Alter, im Todesfall oder bei Invalidität gewährleistet (Tabelle ABV). Von den Mitgliedern wurden im Jahr 2003 über 5,277 Milliarden € an Beitragsleistungen erbracht (Tabelle ABV).[1] Gleichzeitig belief sich die Vermögensanlage der Versorgungswerke auf rund 81,455 Milliarden €. Der Anteil der Vermögensanlagen in Immobilien hiervon belief sich auf fast 10% (Tabelle ABV).[1]

---

[1] Arbeitsgemeinschaft Berufsständiger Versorgungseinrichtung e.V. Köln; die Daten wurden unter www.ABV.de in der Rubrik Statistik veröffentlich.

Allein diese eindrucksvollen Zahlen verdeutlichen das wirtschaftliche Gewicht der berufsständischen Versorgungswerke auf dem Gebiet der Immobilienwirtschaft nachhaltig.

Aufgabe und Ziel der berufsständischen Versorgungseinrichtungen:

Den verkammerten freien Berufen, das sind die Apotheker, Architekten, Ärzte, Notare, Rechtsanwälte, Steuerberater, Tierärzte, Wirtschaftsprüfer und vereidigte Buchprüfer sowie die Zahnärzte, kommt im staatlichen Gesamtgefüge eine besondere Bedeutung zu; sie dienen besonders wichtigen Gemeinschaftsgütern wie beispielsweise der Gesundheit und Rechtspflege, so dass den freien Berufen u.a. eine grundrechtssichernde Funktion zukommt.[2] Diese Funktion wird auch von den berufsständischen Versorgungseinrichtungen getragen, indem die Leistungsfähigkeit des jeweiligen Berufsstandes dadurch garantiert wird, dass einer Überalterung in den freien Berufen vorgebeugt und eine Absicherung bei Berufsunfähigkeit gewährt wird.[2]

Neben dem sozialen Schutz der Mitglieder kommt damit den Versorgungswerken auch eine überragende Bedeutung für besonders wichtige Gesellschaftsgüter zu.

2. Historische Entwicklung der Versorgungswerke

Die berufsständischen Versorgungseinrichtungen gibt es seit über 80 Jahren. Die Verluste durch die gerade nach dem ersten Weltkrieg einsetzende Inflation führten 1923 in Bayern zur Gründung eines Versorgungswerkes für Ärzte, Zahnärzte und Tierärzte.[3] Gleichwohl setzte aber die breite Entwicklung der Versorgungswerke erst durch die Rentenreform im Jahr 1957 ein. Im Zuge der Überlegungen zur Sozialreform sprach sich der Gesetzgeber für eigenständige Einrichtungen der freien Berufe zur Alters- und Invaliditätssicherung aus. Damit wurden die Angehörigen der freien Berufe ausdrücklich aus der gesetzlichen Rentenversicherung ausgeschlossen[4] und erneut auf die Hilfe zur Selbsthilfe verwiesen.[5] Eine weitere positive Entwicklung hat das berufsständische Versorgungswesen im Zuge der Wiedervereinigung genommen, da das erfolgreiche Modell der berufsständischen Versorgungseinrichtungen auch in allen neuen Bundesländern fest verankert wurde.[6]

3. Strukturprinzipien

Die berufsständischen Versorgungseinrichtungen sind zum Teil als eigenständige öffentliche Einrichtungen strukturiert[7], zum Teil sind sie aber auch Einrichtungen der jeweiligen Berufskammern. Rechtliche Grundlagen sind dabei die jeweiligen Ge-

---

[2] *Roth,* Bestands- und Rentenabteilung in der berufsständischen Versorgung, S. 23.

[3] *Schmitt-Lermann,* Hundert Jahre Bayerische Versicherungskammer in: Die bayerische Versicherungskammer in Gegenwart und Zukunft, S. 37.

[4] *Kannengießer,* In eigener Verantwortung, S. 54 ff.

[5] *Bialas/Jung,* Alterssicherung in eigener Verantwortung, S. 186.

[6] *Roth,* Bestands- und Rentenabteilung in der berufsständischen Versorgung, S. 25.

[7] *Jung,* Handbuch der Altersvorsorge, S. 152.

setze zur Errichtung der Versorgungswerke[8] oder die jeweiligen Kammer- und Berufsgesetze.[9] Demgegenüber unterfallen die Versorgungseinrichtungen nicht dem Bereich der Sozialversicherung und sind damit dem Zugriff des Bundesgesetzgebers entzogen.[10] Die berufsständischen Versorgungseinrichtungen sind mithin auf Landesrecht beruhende Selbstverwaltungseinrichtungen, denen aufgrund ihrer gesetzlichen Selbstverwaltungsautonomie auch ein weiter Gestaltungs- und Handlungsspielraum zusteht.[11] Wichtiges Strukturprinzip ist damit die umfassende Selbstverwaltung auf der Grundlage von Selbstorganisation und Selbstverantwortung. Oberste Entscheidungsträger der einzelnen berufsständischen Versorgungseinrichtungen sind die nach der jeweiligen Satzungsregelung berufenen Selbstverwaltungsgremien. Diese sind in der Regel die Kammerversammlung als Legislativorgan, der Verwaltungs- oder geschäftsführende Ausschuss als Exekutivorgan und der aufsichtsführende Ausschuss als Ausführungsorgan. Wegen der historisch begründeten besonderen Bedeutung von Grundstücks- und Immobilienangelegenheiten ist die Entscheidung in diesem Anlagesegment, d.h. die Beschlussfassung über Erwerb, Veräußerung und Bebauung von Grundstücken oftmals (systemwidrig) den aufsichtsführenden Gremien vorbehalten.[12] Da sich diese Vorschriften ihrem klaren Wortlaut nach nur auf den Erwerb, die Verwendung und Bebauung von Grundstücken richten, fallen Entscheidung über Erwerb oder der Veräußerung einer Gesellschaft oder eines Gesellschaftsanteils nicht in die jeweilige Sonderzuständigkeit, auch wenn das wesentliche Vermögen der Gesellschaft aus Immobilien besteht oder der Geschäftszweck der Gesellschaft auf den Erwerb, die Veräußerung oder die Bebauung von Grundstücken ausgerichtet ist.

4. Finanzierungsverfahren der Versorgungseinrichtung

Die berufsständischen Versorgungseinrichtungen finanzieren sich ausschließlich aus den Beitragsleistungen der Mitglieder sowie aus den aus diesen Beiträgen erzielten Kapitalerträgen. Staatliche Zuschüsse werden nicht erbracht, so dass die Versorgungswerke vollständig eigenfinanziert sind. Während in der gesetzlichen Rentenversicherung die laufenden Versorgungsleistungen aus den Beiträgen der aktiven Versicherten erbracht werden (sogenanntes Umlageverfahren) finden sich bei den berufsständischen Versorgungswerken als Finanzierungsverfahren in der Regel die modifizierte Anwartschaftsdeckung oder das offene Deckungsplanverfahren. Bei diesem Verfahren der modifizierten Anwartschaftsdeckung sind die Anwartschaften der Mitglieder der Versorgungseinrichtung sodann vollständig durch eine entsprechende Kapitaldeckung gesichert. Anders als nach dem reinen Anwartschaftsverfahren, wie es zum Teil bei der Lebensversicherung zur Anwendung kommt, besteht aber kein individuell zuzuordnender Vermögensanspruch eines Mitglieds; eine bestimm-

---

[8] *Schmitt-Lermann,* Hundert Jahre Bayerische Versicherungskammer in: Die bayerische Versicherungskammer in Gegenwart und Zukunft, S. 37.

[9] *Kannengießer,* In eigener Verantwortung, S. 54 ff.

[10] *Bialas/Jung,* Alterssicherung in eigener Verantwortung, S. 186.

[11] *Roth,* Bestands- und Rentenabteilung in der berufsständischen Versorgung, S. 25.

[12] Vgl. etwa § 4 Abs. 7 Ziff. d SNÄV; 3 § b Abs. 1 Ziff. § SHÄV.

te Beitragsgröße führt aber zu einem bestimmten Leistungsanspruch. Das offene Deckungsplanverfahren unterscheidet sich vom individuellen Äquivalenzprinzip dadurch, dass keine exakte Äquivalenz zwischen Beitrags- und Einzelversicherung verlangt wird, sondern nur eine kollektive Äquivalenz für den gesamten Versicherungsbestand besteht und auch die zukünftigen Beitragsleistungen als Vermögenswert der Versorgungseinrichtung berücksichtigt und in die Äquivalenzbeziehung mit einbezogen werden können.[13] Durch die fast vollständige Ausfinanzierung und die in fast allen Berufsgruppen der freien Berufe anzutreffende Homogenität und Konstanz bzw. Wachstum der Mitgliederzahlen sind die berufsständischen Versorgungswerke von dem heute größten strukturellen Problem der gesetzlichen Rentenversicherung – dem immer kleiner werdenden Kreis der Beitragszahler bei gleichzeitig ansteigendem Teil der Versorgungsempfänger – nicht betroffen.[14] Ein anderes Problem vermögen aber auch die kapitalgedeckten Finanzierungsverfahren der Versorgungswerke nicht zu lösen: Gerade in einem allein durch eigene Beiträge und ohne staatliche Zuschüsse durch den jeweiligen Berufsstand selbstfinanziertem System bedeutet die ständig steigende Lebenserwartung, dass das vorhandene und für die Zahlung von Versorgungsleistungen zur Verfügung stehende Kapital entsprechend der höheren Lebenserwartung auf einen längeren Zeitraum verteilt werden muss, was eine Reduzierung der zu erwartenden Leistungsquote bedeutet. Will man die bisher übliche Leistungshöhe auch künftig erhalten, müsste damit der Leistungsbeginn später einsetzen oder aber die Beitragsleistungen müssten entsprechend erhöht werden. Auch die unterschiedlichen Mischformen der zur Verfügung stehenden Handlungsalternativen sind denkbar. Da aber alle Lösungsmöglichkeiten für das einzelne Mitglied in jedem Fall Einschnitte bei Leistungshöhe oder Leistungsbeginn bedeuten und sämtliche Maßnahmen aus politischer Sicht nicht populär sind, wir zukünftig an die Kapitaldeckung der Versorgungswerke die Forderung nach Renditesteigerung in vielen Fällen herangetragen werden. Das gilt auch für den Bereich der Immobilienanlage. Wurde die Immobilienanlage bisher generell unter dem Gesichtspunkt der besonderen Sicherheit von den Versorgungseinrichtungen präferiert, wird vor dem Hintergrund des durch die Längerlebigkeit der Mitglieder ausgelösten zusätzlichen Kapitalbedarf bzw. der andererseits drohenden Leistungsanpassung der Fokus zunehmend auf die jeweilige Rendite dieser Anlageklasse gelegt werden.

5. Aufsicht der berufsständischen Versorgungswerke

Die Versorgungswerke unterstehen der Aufsicht der Bundesländer. Die Rechtsaufsicht wird ausgeübt von der Behörde/dem Ministerium, der/dem auch die Aufsicht über die jeweilige berufsständische Kammer zugewiesen ist.[15] Die Versicherungsaufsicht erfolgt durch die Versicherungsaufsichtsbehörden der Länder. Für den Bereich der Vermögensanlagen sind die Versorgungswerke durch Landesgesetz an die Vorgaben der Anlageverordnung (AnlV) gebunden.

Die Vorschriften des Versicherungsaufsichtsgesetzes (VAG) finden Anwendung.

---

[13] *Roth*, Bestands- und Rentenverwaltung in der berufsständischen Versorgung, S. 34.
[14] *Jung*, Handbuch der Altersvorsorge, S. 152.
[15] *Jung*, Handbuch der Altersvorsorge, S. 157.

6. Besteuerung der Versorgungswerke

Die Versorgungswerke sind als Einrichtungen der ersten Säule des deutschen Alterssicherungssystems von der Körperschafts-, Vermögens- und Gewerbesteuer befreit.

Steuerinduzierte Vermögensanlagen sind damit für diese Einrichtungen ohne Interesse. So konnten die Einrichtungen z.B. nicht die Sondergebiets-Afa in den neuen Bundesländern für Immobilienanlagen nutzen mit der Folge, dass es diesen Einrichtungen erspart blieb, lediglich steuerlich motivierte Investitionen im Immobilienbereich in den neuen Bundesländern zu tätigen.

Für die Entscheidung, wie im Ausland, wo auch im EU-Bereich dieses Ertragssteuerprivileg keine Anwendung findet, Immobilienanlagen zu tätigen sind, hat dieses inländische Ertragssteuerprivileg naturgemäß erhebliche Bedeutung.

7. Warum investieren berufsständische Versorgungswerke in die ASSET-Klasse Immobilien?

Die Diskussion, ob Immobilienanlagen eine eigene ASSET-Klasse und wenn ja, eine geeignete ASSET-Klasse für institutionelle Investoren darstellen, wird derzeit überwiegend positiv für Immobilien-Anlagen beantwortet.

Portofolio-Diversifikation/attraktive Renditen/unter Risikogesichtspunkten wettbewerbsfähige Renditen verglichen mit Aktien und Anleihen sowie ein ausreichend großes Investment-Universum verglichen mit Aktien und Anleihen – all diese Argumente werden als Beweggrund für die Anlage in Immobilien genannt.

8. Was soll eine Anlage in Immobilien für die Versorgungswerke bewirken?

Die ASSET-Klasse Immobilien soll im besten Fall

– die benötigte Stabilität liefern, um die Volatilität des Aktienmarktes auszugleichen
– das Risiko des Gesamt-Portofolios reduzieren, indem eine niedrigere Korrelation mit anderen ASSET-Klassen gezeigt wird.
– als Hedging-Instrument gegen unvorhersehbare inflationäre und deflationäre Entwicklungen wirken.
– und Renditen erwirtschaften, die größer/gleich den risikoadjustierten Mindestrenditen sind.

9. Wo sollte in Immobilien durch Versorgungswerke investiert werden?

Wie oben ausgeführt unterliegen die berufsständischen Versorgungswerke im Ausland anderen steuerlichen Regeln als im Inland.

Das inländische Ertragssteuerprivileg war neben der geringen Professionalisierung der Immobilienanlage lange Zeit der ausschlaggebende Grund, sich auf inländische Direkt-Investitionen zu beschränken.

Auch die (relativ) geringen Vermögensmassen vieler Versorgungswerke boten keine oder nur geringe Möglichkeiten, über das Inland hinaus in Immobilien zu investieren.

Investitionen in ausländische Immobilien bringen eine Fülle von Problemen mit sich, unter anderem evtl. Währungsrisiken, Steuerverluste, geringe Transparenz etc. Die Begründung für ein internationales Immobilien-Portofolio kann nur sein, eine beabsichtigte Renditesteigerung der ASSET-Klasse Immobilien, weiterhin Diversifikation (d.h. geringere Korrelation) zu anderen Anlageformen und Zugang zu neuartigen Investment-Möglichkeiten (Beispiel: Reits), die im Inland nicht verfügbar sind (für den Inlandsmarkt).

10. In welche Anlagesektoren sollten berufsständische Versorgungswerke investiert sein?

Historisch hat sich das Anlageverhalten der Versorgungswerke in den allermeisten Fällen um die Haustür, d.h. um den Sitz der Einrichtung, entwickelt.

Hier sind Management und Aufsichtgremien ansässig, nicht zu vergessen auch die zu versorgenden Mitglieder.

Also wurde in Wohnimmobilien, teilweise in öffentlich geförderte Wohnanlagen, investiert. Später kamen dann gemischt genutzte Wohnungen und Geschäftshäuser hinzu, danach Büroobjekte, Einzelhandelsobjekte und Spezialimmobilien, wie Logistikimmobilien, Sozialimmobilien, Hotels etc. Zwischenzeitlich gibt es wohl keine Nutzungsart mehr, die nicht von der einen oder anderen Einrichtung investiert wird.

11. Wie wird in die ASSET-Klasse Immobilien investiert – Direktanlage versus indirekte Anlagevehikel

11.1 Direktanlagen

Die Direktanlage in die Sektoren Wohnen, Büro und Einzelhandel ist die traditionelle Anlageform der berufsständischen Versorgungswerke in Immobilien. Die Belastung der Gewinn- und Verlustrechnung durch laufende Immobilienabschreibungen (Regelabschreibung) kennzeichnet diese Anlageform ebenso wie die generell unzulässige Fremdfinanzierung, d.h. der Anleger ist nicht in der Lage, den sogenannten Leverage-Effekt zu nutzen.

Bis auf wenige Ausnahmen wurden Direktanlagen nur im Inland getätigt, siehe dazu auch die Ausführungen zur steuerlichen Behandlung der Versorgungswerke.

Je nach Größenordnung des Versorgungswerks und nach dem Anteil der Immobilienanlage am Gesamtvermögen, der bei den einzelnen Werken deutlich von dem für 2002 mit 9,76 % ermittelten Durchschnittswert für alle Versorgungswerke abweichen kann (siehe Tabelle[16] ABV), wird regional investiert oder aber eine räumlich auf Deutschland beschränkte Anlagestrategie verfolgt.

---

[16] Arbeitsgemeinschaft Berufsständiger Versorgungseinrichtung e.V. Köln; die Daten wurden unter www.ABV.de in der Rubrik Statistik veröffentlich.

Investmentansätze wie core, core plus oder auch opportunity stehen nicht im Vordergrund.

Eine Zuwendung zu den klassischen Immobilienmärkten mit ausreichender Verfügbarkeit von Anlageprodukten und entsprechender Liquidität und Fungibilität war in den vergangenen Jahren erkennbar. Hiervon profitierten Investitionen an den Standorten München, Frankfurt, Hamburg, Berlin und Düsseldorf.

Das Ziel einer in Deutschland regional ausgewogenen Direktanlage wird von vielen Einrichtungen angestrebt, die zur Verfügung stehenden Vermögensmassen und die Schwierigkeit der Akquisition und Objektverwaltung stehen dem in vielen Fällen entgegen.

Eigenes Immobilien-know-how, d.h. Immobilien- Expertise, die kaufmännisch, rechtlich und technisch bundesweit agieren kann, ist Grundbedingung für eine erfolgreiche, überregionale Direktanlage.

Die Versorgungswerke stehen hier vor den gleichen Problemen wie andere institutionelle Anleger, beispielsweise die Lebensversicherer. Teilweise wird versucht, das Property-Management, d.h. die Objektverwaltung auszulagern, teilweise wird aber auch in den Einrichtungen hierfür eigenes Personal vorgehalten.

Da aber ein qualifiziertes Immobilienmanagement eine vor Ort Betreuung der Immobilien gerade in einem schwierigen Marktumfeld wie Deutschland erfordert, kommt zunehmend externes Facility-Management zum Einsatz, teilweise wird auch die gesamte Objektverwaltung auf professionell überregional tätige Property-Manager übertragen.

11.2 Die Sektoren/Nutzungsarten der Direktanlage

11.2.1 Wohnimmobilien

Die Investitionen in Geschosswohnungsbau/Mietwohnungsbau sind in den vergangenen Jahren aufgrund der Renditen, der Verwaltungsproblematik und auch der mietrechtlichen Restriktionen (grunds. Verbot einfacher Zeitmietverträge etc.) rückläufig.

Wenige Einrichtungen haben kontinuierlich in Mietwohnungsbau investiert. Generell ist festzustellen, das die Bestände umgeschichtet und qualifiziert wurden.

So wurden vielfach öffentlich geförderte Bestände mit Baujahren beginnend in den 60er Jahren veräußert und Standorte mit negativer Mietnachfrage aufgegeben.

Eine Konzentration auf Standorte mit langfristig qualifizierter Wohnungsnachfrage, auch unter demoskopischen Gesichtspunkten in München, Hamburg, Köln, Düsseldorf, Frankfurt und Stuttgart, ist zu bemerken.

Ob generell die Investitionen in Wohnimmobilien unter dem Gesichtspunkt der Negativentwicklung bei den gewerblichen Immobilien sich erhöhen, bleibt abzuwarten. Bei fallenden oder stagnierenden Wohnungsmieten, auch in den Ballungsräumen, ist in den meisten Einrichtungen der geltende Rechnungszins von 4% nach Afa nicht darzustellen.

11.2.2 Büroimmobilien

Einen Schwerpunkt bei den Direktinvestitionen nehmen die Büroimmobilien ein. Auch hier wurde in den vergangenen Jahren vielfach in den klassischen westdeutschen Büromärkten investiert.

Frankfurt, München und Hamburg, aber auch Düsseldorf und Berlin waren und sind Hauptinvestitionsstandorte.

Vielfach wurde jedoch auch in Mittelstädten investiert, hier insbesondere in Büroimmobilien mit oftmals nur einem Nutzer.

Die Möglichkeiten, langfristige Mietverträge durchzusetzen, Indexregelungen zur Mieterhöhung zu vereinbaren und der im Vergleich zu den Wohn-Immobilien geringere Verwaltungsaufwand bei gleichzeitig höheren Renditen und Wertsteigerungserwartungen haben die Investitionen in Büroimmobilien gefördert.

Die nunmehr deutlich sichtbaren Schwächezeichen an den Büromärkten, insbesondere an den bisher bevorzugten Investitionsstandorten, zwingen auch die berufsständischen Versorgungswerke dazu, ihr bisheriges Anlageverhalten auf diesem Sektor neu zu überdenken.

Deutlich erkennbar ist, dass die Qualität der Objekte und der Mieter, aber auch die Länge des Mietvertrages heute eindeutig im Vordergrund stehen.

11.2.3 Einzelhandelsimmobilien

Gerade in Nebenzentren und im ländlichen Raum wurde von den Versorgungswerken historisch in gemischt genutzte Objekte mit klein- und großflächigem Einzelhandel, Gastronomie, anteiligen Büro- und Praxisflächen und teilweise Wohnflächen investiert.

Nicht nur, dass diese Objekte äußerst verwaltungsintensiv sind, auch der Strukturwandel des Einzelhandels bedroht die wirtschaftliche Existenz dieser Objekte.

In der Folge wurden Investitionen in den großflächigen Einzelhandel getätigt, hier in SB-Märkte, Verbrauchermärkte und Fachmarktzentren.

Da die Versorgungswerke historisch in der Regel nach 1945 gegründet wurden, verfügen sie bis auf wenige Ausnahmen nicht über Vorkriegsbestand in besten innerstädtischen Einkaufslagen, d.h. den bekannten Fußgängerzonen mit hoher Frequenz in den Großstädten der Ballungsräume. Die in diesen absoluten Spitzenlagen zu erzielenden geringen laufenden Renditen zwingen zu einer verstärkten Beobachtung der Wertentwicklung in diesen Lagen. Vielfach konnte durch eine Investition in Projektentwicklungen in diesen Lagen von den Versorgungswerken ein Renditevorsprung erzielt werden, der im Rückblick eine solche Investition in Spitzenlagen rechtfertigte.

Die schwache Einzelhandelskonjunktur bedeutet für viele innerstädtische Einzelhandelsimmobilien eine Herausforderung. In den nächsten Jahren wird durch einen stark veränderten Mieterbesatz in diesem Bereich zunehmend Druck auf die Immobilieneigner ausgeübt, dem mit gezielten baulichen Maßnahmen zur Objekt-Revitalisierung, teilweise aber auch mit Verkauf/Desinvestition begegnet werden muss.

11.3 Sonderimmobilien

Hierzu zählen Senioren-Immobilien und Hotels, Logistik-Immobilien und Gewerbeparks.

Die Direktanlage in Sonderimmobilien zur Beimischung in einem ansonsten auf Büro-, Einzelhandels- und Wohnimmobilien ausgerichteten Portofolio verlangt Kenntnis der besonderen Risiko-/Chancen-Relation dieser Betreiber-Immobilien.

Aufgrund regionaler Kenntnis vor Ort konnten die Versorgungswerke in diesen Bereichen Erfolge bei der Direktanlage verzeichnen.

Die Bonität der Betreiber, die Drittverwendungsfähigkeit der Immobilien und die vertraglichen Regelungen bei Spezialimmobilien haben dazu geführt, dass die Investitionen hier in der Regel Einzelfälle waren und keine wirkliche Diversifikation des Immobilienportofolios erzielt werden konnte.

11.4 Projektentwicklungen für die Direktanlage

Die Versorgungswerke dürfen nach VAG keine Vorratsgrundstücke erwerben bzw. besitzen, sondern nur Grundstücke zur alsbaldigen Bebauung erwerben.

Eigene Projektentwicklungen – ob mit qualifizierten Entwicklern oder opportunistisch ohne Vorvermietung auf eigenes Risiko – sind Ausnahmen.

Generell verstehen sich die Versorgungswerke als Investoren, im Gegensatz zu Immobilienentwicklern und Immobilienverwaltern.

11.5 Verwaltung der Direktanlagen

Zwischen Outsourcing oder Eigenverwaltung werden vielerlei Mischformen praktiziert.

Der Trend zur Fremdverwaltung und externem Facilitymanagement ist ungebrochen.

Insbesondere Versorgungswerke, die über einen überregionalen Direktbestand verfügen, haben bei Investitionen an neuen Standorten in der Regel auf Outsourcing gesetzt.

Die IT-Basis der jeweiligen Versorgungswerke ist unterschiedlich. Teilweise werden integrierte Lösungen (über SAP) verfolgt, die alle Belange, auch den Immobilienbereich abdecken, teilweise gibt es „Insellösungen" mit immobilienspezifischen Software-Lösungen.

Die Zusammenarbeit mit dem Rechnungswesen und dem Controlling/Risk-Management ist hier ein Thema auch für die berufsständischen Versorgungswerke.

11.6 Objektgesellschaften

Beteiligungen an sogenannten geschlossenen Immobilienfonds/KG-Fonds kommen für berufsständische Versorgungswerke nicht in Betracht, da das Ertragssteuerprivileg steuerlich induzierte Anlagen unsinnig macht, aber auch, weil diese Fonds in der Regel auf Privatanleger abstellen und zudem keiner Aufsicht unterworfen sind.

Welches Interesse besteht nun, sich an einer Objektgesellschaft zu beteiligen, die ein oder zwei Objekte hält, allein oder ggf. mit einem Partner, beispielsweise mit einem anderen Versorgungswerk?

11.6.1 Risikostreuung/Diversifikation

Objektgesellschaften eignen sich dann, wenn anteilig in ein Großobjekt investiert werden soll, das für den einzelnen Anleger in Gänze zu groß ist, und aus diesem Grund evtl. auch nicht für die Aufnahme in einen später zu behandelnden Immobilien-Spezialfonds geeignet ist.

11.6.2 Leverage-Effekt

Wie bei Spezialfonds kann das Versorgungswerk auch hier ggf. den Leverage-Effekt nutzen.

Die Versicherungsaufsicht wird den Anleger in der Regel nicht verpflichten, eine bestehende Finanzierung, soweit sie unter 50% liegt, zurückzuführen.

11.6.3 Transaktionskosten

Eine entsprechende Ausgestaltung führt zu einer Ersparnis der Grunderwerbsteuer und anteiliger Notar- und Gerichtskosten.

11.6.4 Afa-Betrachtung/Ausschüttung

Anders als bei der Direktanlage kann die Regel-Afa ggf. ertragswirksam vereinnahmt werden. Insofern erhöht sich die laufende ausschüttungsfähige Rendite. Es gelten sodann die gleichen Verhältnisse wie für den Immobilien-Spezialfonds. Die bei der Direktanlage zu berücksichtigende Regel-Afa entfällt dann.

Zusammengefasst eignen sich Objektgesellschaften für die berufsständischen Versorgungswerke immer dann, wenn ein qualifiziertes Großobjekt, ob Büro oder Einzelhandel, das langfristig vermietet ist und für eine Anlage unter Risiko-Streuungsgesichtspunkten zu groß ist, über das Vehikel Objektgesellschaft mit Partnern investiert werden kann.

Die Fungibilität solcher Anlagen darf durch unpraktikable Andienungsrechte und -pflichten nicht eingeschränkt werden.

Wie bei einem Spezialfonds kann bei einer Anlage in einer Objektgesellschaft der Leverage-Effekt genutzt werden. Auch die Afa-Problematik kann wie beim Immobilien-Spezialfonds positiv gelöst werden. Dann ergeben sich eindeutige Vorteile gegenüber der Direktanlage.

Das Anlagevehikel Objektgesellschaft wird derzeit erst in geringem Umfang eingesetzt.

Die Objektgesellschaft eignet sich zur Diversifikation. Sie erlaubt eine Beteiligung an einer Großimmobilie, die, wie oben ausgeführt, in vielen Fällen den Rahmen der Spezialfonds sprengen würde. Eine solche Anlage eignet sich auch zur Kooperation größerer und kleinerer Versorgungswerke, wenn sich hier zwei oder drei Anleger bündeln.

Schließlich ist gegenüber der Direktanlage auch die Verwaltung outgesourct, wenn beispielsweise der Verkäufer langfristig Minderheitsgesellschafter bleibt und die Gesellschaft und das Objekt verwaltet.

Bilanziell ist eine solche Anlage für das Versorgungswerk als Beteiligung, nicht als Immobilie zu bilanzieren.

Die Versicherungsaufsicht wird jedoch unter VAG-Gesichtspunkten eine Zuordnung zum Immobilien-Vermögen ermöglichen.

11.7 Offene Immobilien-Publikumfonds

Die offenen Immobilien-Fonds (Publikumsfonds):
Publikumsfonds eignen sich besonders für kleinere Versorgungswerke, die in Größenordnungen, beispielsweise 5 Mio. € investieren wollen und für die ein noch zu behandelnder Immobilien-Spezialfonds zu groß ist. Gegenüber dem Immobilien-Spezialfonds ist generell eine Anlage in einem Publikumsfonds im Hinblick auf die Liquidität überlegen.

Bilanziell wird eine Beteiligung an einem Immobilien-Fonds als Wertpapier betrachtet, die Versicherungsaufsicht rechnet die Anlage jedoch nach VAG dem Immobilienvermögen des Anlegers zu.

Ein Immobilien-Publikumsfonds ist wie ein noch zu behandelnder Immobilien-Spezialfonds ein Sondervermögen, das von einer Kapitalanlagegesellschaft entsprechend geführt wird.

Bei einer Investition in einen Immobilien-Publikumsfonds hat der Anleger keinen Einfluss auf die Art des Investments des Fonds. Er entscheidet sich aufgrund der Performance-Werte für die Anlage in einen oder mehrere Fonds, die unterschiedliche Anlageschwerpunkte, regional und sektoral haben können. Er entscheidet sich in der Regel für eine Investition in einen großen Immobilien-Publikumsfonds. Ein großer Fonds verfügt über eine Vielzahl von Immobilien, d.h. die Risikostreuung über verschiedene Objekte ist ausgeprägt. Auch wird über das große Volumen der Immobilien-Publikumsfonds eine indirekte Investition in Großobjekte ermöglicht, die in der Regel einen Performance-Vorteil aufweisen. Bei der Direktanlage ist ein kleiner Anleger nicht in der Lage, in Objekte mit vergleichbarer Größenordnung zu investieren.

Wie oben ausgeführt wird auch ein Immobilien-Spezialfonds aufgrund seiner beschränkten Größenordnung in der Regel nicht in die gleichen Objektgrößen investieren können wie ein großer Immobilien-Publikumsfonds.

Wichtig für den Anleger ist, dass er ohne Ausgabeaufschlag investieren kann. Auch sollte der Anleger in der Regel keinen Haltefristen unterworfen sein.

Bei einer Anlage in einen Immobilien-Spezialfonds muss der Anleger in der Regel bei einer Rückgabe der Anteile oder bei einer etwaigen Auflösung des Fonds Wartezeiten einhalten. Beim Publikumsfonds kann unmittelbar verkauft werden. Das eingesetzte Kapital wird umgehend freigesetzt.

Die Fondsgebühren eines Immobilien-Publikumsfonds sind in der Regel denen eines Immobilien-Spezialfonds eher vergleichbar als bei einem Aktien-Publikumsfonds in Vergleich zu einem Aktien-Spezialfonds.

Fazit:

Wenn der Anleger liquide seine Anlagen über eine Mehrzahl von Kapitalanlagegesellschaften streuen will, ihm diese Liquidität wichtiger ist als Mitwirkung in Anlageausschüssen, dann ist eine Anlage in Immobilien-Publikumsfonds, bei einer entsprechenden Performance der Kapitalanlagegesellschaft, eine auch zukünftig äußerst interessante Anlageform. Voraussetzung ist allerdings, dass sich die Immobilien-Publikumsfonds generell als Anlagemedien im Markt behaupten können.

11.8 Immobilien-Spezialfonds

Immobilien-Spezialfonds haben sich für die institutionellen Kapitalanleger, auch die Versorgungswerke, in den letzten drei Jahren zu einem beherrschenden Anlageinstrument entwickelt.

Sowohl die Zahl der Kapitalanlagegesellschaften, die Immobilien-Spezialfonds verwalten, als auch die Anzahl der Fonds und das Investitionsvolumen haben sich fortlaufend erhöht.

Nachdem seit Januar 2002 durch die neue Anlageverordnung geregelt ist, dass Anlagen in einem Immobilien-Spezialfonds auch in der Aufbauphase der Fonds deckungsstockfähig sind, hat der Immobilien-Spezialfonds, sei es als Individualfonds für einen Anleger oder als Beteiligungsfonds mit jetzt bis zu 20 Anlegern an Bedeutung gewonnen.

In den vergangenen Jahren wurden direkt gehaltene Bestände in Immobilien-Spezialfonds eingebracht, um die Vorteile dieser Anlage gegenüber dem Direktbestand nutzen zu können. Teilweise ging es um die Hebung stiller Reserven, ohne die direkt gehaltenen Immobilien in dritte Hände zu veräußern. Derzeit konzentriert sich die Nachfrage nach Immobilien-Spezialfonds auf Investitionen in Märkte außerhalb Deutschlands. Investiert wird im EU-Raum, den USA und zukünftig in Asien.

Die regionale Streuung der Immobilien-Anlagen tritt für die Versorgungswerke bei einer Entscheidung über die Auflage eines Immobilien-Spezialfonds als Individualfonds oder bei der Beteiligung an einem Fonds mit mehreren Anlegern in den Vordergrund.

Die Kapitalanlagegesellschaften haben sich zunehmend spezialisiert, entweder auf Publikumsfonds oder auf Spezialfonds für institutionelle Investoren.

Ob der Investor vom Know-how der Kapitalanlagegesellschaft profitieren kann, evtl. über die Zusammenarbeit in Anlageausschüssen, wurde bei der Auflegung der Fonds häufig als Argument für eine Zusammenarbeit mit einer Kapitalanlagegesellschaft angeführt. In der Zwischenzeit richtet sich das Augenmerk auf die Performance der Fonds. Das Know-how und die Marktkenntnis der Asset-Manager stehen auf dem Prüfstand.

Zukünftig werden wie in allen „reifen" Märkten nicht nur neue Immobilien-Spezialfonds aufgelegt, sondern auch Fondsschließungen werden wie selbstverständlich an der Tagesordnung sein, wenn das Management und/oder die Märkte die angestrebten Performance-Ziele nicht oder nur teilweise erreichen.

Für die Versorgungswerke wird sich erweisen, wie liquide die Anlagen, insbesondere in Immobilien-Spezialfonds mit einer Mehrzahl von Anlegern, sind. Die vertraglichen Regelungen, die bei Auflage eines Spezialfonds selten im Hinblick auf eine langwierige und ggf. für die Anleger schwierige Auflösungssituation diskutiert werden, bringen das Management der Kapitalanlagegesellschaft und der Depotbank in eine Vertrauensposition, der sie auch bei Auflösung des Fonds im Sinne des Anlegerinteresses gerecht werden müssen.

11.9 Risikostreuung und Immobilien-Spezialfonds

Die Angestrebte Mindestgröße der Immobilien-Spezialfonds 150 Mio. € Eigenkapital (sodann mögliche Fremdfinanzierung bis zu 150 Mio. €) erlaubt oder erlaubt nicht eine Investition in eine für ein ausgewogenes Portofolio hinreichende Anzahl von Immobilien? Diese Frage wird beantwortet werden müssen.

Zu befürchten ist, dass bei generell auch in den europäischen Märkten schwieriger werdenden Marktverhältnissen, in denen die meisten Fonds investiert sind, die Frage der Größenordnung eines optimalen Fondsvolumens im Hinblick auf die Risikostruktur gerade für Fonds mit der Mindestgröße 150 Mio. € Eigenkapital zu stellen sein wird.

11.10 Immobilien Master-KAG

In diesem Zusammenhang stellt sich auch für die berufsständischen Versorgungswerke die Frage, ob eine Immobilien Master-KAG im Rahmen der Vermögensallokation langfristig von Vorteil sein kann.

Die Entwicklungen auf diesem Gebiet bleiben abzuwarten.

11.11 Immobilien-Spezialfonds und Versorgungswerke/Ausblick

Die Immobilien-Spezialfonds stellen für die Versorgungswerke eine etablierte Anlageform dar, die aufgrund ihrer Transparenz, ihrer aufsichtsrechtlichen Sicherheit, ihrer Vorteile gegenüber der Direktanlage wie Verkehrswertbilanzierung, keine Regelabschreibung, Leverage-Effekt möglich, nicht wegzudenken ist.

Die große Frage ist, ob bei einer „Neupositionierung" der Immobilien-Publikumsfonds, die ja außer in Österreich und der Schweiz in keinem anderen europäischen Land die Fiktion der täglich fälligen Immobilie hervorgebracht haben, ob in diesem Zusammenhang auch die Immobilien-Spezialfonds bei den Versorgungswerken einer kritischeren Würdigung unterzogen werden als bisher.

Das gilt besonders dann, wenn die Marktverhältnisse in den europäischen Märkten schwieriger werden und ggf. Positionen in diesen Märkten zu Boom-Zeiten aufgebaut wurden, was mittelfristig zu einer schlechten Performance führen muss.

Timing bei Anlageentscheidung und kompetente Beurteilung der Fonds durch den Anleger kommen damit die entscheidende Bedeutung zu, auch für die Versorgungswerke.

Nur durch gezieltes Handeln und Eingreifen des Anlegers werden Schieflagen auch bei Immobilien-Spezialfonds zu vermeiden bzw. in Grenzen zu halten sein.

12. Immobilienaktien

Europäische und deutsche Immobilienaktien standen und stehen auch derzeit im Schatten der deutschen Immobilien-Publikumsfonds und Immobilien-Spezialfonds.

Das Bankhaus Ellwanger & Geiger hat mit seiner im Jahr 2000 erschienenen Publikation „Europäische Immobilienaktien"[17] dieses Marktsegment in die Wahrnehmung auch der berufsständischen Versorgungswerke gebracht.

---

[17] Europäische Immobilienaktien, Herausgeber Bankhaus Ellwanger & Geiger.

Die IVG Immobilien AG, Bonn, als die prominenteste Vertreterin dieses Markt-segments ist auch in den Aktienportofolios der berufsständischen Versorgungswerke teilweise vertreten.

Ein Durchbruch war den inländischen Immobilienaktien wegen der starken Marktpräsenz der Immobilienfonds und der vieldiskutierten Vorteile dieses Anlage-mediums aber nicht möglich.

13. Mögliche Änderungen des Investmentsteuerrechts

Bezüglich der Besteuerung ausländischer Immobiliengesellschaften und der Ein-führung von Reitstrukturen ist derzeit Bewegung in die politische und bran-cheninterne Diskussion gekommen.

Das deutsche Investmentrecht hat sich mit der Einführung des Investmentmo-dernisierungsgesetzes bestehend aus dem Investmentgesetz sowie dem Investment-steuergesetz teilweise grundlegend verändert.

Die weitere Entwicklung bleibt hier abzuwarten.

14. Möglichkeiten, in ausländische Immobilienaktien und Reits zu investieren

Die Möglichkeit, beispielsweise über einen in Dublin gelisteten „Aktienfonds" in US-Reits, asiatische Reits, europäische Reits und europäische Immobilienaktien zu investieren, wurde von berufsständische Versorgungswerke bereits vor Jahren aufge-griffen. Die Deckungsstockfähigkeit eines solchen Anlagevehikels ist gewährleistet, wenn mindestens 50% des Anlagevolumens im EWR-Raum investiert wird. Die Benchmark für diese Fonds wurde individuell entwickelt, in der Regel basierend auf dem S u. P/Citigroup World Equity Index – BMI Property.

14.1 Reits: –
eine neue Anlagewelt auch für berufsständische Versorgungswerke?

Das gerade ertragssteuerbefreite Einrichtungen wie die berufsständischen Versor-gungswerke Interesse an der Investition in Investmentvehikel haben, die auf der Ge-sellschaftsebene keine oder nur eine geringe Besteuerung erfahren, liegt auf der Hand.

Die US-Reits begannen als Investmentsvehikel, die in gewerbliche Immobilien investierten und mindestens 90% ihre steuerpflichtigen Einkommens an die Inves-toren ausschütten mussten. Die US-Gesetzgebung hatte zur Folge, dass bereits seit 1993 Reitinvestitionen für Pension Funds erlaubt wurden. Der Reit Improvement Act von 2003 brachte weitere Vorteile für nicht US-Investoren.

Das Interesse an einer Investition in Reits ist zunehmend basiert auf 2 Eigen-schaften dieses Anlagemediums: Wie oben ausgeführt, die steuerlich Behandlung: Die Vehikel werden auf der Gesellschaftsebene kaum oder gar nicht besteuert, Wei-terhin besteht die Möglichkeit, in sektorspezifische Fonds zu investieren.

In Asien hat die Einführung von Reit-Strukturen Investments in Japan beschleunigt. In Australien sind Reits das dominierende Investitionsvehikel in Immobilien. In Frankreich konnten durch die Einführung von Reit-Strukturen die Aktivitäten auf dem Immobilienmarkt wesentlich gesteigert werden.

Es bleibt abzuwarten, ob und wann das UK reit-ähnliche Strukturen einführt. Die traditionellen börsennotierten Immobiliengesellschaften im UK dürften sich dann in der Mehrzahl für Reit-Strukturen entscheiden. In Deutschland sollten die Bestrebungen Reit-Strukturen einzuführen durch die Krise der Immobilien-Publikumsfonds deutlich beschleunigt werden.

14.2 Liquidität und Fungibilität der Anlagen in Reits und Immobilienaktien

Die Investition in marktbreite Immobilienwerte und Reits ermöglicht dem Anleger eine unmittelbare Reaktion auf Marktänderungen, ein wesentlicher Vorteil gegenüber Immobilienspezialfonds.

14.3 Bilanzielle und aufsichtsrechtliche Behandlung von Investitionen in Reits und Immobilienaktien

Bilanziell werden diese Investitionen den Aktien zugerechnet. Die Aktienquote des Anlegers wird damit berührt.

Nicht geklärt ist derzeit abschließend, ob die Versicherungsaufsicht im Einzelfall nach VAG Immobilienaktien und Reitfonds dem Immobilienvermögen zurechnen kann, so dass insbesondere kleine Versorgungswerke hierdurch eine Immobilienquote im Rahmen der Streuung und Mischung ihrer Anlagen darstellen können.

14.4 Die Bilanzierung der Reits als Wertpapiere zum Niederstwertprinzip

Die Volatilität der Aktien- und Reitmärkte hat zu der Diskussion geführt, ob eine parallele Beobachtung der NAV (Net Asset Values) bilanziell zu berücksichtigen ist.

Reits, soweit sie über eine ausreichende Marktbreite verfügen, sind zukünftig insbesondere für die regionale Streuung des Immobilienvermögens von Interesse.

Viele berufsständische Versorgungswerke haben Erfahrungen mit KG-Beteiligungen in USA und Kanada. Ob die asiatischen Märkte sich zukünftig für ähnliche KG-Mandate eignen, bleibt abzuwarten. Auf jeden Fall aber ermöglicht die Investition in Reits den unproblematischen Zugang zu den Immobilienmärkten in Singapur und beispielsweise Japan.

Durch die Beschäftigung mit den investierten Gesellschaften können die Anleger Know-how im Hinblick auf die Spezifika der Immobilienanlage in den jeweiligen Ländern erwerben, bevor sie ggf. weitere Beteiligungsanlagen vor Ort tätigen.

15. Private Equity Funds

Neben der Anlage in börsennotierte marktbreite Reits und Immobilienaktien ist ein neuer Trend zu beobachten.

Tochtergesellschaften der großen Investmentbanken, aber auch andere Anbieter bringen ungelistete Anlagen an dem Markt.

Das Risiko-Renditeprofil kann Renditen in der Nähe von 10% erwarten lassen. Vor wenigen Jahren wurden für die gleichen Anlagen noch Renditen von 20% IRR erwartet und auch erzielt.

Das zeigt, welche Chancen, aber auch welche Risiken hier gegeben sind. Zur Beimischung werden auch Versorgungswerke zukünftig in diesen Anlagen investieren.

15.1 Anlagevolumen der berufsständischen Versorgungswerke

Die berufsständischen Versorgungswerke sind wie ausgeführt im Mittel zur Zeit zu 10% ihrer Gesamtanlage in Immobilien investiert.

Das investierte Kapital dürfte sich damit auf ca. 8 Milliarden € belaufen – wobei vielfach indirekte Anlagen, beispielsweise in Immobilien-Aktienfonds und Reit-Fonds nicht mitgerechnet sind.

Die durch das AnlV erlaubte Immobilienquote von 25% wird nur von wenigen Anlegern annähernd erreicht, die Immobilienquoten von über 20% aufweisen.

Verglichen mit den Lebensversicherungsgesellschaften sind die Immobilienquoten der berufsständischen Versorgungswerke mehr als doppelt so hoch. Dies stellt eine signifikante Abweichung dar.

Die berufsständischen Versorgungswerke sind in ihrer Größenordnung sehr differenziert.

Die für Investitionen im Immobilienbereich zur Verfügung stehenden Mittel sind dementsprechend sehr unterschiedlich. Gerade kleinere Werke werden wegen des Marktzuganges, aber auch unter Risiko/Rendite-Gesichtspunkten indirekte Anlagen neben direkten Anlagen platzieren.

15.2 Renditeerwartungen

Der generell für Immobilienanlagen festzustellende yield-shift, d.h. die geringer werdenden laufenden Renditen auch in den europäischen Märkten haben eine erhebliche Bedeutung für die berufsständischen Versorgungswerke.

Sollte in der Vergangenheit für Immobilieninvestitionen aus Gründen der vermeintlichen Sicherheit Renditeverzicht gegenüber anderen Anlagen geübt worden sein, so ist generell ein solches Anlageverhalten bei berufsständischen Versorgungswerken nicht oder nicht mehr festzustellen.

Vielmehr wird in vielen Fällen versucht, den bei indirekten Anlagen möglichen „Leverage-Effekt" renditesteigernd auszunutzen.

Der Rechnungszins für viele berufsständische Versorgungswerke wird auf längere Sicht aus internen Gründen nicht unter 4% abgesenkt werden können, so dass sich hier insgesamt ein Trend zu höherverzinslichen Immobilienanlagen ergibt.

15.3 Vermögensverwaltung und Risikomanagement

Auch für Versorgungswerke ist es heute nicht ungewöhnlich, dass sich die Immobilienanlage im Rahmen einer Asset Liability-Studie jährlich neu bestimmt.

Eine Beratung, beispielsweise durch Feri-International, z.B. auch bei der Auswahl externer Manager wird sich weiter durchsetzen.

Implementierte Risk-Management-Systeme werden zahlreicher. Auch stresstestähnliche Verfahren werden mittlerweile durchgeführt. Einige Werke haben ein computergesteuertes Immobilienportofolio-Management-System bereits in Anwendung.

Von besonderer Bedeutung wird es sein, einheitliche Performance- und Attributionsanalysen für die direkt und indirekt gehaltenen Anlagebestände zu entwickeln, um eine Vergleichbarkeit der Anlageergebnisse aufzeigen zu können.

16. Ausblick

Die Tendenz, direkte und indirekte Immobilienanlagen zu bündeln wird zunehmend zu einer pyramidalen Anlagestruktur des Immobilienvermögens auch der berufsständischen Versorgungswerke führen.

Nur ein regional auch in Wachstumsmärkten diversifiziertes Immobilienportofolio wird es ermöglichen, die Immobilienquote zu erhöhen.

An der Spitze der Immobilienpyramide stehen somit REITs und Immobilienaktienfonds. Diese Immobilienanlageform eignet sich für diejenigen Anleger, die zum einen international anlegen wollen, zum anderen aber insbesondere schnell und flexibel auf Marktgegebenheiten reagieren möchten.

Unterhalb dieser Ebene der REITs- und Immobilienaktienfonds bilden sich für Nordamerika und Asien Beteiligungsfonds aus, die z.B. als deutsche KG-Beteiligungen strukturiert, die Anlageinteressen einer Mehrzahl von Investoren in diesen Märkten bündeln. Über einen qualifizierten Asset-Manager mit langjährigem Track Record investieren diese Fonds in ein diversifiziertes Immobilien-Portofolio.

In Europa investieren viele Anleger derzeit über Immobilien-Spezialfonds nach dem Kapitalanlagegesetz, als Individualfonds für ein einzelnes Versorgungswerk oder in einen Poolfonds mit mehreren Anlegern.

Ob sich die Anlage in Immobilien-Spezialfonds langfristig durchsetzen wird, bleibt abzuwarten, wenn die Euphorie der vielen Neuauflagen von Immobilien-Spezialfonds zurücktritt hinter Performance-Ergebnisse, die ggf. auch die Auflösung dieser Sondervermögen erforderlich machen. Spätestens dann werden auch die Nachteile der Anlageform Immobilien-Spezialfonds einem breiteren Kreis von Anlegern deutlich werden.

Private Equity-Beteiligungen, d.h. Beteiligungen in nicht gelistete Immobiliengesellschaften werden zur Beimischung für größere Anleger von Interesse sein.

Die Basis der indirekten Anlagen wird weiterhin die direkte Anlage sein, die im Inland nach Sektoren und Regionen diversifiziert unterhalten wird.

Das Pendel zwischen indirekten und direkten Anlagen wird je nach Erfolg der einzelnen Anlagesparten auch in Deutschland zeitweise zur einen oder anderen Seite ausschlagen, eine Entwicklung, die über das letzte Jahrzehnt auch bei den großen Pensionskassen in den USA, hier beispielsweise Calpers, zu beobachten war.

Langfristig kann sich der Erfolg einer Immobilienanlage, ob direkt oder indirekt nicht von der allgemeinen Wirtschaftsentwicklung abkoppeln. Die Immobilie bedarf stets des Nutzers. Nur eine nutzerorientierte Immobilienanlage ist damit eine langfristig erfolgreiche Immobilienanlage. Die demographische Entwicklung und die Wachstumsentwicklung beeinflussen unmittelbar die Immobilienbewertung und damit die Anlageperformance des Investors.

Nur ein breit diversifiziertes und regional gestreutes Immobilienportofolio wird langfristig den gestiegenen Renditeerwartungen der Versorgungswerke und Pensionskassen gerecht werden können.

VI. Immobilien-AG

Übersicht

1. Die Immobilien-AG: Ein attraktives Investment

Immobilienaktien haben in letzter Zeit spürbar an Attraktivität gewonnen. In Ländern wie Großbritannien, Niederlande, Frankreich, Australien, Japan und den USA wird die Immobilien-Aktie schon lange als chancenreiche Anlageform wahrgenommen. In Deutschland fristeten Immobilien-Aktien dagegen lange ein Schattendasein. Dies hat sich seit dem Ende der Börsenhype geändert. Der Substanzgedanke hat viele private wie institutionelle Anleger dazu bewogen, bei ihrer Aktienanlageentscheidung zunehmend auf Value Stocks, so auch die Immobilienaktie, zu setzen. Die gute Performance von europäischen Immobilienaktien im Vergleich zu anderen Aktien spricht hier eine deutliche Sprache. Während etwa der Euro Stoxx 50 Return Index seit Ende der Börsenhype im Frühjahr 2000 fast die Hälfte seines Wertes verlor, konnte der EPRA Total Return Index, in dem die 70 wichtigsten europäischen Immobilienaktien zusammengefasst sind, im gleichen Zeitraum um fast 80% zulegen. Auch der kurzfristige Vergleich ist überzeugend: Immobilienaktien haben auch 2004 wieder den Gesamtmarkt outperformt: Während europäische Aktien gemessen am Euro STOXX 50 Index nur um 10% zulegen konnten, gewannen europäische Immobilienaktien – gemessen am EPRA Total Return Index – mehr als 33% an Wert.

Die börsennotierte Immobilien-AG verbindet nahezu ideal die Solidität von Immobilien und die Kursphantasie und Fungibilität der Aktie.

Die auch wissenschaftlich belegte geringe Korrelation zum breiten Aktienmarkt und die niedrige Volatilität machen die Immobilien-Aktie zu einem wichtigen Bestandteil eines diversifizierten Portfolios. Sie ist gut geeignet für den systematischen, langfristigen Vermögensaufbau und erfreut sich deshalb speziell bei ausländischen Pensionsfonds großer Beliebtheit.

Auch die Zukunft erscheint vielversprechend für Immobilienaktien. Die Einführung von REITs, eine weitere Professionalisierung des Marktes u.a. durch Übernahmen und IPOs, das Erschließen neuer Märkte in Europa und die Einführung von IAS/IFRS sind gute Signale. Die Ampel für weitere positive Performance steht auf grün.

2. Die Immobilien-AG im Wettbewerb

2.1 Vorteile einer Immobilien-AG

Immobilien-AGs sind börsennotierte Unternehmen, die ihre Erträge aus Vermietung und Verpachtung, Gewinnen aus dem Verkauf von Bestandsimmobilien und Projektentwicklungen sowie dem Management von Immobilien erzielen. Sie vereinen die Vorteile von Aktie und Immobilie, indem sie die Liquidität, Transparenz und Kursfantasie der Aktie mit der Solidität und dem Inflationsschutz von Immobilien – bei gleichzeitiger Vermeidung der jeweiligen Nachteile – kombinieren. Kurz und knapp formuliert vereinen sie „das Beste aus zwei Welten". Ökonomisch gesehen beteiligt sich der Anleger an einem professionell gemanagtem Immobilienbestand und dessen künftiger Ertrags- und Wertentwicklung.

In der Immobilien-AG erlangt die Immobilie ihre fungibelste Form. Eine ausreichende Börsenliquidität vorausgesetzt sind der Kauf und Verkauf über die Börse problemlos möglich und ermöglichen dem Anleger dadurch exaktes Timing und ein kurzfristiges Reagieren auf jeweilige Markttrends.

Die Immobilien-AG ist zugleich die kostengünstigste Form zum Erwerb von Immobilien. Anders als beim Direkterwerb fallen keine Grunderwerbsteuern, Notar- oder Maklergebühren an. Die Transaktionskosten sind moderat. Außer der Börsencourtage, der Provision für den Aktienkauf sowie die Depotgebühr bei der Bank fallen keine weiteren Gebühren an. Damit ist die Immobilien-AG auch deutlich im Vorteil gegenüber offenen Immobilienfonds, die zusätzlich zu Depot- und Managementgebühr in der Regel einen Ausgabeaufschlag von rd. 5 % erheben. Dieser muss erst wieder verdient werden, was je nach Situation auf den Immobilienmärkten unterschiedlich lange Zeit in Anspruch nehmen kann.

Wer sich an Immobilien-AGs beteiligt, kauft nicht nur Immobilien, sondern auch professionelles Know-how. Große AGs haben weit mehr Investitionschancen als Eigentümer von Einzelimmobilien, vor allem bei gewerblichen Immobilien, bei Projektentwicklung und internationalen Engagements.

Da der Wert einer Immobilienaktie im Wesentlichen von der Immobiliensubstanz bestimmt wird, ist sie sicherer als viele andere Aktienwerte. Ein Sicherheitsgewinn im Vergleich mit Einzelimmobilien resultiert aus der breiten Streuung des Immobilienportfolios.

Große Immobilien-AGs agieren zudem oft international. Sie nutzen das Zusammenwachsen der europäischen Märkte und können sich ebenso auf besonders starke oder aufstrebende Standorte konzentrieren wie sich aus Standorten zurückziehen, die im Marktzyklus ausgereizt sind.

Einzelimmobilien kosten in der Regel mindestens sechsstellige Summen. Immobilienaktien dagegen kann man kontinuierlich mit kleinen Anlagebeträgen kaufen. Auch beim Kauf ist der Anleger bei der Aktie großer, börsennotierter Unternehmen viel flexibler: Er kann Teilpakete veräußern, und er kann es sofort tun – anders als bei Einzelimmobilien.

Der Gewinn aus dem Verkauf von Immobilienaktien ist in Deutschland für Privatanleger schon ein Jahr nach dem Erwerb steuerfrei. Beim Direkterwerb einer Einzelimmobilie ist dies dem Privatanleger erst nach zehn Jahren möglich. Die Immobilien-AGs selbst können Gewinne aus der Veräußerung von inländischen Immobilien unter bestimmten Voraussetzungen steuerfrei auf neue Immobilien übertragen. Zudem können sie ihren Aktionären statt Dividende steuerfreie Gratisaktien geben. Ihr internationales Engagement können sie durch Ausnutzung unterschiedlicher Gesetze zur Steueroptimierung nutzen.

Immobilien-AGs erzielen ihre Erträge nicht nur aus Mieteinnahmen, sondern auch aus Verkaufserlösen, Immobiliendienstleistungen, Projektentwicklungen und Fondsgeschäften. Der Mietertrag steigt durch Konzentration auf die lohnendsten und entwicklungsträchtigsten Märkte. Die Verkaufserlöse sind durch Ausnutzung von Marktzyklen optimierbar.

Wertzuwächse erzielen Immobilien-AGs durch das frühzeitige Ausnutzen von Marktbewegungen und durch die Entwicklung von Projekten. Sie spüren ungenutzte Potentiale in Immobilien auf, verbessern deren aktuelle Nutzung oder gestalten sie für eine höherwertige um. Sie können große, langfristige Entwicklungsprojekte realisieren, die nicht einzelne Gebäude, sondern ganze Stadtviertel wie etwa Gewerbeparks umfassen. Dadurch werden erhebliche Wachstumspotentiale für den Unternehmenswert erschlossen.

Anleger können sich an umfassend tätigen Immobilien-AGs beteiligen, aber auch innerhalb der Branche Schwerpunkte setzen. So gibt es Gesellschaften, die vorwiegend oder ausschließlich im Inland oder im Ausland tätig sind. Manche Unternehmen pflegen vor allem ihre Immobilienbestände, andere zeichnen sich durch rege Kauf- und Verkaufstätigkeit aus, dritte durch Projektentwicklungen oder profitable Servicegeschäfte. So kann jeder Investor die Anlage nach seinen individuellen Präferenzen feinsteuern, sich entweder sehr sicherheitsbewusst oder auch etwas spekulativer engagieren.

2.2 Die Immobilien-AG im Anlagespektrum

Die Immobilien-AG ergänzt das Anlagespektrum ideal. Unterscheidet man fungible Anlageformen nach Risiko/Rendite-Gesichtspunkten so ergibt sich folgendes Bild[1]:

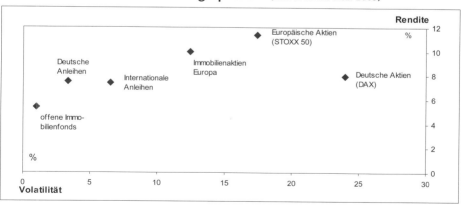

Risiko-Rendite-Anlagespektrum (Jan. 1992 bis Dez. 2003)

---

[1] Quelle: *Klaus Droste:* Immobilienanlagen am organisierten Kapitalmarkt, Handout zum gleichnamigen Seminar des Deutschen Aktieninstituts, Frankfurt/Main 20.9.2004.

Während deutsche offene Immobilienfonds ein eher mittel- bis geringrentierliches, weitgehend risikoarmes Investment darstellen, sind deutsche und internationale Anleihen volatiler, gleichzeitig aber auch rentierlicher. Europäische Aktien weisen zwar eine deutlich höhere Rendite auf, was aber mit einem deutlich höheren Risiko – in Form von Kursschwankungen – erkauft wird.

Die Lücke zwischen Anleihen und Aktien wird von der Immobilienaktie nahezu ideal ausgefüllt, indem sie deutlich höhere Renditen als Anleihen und offene Fonds bietet, gleichzeitig aber nur ein mäßig höheres Risiko nach sich zieht.

Wenn dennoch deutsche Immobilienaktien in den letzten Jahren eher ein Schattendasein fristeten, ist dies vor allem auf das Wettbewerbsumfeld – speziell auf steuerliche Wettbewerbsvorteile offener Fonds und REITs – zurückzuführen.

2.3 Wettbewerbsumfeld bei indirekten Immobilienanlagen

Indirekte Immobilienanlagen sind in Deutschland eine bedeutsame Anlagekategorie. Seit die Steuergesetzgebung die Abschreibungsmodelle geschlossener Fonds eingeschränkt hat und die Aktienmärkte auf Baissekurs gingen, haben offene Immobilienfonds mit rd. 85 Mrd. € Fondsvermögen das größte Marktgewicht bei indirekten Immobilienanlagen. Offene Immobilienfonds als Publikumsfonds wiesen in den vergangenen Jahren in den Anlagedimensionen Rendite-Risiko-Liquidität eine relativ gute Performance auf und verzeichneten folgerichtig sehr starke Nettomittelzuflüsse. Darüber hinaus konnten offene Fonds mit ihrer als hoch angenommenen Anlagesicherheit im Zuge der Aktienbaisse von Portfolioumschichtungen profitieren.[2] Institutionelle Anleger haben bislang überwiegend in Spezialfonds investiert, die mit geringer Liquidität ausgestattet sind.

Parallel zur erfolgreichen Entwicklung der offenen Immobilienfonds in Deutschland haben sich auf anderen bedeutsamen Finanzmärkten (z.B. USA, Japan, Australien, Großbritannien, Frankreich) börsennotierte Immobilienaktiengesellschaften als präferierte bzw. einzige Form der indirekten Immobilienanlage entwickelt. In den USA zum Beispiel hat sich die Marktkapitalisierung der Real Estate Investment Trusts (REIT) in den letzten zehn Jahren rund verzehnfacht. Sie werden aufgrund der hohen Liquidität sowohl von institutionellen als auch privaten Anlegern gehalten. Speziell der REIT-Status hat das Segment der Immobilienaktien außerhalb Deutschlands in den letzten Jahren deutlich belebt. REITs sind – wie deutsche offene Fonds – steuertransparent, d.h. sie unterliegen selbst nicht einer Ertragsbesteuerung. Die Besteuerung erfolgt ausschließlich beim Anleger. Eine Doppelbesteuerung – wie derzeit bei deutschen Immobilienaktien – wird damit vermieden.

Die Steuerfreiheit der REITs wird an die Einhaltung bestimmter Unternehmenscharakteristika gebunden: z.B. hohe Ausschüttungsquoten des Gewinns bzw. einer vergleichbaren Ergebnisgröße, Beschränkung des Geschäftszwecks mittelbar oder

---

[2] Dieser Trend hat sich 2004 jedoch umgekehrt. Anlagedruck infolge hoher Zuflüsse und ein schwacher deutscher Immobilienmarkt führten dazu, dass offene Fonds derzeit mit Renditen von unter 3% bei einem Ausgabeaufschlag von rd. 5% für den Anleger nur mäßig attraktiv sind. Infolge dessen leiden aktuell vor allem offenen Fonds mit Anlageschwerpunkt Deutschland unter signifikanten Mittelabflüssen, die aus dem Fondsvermögen finanziert werden müssen.

unmittelbar auf die Vermietung, Verpachtung und Veräußerung von Immobilien. REITs haben damit die Möglichkeit, ein spezifisches strategisches Profil zu entwickeln. Sie können beispielsweise konzentriert auf regionalen Märkten, in bestimmte Immobilienklassen oder -qualitäten investieren. Diese Fokussierung bedeutet höhere Risiken, da der Diversifikationseffekt reduziert wird. Das höhere Risiko wird aber durch höhere Renditen belohnt. Mittlerweile existieren in den meisten entwickelten Volkswirtschaften wie den USA, Australien, Japan, Korea, Singapur, Kanada, Frankreich, Belgien, den Niederlanden REITs. Auch in Großbritannien sind die Vorbereitungen zur Einführung weit vorangeschritten.

Das REIT-Modell setzt sich weltweit durch, da es allen Beteiligten Vorteile bietet. Die Investoren können Aktien spezialisierter Immobiliengesellschaften halten und ihr Portfolio jederzeit ihren Zielen anpassen. Die Immobilienunternehmen können sich günstig Eigenkapital auch im Ausland beschaffen und verfügen über ein gutes Standing zur Beschaffung von Fremdkapital. Auch der Fiskus dürfte davon profitieren. Der einmalige Wechsel zum REIT-Status führt zur Hebung der stillen Reserven. Später fallen über die hohen Dividenden regelmäßig Steuern an. Nicht zuletzt profitiert die ganze Volkswirtschaft. Immobilienmärkte mit hohem REIT-Anteil gelten als transparent und als effizient in der Kapitalverwendung. Es kommt einfach zu weniger spekulativem Fehlverhalten und zu weniger zyklischen Übertreibungen. Dabei hat sich in den letzten Jahren gezeigt: je liberaler die jeweiligen REIT-Bestimmungen in Bezug auf den Umfang von Projektentwicklungsaktitäten, Verschuldungsgrad oder Exit Taxing also die Steuern auf die Hebung der stillen Reserven ausgestaltet sind, desto besser ist die Performace des REITs.

Die flexibelste Lösung wurde in den USA geschaffen. Hier sind auch Projektentwicklungen – anders als in den Niederlanden oder Belgien – möglich. Die REITs wurden auch in den USA erst dann ein Erfolg, als die Regierung die REIT-Gesetzgebung Anfang der 90er Jahre liberalisierte. Auch in Großbritannien, wo derzeit der Konsultationsprozess zur Einführung von REITs läuft, lassen die Stellungnahmen der Marktteilnehmer erkennen, dass möglichst geringe Restriktionen als zweckmäßig erachtet werden.[3]

Es wäre wünschenswert, auch in Deutschland REIT-Strukturen zu ermöglichen. Durch die Einführung würde ein wesentlicher Nachteil im Wettbewerb um internationales Anlagekapital beseitigt. Die Chancen für den deutschen REIT stehen gut. Mit der Grundsatzentscheidung des Bundesfinanzministeriums für die deutsche REIT-Gesetzgebung ist die Einführung eines deutschen Modells der steuertransparenten Immobilienaktiengesellschaft zu Beginn des Jahres 2006 realistisch. Insbesondere die „Initiative Finanzplatz Deutschland", ein Zusammenschluss in Deutschland tätiger Banken, hat unter Federführung der Deutschen Bank den volkswirtschaftlichen Nutzen einer REIT-Gesetzgebung dargelegt und detaillierte Vorschläge für gesetzliche Bestimmungen erarbeitet[4]. Die Immobilienaktien in Deutschland würden davon ohne Zweifel profitieren. Wie die Beispiele Frankreich und Großbritannien zeigen, führt allein schon die Ankündigung der Einführung von REITS zu

---

[3] Vgl. z.B. UBS: „Promoting more flexible investment in property: a consultation", März 2004, S. 13 ff.

[3] Vgl. IFD: Die Einführung eines deutschen REIT. Abschlussbericht und Empfehlung der IFD.

positiven Kursreaktionen und einer deutlichen Verringerung des Discounts zum Net Asset Value (NAV). Empirisch belegt ist, dass Immobiliengesellschaften nach dem REIT-Vorbild auch im langjährigen Vergleich am oder über dem NAV notierten.[5]

2.4 Immobilienaktienmärkte weltweit

Der börsennotierte Immobilienaktiensektor in Deutschland ist eher klein. Im EPRA Europe Index sind lediglich drei deutsche Immobilien-AGs vertreten mit einer Free Float Market Capitalisation von insgesamt 1,7 Mrd. €[6]. Der mit Abstand größte Titel ist mit 1,5 Mrd. € Börsenwert und 1 Mrd. € Free Float die IVG Immobilien AG. Neben IVG ist nur ein weiteres Unternehmen – die Deutsche Euroshop – im MDAX notiert. Das Bankhaus Ellwanger & Geiger fasst in seinem Index DIMAX die 51 größten börsennotierten deutschen Immobilienaktien zusammen. Die gesamte Marktkapitalisierung beträgt lediglich 7 Mrd. €[7].

Ein wesentliches Problem für viele deutsche Immobilien-AGs ist neben der geringen Börsenkapitalisierung auch der geringe Streubesitz. Ist er zu klein, besteht für institutionelle Investoren das Risiko, aufgrund ihrer hohen Ordervolumina signifikante Kursreaktionen hervorzurufen, und dass der Kauf oder Verkauf sich über eine längere Zeit hinzieht.

Das relativ kleine Segment der Immobilien-AGs in Deutschland erklärt sich sicherlich auch aus den regulatorischen Nachteilen gegenüber offenen Fonds und dem nicht vorhandenen REIT-Status.[8] Ein weiterer Grund dürfte – gerade beim breiten deutschen Publikum – in gestiegenen Vorbehalten gegenüber Aktienanlagen nach Ende des Börsenhypes liegen. Schauten Anleger in Zeiten boomender Internet- und Telekomaktien aufgrund des Präfix „Immobilien" über Immobilienaktien hinweg, da sie als bodenständig, solide und daher fast langweilig galten, rief in der Zeit danach der Zusatz „Aktie" negative Erinnerungen an hohe Kursverluste und abwehrende Reflexe hervor[9]. Es ist also auch die im Vergleich zu anderen Ländern noch unterentwickelte Aktienkultur in Deutschland, die hier eine Rolle spielen dürfte.

Das Potential für mehr börsennotierte Immobiliengesellschaften ist zweifellos vorhanden, denn deutsche Unternehmen verfügen über eine Immobilieneigentumsquote von 70%, in den USA sind es nur 30%. Das in Unternehmensimmobilien gebundene Kapital könnte durch Börsengänge mobilisiert und ins Kerngeschäft investiert werden. Die Schaffung deutscher REITs wäre hier sicherlich hilfreich und könnte als Katalysator wirken. Die Initiative Finanzplatz Deutschland (IFD) schätzt das Marktpotential für deutsche REITs auf mehr als 100 Mrd. € im Jahre 2010.[10]

---

[5] UBS: „Promoting more flexible investment in property: a consultation", März 2004, S. 9.

[6] EPRA/NAREIT Global Real Estate Index – Monthly Bulletin, 31.1.2005.

[7] Stand 8.2.2005, einzusehen unter www.privatbank.de.

[8] Vgl. *Nick van Ommen* in „Die Anleger Profitieren", PLAN – Das Investmagazin der IVG Immobilien AG 1/2004, S. 7.

[9] *Rolf E. Breuer* in „Deutschen Immobilienaktien fehlt Dynamik", in FAZ, 18.10.2002.

[10] Vgl. IFD: Einführung einer deutschen REIT. Abschlussbericht und Empfehlungen der IFD.

EPRA Europe Index		
Land	Free Float Market Cap in Mio. €	Free Float Market Cap Anteile in %
UK	32.309	50,28
Niederlande	9.475	14,74
Frankreich	7.890	12,28
Schweden	3.795	5,91
Schweiz	2.152	3,35
Spanien	1.844	2,87
Deutschland	1.700	2,65
Österreich	1.674	2,61
Italien	1.615	2,51
Belgien	1.216	1,89
Finnland	481	0,75
Griechenland	109	0,17
Gesamt	64.260	100,0

In Europa ist Großbritannien mit deutlichem Abstand das Land mit den meisten börsennotierten Immobilien-AGs und der größten Marktkapitalisierung. Dies erklärt sich zum einen aus der Bedeutung Londons als wichtigste europäische Finanz- und gleichzeitig auch Immobilienmetropole. Hinzu kommt eine weit entwickelte Aktienkultur. Mit 32 Mrd. € Free Float Marktkapitalisierung stellen die 30 britischen Titel im EPRA-Index das eindeutig größte Ländergewicht bei einem Anteil von rd. 50 %[11]. Auch auf Basis von Einzeltiteln dominieren mit Land Securities und British Land in Europa zwei britische Werte. Beide Unternehmen sind auch in dem britischen Auswahlindex FTSE-100 vertreten.

Das zweitgrößte Ländersegment in Europa – gemessen am EPRA Index – stellen die niederländischen Immobilien-AGs. Auch hier besteht eine verhältnismäßig große Anzahl an Titeln. Sicherlich förderlich hat sich auch der FBI-Status – „fiscale beleggings-instellingen"- ausgewirkt, mit dem in den 70er Jahren das REIT-Konzept umgesetzt wurde.

Mit nur geringem Abstand und einem Free Float Börsenwert von über 12 Mrd. € folgt der französische Immobilienaktiensektor als Nummer drei im europäischen Vergleich. Immobilienaktien haben in Frankreich aufgrund des Fehlens offener Immobilienfondsprodukte und der großen Bedeutung des Pariser Immobilienmarktes bereits seit langem Tradition. Mit der Umsetzung des REIT-Konzeptes in Gestalt der SIICs (Société d'investissement immobilier cotée) haben sie in den letzten zwei Jahren einen weiteren Schub erhalten. Zudem ist seit einiger Zeit mit mehreren Fusionen und Übernahmen eine Konsolidierung des Sektors hin zu größeren Einheiten zu verzeichnen.[12]

---

[11] EPRA/NAREIT Global Real Estate Index – Monthly Bulletin, Juni 2004, S. 33.
[12] 2002: Die französiche Immobilien-AG Gecina übernimmt Simco; 2003: Nach einem Bie-

Kernland der Immobilie als börsennotiertes Anlageprodukt sind die USA. Mit einer Marktkapitalisierung von über 171 Mrd. €[13] und einem Anteil von 53% am EPRA/NAREIT Global Real Estate Index stellen sie den mit Abstand größten börsennotierten Immobilienaktiensektor weltweit. Zweifellos hat hieran die Schaffung der REITs wesentlichen Anteil gehabt. In amerikanischen REITs wird ein Immobilienvermögen von über 400 Mrd. $ verwaltet. Der NAREIT North America Index beinhaltet mit 118 Titeln eine breite Auswahl an Unternehmen.

NAREIT North America Index		
Land	Free Float Market Cap in Mio. €	Free Float Market Cap Anteile in %
Kanada	9.575	5,29
USA	171.311	94,71

Auch im asiatisch-pazifischen Raum sind Immobilienaktien vor allem in Gestalt von REITs eine etablierte und gut entwickelte Aktiengattung. Mit einer Free Float Marktkapitalisierung von knapp 30 Mrd. € dominiert hier Japan. Australien – hier wurden mit den „listed property trusts" (LPT) bereits 30 Jahre vor den USA REIT-ähnliche Strukturen geschaffen – kommt mit 26 Mrd. € ebenfalls eine große Bedeutung zu.

EPRA/NAREIT Asia Index		
	Free Float Market Cap in Mio. €	Free Float Market Cap Anteile in %
Japan	29.652	38,03
Australien	25.728	33,00
Hongkong	19.809	25,41
Singapur	2.778	3,56

3. Anforderungen des Kapitalmarktes: überzeugende Equity Story

Der Kapitalmarkt stellt an Immobilien-AGs – wie an alle börsennotierte Unternehmen – umfangreiche Anforderungen. Entscheidend für die Attraktivität bei Investoren ist, dass das Management als „Immobilien-Unternehmer" agiert und in der Lage ist, nachhaltige Cash-flows und Ergebnisse zu erwirtschaften und damit im Kerngeschäft profitabel zu wachsen. Im Rahmen einer aktiven und offenen Kapitalmarktkommunikation ist eine überzeugende Equity Story zu präsentieren, die insbesondere die Strategie und die Werttreiber verständlich macht.

---

terwettbewerb wird Sophia von General Eletric übernommen; 2004: Die spanische Inmobilien-AG Inmobiliaria Colonial übernimmt Société Foncière Generale aus Frankreich.
[13] Vgl. EPRA/NAREIT Global Real Estate Index – Monthly Bulletin, Juni 2004, S. 56.

3.1 Klare Strategie

Der Kapitalmarkt verlangt von einer Immobilien-AG als elementarer Bestandteil der Equity Story eine klare Strategie mit regionalem und/oder sektoralem Fokus. Das bedingt eine Grundsatzentscheidung für ein rein nationales oder paneuropäisches Engagement.

– Der „Local Sharpshooter" ist auf den nationalen Immobilienmarkt beschränkt. Dort investiert er zur Diversifizierung eventuell in mehrere Segmente wie etwa Büro-, Retail- und Wohnimmobilien. Erfolgreiche Beispiele dieser Ausrichtung sind britische Unternehmen wie Land Securities und British Land oder die französische Unibail.

– Paneuropäische Unternehmen sind oft auf eine Asset-Klasse, etwa Büroimmobilien oder Retailflächen als Kernkompetenzfeld fokussiert. Unternehmen, die diesen paneuropäischen Ansatz in den letzten Jahren erfolgreich umgesetzt haben, sind z.B. Rodamco Europe mit Retail- und IVG mit Büroimmobilien.

Immobilien-AGs, die weder einen regionalen noch sektoralen Fokus aufweisen, werden in der Regel vom Kapitalmarkt mit einem höheren Discount zum NAV, dem Nettosubstanzwert, bei ihrem Aktienkurs abgestraft. Hinzu kommt, dass bei einem paneuropäischen Ansatz eine kritische Größe an den jeweiligen Standorten vorhanden sein muss, um effizient wirtschaften zu können und um als bedeutender Player am Markt wahrgenommen zu werden. Auch müssen die Investitionen und die Expansion an neuen Standorten nach klar strukturierten Prinzipien erfolgen. Nicht die Anzahl der Standorte ist entscheidend, sondern die Qualität der Immobilien, die Wachstumsperspektiven der Metropolen und vor allem Niederlassungen vor Ort mit lokalen Managern, die den Markt genau kennen und über stabile Netzwerke verfügen.

Bei der strategischen Grundausrichtung hat sich in den letzten Jahren ein Paradigmenwechsel vollzogen. Noch bis weit in die neunziger Jahre war der Local Sharpshooter-Ansatz von den meisten Investoren präferiert. Verantwortlich dafür war vor allem eine regional ausgerichtete Asset Allocation. Im Rahmen einer nach dem Top-Down-Prinzip ausgerichteten Anlagestrategie wurden zunächst die Zielländer definiert, in die ein Fonds mit Immobilienaktien investieren wollte. Erst dann erfolgte die Auswahl des konkreten Unternehmens. Für die jeweiligen Unternehmen bedeutete dies, dass sie vor allem dann attraktiv erschienen, wenn sie möglichst regional fokussiert und ihr jeweiliger Heimatmarkt sich hoher Beliebtheit erfreute. Schwächte sich der Markt jedoch ab, wendeten sich die meisten Fondsmanager ab, was zu deutlichen Kursrückgängen führte. Das Londoner Unternehmen Canary Wharf wurde auf diese Weise vom Highflyer zu einem Übernahmekandidaten, um den sich mehrere Konsortien eine Bieterschlacht boten. 2004 wurde das Unternehmen schließlich übernommen und verschwand vom Kurszettel. Vielen Unternehmen ist mittlerweile bewusst geworden, dass sie zur Erzielung stabiler, nachhaltiger Cash Flows auch attraktive Investments außerhalb ihres Heimatmarktes wahrnehmen können. Seit Mitte der Neunziger setzen zudem viele Immobilienaktienfondsmanager stärker auf eine sektorale Asset Allocation. Auch erlangte nach Ende des Börsenhypes das Stock Picking, also die Suche nach unterbewerteten Immobilien-AGs – unabhängig von der regionalen Ausrichtung – zunehmende Bedeutung.

Heute stehen Local Sharpshooter und paneuropäischer Ansatz gleichberechtigt nebeneinander. Entscheidend ist, den jeweiligen sektoralen oder regionalen Fokus konsequent beizubehalten und in dem so definierten Kerngeschäft profitabel zu wachsen.

Als grobe Richtschnur kann man sagen, dass der „Local sharpshooter"-Ansatz verstärkt in Ländern mit eher zentralistischen Strukturen mit ein oder zwei wenigen, dafür aber stark dominierenden Immobilienmetropolen zu finden ist. Den paneuropäischen Ansatz verfolgen die führenden Immobilien-AGs aus eher kleineren Ländern oder aus Ländern mit einer föderalen Struktur und mehreren Immobilienzentren.

Traditionell verfolgen die britischen AGs überwiegend den „Local sharpshooter"-Ansatz. Die beiden größten Gesellschaften British Land und Land Securities haben ihren regionalen Schwerpunkt auf London gerichtet mit einem nach Nutzungsarten breit diversifizierten Portfolio. Auch kleinere britische AGs wie Great Portland, London Merchant Securities oder Capital & Regional definieren Großbritannien, oft nur London als ihr ausschließliches regionales Tätigkeitsfeld. Nur Hammerson, Liberty und Slough Estate besitzen ein nennenswertes Portfolio außerhalb der britischen Insel. Allerdings hat Hammerson mit dem Verkauf seines Deutschland-Engagements das paneuropäische Portfolio abgebaut und eine weitere Expansion zunächst gestoppt.

Ähnlich wie London für Großbritannien ist in Frankreich Paris die mit Abstand wichtigste Metropole für Immobilien. Alle wichtigen gelisteten französischen Immobilienunternehmen haben den Schwerpunkt ihres Portfolios in Paris oder in naher Umgebung. Der Standort ist so groß, dass Unibail als die führende französische AG eine Portfoliodiversifikation überwiegend in Paris vornehmen kann. Auch Gecina folgt dem „Local sharpshooter"-Ansatz in Paris, hebt sich aber von seinen Mitbewerbern durch den hohen Anteil von Wohnimmobilien im Portfolio ab. Lediglich Klepierre verfolgt in Kooperation mit dem französischen Einzelhändler Carrefour eine paneuropäische Strategie mit Shopping Centern auch in Portugal und Spanien. Die paneuropäische Expansion bei Retail ging einher mit einem planmäßigen Abbau des Büroimmobilienportfolios.

Auch die italienischen Gesellschaften definieren bisher ausschließlich ihr Heimatland als Tätigkeitsfeld. Hier dominieren Rom als politisches und Mailand als wirtschaftliches Zentrum. Viele börsennotierte Immobilienunternehmen sind als Spin-Off der Immobilienbestände von italienischen Banken entstanden und durch den Portfolioerwerb von italienischen Industrieunternehmen gewachsen.

Die niederländischen Immobilien-AGs verfolgen schon seit langem einen paneuropäischen Ansatz. Grund dürfte vor allem die geringe Größe des inländischen Immobilienmarktes sein. Heute besitzen die wichtigsten niederländischen Unternehmen Rodamco Europe und Corio Immobilienportfolios in acht bzw. vier Ländern. Da auch hier der sektorale Fokus auf Retail als strategisches Kerngeschäftsfeld gelegt wurde, werden Büroimmobilien weiter reduziert.

In Deutschland verfolgen die gelisteten Immobilien-AGs unterschiedliche Strategien. Während die Deutsche Wohnen der typische Local Shapshooter bei Wohnimmobilien ist, haben Deutsche Euroshop (bei Retailimmobilien) und IVG (bei Büroimmobilien) eine paneuropäische Ausrichtung. IVG war europaweit das erste gelistete Unternehmen mit einer länderübergreifenden Strategie und konsequenter Ausrichtung auf Büroimmobilien in den wichtigsten europäischen Wachstumszentren. 1997 erwarb IVG einzelne Objekte in Paris, 1998 wurde ein komplettes Portfolio in Brüssel akquiriert und 1999 übernahm man die börsennotierte Immobiliengruppe Asticus mit Objekten und Niederlassungen in Paris, Brüssel und London. Parallel dazu erfolgte der Aufbau eines europäischen Niederlassungsnetzes. IVG ließ sich dabei von dem Grundsatz leiten, möglichst nur in solche europäischen Metropolen zu investieren und Niederlassungen aufzubauen, wo kritische Masse aufgebaut werden kann. Durch die Übernahme der börsennotierten finnischen Immobiliengesellschaft Polar gelang 2003 der Einstieg in den aufstrebenden Markt von Helsinki. 2004 wurde das Engagement in Finnland durch die Übernahme eines Büroimmobilienportfolios der Versicherung Ilmarinen ergänzt. IVG war damit Vorreiter des paneuropäischen Ansatzes bei Büroimmobilien. Derzeit ist das Unternehmen an elf europäischen Standorten präsent mit jeweils eigenen Niederlassungen.

Strategische Ausrichtung von Immobilien-AGs

Quelle: EPRA

3.2 Erfolgsfaktoren/Werttreiber

Das traditionelle Kerngeschäft vieler Immobiliengesellschaften ist das Vermietgeschäft. Dieses Geschäft erbringt bei attraktiven Flächen, solventen Mietern und positiver gesamtwirtschaftlicher Lage aufgrund der Länge der Mietverträge sichere und gut zu prognostizierende Einnahmen. Anpassungsklauseln in den Verträgen stellen oft auch einen Inflationsausgleich sicher. Dieses Geschäftsmodell findet sich als solides Fundament bei nahezu allen börsennotierten Immobiliengesellschaften.

Der Kapitalmarkt aber verlangt höhere Renditen, die durch das reine Vermietgeschäft kaum zu erbringen sind. Deshalb generiert z.B. IVG zusätzliche stabile Cash-flow-Ströme über vier wesentliche Werttreiber:

a) Aktives Buy-and-Sell von Immobilien
b) Wertschöpfung im Portfolio
c) Projektentwicklung mit ausgewogenem Chance-Risikoprofil
d) Konzeption, Vertrieb und Management von Immobilienfonds

3.2.1 Buy-and-Sell

Aktives Buy-and-Sell beinhaltet die Generierung von Verkaufsgewinnen. IVG nutzt dazu die versetzten europäischen Immobilienmarktzyklen. Bei günstigen Marktsituationen oder bei nur noch begrenztem Entwicklungspotential der Immobilie werden durch den Verkauf attraktive Gewinne realisiert. Entscheidend ist auch der günstige Einkauf: So ist eine wesentliche Kernkompetenz von IVG, ganze Immobilienportfolien – gelistet oder ungelistet – mit Discount zum inneren Wert, dem NAV, zu erwerben. Teile wandern ins eigene Portfolio, Teile werden restrukturiert, Entwicklungsreserven gehoben und dann mit gutem Gewinn wieder verkauft. Auf diese Weise werden für den Aktionär neue Wertpotentiale erschlossen als Fundament für zukünftige Erträge und profitables Wachstum.

3.2.2 Wertschöpfung im Portfolio

Wesentlicher Bestandteil der Strategie von IVG ist es, als Immobilien-Unternehmer die Entwicklungs- und Aufwertungspotentiale im Immobilienbestand systematisch zu entfalten.

Dafür sind eine genaue Kenntnis der Marktentwicklungen am jeweiligen Standort sowie das frühzeitige Erkennen bestimmter Trends unabdingbare Voraussetzungen. So hat IVG beispielsweise Fabrikflächen am Münchener Ostbahnhof in Büro-Lofts umgewandelt und damit die Miete pro m^2 verdoppelt. Es entstand das „Media Work Munich", das heute im Zentrum der boomenden Szene am Münchener Ostbahnhof liegt und an zahlreiche aufstrebende Beratungs- und Mediengesellschaften gut vermietet ist.

Ebenso erfolgreich wurde mit den Berliner „Spreespeichern" verfahren: Aus ehemaligen Eier- und Getreidespeichern hat IVG hochwertige Bürolofts entwickelt, die insbesondere für innovative Unternehmen eine große Anziehungskraft besitzen. So ist es nicht verwunderlich, dass IVG als Hauptmieter das renommierte Unternehmen Universal Music Deutschland gewinnen konnte. Universal hat seinen Deutschlandsitz komplett von Hamburg nach Berlin in den Spreespeicher verlegt.

Erfolgreiches Immobiliengeschäft bedingt die genaue Kenntnis der Bedürfnisse und Anforderungen der Mieter an moderne Flächen. Da sich diese Kriterien auch z.B. durch Expansionsabsichten ändern können, ist ein enger und kontinuierlicher Dialog ein entscheidender Erfolgsfaktor. Ein regelmäßiger, auch kritische Punkte umfassender Dialog kann die Mieterbindung und -zufriedenheit erhöhen, was sich in langfristigen Mietverträgen ausdrückt und neue Mieter durch Empfehlungen anziehen kann. IVG hat zu diesem Zweck ein eigenes Kundenmanagement aufgebaut, in dem sich Kundenbetreuer um einen klar definierten Mieterkreis intensiv kümmern und als Ansprechpartner für alle Fragen um die Immobilie fungieren. In einer jährlichen Kundenbefragung bewerten die Mieter anonym die Leistungen des Unternehmens. Darüber hinaus räumt IVG seinen Mietern im Rahmen des „Value Services" die Gelegenheit ein, z.B. bei Bürobedarf, Hotel-, Mietwagenangeboten oder Mobilfunkverträgen von günstigen Konditionen zu profitieren, die IVG über Rahmenabkommen ausgehandelt hat. Für IVG besteht durch den intensiven Kundenkontakt die Möglichkeit, zusätzlichen Flächenbedarf frühzeitig zu erkennen und entsprechende Lösungen anzubieten.

3.2.3 Projektentwicklung mit ausgewogenem Chance/Risikoprofil

Ein weiterer Hebel zur Erzielung über das Vermietergebnis hinausgehender Erträge sind Immobilienprojektentwicklungen. Anders als im Vermietgeschäft können bei der Immobilienprojektentwicklung deutlich höhere Renditen realisiert werden, sofern die mit dem höheren Risiko einhergehenden höheren Kapitalkosten übertroffen werden. Ein effizientes und striktes Risikocontrolling ist daher unabdingbare Voraussetzung. Projektentwicklung kann nur mit erfahrenen Mitarbeitern vor Ort erfolgreich betrieben werden. Bei IVG werden Projektentwicklungen entweder von den Niederlassungen durchgeführt oder Joint Ventures mit erfahrenen lokalen Partnern eingegangen, wie etwa in Paris mit AXA REIM[14].

Neben einer guten Prognosesicherheit ist auch ein in Zukunft eventuell anders geartetes Anforderungsprofil an hochwertige Büroflächen im Vorfeld jedes Projektes mit zu berücksichtigen, da zwischen Planung und Fertigstellung oft mehrere Jahre verstreichen können. Die Realisierung selber erfordert ein striktes Befolgen des gesetzten Zeitplans, ein laufendes Projektcontrolling zur Budgeteinhaltung mit anschließender Post Completion sowie möglichst frühzeitige Vorvermietungen und im Idealfall den Verkauf bereits vor Fertigstellung.

Zur Kostenkontrolle arbeitet IVG mit kompetenten Generalübernehmern zusammen und strebt eine durchschnittliche Vorvermietung von 30–40% an, die je nach Projekt variieren kann. Auch sollte eine bestimmte Größenordnung der Projektentwicklungsaktivitäten im Verhältnis zum eigenen Immobilienbestand nicht überschritten werden. Zudem werden häufig Projekte nicht alleine, sondern mit renommierten Partnern realisiert. Bei Einhaltung der Risikogrundsätze und einem stringenten Controlling können in der Projektentwicklung Renditen von 10 bis über 20% erzielt werden.

3.2.4 Konzeption, Vertrieb und Management von Immobilienfonds

Immobilien-AGs können ihr langjähriges, profundes Wissen aus dem Management des eigenen Bestandes auch Dritten anbieten und somit zusätzliche Ergebnisse erzielen. IVG managt daher in geschlossenen und offenen Spezialfonds mehr als 11 Mrd. € Immobilienvermögen für Dritte. Durch die europaweite Präsenz der Niederlassungen und langjährige Erfahrung in der Strukturierung von Immobilienin-

---

[14] Ein umfangreiches Projektportfolio von 800 Mio. € in Paris realisierte IVG im Joint Venture mit AXA. Ein zweites Projekt-Joint Venture mit AXA im Gesamtvolumen von 1,2 Mrd. € wurde jüngst gestartet.

vestitionen, deren wertsteigerndem Management und zeitgerechtem Verkauf kann IVG den Eigentümern/Fondsinvestoren einen hohen Zusatznutzen bieten. Speziell durch den Erwerb der Mehrheit an der Oppenheim Immobilien-Kapitalanlage-Gesellschaft mbH (OIK), dem Marktführer im Wachstumsmarkt für Immobilien-Spezialfonds, ist IVG mit 15,7 Mrd. € Assets under Management zu einem der großen Immobilienmanager in Europa geworden.

IVG und OIK sind auf europäische Metropolen konzentriert. Die Niederlassungsnetze ergänzen sich optimal. Dies führt zu einer verbesserten Marktdurchdringung in den europäischen Kernmärkten London, Paris und Brüssel sowie zur Verbreiterung des geographischen Marktzugangs durch ergänzende Niederlassungen in Finnland, Spanien, Portugal und den Niederlanden.

3.3 Wertorientierte Steuerung/effiziente Organisation

Der Kapitalmarkt erwartet von einer börsennotierten Immobilien-AG, dass die knappen Ressourcen und Managementkapazitäten in die Geschäfte gelenkt werden, die den größten Beitrag zur nachhaltigen Steigerung des Unternehmenswertes leisten. Aus Sicht einer wertorientierten Unternehmensführung reicht es daher nicht aus, die Rentabilität von Geschäftsaktivitäten durch eine einperiodische Entscheidungskennziffer, wie etwa ROE (Return on Equity = Eigenkapitalrendite) oder ROI (Return on Investment = Gesamtkapitalrendite) zu bemessen. Gleiches gilt für einen bilanziellen Gewinn, da auch bei einem positiven Bilanzergebnis keine Aussage darüber möglich ist, ob durch die jeweilige Geschäftsaktivität Werte geschaffen oder aufgezehrt wurden.

Abhilfe schafft hier ein wertorientiertes Controlling, welches den Wertbeitrag einer Geschäftsaktivität, der sich aus einer Zeitreihenbetrachtung freier Cash Flows ergibt, als zentrales Steuerungselement versteht. Der erwartete Mindestergebnisbeitrag einer Aktivität lässt sich als das Produkt von geforderten Kapitalkosten und Kapitaleinsatz berechnen. Oder anders formuliert, schafft eine Aktivität erst dann Werte, wenn der Ergebnisbeitrag über der Erwartung der Mindestkapitalverzinsung liegt.

Die Kapitalkosten (Weighted Average Cost of Capital = WACC) werden hierbei als risikoadäquater Verzinsungsanspruch der Kapitalgeber verstanden. Sie ergeben sich aus dem gewichteten Durchschnitt der Fremd- und Eigenkapitalkosten. Letztere werden üblicherweise mittels des Capital Asset Pricing Model (CAPM) bestimmt. Dabei wird zum Verzinsungsanspruch aus einer risikolosen Anlage (z.B. Staatsanleihe) die risikoadjustierte Renditeforderung in die IVG-Aktie addiert. Als Maß für das unternehmensspezifische Risiko wird i.d.R. das Beta als Volatilitätskennzahl herangezogen.

Die Fremdkapitalkosten orientieren sich an den langfristigen Finanzierungskonditionen der Gesellschaft.

Die Wertentwicklung wird bei IVG mit Hilfe des Cash Flow Return on Investment (CFROI) gemessen. IVG setzt den CFROI insbesondere bei der Mittelfristplanung sowie Investitionsentscheidung ein, um den Einfluss der geplanten Aktivitäten auf die Wertentwicklung bzw. die Erfüllung der Renditeanforderungen (Rendite liegt über den Kapitalkosten) zu erkennen. Zur Ermittlung des CFROI werden die sich über die durchschnittliche Nutzungsdauer ergebenden Cash Flows und ein erwarteter Endwert der Investitionsbasis gegenübergestellt.

Durch Vergleich des CFROI mit den Kapitalkosten kann beurteilt werden, ob auf Basis des investierten Kapitals Werte geschaffen oder aber vernichtet werden. Liegt der CFROI oberhalb der Kapitalkosten, so werden Werte geschaffen. Die nach dem Capital Asset Pricing Modell ermittelten Eigenkapitalkosten für IVG betragen vor Steuern ca. 8%. Bei einem Eigenkapitalanteil von 40% und unter Berücksichtigung der Fremdkapitalzinsen ergeben sich Gesamtkapitalkosten von ca. 7%.

Um den Einfluss der einzelnen Geschäftsbereiche auf die Wertentwicklung der IVG zu ermitteln müssen die Kapitalkosten für jedes Segment separat bestimmt werden. Wie gezeigt, werden die erwarteten Kapitalkosten durch eine Risikoprämie beeinflusst. Da die Risiken im Segment Portfoliomanagement deutlich geringer sind als bei Projektentwicklungen, schlägt sich dies auch im WACC nieder. Für das Segment Portfoliomanagement lassen sich die Marktrendite und die Risikoprämie ermitteln, da genügend Marktteilnehmer vorhanden sind. Für das Segment Projektentwicklung ist dagegen mangels transparenter Daten vom Markt die Risikoprämie nur indikativ zu bestimmen. Da in der Projektentwicklung naturgemäß die Kosten- und Einnahmenseite schwerer zu prognostizieren ist und ein zeitlicher Vorlauf zwischen Investition und Rückfluss besteht, erachtet IVG je nach Standort und Absicherungsquote durch Vorvermietungen eine Kapitalverzinsung von 10% bis 15% als angemessen.

Ergänzend zu dem CFROI betrachtet IVG den Net Asset Value (NAV), der sich aus der Differenz von Anlagevermögen und Fremdkapital ergibt. Da bei der Berechnung des NAV die Immobilien der IVG im Anlagevermögen mit Ihrem Marktwert angesetzt werden, signalisiert der NAV nicht die Wertschaffung auf Basis des eingesetzten Kapitals sondern vielmehr die Wertentwicklung des Immobilienvermögens aus Sicht der Marktbedingungen.

Der Leitsatz „structure follows strategy" ist gerade für Immobiliengesellschaften von entscheidender Bedeutung. Erfolgreich kann man in den Märkten nur sein, wenn man mit eigenen Niederlassungen vor Ort vertreten ist. Diese müssen die aktuellen Trends wissen und antizipieren, günstige Gelegenheiten erkennen und durch ein gutes Netzwerk mit den relevanten Playern verbunden sein. Um am Markt auch wahrgenommen zu werden und kompetente Mitarbeiter halten zu können, ist der Aufbau von kritischer Masse, also einem ausreichend großen Portfolio, von hoher Bedeutung.

Eingebettet in die strategischen Vorgaben müssen die Niederlassungen vor Ort weitgehend autonom auf Profit-Center-Basis wirken können. Ein laufendes Reporting ist erforderlich, um ein umfassendes Risikomanagement in der Hauptverwaltung betreiben zu können. Durch ein intregiertes Research mit den Erfahrungen vor Ort wird im Gegenstromverfahren die Makrostrategie des Unternehmens laufend überprüft. Die Mitarbeiter vor Ort haben zugleich auch Anspruch auf eine schnelles Feedback vom Management bei interessanten Projekten: klare Kompetenzverteilung, kurze Entscheidungswege und zügige aber zugleich sorgfältige Prüfung sind wichtige Größen einer effizienten Organisation.

3.4 Transparenz

Im Wettbewerb um knappes Kapital sind Offenheit und Vertrauen gegenüber Anlegern entscheidende Faktoren. Equity Story und die im Unternehmen erwirtschafteten Werte, Wertsteigerungen und Potentiale sind aktiv, umfassend und zeitnah zu kommunizieren. Das Ziel muss sein, Aktionäre, potentielle Investoren, Finanzanalysten und Banken bestmöglich zu informieren und ihnen alle relevanten Informationen zur Verfügung zu stellen, damit diese sich selbst ein fundiertes Bild über Wert und Bewertung des Unternehmens machen können.

Die Berichterstattung von Immobilien-AGs ist in den letzten Jahren deutlich transparenter geworden. Eine bedeutende Rolle hat hier vor allem die European Public Real Estate Association (EPRA) gespielt. In EPRA haben sich die wichtigsten europäischen Immobilien-AGs, Finanzanalysten, institutionelle Investoren und Berater zusammengeschlossen. Eine der bedeutendsten Aufgaben dieser Vereinigung ist die internationale Vereinheitlichung von Berichtstandards. Ende 2001 wurden dazu von EPRA die Best-Practices-Recommendations verabschiedet, die sich schnell zur Benchmark für gutes Reporting entwickelt haben. Viele bedeutende institutionelle Investoren machen von deren Einhaltung ihr Investment in eine Aktie abhängig. Die enge Orientierung an den EPRA-Standards zahlt sich aus: 2002 erhielt IVG den erstmals vergebenen EPRA-Award für den transparentesten Geschäftsbericht von über 75 untersuchten europäischen Immobilien-AGs.

Die Transparenz von Immobilien-AGs dürfte sich in Zukunft noch weiter erhöhen. Ab 2005 müssen sie – wie alle gelisteten Unternehmen – nach IAS/IFRS berichten. Speziell die umfangreichen Angaben in den Notes ermöglichen Anlegern eine tiefe Einsicht in das Zahlenwerk der Unternehmen. Auch andere Regularien haben das Thema Transparenz auf ihre Fahnen geschrieben: KonTrag, Anlegerschutzverbesserungsgesetz, Deutscher Corporate Governance-Kodex, die Best Practices Recommendations von EPRA, diverse EU-Richtlinien zum Kapitalmarktrecht, das neue Bilanzkontrollgesetz und die dazu eingesetzte Bilanzpolizei zielen alle in dieselbe Richtung. Allerdings darf der verständliche Wunsch von Kapitalmarkt und Gesetzgeber nach möglichst hoher Transparenz nicht überzogen werden. Alle diese Maßnahmen – ob rechtlich auferlegt oder im Wege der Selbstverpflichtung – verursachen bei zunehmendem Implementierungsgrad nicht unerhebliche Kosten und Probleme bei der praktischen Umsetzung, die auch zu Lasten des Aktionärs gehen. Hier darf das Augenmaß nicht verloren gehen.

Erfolgreiches Wirken am Kapitalmarkt erfordert auch das aktive Fördern eines offenen Dialogs und Zulassen und Aufnehmen von kritischen Anmerkungen zur unternehmerischen Strategie. Die Kommunikation darf keine Einbahnstraße sein, die Reaktionen und Kommentare von Marktteilnehmern müssen als willkommenes Feedback aufgegriffen werden. Zugleich muss das Unternehmen seine Strategie auch mit Nachdruck vertreten und kann bei anfänglicher Kritik durch das Präsentieren eines erfolgreichen Track Records den Kapitalmarkt überzeugen. Diese Erfahrung hat auch IVG als Vorreiter einer paneuropäischen Strategie bei Büroimmobilien gemacht. Nachhaltige und stabile Cash Flows haben den Erfolg dieses Ansatzes bewiesen und am Kapitalmarkt durchgesetzt.

4. IFRS für Immobilien-AGs

Die Umstellung der Konzernabschlüsse auf IAS/IFRS hat speziell für Immobilien-unternehmen mit umfangreichen Immobilienbeständen (bei IVG 3,3 Mrd €) we-sentliche Auswirkungen. Zu nennen ist hier in erster Linie IAS 40. Danach können die Unternehmen bei der Bewertung von Immobilien, die zum Zwecke des Erzie-lens von Mieteinnahmen und/oder zum Zwecke der Wertsteigerung dienen (In-vestment Properties) zwischen zwei Modellen wählen: dem auf Anschaffungs-kosten basierenden „Cost Model" und dem auf Marktwerten beruhenden „Fair Value Model". Es kann einmalig vom Cost Model zum Fair Value Model gewech-selt werden, jedoch nicht umgekehrt. Die Entscheidung hat wesentlichen Einfluss auf das Konzernergebnis und seine Volatilität, auf das ausgewiesene Eigenkapital so-wie auf die Kosten des Jahresabschlusses. Auch der Organisationsaufwand steigt enorm. IVG beispielsweise konsolidiert nach IFRS mehr als 300 Gesellschaften. Die Umstellung ist sehr komplex, setzt fachlich hohe Anforderungen voraus und führt zu hohen Zusatzbelastungen.

Die Bilanzierung nach dem Cost Model ist vergleichbar mit der nach HGB: Die Immobilien werden mit ihren Anschaffungs-/Herstellungskosten bilanziert und über die Nutzungsdauer abgeschrieben. Dadurch entstehen stille Reserven, wenn der am Markt erzielbare Wert der Immobilie erhalten bleibt oder ansteigt. Bei Veräußerung dieser Immobilien werden diese ergebniswirksam gehoben. Zusätzlich müssen die Marktwerte der Immobilien (Fair Values) in den Notes angegeben werden.

Beim Fair Value Model werden dagegen die jeweils aktuellen beizulegenden Zeitwerte, das heißt die gegenwärtigen Marktwerte, ausgewiesen. Positive wie ne-gative Veränderungen gegenüber dem Vorjahreswert werden als Ertrag bzw. Auf-wand in der Gewinn- und Verlustrechnung direkt ergebniswirksam. Es erfolgt kei-ne planmäßige Abschreibung. Diese Methode erfordert die zuverlässige Ermittlung der Zeitwerte. Dabei kann sowohl das Discounted-Cash-Flow-Verfahren (DCF) als auch die deutsche Ertragswertmethode angewandt werden. IAS/IFRS sieht zwar keine Bewertung durch externe Gutachter vor, bei großen börsennotierten eu-ropäischen Immobilien-AGs wie etwa IVG ist dies aber bereits heute teilweise frei-willig, teilweise aufgrund nationaler Rechnungslegungsvorschriften üblich. Sie erhöht die Glaubwürdigkeit und erleichtert die Anerkennung durch den Wirt-schaftsprüfer.

Als wesentlicher Vorteil des Fair Value Models wird oft eine höhere Transparenz betont, da stille Reserven aufgedeckt werden. Der Bilanzleser erkennt die Entwick-lung der Verkehrswerte im Zeitablauf. Positive Marktentwicklungen werden un-mittelbar als Ertrag in der Gewinn- und Verlustrechnung ergebniswirksam. Die Im-mobilien müssen zur Gewinnrealisierung nicht mehr veräußert werden. Auf der anderen Seite finden jedoch auch negative Marktentwicklungen sofort als Aufwand ihren Niederschlag in der Gewinn- und Verlustrechnung (GuV).

Zu berücksichtigen ist auch, dass die Ermittlung der Fair Values ganz wesentlich von Zukunftseinschätzungen abhängt. So müssen bei der DCF-Methode die Cash Flows, das heißt vor allem die Mieteinnahmen der nächsten zehn Jahre, prognosti-ziert und Restwerte sowie Diskontierungszinssätze vorgegeben werden.

Bilanz und GuV sind beim Fair Value Model erheblich volatiler als beim Cost Model: Bei gleichbleibenden Ergebnissen des operativen Geschäfts, etwa der Vermietung, können sich in verschiedenen Jahren deutlich unterschiedliche Konzernergebnisse ergeben. Beim Cost Model sind dagegen Ergebnisgrößen planbarer und weniger volatil.

Beide Methoden sind IVG gut vertraut: Das Cost Model aus langjähriger Praxis mit der HGB-Bilanzierung, das Fair Value Model durch die bereits seit 1998 erfolgende freiwillige Veröffentlichung der von externen Gutachtern ermittelten Immobilienverkehrswerte. Zudem weist IVG seit dem Geschäftsjahr 2001 das „EPRA-Ergebnis" aus, das auf dem Fair Value Model beruht.

In der Praxis hat sich bei den europäischen Immobiliengesellschaften noch keine klare Präferenz für ein Modell herauskristallisiert. Die Mehrheit der großen börsennotierten Immobiliengesellschaften stellt erst 2005 auf IAS um. Von international einheitlichen Standards sind wir derzeit noch weit entfernt. Es wäre zu wünschen, wenn das International Accounting Standards Comittee (IASB) sich konkret für ein Modell aussprechen würde.

5. Bewertung von Immobilien-AGs

Neben den allgemein üblichen Aktienbewertungsverfahren wie z.B. Multiples auf Ergebnis oder Cash Flow spielt bei Immobilien-AGs auch der Net Asset Value (NAV)-Ansatz eine wichtige Rolle. Der NAV – zu Deutsch: Nettosubstanzwert – spiegelt das ökonomische Eigenkapital wider. In seiner einfachsten Form wird der NAV ermittelt, indem man die Verbindlichkeiten von den Verkehrswerten des Immobilienbestandes zzgl. sonstiger Vermögensgegenstände abzieht. Der so ermittelte NAV je Aktie wird mit dem aktuellen Börsenkurs verglichen und so ein Discount oder Premium auf den NAV ermittelt. Der NAV selber wird heute in dreistufiger Form berechnet:

NAV =	Verkehrswerte Portfolio zzgl. sonstiges Vermögen
	./. Verbindlichkeiten und derivate Finanzinstrumente zum Buchwert
NNAV =	Verkehrswerte Portfolio zzgl. sonstiges Vermögen
	./. Verbindlichkeiten und derivate Finanzinstrumente zum Buchwert
	./. latente Steuern
NNNAV =	Verkehrswerte Portfolio zzgl. sonstiges Vermögen
	./. Verbindlichkeiten und derivate Finanzinstrumente zu Verkehrswerten
	./. latente Steuern

EPRA bevorzugt den NNAV. EPRA geht dabei vom Going Concern-Prinzip aus, so dass die latenten Steuern auf stille Reserven, die bei einem Verkauf der Immobilien entstünden, über einen angemessen Zeitraum (i.d.R. 25 Jahre) abgezinst werden.

Für börsennotierte Immobilien-AGs ist die Veröffentlichung des NAVs heutzutage conditio sine qua non.

Die Frage, ob der NAV eine angemessene Größe zur Bewertung darstellt wird seit längerem kontrovers diskutiert. Der Kurs von Immobilienaktien oszilliert nachgewiesenermaßen um den NAV. Mal mit einer Prämie, wie etwa Anfang und Ende der Neunziger Jahre, mal mit einem Discount, wie seit 2002 nach Ende der Börsenhype. Discounts treten vor allem in Zeiten schwacher Aktienmärkte auf, während Prämien in haussierenden Phasen entstehen. Sie sind damit vor allem Ausdruck der Unvollkommenheit der Kapitalmärkte, die auch zur Unterbewertung von Unternehmen anderer Branchen führen. Vollkommene Kapitalmärkte, die auf Annahmen wie homogenen Markterwartungen, Identität von Soll- und Habenzinsen, uneingeschränkt rationalen Erwartungen und Informationssymmetrie beruhen, existieren nur in Lehrbüchern, haben aber mit der Realität nichts gemein. Aktienmärkte neigen zu temporären Übertreibungen und Fehlbewertungen. Der Ansatz von auf Value-Strategien ausgerichteten Portfoliomanagern ist es, gerade dem Markt voraus zu sein und solche Aktien zu identifizieren, die dem Herdentrieb entgehen.

Der NAV spielt vor allem bei britischen Finanzanalysten und Investoren eine wichtige Rolle. Allerdings greift die alleinige Konzentration auf den NAV und den in ihm zum Ausdruck kommenden Substanzgedanken zu kurz. Entscheidend ist ebenso, dass attraktive nachhaltige Cash-flows und Ergebnisse erzielt werden. Amerikanische Investoren bevorzugen eher cash-flow-orientierte Größen wie „Funds from Operations" (FFO)[15]. Cash-flow bietet darüber hinaus auch die Möglichkeit, Immobilien-AGs mit Unternehmen anderer Branchen zu vergleichen. Dies ist insbesondere für die Kommunikation mit branchenübergreifend agierenden Finanzanalysten und Investoren von großer Bedeutung. Ziel der Investor Relations einer Immobilien-AG muss es sein, nicht nur klassische immobilienorientierte Investoren und Analysten anzusprechen, sondern darüber hinaus auch allgemeine Investoren von den Vorzügen der Immobilien-Aktie zu überzeugen.

Eine für den Immobilienaktienbereich neue Bewertungsmethode ist der EVA®-Ansatz. Danach errechnet sich der EVA® (Economic Value Added) als Differenz zwischen dem Return on Capital Employed (RoCE) und den Kapitalkosten. Der RoCE ergibt sich als Quotient aus Net Operating Profit After Tax (NOPAT) und dem Capital Employed. Ein positiver EVA®, also wonach das Unternehmen die Kapitalkosten verdient hat, rechtfertigt eine Prämie auf den NAV, ein negativer EVA entsprechend einen Discount. Die relevante Frage ist daher die Abgrenzung des NOPAT, und welche Ergebnisgrößen berücksichtigt werden. Nach einer engen, eher theoretischen Definition, errechnet sich der NOPAT aus EBIT zzgl. Abschreibungen abzgl. Steuern. Gewinne aus Immobilienverkäufen finden dann als „nonrecurring-item" keine Berücksichtigung. Ein betriebswirtschaftlich sinnvollerer Ansatz ergänzt das EBIT um die realisierten Buchgewinne, sofern diese kein einmaliges Ereignis darstellen, sondern das Unternehmen einen Track Record im aktiven Portfoliomanagement nachweisen kann. Zudem sind realisierte Buchgewinne auch „wichtige Komponenten für eine Rendite über die reine Vermietung hinaus und die Reduktion stiller Reserven"[16].

---

[15] IVG etwa betont in der Kapitalmarktkommunikation daher vor allem das aktive, erfolgreiche Buy-und-Sell von Immobilien (Generieren von Verkaufsgewinnen durch Nutzung der versetzten Immobilienmarktzyklen in Europa), die Wahrnehmung der besonderen Ertragschancen bei Projektentwicklungen sowie zusätzliche Erträge aus dem Ausbau des Fondsgeschäftes.

[16] *Stefan Goronczy*: „Bewertung von Immobilienunternehmen", Researchmanuskript, 11.12.2003, S. 17.

6. Immobilienaktienindizes und derivative Produkte auf Immobilienaktien

Der Aufschwung von Immobilien-AGs in den letzten Jahren lässt sich auch anhand der Anzahl und Differenzierung der weltweiten Immobilienaktienindizes ablesen. Sie sind nicht nur für einen Performancevergleich wichtig. Vielmehr dienen die darin enthaltenen Unternehmen zum einen für institutionelle Investoren mit einem aktiven Portfoliomanagmentansatz als Grundgesamtheit, aus denen sie ihre Investments auswählen. Zum anderen bilden Investoren mit einem passiven Ansatz in der Regel den Index mehr oder weniger vollständig in ihrem eigenen Portfolio ab (Index Tracking). Für gelistete Unternehmen ist daher die Mitgliedschaft in Indizes von großer Bedeutung.

Für Immobilienaktien hat sich die EPRA-Indexfamilie zur eigentlichen Benchmark entwickelt. Auf Basis der Free float Marktkapitalisierung sind hier alle relevanten Immobilien-AGs zusammengefasst. In Kooperation mit dem amerikanischen Verband NAREIT werden mittlerweile sogar globale Indizes angeboten. Aus einer Vielzahl von Subindizes nach Kontinenten, Ländern und Währungen kann dann ein individualisiertes Benchmarkportfolio ermittelt werden. Die Zugehörigkeit zu einem EPRA/NAREIT-Index basiert auf mehreren Kriterien[17], wobei es vier zu erfüllende Hauptpunkte für jedes Unternehmen gibt:

Mindest-Free float Marktkapitalisierung:	Asien: 200 Mio. USD USA: 200 Mio. USD Europa: 50 Mio. EUR
Mindestumsatzvolumen annualisiert auf Basis der letzten drei Monate:	Asien: 100 Mio. USD USA: 100 Mio. USD Europa: 25 Mio. EUR
Mindestanteile aus Immobiliengeschäft im EBITDA:	Asien: 60 % USA: 75 % Europa: 75 %
Veröffentlichung mehrerer Jahresabschlüsse in englischer Sprache	

Die EPRA-Indizes werden realtime ermittelt als Kurs- auch Performanceindizes. Von einem eigenen Indexteam wird eine regelmäßige Überprüfung der Kriterien vorgenommen.

Auf aggregierter Gesamtebene ist der EPRA/NAREIT Global Real Estate Index der relevante Vergleichsindex gegenüber dem breiten Aktienmarkt im Global MSCI sowie gegenüber Anleihen im Global JP Morgan Bonds. Der EPRA/NAREIT Global Real Estate Index weist eine Marktkapitalisierung von 323 Mrd. €[18] auf. Mit einer Historie von fünf Jahren kann auch ein ausreichender Langfristvergleich erstellt werden, um die besonders für Fondsmanager wichtigen Volatilitäten zu ermitteln.

---

[17] EPRA, NAREIT, Euronext: „Rules for EPRA/NAREIT Global Real Estate Index®", June 2004.

[18] EPRA/NAREIT Global Real Estate Index – Monthly Bulletin, 30.6.2004, S. 5.

Aus der Grundgesamtheit werden dann noch die „Top 20 Constituents"-Auswahlindizes gebildet sowohl auf globaler Ebene als auch im jeweiligen Kontinent USA, Japan und Europa.

Die Bedeutung von Indizes ist in letzter Zeit noch weiter gestiegen, da sie nicht nur als Benchmark im aktiven oder passiven Fondsmanagement dienen, sondern zunehmend im stark wachsenden Segment der strukturierten Produkte als Underlying fungieren. Insbesondere Zertifikate erfreuen sich großer Beliebtheit. Mehrere Emittenten haben entsprechende Produkte auf den EPRA-Index aufgelegt[19]. Damit kann der Anleger problemlos und kostengünstig in Immobilienaktien investieren, ohne aufwendiges Stock Picking betreiben zu müssen. Da die Zertifikate je nach Konstruktion den Index 1:1 abbilden, müssen die jeweiligen Emittenten daher von dem im Index enthaltenen Titel Anteile in entsprechender Indexgewichtung erwerben. Das jüngste Produkt ist der von AXA IM emittierte Exchange Traded Fund (ETF) auf den EPRA Eurozone-Index. Damit partizipieren auch Immobilienaktien am stark wachsenden Segment der ETFs, die dem Anleger den Erwerb eines Aktienkorbes in Form eines einzigen Wertpapiers ermöglicht. Aufgrund der hohen Fungibilität durch die Börsennotiz können Indextracking betrieben und günstige Börsenentwicklungen ausgenutzt werden. Strategische Positionen können zügig aufgebaut, spezielle Handelsstrategien verfolgt und aktuelle Exposures über Hedging abgesichert werden. Hinzu kommt eine günstige Gebührenstruktur. Einen fortlaufenden Handel für den Exchange Traded Fund von AXA gewährleisten Kempen & Co, Goldman Sachs, Merrill Lynch und Morgan Stanley als Market Maker und sichern damit eine stets ausreichend vorhandene Liquidität.

---

[19] Z.B. von UBS Warburg (WKN 637985) und Merrill Lynch (WKN 649546).

VII. Real Estate Investment Trusts (REITs) in den USA

1. Definition

Amerikanische REITs sind Immobiliengesellschaften, deren Geschäftszweck die Vermietung, Verpachtung und Entwicklung von gewerblichen Immobilien ist. Der Begriff gewerbliche Immobilien umfasst die Objektarten Büroimmobilien, Einkaufszentren (Shopping Centers und Shopping Malls, sowie Outlet Centers), Lagerhäuser und Distributionszentren (Industrial), Mehrfamilienhäuser, Parks mit vorfabrizierten Eigenheimen (Manufactured Housing), Hotels, Krankenhäuser/Altersheime, sowie Spezialimmobilien wie z.B. Golfplätze, Waldbesitz und Gefängnisse.

Während REITs in ihrer Ursprungsform in der Rechtsform eines Massachusetts Business Trusts geführt wurden, mit einem Board of Trustees als Geschäftsführung und Gesellschaftsanteilen als Shares als Beneficial Interest, besteht die überwiegende Mehrheit der REITs heute aus Aktiengesellschaften (Corporations) mit einem Board of Directors und Aktionären.

REIT-Gesellschaften unterscheiden sich von anderen Immobiliengesellschaften dadurch, dass sie nicht der amerikanischen Körperschaftssteuer unterliegen, wenn sie die folgenden Auflagen erfüllen:

- Geschäftsführung durch einen Board of Directors
- Freie Übertragbarkeit der Aktien
- Mindestens 100 Aktionäre
- Fünf oder weniger Aktionäre dürfen höchstens 50 % des Aktienkapitals halten
- Mindestens 75 % des Geschäftsvermögens in Immobilien
- Mindestens 75 % der Einnahmen aus Vermietung und Verpachtung von Immobilien bzw. Zinseinnahmen aus der Vergabe von Hypothekarkrediten
- Höchstens 20 % des Gesellschaftsvermögen in steuerpflichtigen Tochtergesellschaften
- Mindestausschüttung von 90 % des normalerweise steuerpflichtigen Gewinns an die Aktionäre als Dividenden

Der amerikanische Gesetzgeber erlaubte 1960 die Einführung von Immobiliengesellschaften/Trusts, die sich der REIT-Struktur bedienen wollten, um Anlegern mit kleineren Beträgen die Möglichkeit zu geben, an dem Erfolg gewerblicher Immobilien steuereffizient zu partizipieren, ohne auf eine Beteiligung an einer Limited

Partnership (Personengesellschaft) angewiesen zu sein. REITs sind Kapitalgesellschaften, deren Aktien an der Börse, heute fast ausschließlich an der New York Stock Exchange, notiert sind oder solche, die sich im Privatbesitz befinden (non public). Die weiteren Ausführungen konzentrieren sich auf REITs als Publikumsgesellschaften.

2. Marktgröße, Arten, Struktur der REITs

2.1 Marktgröße

Derzeit sind ca. 180 REITs bei der US Securities & Exchange Commission registriert. Die Börsenkapitalisierung der REITs beträgt ca. 260 Mrd. $ (nach 9 Mrd. $ in 1990), der Wert der Immobilien ca. 400 Mrd. $, wobei die Differenz von 140 Mrd. $ den Fremdkapitalanteil (ca. 35 %) darstellt.

Publikums REITs besitzen heute ca. 11% des gesamten amerikanischen gewerblichen Immobilienvermögens.

Das tägliche Handelsvolumen von REIT-Aktien an der Börse ist seit 1992 von ca. 50 Mio. $ auf über 1 Mrd. $ gestiegen.

2.2 Arten

2.2.1 Equity REITs

Equity REITs sind solche REITs, die Immobilien im Eigentum halten, diese heute fast ausschließlich selbst verwalten, vermieten und verpachten, sowie Objekte entwickeln und andere rund um die Immobilie erforderlichen Dienstleistungen erbringen. Im Gegensatz zu Immobiliengesellschaften ohne REIT-Status, ist für die REITs der Handel mit Immobilien sowie die Erbringung von Dienstleistungen für Dritte gesetzlich stark eingeschränkt. Equity REITs sind also hauptsächlich Bestandsimmobiliengesellschaften mit operativem Charakter.

Von den rund 180 REITs sind 140 Equity REITs.

2.2.2 Mortgage (Hypotheken) REITs

Hierbei handelt es sich um REITs, deren Geschäftszweck die Einnahme von Zinsen aus Hypothekendarlehen ist. Die Gesellschaften stellen den Beleihungssatz von gewerblichen Immobilien fest, der dann die Basis für die Vergabe von Hypothekendarlehen ist. Zusätzlich können Hypotheken im Zweitmarkt erworben werden (commercial-backed securities).

2.2.3 Hybrid REITs

Wie der Name impliziert, sind diese REITs sowohl als operativ tätige Bestandsimmobiliengesellschaften als auch als Hypothekenkreditgeber tätig.

2.3 Struktur

Seit Anfang der 90ziger Jahre hat sich die Größe des REIT-Marktes fast verdreissigfacht. Zurückzuführen ist diese Entwicklung hauptsächlich auf die Einführung der UPREIT-Struktur. Hier beteiligt sich der REIT an einer Limited Partnership (operating partnership), deren Vermögenswerte (Immobilien) durch Dritte, meistens über den Tausch von Limited Partnershipanteilen, eingebracht werden. Der REIT erwirbt die Mehrheit der Anteile an der Operating Limited Partnership gegen bar und wird der General Partner der Partnership.

Der Tausch von Anteilen der die Objekte in die Operating Limited Partnership einbringenden Partner in Anteile der Operating Limited Partnership hat für diese Limited Partner in sofern eine steueraufschiebende Wirkung, als der Tausch keine Gewinnrealisierung darstellt bis die neuen Anteile entweder gegen bar verkauft werden, oder eins zu eins in Aktien des REITs gewandelt werden. Des weiteren bietet die UPREIT-Struktur den die Objekte in die Operating Limited Partnership einbringenden Personen die Möglichkeit, einer effizienteren Nachlassplanung. Da in den USA erhebliches gewerbliches Immobilienvermögen von Privatinvestoren und Entwicklern (Developers) gehalten wird, und während der Immobilienkrise Anfang bis Mitte der 90ziger Jahre Refinanzierungsbedarf für nicht mehr oder nur noch unzureichend zu bedienender Hypothekenkredite bestand, war die UPREIT-Struktur häufig das geeignete Mittel, um die finanzielle Integrität der Objekte sicherzustellen, ohne negative steuerliche Konsequenzen in Kauf nehmen zu müssen.

3. Attribute

Gewerbliche Immobilien im allgemeinen gehören zu den klassischen Anlagealternativen zu Aktien und festverzinslichen Papieren. Sie bieten

– hohe laufende Rendite
– niedrige Korrelation zu allgemeinen Aktien
– potentiellen Inflationsschutz

REITs im besonderen bieten darüber hinaus

– gleichgerichtete Interessen des Managements und der Aktionäre
– Verhalten des Managements als Miteigentümer
– Fungibilität der Anlage
– Diversifizierung nach Region und Objektart
– Anlageflexibilität
– Corporate Governance
– Effizienten Zugang zu großen Immobilienvermögen
– Risikodiversifizierung

Die Attribute im einzelnen:

3.1 Laufende Rendite

Um körperschaftssteuerfrei zu bleiben, müssen REITs 90 % ihres normalerweise steuerpflichtigen Gewinns als Dividenden ausschütten. Diese Ausschüttungsquote entspricht gegenwärtig ca. 70 % des Cashflows. Seit 1981 machen die Dividendenrenditen der REITs mit durchschnittlich 8,25 % ca. zwei Drittel des jährlichen Gesamtergebnisses aus.

Consistent Income Returns

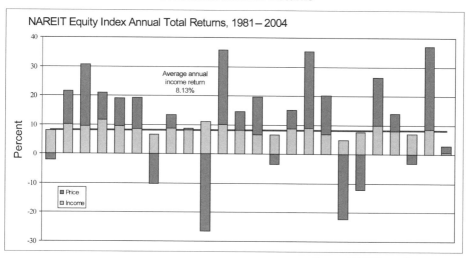

Source: NAREIT, as of 06/30/2004

3.2 Korrelation zu Aktien und Obligationen

Die Korrelation zu Aktien hat seit 1981 kontinuierlich abgenommen und beträgt derzeit 26%. Im Vergleich zu festverzinslichen Anlagen lässt sich lediglich eine Korrelation zu den 10-jährigen US Bundesobligationen (Treasury Bonds) feststellen, die mit -0.03 niedrig ist.

Declining Equity REIT Correlation

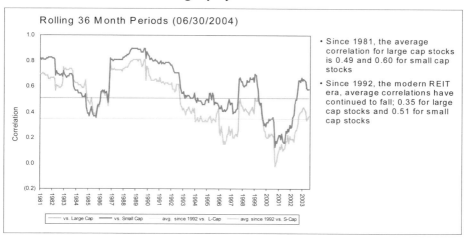

Source: NAREIT, Standard & Poor's and Frank Russel
Correlation of NAREIT Equity Index to the S&P 500 and Russel 20 00.

Declining Equity REIT Correlation

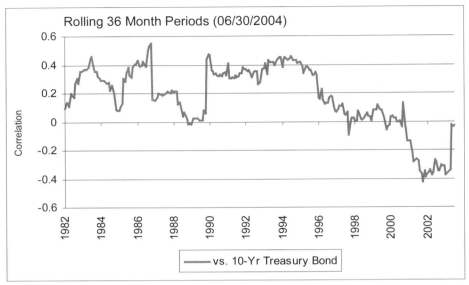

Source: NAREIT, 10 Year Treasury Bond (by Salomon Brothers)
Correlation of NAREIT Equity Index to the 10 Yr Treasury Bond

3.3 Potentieller Inflationsschutz

In Zeiten hoher Inflation halten REITs ihren Wert im Gegensatz zu Obligationen.

Current Dividend Yields

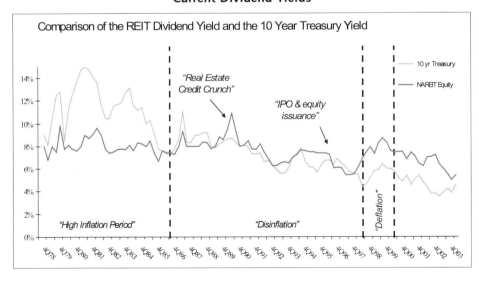

3.4 Gleichgerichtete Interessen des Managements und der Aktionäre; Verhalten des Managements als Miteigentümer

REIT-Managements sind häufig in substantiellem Maß Aktionäre ihrer Gesellschaften. Solche Insider-Beteiligungen werden derzeit auf durchschnittlich 7% des Aktienkapitals geschätzt. Dies sollte zur Vermeidung von Interessenskonflikten beitragen.

3.5 Fungibilität

Aktien von Publikums REITs sind täglich handelbar. Die Aufnahme von REITs in den Standard & Poor's 500 Aktienindex sowie den Russell 2000 Index (small cap) hat das tägliche Handelsvolumen vergrößert. Es steht derzeit bei über 1 Mrd. $.

3.6 Diversifizierung (nach Region)

3.6.1 Nach Region

Der Ausblick für Wirtschaftswachstum und Immobilienpreise ist regional heterogen. Die Mobilität der Bevölkerung, unterschiedliche wirtschaftliche Voraussetzungen, Zonungsvorschriften, Steuern, etc. führen häufig zu regional unterschiedlichen Entwicklungen der Immobilienanlagen. Dementsprechend lässt sich über regionale Gewichtungen von REITs in einem Immobilienvermögen eine optimale Struktur erzielen.

3.6.2 Nach Objektart

REIT Ownership by Property Type – 2004

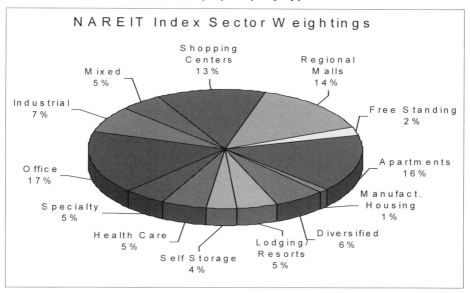

Source: NAREIT al of 06/30/2004

3.7 Anlageflexibilität

Der Kauf und Verkauf von Immobilien ist erfahrungsgemäss zeitaufwendig. Zwar sollte eine Immobilienanlage mit einem mittel- bis langfristigen Anlagehorizont erfolgen, trotzdem können veränderte Wirtschaftsdaten für eine höhere oder niedrigere Gewichtung von Immobilien in einem Gesamtvermögen sprechen. Aktien von REITs, die jederzeit an der Börse ge- bzw. verkauft werden können, geben dem Anleger eine mit direkten Investments normalerweise nicht zu erzielende Handlungsfreiheit.

3.8 Corporate Governance

Direkte Immobilienanlagen entbehren oft, insbesondere wenn sie fremdverwaltet werden, adäquater Transparenz. Interessenskonflikte, Einflussnahme und Bereicherung über unerlaubte Zahlungen und ähnliche Delikte sind nicht immer erkennbar. Obwohl die von der SEC vorgeschriebene Publizitätsfrist derartige Vorkommnisse bei REITs nicht vollständig verhindern kann, erzeugt sie jedoch eine kontinuierliche Geschäftstransparenz, die für den Anleger Vertrauen bildet.

3.9 Effizienter Zugang zu großen Immobilienvermögen

Immobilienanlagen in direkter Form erfordern meistens einen erheblichen Kapitaleinsatz. Selbst wenn größere Kapitalvermögen für Immobilienkäufe zur Verfügung stehen, reichen die Beträge nicht immer aus, um zu allen Objektarten Zugang zu erhalten und das Postulat der Risikomischung einzuhalten. Hotels sind in diesem Zusammenhang ein gutes Beispiel, da sie in der Regel sehr kapitalaufwendig sind. Hotel REITs andererseits geben auch dem nicht so kapitalkräftigen Anleger effizienten Zugang zu einer Anlage in Hotels über den Kauf von REIT-Aktien.

3.10 Risikodiversifizierung

Empirische Untersuchungen haben ergeben, dass in der Vergangenheit der Einsatz von REITs in einem aus Aktien, Renten und Liquidität bestehenden Vermögen das Gesamtergebnis verbessert und das Risiko verringert hätte.

Diversify to Reduce Risk or Increase Return

Stock and Bond Investors 1984-2004*

Stocks and Bonds	With 10% REITS	With 20% REITS
T-Bills 10%	REITs 10%	REITs 20%
Stocks 50%	T-Bills 10%	T-Bills 10%
Bonds 40%	Stocks 45%	Stocks 40%
	Bonds 35%	Bonds 30%
Return 11.7%	Return 11.8%	Return 11.9%
Risk 9.5%	Risk 9.1%	Risk 8.9%

* 20 year period through 06/30/2004

*Source: EII Calculations, Stocks-S&P 500, Bonds-Salmon Brothers 30 Year Bond,
T-Bills-Salmon Brothers, REITS-NAREIT Equity Index*

4. Investitionen in REITs

4.1 Anlagekriterien

Die Kursentwicklung der REIT-Aktien wird von verschiedenen Einzelfaktoren bestimmt, mit denen sich der Anleger vertraut machen muss.

4.1.1 Immobilienzyklus

Innerhalb des Immobilienzyklus haben die verschiedenen Objektarten eine unterschiedliche Dynamik. Ganz allgemein lässt sich feststellen: Je kuerzer die Laufzeit der Mietverträge, je schneller wird das Ergebnis der Objekte durch veränderte Wirtschaftslagen beeinflusst. Hotels mit täglichen Übernachtungssätzen werden von konjunkturellen Veränderungen sehr schnell betroffen. Wohnungskomplexe mit durchschnittlich 6-monatigen Mietverträgen sind ebenfalls sehr früh konjunkturanfällig. Dagegen werden Büroimmobilien wegen der langfristigen Mietkonditionen erst spät von derartigen Veränderungen tangiert. Es gilt deshalb für den Anleger, bei der Auswahl der Objektart genau zu prüfen, in welcher Phase des Immobilienzyklus sie sich befindet.

Top-down: Sector Selection

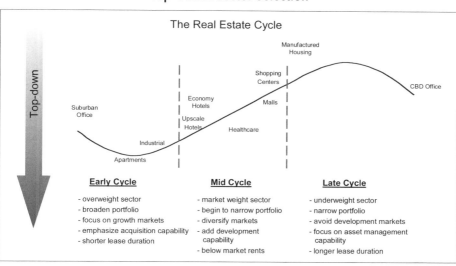

Source: European Investors Inc.

4.1.2 Kapitalmarkt

Die erfolgreiche Anlage in REITs setzt eine Symbiose der Kapitalmarkt- und Sektoranalyse (top down) und der Gesellschaft zugrunde liegenden Immobilien (bottom up) voraus. Einflüsse des Kapitalmarkts kommen aus Zinsentwicklungen, Kapitalflüssen, Aufschlägen bzw. Abschlägen in der Aktienbewertung im Vergleich zum Wert der zugrunde liegenden Immobilien. Hinzu kommt das Geschick des Managements, die Bilanzrelationen je nach Kapitalmarktlage optimal zu gestalten.

4.1.3 Immobilien

Die Qualität der Immobilien ist entgegen der Intuition für den Anlagerfolg nicht von überragender Bedeutung. Die besten Immobilien sind kein Garant für den Erfolg der Gesellschaft. Hervorragende Immobilien können weniger Cashflow-Wachstum bieten als solche mit geringerer Qualität. Letztlich ist der Cashflow entscheidend, der sich aus den Immobilien erzielen lässt.

4.1.4 Management

Für die Güte direkter Immobilienanlagen wird häufig das Kriterium „location, location, location" (Standort) herangezogen. Für REITs muss in Abwandlung des Slogans „management, management, management" an Stelle dieses Slogans treten, denn neben der Vermietung/Verpachtung und der operativen Verwaltung der Immobilien tritt die mit einer Vielzahl von Objekten verbundene „economies of scale", das externe Wachstum über den Erwerb von Objekten, die Erschließung von verbundenen Einnahmequellen (Dienstleistungen für die Mieter), das Development von neuen Projekten und schließlich das Management der Bilanz.

4.2 Bewertung

Die Einschätzung, ob eine REIT-Aktie unter-, über- oder neutralbewertet ist, richtet sich nach mehreren Kriterien:
- Top Down Analyse der Objektsektoren
  - Wirtschaftswachstum
  - Veränderungen der Beschäftigung
  - Entwicklung der langfristigen Zinssätze
  - Demographische Entwicklungen
  - Steuerliche Komponenten
- Bottom Up Analyse
  - Qualität der Immobilien
  - Lage der Objekte
  - Kreditwürdigkeit der Mieter
  - Qualität des Managements
  - Geschäftsstrategie
  - Wettbewerbsvorteile
  - Finanzkraft
  - Fungibilität der Aktien
  - Dividendenrendite

Die Kombination von Top Down und Bottom Up Analysen ergibt eine Schätzung für das langfristig zu erwartende Cashflow-Wachstum der Gesellschaft. Damit kann der Wert der Aktie unter Heranziehung des Dividend-Discount-Modells, des inneren Werts (Net Asset Value) und eines Multiplikators des Cashflows ermittelt werden.

4.3 Vergleich mit anderen Anlageklassen

Trotz der historisch niedrigen Korrelation der Equity REIT-Aktien zu allgemeinen Aktien und Obligationen, sollte der Investor in REITs regelmäßig einen Bewertungsvergleich mit Aktien und Obligationen vornehmen. Da es sich bei REIT-Aktien um fungible Wertpapiere handelt, kann es aus unterschiedlichen Gründen zu Über- und Unterbewertungen gegenüber Aktien und Obligationen kommen. Hier gilt es dann, mit dem Kauf oder Verkauf von REIT-Aktien gegenzusteuern. Da REITs als Aktien die Entwicklung der zugrunde liegenden Immobilien vorwegnehmen, kann es zu Fehleinschätzungen der Marktteilnehmer kommen, wodurch REITs temporär im Vergleich zum inneren Wert unter- oder überbewertet sind und einen Handlungsbedarf verursachen.

Relative Equity Valuations

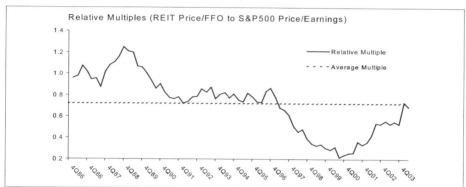

Source: Goldmann Sachs as of 06/30/2004

Real Estate Valuations

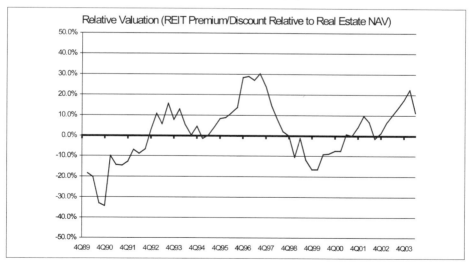

Source: Green Streed Advisers, Inc. as of 06/30/2004

4.4 Steuerliche Behandlung

Direkte Anlagen in gewerblichen Immobilien werden nach dem deutsch/amerikanischen Doppelbesteuerungsabkommen besteuert. Dies besagt, dass für deutsche Investoren die Besteuerung von direktem Eigentum an Immobilien den Amerikanern obliegt. Für Privatinvestoren schließt dies die Erbschaftssteuer ein.

Die Anlage in REIT-Aktien wird für den deutschen Anleger ebenfalls nach dem Doppelbesteuerungsabkommen mit den USA geregelt. Das Besteuerungsrecht liegt danach bei der Bundesrepublik. Allerdings sieht das Doppelbesteuerungsabkommen auf die Dividendenausschüttungen der REITs einen US Quellensteuerabzug vor, der in der Bundesrepublik ganz oder teilweise anrechenbar ist. Voraussetzung hierfür ist generell, dass der deutsche Anleger nicht mehr als 5% des ausstehenden Aktienkapitals des REITs besitzt. Für Privatanleger stellt sich der US Quellensteuerabzug für Dividendenausschüttungen auf 15%. Für institutionelle deutsche Investoren, die nicht als operative Einheiten in Deutschland tätig sind (gewerblich), d.h., selbstständige Pensionskassen und steuerfreie Stiftungen, beträgt die US Quellensteuer 30% auf Dividendenausschüttungen. Häufig beinhalten Dividenenausschüttungen mit ausgeschüttete Abschreibungen (Kapitalrückzahlung) die auch in der Bundesrepublik steuerfrei sind. Die hierauf einbehaltene Quellensteuer kann von den amerikanischen Steuerbehörden zurückgefordert werden.

Aufgrund des am 1.1.2004 in Kraft getretenen Investmentsteuergesetztes besteht insofern noch eine steuerliche Unsicherheit, als REITs aufgrund ihrer Charakterisierung als Auslandsfonds Publizitätsvorschriften unterworfen werden, denen sie nicht nachkommen können oder wollen. Im Endeffekt könnte es hier für den deutschen Privatinvestor zu einer Strafbesteuerung kommen. Allerdings beabsichtigt das Finanzministerium alle ausländischen operativ tätigen Immobiliengesellschaften, deren Aktien an einer Börse notiert sind und die keine, dem deutschen Investmentgesetz ähnlichen aufsichtsrechtlichen Vorschriften unterliegen, von den Auflagen des Gesetzes zu befreien. Damit würden REIT-Dividenden in Deutschland in Zukunft nach dem Halbeinkuenfteverfahren zu versteuern sein. Die Bekanntgabe dieser Regelung soll im Einführungsschreiben zum Investmentsteuergesetz erfolgen.

Realisierte Kursgewinne auf REIT-Aktien unterliegen keiner US Besteuerung.

4.5 Performance

Rates of Return

Compound Annual Rate in Percent	NAREIT[1] Equity	S&P 500	Russell 2000	Lehman US Credit
1979-2004*	14.3	13.7	13.9	9.6
1979-1992	15.6	16.2	15.8	11.4
1993-2004*	12.6	10.8	11.7	7.5
2001-2004*	16.5	-2.5	11.4	8.0

(1) NAREIT = National Association of Real Estate Investment Trust

VIII. Leasinggesellschaften

Übersicht

1. Entwicklung von Immobilien-Leasing als Form der Finanzierung von Immobilieninvestitionen

1.1 Leasingmarkt und Leasingquote in Deutschland

Die gewerbliche Immobilieninvestition erlebt in Deutschland gegenwärtig den tiefgreifendsten Wandel in ihrer Geschichte. Entscheidend dafür sind die gleichzeitig auftretenden stukturellen, konjunkturellen und auch regulatorischen, hier insbesondere steuerpolitischen Veränderungen.

Diese Entwicklung führte auch beim Immobilien-Leasing in den letzten beiden Jahren zum deutlichen Rückgang des Geschäftes.

In der Statistik wird als Vergleichsmaßstab zu den anderen Investitionsformen die Leasingquote herangezogen. Die **Leasingquote** ist der Anteil der Leasinginvestitionen eines Jahres an den gesamten Brutto-Anlageinvestitionen der Wirtschaft. Die Leasingquote für gewerbliche Immobilien erreichte im Jahre 2002 mit 9,9 % den höchsten Anteil seit Aufzeichnung der Leasingraten beim Bundesverband Deutscher Leasingunternehmen e.V. (BDL). 2003 sank die Leasingquote auf 8,7 %.

Im Jahr 2002 wurden 90,9 Mrd. € im Bau investiert, im Jahr 2003 waren es 87,2 Mrd. €. Das ist ein Rückgang um 4,2 %. Entscheidend für den Rückgang des Immobilien-Leasing Geschäftes ist die allgemeine Investitionsschwäche im gewerblichen Immobilienmarkt und der Rückzug der Banken aus dem gewerblichen Realkredit.

Abb. 1: Immobilien-Leasing in Deutschland seit 1995

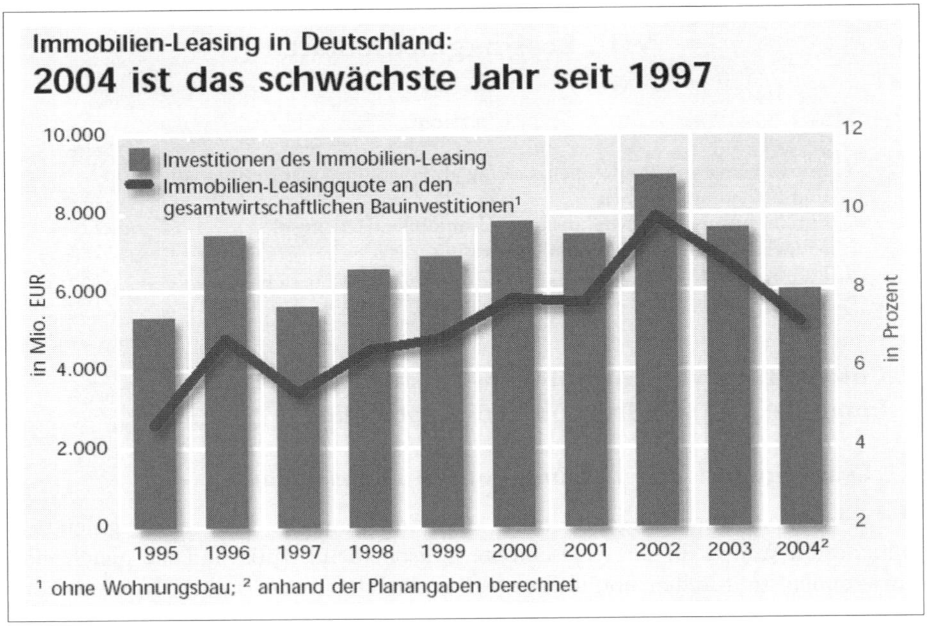

Immobilien-Leasing in Deutschland:
2004 ist das schwächste Jahr seit 1997

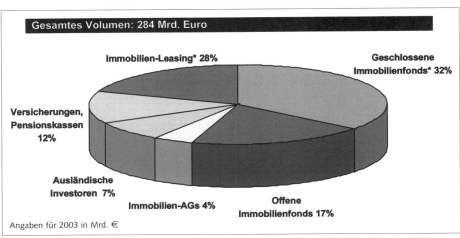

© Immobilien Zeitung: Quelle: ifo Investitionstest, Statistisches Bundesamt

Die Immobilienanlagen institutioneller Investoren in Deutschland betrug **2003 284 Mrd. €**. Davon entfielen auf die Leasing-Immobilienunternehmen 78 Mrd. € (28%). Damit sind die Leasingunternehmen nach den geschlossenen Immobilien-Fonds die zweitwichtigste institutionelle Investorengruppe.

Abb. 2: Immobilienbestände in Deutschland

*) Investitionsvolumen   Quelle: BULWIEN AG, Immobilien-Neuanlagen institutioneller Investoren,
1986–2002, Stand: Febr. 2004

Bei der Kapitalbeschaffung für Immobilieninvestitionen wird der Anteil von Immobilienleasing langfristig relativ stabil bleiben. Dafür bietet die Struktur der Leasingfinanzierung in Form der **off-balance-Kapitalbeschaffung**, bei der die Nutzer die Investitionen selbst nicht bilanzieren müssen Möglichkeiten für einen eher wachsenden Anteil am Markt. Im Finanzierungsmix für Unternehmen, insbesondere beim Mittelstand, wird Leasing in dem Maße wie sich insgesamt die Kapitalbeschaffung erschwert noch wichtiger werden. Aber auch für den Investitionsbedarf der öffentlichen Hand ist das Immobilien-Leasing bereits heute eine Finanzierungsform mit großem Zukunftspotential. **Public Private Partnership (PPP)** wird in den nächsten Jahren starker Impulsgeber für das Wachstum beim Immobilien-Leasing werden. Neue Aufgaben und ein gewaltiger Investitionsrückstau sorgen dafür, dass bei der Finanzierung von Neubauprojekten und bei der Instandsetzung bzw. Modernisierung von Bestandsgebäuden über Leasing auch größere Immobilienprojekte in der Partnerschaft mit privaten Investoren verwirklicht werden können. Bei diesem in Großbritannien beliebten und erfolgreich erprobten Konzept arbeiten Privatfirmen mit der öffentlichen Hand zusammen. Erfahrungen zeigen, dass sich Effizienzgewinne von bis zu 25 % erzielen lassen.

Als Alternative zu dem bisher üblichen Weg der Finanzierung durch die Aufnahme von Kommunalkrediten über den Haushalt sehen sich die Leasinggesellschaften immer mehr als Immobilienmanager, in dem sie neben der Finanzierung auch anbieten, die öffentlichen Gebäude zu betreiben und zu warten. Der kommunale Investitionsbedarf, der jährlich mit rd. 68 Mrd. € angegeben wird, ist ohne die Zusammenarbeit der öffentlichen Haushalte mit Privatinvestoren nicht zu

Abb. 3: Kommunaler Investitionsbedarf für die Jahre 2000–2009

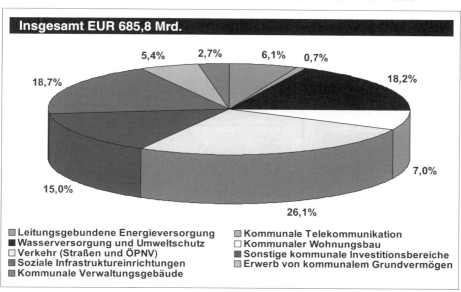

Quelle: Deutsches Institut für Urbanistik

schließen[1]. Nach Investitionsarten gegliedert, haben die Baumaßnahmen in den alten oder neuen Bundesländern mit 68% bzw. 78% den höchsten Anteil[2].

1.2 Immobilien-Leasing als Alternative zur Kreditfinanzierung

Die Notenbanken und Aufsichtsbehörden der 10 führenden Industrieländer (G10) haben Ende Juni 2004 die **Eigenkapitalregeln (Basel II)** verabschiedet, die ab 2007 zunächst für die international tätigen Banken der G10-Länder in Kraft treten sollen. Grundsätzlich werden diese Regeln für eine differenzierte Preispolitik der Kreditinstitute sorgen. Entscheidend dabei ist das Rating der Kreditkunden, das sich maßgeblich an der Höhe und Werthaltigkeit der Sicherheiten misst. Die **Eigenkapitalausstattung** der Unternehmen ist entscheidend für die Bonitätseinschätzung. Tatsächlich ist die Eigenkapitalausstattung deutscher Unternehmen seit Mitte der 60er Jahren ständig rückläufig und im internationalen Vergleich signifikant gering. Dieser Trend wird sich im Hinblick auf internationale Bilanzierungsnormen mit ansteigenden Verschuldungsgraden eher noch verstärken.

Die restriktive Kreditvergabe der Banken wird die Investoren und Unternehmen zum Umdenken bei dem Umgang mit Immobilieninvestitionen und Immobilienbeständen zwingen. Um die negativen Auswirkungen des geänderten Finanzmarktes abzufedern, gewinnt das Immobilien-Leasing als alternative Form der Finanzierung, als Instrument zum Bilanzstrukturmanagement, an Bedeutung. Mit Hilfe von Leasing lässt sich sowohl die Eigenkapitalausstattung als auch die Liquidität von Unternehmen verbessern. Unternehmen müssen prüfen, wie sie künftig anstelle der

Abb. 4: Entstehende Finanzierungslücken

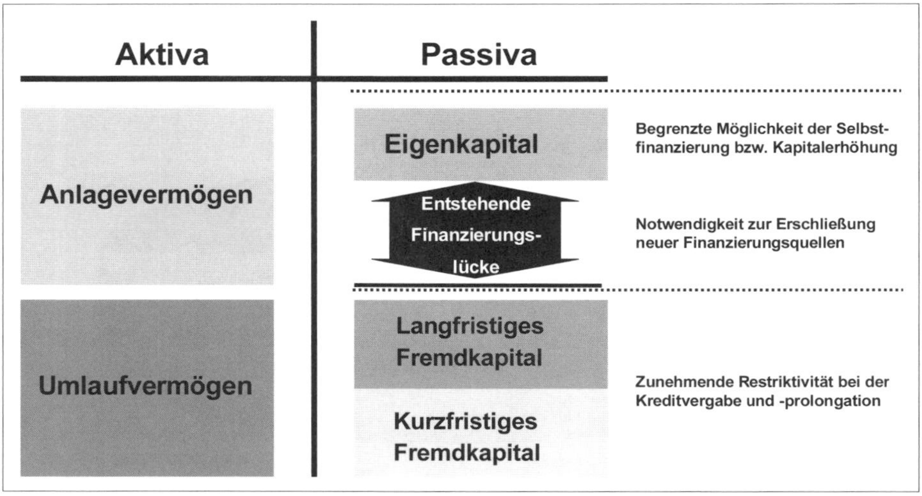

Quelle: KPMG, Corporate Finance, in: Unternehmensfinanzierung, Jahrbuch 2004

---

[1] Vgl. *Reidenbach* u.a.: Der kommunale Investitionsbedarf in Deutschland – Eine Schätzung für die Jahre 2000 bis 2009, Difu-Beiträge zur Stadtforschung, Bd. 35, Berlin 2002.
[2] Vgl. Bundesverband Deutscher Banken: Daten, Fakten, Argumente; Berlin Januar 2004.

Aufnahme von Fremdkapital die Stärkung der Eigenkapitalbasis erreichen können. Die Eigenkapitalbasis wirkt wieder entscheidend bei der Konditionsgestaltung der fürs Kerngeschäft benötigten Kreditvergabe mit.

In der Auswertung der Studie der KfW zur Unternehmensfinanzierung vom Herbst 2003 wurde vom Württembergischen Genossenschaftsverbandes e.G. der Volksbanken Raiffeisenbanken festgestellt, dass die Stärkung des Eigenkapitals mit Hilfe neuer Finanzierungsinstrumente aktuell eines der Hauptprobleme der Unternehmensentwicklung darstellt und dabei insbesondere für mittlere Unternehmen der Ausbau der Leasingfinanzierungen im Vordergrund steht.[3]

Abb. 5: Eigenkapitalquote mittelständischer Industrieunternehmen

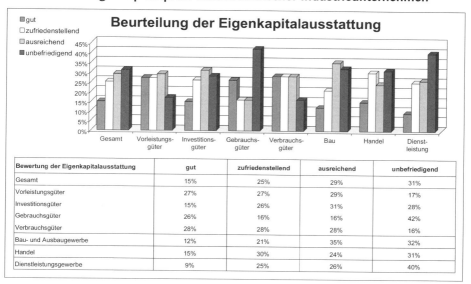

Quelle: WGZ-Bank, Lagebericht Mittelstand, Winter 2003/2004, S. 21

2. Funktionsweise und Merkmale von Immobilien-Leasing

2.1 Begriffsbestimmung

Leasing ist die langfristige **Vermietung** von Wirtschaftsgütern. Der **Leasinggeber (LG)** überträgt dem **Leasingnehmer (LN)** gegen **Entgelt (Leasingrate)** ein Wirtschaftsgut zur Nutzung. Dabei werden die Objekte vom Leasinggeber nach speziellen Anforderungen des Nutzers (LN) angeschafft oder hergestellt. Die Investitionskosten werden durch die Mietraten während der Mietzeit ganz oder teilweise amortisiert. Die Gebrauchsüberlassung gegen Entgelt wird mit dem Leasingvertrag

---

[3] *Stuhlinger:* Je größer das Unternehmen, desto besser ist es informiert, Studie der KfW zur Unternehmensfinanzierung, Geno Zeitschrift des Württembergischen Genossenschaftsverbands, Ausgabe Mai 2004, Seite 38.

geregelt. Dabei sind Leasingverträge in erster Linie nach den mietrechtlichen Bestimmungen des BGH (vgl. §§ 535 ff. BGB) zu beurteilen.

2.2 Steuerliche und handelsbilanzielle Einordnung von Leasingverträgen

Grundlage für die steuerliche und gleichzeitig handelsbilanzielle Einordnung von Leasingverträgen sind folgende Erlasse und BMF-Schreiben:

Abb. 6: Übersicht der leasingrelevanten Grundlagen

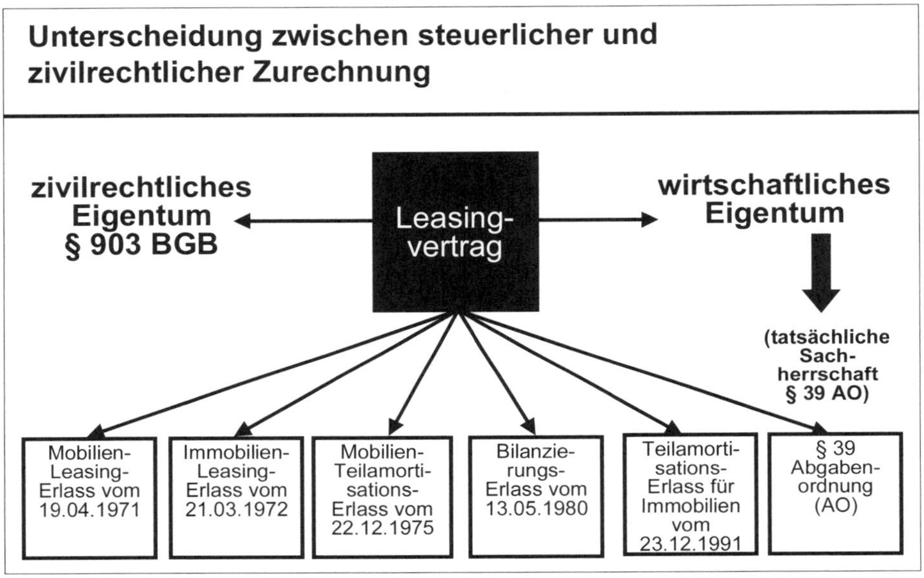

Unterscheidung zwischen steuerlicher und zivilrechtlicher Zurechnung

zivilrechtliches Eigentum § 903 BGB	Leasing-vertrag	wirtschaftliches Eigentum
		(tatsächliche Sach-herrschaft § 39 AO)

| Mobilien-Leasing-Erlass vom 19.04.1971 | Immobilien-Leasing-Erlass vom 21.03.1972 | Mobilien-Teilamorti-sations-Erlass vom 22.12.1975 | Bilanzie-rungs-Erlass vom 13.05.1980 | Teilamorti-sations-Erlass für Immobilien vom 23.12.1991 | § 39 Abgaben-ordnung (AO) |

Entscheidend für die Zuordnung des Leasinggegenstandes beim LG oder LN ist die Zuordnung des wirtschaftlichen Eigentums, sowohl in der Handelsbilanz als auch in der Steuerbilanz[4]. Die Zurechnungsfrage richtet sich nach der vertraglichen Gestaltung, wonach im Regelfall die gesamten Investitionskosten und auch der Gewinn des LG in Form des Verwaltungskostenbeitrages vom LN getragen werden. Im Unterschied zum herkömmlichen Mietvertrag trägt der LG aber nicht die mietvertraglich üblichen Gewährleistungsansprüche des Vermieters, sondern tritt diese an den LN ab. In der Regel ist nach geübter, vertragsgestaltender Praxis aller Immobilien-Leasinggesellschaften der Leasinggegenstand beim LG in dessen Handels- und Steuerbilanz zu aktivieren. Der sog. **off-balance-Effekt** ist auch eines der Hauptargumente für die Vorteilhaftigkeit der Investition über Leasing.

---

[4] Vgl. *Bodewin:* Leasingverträge in Handels- und Steuerbilanz, in: Neue Wirtschaftsbriefe Nr. 22 vom 28.5.1996, Fach 17, Seite 1435.

Abb. 7: Übersicht Bilanzierung beim Leasinggeber

G u V		Bilanz Mio. Euro	
Aufwand	**Ertrag**	**Aktiva**	**Passiva**
AfA	Leasingrate ▪ Zins ▪ Tilgung ▪ Marge	Grundstück 5 Gebäude 25	Darlehen 30
		30	30

Zusammensetzung der Leasingraten

- Marge für Refinanzierungszins (Zinsanteil)
- Amortisationsanteil (Tilgungsanteil)
- Marge (Verwaltungskostenbeitrag) für Kosten, Risiko, Gewinn der Leasinggesellschaft

Die Anschaffungs- und Herstellungskosten werden beim LG unter Ansatz der Kosten für die Refinanzierung, der AfA und ggf. noch laufender Kosten aus dem Objekt als Betriebsausgaben aktiviert. Die Leasingraten stehen als Betriebseinnahmen dagegen. Beim LN sind die Leasingraten als Betriebsausgaben zu erfassen und somit steuerlich voll absetzbar und können insoweit ergebnissteuernd eingesetzt werden. Mit dem Grundsatz der off-balance-Gestaltung von Leasinggeschäften für den LN verbinden sich die in der Praxis vielfach angewandten Möglichkeiten des **präventiven Bilanzmanagements** für Unternehmen, die in Immobilien investieren wollen oder die Immobilienvermögen auslagern wollen.

Abb. 8: Vorteile Immobilien-Leasing

Der Immobilien-Leasingvertrag bietet gegenüber den Alternativen wesentliche Vorteile, ohne jedoch deren Nachteile zu übernehmen

Handlungsalternativen bei Immobilien			
Kriterium	**Fremdfinanz. Eigeninvestition**	**Miete**	**Immobilien-Leasing**
Maßgeschneiderte Gebäude	ja	Nein	ja
Uneingeschränkte Nutzung	ja	möglich	ja
Wertsteigerung beim	Eigentümer	Eigentümer	Leasingnehmer
Langfristig kalkulierbare Kosten	ja	nein	ja
Eigenmitteleinsatz	ja	nein	möglich
Gewerbesteuererhöhend	ja	nein	nein
Bilanzierung der Immobilie beim	Eigentümer	Eigentümer	Leasinggeber
Veräußerung jederzeit möglich	ja	nein	nein
Eigentumsübertragung nach Vertragsablauf	nicht notwendig	nicht vorgesehen	typischerweise vorgesehen

⟹ • traditionelle Finanzierung (Hypothek/Grundpfandrecht) i.d.R. bis 60 % des Beleihungswertes

Quelle: VR-LEASING AG

2.3 Vertragsformen und Vertragslaufzeiten

Beim Immobilien-Leasing wird normalerweise für jedes einzelne Objekt eine separate **Objektgesellschaft** gegründet. Die meisten Immobiliengesellschaften halten die Anteile an den einzelnen Objektgesellschaften in Form einer Kapital-und Verwaltungsholding. Als Rechtsform für diese Gesellschaften sind die GmbH & Co. KG's bzw. GmbH's am weitesten verbreitet. Die Objektgesellschaften übernehmen die Aufgabe, alle erforderlichen Geschäfte für die Finanzierung, Errichtung und Vermietung der Leasingobjekte durchzuführen. Objektgesellschaften lassen sich hinsichtlich der Rechtsform nochmals unterteilen in Objektgesellschaften ohne und mit Beteiligung des Leasingnehmers. Die Einschaltung von Objektgesellschaften ist beim Immobilien-Leasing immer dann notwendig, wenn die **erweiterte Kürzung der Gewerbesteuer** „nach § 9 Nr. 1, Satz 2 GewStG" mit der Verwaltung und Nutzung von eigenem Grundbesitz in Anspruch genommen werden soll. Da sich damit die Gewerbesteuerersparnis verbindet, die einen wesentlichen Vorteil von Immobilien-Leasing darstellt, geschieht die Gründung von Objektgesellschaften in erster Linie aus steuerlichen, speziell gewerbesteuerlichen Gründen. Die Einschaltung der Objektgesellschaft hat weiterhin folgende Vorteile:

– objektbezogene Finanzierung (Risikobegrenzung)
– Haftungsbegrenzung, insbesondere wegen der Abgrenzung zwischen den Interessen unterschiedlicher Leasingnehmer
– Transparenz und Flexibilität der Vermögensverwaltung
– Vereinfachung der organisatorischen Verwaltung der Leasingverträge
– Flexibilität in der Eigentumsübertragung (Kaufoption am gewerblichen Objekt oder Übernahme der Anteile der Gesellschaft).

Für den Fall, dass der Leasingnehmer sich an der Objektgesellschaft beteiligt, fällt für diesen Anteil die Möglichkeit der erweiterten Kürzung der Gewerbesteuer weg. Die Beteiligung des Leasingnehmers geschieht meist, um Investitionszulagen oder die Übertragung der, vom Leasingnehmer gebildeten Rücklagen nach § 6 b EstG in Anspruch zu nehmen, bzw. auf das Leasingobjekt zu übertragen. Andererseits besteht damit auch die Möglichkeit, die Grunderwerbsteuer einzusparen bzw. deutlich (in Höhe seiner Beteiligung an der Objektgesellschaft) zu reduzieren.

Die **Vertragslaufzeiten** werden generell durch das BGB (§ 567) und im Leasingerlass definiert.

Nach BGB können Mietverträge mit Laufzeiten, die länger als 30 Jahre betragen, von beiden Vertragsparteien unter Beachtung der Kündigungsfristen gekündigt werden. Die zweite generelle Regelung zu den Vertragslaufzeiten ist im Leasingerlass definiert. Danach darf die unkündbare Vertragslaufzeit maximal 90 % der betriebsgewöhnlichen Nutzungsdauer (AfA) betragen. Dies vorausgestellt, beträgt sie bei der, seit dem 31.3.1985 gültigen AfA nach § 7 (4) EstG von 3 % 33,3 Jahre. Gemäß Leasingerlass entspricht das einer maximalen unkündbaren Vertragslaufzeit von 29,7 Jahre, d.h. also, dass die Vertragslaufzeit gemäß Leasingerlass mit der maximal unkündbaren Vertragslaufzeit gemäß BGB identisch ist.

Abb. 9: Übersicht Vertragslaufzeiten

Die Vertragslaufzeiten werden durch das BGB (§ 567) und den Leasing-Erlass definiert

 BGB: § 567

Mietverträge mit Laufzeit länger 30 Jahre können von beiden Vertragsparteien unter Beachtung der Kündigungsfristen gekündigt werden

Leasing-Erlass

Unkündbare Vertragslaufzeit max. 90 % der betriebsgewöhnlichen Nutzungsdauer (AfA)

Bauantrag gestellt	bis 31.03.1985	nach 31.03.1985
AfA nach § 7 (4) EStG	2 % p.a.	3 %
Daraus ermittelter Abschreibungszeitraum	50 Jahre	33,3 Jahre
maximale unkündbare Vertragslaufzeit des Leasingvertrags	30 Jahre	30 Jahre
	BGB-Regelung	**Leasing-Erlass**

Quelle: VR-LEASING AG

Weiter sind die Vertragslaufzeiten wichtig für die **Zurechnung des Gebäudes und des Grund und Bodens** beim Leasingnehmer oder beim Leasinggeber. Dabei ist zu beachten, dass die Zurechnung für Gebäude und Grund und Boden getrennt durchzuführen ist. Grund und Boden und die aufstehenden Gebäude stellen bilanzrechtlich selbständige Wirtschaftsgüter dar. Für Leasingverträge, bei denen keine Kauf- und Verlängerungsoption vereinbart ist, gilt die grundsätzliche Zurechnung des Grund und Bodens beim Leasinggeber.

Die Zurechnung des Gebäudes erfolgt dann beim Leasinggeber, wenn die Grundmietzeit mindestens 40%, höchstens jedoch 90% der betriebsgewöhnlichen Nutzungsdauer des Gebäudes beträgt. Im letzten leasingbezogenen Erlass wurde die 40%-Untergrenze jedoch nicht ausdrücklich erwähnt, wird aber im Leasinggeschäft weiter beachtet. Für Leasingverträge mit einer Kaufoption wird das Gebäude nur dann dem Leasinggeber zugerechnet, wenn der Gesamtkaufpreis, der bei Ausübung des Optionsrecht gelten soll, nicht unter dem Buchwert des Gebäudes zuzüglich des Buchwertes für den Grund und Boden liegt. Für den Fall, dass Verträge mit Mietverlängerungsoption für den Leasingnehmer abgeschlossen werden, gilt, dass das Gebäude nur dann dem Leasinggeber zugerechnet werden kann, wenn die Anschlussmiete mind. 75% der marktüblichen Miete beträgt.

Bei Leasingverträgen mit Kaufoption kann der Grund und Boden nur dann dem Leasinggeber zugerechnet werden, wenn dies auch für das Gebäude gilt.

Die Zurechnung des Leasinggegenstandes beim Leasingnehmer oder beim Leasinggeber unterscheidet sich weiter nach der Art der Verträge hinsichtlich der **Regelung der Amortisation** und der damit verbundenen Zurechnung der typischen Eigentümerrisiken. Werden während der unkündbaren Mietdauer Investitionskosten ganz oder weitgehend amortisiert, bezeichnet man den Vertrag als Vollamortisationsvertrag. Diese Vertragsform findet wegen der Leasingratenhöhe und der langen Laufzeit im Immobilien-Leasing selten Anwendung. Lediglich beim Kommunal-Leasing, wo das Risiko der Drittverwendungsfähigkeit den Verbleib der Immobilie im Eigentum der Leasinggesellschaft in der Regel ausschließt, werden Vollamortisationsverträge mit Laufzeiten von über 25 Jahren abgeschlossen. Der am häufigsten angewendete Vertragstyp ist der Teilamortisationsvertrag mit oder ohne Mieterdarlehen. Bei Teilamortisationsverträgen werden während der unkündbaren Mietdauer nicht alle Kosten des Leasinggebers durch die Leasingrate gedeckt. Bei Beendigung des Vertrages muss also das Leasingobjekt am Markt verwertet werden. Der Leasinggeber trägt insofern das Verwertungsrisiko. Die Leasinggesellschaft versucht, dieses Risiko durch Andienungsrechte, Restwertgarantien oder Vereinbarungen von Abschlusszahlungen zur Erzielung einer vollen Kostendeckung zu minimieren. Für die Zurechnung des Leasingobjektes beim Leasinggeber ist jedoch unumgänglich, dass typische Eigentümerrisiken beim Leasinggeber verbleiben und nicht auf den Leasingnehmer qua Vertrag abgewälzt werden dürfen.

2.4 Leasing nach internationalen Accounting-Standards

Die Entwicklung des gemeinsamen **europäischen Marktes** ist mit dem Beitritt weiterer 10 Mitgliedsländer im Mai 2004 weit fortgeschritten. Damit eröffnen sich der exportorientierten, deutschen Wirtschaft neue Absatzmärkte und Produktionsstandorte in Mittel- und Osteuropa, wobei sich für Investitionen in diesen Wirtschaftsraum Leasing als Finanzierungsmodell grundsätzlich anbietet. Bei solchen Investitionen steht von vornherein die Nutzung der Immobilie im Vordergrund, nicht aber deren Besitz. Der deutsche Investor kann aber meist die ausländischen Grundstücks- und Immobilienmärkte und die spezifischen steuerlichen und rechtlichen Grundlagen nicht ausreichend überblicken. Die Zusammenarbeit mit einer Leasinggesellschaft bei der Vorbereitung und Durchführung derartiger Investition bietet entscheidende Vorteile. Die deutsche Immobilien-Leasingbranche, die traditionell wegen der steuerlichen, zivil- und handelsrechtlichen Rahmenbedingungen auf den inländischen Markt ausgerichtet war, öffnet sich zunehmend den neuen Märkten, indem sie zunächst ihre Kunden mit Neubauleasing ins Ausland begleitet. So finanzieren internationale Handelsketten ihre Expansionspolitk in der Regel vollständig über Leasing. Wegen der Bedeutung der Märkte als zusätzlicher Wachstumsfaktor unterhalten Leasinggesellschaften inzwischen eigene Tochtergesellschaften in Ost- und Westeuropa.

Mit der Internationalisierung des Geschäftes steht die Leasingbranche vor einer weiteren grundlegenden Herausforderung speziell mit der Einführung der **Internationalen Bilanzregeln**. Damit der Leasinggeber weiter als Eigentümer gilt, müssen innovative Finanzierungsformen entwickelt und rechtssicher eingeführt werden. Nur so kann der entscheidende Vorteil der off-balance-Struktur des Immobilien-Leasings aufrecht erhalten bleiben. Das Thema Internationale Bilanzierungsvorschriften greift insofern grundlegend in das Leasinggeschäft ein. Da die internationale Rechnungslegung auf der Grundidee basiert, die Geschäftsvorfälle entsprechend des tatsächlichen Geschäftsverlaufes des betroffenen Unternehmens abzubilden, bedeutet dies eine deutliche Einschränkung bilanzpolitischer Spielräume. Im Mittelpunkt steht die Informationsfunktion für den Investor/Kapitalmarkt und die Fähigkeit des Unternehmens zur Erwirtschaftung liquider Mittel. Die Gestaltung des Immobilien-Leasing unter den veränderten Bilanzierungsvorschriften für kapitalmarktorientierte Unternehmen ab 2005 ist so komplex, dass in jedem Falle eine detaillierte Einzelprüfung erforderlich ist. An dieser Stelle ist für die Anwendung des Immobilien-Leasings unter den neuen Rahmenbedingungen relevant, dass inzwischen alle Leasinggesellschaften auch unter den neuen Bedingungen Gestaltungsmöglichkeiten vorhalten, entweder die in den Immobilien gebundene Liquidität freizusetzen (SLB) oder neue Objekte mittels Leasing zu finanzieren. Dabei können die Verträge so gestaltet werden, dass es gelingt, die Objekte aus der Bilanz der LN herauszuhalten. Im Zusammenhang mit den internationalen Bilanzrichtlinien werden schlanke Bilanzstrukturen angestrebt. In dem Sinne, wie Immobilien-Leasing weiterhin die Möglichkeit bietet, Immobilien nicht beim Leasingnehmer, sondern beim Leasinggeber zu bilanzieren, bietet dieses Instrument gegenüber anderen Investitionsformen entscheidende Vorteile:

– Die Abschreibungen müssen den wirtschaftlichen Nutzungen entsprechen, d.h. Vermögenswerte müssen mit den tatsächlichen Marktwerten von Aktien oder Immobilien angesetzt werden.

– Gewinn- und Eigenkapitalquote fallen in der Regel in IAS/IFRS und US GAAP-Bilanzen höher aus, da die stillen Reserven als Differenz zwischen Buch- und tatsächlichem Wert dargestellt werden müssen.

– Mit der Erhöhung der Eigenkapitalquote erreichen Unternehmen mit Immobilien-Leasing unverändert entscheidende Vorteile bei der Kreditvergabe.

3. Modellstrukturen im Immobilien-Leasing

Grundsätzlich wird bei Immobilien-Investitionen im Leasing zwischen **Neubau-Leasing** und **Leasing mit Bestandsimmobilien** unterschieden.

Leasing mit Bestands-Immobilien unterscheidet sich in sog. Sale-and-lease-back- und Buy-and-lease Geschäfte. Beide letztgenannten Modelle können jeweils noch mit Investitionen für Umbau/Modernisierung verbunden werden. An dieser Stelle kann nur der Überblick über die gebräuchlichen Grundmodelle gegeben werden, ohne auf diverse Sonderformen der Gestaltung wie Leasing-Fondslösungen, Mieterbeteiligungen oder generelle Mietmodelle eingehen zu können.

3.1 Neubau-Leasing

Beim Neubauleasing wird das Leasingobjekt nach den Wünschen und betriebsspezifischen Anforderungen des Leasinggebers errichtet. Dabei ist der Leasingnehmer meist selbst der Nutzer und bestimmt weitgehend die Gestaltung des Leasinggegenstandes. Der Vorteil für Neubau-Leasing besteht darin, dass der künftige Nutzer/Leasingnehmer bei der Konfiguration des Gebäudes mitwirkt und so ein „maß-geschneidertes" Gebäude erhält. Meist wird das Neubau-Leasing-Geschäft mit Dienstleistungen des Baumanagements verbunden, die die meisten Immobilien-Leasinggesellschaften über eigene Baumanagement-Gesellschaften selbst anbieten. Die Vorteile, die mit der konsequenten Nutzerausrichtung beim Neubau-Leasing für den Leasingnehmer entstehen, verbinden sich andererseits mit dem erhöhten Risiko des Leasinggebers/Investors im Falle der Objektverwertung durch die Lea-singgesellschaft, wenn der Leasingnehmer am Ende der Vertragslaufzeit das Objekt nicht selbst ankauft.

Das nachfolgend dargestellte Leasing-Grundmodell „Neubau" zeigt auf, dass ei-ne eigens für das Objekt geschaffene Objektgesellschaft (special purpose vehicle) Investitionen in die Immobilie vornimmt. Eigentümer dieser Objektgesellschaft ist in der Regel die Leasing-Gesellschaft, optional unter Anteil des Leasingnehmers.

Die Refinanzierung erfolgt über den Darlehensvertrag mit dem Kreditinstitut. Bauleistungen können wahlweise durch den Leasingnehmer selbst oder die Bau-managementgesellschaft der Leasing-Gesellschaft erfolgen.

Abb. 10: Grundmodell Neubau

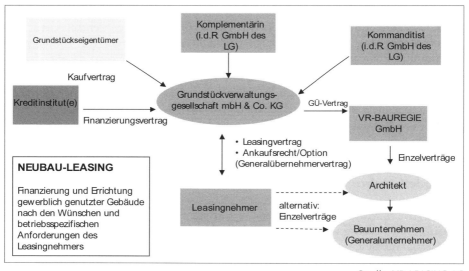

Quelle: VR-LEASING AG

3.2 Sale-and-lease-back

Im klassischen Sale-and-lease-back-Modell (SLB) werden die Objekte zu einem, durch Gutachter unterlegten Verkehrswert von der Objektgesellschaft, an der der Leasinggeber, eine Leasinggesellschaft, eine Bank oder der Leasingnehmer beteiligt sein können, mittels Kaufvertrag erworben, und dann an den Leasingnehmer zurückvermietet (verleast).

Der Leasingnehmer erhält den Kaufpreis der Immobilie in Höhe des Verkehrs-wertes abzüglich eines bankspezifischen Sicherheitsabschlages. Beim SLB können durchaus auch Neubauleistungen in die Modellgestaltung aufgenommen werden. Häufig wünscht der Leasingnehmer Umbauten oder Erweiterungen bei den bisher durch ihn selbst schon genutzten Objekten.

Wie an anderer Stelle erwähnt, haben SLB-Geschäfte in letzter Zeit großen Zuwachs, da der Leasingnehmer durch Verkauf eines/seines bebauten Grundstücks seine, im Leasingobjekt gebundenen Eigenmittel freisetzen und diese einer höher rentierlichen Anlage oder seinem Kerngeschäft zuführen kann. Die Bilanzrelation des Leasingnehmers wird durch den Verkauf des Leasingobjektes verbessert. Die im Anlagevermögen gebundenen, stillen Reserven werden in der Regel aufgedeckt. Damit bietet Sale-and-lease-back optimale Möglichkeiten, stille Reserven und gebundenes Kapital freizusetzen, ohne dass der Leasingnehmer den Einfluss auf seine Immobilie verliert. Während der Vertragslaufzeit genießt der Leasingnehmer hinsichtlich der Nutzung der Immobilie einschließlich Untervermietung eine eigentümerähnliche Stellung. Bei Abschluss des Leasingvertrages wird dem Leasingnehmer, wie im Neubau-Leasing, die Möglichkeit eingeräumt, die Gewerbeimmobilie später zu einem festgelegten Kaufpreis, dem Restbuchwert, zu erwerben. Dadurch kann der Leasingnehmer den Standort und die mögliche Wertsteigerung für sich selbst sichern. Die Kostenbelastung durch die Leasingraten bleiben über die gesamte Grundmietzeit sicher kalkulierbar, indem die Leasingraten bereits beim Abschluss der Verträge fest vereinbart werden.

Die Leasingraten sind als Betriebsausgaben steuerlich absetzbar. Dass solche Transaktionen zudem grunderwerbssteuerneutral abgewickelt werden können, gehört mittlerweile fast zum Allgemeinverständnis. Dies gilt auch für die Tatsache, dass die bei einer konventionellen Finanzierung anfallende Gewerbesteuer auf Dauerschuldzinsen im Rahmen einer Leasingfinanzierung nicht entstehen.

Abb. 11: Grundmodell „Sale-and-lease-back"

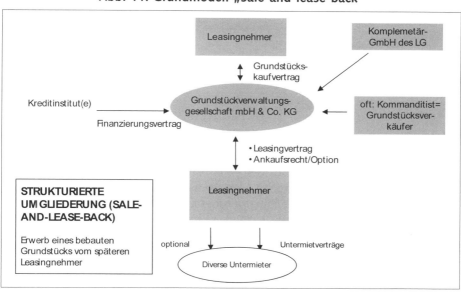

Quelle: VR-LEASING AG

3.3 Buy-and-lease

Falls ein Unternehmen über keine oder für die bestehenden Aufgaben nicht ausreichende Immobilienbestände verfügt, bietet sich das Buy-and-lease-Modell (BuL) an. Hierbei erwirbt die Leasinggesellschaft über eine Objektgesellschaft eine Immobilie von einem Dritten und verleast sie anschließend an den Kunden. Dieser kann das Gebäude wiederum wie ein Eigentümer nutzen. Außerdem hat er ebenfalls die Möglichkeit, die Immobilie später zu erwerben. Auch in diesem Fall nutzt das Unternehmen die Vorteile des Leasings: Bilanzneutralität, Liquiditätserhalt und hohe Flexibilität bei der Nutzung der Immobilie.

Der Vorteil des BuL-Geschäftes besteht darüber hinaus darin, dass Bestandsimmobilien meist preiswert zu erwerben sind und in der Regel mit geringerem Aufwand als im Neubau den speziellen Nutzeranforderungen angepasst werden können.

Abb. 12: Grundmodell „Buy-and-lease"

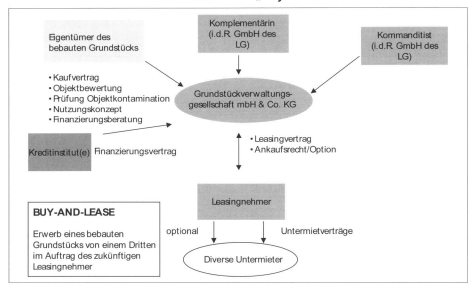

Quelle: VR-LEASING AG

3.4 Fazit

Die beiden letztgenannten Modelle der strukturierten Finanzierung/Umfinanzierung der Immobilien im Bestand werden in den nächsten Jahren im Immobilien-Leasing die höchsten Zuwachsraten generieren. Das begründet sich maßgeblich durch die Erschwernisse bei der Finanzierungsbeschaffung.

Gerade Unternehmen, die stark expandieren, sich aber weder finanziell noch lokal durch den Kauf von Immobilien belasten wollen, nutzen diese Form der liquiditätsschonenden Immobilieninvestition in hohem Maße. Auch wenn das Immobilien-Leasing und besonders das SLB in vielen Fällen für das Unternehmen vorteilhaft ist, muss im Einzelfall geprüft werden, ob das Eigentum einer Immobilie die wirtschaftlich sinnvollere Alternative darstellt. Bei expansionsgetriebenen Unternehmenszukäufen oder bei der Unternehmensübertragung (Nachfolgeregelung bei inhabergeführten Unternehmen) ist die Ausgliederung des Immobilienbestandes eine gute Lösung, um den Kaufpreis des Unternehmens zu optimieren. Dabei werden die Immobilien über Leasingverträge aus dem Unternehmensbestand herausgelöst und über Mietverträge die weitere Nutzung gesichert. Ebenso ist es bei Unternehmen mit vielen Standorten häufig strategisch geboten, den nicht zum Kernzweck gehörenden Immobilienbesitz per SLB auszugliedern, damit nicht Kapital im passiven Anlagevermögen gebunden bleibt.

Betriebswirtschaftlich lohnt eine solche Maßnahme dann, wenn das freigesetzte Kapital im Unternehmensprozess gewinnbringender eingesetzt werden kann, als die Leasingrate das Ergebnis belastet. Wenn dann noch durch ein Ankaufsrecht der Zugriff auf die Objekte bestehen bleibt, kann über Immobilienleasing die volle Flexibilität bei der langfristigen Standortplanung gesichert werden. Letzteres wäre beispielsweise nicht der Fall, wenn die Immobilie an einen offenen oder geschlossenen Immobilienfonds zum aktuellen Marktwert verkauft werden würde.

Einer aktuellen Studie zufolge wird jährlich bei rund 71.000 mittelständischen Unternehmen in den kommenden Jahren die Unternehmensnachfolge zu regeln sein. Mit Immobilienleasing kann die Überführung von Immobilien aus Firmen- oder Privatbesitz sehr flexibel gestaltet werden. Das erleichtert den Generationenwechsel bei Sicherung der weiteren uneingeschränkten Nutzung des betriebsnotwendigen Immobilienbesitzes.

Die verstärkte Hinwendung zur Immobilienentwicklung im Bestand hat auch mit dem signifikanten Rückgang der Nachfrage an gewerblichen Flächen zu tun. Der früher übliche Vorratsbau ist fast zum Erliegen gekommen und der Strukturwandel in der deutschen Wirtschaft mit den nachhaltigen Veränderungen auf dem Arbeitsplatzmarkt macht sich mit den großen Angebotsüberhängen der kurzfristig verfügbaren Büroflächen deutlich bemerkbar. Wirtschaftlich spiegelt sich diese Entwicklung in einer stagnierenden bzw. rückläufigen Mietpreisentwicklung wieder, die zunächst ungeachtet der regionalen Differenzierung insgesamt langfristig auf niedrigem Niveau verbleiben wird. Die Leerstandsquoten tendieren gegen 10 % des verfügbaren Büroflächenbestandes.

Abb. 13: Die DIP-Büromärkte im Überblick: Stand: 30. Juni 2004

| | Büroflächenumsatz* in m² | | Spitzenmiete** in €/m² | | Mittlere Miete City in €/m² | | Angebotsreserve in m² | | Leerstandsquote in % | |
	1. Hj. 2004	1. Hj. 2003	1. Hj. 2004	1. Hj. 2003	1. Hj. 2004	1. Hj. 2003	1. Hj. 2004	1. Hj. 2003	1. Hj. 2004	1. Hj. 2003
Berlin	172.000	152.000	21,00	22,00	16,00	19,00	1.660.000	1.450.000	9,5	8,3
Bremen	26.000	25.000	12,50	10,00	7,00	7,50	129.000	100.000	4,1	3,3
Dresden	23.000	24.000	9,80	11,00	7,00	7,50	285.000	290.000	12,2	13,0
Düsseldorf	77.000	82.000	21,00	22,00	16,00	19,00	900.000	620.000	13,7	10,0
Frankfurt/M.	102.000	220.000	29,00	38,00	24,00	30,00	1.650.000	1.050.000	15,3	9,9
Hamburg	155.000	112.000	19,50	20,20	12,80	12,80	1.080.000	740.000	8,8	6,2
Hannover	25.000	25.000	13,50	13,50	10,00	10,00	180.000	165.000	4,2	3,8
Leipzig	45.000	30.000	10,00	10,00	6,40	7,20	755.000	760.000	22,7	23,0
Magdeburg	10.500	12.000	10,10	10,20	8,15	8,50	175.000	165.000	16,9	16,0
Mannheim	15.500	15.500	12,90	12,90	10,50	10,60	120.000	95.000	5,5	4,4
München	205.000	206.000	27,00	29,00	14,00	15,30	1.500.000	812.000	9,2	5,5
Rostock	8.700	7.500	9,00	9,20	7,20	7,40	105.000	108.000	12,8	13,0
Stuttgart	52.000	86.000	17,00	17,50	14,00	14,00	398.000	347.000	5,6	4,9
DIP-Büromärkte	916.000	997.000	21,00	24,90	14,30	18,00	8.937.000	6.702.000	10,1	7,5

* Vermietungen inkl. Eigennutzer   ** gewichtet

Quelle: DIP · Deutsche Immobilien-Partner, AENGEVELT Research

Für das Immobilienleasing lassen sich gegenüber anderen Investitionsformen **generelle Vorteile** wie folgt zusammenfassen:

– steuerliche Auswirkungen, insbesondere hinsichtlich der Gewerbesteuer (Dauerschuldproblematik). Andere steuerliche Effekte bei der Körperschafts- bzw. Einkommensteuer und Umsatzsteuer, aber auch der Grunderwerbsteuer bestehen ebenso, werden dem Gewerbesteuereffekt jedoch argumentativ nachgeordnet.

– Off-balance-Gestaltung der Investition auch unter IAS/FRS bzw. US-GAAP-Standard.

– „Pay as you earn"-Effekt (Leasingverpflichtungen können aus laufenden Erträgen bedient werden und sind ertragswirksam). Die Investition wird über die Leasingraten dem tatsächlichen betriebswirtschaftlichen Verlauf der Investition angepasst.

– Hohe Flexibilität (Eigentümerähnliche grundsätzlich unkündbare Nutzung der Immobilie bei gleichzeitigem Verbleib des Wertsteigerungspotenzials beim Leasingnehmer).

– Grundbuchlich gesichertes Ankaufsrecht des Objektes zum Restbuchwert nach Vertragsablauf.

Abb. 14: Übersicht der Grundmodelle mit den jeweils spezifischen Vorteilen

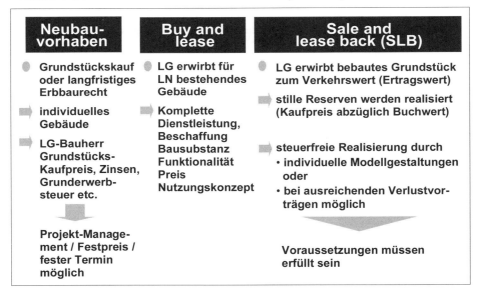

4. Full–Service Leasing

Im Hinblick auf die Risiken, die mit der Drittverwendung nicht angekaufter Objekte beim Leasinggeber latent vorhanden sind, mussten sich die Leasinggesellschaften auf dem Gebiet des Objektratings spezielles Know-how verfügbar machen. In dem Maße, wie dieses Wissen im Sinne des Risc-Managements ständig auf dem neuesten Stand gehalten werden muss, entwickelt sich die Leasinggesellschaft tendenziell zum Anbieter des Full Services rund um die Immobilie. Die Leasing-Unternehmen verfügen über ausreichende Fachkenntnisse auch im technischen Bereich, so dass es nahe liegt, dieses Fachwissen als **Dienstleistung für Projektentwicklung/Projektmanagement** bis hin zu **Baumanagement** und **Immobilienvermarktung** anzubieten.

Ergänzt werden die Angebote im technischen Bereich durch Leistungen, die eigentlich der Bauherr im Zusammenhang mit der Grundstücksbeschaffung, der Markt- und Standortanalyse, der Bewertung bis hin zur Abwicklung des Grundstückkauf bzw. Erbbaurechtsvertrages zu erbringen hat.

Damit waren in den letzten Jahren alle großen Leasinggesellschaften bestrebt und in der Lage, ihre Wertschöpfungskette zu erweitern, indem sie den Service rund um die Immobilie bzw. die gewerbliche Investition entwickelt und angeboten haben. Durch Leasing werden, wie oben genannt, zahlreiche Alternativen zur Eigeninvestition des Kunden geboten. Damit verbindet sich auch der Wunsch des Kunden nach einem ganzheitlichen Ansatz der Betreuung im Sinne von **„Bauen und Finanzieren aus einer Hand"**.

Mit den Baumanagementleistungen verbindet sich auch der Ansatz zum sog. Festpreis-Leasing. Durch die Baukompetenz der Leasinggesellschaften kann grundsätzlich das Objekt zum Festpreis errichtet werden. In der Vergangenheit wurde dem Leasingnehmer oft das Baugeschäft überlassen, was regelmäßig zu den bekannten Kostenerhöhungen speziell im Bereich der weichen Kosten geführt hat. Die Baukompetenz der Leasinggesellschaften ermöglicht die Reduzierung der häufig vorhandenen Finanzierungslücke, die mit der Abweichung der Kosten vom Ertragswert entsteht. Aus dieser Erfahrung hat das Full-Service-Leasing mit der Integration des Baumanagements einen hohen Stellenwert bei der Vertragssicherheit von Bau- und Planungsverträgen wie insgesamt für die Kostensicherheit hinsichtlich der Bauausführung. Die finanzierenden Banken sind mit ihren Kreditspezialisten oft nicht in der Lage, die Kostenschätzungen, die vorgelegten Angebote und die Kostensicherheit eines Generalunternehmervertrages hinreichend sicher beurteilen zu können. Auch bei der Abwicklung des Bauvorhabens bietet das Komplettangebot „Bauen und Finanzieren aus einer Hand" die Gewähr für die Einhaltung der Qualitäten und Termine, indem die Baumanagement-Tochtergesellschaft des Leasingunternehmens die Projektsteuerung übernimmt und mit der Abnahme der Bauleistung die Werthaltigkeit der Investition für die Leasingobjektgesellschaft testiert.

Die Leistungspalette des Baumanagements reicht inzwischen von der Schaffung der baulichen und rechtlichen Voraussetzungen über die komplette Bauplanung einschließlich der Fachingenieurleistungen, Ausschreibungen und Vergabe der Bauleistung, Abschluss der Bauverträge, Festlegung der Vergabebedingungen, Termingarantie und Sicherheitsleistungen bis hin zur laufenden Kontrolle der Bauleistung hinsichtlich Qualität-, Kosten- und Termineinhaltung. Nach der Übergabe des schlüsselfertigen Objektes an den Leasingnehmer bietet sich für das Baumanagement jedoch eine weitere Betreuungsphase im Sinne der Gewährleistung der erbrachten Dienste an. Die aus der Baudurchführung entstehenden Gewährleistungsansprüche müssen verfolgt und gegenüber Unternehmen und Dritten durchgesetzt werden. Dies geschieht innerhalb der Gewährleistungsfristen durch die Mängel-feststellung und den Mängelverfolg gegenüber den beteiligten Dienstleistern und Bauunternehmen. Dies ist Voraussetzung für die störungsfreie und effiziente Be-wirtschaftung der Immobilie mit entsprechenden Wartungs- und Instandhaltungs-verträgen.

5. Kriterien für die Investitionsentscheidung mit Leasing

Grundsätzlich ist bei der Entscheidung für eine Investition in Immobilien mit Lea-sing nach **qualitativen** und **quantitativen Kriterien** zu unterscheiden. Qualitative Kriterien beinhalten die Einschätzung zur **Bonität** des Investors/Leasingnehmers und zum **Objekt**. Die quantitativen, monetären Aspekte folgen der **betriebswirt-schaftlichen Einschätzung der Effekte**, die sich durch Leasing für die Liquiditäts- und Kapitalsituation des Investors/Leasingnehmers und die Gewinnerwartung des Leasinggebers ergeben.

5.1 Qualitative Aspekte

Leasing ermöglicht nach der gebräuchlichen Vorteilsargumentation der Leasingge-sellschaften die Investition ohne Einsatz von Eigenkapital. Eine 100%ige Fremdfi-nanzierung ohne den Einsatz von Eigenkapital ist bei der klassischen Darlehensfi-nanzierung nur im Ausnahmefall darstellbar, wobei Bonität und Objekt, jeweils ge-sondert und verbunden, qualitativen Anforderungen unterliegen. Zunächst steht die Einschätzung der gesicherten Erwirtschaftung von Erträgen aus der Immobilie im Vordergrund. Erst mit der Erfüllung der quantitativen Aspekte tritt der **„pay-as-you-earn" – Leasingeffekt** ein, der die Liquidität des Unternehmens schonen und die Verfügbarkeit über bestehende Kreditlinien nicht einschränken soll. Die Ein-schätzung der nachhaltigen Erwirtschaftung von Erträgen aus den Investitions-objekten wird regelmäßig mit der Einschätzung der Branche verbunden. Dieses Branchenrating kann sich bei Immobilien-Leasing nicht grundsätzlich von der Brancheneinschätzung bei der klassischen Darlehensfinanzierung unterscheiden, da die Refinanzierung des Leasingnehmers wiederum fast ausschließlich über die Ban-ken durch den Verkauf der Forderungen der Mieteinnahmen (sog. Forfaitierungen) erfolgt.

Zunächst steht im Mittelpunkt der qualitativen Betrachtung die Bonität des Fi-nanzierungspartners und die Einschätzung der Bilanzstruktureffekte. Es werden sog. Bonitäts-Checks mit immer größerer Informationstiefe und Effizienz durchgeführt, auf die hier im einzelnen nicht eingegangen werden kann.

Ziel ist es, die wesentlichen Kennzahlen der wirtschaftlichen Verhältnisse und speziell die Relation der wirtschaftlichen Verhältnisse zum Investment aufzuzeigen.

Die **wirtschaftlichen Verhältnisse** lassen sich im Sinne eines Quickchecks be-reits mit hoher Aussagekraft über folgende Relationen abbilden:

1. Relation Cash-flow zu Umsatz
2. Umsatzrentabilität
3. Eigenkapitalrentabilität

4. Eigenkapitalquote
5. Entwicklung der Eigenkapitalquote
6. Entwicklung des Betriebsergebnisses im Verhältnis zum Umsatz.

Für die Einschätzung des Investments im Verhältnis zur wirtschaftlichen Situation können zunächst drei Relationen betrachtet werden:

1. Relation Leasingrate zum Betriebsergebnis
2. Relation Eigenkapital zu den Gesamtinvestitionskosten
3. Relation Gesamtinvestitionskosten zu Bilanzsumme.

Diese Relationen führen in der Kurzform zu einem Gesamtergebnis, was eine erste Einschätzung der Bonität zulässt.

Neben der Bonität des Leasingnehmers ist die Bewertung der Immobilie selbst entscheidend. Dabei stehen die Ertragskraft und die Nachhaltigkeit der Erträge im Mittelpunkt. Ein besonderes Problem stellt dabei die Prognose der Einschätzung der Vermietungs- und Verwertungssituation nach 10 bis 15 Jahren gemäß Laufzeit der Leasingverträge dar.

Dafür ist entscheidend wie die Einschätzung der Objektgröße zum Marktvolumen mit Marktsicht in die Zukunft zu bewerten ist. Dies kann in keinem Fall eine statische Betrachtung heutiger Marktverhältnisse darstellen. Da die Entwicklung des Marktes die größte Unsicherheit bei der Immobilieninvestition ist, werden die Bewertungsverfahren in Richtung Prognoseerfassung ständig verfeinert. Der Trend geht zum **Immobilien-Objektrating**, was im Gegensatz zu den herkömmlichen Bewertungsverfahren zunehmend die Marktchancen und -risiken neben dem aktuellen Marktwert einbeziehen soll. Dieser Schritt wird die Immobilienbewertung im Zuge der Internationalisierung des Rechnungswesens und der Verbesserung der Bonitätsrating-Verfahren der Banken grundlegend verändern. Maßgebliche Unterschiede zu den heute noch gebräuchlichen Verfahren, bei denen die Anschaffungs- und Herstellungskosten eines Gebäudes lediglich fortgeschrieben werden, sind die Bewertung künftiger Risiken aus Marktangaben (z.B. Entwicklungspotenzial einer Wirtschaftsregion). FERI Finance AG hat hierzu ein entsprechendes Verfahren in der Anwendung, bei dem die Wirtschaftskraft, die Branchenentwicklung oder die Bautätigkeit in einer Region mit dem Prognosehorizont von 10 Jahren ebenso wie die Qualität des Mikrostandortes in die Immobilienbewertung einfließt.

Neben der reinen Ertragskraft der Immobilie bilden weitere qualitative Aspekte, wie die Bewertung der architektonischen und technischen Qualität des Objektes wesentliche Faktoren für den Wertansatz.

Daneben sind die üblichen Einschätzungen zur Altlastenfreiheit von Grundstück und Objekt und zur Drittverwendungsfähigkeit unerlässlich.

5.2 Quantitative Aspekte

Die unter den qualitativen Aspekten einzuschätzende wirtschaftliche Leistungsfähigkeit eines Unternehmens muss nicht nur gewährleistet sein, sondern sie muss sich durch die Leasingsituation weiter verbessern lassen. Das betrifft insbesondere die steuerlichen Gegebenheiten und die Effekte, die sich mit Leasing hinsichtlich Körperschafts- bzw. Einkommensteuer, Gewerbesteuer, Gewerbeertragsteuer, Umsatzsteuer und Grunderwerbsteuer erzielen lassen. Hierzu sollen in jedem Fall der Steuerberater oder Wirtschaftsprüfer des Unternehmers/Unternehmens bei der Entscheidungsfindung einbezogen werden. Weiter entscheidend ist die Veränderung der Gewinnsituation durch die Leasingraten, die zwar steuerlich abzugsfähigen Aufwand darstellen, aber zunächst in der G+V als Amortisationsanteil (Tilgungsanteil + Zinsanteil + Barwertmarge für die Leasinggesellschaft) eine Gewinnschmälerung bedeuten. Dies hat unmittelbare Auswirkung auf die Liquiditätssituation des Unternehmens. Gesondert zu betrachten ist der Eigenkapital- und Liquiditätseffekt, der sich mit dem Immobilien-Leasing verbindet. Häufig wird vernachlässigt, dass bei der Finanzierung über die Leasinggesellschaft, anders als bei einer traditionellen Darlehensfinanzierung, zusätzlich die Dienstleistungen der Leasinggesellschaften zur Verfügung stehen, die zu einer Entlastung beim Leasingnehmer hinsichtlich eigener Kapazitäten führen. Damit lassen sich meist Verwaltungs- sowie laufende Folgekosten und Risiken, die mit der Eigenbewirtschaftung der Immobilie verbunden sind, reduzieren. Der Gedanke der Auslagerung artfremder Tätigkeiten führt logisch bis zum Contracting, verbunden mit Leasing, was inzwischen auch einige Leasinggesellschaften anbieten.

Ein weiteres Kriterium für die Investitionsentscheidung sind die Effekte, die hinsichtlich der Anschaffungs- bzw. Herstellungskosten entstehen. In der Praxis zeigt sich, dass durch die Verbindung von kaufmännischer und technischer Kompetenz die Leasinggesellschaften entscheidende Vorteile bei der Kostenreduzierung erzielen können. Die Expertise beim Planen und Bauen spiegelt sich unmittelbar in den Honoraren und Baupreisen wider. Die Interessensidentität des Baubereichs der Leasinggesellschaft und der Leasingobjektgesellschaft als künftiger Eigentümer nach optimalen Kosten/Nutzenrelationen führt in den meisten Fällen, insbesondere bei den Positionen der sog. weichen Kosten zur deutlichen Reduzierung der Herstellungskosten. Diese Effekte beeinflussen unmittelbar die Refinanzierungskosten, sowohl hinsichtlich der Gesamtinvestitionskosten, als auch hinsichtlich der Konditionierung der Kredite. Ein weiterer Aspekt ist die gleichbleibende Höhe der Leasingraten. Über die gesamte, fest vereinbarte Grundmietzeit hinweg sind die Leasingraten durch die annuitätische Gestaltung sicher kalkulierbar. Veränderung bei den Rahmenbedingungen, wie z.B. dem Zinsniveau können weitgehend ausgeschlossen werden. Ebenso lässt sich durch die unterschiedliche Gestaltung der Darlehensverläufe eine Anpassung an die spezifischen Anforderungen der Cashflow-Verläufe des Unternehmens darstellen.

Nicht zuletzt kann bei der Einschätzung der wirtschaftlichen Leistungsfähigkeit auch die kalkulatorische Erfassung von Verwertungserlösen eine Rolle spielen. Hier ist insbesondere daran zu denken, dass bei konjunkturellen Marktschwankungen das Zuwachspotenzial allein beim Leasingnehmer verbleibt und somit ggf. ein Zusatzgewinn bei der Verwertung der Immobilie nach Beendigung des Leasingvertrages generiert werden kann.

IX. „Opportunity Fonds"
Eine Begriffsbestimmung und Einführung in ihre Investitionsstrategie und Organisationsweise

Übersicht

Typischerweise umschreibt man Opportunity Fonds eher abwertend als „Schnäppchenjäger", „Trüffelsammler" oder als „Ausländer mit unrealistischen Renditeerwartungen". Was ist wahr daran? Wie immer, ein Quäntchen Wahrheit! Aber eben auch viel Stimmung und wenig Essenz.

Was sind Opportunity Fonds? Welche Strategie wird verfolgt und wie sind diese Fonds organisiert? Wer steht dahinter? Wie agieren sie und warum agieren sie in Deutschland? Dem soll hier nachgegangen werden.

1. Immobilien Opportunity Fonds historisch

Entstanden sind immobilienspezifische Opportunity Fonds aus der Krise klassischer Immobilienfinanzierer in den USA der späten 80-iger und frühen 90-iger Jahre. Ausgelöst durch die Rezession erhöhte sich die Ausfallrate von Immobilienkrediten sprunghaft. Um der damit einhergehenden Bankenkrise entgegenzuwirken, verabschiedete der amerikanische Kongress die **„Resolution Trust Corporation"** (RTC). Diese ermöglichte den Banken, eine Vielzahl von leistungsgestörten Darlehen („non performing loans") auszuplatzieren und damit die jeweilige Bilanz wieder zu stärken. Darin sah Samuel Zell seine Chance. Er warb zum Ankauf eben dieser Problemengagements 409 Mio. US$ ein und gründete den **„Zell-Merrill I Real Estate Opportunity Fund"**. Dieser war in der Folge häufig der alleinige Bieter für die von den Banken übernommenen Immobilien aus schief gegangenen Kreditengagements. Vielfach handelte es sich dabei und schlecht verwaltete Objekte, die allerdings mit gezieltem Eigenkapitaleinsatz und einem am Erfolg der Wertsteigerung partizipierenden Management schnell wieder in die Gewinnzone kamen und dann mit deutlichen Gewinnen verkauft werden konnten. Investmentbanken wie Goldman Sachs und Morgan Stanley zogen schnell nach. Das Geschäftsmodell wurde ebenfalls sehr zügig von den heute bekannten Namen der *Private Equity* Szene (Blackstone, Soros, Apollo) aufgegriffen. Seitdem haben Immobilien Opportunity Fonds über 100 Mrd. US$ Eigenkapital eingeworben.

2. Definition

Opportunity Fonds können auch als **Private Equity** Fonds definiert werden. Kennzeichnend ist ihr Charakter als geschlossenes Fondsvehikel, das die Fondszeichner zu Eigenkapitaleinlagen verpflichtet und das den *General Partner* des Fonds darauf festlegt, als Treuhänder für das Fondsvolumen zu handeln. Er muss die Investitionsleitlinien achten, regelmäßig über die Wertentwicklung berichten, den Fonds allgemein verwalten und bilanzieren. Das Investitionsprofil, die Organisationsform sowie die Rechte und Pflichten gegenüber den Eigenkapitalgebern werden üblicherweise in einem **„Private Placement Memorandum"** geregelt.

Private Equity kann als Gegensatz zu Public *Equity* bzw. dem allgemein zugänglichen öffentlichen Markt verstanden werden. *Private Equity* Engagements sind in der Regel außerbörslich und nicht am Kapitalmarkt handelbar. Die Anteile werden von einer namentlich begrenzten Anzahl an Zeichnern gehalten. Bilanziell sind sie Kapitalbeteiligungen. Immobilien Opportunity Fonds oder *Private Equity* Fonds der Asset Klasse „Real Estate" können beim Bundesaufsichtsamt für das Finanzwesen beantragen, als **deckungsstockfähig** qualifiziert zu werden.

3. Organisationsstruktur

Opportunity Fonds sind **Treuhänder von Drittvermögen**. Das Treuhandverhältnis wird in einem privatrechtlichen Vertragswerk geregelt. In der Regel wird der jeweilige Fonds von dem Fondsinitiator (**General Partner**) initiiert. Dieser entwickelt die Fondsstrategie, wirbt das Eigenkapital ein, führt die Schließung des Fonds herbei und verwaltet den Fonds anschließend. Der *General Partner* investiert selbst üblicherweise 5 % des Eigenkapitals.

Eingeworben wird das Eigenkapital von dem Fondsinitiator über „road shows". Präsentiert wird dabei zunächst mit einem **„pitch book"**. In diesem werden die Investitionsprinzipien, Strategie und Zeichnungsbedingungen dargestellt. Wichtig ist in dieser Phase die Darstellung der Erfahrung des *General Partners* und seines „*track record*". Erklärt ein potentieller Investor Interesse an einer Zeichnung zu haben, wird ihm ein **„Private Placement Memorandum"** (PPM) zugesandt.

Investoren von Private Equity Fonds sind Pensionskassen, Lebensversicherungen, Banken, vermögende Privatpersonen oder Trusts, die für Letztere handeln. Vielfach legen diese wiederum kein eigenes Geld, sondern das Vermögen ihrer Mitglieder und Kunden an. Anlagen in Private Equity Fonds liegen normalerweise unter 10 % der Anlagevolumina dieser Investoren.

In Immobilien Opportunity Fonds investieren diese, wenn sie Immobilienanlagen nicht in Eigenverantwortung direkt tätigen wollen, sondern sich über eine indirekte Anlage das „know how" eines Spezialisten ‚einkaufen'. Je nach Größe der Beteiligung können sie auf den Fondsmanager Einfluss nehmen. Üblicherweise aber sind Private Equity Fonds nicht auf einen Anleger, sondern eine Mehrzahl von Investoren zugeschnitten

Das Management des Fonds liegt grundsätzlich bei dem General Partner bzw. dem Fondsinitiator. Dieser verwaltet den Fonds in eigener Verantwortung. Die Investmententscheidungen werden von ihm getroffen, das Asset Management von ihm verantwortet, der Verkauf der Portfolioobjekte von ihm durchgeführt. Innerhalb der Investmentkriterien ist der Fondsinitiator grundsätzlich nicht an eine laufende Zustimmungspflicht der Fondsinvestoren gebunden. Sichergestellt wird dadurch ein **Management aus einer Hand**, eine schlanke Organisationsstruktur und eine schnelle Reaktionsfähigkeit.

Wie aber stellt ein Fondsinvestor sicher, dass seine Anlagekriterien gewahrt sind und der Fondsmanager sich an die Fondsstatuten hält? Wenn schon keine Mitwirkung und Kontrolle des laufenden Fondsmanagements möglich ist, muss gleichwohl eine gewisse Kontrollmöglichkeit bestehen. Dies gilt umso mehr, als der Fondsmanager lediglich als ein Geschäftsbesorger fungiert und keine darüber hinaus gehende Haftung für die Fondsperformance übernimmt.

Zum einen ist der Fondsinitiator an die **Investmentkriterien des Fondsstatuts** gebunden. Darin wird festgelegt, in welche Objektarten, welche Risikokategorien und mit welcher regionaler Verteilung investiert werden darf. Das **Fondsstatut** regelt üblicherweise, dass Einzelinvestments eine bestimmte Quote des Fondskapitals nicht übersteigen dürfen und stellt damit eine gewisse Diversifikation sicher. Gegebenenfalls werden Obergrenzen für Investitionen außerhalb der Stammwährung festgeschrieben und die Absicherung gegen Währungsrisiken und Zinsänderungen vorgegeben. Auch kann der Fondsmanager in den Fondsstatuten darauf festgelegt werden, besonders wichtige Fondsmanager zu halten bzw. die Zustimmung der Fondsinvestoren für Neuverpflichtungen einzuholen („key man provision").

Zum zweiten ist der Fondsmanager zur regelmäßigen, in der Regel quartalsweisen **Berichterstattung** an alle Investoren verpflichtet. Auf das Berichtsformat kann vor der Zeichung des Fonds individuell eingewirkt werden.

Zum dritten ist der Fondsmanager der Aufsicht durch ein **„Advisory Committee"** unterstellt, in dem die größeren Fondsinvestoren vertreten sind. Hier werden die laufenden Invesititionen vorgestellt, ein detaillierter Bericht des Wertverlaufs gegeben und die Investmentstrategie überprüft.

Ganz entscheidend aber sind wirtschaftliche Steuerungsmechanismen, die mit dem Fondsmanagement vereinbart werden. Ziel ist es sicherzustellen, dass Fondsmanager und Fondsinvestoren gleichgerichtete Interessen haben (**„allignment of interest"**). Letztlich wird über Gewinnbeteiligungsmodelle sichergestellt, dass der Fondsmanager für die gesamte Dauer des Fonds den Anlageinteressen seiner Investoren genügt.

Gleichgerichtete Anlageinteressen ergeben sich bereits, wenn der Fondsmanager selbst auch in nennenswertem Umfang Eigenkapital zeichnet und dieses nicht aus der Fondsperformance erwirtschaftet wird, sondern separat eingelegt wird. Darüber hinaus ist eine weitgehend an den Erfolg des Fonds gekoppelte Honorierung des Fondsmanagers wichtig, um dem Ziel eines „allignment of interest" zu genügen. Je geringer die Kosten für die Zeichnung des Fonds (**„placement fee"**) sind, je niedriger die laufende Gebühr für das Fondsmanagement (**„fee on committed or invested equity"**) ist und je höher die am Gewinn orientierte Beteiligung des Managers ist, desto sicherer kann sich der Fondsinvestor fühlen.

Zu diesem Zweck wird eine **asymmetrische Gewinnausschüttung** vereinbart. Diese sieht vor, dass bis zum Erreichen einer im einzelnen festgelegten Rendite

(„**hurdle rate**") der Fondsmanager keine Gewinnbeteiligung hat. Hat ein Fonds eine Zielrendite von 20 %, liegt diese häufig in der Region um 10 %. Unterschreitet der Fonds diese Hürde, verdient der Manager nichts. Im Gegenzug steht dem Manager im Falle eines Überschreitens dieser Hürde eine proportional höhere Beteiligung („**catch up**") zu. In diesem Fall entnimmt der Fondsmanager zunächst seinen vereinbarten Gewinnanteil (**„carried interest"**). Der verbleibende Anteil wird dann an die Fondsinvestoren ausgeschüttet. Üblicherweise liegt der Gewinnanteil des Fondsmanagers bei 20 % des Gesamtgewinns. Diesen Anteil erhält er vorab, wenn die „hurdle rate" überschritten wurde. Ermittelt wird der Gesamtgewinn erst mit der vollständigen Liquidation des Fonds, die mit dem Verkauf aller Objekte einhergeht. Liegt nun aber der Gewinn der Fondsinvestoren nach dem „catch up" unterhalb der Zielrendite, kann vereinbart werden, dass der Fondsmanager einen Teil seines Gewinns an die Fondsinvestoren zurücküberweist (**„claw back provision"**).

4. Risikokategorien

Opportunity Fonds sind Risikofonds, die treuhänderisch anvertrautes Kapital risikoadäquat mit dem Anspruch einer überproportional hohen Verzinsung anlegen.

Typischerweise sind Opportunity Fonds **Käufer in Marktabschwungphasen** und **Verkäufer in Aufschwungphasen**. Ihr Ziel ist es, eingegangene Investments innerhalb einiger Jahre wieder zu veräußern. Das antizyklische Handeln macht Opportunity Fonds per se ein wenig suspekt und erklärt die oben wiedergegebenen Pejorative. „Was können die, was wir nicht auch können?", fragen viele der etablierten Marktteilnehmer. „Wer mit denen kontrahiert, ist per se schon so gut wie insolvent", lautet ein allgemeines Vorurteil. Verstärkt wird diese Skepsis durch den Umstand, dass Opportunity Fonds nicht von den etablierten deutschen Banken aufgelegt werden und vielfach aus dem Ausland (London oder New York) geführt werden.

Mittlerweile aber gibt es immer mehr Opportunity Fonds in Deutschland. Dazu zählen zum einen Fonds großer Investmentbanken (z.B. Morgan Stanley mit MSREF, GoldmanSachs mit Whitehall), bankunabhängige Fonds (z.B. Loan Star, Blackstone, Doughty Hanson, Carlyle, GE Real Estate Investors, Apollo, Fortress, Cerberus, Reit und Soros) und Projektentwicklungsfonds (z.B. Tishman Speyer, Hines). Dazu gesellen sich seit kurzem auch deutsche Opportunity Fonds, die bankinitiiert sind (z.B. Deutsche Bank *Private Equity*, Warburg Henderson mit HIH). Die Namen der Fonds sind nicht abschließend.

Präziser als mit dem Begriff „Opportunity" lässt sich das Phänomen „Opportunity Fonds" im Rahmen der **Koordinaten Risiko und Rendite** bestimmen. Dazu bedarf es zunächst eines Rückgriffs auf die Risikokategorien von Immobilieninvestments „*Core*", „*Core+*", „*Value Add/Enhanced*", „*Opportunity*" und „*Development*".

Risiko und Rendite nach Investmentklassen

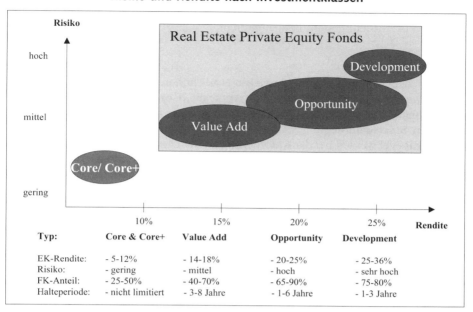

Quelle: Murer 2003

Typ:	Core & Core+	Value Add	Opportunity	Development
EK-Rendite:	- 5-12%	- 14-18%	- 20-25%	- 25-36%
Risiko:	- gering	- mittel	- hoch	- sehr hoch
FK-Anteil:	- 25-50%	- 40-70%	- 65-90%	- 75-80%
Halteperiode:	- nicht limitiert	- 3-8 Jahre	- 1-6 Jahre	- 1-3 Jahre

4.1 „Core"

Mit **„Core"** werden Immobilieninvestitionen in Objekte mit langfristiger Wertstabilität umschrieben. Zwar lassen sich immobilienspezifische Risiken nicht vollständig ausschließen. Ein „core" Investor wird sie aber soweit als möglich reduzieren. Er muss seine Investitionsentscheidung einer Prognose des Risikoeintritts unterziehen und zu dem Ergebnis kommen, dass die **Ausfallwahrscheinlichkeit de facto inexistent** ist. Zur Begründung kann er dazu entweder Grundsätze der Auswahlwahrscheinlichkeit für das spezifische Immobilieninvestment heranziehen oder aber auf seine eigene Expertise zur Behandlung der inhärenten Immobilienrisiken verweisen. Häufig wird er eine Kombination wählen und sich damit am Markt positionieren.

Klassische Investoren sind offene Immobilienfonds, Lebensversicherungen, Pensionskassen und Privatinvestoren. Typischerweise stehen gute Lage und langfristige Mietverträge für ein „Core" Produkt. „Lage, Lage Lage" – und sei es um den Preis ansprechender Rendite – ist das Credo dieser Investmentklasse. Wurde bis vor kurzem mit den steuerlichen Aspekten der um die Gewerbesteuerlichkeit bereinigten Anlage in „Core" Fonds geworben, steht zunehmend die reine Immobilienrendite im Vordergrund. Da diese regional und international verschieden ist, haben sich „Core" Investoren diversifiziert und auf die Reise gemacht, aus ihrer Sicht zufriedenstellende Renditen bei gleich bleibend geringem Risiko außerhalb Deutschlands einzukaufen. Innerhalb der Anlageklasse Immobilien ist die Gruppe der „Core" Investoren folgerichtig diejenige mit dem geringsten **Risikoaufschlag zu**

langfristigem Staatsgeld.Vereinfacht wird ein „spread", sprich eine nominal höhere Nettorendite, für den Anleger von 1% bis zu 2% über langfristigem 10-jährigen Staatsgeld in Aussicht gestellt bzw. angestrebt.

4.2 „Core+"

„Core+" hebt sich von „Core" durch ein etwas höheres Immobilienrisiko, das sich durch eine etwas höhere Rendite rechtfertigt, ab. **„Core+"** Investoren preisen ihre Investitionen so ein, dass die Rendite für den Anleger bei **3% bis 4% über langfristigem Staatsgeld** liegt.

In der Regel werden bei der Anforderung an die Lagequalität der Investition keine Abstriche gemacht. „Core" und „Core+" Investoren achten beide in erster Linie auf die Lage der Immobilie. Dies geht einher mit hohen Anforderungen an die bauliche Qualität der Immobilie. Lage und gute Bauqualität machen eine Immobilieninvestition schließlich vergleichsweise risikoresistent. Wohl aber werden gezielt Neuvermietungsrisiken eingegangen und wird in der Neuvermietung auslaufender Mietflächen ein Wertanhebungspotential gesehen.

Flächenerweiterungen, Restrukturierungen oder gar vollständige Leerstände infolge auslaufender Mietverträge schließen sowohl „Core" als auch „Core+" Investoren allerdings aus. Typisch für ein „Core+" Investment ist ein Mietanhebungspotential aus indexierten Mieten und aus einer Neuvermietung von potentiellen Leerstandsflächen.

Kennzeichnend für „Core"- und „Core+" – Investoren sind ferner zweierlei; zum einen der **unbefristete Anlagehorizont**, zum zweiten der **geringe bis inexistente Einsatz von Fremdkapital**. Renditen werden in beiden Fällen nicht aus dem Wiederverkauf der Immobilie errechnet. Die Immobilie wird als zeitlich unbefristete Investition eingeordnet. Ihre Qualität wird so gewählt, dass sie unabhängig von Marktzyklen einen stabilen Ertrag erwirtschaftet. „Core+" Investoren erhöhen diesen Ertrag durch partielle Neuvermietung. Beiden Gruppen aber ist gemein, eine Bankfinanzierung gar nicht oder nur in geringem Umfang einzusetzen. Selbst wenn das Zinsniveau niedriger als die Immobilienrendite ist und damit eine positiver „*leverage*"- Effekt erzielt werden könnte, wird in der Risikoklasse „Core" und „Core+" generell eine Fremdfinanzierung nur bis zu maximal 50% der Investitionskosten aufgenommen.

4.3 „Value Add"

„**Value Add**" steht für **Wertsteigerung**. Umschrieben wird damit eine Investmentkategorie, die aus der Immobilie einen signifikanten Mehrwert erwirtschaftet. Der Mehrwert wird aus einer Kombination von **laufendem Ertrag und einem Sonderertrag aus dem Verkauf** des Objekts realisiert. Der laufende Ertrag wird aus der bestehenden Vermietung realisiert, die durch den Einsatz von Fremdfinanzierung erhöht wird. Konkret bedeutet dies, dass die Wertsteigerung zunächst aus einem Einsatz von Fremdkapital erwirtschaftet wird. Ist die Mietrendite (Nettomiete im Verhältnis zu den Gesamtinvestitionskosten) nominal höher als die Zinskosten aus einer Darlehensfinanzierung, wird die Verzinsung des Eigenkapitals bei einem Einsatz von Fremdkapital erhöht. Dies wird allgemein als **positiver leverage Effekt** bezeichnet. Typischerweise setzt dieser bei einem Fremdkapitaleinsatz von über 60% der Gesamtinvestitionskosten ein.

In welchem Umfang der Mehrwert eines „value add" Investments dabei allein auf einen positiven *leverage* Effekt setzt oder aber gezielt Neuvermietungsrisiken eingeht, wird je nach Profil des Investors differieren. Aus dem positiven *leverage* allein aber werden sich die Renditen der Kategorie „value add" schwerlich realisieren lassen. Hinzukommen regelmäßig Mietanhebungen aus Neuvermietungen ähnlich einem „Core+" Investment. In Einzelfällen wird darüber hinaus auch eine vollständige Neuvermietung des Anlageobjekts in Auge gefasst werden. Die Erklärung hierfür ist einfach. Neuvermietungen bedeuten zunächst Leerstand und dieser einen Preisabschlag. Dieser wird gezielt eingekauft. Nach erfolgter Neuvermietung bzw. nach erfolgter Mietanhebung wird das Investment wieder veräußert und dergestalt ein Mehrwert erwirtschaftet. Anders aber als „Core" und „Core+" erzielen sie diesen Mehrwert eben nicht nur aus einer laufenden Verzinsung, sondern aus einer Kombination von laufender Rendite (in der Regel durch den Einsatz von Fremdkapital mit positivem *leverage* gesteigert) und einem Gewinn aus einem Weiterverkauf der Immobilie. Damit errechnet sich die Verzinsung des Eigenkapitals immer aus einer **Kombination der laufenden Verzinsung für die Haltedauer mit dem Veräußerungsgewinn** zum Ende der Haltedauer. Wenn dieser Gesamtertrag annualisiert wird und auf die Haltedauer zurückgerechnet wird, ermittelt sich die Gesamtrendite. Diese wird gemeinhin als „Internal Rate of Return" oder IRR ausgewiesen. „Value Add" Investments zielen auf Renditen in der Region von 10 bis zu 15% p.a. Ihr Spezifikum liegt in der Kombination einer laufenden Verzinsung mit einem Einmalerfolg aus dem Verkauf des Anlageobjekts. Je nachdem, in welchem Umfang Neuvermietungsrisiken eingegangen werden, wird das Risikoprofil definiert werden. Je nachdem wie gut sich die Investments voraussichtlich veräußern lassen, bzw. wie liquide der Markt für das neu vermietete Objekt ist, wird das Renditepotential des Fonds liegen.

Genaue Grenzen zu ziehen ist hier schwierig. Sowohl zum Bereich des „Core+" Segments als auch zu den Anlageprofilen von Opportunity Fonds gibt es Überschneidungen. Anders aber als bei den „Core" Produkten wird in dieser Anlagekategorie der Anlageerfolg zu einem zunächst nur prognostizierbaren Umfang aus einem Verkauf resultieren. Anders als „Core" Produkte wird auch gezielt auf einen positiven *leverage* Effekt gesetzt. Der Anteil der Fremdfinanzierung liegt dabei typischerweise zwischen 60% und 70% der Gesamtinvestitionskosten für das jeweilige Anlageobjekt. Der Anlagehorizont bzw. die **Haltefrist** der Immobilie liegt je nach Profil des „Value Add" Investors zwischen 5 und 10 Jahren.

4.4 Opportunity und Development Fonds

Opportunity Fonds stehen gemeinsam mit Projektentwicklungsfonds (Development) am oberen Ende der **Risikokurve**. Sie investieren ausschließlich in Objekte, die wieder veräußert werden sollen. Anlageobjekte sind daher Immobilien, die infolge der Objektqualität heute nicht für „Core" oder „Core+" Investoren in Betracht kommen. Opportunity Fonds setzen **Risikokapital** mit dem Ziel ein, die jeweilige Immobilie zu einem Anlageobjekt zu formen, das weitgehend risikobereinigt ist und das an einen Core bzw. Core+ Investor wieder veräußert wird, nachdem sich das immobiliespezifische Risiko infolge der erfolgreichen Neupositionierung der Immobilie reduziert hat.

Erreicht werden soll die Risikominimierung in der Regel durch eigenkapitalintensive Investitionen in die jeweilige Immobilie. Dies erfolgt durch Restrukturierung, Modernisierung, Sanierung und – vor allem – durch eine Neuvermietung sowie durch aktives Mietmanagement.

Investiert wird dort, wo **Eigenkapital als Korrelat des Risikos knapp** ist. Das eingesetzte Risikokapital soll die Aussicht bieten, die jeweilige Immobilie zu einer stabilisierten Wertanlage entwickeln zu können. Die Wertsteigerung wird sich dabei zum einen aus der Immobilie selbst nähren müssen. Diese wird sich durch Baurechtsschaffung, Fertigstellung, Umbau und vor allem Neuvermietung von einer „Risikoimmobilie" zu einem institutionellen Anlageobjekt wandeln müssen. Zum zweiten – und das ist entscheidend – wird die Wertsteigerung bzw. der Gewinn aus dem Wiederverkauf der Immobilie realisiert. Erst wenn durch das Investment aus der Risikoimmobilie ein institutionelles Anlageobjekt geworden ist, kann überhaupt verkauft werden.

Erfolgreich können Risikoinvestoren daher nur sein, wenn der Markt für risikobereinigte Produkte liquide ist. Ohne eine Nachfrage durch institutionelle Investoren für stabilisierte, risikobereinigte Anlageobjekte wird der Opportunity Fonds seinen Gewinn nicht realisieren. Anders gefasst: Kann der Opportunity Fonds die erworbenen Objekte nicht nach einer Wertsteigerung wieder verkaufen, verfehlt er sein Anlageziel.

Eine Steigerung des Werts der Investition durch Neupositionierung, Entwicklung und Vermietung der Immobilie wird für die laufende Verzinsung gut sein. Naturgemäß wird auch der Opportunity Fonds versuchen, eine ansprechende Verzinsung des eingesetzten Eigenkapitals innerhalb der Haltedauer des Objekts zu erreichen. Allein aus diesem Grund wird er bestrebt sein, möglichst viel Fremdkapital einzusetzen. Solange die Zinsen unterhalb der Immobilienrenditen liegen, wird er aus dem positiven *leverage* bzw. der Hebelwirkung eine überproportionale Verzinsung des Eigenkapitals erreichen wollen. Dies allein aber reicht nicht aus, die für einen Opportunity Fonds notwendige Performance zu erreichen. Ohne einen Verkauf wird er seinem Anlageziel nicht gerecht.

Je schneller der Opportunity Fonds sein Investment veräußern kann, desto besser für ihn. Typischerweise hat ein Opportunity Fonds einen Investitionszeitraum von zwei bis drei Jahren. Diese Frist beginnt mit der endgültigen Schließung des Fonds zu laufen. Innerhalb dieser Periode hat er das eingesammelte Eigenkapital zu investieren. An die **Investitionsphase** schließt sich eine **Asset Management Periode** an. Innerhalb derselben wird die Wertsteigerung herbeigeführt und ein Verkauf des Objekts betrieben. Generell ist ein Opportunity Fonds auf eine Lebensdauer von fünf bis sechs Jahren kalkuliert. Sein **Zielrendite** liegt bei 20% bis 25% p.a. auf das eingesetzte Eigenkapital bzw. einen **Eigenkapitalvervielfältiger** von über 1,5-fach.

4.4.1 Formeln

Mit **„Internal Rate of Return"** (IRR) wird der reale Erfolg einer Investition in der Form eines internen Zinsfusses dargestellt. Letztlich ist der IRR die Kehrseite des Barwerts bzw. des **Net Present Value** (NPV). Der NPV beziffert eine Zahlungseinheit € oder US$, der IRR den Prozentsatz, mit dem sich eine Investition tatsächlich verzinst. Die mathematische Berechnung beider Ergebnisrechnungen ist gleich.

Berechnungsgrundlage ist der *net operating income* der periodisch wiederkehrenden Zahlungsperioden und der Gewinn aus dem Verkauf (Einmaleffekt) in der letzten Zahlungsperiode. Bei einer Immobilieninvestition entspricht der Bruttokaufpreis der Anfangsinvestition. Die Mieteinnahmen abzüglich der Betriebs- und Verwaltungskosten führen zu periodisch wiederkehrenden Zahlungsströmen. Wird das Objekt verkauft, erhöht sich die letzte Zahlungsperiode um den Gewinn.

Der NPV entspricht dem auf einen Stichtag rückdiskontierten Wert dieser zukünftigen, periodischen Zahlungsströme. Wie hoch dieser ist, wird wie folgt errechnet:

$$NPV = \{CF_0 + (CF_1/(1+R)) + (CF_2/(1+R)^2) + (CF_3/(1+R)^3)\ldots (CF_n/(1+R)^n)\}.$$

Dabei sind „CF_1", „CF_2", „CF_3", … „CF_n" periodische Zahlungsströme, die der Anfangsinvestition „CF_0" zeitlich nachfolgen. R ist der Zinssatz, der für die Verzinsung des Eigenkapitals typischerweise erwartet wird.

IRR hingegen ist der Zinssatz, der einen *break even* Satz für die Eigenkapitalverzinsung darstellt. Ist der NPV rechnerisch Null, weist der so ermittelte IRR die reale Verzinsung der Investition aus. Zinssätze unterhalb des ermittelten IRR führen zu einem positiven NPV und damit zu einem wirtschaftlich sinnvollen Investment. Zinssätze oberhalb des ermittelten IRR hingegen führen zu einem negativen Barwert der Investition und sollten vermieden werden. Letztlich ist der IRR der Zinssatz bei dem der Barwert der Ausgaben (*cash outflows*) dem Barwert der Einnahmen (*cash inflows*) entspricht.

$$K_0 = \sum_{t=0}^{n} \frac{(E_t - A_t)}{(1+i)^t} = 0$$

K: Kapitalwert eines Projekts oder Anfangskapital, i: interner Zinsfuss, E_t: Einnahmen am Ende der Periode t,

A_t: Ausgaben am Ende der Periode t)

Die interne Ertragsrate der Investition, das „i" in der Formel, ist der Zinssatz, der zu einem Kapitalwert von Null führt. In diesem Fall entsprechen sich die Barwerte der Einnahme- und Ausgabereihen. Das Ergebnis „i" entspricht somit der Verzinsung der Investition.

4.4.2 Beispielsrechnung

Veranschaulicht werden soll nachfolgend an einem Beispielsfall wie eine Verzinsung von über 20% p.a. für eine opportunistische Immobilienanlage erfolgen kann. Vorab sei daran erinnert, dass ein **Opportunity Fonds** ein **Immobilienhändler** ist. Er denkt und rechnet wie ein Projektentwickler. Dieser fasst eine Projektentwicklung normalerweise nicht unterhalb einer Bruttorendite (Veräußerungserlös ./. Gesamtinvestitionskosten) von über 15% an. Genau aber in dieser Systematik kalkulieren Opportunity Fonds auch.

Erwirbt ein Opportunity Fonds ein kurzfristig vermietetes Objekt, wird er eine Wertsteigerung nur dann erreichen können, wenn er das Objekt neu vermietet wieder verkauft. Konkret:

Bei Erwerb eines innerstädtischen, vermieteten Bürohauses mit einer Anfangsverzinsung der Gesamtinvestitionskosten von 8% p.a. und Mietverträgen, die in den nächsten 36 Monaten auslaufen, wird der Fonds das Objekt nach Auszug der Mieter umfassend sanieren und anschließend neu vermieten.

Gelingt es dem Fonds, für diese Investition eine Fremdfinanzierung in Höhe von über 80% der Gesamtkosten zu arrangieren, wird sich zumindest für die ersten 36 Monate der Laufzeit das eingesetzte Eigenkapital (20% der Gesamtinvestitionskosten) je nach Zinshöhe und Verwaltungsaufwand mit 15–20% p.a. verzinsen. Diese Rendite aber endet mit dem Auslaufen der Mietverträge.

Das eigentliche Ziel ist die Erwirtschaftung eines Gewinns aus dem Wiederverkauf, der so hoch sein muss, dass das eingesetzte Eigenkapital rechnerisch mit 20% p.a. für die Haltedauer der Immobilie verzinst wird. Mit dem Ende der Mietverträge muss das Objekt saniert und muss eine Neuvermietung erfolgreich durchgeführt werden. Gelingt dieses, wird das Objekt im Beispiel mit einer Rendite (Miete ./. Bruttokaufpreis) von 6% p.a. wieder veräußert. Aus diesem Veräußerungsgewinn wird dann eine rückwirkend gerechnete Verzinsung des Eigenkapitals in Höhe von über 20% p.a. möglich.

Vereinfacht ausgedrückt: Je länger die Halteperiode ist, desto höher muss der Gewinn sein. Bei einer Haltedauer von 5 Jahren muss der Gewinn aus dem Wiederverkauf das ursprüngliche Eigenkapital mithin verdoppelt haben, um eine Verzinsung von 20% p.a. darzustellen.

So lukrativ die Nutzung des Hebels aus einer möglichst hohen Fremdfinanzierung einerseits ist, so gefährlich ist dies andererseits für die Eigenkapitalverzinsung. Wird mit einer Fremdfinanzierung in Höhe von 80% der Gesamtinvestitionskosten gearbeitet, liegt die Eigenkapitalverzinsung bei ansonsten gleich bleibenden Faktoren um 8% höher als bei einer Finanzierung in Höhe von 50% der Kosten. Ändern sich aber die Fundamentaldaten der Investition (z.B. Mieterinsolvenzen, deutlich längere Vermietungszeiträume für Leerstandsflächen und v.a. niedrigere Vervielfältiger im Verkauf) kehrt sich das Bild geradewegs um. Aus einem positiven IRR wird bei einer hohen Fremdfinanzierung leicht ein Negativergebnis. Opportunity Fonds sind daher immer in einem Spannungsverhältnis zwischen der Versuchung einer höheren Eigenkapitalverzinsung einerseits und der Gefahr einer **Abhängigkeit** von den zunächst gemachten **Zielprognosen** sowie den Fixdaten der Bankfinanzierung andererseits, wenn sie mit einem hohen *leverage* Effekt arbeiten. Der Königsweg liegt in einer dem einzelnen Investment und Risikoprofil gerecht werdenden, variabel strukturierten Fremdfinanzierung. Stabiler Cashflow wird hoch fremdfinanziert, Ausfallrisiken bzw. Entwicklungschancen verlangen einen überproportional hohen Eigenkapitaleinsatz.

Als Faustregel kann man festhalten:

– Je höher die Fremdfinanzierung, desto höher die laufende Eigenkapitalverzinsung, aber desto höher die Abhängigkeit von zutreffender Markteinschätzung;

– Je kürzer die Haltedauer der Immobilie, desto höher die aus dem Gewinn des Wiederverkaufs zurück gerechnete Verzinsung des Eigenkapitals;

– Je weniger Risikokapital im Markt vorhanden, desto günstiger der Einstieg für den Opportunity Fonds;

– Nach erfolgreicher Transformation zu einem risikobereinigten Investmentprodukt.

5. Immobilienfinanzierung und Opportunity Fonds

Ohne eine **Bankenkrise** und den damit ausgelösten Druck, leistungsgestörte Immobiliekredite aus den Büchern zu bekommen, wären Opportunity Fonds nicht entstanden. Ohne eine Bankfinanzierung für die erworbenen Immobilien aber können Opportunity Fonds keinen positiven *leverage* Effekt und keinen adäquaten Veräußerungsgewinn erzielen und damit auch die geforderte Rendite nicht erwirtschaften.

Lässt sich eine Immobileinvestition vollständig mit Fremdkapital finanzieren, gibt es für *Private Equity* und damit für Opportunity Fonds keinen Raum. Sind die Banken bereit, nahe an 100 % der Gesamtinvestitionskosten zu finanzieren, kann der Investor das Risiko auf die Bank verlagern und den Gewinn selbst vereinnahmen. Eben dieses Geschäftsmodell hat den deutschen Immobilienmarkt bis vor einigen Jahren geprägt. Hohe Zinslast war gleichbedeutend mit überproportionalem Gewinn. Konsequenterweise betraten *Private Equity* Gesellschaften in der Form von Opportunity Fonds den deutschen Markt nur zögerlich. Erst mit der seit zwei Jahren zu beobachtenden Tendenz der Banken, einem Immobilieninvestor Eigenkapital abzuverlangen, nimmt der Marktanteil von Opportunity Fonds in Deutschland zu, denn diese verfügen über das Eigenkapital.

Dies hat seinen Grund in der Erwartungshaltung, die deutschen Immobilienbanken würden sich nunmehr ähnlich wie die amerikanischen Banken zu Beginn der 90iger Jahre massiv von problematischen **„non-performing loan"** Paketen trennen. Aus internationaler Sicht ist dies ein wichtiges Indiz dafür, dass die Banken leistungsgestörte Immobilienkredite nicht mehr im Eigenbestand führen wollen obwohl sie dies über die Bankbilanz zu relativ niedrigen Sätzen finanzieren können, sondern einen Verkauf suchen, um dergestalt ihre Eigenkapitalbasis zu stärken. Für die Verzinsung desselben werden heute Renditen erwartet, die deutlich über 10 % nach Steuern liegen. Derlei Renditen aber kann es allein aus dem Halten von Problemengagements nicht geben. Das erklärt den Verkaufsdruck.

Herausgearbeitet werden sollte an dieser Stelle aber vor allem eines: Ziehen sich die Banken auf die Rolle eines reinen Fremdfinanzierers zurück, der von dem Kunden Eigenkapital verlangt, steigen die **Markteintrittschancen für Opportunity Fonds** an. Insofern profitieren Opportunity Fonds von dem vorangegangenen Paradigmenwechsel der Banken.

Ganz ohne Fremdfinanzierung aber können Opportunity Fonds nicht auskom-
men. Sie brauchen die Immobilienfinanzierung auch und müssen, wie oben dargelegt, den positiven *leverage* Effekt nutzen. Eine **Liquiditätskrise der Banken**, die gar
zu einem generellen Stop von Immobilienfinanzierungen führt, **blockiert** die
Opportunity Fonds. Dies muss vor dem Hintergrund des Risikoprofils von Op-
portunity Fonds berücksichtigt werden. Sie investieren eben nicht in das risikolose
Objekt und leben nicht ausschließlich von der Verzinsung ihres Eigenkapitals nach
Abzug der Kosten für Bankfinanzierung und Fondsmanagement. Der Opportunity
Fonds kauft gezielt Risiken ein, um mit einem adäquaten Eigenkapitaleinsatz den
Wert des Investments deutlich zu steigern. Will er das tun, muss er Banken von dem
Wertsteigerungspotential überzeugen. Ohne Fremdkapital wird auch ein Opportu-
nity Fonds nicht investieren.

Oben wurde auf das wesenstypische Element hingewiesen, wonach Opportunity Fonds in Marktabschwungphasen, wenn Fremdkapital knapp wird, investieren.
Ein **angemessener Einsatz von Fremdkapital** aber ist, wie gesehen, gleichfalls
notwendig. Der Opportunity Fonds wird daher bei der Vereinbarung einer Bankfinanzierung Überzeugungsarbeit leisten müssen. Gelingen wird ihm das, wenn folgende fünf Voraussetzungen (mindestens) erfüllt sind:

– Fonds und Bank müssen beide überzeugt sein, dass das jeweilige Objekt das er-
 rechnete Wertsteigerungspotential hat;

– Der Eigenkapitaleinsatz muss geeignet sein, das Bankrisiko langfristig auf ein ak-
 zeptables Maß zu reduzieren;

– Der Fremdkapitaleinsatz muss so hoch sein, dass das verbleibende Eigenkapital
 bei dem erwarteten Verkaufsgewinn sich um mindestens das 1,5-fache erhöht;

– Das Fondsmanagement muss über ausreichende und belegbare Expertise verfügen, die entsprechende Wertsteigerung durch professionelles Asset Management
 herbeiführen zu können;

– Fonds und Bank müssen beide sicher sein, dass sich die Fundamentaldaten des
 jeweiligen Immobilienmarkts im Kontext der gesamtwirtschaftlichen Entwicklung innerhalb der Haltedauer des Investments deutlich verbessern werden.

6. Marktanteil von Opportunity Fonds

In den 15 Jahren seit der Auflegung des ersten Immobilien Opportunity Fonds 1988
hat dieses Marktsegment kontinuierlich an Bedeutung gewonnen. Ernst&Young hat
alle wichtigen Marktteilnehmer regelmäßig befragt und kommt in der letzten
Marktstudie zu dem Ergebnis, rund 230 Fonds hätten in den Jahren 1988 bis 2002
weltweit rund 100 Mrd. US$ Eigenkapital eingesammelt. Der Mittelzufluss in den
letzten Jahren variiert, liegt aber im Schnitt der letzten fünf Jahre bei deutlich über
10 Mrd. US$ p.a.

Cumulated Fund Equity Raised; Total Fund Equity Raised

Quelle: Ernst & Young 2003

Den Löwenanteil des Eigenkapitals teilen 10% der Fondsinitiatoren unter sich auf. Über 60% des jährlichen Mittelzuflusses ist in den vergangenen Jahren den fünfzehn größten Fonds zugeflossen.

Wenn diese gerade einen größeren Fonds geschlossen haben, dann werben sie üblicherweise erst zwei bis drei Jahre später Gelder für den Anschlußfonds ein. Das erklärt, warum der Mittelzufluss nicht jedes Jahr gleich hoch ist. Im Querschnitt der letzten Jahre aber zeigt sich deutlich, dass Opportunity Fonds kontinuierlich einen **steigenden Mittelzufluss** hatten und als Investorengruppe über erhebliche Eigenkapitalreserven verfügen. Im Schnitt haben diese 15 großen Fonds jeweils 937 Mio. US$ je Fonds eingesammelt. Das **durchschnittliche Eigenkapitalvolumen** der Immobilien Opportunity Fonds liegt bei **216 Mio. US$** (Quelle: Ernst&Young Studie 2003).

Wo aber wird all dieses Geld investiert? Gib es Produkte für diese Opportunity Fonds? Wie gehen die Investoren an den Markt heran und wo versuchen sie zuzuschlagen?

7. Akquisitionsprofile und Investmentphilosophie

Opportunity Fonds unterscheiden sich zwar durchaus in ihrem Ankaufsprofil. Eine Differenzierung erfolgt entweder nach Objekttypen (Büro, Lager, Hotel, Wohnen), nach Regionen (Kerneuropa, Zentraleuropa), oder nach Strategien (Einzelobjektstrategie, Portfoliokäufer, Aufkaufen von Bankenforderungen, Sale&Lease Back Orientierung, Projektentwicklungsfonds). Unter dem Strich – und das soll hier herausgestellt werden – verfolgen sie alle ähnlich gelagerte **Ankaufsprofile**. Letzlich setzen die Opportunity Fonds auf Folgendes:

– Die **Konjunkturentwicklung** wird in einigen Jahren wieder zu einem deutlichen Anstieg des Bruttosozialprodukts führen.

– Steigende Ausrüstungsinvestitionen und zunehmende Konsumausgaben führen zu erhöhtem Bedarf an gewerblich genutzten Flächen nach der **Markterholung**.

– **Risikokapital** wird in der Baisse **knapp**. Kapital, dass hingegen risikobereinigte Immobilieninvestitionen sucht, steigt kontinuierlich an. Da dieses Kapital wegen des Mangels an Risikokapital zunehmend weniger Produkt vorfindet, steigt der Preis für die Produkte, die am Markt erhältlich sind. Hersteller dieser Produkte sind eigenkapitalstarke Opportunity Fonds. Etablierte Marktteilnehmer können mangels Eigenkapital dem prognostizierten Nachfrageschub für moderne Gewerbeflächen nach der Konjunkturerholung nicht vorweggreifen. Durch antizyklisches Investitionsverhalten in der Baisse wird auf diesen vermuteten Mangel reagiert.

Investment Windows 2004–2008

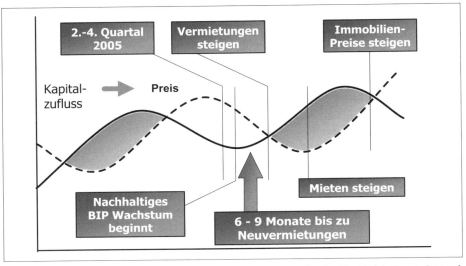

Quelle: The Carlyle Group, Research

– Die Einsicht, dass selbst genutzte Immobilien im Eigenbestand bilanziell wenig sinnvoll sind, setzt sich zunehmend durch. In Europa halten Unternehmen noch rund 70 % der genutzten Flächen selbst, in den USA liegt diese Quote bereits bei rund 30 %. Immobilien im Eigenbestand aber erfordern nach moderner Rechnungslegung eine Zurechnung von Risikokosten und Verwaltungsaufwendungen. Hinzu kommt, dass dabei Eigenkapital gebunden wird, dass für den eigentlichen Unternehmenszweck bzw. für Produktivität und Expansion verwendbar ist. Wenn überdies der Flächenbedarf niedriger liegt als der im Eigenbestand gehaltene Flächenbestand, liegt eine **Dekonsolidierung unternehmenseigener Immobilien** nahe. Insbesondere für den Verkauf größerer Immobilienbestände stehen Opportunity Fonds als Käufer bereit. Bisher sind Dekonsolidierungen unternehmenseigener Immobilien in Deutschland selten gewesen. Einer der Gründe für diese Zurückhaltung dürfte in der Diskrepanz der Buchwerte zu den erzielbaren Marktpreisen liegen. Zu erwarten ist aber dass sich die Buchwerte der Marktbewertung anpassen werden und damit ein bilanziell neutraler Abverkauf untenehmenseigener Immobilienbestände auch in Deutschland zunehmen wird.

– Banken trennen sich zur Stärkung ihrer Eigenkapitalbasis zunehmend von Problemengagements (**„non performing loans"**). Problemengagments bringen Banken leicht in eine eigentümerähnliche Stellung. Wenn überdies die Kreditbeleihung in die Boomphase zurückreicht und dabei auch noch Vollfinanzierungen dargestellt wurden, müssen Banken in Baissephasen dem Werteverfall ihrer Engagements begegnen. Erlaubt die Eigenkapitalbasis entsprechende Verlustrealisierungen, werden solche Kreditengagments durch Abverkäufe gelöst.

– Die Umwandlung von risikobehafteten zu risikobereinigten Investments durch Ausentwicklung, Repositionierung, Renovierung und Neuvermietung findet infolge der Attraktivität **risikofreier Investments** für institutionelle Investoren eine gute Abnehmerbasis. Ähnliches gilt, wenn erworbene Portfoliobestände zum Abverkauf an institutionelle Investoren aufgeteilt werden. Beides impliziert einen nachhaltig stabilen **Mittelzufluss bei institutionellen Investoren**, insbesondere bei offenen Immobilienfonds, Pensionskassen, Versicherungen, geschlossenen Fonds und absehbar auch Reits.

Ende 2002 verfügten Immobilien Opportunity Fonds über noch nicht investiertes Eigenkapital (**„dry powder"**) in Höhe von 16 Mrd. US$ weltweit. Bedenkt man, dass Investitionen regelmäßig mit mindestens 70 % Fremdfinanzierung angereichert werden, bedeutet diese über 50 Mrd. US$ an Investitionsvolumen.

Deutschland hat bei der Allokation der Mittel bis zum Jahre 2003 eine untergeordnete Rolle gespielt. Grund war der relativ in sich abgeschlossene Markt, der internationalen Marktteilnehmern schwer zugänglich war. Vor allem aber haben die im internationalen Vergleich relativ niedrigen Immobilienrenditen wenig Anziehungskraft für international agierende Fondsmanager gehabt. Mit dem Paradigmenwechsel der Immobilienbanken aber hat sich dies signifikant geändert. Zum einen die Anforderung, Risiko adäquat mit Eigenkapital aufzuwiegen, hat Opportunity Fonds Marktchancen eröffnet. Zum zweiten haben Abverkäufe größerer Immobiliebestände durch Unternehmen, die damit Kernkapital für ihre eigenen, nicht immobilienorientierten Unternehmenszweck realisieren sowie eine Bereitschaft der Banken, in größerem Umfang leistungsgestörte Darlehenspakete zu verkaufen, Deutschland international zu einem attraktiven Markt gemacht.

2003 investierten die in Deutschland aktiven **Opportunity Fonds** rund 830 Mio. €. Dies entspricht einem **Marktanteil** von rund **16 %** (Quelle: ATIS 2004). Dies hat vor allem seinen Grund in der Einschätzung, dass die deutsche Konjunktur 2006 wieder deutlich anspringen wird. Das wird die Nachfrage nach Gewerbeflächen beleben und nach einer Absorption heutiger Leerstände wieder zu einem Vermietermarkt führen. Unterstellt wird überdies, dass die Liquidität von Langfristinvestoren hoch bleiben wird. Das Anlageprodukt „Immobilie" bleibt nachgesucht, die Vehikel in denen es eingekauft wird (offene Fonds, geschlossene Fonds, REIT) werden sich ändern. Die Renditen werden in Deutschland nach einer Anpassungsphase an die Renditen in den großen westeuropäischen Volkswirtschaften stabil sein. Das ist für die Annahmen der Verkaufsfaktoren (**„exit yields"**) bedeutsam. Schließlich, und das ist für international tätige Fonds wichtig, bietet Deutschland ein klares und gut organisiertes Rechtssystem, eine besser gewordene **Markttransparenz** und ein professionell arbeitendes Bankensystem.

Bibliographie

1. *Ernst&Young* 2003, Value Added and Opportunity Funds: E&Y's 2003 Opportunistic Real Estate Private Equity Fund Survey;
2. *Rottke* 2004, *Rotte, Nico B.,* Investitionen mit Real Estate Private Equity, Östrich-Winkel 2004.
3. *Murer* 2003, *Murer, Alexander,* Fondsklassifizierung und Erfolgsfaktoren für Real Estate Private Equity Fonds, Hohenheim 2003.

X. Europäischer Immobilien Dachfonds Chancen eines neuen Immobilienproduktes für institutionelle Anleger

von Michael Englisch[1]

1. Das Dachfonds Konzept im Asset Management

1.1 Dachfonds im Allgemeinen

Als Dachfonds bezeichnet man einen Fonds, der nicht direkt in Vermögenswerte wie Beteiligungen, Anleihen oder Immobilien, sondern in andere Fonds investiert, die ihrerseits Beteiligungs-, Anleihe- oder Immobilienportfolien aufbauen und managen. Der Dachfondsmanager baut demnach ein Portfolio von Zielfonds auf.

Sinn und Nutzen dieses Anlagekonzepts werden regelmäßig diskutiert. Bedenken werden häufig in der Form geäußert, dass eine ausreichende Diversifikation bereits einem Einzelfonds möglich ist; als Konsequenz wird die Nutzenstiftung eines Dachfonds angesichts der zusätzlichen Kostenlage in Frage gestellt. Daneben werden häufig enttäuschende Performance und Bevorzugung hauseigener Zielfonds durch den Dachfonds Manager als Nachteile angeführt. Beide Punkte bedingen einander: Nach einer Studie von Fidelity Investment Services schneiden Dachfonds Manager, die in Fonds fremder Fondsmanager investieren, klar besser ab als Dachfonds Manager, die vornehmlich in hauseigene Produkte investieren[2].

Positive Aussagen stellen heraus, dass anders als bei Einzelfonds die Stärke der Dachfonds in der Selektion von Managern[3] und damit im Erreichen einer geographischen, sektoralen, liquiditätsbezogenen und investmentstrategischen Diversifikation liegt, wobei die Einzelinvestments an Manager mit spezialisierten Strategien vergeben werden[4]. Als weitere Vorteile des Dachfonds werden das einfachere Depotmanagement des Anlegers und die im Vergleich zu Einzelfonds geringe Mindestanlagesumme genannt. So können in einem Dachfonds Gelder von einer Anzahl

---

[1] Der Autor bedankt sich bei Herrn Max Michaeli und Herrn Kai Upadek für die Unterstützung bei der Erstellung dieses Beitrags.

[2] Studie der Fidelity Investment Services GmbH; November 2004.

[3] „Value Judgements" in Money Marketing; S. 53/54; 23.9.2004.

[4] *David Pinkerton, Astrid Tuminez;* Handbuch Institutionelles Asset Management; S. 713; 1. Auflage; April 2003.

von Anlegern gesammelt werden, um diese dann gemeinsam auch in solche Zielfonds zu investieren, die Mindestanlagesummen vorschreiben. Anleger können sich über einen Dachfonds an Zielfonds beteiligen, die grundsätzlich bereits geschlossen sind[5].

1.2 Dachfonds in der Praxis

Die ersten Dachfonds in Deutschland waren Aktienfonds. Dabei hatte das Produkt in Deutschland zunächst einen Fehl-, zumindest einen Spätstart hingelegt. Durch den Zusammenbruch der Schachtelgesellschaft Investors Overseas Services (IOS) von Bernie Cornfield 1970 haben viele deutsche Anleger Geld verloren, was in Deutschland zu einem Verbot des Anlagekonzepts Dachfonds geführt hat[6]. Erst in der zweiten Hälfte der neunziger Jahre kamen die ersten Fondspicker über den Umweg Luxemburg auf den deutschen Markt. Schließlich wurden Dachfonds durch das 3. Finanzmarktförderungsgesetz per 1. April 1998 wieder eingeführt. Der Fondsmarkt hatte sich bis zu diesem Zeitpunkt rasant entwickelt: Gab es 1970 nur 42 deutsche Publikumsfonds, so ist deren Anzahl auf 321 im Jahr 1990 und auf 1.343 im Jahr 1998 exponentiell gestiegen. Auf diesem Nährboden konnte sich der Dachfonds gut etablieren. Derzeit hat der Markt in Deutschland bei insgesamt 360 registrierten Dachfonds ein Volumen von ca. 28 Mrd. €[7] Inzwischen ist das Dachfonds Konzept insbesondere in den folgenden Asset Klassen bekannt:

Bei Aktien Dachfonds handelt es sich bei den zugrunde liegenden Aktiva um börsennotierte Eigenkapitalbeteiligungen. Der Dachfondsmanager investiert in herkömmliche diversifizierte Aktienfonds. Dabei können auch Fonds beigemischt werden, die lediglich einen Schwerpunkt auf Aktien setzen und ansonsten beispielsweise Anleihen berücksichtigen. Aktien Dachfonds haben sich zur am weitesten verbreiteten Form von Dachfonds in Deutschland entwickelt.

Private Equity Dachfonds sind erst in jüngerer Vergangenheit entstanden. In Kontinentaleuropa entstand der Private Equity Markt in der ersten Hälfte der neunziger Jahre. Erste Dachfonds wurden bereits wenige Jahre später initiiert. Durchschnittlich hält ein Private Equity Dachfonds 10–30 Beteiligungsfonds[8]. In dieser Anlageklasse hat die Risikostreuung bei Anlegern einen besonders hohen Stellenwert. Dies hat verschiedene Banken bewogen, für ihre Privatkunden Beteiligungsprogramme in Private Equity Dachfonds aufzulegen. Eine Studie der Berenberg Finanzanlagen hat nachgewiesen, dass Investitionen in solche Programme mit hoher Wahrscheinlichkeit positive Ergebnisse erzielen und dass bei Streuung auf mehrere Dachfonds das Risiko eines Kapitalverlustes auf unter 1% reduziert werden kann[9]. Bei der Bewertung der Chancen eines Immobilien Dachfonds erscheint es nützlich, den Erfolg der in Europa institutionellen Anlegern angebotenen Private Equity Dachfonds zu analysieren; demnach sind die Erfolgskriterien für einen Asset Manager neben einem klaren Investmentprozess insbesondere

---

[5] *Dirk Söhnholz;* Handbuch Institutionelles Asset Management; S. 728 f.; 1. Auflage; April 2003.
[6] *Anke Dembowski;* „Dachfonds bieten breiten Anlagemix"; Die Welt; 20.7.1999.
[7] BVI; 30/09/2004, Anzahl, Fondsvermögen und Mittelaufkommen der Publikumsfonds und Spezialfonds.
[8] *David Pinkerton, Astrid Tuminez,* Handbuch Institutionelles Asset Management, S. 713, April 2003.
[9] „Dachfonds verringern das Anlagerisiko"; FAZ; 10.3.2002; S. 37.

– ein früher Markteintritt,
– ein überzeugendes Engagement in Form von zur Verfügung stehenden Mitteln sowie
– eine intensive Betreuung und Unterstützung der Investoren[10].

Dach Hedgefonds investieren durchschnittlich in 5–50 Hedgefonds[11]. Während die Hedgefons Branche weltweit seit Mitte der neunziger Jahre außerordentlich gewachsen ist, legen Dach Hedgefonds insbesondere seit 2002 kräftig zu[12] und haben inzwischen einen Anteil von über 40 % an den gesamten Hedgefonds Umsätzen erlangt. Gegenüber Ende 2003 haben die 50 weltweit führenden Dach Hedgefonds ihr Gesamtkapital von 210 Mrd. $ auf über 350 Mrd. $ Ende 2004 gesteigert[13]. Nach einer aktuellen Studie unter 151 führenden europäischen institutionellen Anlegern steigt der Anteil der in Hedgefonds veranlagten Großinvestoren bis Ende 2006 von derzeit 40 % auf dann 60 %, wobei überwiegend auf Dach Hedgefonds zurückgegriffen wird[14]. Ähnlich der Logik bei Private Equity Investments liegt die Begründung für den internationalen Erfolg der Dach Hedgefonds in dem mit einer Anlage in einen einzelnen Hedgefonds verbundenem hohen Risiko für Anleger. In Deutschland erlaubt das Investmentgesetz seit Anfang 2004 die Anlageklasse der Hedgefonds. Branchenkenner hatten im Vorfeld einen Zulassungsstau bei der Aufsicht befürchtet. Stattdessen ist die Anzahl der in Deutschland zur Prüfung angemeldeten Dach Hedgefonds sehr übersichtlich: Die im Investmentverband BVI vertretenen zwölf Fonds sammelten 2004 nur rund 700 Mio. Euro ein und verwalteten insgesamt gerade 1 Mrd. Euro[15]. Ein Grund für diesen schleppenden Start liegt in der deutschen Gesetzgebung. Das Investmentgesetz schreibt den Hedge Fonds vor, ihre Erträge je nach Einkunftsart aufzuschlüsseln, und zwar anders als international üblich. Viele Fondsinitiatoren scheuen den damit verbunden Aufwand und verzichten auf deutsche Anlegergelder. Dies schlägt unmittelbar auf die Produktgattung der Dach Hedgefonds durch. „Die deutschen Platzhirsche unter den Fondsgesellschaften werden deutsche Dach Hedgefonds auflegen, die in wenige Zielfonds investieren, die zu den geforderten Reportings nach deutschem Steuerrecht in der Lage sind. Das wahre Anlageuniversum ... bleibt dem deutschen Anleger weiterhin verschlossen"[16]. Für die Beurteilung der Chancen eines Immobilien Dachfonds auf dem deutschen Markt ist diese Entwicklung sehr interessant, da auch ein Immobilien Dachfonds die Anforderungen des Investmentgesetzes und des Investmentsteuergesetzes erfüllen müsste.

---

[10] Henderson Global Investors; interne Studie.
[11] *Dirk Söhnholz*, Handbuch Institutionelles Asset Management, S. 728 f., April 2003.
[12] *Doreen Mallon*; „Trotz Börsenbaisse eine positive Rendite erwirtschaften"; Börsen-Zeitung: 08.11.2003.
[13] „70 % Kapitalzuwachs bei Top 50-Dachfonds"; www.morningstar.com; Rubrik News; 25.11.2004
[14] „AIMA: Großinvestoren präferieren Hedge-Dachfonds"; www.derfonds.net; 29.11.2004.
[15] *Christoph Ruhkamp*, „Hedgefonds werden heimisch"; Börsen-Zeitung; 08.02.2005.
[16] Volker Grüneke; www.hedgefondsweb.de; 04.08.2003.

2. Übertragung des Dachfonds-Konzepts auf den Immobilienbereich[17]

2.1 Einführung

Der Immobilien Dachfonds übernimmt genau wie Dachfonds in anderen Asset Klassen die Funktion, eingesammelte Anlegermittel indirekt in Immobilien zu investieren, d.h. die Gelder in ausgesuchte Immobilien Produkte zu lenken. Immobilien Dachfonds bilden derzeit auf dem europäischen Festland keine nennenswerte Anlageklasse. In diesen Tagen starten internationale Asset Manager mit der Vermarktung erster europäischer Immobilien Dachfonds an institutionelle Anleger[18]. Inwieweit der Immobilien Dachfonds zu einem eigenständigen erfolgreichen Produkt entwickelt werden kann, wird maßgeblich und unmittelbar vom Ausmaß des Nutzens abhängen, den ein Dachfonds für den Immobilien Investor erbringt. Der Nutzen muss sich deutlich in einem klaren Profil und einer überzeugenden Strategie niederschlagen. Im folgenden Abschnitt 2.2 werden die Produkt Charakteristika aus der Strategie eines Dachfonds herausgearbeitet. Für den Erfolg eines Produktes ist es darüber hinaus entscheidend, welchen Entwicklungen und Dynamiken der Absatzmarkt (Abschnitt 3) und der Beschaffungsmarkt (Abschnitt 4) unterliegen und welche Konkurrenzprodukte die Entwicklung des Immobilien Dachfonds beeinträchtigen könnten (Abschnitt 5).

2.2 Charakteristika eines Immobilien Dachfonds

Im Folgenden wird untersucht, welche Charakteristika ein Immobilien Dachfonds haben wird. Da es praktisch noch keine Produkte am Markt gibt, werden diese von einer Produktstrategie abgeleitet, die eine hohe Nutzenstiftung für den Investor zum Ziel hat:

– Rendite/Risiko-Profil: Ein erster Aspekt des Rendite/Risiko-Profils betrifft den Dachfonds selbst, der als ein Core, Core+, Value added oder ein opportunistisches Produkt ausgestaltet sein kann (siehe Abbildung 1). Einerseits empfindet der Investor einen höheren Nutzen, wenn ein Dachfonds ein Rendite/Risiko-Segment abdeckt, in dem er selbst weniger oder keine Fondsinvestments tätigt und er auf diese Weise eine Abrundung seiner Investmentpalette erreicht. Dies würde für einen opportunistisch ausgerichteten Dachfonds sprechen. Andererseits halten sich deutsche institutionelle Anleger gegenüber risikoreicheren ‚real estate private equity‘ Produkten derzeit tendenziell zurück; vor diesem Hintergrund besteht für ein das hohe Rendite/Risiko-Segment anvisierenden Dachfonds die Gefahr, eine auskömmliche Mindestgröße nicht zu erreichen.

---

[17] Die weiteren Ausführungen beziehen sich – wenn nicht ausdrücklich anders vermerkt – auf institutionelle Anleger.

[18] Zum Zeitpunkt des Verfassens dieses Beitrags sind die einzelnen Konzeptionen im Detail der Öffentlichkeit nicht bekannt. Siehe letzter Abschnitt ‚Ausblick‘.

Abb. 1: Arten der Immobilieninvestitionen

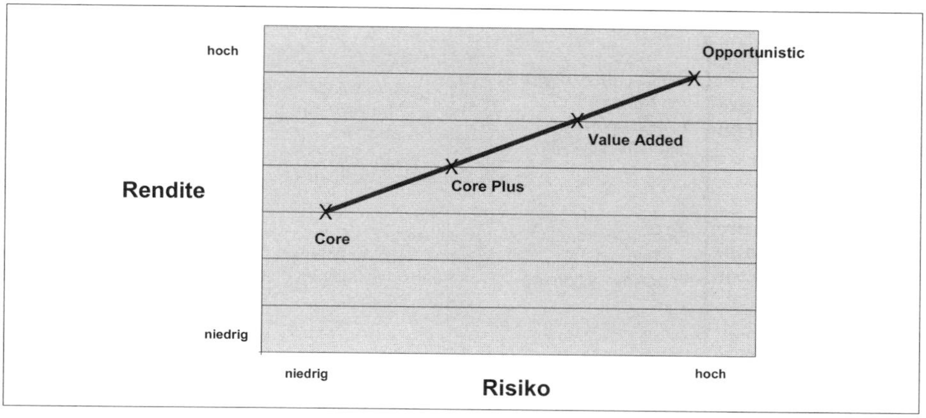

Ein zweiter Aspekt des Rendite/Risiko-Profils betrifft die Auswahl der Ziel-fonds. Eine Dachfonds Strategie, die als Investitionsobjekte Zielfonds vorgibt, die ihrerseits unscharfe und weit streuende Anlagestrategien verfolgen, ist wenig überzeugend. Ziel eines Dachfonds muss es sein, die Fondsmanager mit dem be-stem Know-how zu finden. Diese jedoch verfolgen häufig spezialisierte Strategi-en, d.h. sie investieren ausschließlich in Immobilien eines bestimmten Landes, Sektors oder Risiko-Rendite-Segments. Diese Fonds versprechen höhere Ren-diten, sind allerdings anfälliger gegen allgemeine Marktstörungen. Als Einzelin-vestment kommen sie daher für einige Anleger nicht in Betracht. Ein Dachfonds kann jedoch die höheren Volatilitäten solcher Fonds in seinem Fondsportfolio ausgleichen. Daher liefert ein Immobilien Dachfonds nach Überzeugung des Autors einen höheren Nutzen, wenn er vornehmlich in spezialisierte Produkte, d.h. Länder- oder Sektorenfonds, investiert.

– Geographische Abdeckung: Ein Dachfonds könnte das Investment auf solche Zielfonds beschränken, deren Immobilien in einem einzigen Land belegen sind. In diesem Fall würde es sich um einen spezifischen Länder-Dachfonds handeln. Ein Dachfonds kann aber auch europäisch oder weltweit aufgestellt sein. Ande-re Aspekte außer Betracht gelassen, wird ein Dachfonds tendenziell höheren Nutzen stiften, je größer das geographische Gebiet ist, das er abdeckt. Mit zu-nehmendem geographischem Ausmaß nimmt das Fondsangebot und damit der Such- und Analyseaufwand eines Investors zu. Der Zusammenhang zwischen Immobilien Dachfonds und geographischer Abdeckung lässt sich in Abbildung 2 entlang der Abszisse ablesen.

Abb. 2: Arten der Immobilieninvestitionen (eigene Darstellung)

	Inland	**erweitert um europäisches Ausland**	**erweitert um USA und Asien**
erweitert um Nischensektoren	Gemischte Strategie von Fondsinvestitionen und Eigeninvestments	Europaweite Anlage in Fonds, in Einzelfällen Eigeninvestment	Weltweite Anlage in Fonds, in Einzelfällen Eigeninvestment
erweitert um Einzelhandelssektor	Eigeninvestments, ergänzt um Fondsinvestitionen	Gemischte Strategie von Eigeninvestments u. Fondsinvestitionen	Weltweite Anlage in Fonds, in Einzelfällen Eigeninvestment
Bürosektor	i.d.R. Eigeninvestments	Eigeninvestments, ergänzt um Fondsinvestitionen	Weltweite Anlage in Fonds, in Einzelfällen Eigeninvestment

Hell unterlegte Felder: Chancen für den Immobilien-Dachfonds

Dunkel unterlegte Felder: Große Chancen für den Immobilien-Dachfonds

- Sektorenvielfalt: Eine Dachfondstrategie könnte die ausschließliche Konzentration auf Bürofonds verfolgen oder im andern Extremfall über alle Sektoren einschließlich Nischensektoren wie z.B. Hotel- oder Parkhausfonds investieren. Tendenziell dürfte gelten, dass ein Dachfonds für die Mehrheit von Investoren dann einen höheren Nutzen stiftet, wenn er in möglichst viele Sektoren investiert, insbesondere in solche, in denen die Investoren selbst weniger erfahren sind. Dies gilt zumindest solange, wie diese Sektoren in einem Fondsportfolio zu einer höheren Rendite bei gleichem Risiko oder einem niedrigeren Risiko bei gleich bleibender Rendite beitragen können. Umgekehrt wird ein Dachfonds nur schwerlich die eigenen Gebühren rechtfertigen bzw. eine kritische Masse erlangen können, wenn er sich allein auf Bürofonds konzentriert – einem Segment, das viele institutionelle Investoren selbst durch direkte und indirekte Investments abdecken. Dieser Zusammenhang wird in nachfolgender Abbildung 2 entlang der Ordinate dargestellt.

- Laufzeit des Dachfonds: Dachfonds können in ihrer Laufzeit begrenzt sein. Bei einer unbegrenzten Laufzeit ist zu beachten, dass ein Rückgaberecht – welcher Art auch immer – den Investoren angeboten werden muss. Es besteht demnach ein Zusammenhang zwischen Laufzeit und notwendiger Liquidität des Produktes[19].

---

[19] Siehe hierzu auch Abschnitt 4.

3. Analyse des Absatzmarktes: Die Investoren

3.1 Analyse der Nachfrage

Drei wichtige Trends lassen sich ausmachen. Zum einen erhöhen institutionelle Anleger grundsätzlich im Zuge ihrer Portfolio Neuausrichtungen ihre Immobilien Investitionen. Dies haben sowohl europäische als auch deutsche Studien ergeben[20]. Europäische institutionelle Anleger suchen vermehrt nach Immobilienanlagen außerhalb ihres Heimatmarktes um ihre Portfolien zu diversifizieren. Dies gilt beispielsweise für britische, schweizerische oder skandinavische Investoren. Auch deutsche Anleger schauen sich seit Jahren vermehrt im Ausland um – auch weil im eigenen Land die Renditen im europäischen Vergleich hinterherhinken. Dabei geht der Trend einer gesamteuropäischen Sichtweise mit dem Trend einer vermehrten indirekten Anlage einher. Gründe hierfür sind:

– Das Immobiliengeschäft hat immer eine lokale Dimension, jedoch sind institutionelle Anleger in der Regel nicht vor Ort mit einem eigenen Team vertreten,

– Viele europäische Immobilienmärkte weisen eine gewisse Intransparenz auf; dadurch ist die Suche nach geeigneten Immobilien mit hohem Aufwand verbunden

– Grenzübergreifende Investitionen sind aufgrund der zu beachtenden steuerlichen und regulatorischen Gesichtspunkte komplex; der für Direktinvestments notwendige Aufbau von Know-how ist kostenintensiv und häufig mit schmerzhaften Erfahrungen verbunden

Als Reflex dieser Entwicklung haben sich auch auf dem Kontinent vermehrt Asset Manager herausgebildet, die sich auf Auflegung und Management von Immobilienfonds fokussieren. Sie erlauben dem institutionellen Anleger, dass er sich nicht mit der Immobiliensuche, sondern allein mit der Auswahl der Fondsmanager, deren Investment Vorschlägen sowie der Kontrolle der Investments beschäftigen muss. Dabei kann der Anleger auch Mandate vergeben, die dem Asset Manager eine weitgehend freie Hand in der Auswahl der Immobilieninvestitionen gewähren. In diesen Fällen konzentriert sich der Investor auf Auswahl und Kontrolle des Fondsmanagements.

Es steht zu erwarten, dass Kontinentaleuropa an diesem Punkt nicht verharrt, sondern der Entwicklung Großbritanniens folgt. Dort hat sich das Immobilien Dachfonds Segment seit Ende der neunziger Jahre zügig entwickelt und inzwischen etabliert (siehe Abschnitt 3.3).

---

[20] z.B. Studie JP Morgan Fleming Asset Management im Sept. 2003 unter 350 internationalen Institutionellen, wonach alternative Investments, und hierunter vor allem Immobilien, zu Lasten von Aktien und Anleihen übergewichtet werden. Eine Studie von Feri in Zusammenarbeit mit dem ebs Department of Real Estate im Nov. 2004 ergab unter 116 deutschen Anlegern eine Erhöhung der Immobilienquote um 0,5 % bis Ende 2006.

Abb. 3: Prognose einer historischen Entwicklung (eigene Darstellung)

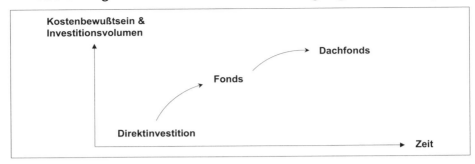

Welche Faktoren werden in Europa dazu führen, dass der Immobilien Dachfonds als Alternative und Ergänzung neben den traditionellen Immobilienfonds tritt? Zum einen wird sich eine zunehmende Anzahl von Investoren im Zuge der ‚Fokussierung auf das Wesentliche' des Immobilien Dachfonds bedienen. Die Portfolio Verantwortlichen werden ihr Aufgabengebiet neu definieren: Als wesentlich wird die Festlegung der Investmentstrategie auf Makroebene (Aufteilung auf Sektoren und Länder) und die Steuerung der Dachfonds Manager angesehen. In diesem Sinne stellt der Immobilien Dachfonds für viele Investoren einen logischen nächsten Schritt in der Entwicklung von direkten zu indirekten Immobilieninvestments dar. Eine Entlastung stellt der Dachfonds insbesondere für Investoren dar, die ihre Immobilienquote in der Asset Allocation stärker als in der Vergangenheit gewichten. Mit zunehmendem Investitionsumfang wird der Investor nicht mehr allein Fonds auswählen, die quer über alle Länder und Sektoren investieren, sondern vielmehr die spezialisierten Länder- oder Sektorenfonds in Betracht ziehen und damit seine Portfolioausrichtung selbst bestimmen wollen. Als Ergebnis wird er deutlich mehr Fonds beobachten müssen. Damit steigen seine Such- und Analysekosten. Eine indirekte Anlagestrategie über Dachfonds erlaubt einem Investor, erhebliche Anlagemittel innerhalb eines kürzeren Zeitraums zu investieren als dies direkt oder indirekt über Fonds möglich wäre. Wie noch in Abschnitt 4 gezeigt wird, wird der Trend zum Immobilien Dachfonds auch durch Entwicklungen auf der Beschaffungsseite unterstützt.

3.2 Segmentierung der Investoren

Nachdem nun die grundsätzliche Entwicklung auf der Nachfrageseite skizziert wurde, stellt sich die Frage, welche konkreten Anlegergruppen am ehesten an einer Investition in einen Immobilien Dachfonds interessiert sein dürften:

- Investoren, die bisher noch nicht in Immobilien investiert haben: Ein Immobilien Dachfonds bietet dem Anleger die Möglichkeit, mit kleinen Anlagesummen sehr diversifiziert in die Asset Klasse Immobilien zu investieren, ohne eigene Ressourcen aufbauen zu müssen.

- Investoren, die ihr eigenes Fondsportfolio weiter diversifizieren wollen: Es ist grundsätzlich denkbar, dass Investoren mit einem bestehenden Fondsportfolio dieses ganz oder teilweise in einen Dachfonds einbringen. Durch die Aufnahme von weiteren Investoren erhöht sich für den betreffenden Investor zudem die Liquidität seiner Anteile.

– Investoren mit fehlender Expertise im europäischen Ausland: Investoren, die nur Erfahrung in einem oder einigen wenigen Märkten in Europa haben, bietet der Dachfonds eine einfache und wenig zeitaufwendige Möglichkeit der Ausweitung des Anlageuniversums auf ganz Europa. Der Dachfonds ergänzt so die bestehenden direkten und indirekten Anlagen des Investors.

– Anleger auf der Suche nach einer Benchmark: Ein Dachfonds kann einem Investor als Benchmark für seine anderweitigen indirekten Immobilieninvestitionen dienen. Dies ist besonders wichtig vor dem Hintergrund, dass es derzeit noch keine überzeugenden, den gesamten europäischen Immobilienmarkt abbildenden Benchmarks gibt. Informationen, die der Anleger in den Investoren-Ausschusssitzungen gewinnt, kann er für eigene Investment Aktivitäten nutzen.

– Investoren, die innerhalb kurzer Zeit große Beträge anlegen müssen: Ein Dachfonds erlaubt eine Investition großer Beträge in ein vollständig diversifiziertes Portfolio innerhalb eines überschaubaren Zeitraums. Nach getätigter Anlage lässt sich diese leicht überwachen und die Kommunikation beschränkt sich auf einen einzigen Fondsmanager.

– Investoren, die ihr Kapital bei schwierigen Marktkonditionen investiert sehen wollen: Während eine Kapitalzusage an einen einzigen Fondsinitiator dem Anleger nur den Zugang zu dessen Netzwerk an Projektentwicklern, Maklern, etc. eröffnet, bietet ein Dachfondsinvestment Zugang zu verschiedenen Fondsinitiatoren und damit zu einer Vielzahl von Netzwerken.

– Börsennotierte oder kapitalmarktnahe Investoren, die nach IAS bilanzieren: Versicherungsunternehmen könnten eine anstehende Regeländerung gemäß IFRS/IAS als problematisch empfinden. Danach droht bei Fonds, an denen der Anleger 20% oder mehr hält, dass die einzelnen Vermögenswerte, die der Fonds hält, in der konsolidierten Bilanz erscheinen. Investoren können sich des Problems entledigen, wenn sie ihre Fonds in eine Dachfondskonstruktion einbringen und anschließend an dieser weniger als 20% halten.

3.3 Der britische Immobilien Dachfonds Markt

In Großbritannien ist im Vergleich zu vielen anderen europäischen Ländern der Immobilienmarkt insgesamt bekanntlich recht weit entwickelt. Die bisher in Kontinentaleuropa weitgehend neue Investitionsform des Immobilien Dachfonds existiert dort bereits seit einigen Jahren. Bei britischen institutionellen Kunden ist seit den siebziger Jahren ein kontinuierlicher Trend von direkten hin zu indirekten Immobilieninvestments zu erkennen. Ende der neunziger Jahre tauchten die ersten Immobilien Dachfonds auf. Anfänglich von wenigen Managern initiiert hat der Markt ein rasantes Wachstum verzeichnet. Heute werden Dachfonds von vielen namhaften Fondsinitiatoren in Großbritannien angeboten. Deren Anlagehorizont ist allerdings auf Großbritannien und dort agierende Zielfonds beschränkt. Die wichtigsten Kundengruppen britischer Dachfondsmanager sind betriebliche und städtische Pensions- und Versorgungskassen. Da offizielle Daten zu den Anbietern von Immobilien Dachfonds und ihren „Assets under Management" nicht erhoben und publiziert werden, müssen Marktbeschreibungen auf Schätzwerte zurückgreifen[21].

Abb. 4: Immobilien Dachfondsmanager in Großbritannien

Dachfondsmanager	Assets under Management € Mio.[1]	Marktanteil
ING	1.500	29%
Henderson	1.100	21%
Morley	750	14%
Schroders	750	14%
Deutsche Bank	300	6%
Triton (UBS)	250	5%
Merrill Lynch	100	2%
Sonstige	500	9%
Summe	5.250	100%

[1] Zahlen können interne Mandate beinhalten; Die Summe interner Mandate wird auf ca. € 1,5 Mrd. geschätzt

Quelle: Henderson Global Investors, Herbst 2004

3.4 Wachstumsprognose für den europäischen Immobilien Dachfonds Markt

Da überzeugende Immobilien Dachfonds Konzepte bislang im kontinentaleuropäischen Raum kaum existieren, können nur sehr vorsichtige Schätzungen über die zu erwartende Marktgröße in Europa vorgenommen werden. Die folgende Prognose basiert auf Zuhilfenahme des existierenden Marktes in Großbritannien. Hierbei werden einfache Multiplikatoren, die das vorangegangene Wachstum des britischen Dachfondsmarktes und seine relative Größe zum Fondsmarkt berücksichtigen, herangezogen. Demnach kann der europäische Dachfondsmarkt eine Größe von zwischen 7 und 10 Mrd. Euro – je nach Berücksichtigung interner Mandate – erreichen (siehe Abbildung 5).

---

[21] Schätzungen durch Henderson Global Investors.

Abb. 5: Geschätzte Marktgröße für Immobilien Dachfonds in Europa[22], (eigene Darstellung)

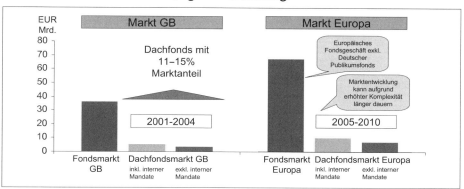

Während das Wachstum im Dachfondssegment in Großbritannien sehr schnell vorangegangen ist, kann diese Entwicklung in Kontinentaleuropa auch länger dauern, da der Immobilienmarkt noch nicht dieselbe Entwicklungsstufe wie in Großbritannien erreicht hat. Zudem verläuft die Marktpenetration bei Neuprodukten nach Markteinführung häufig zunächst langsam, dann aber exponentiell. Auch dürften regulatorische Hindernisse einer schnellen Ausbreitung zunächst entgegenstehen. In diesem Zusammenhang darf daran erinnert werden, dass auch das erfolgreiche Produkt der deutschen offenen Immobilienfonds nach Markteinführung nahezu drei Jahre für das Einsammeln der ersten 100 Millionen DM benötigte[23]. Der Autor ist überzeugt, dass das Immobilien Dachfonds Segment in Kontinentaleuropa mittelfristig eine große Bedeutung für Anleger und Fondsinitiatoren erlangen wird.

4. Analyse des Beschaffungsmarktes: Das Spektrum der Zielfonds

4.1 Vielfalt der Zielfonds

In Europa gibt es eine große Anzahl von Immobilienfonds unterschiedlichster Ausprägung mit variierenden Anlagestrategien und verschiedenen Rendite/Risiko-Profilen. Abhängig davon, in welchen Ländern die Immobilien belegen sind bzw. aus welchen Ländern die Investoren kommen, unterscheiden sich die Fondsstrukturen aufgrund unterschiedlicher rechtlicher und steuerlicher Regelungen in den einzelnen europäischen Ländern deutlich voneinander. Ein über die Ländergrenzen hinweg agierender Fondsmanager versteht diese individuellen Unterschiede und kombiniert sie in einem für den Anleger vorteilhaften Dachfonds.

---

[22] Die Angaben zum britischen und europäischen Fondsmarkt stammen aus folgenden Quellen: HSBC, APUT; die Schätzungen zum britischen Dachfonds Marktvolumen entstammen Henderson Global Investors; Prognose zum kontinental europäischen Dachfondspotential stammt vom Autor.

[23] Jürgen Ehrlich, Präsident der Bündelungsinitiative in der Deutschen Immobilienwirtschaft e. V., auf einer Veranstaltung der Organisation zum Thema REIT-Einführung in Bonn, 22.12.2004.

Englisch 219

Abb. 6: Segmentierung des Beschaffungsmarktes nach Anlagefokus
(circa-Angaben, Herbst 2004)

	Europa		Länderspezifisch		
	Multi-sektor	Sektorspezifisch	Multi-sektor	Sektorspezifisch	Total
Anzahl Fonds	60	10	110	100	280
Bruttofondsvermögen (in € Mio.)	68.000	4.000	43.000	25.000	140.000

Quelle: Henderson, INREV

In Europa gibt es per September 2004 knapp 300 Immobilienfonds, Tendenz steigend (siehe Abbildung 6). Nicht alle diese Fonds sind für Investments offen. Interessant ist, dass ca. 60 % dieser Fonds über verschiedene Sektoren investieren. Allerdings investiert ein Drittel der Fonds sowohl länder- als auch sektorenspezifisch. Die Konzentration auf bestimmte Länder fällt den Fonds offensichtlich leichter als die Fokussierung auf bestimmte Sektoren.

Im Folgenden werden die drei typischen zur Auswahl stehenden Produktarten beschrieben

4.2 Offene Immobilienfonds

Offene Immobilienfonds stellen die größte Anlagegruppe dar. Ihre Volumina übersteigen in der Regel die Volumina der geschlossenen Fonds; allein in Großbritannien vereinen die offene Fonds Mittel von ca. 13 Mrd. GBP gegenüber ca. 8 Mrd. GBP bei den geschlossenen Fonds[24].

Diese Fondsart zeichnet sich dadurch aus, dass Investoren zu jeder Zeit Fondsanteile erwerben können und die Fondslaufzeit unbegrenzt ist. Im Gegenzug muss der Fondsinitiator dem Anleger eine Ausstiegsmöglichkeit anbieten. Die Verpflichtung des Fonds zur jederzeitigen Rücknahme von Anteilscheinen und Auszahlung innerhalb festgelegter Zeiträume ist entweder wie z.B. in Deutschland gesetzlich oder wie z.B. in Großbritannien vertraglich festgelegt. In jedem Fall muss das Fondsmanagement sicherstellen, dass es Anteilscheinrückgaben innerhalb von festgelegten Zeiträumen bedienen kann. Dies kann die Verpflichtung zur Rendite reduzierenden Liquiditätsvorhaltung bedeuten. In schwierigen Branchenzyklen kann die Rücknahmeverpflichtung ein Problem darstellen. Anteilscheinrückgaben müssen in höherem Maße befürchtet werden, was im Extremfall zu einem nicht geplanten Verkauf von Immobilien führen kann und damit zu weiteren Renditerückgängen. Ein weiterer Unterschied liegt in der Finanzierung: Insbesondere ausländische offene Fonds nehmen in der Regel deutlich weniger Fremdkapital auf als ausländische geschlossene Fonds. Im niedrigeren Fremdfinanzierungsgrad liegt ein wesentlicher Grund, warum offene Fonds häufig schwächer rentieren als geschlossene Fonds.

---

[24] Stand September 2004.

4.3 Geschlossene Immobilienfonds

Diese Fondsart zeichnet sich dadurch aus, dass Anleger nur während eines kurzen Zeitfensters nach Auflegung in den Fonds (sowie bei späteren Kapitalerhöhungen) investieren können. Zwischen diesen Zeitpunkten ist der Fonds für Außenstehende geschlossen.

Dagegen kann die Fondslaufzeit begrenzt oder unbegrenzt sein. In der Regel betragen die Fondslaufzeiten 6–12 Jahre. Das Fondsmanagement definiert eine Strategie, die während der Fondslaufzeit Gültigkeit haben soll. Die befristete Laufzeit kommt solchen Anlegern entgegen, die ihr Kapital nur für eine bestimmte Zeit zur Verfügung stellen wollen. Gleichzeitig eignet sich ein geschlossener Fonds in Situationen, in denen ein bestimmter Marktzyklus oder eine bestimmte Kaufgelegenheit ausgenutzt werden soll. Geschlossene Fonds sind anders als offene Fonds, die einen möglichst weiten Investorenkreis ansprechen wollen, häufig auf einen bestimmten Anlegertyp abgestimmt.

Bei unbegrenzten Laufzeiten muss der Fondsinitiator dem Investor eine Ausstiegsmöglichkeit wie bei offenen Fonds eröffnen. Dies ist beispielsweise im Zweithandel möglich: Im sog. „matched bargaining process" führt der Fondsinitiator häufig Listen von am Kauf interessierten Parteien für den Fall, dass ein Anleger aussteigen möchte, so dass diese frei werdenden Anteile direkt zwischen den Anlegern – ohne Zwischenschaltung des Fonds – gehandelt werden können. Dieser Zweitmarkt ist in Großbritannien bereits weit entwickelt. Dabei verpflichtet sich der Fondsinitiator nur zu ‚höchsten Anstrengungen‘, eine Garantie zur Verkäuflichkeit der Fondsanteile gibt er nicht. Jedoch hat der Zweithandel beträchtliche Volumina erreicht. Die Fähigkeit eines Asset Managers zum Aufbau und Betrieb eines funktionierenden Zweitmarkts ist inzwischen zu einem wichtigen Auswahlkriterium unter britischen institutionellen Anlegern bei der Suche nach einem geeigneten Asset Manager avanciert.

Auch in Kontinentaleuropa zeichnen sich Tendenzen in Richtung der Entstehung von Zweitmärkten ab. Rating-Agenturen, die den Fonds eine objektive Produktbewertung anbieten oder die Versuche von Börsen wie der in Düsseldorf, Handelsplattformen für Immobilienfonds-Anteile zu etablieren, sind Vorboten einer solchen Entwicklung. Auf dem Kontinent tätige Initiatoren wie Deutsche Bank, UBS, ING oder Henderson bieten ihren Anlegern bereits einen „Zweitmarkt-Service" an. Es dürfte allerdings noch einige (wenige) Jahre dauern, bis kontinentaleuropäische Zweitmärkte ein Volumen erreichen, die dem jeweiligen Fonds das Prädikat ‚relativ liquide‘ verschaffen.

Diese kontinentaleuropäische Entwicklung ist für den Erfolg des Immobilien Dachfonds von enormer Wichtigkeit. Zum einen erlaubt es einem Dachfonds die Investition in geschlossene Fonds, die nicht mehr gezeichnet werden können. Zum anderen bedeutet es eine höhere Liquidität der dem Dachfonds zugrunde liegenden Fonds und damit eine höhere Liquidität für den Dachfonds selbst.

4.4 Börsennotierte Immobilienprodukte

Börsennotierte Immobilienprodukte haben in der jüngeren Vergangenheit eine höhere Bedeutung gewonnen. Besondere Aufmerksamkeit haben dabei die sog. Real Estate Investments Trusts (im folgenden: REITs) erhalten, die in Frankreich, Belgien und Holland existieren und deren Einführung in Großbritannien und Deutschland durch die jeweiligen Finanzministerien untersucht und allgemein erwartet wird. Börsennotierte Immobilienaktien weisen den Nachteil auf, dass sie kurzfristig den Schwankungen der internationalen Aktienmärkten unterliegen. Da ihr Kursverlauf langfristig jedoch dem von direkten Immobilienanlagen gleicht (siehe Abbildung 7), ist ihre Aufnahme in einen Immobilien Dachfonds statthaft. Eine Beimischung ist sogar sinnvoll, da die erhöhte Liquidität der Aktien guter Immobiliengesellschaften dem Dachfonds Management die Möglichkeit erlaubt, den eigenen Anlegern die Anteilsrückgabe zu gewähren ohne gleichzeitig hohe die Rendite mindernde Barbestände halten zu müssen.

Abb. 7: Vergleich zwischen börsennotierten Immobilienaktien und Immobilien Direktanlagen in Großbritannien (kumulierte Gesamtrenditen)

Anmerkung: Monatliche Beobachtungen der Gesamtrendite Schwankungen

Quelle: Datastream, IPD, Henderson Global Investors

5. Analyse des Konkurrenzmarktes: Wettbewerbsprodukte

5.1 Derzeitige Wettbewerbsprodukte

Wie in Abschnitt 2.2 dargelegt, steht der Immobilien Dachfonds maßgeblich für ein ausgewogenes Portfolio an (indirekt gehaltenen) Immobilienanlagen, die sowohl über mehrere Sektoren wie über mehrere Länder streuen. Aus Anlegersicht konkurriert ein europäisch ausgerichteter Immobilien Dachfonds mit breit diversifizierten Immobilienfonds, wie sie beispielsweise von vielen deutschen KAGs in der Form eines Spezialfonds angeboten werden. Ein Vergleich der beiden indirekten Investmentstrategien zeigt nachstehende Tabelle 1.

Tab. 1: Indirekte Immobilien Investment Strategien im Vergleich

	Immobilien Fonds Strategie	Immobilien Dachfonds Strategie
Dauer bis zur vollständigen Anlage	2–3 Jahre	0–9 Monate
Wartezeit bis zur ersten vollen Ausschüttung	48 Monate	24 Monate
Zielportfolio	wird aufgebaut	besteht i.d.R.
Liquidität	i.A. für 8–10 Jahre eingefroren	besteht im gewissen Maß
Risiko Verteilung auf verschiedene Manager, Länder und Sektoren	begrenzt	hoch
Personal Ressourcen beim Investor	mittel	niedrig
Investitionsentscheidung	Investor	Fonds Manager

Quelle: Henderson Global Investors

Ein Immobilien Dachfonds sollte in der Lage sein, ein höheres Renditeversprechen zu geben, da er ausschließlich über Spezialisten, die auf ihrem Gebiet zu den Besten gehören, indirekt in die Immobilienmärkte investiert. Ein diversifizierter Immobilienfonds dagegen wird schwerlich in allen Teilmärkten zu den Besten gehören. Der Vergleich zwischen beiden Anlageformen sollte insbesondere eine Rolle spielen, solange der Dachfonds als Produktneuheit gilt. Gelingt es dem Immobilien Dachfonds, sich seine eigene Marktnische zu erobern, wird sich die Wettbewerbssituation zwischen diesen beiden Produkten nach Ansicht des Autors entspannen, weil hinter beiden Produkten unterschiedliche Anlagephilosophien institutioneller Investoren stehen. Zudem muss der Immobilien Dachfonds nicht als Alternative zu Immobilienfonds gesehen werden. Vielmehr kann er eine sinnvolle Ergänzung zu direkten Fondsinvestitionen sein.

In diesem Zusammenhang ist es interessant, dass der Anteil von Spezialfonds an der Immobilien Asset Allocation gem. einer aktuellen Studie bis 2007 von 18% auf 25% steigen wird[25]. Bei der Befragung deutscher Institutioneller konnte nicht nach Immobilien Dachfonds gefragt werden, weil es diese schlicht noch nicht gibt. Gleichwohl sollte es den Anbietern von Immobilien Dachfonds gelingen, einen gewissen Anteil an diesem Wachstum zu Lasten der Spezialfonds auf sich zu vereinen.

5.2 Potentielle Wettbewerbsprodukte in der Zukunft

Ein mögliches Zielinvestment von Immobilien Dachfonds sind börsennotierte Immobilienaktiengesellschaften. Dabei ist zu berücksichtigen, dass Immobilienaktiengesellschaften auf dem europäischen Festland noch häufig ein Schattendasein führen. Dies könnte sich bald ändern: In einer Reihe von führenden Industrienationen haben sich REITs als attraktive Anlageform behauptet (USA, Kanada, Japan, Australien, Hongkong, Singapur). Prägende Merkmale von REITs nach US-amerikanischem Standard sind steuerliche Transparenz, Gesellschaftstyp, IAS/Mark-to-Market-Bewertung, Börsennotierung sowie eine sehr geringe spezielle Regulie-

---

[25] Feri im Zusammenarbeit mit ebs Real Estate Department, Nov. 2004.

rung/Aufsicht. Es ist zu erwarten, dass sich REITs auch in Europa als Marktstandard zumindest bei institutionellen Investoren durchsetzen: Holland hat seit vielen Jahren eine REIT vergleichbare Struktur; Frankreich hat 2003 REITs eingeführt und bewertet dieses neue Marktsegment als großen Erfolg; Großbritannien hat als Reaktion auf Frankreich die Diskussion um die Einführung von REITs forciert und erwartet die Einführung 2006. Auch in Deutschland hat die Diskussion Anfang 2004 eingesetzt. Die Initiative Finanzplatz Deutschland veranschlagt in ihrem Abschlussbericht das Marktpotenzial allein in Deutschland innerhalb von fünf Jahren optimistisch auf ca. 127 Mrd. Euro[26]. In Deutschland könnte der REIT Anfang 2006 eingeführt werden.

Unter der Annahme, dass sich der REIT in Europa durchsetzt, wird ein Immobilien Dachfonds Manager den Anteil von börsennotierten Immobilienaktiengesellschaften gegenüber nicht gelisteten Gesellschaften stärker gewichten. Zum einen wäre dies angemessen, um die neuen Größenverhältnisse zwischen den in Abschnitt 4 besprochenen Zielprodukten widerzuspiegeln, zum anderen würde sich die Liquidität des Dachfonds deutlich erhöhen. Jedoch sieht sich der Immobilien Dachfonds damit der Konkurrenz des Immobilienaktienfonds ausgesetzt. Anleger können auch hierüber indirekt Immobilienaktiengesellschaften erwerben.

Abb. 8: Vergleich europäischer Immobilienaktienfonds

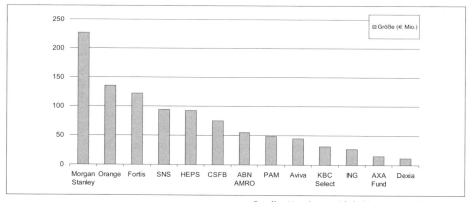

Quelle: Henderson Global Investors, Morningstar

Praktisch alle führenden Investmenthäuser bieten Immobilienaktienfonds an. Abbildung 8 zeigt 13 Anbieter europäisch ausgerichteter Immobilienaktienfonds, die zusammen knapp 1 Mrd. Euro auf sich vereinen. Zweifellos würde auch dieses Marktsegment stark von der Einführung von REITs profitieren. Es kann daher nicht ausgeschlossen werden, dass Immobilien Dachfonds und Immobilienaktienfonds in der Zukunft stark miteinander im Wettbewerb stehen.

---

[26] Dem Autor, Mitarbeiter im Reits Arbeitskreis des BVI sowie der Bündelungsinitiative „Mit einer Stimme", scheint diese Zahl insbesondere unter Berücksichtigung des sehr kurzen Betrachtungszeitraum auch bei günstigen steuerlichen Rahmenbedingungen als deutlich zu hoch veranschlagt. Allerdings ändert auch ein realistischerer Ansatz von ca. 50 Mrd. Euro nichts an dem grundsätzlich gewaltigen Marktpotential und der positiven Zukunftsperspektive dieses Segments.

6. Erfolgskriterien eines Immobilien Dachfonds

6.1 Investmentprozess

Für einen erfolgreichen Dachfonds spielt die richtige Wahl an Zielfonds eine entscheidende Rolle. Institutionelle Anleger messen daher bei der Auswahl ihrer Fondsmanager dem Investmentprozess eine große Bedeutung zu. Investmenthäuser verwenden ihre hausspezifisch ausgestalteten Prozesse, denen aber im Allgemeinen die folgenden Schritte gemeinsam sind:

Abb. 9: Allgemeiner Investitionsprozess eines Immobilien Dachfonds

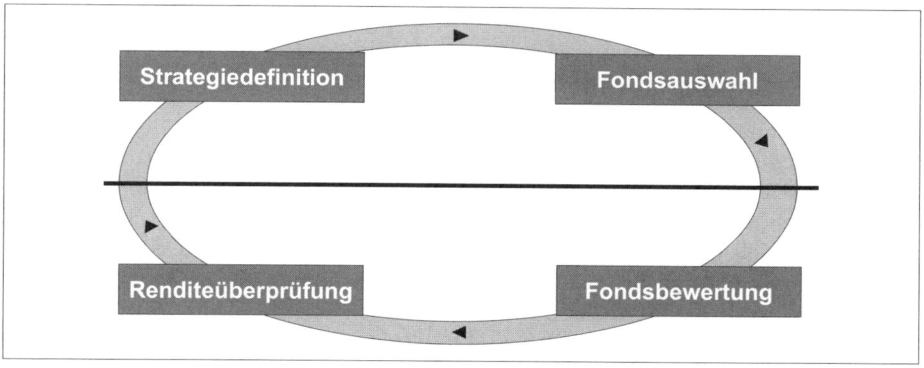

Bei der Strategiedefinition legt der Dachfonds-Manager die Anlagestrategie für den Dachfonds unter Berücksichtigung der Kundenpräferenzen fest. Abbildung 1 zeigt das Spektrum möglicher Rendite/Risiko-Profile. Erst nach Klärung des Gesamtrisikoprofils des Dachfonds kann seine Detailstruktur unter Berücksichtigung von Research Analysen in Verbindung mit eventuell vom Investor vorgegebenen Anlagerestriktionen erstellt werden.

Die Fondsauswahl umfasst den Auswahlprozess solcher Zielfonds, die sich für die Umsetzung der Dachfonds Strategie eignen. Es handelt sich also um einen möglichst effizienten Filterprozess. Hierbei werden mit Hilfe von Research Prognosen Sektoren- und Länderbandbreiten für den Dachfonds festgelegt. Zudem werden die Fonds gemäß ihrer Anlagestrategie in eine Rangfolge gebracht. Als Resultat scheiden die im Hinblick auf Ihre Anlagestrategie unattraktiven Immobilienfonds aus.

Die Fondsbewertung besteht aus der Fondsanalyse und -prognose. Während der Fondsanalyse werden die Attraktivität des Fonds und die Qualität des Management überprüft. Im Hinblick auf diese Kriterien wird ein gewichtetes Ranking erstellt. Die Management-Qualität wird z.B. durch Fragebögen und Manager-Interviews erhoben. Hinsichtlich der Fondsattraktivität spielen das Renditeversprechen sowie steuerliche und aufsichtsrechtliche Risiken eine Rolle. Bei der Fondsprognose werden Analysen auf Immobilienebene durchgeführt und die Zukunftsaussichten der Immobilienportfolios bewertet. Gute Dachfonds Manager gehen einen Schritt weiter und erstellen eigene Prognosen über die zukünftige Fondsperformance, wobei auch Abweichungen zu den Prognosen der Emittenten identifiziert werden. Abschluss dieses Schrittes ist die endgültige Auswahl der Zielfonds.

Während der Renditeüberprüfung erfordert aktives Portfolio Management eine kontinuierliche Überprüfung der Zielfonds in Bezug auf deren Performance. Sollte die Überprüfung ergeben, dass ein Zielfonds stark negativ von seinen Vorgaben abweicht, wird ein Prüfprozess eingeleitet, der zu einem Ausschluss des entsprechenden Fondsmanagers führen kann. Zum anderen wird das Management die eigenen Investitionsentscheidungen auf ihre Zweckmäßigkeit im Sinne einer internen Performance-Überwachung überprüfen. Dieser Schritt dient der Bestimmung der Performance in Relation zu den vereinbarten Renditezielen. Sinnvollerweise erfolgt die Performance-Überwachung durch vom Immobilien-Dachfonds Manager unabhängige Dritte.

6.2 Strukturierungs Know-how

Zum einen muss der Dachfonds Manager darauf achten, dass das Produkt über eine ausreichende Liquidität verfügt. Dieses Ziel muss er bei der Auswahl der Zielfonds berücksichtigen. Das Dachfonds Management kann grundsätzlich zwischen geschlossenen, offenen oder börsennotierten Zielfonds wählen. Je nach Wahl und Gewichtung fällt die Liquidität des Dachfonds unterschiedlich aus. Auf die unterschiedlichen Arten und ihre Auswirkungen auf die Liquidität ging Abschnitt 4 ein. Daneben ist auch die Wahl der Zielfondslaufzeiten entscheidend. Je unterschiedlicher diese sind, desto höher ist die Liquidität des Produktes. Der Dachfonds Manager kann durch geschickte Wahl der Laufzeiten der Zielfonds eine gewisse Mindestliquidität erreichen.

Der andere Aspekt adressiert ein deutsches Phänomen. Nach dem Investmentsteuergesetz müssen ausländische Immobilienfonds nach deutschem Steuerrecht sowohl Dividenden als auch Zinserträge und Kursgewinne berichten. Hierzu werden einige europäischen Immobilienfonds nicht bereit sein; sie verzichten auf deutsches Anlegerkapital. Damit stehen sie aber dem Dachfonds Manager nur schwerlich als Zielfonds zur Verfügung. Man darf gespannt sein, wie Immobilien Dachfonds mit dieser Thematik umgehen.

6.3 Sonstige Qualitäten des Dachfonds Managers

Hierunter sind auskömmliche Ressourcen, weitreichende Kenntnisse und die Bewahrung der Unabhängigkeit zu verstehen.

Die Auswahl und das Überwachen einzelner Investments sowie die hierfür notwendige Kommunikation mit den einzelnen Fondsmanagern erfordern eine gewisse Mindestgröße und fachspezifisches Know-how im Team. Das Team muss über eine entsprechende technische Infrastruktur verfügen, die es erlaubt, das Zielfondsuniversum zu beobachten, Abschlüsse zu tätigen und zu verbuchen und die Performance zu messen und zu kontrollieren.

Ein europäisches Dachfonds Management muss Branchenkenntnisse sowohl in Bezug auf den Fondsmarkt als auch hinsichtlich der Immobilienmärkte haben. Rechtlich steuerliche Kenntnisse sind genauso eine wesentliche Voraussetzung wie Verhandlungsgeschick und Mehrsprachigkeit.

Das Dachfonds Management Team sollte sich schließlich eine gewisse Unabhängigkeit bewahren. Dies ist umso bedeutender, als dass viele der zukünftigen Dachfonds Manager zu großen Investmenthäusern gehören werden, die eigene herkömmliche Fonds aufsetzen. Dies impliziert, dass der Manager vornehmlich in die Fonds anderer Anbieter investiert. Dies bedeutet zudem, dass es getrennt von den Management Teams agiert werden muss, die herkömmliche Immobilienfonds managen. Ist letzteres nicht gegeben, steht zu befürchten, dass das Dachfonds Team keine ausreichenden Informationen von potentiellen Zielfonds erhält. Dritte müssten befürchten, dass die Informationen an die Wettbewerber weitergegeben werden.

7. Würdigung

7.1 Vorteile des Immobilien Dachfonds

Der Immobilien Dachfonds hat gegenüber anderen Produkten folgende Vorteile:

– Diversifikation: Immobilien Dachfonds erlauben dem Anleger die Beteiligung an einer Vielzahl spezialisierter Immobilienfonds mit einem vergleichsweise geringen Anlagebetrag bei gleichzeitiger Minimierung des mit spezialisierten Anlagestrategien verbundenen Risikos.

– Administration: Ein Dachfondsmanager stellt Personal-, Kapital- und Zeitressourcen zur Verfügung; der Investor profitiert von erheblichen Einsparungen.

– Skalierbarkeit: Dachfonds bieten sowohl kleineren institutionellen Investoren und Privatanlegern als auch größeren institutionellen Investoren Vorteile. Auf der einen Seite bekommen kleinere Investoren Zugang zu einem Markt, der ihnen ansonsten aufgrund der hohen Mindestinvestitionen verschlossen bliebe. Auf der anderen Seite können größere institutionelle Investoren über einen Dachfonds auch in kleinere spezialisierte Fonds investieren, die als Einzelinvestment für diese Investorengruppe den damit verbundenen Aufwand nicht rechtfertigen würde.

– Know-how Transfer: Investoren können ein Dachfondsinvestment nutzen, um Ihre Immobilienaktivitäten schnell auszubauen. Während diese Investoren in den Dachfonds investiert sind, können sie Markt und Produkt Know-how sammeln, welches sie nach Beendigung des Investments für eigene Investitionstätigkeiten nutzen können.

– Minimiertes Investitionsrisiko: Dachfonds können zumindest zu einem guten Teil die Investments bewusst in solche Fonds lenken, die bereits ganz oder zumindest teilweise investiert sind. Somit entfällt für den Anleger im Vergleich zur Einzelanlage das Risiko, ob das zugesagte Kapital der Investoren auch investiert werden kann.

– Liquidität: Anteile an einem Dachfonds sind liquider als Anteile an manchem Zielfonds. Der Dachfonds hat selbst dann eine gewisse Mindestliquidität, wenn er ausschließlich in geschlossene Fonds investiert. Eine natürliche Liquidität ergibt sich nämlich bereits dadurch, dass die Zielfonds in einem Portfolio zu unterschiedlichen Zeitpunkten beendet und abgewickelt werden.

7.2 Ausblick

Ein Anfang scheint gemacht: Ende 2004 haben drei internationale Asset Manager bekannt gegeben, dass sie einen europäischen Immobilien Dachfonds aufsetzen wollen: Aberdeen Property Investors berichtet von Kapitalzusagen von drei skandinavischen Investoren. Fiduciary Trust Company International, Tochtergesellschaft von Franklin Templeton, kann auf Erfahrungen mit einem Immobilien Dachfonds in Australien zurückgreifen. Henderson Global Investors schließlich hat das eigene in Großbritannien erfolgreiche Dachfondskonzept auf den europäischen Kontinent übertragen und einen ersten deutschen Investor für ihren europaweit angelegten Immobilien Dachfonds gewonnen. Alle drei Gesellschaften sollen sich für eine Luxemburger Gesellschaft als Dachfondsvehikel entschieden haben. Auch dies zeigt eine verblüffende Parallelität mit der Geschichte von Aktien Dachfonds in Deutschland. Wie in Abschnitt 1 ausgeführt, haben sich zu Zeiten des Dachfondsverbots in Deutschland erste Investoren in den neunziger Jahren über Luxemburger Gesellschaften an Aktien Dachfonds beteiligt, bevor dann 1998 das 3. Finanzmarktförderungsgesetz verabschiedet wurde. Offensichtlich muss Luxemburg auch bei Immobilien Dachfonds herhalten, bevor der deutsche Gesetzgeber sich der Thematik intensiv annimmt.

XI. Immobilieninvestitionen privater Anleger

Übersicht

1. Grundlagen/-überlegungen

1.1 Immobilienanlagen privater Investoren

In Deutschland besitzen private Immobilieninvestoren gemäß einer Übersicht der Deutschen Bundesbank ein Immobilienvermögen von rund 4,1 Billionen €[1]. Dies entspricht einer Größenordnung von ca. 53 % des Gesamtvermögens privater deutscher Haushalte. Damit ist die Aussage von Warren Buffet „Half the world's wealth is in Real Estate", zumindest für das Vermögen der deutschen Privathaushalte richtig.

Hierbei ist zudem zu berücksichtigen, dass die privaten Investoren nicht nur als natürliche Personen auftreten, sondern gerade die sehr vermögenden Privatleute vielfach auch über Gesellschaften investieren, die nach außen hin aufgrund ihrer Professionalität und des Investitionsvolumens für den unbefangenen Betrachter wie institutionelle Investoren wirken.

Eine Studie der Commerz Financial Management aus den Jahren 1999 bis 2001[2] ergab, dass rund 58,1 % des Vermögens wohlhabender Bankkunden in Immobilien investiert ist. Im Rahmen dieser Studie wurden rund 6.800 Kunden mit einem Vermögen von 1,5 Mio. € bis 2 Mio. € analysiert. Der Wert der eigengenutzten Immobilien und der aktiven Unternehmensbeteiligungen blieben hierbei außer Betracht. Im Rahmen der Immobilienanlage dominierten die Direktinvestments in Einzelobjekte mit nahezu 92 %. Berücksichtigt man den Zeitpunkt, in dem die Studie durchgeführt wurde, nämlich die Jahre des Aktienbooms, so lässt dies erwarten, dass die heutige Vermögensverteilung noch mehr zu Gunsten der Immobilien ausgerichtet ist.

---

[1] Stand: 2001.

[2] Commerz Financial Management GmbH, Anlagestrukturen vermögender Privatkunden, April 2001.

Abb. 1: Prozentuale Verteilung des Vermögens[3]

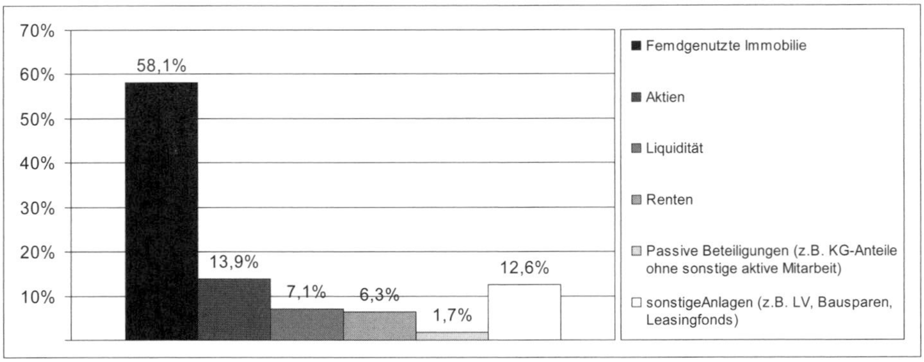

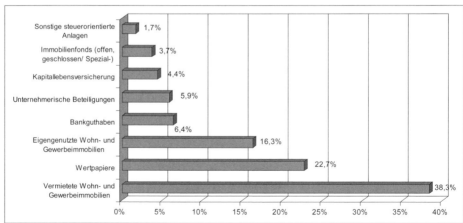

Quelle: Commerz Financial Management

Zu einem ähnlichen Ergebnis kam eine Dissertation von Herrn Jörg Ulrich[4] mit dem Titel Private Real Estate Management im Private Banking. In dieser Studie wird erstmals ein Ansatz zum Management des privaten Immobilienvermögens konzeptionell erarbeitet und empirisch untersucht. Herr Ulrich hat rund 600 sehr vermögende Privatkunden mit einem Vermögen von rd. 8,2 bis 12 Mio. € befragt. Er stellte fest, dass der Immobilienanteil am Gesamtvermögen je nach Zugehörigkeit zu den von ihm eingeteilten Anlegergruppen zwischen 45,3% und 58,3% liegt. Auch hier überwiegen Direktinvestments in vermietete Wohn- und Gewerbeimmobilien.

Abb. 2: Prozentuale Verteilung des Vermögens[5]

Quelle: Jörg Ulrich

---

[3] Quelle: Commerz Financial Management GmbH, a.a.O.
[4] *Ulrich*, Private Real Estate Management im Private Banking, 2001.
[5] Quelle: *Ulrich*, a.a.O.

1.2 Gründe für private Immobilieninvestments

Warum sind so erhebliche Vermögensteile der Privatanleger in Immobilien investiert? Aufschluss hierüber gibt ein Blick auf die Vielzahl und Vielfalt der Investitionsmotive.

Ein ganz wesentlicher Punkt ist die **Vertrautheit** bzw. das **Verständnis** der Investoren mit dieser Assetklasse. Als Assetklasse wird in diesem Zusammenhang die Summe der Investitionen in Immobilien verstanden. Im Unterschied zur Anlage zum Beispiel in Hedgefondszertifikate versteht fast jeder Anleger etwas von Immobilien, da er selbst in einem Gebäude wohnt und arbeitet und die Zusammenhänge, die für den Erfolg und Misserfolg der Anlage entscheidend sind – zumindest teilweise – kennt. Folgt man dem Grundsatz, dass man nur in solche Assetklassen investieren sollte, deren Erfolgsfaktoren und deren „Marktmechanik" man auch versteht, so macht diese Verhaltensweise durchaus Sinn.

Anders als bei anderen Investitionen kann der Anleger die Rentabilität von Immobilieninvestitionen durch eine **„Eigenleistung"** deutlich steigern. Diese Eigenleistungen können von eigenhändigen Sanierungsarbeiten bis zum aktiven Portfoliomanagement reichen. Für Investoren mit einer ausgeprägten „Hands-on-Mentalität" ist die Immobilie also eine vorzugswürdige Anlageklasse.

Die im Vergleich zu anderen Assetklassen, wie z.B. Aktien oder Rohstoffe, geringe **Volatilität** der Immobiliendirektinvestments, ist ein weiterer wesentlicher Grund. Sie ermöglicht es, den Anlegern mit Hilfe von Immobilieninvestments einen stabilisierenden Faktor in das Portfolio aufzunehmen. Hierbei ist jedoch zu berücksichtigen, dass zwischen einer „gefühlten Volatilität" und einer „tatsächlichen Volatilität" unterschieden werden muss. Die gefühlte Volatilität ist aufgrund des Umstandes, dass es bei Direktinvestments keine tägliche Bestimmung der Immobilienpreise gibt, üblicherweise deutlich geringer als die tatsächliche Volatilität. Wobei die letztere im Vergleich zu anderen Assetklassen noch immer als gering einzustufen ist.

Gewissenhaft getätigte Immobilieninvestments werden in aller Regel mit einem langfristig stabilen und guten **Rendite-/Risikoverhältnis** ausgestattet. Dies macht die Immobilie auch als Beimischung in einem professionell strukturierten Multi-Asset-Portfolio im Hinblick auf die Verbesserung der Rendite-/Risikostruktur interessant. Ein Multi-Asset-Portfolio ist das Zusammenfassen verschiedener Assetklassen, wie zum Beispiel Aktien, Renten, Hedge Fonds, Private Equity Fonds, Rohstoffe und Immobilien in einem umfassenden und auf die Bedürfnisse der Anleger ausgerichteten Anlage- und Betreuungskonzept.

Die **geringe Korrelation** von Immobilienanlagen mit ihrer hohen **Krisenresistenz**, ist ein weiteres wesentliches Investitionsmotiv. Während des Börsencrashs Ende 1987, des Golfkrieges von August bis Oktober 1990 oder des Anschlages auf das World Trade Center am 11. September 2001 sind die Aktienmärkte auf Talfahrt gegangen, demgegenüber blieben die Immobilienrenditen tendenziell unbelastet.

Die Immobilie ist zudem ein Investment, das häufig eine laufende Fruchtziehung in Form eines regelmäßigen und häufig auch planbaren **Cashflows** ermöglicht.

Immobilien bewirken ferner eine **Inflationsabsicherung** des Eigentümers. Dies geschieht üblicherweise durch Mietzinsanpassungsklauseln in den Mietverträgen.

Darüber hinaus führt auch die häufige Fremdfinanzierung von Immobilienankäufen zur Absicherung gegen eine inflationsbedingte Reduktion des Vermögens.

Nicht zuletzt sind es **steuerliche Gründe**, wie zum Beispiel Abschreibungsmöglichkeiten, steuerfreie Anteile der Ausschüttung oder die Vorbereitung von Schenkungen und Erbfällen, die eine Investition in Immobilien vorteilhaft machen.

1.3 Anlagespektrum

Das Anlagespektrum eines Privatanlegers umfasst nahezu alle Anlagemöglichkeiten die in der Immobilienwelt bestehen. Einschränkungen, wie sie Versicherungen oder offene Fonds berücksichtigen müssen, sind dem Privatanleger fremd. Nur selten gibt es Fonds die ausschließlich institutionellen Kunden vorbehalten sind. Und selbst bei diesen Fonds ist es dem Privatanleger möglich, sich – sofern ausreichendes Kapital zur Verfügung steht – über eine eigens gegründete Kapitalgesellschaft an diesen Fonds zu beteiligen.

Das Anlagespektrum lässt sich verschiedenartig unterteilen. Eine sinnvolle Unterteilung kann nach der Art der Beteiligung vorgenommen werden. Hierbei wird danach unterschieden, ob der Anleger direkt Eigentümer bzw. Miteigentümer wird (sog. direkte Immobilienanlagen) oder einen verbrieften Anteil an einem Investmentvehikel erhält, welches Eigentümer wird (sog. indirekte Immobilienanlagen) oder über eine andere Konstruktion in „Immobilien" investiert (sog. sonstige Immobilienanlagen). Letzteres liegt beispielsweise vor, wenn sich der Wert einer investierten Summe aus einer Indexentwicklung errechnet. Das Anlagespektrum sieht gemäß dieser Aufteilung wie folgt aus:

Abb. 3: Anlagespektrum

Direkte Anlagen		Indirekte Anlagen						Sonstige Anlagen	
Objekte	Projekte	Fonds				Immobilien AG´s		Zertifikate	Derivate
z.B. Bürogebäude, Hotels, Mehrfamilienhäuser, Einzelhandelszentren,		Offene Fonds (Spezial- und Publikumsfonds)	Geschlossene Fonds	Dachfonds	Fonds mit Immo-AG´s bzw. REITs	Klassische AG´s	REITs	z.B. Indexzertifikate	z.B. Futures auf REITs

Grundsätzlich ist festzustellen, dass im Rahmen des vorgenannten Anlagespektrums, das Volumen der indirekten Immobilienanlage stetig zunimmt. Viele Kunden sehen in der durch Dritte gemanagten Immobilienanlage eine gute Ergänzung oder Alternative zu der traditionell beliebten Direktanlage. Demgegenüber haben die sonstigen Anlageformen, wie z.B. die in diesem Bereich angebotenen Zertifikate nur eine geringe Marktrelevanz erreicht.

1.4 Direktinvestments versus Indirektinvestments

Die häufig praktizierte Diskussion, ob man direkt in Immobilien investiert sein soll-te, obwohl man teilweise ebenso gut in Immobilien über Investmentvehikel wie Fonds oder Immobilienaktiengesellschaften investiert sein könne, ist nur vor dem Hintergrund des Einzelfalles sinnvoll zu führen aber nicht generell. Dies resultiert daraus, dass man nur unter Berücksichtigung der finanziellen und emotionalen Situation sowie der sonstigen Möglichkeiten und Rahmenbedingungen eines Investors entscheiden kann, ob das eine oder das andere bzw. beides für ihn sinnvoll ist.

So kann es für einen Investor zum Beispiel aus Gründen der Diversifikation hin-sichtlich der Immobilienstandorte oder -nutzungen sinnvoll sein, ausschließlich in Immobilien-Fonds und Immobilien-Aktiengesellschaften anzulegen, wogegen es für einen anderen Investor, der ein deutlich größeres Vermögen besitzt, durchaus vorteilhaft sein kann, ein Portfolio direkt gehaltener Renditeimmobilien aufzubau-en. Für Letzteren ist es nämlich möglich auch über Direktinvestments einen sinn-vollen Diversifikationsgrad zu erreichen. Darüber hinaus ist es für ihn vielfach von Vorteil – anders als im Rahmen einer Fondsbeteiligung – alleine über die Art des Managements, die Zeitpunkte von Sanierungen und Verkäufen und andere wesent-liche Dinge zu entscheiden.

Unabhängig von der Größe des Vermögens macht der Erwerb eines renovie-rungswürdigen Mehrfamilienhauses für den Inhaber eines Handwerksunter-nehmens gegebenenfalls schon allein aus dem Aspekt heraus Sinn, dass er durch Eigenleistung die Rendite erheblich steigern kann. Ein Direktinvestment kann auch deshalb angeraten sein, weil sich einem Investor eine Opportunität bietet, die er bei einem Fondsinvestment niemals erhalten würde, da hier der Löwenanteil der Erträ-ge von dem Fondsinitiator abgeschöpft werden würde.

Demgegenüber bieten sich die indirekten Immobilienanlagen gerade hinsicht-lich ihrer Flexibilität bei der Gestaltung eines Gesamtportfolios, der Internationali-sierung des Portfolios oder des aktiven Portfoliomanagements an. Auch für diejeni-gen, die die Entscheidung über das Investieren oder Desinvestieren gerne bei Im-mobilienfachleuten belassen, ist die indirekte Immobilienanlage vorzugswürdig, falls nicht ohnehin ein fachkundiger Vermögensverwalter eingeschaltet ist. Das Gleiche gilt für diejenigen, die keinen eigenen administrativen Aufwand haben wollen be-ziehungsweise weder die nötigen zeitlichen Kapazitäten noch das nötige Know-how für Direktinvestments besitzen.

1.5 Rückblick

Die Immobilienanlage hat in Deutschland seit jeher einen guten Ruf hinsichtlich der laufenden Rendite, möglicher Wertsteigerungen, Sicherheit und Volatilität. Die-se Erwartungshaltung hat einen reellen Hintergrund. Das zeigen repräsentative Sta-tistiken. Im Folgenden sind diesbezügliche für Frankfurt am Main über 20 Jahre ex-emplarisch die Mietpreise von Wohnungen und Büros dargestellt.

Abb. 4: Mietpreisentwicklung[6]

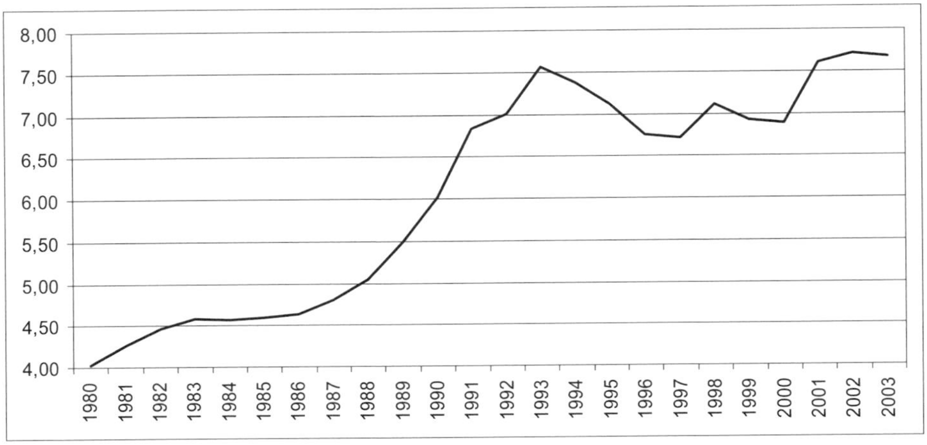

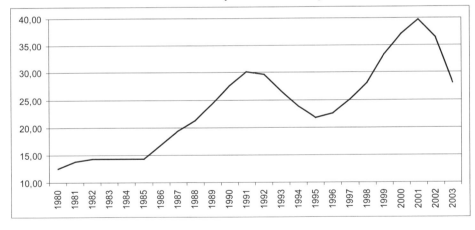

Hier zeigt sich, dass die gebrauchten Wohnungen mit gutem Wohnwert in Frankfurt in dem dargestellten Zeitraum fast eine Verdoppelung des Mietpreises erfahren haben.

Abb. 5: Mietpreisentwicklung[7]

Noch deutlicher als bei den Wohnungen stieg der Mietertrag bei Büroimmobilien um mehr als das dreifache in dem genannten Zeitraum. Ebenso wird die höhere Volatilität und Zyklik des Büroimmobilienmarktes gegenüber dem Wohnimmobilienmarkt deutlich.

An diesen Abbildungen, die typisch für die Wohnungs- und Büromärkte in westdeutschen Großstädten sind, lässt sich ablesen, dass in den letzten Jahrzehnten die

---

[6] Quelle: Feri Research GmbH.
[7] Quelle: Feri Research GmbH.

laufenden Renditen und damit einhergehend auch die Immobilienwerte erheblich gestiegen sind. Diese Rendite- und Wertsteigerungen resultierten insbesondere aus der Steigerung der Wirtschaftskraft Deutschlands und der damit verbundenen Lohnsteigerungen, der Bevölkerungszunahme, der Stärkung der Ballungszentren sowie der Tertiärisierung.

Einen herben Rückschlag hat das Image der Immobilienanlage in der letzten Dekade durch die vielen Fehlinvestments in unseren neuen Bundesländern erhalten. Hieraus sollte jedoch nicht geschlussfolgert werden, dass die Sinnhaftigkeit von Immobilieninvestments generell neu überdacht werden müsse, sondern vielmehr, dass eine staatliche Lenkung von Geldern durch Steuervorteile – ohne das gleichzeitige Schaffen eines wirtschaftlich tragfähigen Fundamentes – mittel- und langfristig keinen Sinn macht.

Auch im Bereich der indirekten Anlagemöglichkeiten steht die Immobilie bei Privatinvestoren noch immer im Fokus. Dies liegt nicht zuletzt in der über Jahrzehnte stabilen Performance der offenen Fonds begründet, die in den letzten 20 Jahren üblicherweise eine Rendite von 4% bis 6% erwirtschaftet haben.

Zu dem guten Eindruck der indirekten Immobilienanlagen konnten die letzten Jahren auch die Real Estate Investment Trusts (REITs) mit einer sehr guten Performance beigetragen. So haben die US-REITs in den letzten 5 Jahren gemäß dem NAREIT Equity Index eine anualisierte Performance von rd. 15,9%[8] gezeigt.

Zwar konnten die geschlossenen Immobilienfonds die Erwartungen ihrer Anleger in den letzten Jahrzehnten vielfach nicht erfüllen, dennoch hat dies weder ihrer Popularität noch generell der Investitionsfreude hinsichtlich indirekter Immobilienanlagen geschadet.

Auch die Geldanlage in deutsche Immobilienaktiengesellschaften war für die Aktionäre nur teilweise von Vorteil. Aufgrund der geringen Börsenkapitalisierung hatte dies jedoch nur einen geringen Einfluss auf das Investitionsklima hinsichtlich indirekter Immobilieninvestments.

1.6 Status quo

1.6.1 Schlechte Stimmung bei vielen Marktteilnehmern/Individuelle Gründe für schlechtes Investitionsklima

Deutschland wird hinsichtlich seiner Eignung als Standort für Immobilieninvestitionen aktuell von einigen – insbesondere deutschen – **Meinungsbildnern** negativ beurteilt. So wird gerade von vielen Managern großer Immobilienbestände der deutsche Immobilienmarkt negativ beschrieben, da man hierdurch nicht zuletzt die eigene schlechte Performance von 1 bis 3% p.a. zu erklären versucht. Diese resultiert aber – wie andere institutionelle und private Immobilieninvestoren, die ausschließlich in Deutschland anlegen, beweisen – nicht aus der Verfassung des deutschen Marktes an sich, sondern vielmehr aus der mangelhaften Portfoliomanagementleistung einiger Gesellschaften.

Die gleiche negative Sicht haben – zu Recht – die **Projektentwickler**, die, resultierend aus der üblichen Zyklik der Büromärkte, der restriktiven Darlehens-

[8] Stand: September 2004.

vergabe der Banken und der aktuell schwachen wirtschaftlichen Entwicklung Deutschlands, kaum mehr Neubauprojekte in Angriff nehmen können.

Auch die **Banken** tragen aktuell nicht zu einem positiven Bild des Immobilienmarktes bei. Sie mussten beziehungsweise müssen ihre Kreditportfolien bereinigen, da sie teilweise über Jahre versucht haben, ihr Kreditvolumen immens zu steigern und sich weder durch eine völlige Überhitzung des Immobilienmarktes in den neuen Bundesländern noch durch den erkennbaren Höhepunkt der üblichen Immobilienzyklik bremsen ließen. Darüber hinaus fordern Sie für immobiliengesicherte Darlehen noch weitere Sicherheiten nach, da sie beginnen, den als Sicherheit verpfändeten Immobilien niedrigere Werte beizumessen.

Nicht untypisch für große **Wirtschaftsunternehmen** ist, dass sie in der aktuellen gesamtwirtschaftlichen Lage vielfach den Verkauf der eigenen Unternehmensimmobilien als das richtige Mittel ansehen, sich eine ausreichende Liquidität zu verschaffen. Dies fällt leider exakt in ein Immobilienkonjunkturloch, weshalb die ohnehin schon sinkenden Preise noch weiter unter Druck geraten.

Wie wenig sinnvoll diese Vorgehensweise teilweise zu sein scheint, zeigt sich beispielsweise in der Stadt Essen, einem Standort der neben der generellen Wirtschaftsflaute auch die strukturelle Krise des Ruhrgebietes zu verkraften hat. Gerade an diesem Standort versuchen unter anderem Unternehmen wie RAG AG, RWE AG, STEAG AG, Hochtief AG, Viterra AG und Thyssen Krupp AG nahezu gleichzeitig ihre Hauptverwaltungen und/oder andere wesentliche Teile ihrer Immobilienportfolien zu veräußern. Die Erkenntnis dieser Unternehmen, dass die erzielbaren Preise vielfach nicht den gewünschten Ergebnissen entsprechen, überrascht bei einem derartig prozyklischen Vorgehen nicht.

Unterstützt wird die schlechte Stimmung am Immobilienmarkt noch dadurch, dass verschiedene Vorhaben der **Bundesregierung** nicht dazu angetan sind, das Vertrauen in die Planbarkeit und Durchdachtheit des politischen Handelns zu stärken. In diese Rubrik fallen z.B. die saisonal wiederkehrende Diskussion über die Veränderung der Besteuerung von Immobilienvermögen, insbesondere bei Erbschaften und Schenkungen, das Abschaffen der Eigenheimzulage sowie die Diskussion um die Bürgerversicherung. Zu diesem Vertrauensverlust kommt die Unsicherheit hinsichtlich des Erhalts des eigenen Arbeitsplatzes hinzu.

Darüber hinaus wird auch die negative **demographische Entwicklung** in Deutschland als sehr belastend für die Immobilienmärkte angesehen, weshalb häufig tendenziöse Fragen wie „Was sind Ihre eigenen Wände 2020 noch wert?"[9] oder „Führt die alternde Bevölkerung zu einem Kollaps der Immobilienmärkte?"[10] gestellt werden. Auch aus dieser Berichterstattung resultieren, gerade bei dem oberflächlichen Betrachter, erhebliche Bedenken hinsichtlich der Zukunft des deutschen Immobilienmarktes.

1.6.2 Demographie als belastender Faktor für Immobilieninvestments?

Auf die Frage, ob private Immobilieninvestoren bereits jetzt reagieren müssen, wenn sie einer Verringerung ihrer Immobilienwerte in Deutschland aufgrund der demo-

---

[9] Manager Magazin 1/2004.
[10] Capital 5/2004.

graphischen Entwicklungen entgehen wollen, lautet die Antwort „grundsätzlich ja". Teilweise können hierdurch jedoch nur noch weitere Wertverluste vermieden werden.

Zur Klärung der Frage, welche Reaktion die richtige ist, muss zunächst fein unterschieden werden, welche demographische Entwicklung angesprochen ist und um welchen Immobilientyp es sich handelt, in den investiert wurde bzw. werden soll.

So hat zum Beispiel die demographische Entwicklung hinsichtlich Überalterung und Bevölkerungsrückgang auf die quantitative Wohnflächennachfrage und damit auf den Preis von Wohngebäuden auf absehbare Zeit keinen nennenswerten Einfluss. Dies resultiert zum einen aus dem Umstand, dass die Bevölkerung in Deutschland voraussichtlich noch bis zum Jahr 2012 zunehmen wird und der anschließende Bevölkerungsrückgang durch andere Effekte, wie z.B. die Zunahme der Wohnflächennachfrage pro Kopf und der nachfragenden Haushalte überkompensiert wird. Hierdurch ist noch bis zum Jahr 2030 von einer steigenden Wohnflächennachfrage auszugehen. Worauf sich die Investoren im Wohnbereich jedoch heute schon einzustellen haben, ist die zunehmende Änderung der qualitativen Wohnflächennachfrage. So sind die veränderten Bedürfnisse einer deutlich älter werdenden Gesellschaft z.B. hinsichtlich Größe, Ausstattung, Erreichbarkeit und Wohnumfeld bei Neubauten oder Ankäufen zu berücksichtigen.

Die Überalterung und der Bevölkerungsrückgang werden sich auf die Büroflächennachfrage bereits in 15 bis 20 Jahren negativ auswirken, da dann die geburtenstarken Jahrgänge als Nachfrager fehlen. Allerdings haben andere Faktoren, wie die Erwerbspersonen-, die Arbeitslosigkeits- und die Bürobeschäftigtenquote einen deutlich höheren Einfluss auf die Büroflächennachfrage, so dass der Einfluss der Überalterung und des Bevölkerungsrückgangs nicht überschätzt werden sollte.

Sowohl für den Wohnbereich als auch für den Bürobereich haben die demographischen Veränderungen jedoch insofern eine erhebliche und heute dringend zu berücksichtigende Wirkung, als es um **Bevölkerungswanderungen** innerhalb Deutschlands geht. Diese haben zwischen 1990 und 2000 z.B. in Bayern zu einer Bevölkerungszunahme um 7% und in Thüringen zu einer Bevölkerungsreduktion in gleichem Maße geführt. Die Unterschiede in der Entwicklung einzelner Städte und Regionen werden sich in Zukunft noch stärker ausprägen. So wird derzeit für den Kreis Potsdam-Mittelmark zwischen den Jahren 2000 und 2020 eine Bevölkerungszunahme von rd. 40% und für Jena eine Abnahme von rd. 30% erwartet.[11] Die Wanderungsbewegungen resultieren letztlich aus der gesamtwirtschaftlichen Entwicklung einer Stadt bzw. Region. Sie sind es, welche die Nachfrage und damit den Wert von Immobilien stark beeinflussen werden. Die Anlageklasse Immobilien wird also – nicht zuletzt aufgrund demographischer Entwicklungen – sowohl differenzierter als auch anspruchsvoller und damit anderen Anlageklassen ähnlicher.

Die alte Regel, dass die Immobilienwerte nahezu an jedem Standort – zumindest auf lange Sicht gesehen – ansteigen werden, gilt sicherlich nicht mehr. Das Bestreben der Investoren muss es daher sein, auf der Basis fundierter Wirtschaftsprognosen zu erkennen, welche Standorte künftig prosperieren werden und welche

---

[11] BBR Bevölkerungsprognose 2000 bis 2020.

nicht. Hiernach sind bereits heute die Investitions- und Desinvestitionsstrategien für Immobilieninvestments auszurichten

1.6.3 Zeit für direkte Investitionen (in Deutschland)

Betrachtet man die aktuelle Sachlage einmal genauer, so ist zunächst festzustellen, dass die vorstehend beschriebenen Markteinschätzungen und Stimmungen ihre Wirkung auf viele potentielle Investoren nicht verfehlt haben. Diese sind vielfach verunsichert und leiden an einer Konzeptlosigkeit in ihrer weiteren Vorgehensweise.

Hinzu kommt die Erkenntnis vieler, die in den neuen Bundesländern investiert haben, dass man auch mit solide geglaubten Immobilieninvestments Geld verlieren kann.

Zu einer weiteren Abschwächung der Nachfrage führt schließlich die generelle wirtschaftliche Unsicherheit hinsichtlich des Wirtschaftsstandortes Deutschland sowie das aktuelle Kreditvergabeverhalten der Banken. Diese agieren bei der Kreditvergabe derart restriktiv, dass auch hieran eine Reihe geplanter Immobilieninvestments scheitern.

Parallel zu der reduzierten Nachfrage werden für viele Immobilien aus unterschiedlichsten Gründen Käufer gesucht, etwa aus Gründen der Erbfolge, der Notwendigkeit Liquidität zu erhalten, der Verwertung durch Banken, der Bereinigung der Immobilienbestände von Wirtschaftsunternehmen, etc.

In dieser Situation eines zunehmenden Angebotes, das auf eine deutlich reduzierte Nachfrage trifft, gibt es Immobiliensegmente, wie Büroimmobilien und Wohnimmobilien, bei denen derzeit wieder Renditen erzielbar sind, die es seit vielen Jahren nicht mehr gegeben hat. Eine weitere wesentliche Erhöhung der Renditen ist jedoch eher nicht zu erwarten, da eine weitere Verschlechterung der Marktsituation aufgrund der starken Reduktion der Neubautätigkeit und des absehbaren Endes des Verkaufsdrucks vieler Immobilieneigentümer eher nicht zu erwarten ist. Zudem hat die schlechte wirtschaftliche Verfassung Deutschlands auf die Höhe der Anfangsrenditen – anders als in anderen Ländern – nur einen begrenzten Einfluss.

Ebenso wenig werden die aktuellen Renditehöhen im Büro- und Mietshausbereich auf Dauer auf dem heutigen Niveau bleiben. Es ist eher zu erwarten, dass sie in den Wachstumsregionen in 1 bis 2 Jahren wieder sinken werden. Dies wird aus einer Reihe von Marktveränderungen resultieren, insbesondere aus der Veränderung der Finanzierungsbereitschaft der Banken, dem Durchschreiten des zyklischen Stimmungstiefes der Immobilienbranche, der Reduktion der Notverkäufe, der Klärung welche Regionen zu den Gewinnern zählen und nicht zuletzt aus der zu erwartenden Erholung der Deutschen Wirtschaft.

Eine hiervon abgekoppelte Entwicklung könnten die Preise von Eigentumswohnungen nehmen, da die Mieteinnahmen einzelner Eigentumswohnungen häufig nicht ausreichen werden, um die Rente der Privatinvestoren hinreichend aufzubessern. Aus diesem Grunde werden viele Anleger, die künftig in den Ruhestand treten, ihre Wohnung verkaufen müssen. Wird dieser Trend von den geburtenstarken Jahrgängen vollzogen, so kann sich hier auf längere Sicht ein Käufermarkt entwickeln und dementsprechend ein weiterer Preisverfall fortsetzen.

Hinsichtlich der Art der lohnenswerten Direktinvestments ist zu differenzieren. So sind Investitionen in Projektentwicklungen, insbesondere in Büroimmobilien in aller Regel sehr spekulativ solange nicht bereits ein ausreichender Vorvermietungs-stand erreicht ist. Dies resultiert aus der Einschätzung, dass sich die deutsche Wirt-schaft noch nicht in einem nachhaltigen Aufwärtstrend befindet und die verstärkte Nachfrage nach Büroimmobilien der Konjunkturerholung üblicherweise ein bis eineinhalb Jahre hinterherläuft. Investoren sollten sich deshalb – anders als Projekt-entwickler – erst dann wieder für Immobilienprojekte interessieren, wenn ein nachhaltiger Aufschwung der Wirtschaft zu spüren ist. Im Rahmen des dann wie-der sinnvollen, breiter anzulegenden Researchs nach guten Projekten, ist insbeson-dere zu sondieren, inwieweit die in der vormaligen Immobilienboomphase aufge-bauten Leerstände abgebaut wurden.

Demgegenüber sind Investments in neuwertige Büroimmobilien, die in den Jah-ren 2003 oder 2004 vollvermietet oder nahezu vollvermietet wurden, vielfach sehr interessant. Mit diesen Immobilien lässt sich nämlich nicht nur eine stabile Rendi-te erzielen, sondern es besteht auch die Möglichkeit, nach Auslaufen der aktuellen Mietverträge ein erhebliches Mietsteigerungspotential zu nutzen. Voraussetzung hierfür ist jedoch eine erstklassige Lage der Objekte in einer expandierenden Wirt-schaftsregion und Mietverträge, deren Laufzeit Phasen einer Marktschwäche über-stehen können.

Auch Wohnimmobilien, die vielen Investoren als zu langweilig und arbeitsauf-wendig galten und somit nicht akquiriert wurden, sollten wieder auf die Einkaufs-liste genommen werden. Sie erwirtschaften vielfach eine ordentliche Rendite, be-sitzen im Mehrfamilienhausbereich durch die Anzahl der Mieter ein reduziertes Mietausfallrisiko und sind nicht selten preiswert zu erwerben.

Anders als Büroimmobilien, Wohnimmobilien und Geschäftshäuser, sollten Spe-zialimmobilien auch etwas für spezialisierte Investoren bleiben. Zu diesen Spe-zialimmobilien zählen z.B. Logistikimmobilien, Hotels, Altenheime, Kinos. Die Risiken, die mit ihnen verbunden sind, passen üblicherweise nicht in das Portfolio eines Privatinvestors. Erst bei Privatinvestoren, die größere Immobilienportfolios aufbauen und über spezielles Know-how verfügen, ist es angeraten, sukzessive auch in diese Bereiche vorzudringen.

Die vorstehend beschriebene Situation nehmen eine ganze Reihe von ausländi-schen Investoren zum Anlass, um in Deutschland in größerem Umfang zu investie-ren. Auch professionelle deutsche Investoren nutzen diese Marktsituation, frei nach dem Motto: „Solange die Kanonen donnern, ist es die Zeit zu investieren".

1.6.4 Umbruch im Bereich der indirekten Immobilienanlagevehikel

Privatanleger, die in den letzten Jahren über Investmentvehikel indirekt in Immo-bilien investiert haben, sehen sich mit einer starken Veränderung des Marktes kon-frontiert. Diese Veränderung betrifft nahezu alle indirekten Immobilieninvestment-vehikel.

Offene Immobilienfonds galten über Jahre als solides aber auch eher langweili-ges Investment mit einer Verzinsung von 4 bis 6% vor Steuern p.a. Nicht nur, dass sich die Anzahl der Fonds in den letzten 10 Jahren auf nunmehr 30 zum Vertrieb zu-gelassene Fonds mehr als verdoppelt hat, es hat auch eine erhebliche Spreizung der erzielten Renditen eingesetzt. So sind nun Fonds mit einem Jahresergebnis von 0,9% und 6,9% zu finden. Die Gründe hierfür lassen sich im Rahmen von Analysen sehr schnell finden, so zum Beispiel in unterschiedlichen Investitionsstrategien, in einem bei manchen Fonds über Jahrzehnte mangelhaft durchgeführten Management der Immobilienbestände, zu hohen Risiken mit Entwicklungsprojekten, prozyklischen nicht steuerbaren Liquiditätszuflüssen, dem deutlichen „Durchschlagen" von Einwertungsgewinnen,[12] sowie dem Fehlen von „Altlasten" bei jüngeren Fonds.

Abb. 6: Einjahresperformance der offenen Immobilienfonds

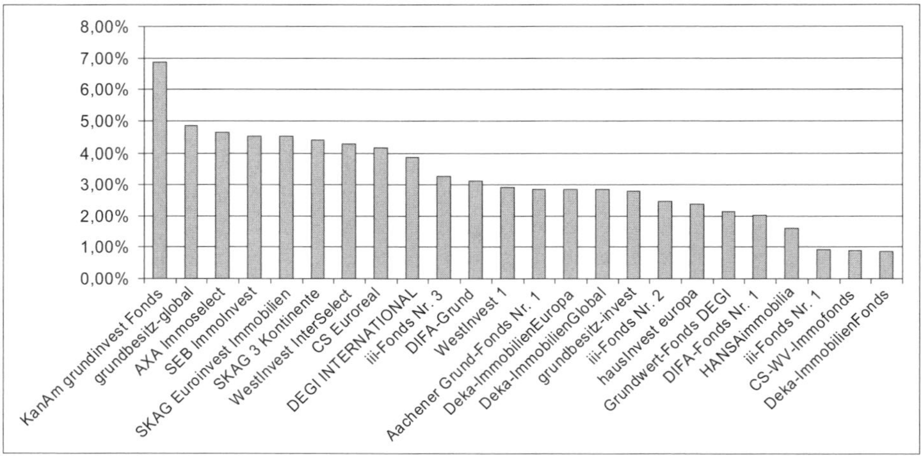

Quelle: Feri Trust GmbH: Stand Okt. 2004

Offene Immobilienfonds haben in den letzten Jahren und insbesondere in den Jahren 2001 bis Mitte 2004 einen Investitions-Boom erlebt, der letztlich zu einem investierten Kapital von rd. 88,3 Mrd. €[13] geführt hat.

Aktuell befindet sich die Branche der offenen Immobilienfonds in einem „schwierigen Fahrwasser". Die Schwierigkeiten resultieren aus den vorgenannten Umständen, welche bei vielen Fonds den Rückgang der Renditen bewirkten, der weiterhin insgesamt schwierigen Marktsituation in den wichtigsten gewerblichen Immobilienmärkten, die abnehmende Treue von Vertriebsorganisationen und nicht zuletzt aus der aktuellen Diskussion um den Frankfurter Immobilienskandal.

Wer gehofft hatte, dass sich im Bereich der **Immobilienaktiengesellschaften** in Deutschland für den Anleger ein neues und lukratives Investitionsfeld eröffnen würde, der wurde bisher enttäuscht. Zwar waren die 90er Jahre von einer Reihe von IPO's geprägt, doch waren diese vielfach nicht erfolgreich wie das Beispiel der Bayerischen Immobilien AG zeigt. Sowohl hinsichtlich der Anzahl der am Markt befindlichen AG's als auch hinsichtlich deren üblicher Größe ist Deutschland im Vergleich zu vielen anderen Ländern in diesem Bereich noch immer ein Entwicklungsland. Die Immobilien AG's in Deutschland sind in ihrer Weiterentwicklung stecken geblieben und führen im Vergleich zu den Fonds ein Schattendasein. Ihre

---

[12] Ein sogenannter „Einwertungsgewinn" entsteht durch das Bewerten einer Immobilie direkt nach dem Kauf zu einem über dem Kaufpreis liegenden Wert.
[13] Stand: 31.8.04.

Börsenkapitalisierung betrug Anfang 2004, gemäß einer Untersuchung des Bankhauses Ellwanger & Geiger, lediglich 6,2 Mrd. €.

Sieht man sich die aktuelle Marktsituation an, die tendenziell eher von Rückkäufen der Anteile, den sogenannten Squeeze Out's, als von neuen Börsengängen geprägt ist, so wird sich hieran substantiell in den nächsten Jahren voraussichtlich nichts ändern. Die Anleger, die in Immobilienaktiengesellschaften anlegen wollen, die zudem europäisches Format haben, werden also zumeist im Ausland investieren müssen.

Anders als hinsichtlich der Immobilienaktiengesellschaften ist der Markt hinsichtlich der **Real Estate Investment Trusts** (REITs) sowohl in Europa als auch in den USA seit einigen Jahren deutlich expansiv. Es handelt sich hierbei um steuerlich privilegierte Immobilienaktiengesellschaften, die nahezu ihr gesamtes steuerpflichtiges Einkommen an die Anleger ausschütten müssen. Die REIT's wurden 1960 durch den amerikanischen Congress ins Leben gerufen und wurden in den letzten Jahren von vielen Ländern eingeführt. So gibt es sie bereits in Frankreich, Belgien, Italien, den Niederlanden, Japan, Singapur, Südkorea, Hongkong, Australien, USA, Kanada sowie in Israel. In Deutschland wird aktuell mit ungewissem Ausgang über deren Einführung diskutiert. Aus Sicht der Anleger bleibt zu hoffen, dass diese Anlageform auch in Deutschland, dem größten europäischen Immobilienmarkt, eingeführt wird. Dies insbesondere deshalb, da sich die Immobilienaktie in ihrer jetzigen Form als wenig interessantes Anlagevehikel erwiesen hat.

Allein in den USA haben die REITs gemäß dem NAREIT Real Estate Chart Book Ende des 3. Quartals 2003 eine Marktkapitalisierung von mehr als 190 Mrd. USD erreicht, wobei hierin „nur" die REITs bewertet wurden, deren Zahlen auswertbar vorlagen, insgesamt 129 Gesellschaften. Zwischenzeitlich publiziert Global Property Research, eine Tochtergesellschaft der holländischen Privatbank Kempen & Co., einen Index für Immobilien-AG's, die nach dem Modell der REITs besteuert werden. In dem GPR 250 REIT Index sind derzeit 167 Unternehmen mit einem Free Float von 262 Mrd. US$ abgebildet.

Mit der zunehmenden Anzahl der Immobilienaktiengesellschaften und der REIT's stehen den Anlegern künftig auch immer mehr **Fonds**, die hierin investiert sind, als Anlageobjekt zur Verfügung.

Das Angebot an **Immobiliendachfonds**, also Fonds die ihrerseits in offene Immobilienfonds und/oder andere Immobilienfonds investieren, ist derzeit noch gering. Die Tendenz geht jedoch in die Richtung einer Angebotserweiterung und es ist zu erwarten, dass den Anlegern diesbezüglich in wenigen Jahren ein deutlich größeres Angebot zur Verfügung stehen wird.

Die **geschlossenen Immobilienfonds** haben sich trotz aller Unkenrufe und Gesetzesänderungen der letzten Jahre von einem Teil des „grauen Kapitalmarktes" und Steuersparmodell zu einem nachgefragten Anlageprodukt entwickelt. Seit Ende der 90er Jahre ist eine klare Ausrichtung der Fonds als Renditeprodukt und als Produkt mit Auslandsimmobilien zu erkennen. Die steuerorientierten Anleger können derzeit nur teilweise über die Auslandsimmobilienfonds, bei denen ein positiver Renditeeffekt üblicherweise durch niedrigere Steuersätze im Ausland und der Nutzung von Doppelbesteuerungsabkommen generiert wird, bedient und in dieser Anlageklasse gehalten werden. Trotz der daraus resultierenden Abwanderung vieler Anleger hin zu den Schiffs- und Medienfonds, konnte dies die noch immer andauernde „Erfolgsstory" der geschlossenen Immobilienfonds nicht bremsen. Gemäß einer Erhebung von Stefan Loipfinger[14] besaßen sie Ende 2003 ein Investitionsvolumen von rund 159,6 Mrd. €[15].

Ein weiterer Umbruch hat im Bereich der Initiatoren stattgefunden. Diese handeln zunehmend professioneller und haben auch zunehmend eine langjährige vielfach positive Leistungsbilanz. Gerade die ansteigende Transparenz des Marktes macht es vielen mittelmäßigen oder schlechten Anbietern immer schwerer, ihre Produkte zu platzieren.

Schließlich können am Markt zunehmend die vor Jahren noch üblichen exorbitanten sogenannten „weichen Kosten" nicht mehr durchgesetzt werden. Die Fonds werden daher immer knapper kalkuliert, was nicht zuletzt an dem bestehenden Wettbewerb und der wachsenden Transparenz liegt und den Anlegern zugute kommt.

Über die vorgenannten klassischen indirekten Immobilieninvestments hinaus, versuchen sich zunehmend Anbieter an weiteren Produkten, wie zum Beispiel an **Zertifikaten**, die auf einen REIT-Index begeben werden. Es ist zu erwarten, dass zunehmend weitere Immobilienprodukte und **Derivate auf Immobilienprodukte,** wie z.B. Futures auf REITs, auf den Markt drängen werden. Diese werden nicht nur den institutionellen Investoren angeboten werden. Ob sich der Immobilienbereich für Derivate als zukunftsträchtig erweisen wird, ist derzeit noch fraglich.

2. Wichtige Erfolgsfaktoren und klassische Fehler der Immobilieninvestition

2.1 Analysephase

Der Aufwand, der im Rahmen der Analyse eines Immobilieninvestments in zeitlicher und finanzieller Hinsicht betrieben wird, ist vielfach deutlich zu gering und steht damit nicht im Einklang zu dem Umfang und dem Risiko der Investition. So wird nicht selten für den Rechtsanwalt, der die Verträge vorbereitet mehr Geld und Zeit investiert als für ein vernünftiges Analysieren der wesentlichen Investitionsvoraussetzungen und -kriterien. Berücksichtigt man zudem, dass viele Entscheidungen auf den zu erzielenden Steuervorteilen oder einer regionalen Verbundenheit beruhen, so überrascht es nicht, dass Investitionen häufig nicht die Erwartungen der diese tätigenden Investoren erfüllen.

Die vor dem Ankauf einer Immobilie durchzuführende Analyse, umfasst eine Reihe von Kriterien, welche deutlich über die in der Regel stark gewichteten Anlagekriterien, wie Anfangsrendite, Steuervorteil und Lage hinausgehen.

Vor den vorgenannten Kriterien, die vornehmlich die Immobilie und ihr Marktumfeld betreffen, sind im Rahmen der Analysephase sinnvollerweise die persönlichen Kriterien des Anlegers zu prüfen.

Einen Überblick über wesentliche persönliche Aspekte, die zu berücksichtigen sind, gibt die folgende Tabelle:

---

[14] *Loipfinger,* Marktanalyse der Beteiligungsmodelle 2004, S. 23.
[15] Stand: 12/2003.

Abb. 7: Persönliche Kriterien

Renditevorstellungen	Risikobereitschaft	Gesamtvermögen/ -struktur	Anlagehorizont
familiäre Situation	steuerliche Situation	Liquiditätsbedarf	Einflussmöglichkeit
Investitionsvolumen	Anlageregion	Assetklassen	Prioritäten

2.1.1 Ziele

Im Rahmen der Vermögensanlage gilt, wie auch sonst im Rahmen der Lebensplanung, der Satz: „Wer den Zielhafen nicht kennt für den ist kein Wind der Richtige".

Im ersten Schritt ist deshalb die Zielvorstellung des Anlegers zu klären. Will dieser zum Beispiel den Werterhalt des vorhandenen Vermögens nach Berücksichtigung der Inflation erreichen oder sucht er eine attraktive Nachsteuerrendite? Ebenso kann die Gestaltung und Optimierung einer Vermögensübertragung ein wesentliches Ziel sein. Sucht der Anleger eine Immobilienanlage die er selbst managen will oder will er Dritte die Arbeit erledigen lassen? Wie hoch ist die Zielrendite? Welche Chance-/Risikorelation ist gewünscht?

Neben einer Bestandsaufnahme hinsichtlich der Motivation hat in dieser Phase auch ein Stück Lebensplanung zu erfolgen. Hilfreich ist ein Aufschreiben der Ziele, die dann im ersten Schritt in kurz-, mittel- und langfristige Ziele und im zweiten Schritt in unterschiedliche Prioritäten untergliedert werden sollten. Diese Vorgehensweise ist geeignet, auch für die in weiterer Zukunft liegenden Ziele rechtzeitig die Voraussetzungen zu schaffen und sich auf das Wesentliche zu konzentrieren.

2.1.2 Persönliche Ausgangssituation

Nachdem die Zielvorstellung geklärt ist, ist festzustellen, wie die Ausgangssituation im Detail aussieht, denn nur wer den eigenen Standpunkt kennt, ist in der Lage den Weg zum Ziel zu bestimmen. Dies bedeutet unter anderem, dass geklärt werden muss, welches Vermögen aktuell zur Verfügung steht, in welche Assetklassen es angelegt ist, welche Verzinsung es bringt und welcher Anlagebetrag hierzu voraussichtlich noch hinzu kommen wird. Ferner muss der aktuelle und künftige Liquiditätsbedarf geklärt werden, z.B. um festzustellen, ob Immobilienanlagen mit einer laufenden Ausschüttung notwendig sind oder nicht.

Daneben wird auch die familiäre Situation beleuchtet, das heißt z.B., ob die Immobilienanlage auch noch für die nächste Generation zur Verfügung stehen soll bzw. ob eine Wertentwicklung auch gegebenenfalls über mehr als eine Generation erfolgen kann. Ferner ist zu klären, in welcher Steuersituation der Anleger und gegebenenfalls seine Nachkommen sind bzw. in den nächsten Jahren sein werden. In dieser Prüfungsstufe wird letztlich auch festgestellt, ob die zuvor festgelegten Ziele realistisch sind und zu der Person des Anlegers und seiner Lebenssituation passen.

Richtig ist es, nach Abschluss der Analysephase eine Bilanz aufzustellen, welche in ihrem „Eingangsteil" die Ziele in der vorgenannte Form darstellt und in ihrem die monetäre Situation beschreibenden Teil, die eigentlichen Zahlen, also das Vermögen und die Verbindlichkeiten darstellt.

2.2 Konzeptionsphase

Ausgehend von den Zielen, der persönlichen Ausgangssituation sowie der Risikobereitschaft wird in dieser Phase das Konzept erarbeitet, mit dem der Privatinvestor die gesteckten Ziele erreichen kann. Hier wird also der „Maßanzug" für den Investor gestaltet. Dabei sind die sich bietenden Alternativen gegeneinander abzuwägen und grundsätzlich das Gesamtkonzept so einfach wie möglich zu halten.

Abhängig von den Umständen des Einzelfalles, kann ein sinnvoller Immobilienanteil am Gesamtvermögen von 20% bis 50% reichen. Ein wesentlicher Teil der Konzeptionsüberlegung ist die Diversifikation auch der Immobilieninvestments, was aufgrund der sich am Markt befindlichen Fonds und Immobilienaktiengesellschaften kein größeres Problem darstellt. Bei großen Vermögen kann der Diversifikationseffekt zum Teil auch durch direkt gehaltene Immobilien erzielt werden. Hierbei ist jedoch immer die Möglichkeit der wirtschaftlichen sinnvollen Verwaltung von Immobilien im Ausland besonders zu betrachten.

Ein wesentlicher Aspekt für die Gestaltung und Gewichtung von Immobilieninvestments im Portfolio ist die Art, wie der Privatinvestor in den anderen Assetklassen wie z.B. Aktien, Rentenpapiere, Hedgefonds, Rohstoffe etc. investiert ist. Mit diesen anderen Teilen des Vermögens muss die Immobilienanlagekonzeption harmonisiert werden, damit der Kunde ein in sich abgestimmtes und hinsichtlich der Zielerreichung schlüssiges Multiassetportfolio erhält.

Häufig ist in dieser Phase der Fehler zu beobachten, dass die Investoren aus Unkenntnis oder überbordendem Optimismus nicht zu ihren Anforderungen passende Anlagen tätigen und dadurch ihr Portfolio falsch strukturieren. Viele Anleger können hiervon hinsichtlich ihrer Engagements in den neuen Bundesländern berichten.

Mit Immobilien lässt sich nahezu jede gewünschte Risikokategorie abdecken. So kann von einem sehr geringen Risiko mit offenen Immobilienfonds bis zu einem sehr hohen Risiko mit einer Baulandentwicklung für Ferienimmobilien in Kroatien ein weiter Bogen gespannt werden.

Für den risikoaversen Anleger kann z.B. ein Portfolio aus direkt gehaltenen Immobilien in erstklassigen Lagen, guten offenen Immobilien-Fonds und einer kleineren Beimischung aus Fonds, die in Immobilien AG's oder REITs investiert sind, zusammengestellt werden.

Für denjenigen der eine Übertragung größerer Vermögenswerte plant, sind demgegenüber Immobilienanteile, die mit hohen negativen Steuerwerten einhergehen, ein wesentlicher Baustein des Portfolios.

Auch ist zu berücksichtigen, dass die Anlagekonzeption nicht ein für alle mal getroffen wird, sondern permanent überprüft und gegebenenfalls neu konzipiert werden muss, z.B. weil sich die Vermögenssituation des Anlegers durch erhöhte Einkünfte oder Erbschaften geändert hat oder aber weil sich der Anlagemarkt bezüglich der gewählten Anlageinstrumente verändert hat. Die Methode „buy and hold", die früher vielfach praktiziert wurde, ist – entgegen noch immer weitverbreiteter Ansicht – kein Garant mehr für eine Wertsteigerung auf mittlere oder lange Sicht. Dies haben einige ältere offene Immobilienfonds mittels ihrer schwachen Performance eindrucksvoll bewiesen.

Ein wesentlicher Aspekt in der Konzeptionsphase ist die Auswahl der Immobilie mit der „richtigen" Nutzungsart für den jeweiligen Investor. Dies hat nicht nur etwas mit persönlichen Vorlieben, sondern natürlich auch mit der Rendite, dem Risiko und dem Timing zu tun, in welche Nutzungsart gerade an welchem Standort richtigerweise investiert werden sollte.

Zur besseren Einschätzung der Zukunft hilft häufig auch ein Blick in die Vergangenheit. In dieser zeigt sich, dass institutionelle Investoren ihre Wohnimmobilienbestände in Deutschland veräußert haben. Auch viele private Investoren stellten ihre Immobilienportfolios in den 90-er Jahren von einer überwiegenden Wohnnutzung hin zu einer Übergewichtung der Büro- und sonstigen gewerblichen Nutzung um. Beide Gruppen haben diesen Schritt in der Regel bedauert, da sich die hierdurch erhoffte Renditesteigerung nicht dauerhaft eingestellt hat. Mit dieser Erkenntnis steigen einige institutionelle Investoren, zu denen jetzt auch offene Immobilienfonds zählen, wieder in den Wohnimmobilienmarkt ein. Dieser Tendenz Rechnung tragend, beginnen einige Anbieter aktuell wieder Wohnimmobilienfonds am Markt anzubieten.

Grundsätzlich ist es sicherlich richtig, dass man mit Büroimmobilien eine Chance auf höhere Gewinne besitzt. Diese Gewinnchance geht aber – was nicht anders zu erwarten ist –mit einer erhöhten Risikoneigung und einer höheren Volatilität einher.

Als Argument gegen einen Ankauf von Wohnimmobilien wird häufig das in Deutschland geltende und die Wohnungsmieter schützende Mietrecht genannt. Hierzu ist zunächst festzustellen, dass auch dieses Recht erlaubt, die Miete innerhalb von 3 Jahren um 20% auf die ortsübliche Vergleichsmiete zu erhöhen. Zudem ist festzuhalten, dass das Wohnungsmietrecht in aller Regel nur in den Mietverhältnissen für den Vermieter nachhaltig zum Problem wird, die durch eine „Schlechtleistung des Vermieters" oder durch eine mangelhafte Bonität des Mieters gestört sind. Beide Probleme kann der Wohnungsvermieter relativ gut beherrschen. Im Rahmen eines größeren Wohnungsportfolios werden diese Mietverhältnisse zudem kaum ins Gewicht fallen, wogegen die Auseinandersetzung mit einem gewerblichen Hauptmieter zu einem deutlich größeren Problem werden kann.

Betrachtet man die Vermietung eines Gebäudes an 120 Wohnungsmieter oder an einen Büromieter, so ist natürlich der Verwaltungsaufwand für 120 Wohnungsmieter größer, als bei einem Büromieter, der auf der gleichen Fläche seinen Geschäften nachgeht. Hinzu kommt, dass die Kosten für die Verwaltung den Wohnungsmietern nicht, dem Büromieter dagegen vielfach voll umfänglich in Rechnung gestellt werden kann. Diesem Nachteil der Wohnimmobilie steht jedoch der Vorteil der Risikodiversifizierung mit einem deutlich geringeren Mietausfall- und Nachvermietungsrisiko gegenüber. Auch die demographische Entwicklung spricht, wie bereits oben erwähnt, nicht gegen die Wohnimmobilie und die Belastung durch die Verwaltung der Wohnungen kann man in hierfür berufene Hände legen. Anders als bei Büroimmobilien müssen bei Wohnimmobilien zudem Anreize, wie beispielsweise mietfreie Zeiten, welche die Rendite nachhaltig verringern, üblicherweise nicht gegeben werden.

Ein nach Risiko-, Renditeprofil ausgewogenes Portfolio eines Privatinvestors sollte deshalb beide Komponenten enthalten. Dies umso mehr, als es nicht zutrifft, dass Wohnimmobilien deutlich schlechtere **Renditen** erwirtschaften.

Bereits im Rahmen der Ankaufkonzeption muss in jedem Fall die **Exitstrategie** geklärt sein. Selbst wenn die Immobilie über einen noch nicht absehbaren Zeitraum gehalten werden soll, ist es essentiell, den möglichen Ausstieg aus dem Investment vor dem Ankauf zu kennen. Gerade mittels einer durchdachten Exitstrategie wird die Marktgängigkeit des Investments auf eine unbedingt notwendige Probe gestellt, die geeignet ist, eine Reihe von Fehlern zu vermeiden.

In dieser Phase ist die **Darlehensaufnahme** in mehrfacher Hinsicht von ganz entscheidender Bedeutung. Grundsätzlich ist dringend davor zu warnen, dass – wie viel zu häufig praktiziert – der **Eigenkapitalanteil** zu gering bemessen wird. In diesen Fällen können bereits geringere Vermietungsprobleme die gesamte Finanzierung gefährden. Aus diesem Grunde sind bei Bestandobjekten beispielsweise die Bonität der Mieter, die Bausubstanz sowie alle anderen auf die Einnahmen- oder Ausgabenseite stark einwirkenden Umstände, in die Überlegung hinsichtlich des richtigen Eigenkapitalanteils mit einzubeziehen.

Die **Entschuldung** sollte so zügig wie möglich bzw. wie dies aus steuerlicher Sicht sinnvoll ist, geplant und anschließend vorangetrieben werden. Stehen Sparverträge zur Verfügung, deren Renditen nach Steuern über den Kosten für die Kredite liegen, so ist es bei vermieteten Immobilien vorteilhaft keine direkten Tilgungen vorzunehmen, da hierdurch im Laufe der Zeit die absetzbaren Schuldzinsen sinken würden. Damit würden Jahr für Jahr auch die Steuervorteile geringer. Ein sinnvolles Instrument ist insofern die Kombination eines Kredites mit Aussetzung der Tilgung und eine Kapitallebensversicherung oder ein Fondssparplan, in welche die Tilgungsleistung investiert wird.

Ferner ist immer eine ausreichende **Liquiditätsreserve** zu bilden, um gegebenenfalls eintretende schlechtere Marktphasen überstehen zu können. In welchem Umfang diese Liquiditätsreserve fehlt, zeigt auch die ständig anwachsende Zahl von Immobilienzwangsversteigerungen in Deutschland.

Vielfach sollen **Garantien** den Käufer von Immobilien absichern. Gerade bei Immobilien, die noch vor Fertigstellung erworben werden, sind Garantien sinnvoll. Hierzu zählen z.B. die Fertigstellungsgarantie und die Festpreis- oder Höchstpreisgarantie. Bietet der Verkäufer auch eine Mietgarantie oder einen Generalmietvertrag, so ist darauf zu achten, dass die Miete bei beiden Varianten nicht über dem Marktniveau liegt. Damit soll vermieden werden, dass der Kaufpreis nicht unnötig nach oben getrieben wird und noch Platz für künftige Mietsteigerungen bleibt. Ferner sollte üblicherweise der Mietgarantie der Vorzug gegeben werden, da nur bei ihr der Käufer profitiert, falls die tatsächlich erwirtschaftbaren Mieteinnahmen über die garantierte Höhe hinausgehen.

Die Durchführung eines Immobilienankaufs kann als Assetdeal oder sofern die Immobilie in einer Gesellschaft gehalten wird, als **Anteilskaufvertrag** gestaltet werden. Mit letzterem kann die Grunderwerbsteuer eingespart werden, wenn im ersten Schritt noch mindestens 5 % der Gesellschaftsanteile bei dem Verkäufer verbleiben. Dieser Anteil kann dann nach 5 Jahren grunderwerbsteuerfrei hinzuerworben werden.

2.3 Umsetzungsphase

2.3.1 Kriterien für Direktinvestments

In der Umsetzungsphase sind hinsichtlich geplanter Direktinvestments insbesondere folgende die Immobilie unmittelbar betreffenden Kriterien zu prüfen:

Abb. 8: Investitionskriterien

Qualität			Markt und Marktentwicklung		Rendite	
Lage	Immobilie	Nutzer	Angebot und Nachfrage	Wirtschafts-entwicklung	Laufende Rendite	Wertentwick-lungsrendite

2.3.1.1 Qualität

Die **Lage** ist und bleibt auch künftig ein sehr wertbestimmender Faktor. Wichtig ist hierbei unter anderem das Zusammenspiel der Lage der Immobilie einerseits mit der Gebäudegröße und der Nutzungsart andererseits.

Nicht selten gelingt es nämlich, trotz einer Disharmonie zwischen den vorgenannten Aspekten, eine Erstvermietung zu bewirken, die Nachvermietung stellt sich für den neuen Eigentümer dann aber als erhebliches Hindernis dar. Beispielhaft für diese Fälle ist ein Gebäude mit einer Fläche von 15.000 m² BGF in einer kleinen Gemeinde mit einem üblichen Flächenumsatz von 6.000 m² p.a. welches neu vermietet werden muss, da der bisherige Alleinmieter ausgezogen ist. Das gleiche gilt für ein Wohn- und Geschäftshaus in einer 2b-Lage das keinen euphorischen Einzelhändler mehr findet, der noch glaubt, dort ausreichende Umsätze generieren zu können.

Einer der klassischen Fehler bei dem Immobilieneinkauf ist das Desinteresse des Käufers hinsichtlich der **Bauqualität**. In vielen Fällen haben die Käufer ihre Immobilien, insbesondere bei Steuersparmodellen, noch nicht einmal vorher angesehen oder bei Entwicklungsmaßnahmen keine Prüfung der Baubeschreibung vorgenommen. Kaum jemandem käme es in den Sinn, einen PKW, der beispielsweise 30.000 € kostet, ohne vorherige Probefahrt zu kaufen. Immobilien, für die ein vielfaches dieses Betrages aufgewendet wird, werden demgegenüber ohne ausreichende Prüfung gekauft.

Aufgepasst werden muss ferner auf die **Flächenangaben** des Verkäufers. Hier liegt ein wesentlicher Faktor für die Rentabilität des Investments. Die Problematik für insofern nicht professionell vorgehende Immobilieninvestoren wird deutlich, wenn man bedenkt, dass in der Praxis nicht selten mit Flächenangaben gearbeitet wird, die nicht normiert und auch nicht hinreichend definiert sind. In diesem Sinne ist es abzulehnen, auf der Basis einer „Bruttogeschossfläche" zu kaufen, die vermeintliche Fachleute nicht selten zur Flächenangabe nutzen. Die definitorisch nachvollziehbaren Flächen sind die „Geschossfläche nach Baunutzungsverordnung", die „Bruttogrundfläche nach DIN 277", die „Mietfläche nach gif" und die „Wohnfläche nach der 2. Berechnungsverordnung zum Wohnungseigentumsgesetz". Wie unterschiedlich die Gesamtgröße eines Gebäudes je nach Nutzung des einen oder anderen Flächenmaßstabes ausfallen kann, zeigt sich z.B. darin, dass bei der Bruttogrundfläche die unterirdischen Flächen, Balkone, Dachterrassen und Arkaden mitgerechnet werden, bei der Geschossfläche jedoch nicht.

Ein vielfach unterschätzter Aspekt ist die **Zukunftsfähigkeit** der Immobilie. Falls eine Gebäudestruktur nicht in der Lage ist, technische Nachrüstungen aufzunehmen oder nicht mehr Drittverwendungsfähig ist, kann dies im Rahmen der notwendigen Anschlussvermietungen zu erheblichen Wertvernichtungen führen. Dieses Schicksal erleiden zum Beispiel Gebäude, die eine zu niedrige Deckenhöhe aufweisen oder Gebäude, die auf den aktuellen Mieter, der ausziehen will, speziell zugeschnitten sind. Das gleiche Problem haben Gebäude, die hinsichtlich ihrer Flächenökonomie nicht mehr den aktuellen Standards entsprechen, z.B. weil sie Achsmaße oder Raumtiefen haben, die sich nicht in ökonomisch sinnvolle Räume aufteilen lassen. Auch zur Überprüfung der Flächenökonomie ist die Korrektheit und Nachvollziehbarkeit der Flächenangaben wichtig. Mittlerweile Legende sind auch die Nachvermietungsprobleme solcher Gebäude, die kraft ihres Gebäudezuschnittes nicht für eine kleinteilige Vermietung geeignet sind, z.B. weil ausreichende Erschließungskerne fehlen und die deshalb in der Nachvermietung erhebliche Probleme nach dem Auszug des Ursprungsmieters haben.

Hinsichtlich der aktuellen **Nutzer** sollte sich die Prüfung nicht nur auf deren **Bonität** und die Vertragslaufzeit beschränken. Sehr entscheidend und selten ausreichend gewürdigt sind auch **Vertragsklauseln**, die Verlängerungsoptionen des Mieters, Mieterhöhungsvoraussetzungen und das Tragen von Nebenkosten regeln. Gerade diese Klauseln sind ebenso wie die Mieterbonität erheblich renditebeeinflussend.

2.3.1.2 Markt und Marktentwicklung

Ein wesentlicher Baustein für ein gutes Investment in Immobilien, ist die Einschätzung der aktuellen **Marktsituation**, ebenso wie eine fundierte Prognose der weiteren Entwicklung des Marktes. Häufig ist hier der Fehler anzutreffen, dass nicht ausreichend Zeit und Geld in eine solide Analyse investiert wird.

Die Begeisterung über die zu erwerbende Immobilie trübt zudem gelegentlich den Blick für die drohende **Konkurrenzsituation**. In diesem Sinne wird gelegentlich übersehen, dass die Entwicklung von besseren Lagen oder besseren Gebäuden in einer Stadt das eigene Immobilieninvestment an Wert verlieren lassen kann. Hier zeigt sich unter anderem die nötige Weitsicht eines Investors, wenn er die denkbare Entwicklung der nächsten 10 Jahre in seine Ankaufsüberlegung mit einbezieht.

Die Erwartung, dass in Deutschland kein flächendeckendes Wachstum mehr erfolgen wird, muss auf der Investitionsseite dazu führen, die künftig prosperierenden Ballungsräume zu identifizieren und dort zu investieren. Hiermit verbunden werden muss das richtige **Timing**. So ist es von entscheidender Bedeutung, dass in einer Phase investiert wird, in der die Gebäude auf einer niedrigen Mietzinsbasis vermietet wurden und der Stadt oder dem Stadtteil wieder eine Markterholung zugetraut wird. In diesem Sinne bieten sich aktuell unter anderem Investitionen in Städten wie München und Frankfurt am Main an, wenn es sich um sehr gute Lagen mit neu abgeschlossenen Mietverträgen und mit nicht allzu langer Laufzeit handelt. Demgegenüber waren die Investoren, die in den gleichen Städten im Jahr 2001 investierten aus heutiger Sicht nicht gut beraten, da die Boomphase bereits 2–3 Jahre andauerte, die Steigerungsraten deutlich abgenommen hatten und die Immobilienwerte seitdem deutlich gefallen sind.

2.3.1.3 Rendite

2.3.1.3.1 Grundüberlegungen

Die Rendite eines Immobilieninvestments setzt sich aus einer **laufenden Rendite** und der **Wertentwicklungsrendite** zusammen. Die häufig in Maklerexposes angegebene Bruttoanfangsrendite gibt demgegenüber nur beschränkt Auskunft über die tatsächliche Rentabilität eines Immobilieninvestments.

Die Renditeberechnung sollte – entgegen vielfach geübter Praxis – zumindest einen Zeitraum umfassen, in dem die ersten Instandhaltungsaufwendungen erwartet werden und der auch die Jahre umfasst, in welchen mögliche steuerliche Sonderabschreibungsmöglichkeiten ausgelaufen sind. Für die Aussagekraft der Renditeberechnung ist zudem entscheidend, ob sie Aussagen zur Rendite nach Kosten, Tilgung und Steuern absolut und im Verhältnis zum eingesetzten Eigenkapital enthält. Auch sollten die Renditestellschrauben, wie Instandhaltungsrücklage, Mietausfallwagnis, prognostizierte Mieterhöhungen etc. jeweils mit vernünftigem Augenmaß und nicht mit übermäßigem Optimismus kalkuliert werden.

Neben der laufenden Rendite ist für die Rentabilität der Immobilie natürlich die Möglichkeit einer **Wertsteigerung** entscheidend. Im Rahmen der Renditeberechnung/-prognose stellt sich deshalb die Frage, ob die Immobilie unterhalb ihres Marktwertes angekauft bzw. ob der Wert durch diverse Maßnahmen während der Bestandshaltung gesteigert werden kann. Zu klären ist ebenso, ob letztlich eine Wertsteigerung durch einfaches Halten der Immobilie, also durch das Ausnutzen der Marktzyklik erreichbar ist.

So kann die Vorteilhaftigkeit eines Investments gerade darin liegen, eine Immobilie zu erwerben, die auf einer niedrigen Mietzinsbasis und mittels kurz laufender Mietverträge vermietet wurde, um über die Neuvermietung in wenigen Jahren ein **Wertsteigerungspotential** zu realisieren. Dies wird nicht funktionieren, wenn die Mieter noch Verlängerungsoptionen von z.B. 2 x 5 Jahren besitzen. Verlängerungsoptionen sind deshalb für professionell handelnde Immobilieninvestoren, entgegen vielfach geäußerter Ansicht, nicht immer eine Stärke der zu erwerbenden Immobilie. Ebenso ist darauf zu achten, ob die Miethöhe noch Steigerungen zulässt oder bereits über dem Marktniveau liegt. Diesem Fehler unterliegen vielfach Käufer von Immobilien, deren bisheriger Eigentümer zugleich der Nutzer des Gebäudes ist und auch künftig langfristig bleiben wird. Hier wird häufig auf der Basis eines Mietzinses eingekauft, der über dem Marktniveau liegt. Das nach oben Treiben des Kaufpreises durch eine erhöhte Miete rechnet sich für den Verkäufer/Mieter vielfach sehr gut, da er die Differenz zwischen Marktmiete und aktueller Miete unter Umständen aus den Zinsen zahlen kann, die er für den Mehrertrag, d.h. die Differenz zwischen Marktpreis und erhöhtem Kaufpreis erhält.

Neben potentiellen Wertsteigerungen sollte auch die Eventualität von Wertverlusten berücksichtigt werden. Nicht zuletzt aus diesem Grunde ist es sinnvoll, eine Tilgung vorzunehmen und die Kalkulation nicht durch Tilgungsaussetzungen zu schönen. Je mehr Wertverlust über die Haltezeit zu erwarten ist, desto höher muss die laufende Rendite sein (z.B. bei Logistikimmobilien).

2.3.1.3.2 Arten der Kalkulation

Eine sinnvolle **Kaufpreisermittlung** lässt sich nach der Methode des Discounted Cashflow (DCF) vornehmen. Im Rahmen des DCF-Verfahrens werden alle zu erwartenden Zahlungsüberschüsse eines festzulegenden künftigen Zeitraumes inklusive des erwarteten Verkaufspreises mit einem der Risikoklasse der Immobilie angemessenen Diskontierungszinses auf den gegenwärtigen Ankaufszeitpunkt abgezinst, um somit den marktgerechten Kaufpreis zu errechnen.

So kann sich zum Beispiel die notwendige Verzinsung einer Immobilieninvestition i.H.v. 7,6 % aus einem Zinssatz für 10-jährig laufende Schuldverschreibungen erster Bonität i.H.v. 4,8 % und Zuschlägen wegen des spezifischen Marktrisikos i.H.v. 0,5 % sowie wegen des Objektrisikos i.H.v. 2,3 % ergeben.

Zur Berechnung der realen **Rendite** der Immobilienanlage bietet sich eine endwertorientierte Berechungsmethode an.

Im Rahmen der Endwertmethode werden mittels eines vollständigen Finanzplanes alle investitionsrelevanten Vermögensveränderungen erfasst. Durch das Bilden des Verhältnisses von eingesetztem Eigen- bzw. Gesamtkapital zum Endvermögen, kann so die Eigen- bzw. Gesamtkapitalrendite berechnet werden.

Weniger sinnvoll, um die Rendite zu berechnen – obwohl im internationalen Geschäftsverkehr häufiger benutzt – ist die **„interne Zinsfußmethode"** auch **„IRR-Methode"** genannt. Bei dieser Rechenmethode wird unterstellt, dass die Wiederanlage von zwischenzeitlich erfolgenden Rückflüssen zum gleichen Zins erfolgt, wie sich die Basisinvestition verzinst. Dies ist in aller Regel nicht der Fall, weshalb dem Anleger häufig eine zu hohe Verzinsung suggeriert wird.

Detaillierte Ausführungen zu diversen Wirtschaftlichkeitsberechnungen befinden sich in Teil 6 dieses Buches.

2.3.1.3.3 Renditeerwartung

Hinsichtlich der Höhe möglicher Renditen in Deutschland ist grundsätzlich zwischen Wohnimmobilien und Büroimmobilien zu unterscheiden. Aktuell ist für ein in gutem Zustand befindliches **Mehrfamilienhäusern** eine Rendite von 4 % bis 6,5 % erzielbar. Hierbei handelt es sich um Gebäude in mittleren bis guten Lagen der Wirtschaftszentren, wie dem Rhein-Main-Gebiet und um eine Rendite nach Kosten bezogen auf die Investitionssumme, also vor Leverageeffekt und Steuern. Dieses Ergebnis lässt sich auf Basis der aktuellen Darlehenszinssätze durch den Leverageeffekt noch erheblich steigern. Sofern ältere Wohnimmobilien erworben werden, lassen sich die Renditen auf das eingesetzte Eigenkapital, nach Berücksichtigung des Leverageeffektes, durchaus auf Werte um die 10 % steigern.

Für **Bürogebäude** unter sonst gleichen Bedingungen, liegen die Renditen, bezogen auf die Investitionssumme nach Abzug laufender Kosten und vor Steuern und ohne Leverageeffekt aktuell bei rund 5 % bis 7,5 %.

2.3.2 Kriterien für indirekte Investments

Hinsichtlich der Umsetzung der konzipierten Anlagestrategie in indirekte Immobilieninvestmentvehikel, soll an dieser Stelle auf die häufigsten durch den Privatinvestor genutzten Anlagevehikel eingegangen werden. Ausführliche Informationen zu diesen und weiteren Anlagemöglichkeiten finden sich auch in den vorstehenden Kapiteln.[16]

2.3.2.1 Offene Immobilienfonds

Keine andere Art der Immobilienfonds hat sich in den letzten Jahren einer so großen Beliebtheit erfreut wie die offenen Immobilienfonds. Nach dem Rating des Bankhauses Kempen über die größten europäischen Immobilien-Publikumsgesellschaften sind neun offene deutsche Immobilienfonds auf den ersten 10 Plätzen zu finden. Diese Umstände zeigen die Bedeutung dieses Anlagevehikels.

Während der offene Immobilienfonds über viele Jahre als langweiliges Anlagevehikel galt, welches für eine Performance von 4% bis 6% p.a. stand, hat sich dies in den letzten Jahren deutliche geändert. Offene Immobilienfonds erfahren eine Spreizung der Renditen im 1-Jahresbereich von 0,9% bis 6,9%.[17]

Diese stark divergierenden Renditen der offenen Fonds resultieren in erster Linie aus unterschiedlichen **Anlageprofilen** sowie natürlich aus der unterschiedlichen Qualität des **Portfolios** und des **Managements**. Manche offenen Fonds lassen zwar im Vergleich zu früher nunmehr eine höhere Renditeerwartung zu, allerdings geht diese in der Regel auch mit einem höheren Risiko einher.

Ein wesentliches Kriterium für den Anleger, um sich mehr den Chancen als den Risiken zuzuneigen, ist also die Qualität des aktuellen Portfolios. Gerade dies ist ein Umstand, der viele älteren Fonds belastet, da sie an ihrem mangelhaften über Jahrzehnte praktizierten **Portfoliomanagement** leiden. Dieses Management hat nicht selten durch eine Buy and Hold-Strategie dazu geführt, dass die Bestände überaltert und damit kostenintensiv sowie schwer zu vermieten sind. Das Fehlen dieser „Altlasten" ist der Vorteil der jüngeren Fonds.

Ein weiterer wesentlicher Aspekt zur Beurteilung der Portfolios ist die aktuelle **Mietrendite**, das heißt das Verhältnis der laufenden Mieteinnahmen zu den für die Immobilien ermittelten Werten. Liegt diese Rendite bei rund 6%, so ist dies ein Indiz für einen attraktiven Fonds.

Weiterhin sind die **Investitionsstandorte** auf ihre Zukunftsfähigkeit, das heißt insbesondere auf ihre wirtschaftliche Entwicklung hin zu prüfen. Wesentlich ist auch, ob der Fonds mit den aktuellen **Bewertungen** seiner Immobilien die tatsächliche Marktsituation wiederspiegelt, oder ob er die Immobilien überbewertet hat. Im letzteren Fall haben die Gutachter des Fonds die Immobilien entweder unverkäuflich gemacht hat oder es besteht vor künftigen Verkäufen eine Abwertungsnotwendigkeit, da der Fonds nicht unter seinen eigenen Wertansätzen verkaufen darf.

Wichtig sind auch die **auslaufenden Mietverträge** und die in dieser Zeit bestehende Marktzyklik, die ein Fonds zu den Gewinnern oder Verlierern zählen lässt. Laufen also z.B. in einem Jahr mehr als 15% der Mietverträge aus und sind die bestehenden Miethöhen bei weitem nicht mehr am Markt zu erzielen, so ist ein Ausstieg aus dem Fonds zu prüfen.

Desto internationaler der Fonds investiert, desto größer ist seine **Diversifikation** und somit auch seine Resistenz gegen die Schwankungen einzelner Vermietungs-

---

[16] Vgl. Teil 1 und 2.
[17] Vgl. Abb. 6.

märkte. Dennoch ist auch zu prüfen, ob der Fonds mit ausreichendem Know-how und Manpower für Auslandsgeschäfte ausgestattet ist.

Generell sind Fonds darauf zu prüfen, welcher Anteil ihrer Performance durch sogenannte **Einwertungsgewinne**[18] zustande kommt und ob diese „Gewinne" auch berechtigt sind. Einwertungsgewinne sind Wertsteigerungen, welche die Differenz zwischen dem Ankaufspreis und dem durch die Gutachter des Fonds ermittelten Wert der Immobilie darstellen, wobei jedoch vielfach zweifelhaft ist, ob eine im Wettbewerb zu einem bestimmten Preis erworbene Immobilie tatsächlich deutlich mehr wert sein kann, wie es in vielen Fällen die Gutachter der Fonds errechnen. In den Fällen, in denen die Einwertungsgewinne einen erheblichen Anteil an der Gesamtrendite ausmachen, also gerade bei kleineren Fonds, ist fraglich, ob die Rendite auch noch nach einigen Jahren gehalten werden kann.

Darüber hinaus sollte der Anleger die **Liquidität** des Fonds im Auge behalten, da diese in Niedrigzinsphasen, wie wir sie aktuell erleben, die Gesamtrendite erheblich senkt. In einer Niedrigzinsphase ist eine Liquidität von rund 10 % des nicht als Liquiditätsreserve notwendigen Kapitals erstrebenswert. Eine deutlich geringere Liquidität kann demgegenüber für den Fonds gefährlich werden, wenn die Anleger zum Beispiel ihre Anteile wegen einer schlechten Performance zurückgeben. Wie gefährlich dies werden kann, hat die Krise des Deutschlandfonds der Deka im 4. Quartal 2004 gezeigt.

Ferner ist zu prüfen, welche **Währungsrisiken** das Fondsmanagement eingegangen ist und ob der Fonds erhebliche Gelder in **Projektentwicklungen** investiert hat. Immobilienprojektentwicklung ist ein Hochrisikogeschäft, für welches die Mitarbeiter der offenen Fonds üblicherweise kein ausreichendes Know-how und auch keine spezielle Erfahrung besitzen. Darüber hinaus fehlt den Fondsgesellschaften üblicherweise die notwendige Schnelligkeit, um gute Developments auf Dauer, also nicht nur in Boomphasen, erfolgreich durchzuführen.

Schließlich sind die **Kosten** der offenen Fonds wie die Ausgabeaufschläge, die laufenden Verwaltungsgebühren und sonstige Gebühren zu berücksichtigen. Die größte Einzelposition, der Ausgabeaufschlag liegt häufig bei rund 5 %. Zum einen zwingt er den Anleger zu einer Haltedauer der Fondsanteile, die es erlaubt, diese Kosten zuzüglich des gewünschten Ertrages zu verdienen, zum anderen stellt er gerade in Zeiten reduzierter Renditeerwartungen eine hohe Investitionshürde dar.

Für die Zukunft ist zu erwarten, dass noch deutlich mehr als die derzeit 30 offenen Fonds auf den Markt kommen werden. Für den Anleger gilt hier, sich so weitgehend wie möglich über die **Anlagestrategien** und die anderen vorgenannten Aspekte zu unterrichten, um die richtige Wahl zu treffen. Keinesfalls sollte er einfach den von „seiner Bank" angebotenen offenen Immobilienfonds zeichnen. Für Inhaber größerer Vermögen lohnt sich auch der Gang zu einem Vermögensverwalter, da die großen Vermögensverwaltungsgesellschaften nicht selten die Gelder ihrer Mandanten ohne Ausgabeaufschläge in offene Fonds investieren können und deutlich mehr Informationen über die Fonds haben, als sie der Privatanleger durch ein Studium des Geschäftsberichtes erhalten kann.

---

[18] Vgl. Ziffer 1.6.4.

2.3.2.2 Geschlossene Immobilienfonds

Denkt man an die sinnvoller Weise zu berücksichtigenden Investitionskriterien bei Investments in geschlossene Immobilienfonds, so ist man überrascht, dass manche Fondsprodukte überhaupt gezeichnet werden. Wirft man einen Blick auf den „Kriterienkranz" der üblicherweise vor einem Investment in einen geschlossenen Fonds Beachtung findet, so legt sich die Überraschung und weicht einem nachhaltigen Erstaunen. Noch immer – trotz seit Jahrzehnten existierender Negativbeispiele – sind schöne Bilder der Immobilien, renommierte Namen auf Mieterseite und eine relativ hohe Anfangsverzinsung am besten auf einem Steuervorteil beruhend, ausreichend, um die Anleger zu der Zeichnung eines geschlossenen Immobilienfonds zu ermuntern.

Viele Aspekte, die für die Vorteilhaftigkeit eines Investments in einen geschlossenen Immobilienfonds relevant sind, wie die Angemessenheit des Immobilieneinstandspreises, der Mieten oder des kalkulierten Verkaufspreises werden nicht oder nicht ausreichend berücksichtigt. Dies gilt ebenso für die rechtliche Konstruktion, die Höhe der Nebenkosten, die Leistungsbilanz des Initiators und weitere wesentliche Aspekte, wie zum Beispiel die Sinnhaftigkeit von Darlehenskonstruktionen, die Fremdwährungsabsicherung, die Werthaltigkeit von Ausstiegsrechten und die Risiken von Projektentwicklungen.

Letztlich muss ein Anleger die Investition in einen geschlossenen Immobilienfonds ebenso beurteilen, wie eine Direktinvestition in die von dem Fonds gehaltene Immobilie und somit die vorstehend[19] genannten Prüfkriterien zur Anwendung bringen. Hinzu muss noch die Beurteilung der rechtlichen Konstruktion des Fonds, inklusive der Anlegerrechte, der Qualität des Initiators und der Fondskosten kommen. Der Vertriebsvorteil vieler Fondsinitiatoren liegt auch darin, dass die vorgenannten Aspekte häufig ohne professionelle Hilfe nicht sachgerecht beurteilt werden können. Der Privatanleger sollte deshalb professionelle Berater hinzuziehen. Hier bieten sich neben Fachpublikationen insbesondere Ratingagenturen an, die für ihre unabhängige Beurteilung von Fonds bekannt sind.

2.3.2.3 Immobilienaktiengesellschaften

In Deutschland haben die Immobilienaktien als Anlageinstrument eine deutlich geringere Bedeutung als in anderen europäischen Ländern. Dies liegt sicherlich nicht zuletzt daran, dass andere europäische Länder keine offenen Immobilienfonds kennen und zudem eine deutlich längere Tradition hinsichtlich der Immobilienaktien besitzen.

Für den Privatanleger ist die Einschätzung des künftigen Erfolges seiner Investition in Immobilienaktien deutlich schwieriger, als bei einer Investition in offene Immobilienfonds. Dies resultiert zum einen aus der häufig fehlenden Transparenz des Immobilienportfolios der AG's für den Anleger. Zum anderen verändern sich die Kurse der Immobilien AG's vielfach entsprechend der wirtschaftlichen Gesamtlage bzw. der aktuellen Börsenstimmung, die von der tatsächlichen Qualität des Immobilienportfolios und des Managements völlig losgelöst sein kann. Die Immobilienaktie wird deshalb auch als ein **Low-Beta-Papier** bezeichnet, da sie üblicherwei-

---

[19] Vgl. Ziffer 2.

se hinsichtlich der Veränderung des Gesamtaktienmarktes sensitiv ist, aber im Vergleich zu einem für den Gesamtmarkt repräsentativen Marktindex (z.B. Dax) in Bezug auf die Renditeänderung eine geringere Sensitivität aufweist.

Hinsichtlich der **Volatilität** des Aktienkurses hat der Anleger zudem regionale Unterschiede zu berücksichtigen. So sind die Kursschwankungen bei amerikanischen Immobilienaktien deutlich größer als zum Beispiel bei europäischen Immobilienaktien.

Damit stellt die Immobilienaktie nicht die „sichere" Immobilienanlage dar, die von vielen insbesondere deutschen Investoren gewünscht wird.

Einige Kriterien, die ein Privatinvestor beziehungsweise sein Berater – neben den unter Ziffer 3.2.1 genannten **Kriterien** – zur Beurteilung des Investments in eine Immobilien-AG berücksichtigen sollte, sind:

– klare Fokussierung auf bestimmte Geschäftsbereiche;

– positiver Track Record der AG in ihren Kerngeschäftsfeldern;

– keine Interessenkonflikte;

– hinreichender Streubesitz;

– professionelles Portfoliomanagements, z.B. hinsichtlich der Ausnutzung der Immobilienzyklik;

– ausreichende Qualität und Profitabilität einzelner Sparten wie Bestandshaltung, Projektentwicklung und Dienstleistungen für Dritte;

– hohe Transparenz im Geschäftsbericht und -gebaren und

– überzeugende Strategie hinsichtlich der weiteren Geschäftsentwicklung.

Weitere wesentliche Indikatoren für eine zufriedenstellenden Gesamtrendite (Dividende und Kursgewinn) aus Immobilienaktientransaktionen sind:

– künftige gesamtwirtschaftliche Entwicklung;

– zu erwartende Zinsentwicklung;

– zu erwartenden Vermietungsquoten und Mietzinsentwicklungen hinsichtlich des konkreten Portfolios beziehungsweise der strategisch angedachten Immobilieninvestments;

– weitere IPO's und die in dem jeweiligen Land zu erwartende Einführung von REITs, die üblicherweise als Antrieb für die Kurse der Immobilien AG's wirkt.

2.3.2.4 Real Estate Investment Trusts (REITs)

Grundsätzlich ist die Anlage von Geldern in REITs aufgrund deren transparenter Struktur, steuerlicher Rahmenbedingungen und Ausschüttungspflicht sehr interessant. Vielfach waren die Geldanlagen in REITs in den letzten Jahren höchst rentierlich. Allein im Jahr 2004 (2003) wiesen sie nach dem **NAREIT Equity Index** eine Performance von rund 33, 5 (37,1)% auf. Die für Immobilienanlagen hohe Volatilität zeigte sich jedoch bereits durch einen Vergleich mit der Performance des Jahres 2002. Hier erzielten sie nach dem gleichen Index lediglich eine Performance von 3,8%.

Hinsichtlich der bei der Investition zu berücksichtigenden Kriterien kann auf das vorstehend zur Immobilien AG Gesagte verwiesen werden.

2.3.2.5 Immobilien AG – bzw. REIT-Fonds

Aus Diversifikationsgründen ist es für den Anleger häufig sinnvoll, in Aktiengesellschaften mit unterschiedlichen Investitionsschwerpunkten zu investieren. Aufgrund der Vielzahl der weltweit existierenden Immobilien AG's und REITs bedarf es eines erheblichen Know-hows, die „richtigen" Gesellschaften auszuwählen. Der erhebliche Vorteil in einen Fonds zu investieren und somit das Selektieren der „richtigen" Gesellschaften einem Fondmanager zu überlassen, liegt schlicht darin, dass dieser Manager professionell mit einem spezialisierten Know-how handelt. Was aber ist hinsichtlich der richtigen Auswahl des Fonds zu beachten?

Die Fondsauswahl sollte sowohl nach qualitativen als auch nach quantitativen Kriterien erfolgen. Zu den quantitativen Kriterien, die besondere Beachtung verdienen, zählen insbesondere:

– die **Performance** der letzten Jahre, insbesondere die Outperformance gegenüber dem Index;

– die **Volatilität**, also die Stärke der Kursschwankungen, mit der der Fonds sein Ergebnis erreicht;

– das sogenannte **Sharpe-Ratio**, also die „Überschussrendite" des Fonds gegenüber einer risikofreien Anlage pro eingegangener Risikoeinheit;

– der „**maximale Verlust**", d.h. der stärkste Wertrückgang, den ein Fonds in einem zu definierenden Zeitraum verzeichnet hat;

– die **Ausgabeaufschläge** und **Managementgebühren;**

– die sogenannte **Elastizität**, die das Verhalten eines Fonds in Aufschwung- und Abschwungphasen charakterisiert und

– das **Volumen** des Fonds, da er nur mit einem größeren Volumen in der Lage ist, den Markt in ausreichenden Umfang abzudecken.

Demgegenüber zählen zu den in qualitativer Hinsicht zu berücksichtigenden Kriterien insbesondere:

– das **Anlagekonzept** des Fondsmanagers und

– die **Erfahrung** des Fondsmanagers.

Eine Hilfestellung für die Fondsauswahl bietet in jedem Fall die Bewertung der in Frage kommenden Fonds durch eine **Ratingagentur**.

2.4 Managementphase

2.4.1 Verwalten versus aktives Managen bei Direktinvestments

Nahezu überall wird heute von **„aktivem Portfolio- und Assetmanagement"** gesprochen. Tatsächlich ist jedoch festzustellen, dass viele private Immobilieninvestoren und auch eine Reihe von institutionellen Immobilieninvestoren ihre Immobilieninvestments „nur" verwalten nicht aber aktiv managen.

Die Gründe für dieses mehr passive Verwalten sind vielfältig. Hierzu zählen insbesondere mangelnder Konkurrenzdruck, fehlende Renditeerwartung, fehlende Zeit bzw. Manpower und letztlich auch immer wieder fehlendes Know-how.

Gerade bei Privatpersonen ist häufig die Situation anzutreffen, dass Immobilien aus rendite- oder steuermotivierten Geldanlagegründen erworben werden, aber aufgrund fehlender Zeit nicht hinreichend betreut werden können. Auf diese Art und Weise werden die in einem aktiven professionellen Immobilienmanagement liegenden Chancen einer Renditesteigerung bzw. Verlustvermeidung häufig nicht ausgereizt, beziehungsweise erst gar nicht erkannt.

Der Glaube, die Immobilien durch das Einschalten einer Hausverwaltung ausreichend betreut zu haben, ist trügerisch, da sich eine **Hausverwaltung**, üblicherweise auf ein reines Verwalten der Immobilie beschränken wird. Natürlich wird ein guter Verwalter versuchen, neben der reinen Verwaltung auch die Werterhaltung zu betreiben. Erfordert jedoch die Situation eine strategische Neuausrichtung, so wird der **Hausverwalter** berufsbedingt die Zeichen der Zeit kaum erkennen und wesentliche Chancen zur Steigerung der Rendite von sich aus nicht wahrnehmen. In diesem Sinne bleiben beispielsweise regelmäßig die Chancen aus möglichen Baureserven oder aus Verkaufsmöglichkeiten ungenutzt. Das aktive Asset- oder Portfoliomanagement verbleibt also auch nach Einschalten einer Hausverwaltung oder neudeutsch eines „Assetmanagers" bei dem Eigentümer.

Der Privatinvestor muss sich zudem darüber bewusst sein, dass die Branche der Immobilienmanager vielfach eine relativ schlechte fachspezifische Ausbildung aufweist. Erst seit wenigen Jahren gibt es Ausbildungsgänge an Universitäten in denen den angehenden Immobilienmanagern der richtige Umgang mit der Bestandshaltung von Immobilien gelehrt wird. Dies erstaunt, wenn man berücksichtigt, dass in Deutschland ein Billionenvermögen in Immobilien verwaltet wird und die Rendite über das Bestandsmanagement erheblich beeinflusst wird. So umfassen allein die in der Lebenszeit einer Immobilie anfallenden Nebenkosten – welche in erheblichem Umfang beeinflussbar sind – in der Regel das Mehrfache der Anschaffungskosten.

Hier zeigt sich das generell bestehende Verbesserungspotential im Bereich des Portfoliomanagements und die Chance einiger Marktteilnehmer, die sich auf das Management und die Wertsteigerung im Bestandsbereich spezialisiert haben und damit gute Erfolge erzielen. Für den Privatinvestor, der aus Zeit-, Kosten- oder Know-how-Gründen das Management seiner Immobilienanlagen nicht selbst vornimmt, ist es deshalb sehr wichtig, dass er eine sehr sorgfältige Auswahl seiner Dienstleister trifft.

Ein erfolgreiches **aktives Immobilienmanagement** sollte unter anderem beinhalten, dass

– die mit den Immobilien zu erreichenden Ziele z.B. hinsichtlich Rendite, Optimierungsmöglichkeiten, Haltedauer, definiert werden;

– der Immobilienbestand regelmäßig nach Verbesserungsmöglichkeiten z.B. hinsichtlich der Verwaltung, Mieterstruktur, Mieterhöhungen, Mietflächenerweiterung, Verwaltungskostenreduktion, überprüft wird;

– die relevanten Immobilienmärkte permanent untersucht werden, um mögliche Verkaufs- oder Einkaufschancen zu erkennen, die der zyklische Immobilienmarkt immer wieder bietet;

– eine regelmäßige Kontrolle der einmal gesetzten Ziele stattfindet und die aktuelle Zielerreichung auch gegen vergleichbare Benchmarks gehalten wird, um die wirkliche Leistung der eigenen Immobilieninvestments realistisch einschätzen zu können;

— vollständige Finanzpläne inklusive der notwendigen und sinnvollen Instandhaltungs-, Modernisierungs- und Revitalisierungsmaßnahmen aufgestellt werden, auch um in Verbindung mit der Marktentwicklung zu erkennen, wann ein Verkauf der Immobilien sinnvoll ist, bevor z.B. die künftigen Ausgaben die Rendite gegen Null konvergieren lassen;

— die eingeschalteten Dienstleister nicht nur genau überwacht, sondern durch entsprechende Vertragsgestaltungen und regelmäßige Besprechungen hinreichend motiviert werden.

2.4.2 Bausteine und Kosten des Immobilienmanagements

Das Immobilienmanagement hat eine Reihe von Komponenten, die miteinander verzahnt werden müssen. Dabei ist es für den privaten Immobilieneigentümer in der Regel nicht sinnvoll, wenn er nur auf Ebene des Portfolios mit guten Ratschlägen seines Portfoliomanagers versorgt wird, dann aber bei der konkreten Umsetzung alleine gelassen wird.

Ebenso wenig wird aus den vorgenannten Gründen in der Regel die Einschaltung eines oder mehrerer Hausverwalter genügen. Ein **ganzheitliches Immobilienmanagement**, welches dem Anspruch eines optimalen Kundenservices gerecht wird, setzt sich aus den nachfolgenden Teilleistungen zusammen, die je nach Bedarf den privaten Immobilieneigentümern gesamthaft oder in Einzelbausteinen angeboten werden sollten.

Abb. 9: Bausteine des Immobilienmanagements

Technisches Objektmanagement	Kaufmännisches Objektmanagement	Infrastrukturelles Objektmanagement
Portfoliomanagement	Ankaufs- und Verkaufsmanagement	Finanzierungsmanagement
Marktresearch inklusive Standortratings und -prognosen	Wertermittlungen inklusive Wertprognosen	Reporting inklusive steuerlicher Auswertungen

Hinsichtlich der Kosten, die für ein Objektmanagement in Form der Hausverwaltung aufgewandt werden müssen, ist die Spannbreite der Preise, ebenso wie die der Leistungsqualität erheblich. Aufgrund der unterschiedlichen Leistungsbeschreibungen und auch Leistungsqualitäten sind die Angebote vielfach schwer miteinander zu vergleichen. Der Vergleich wird noch dadurch erschwert, das sich die Anbieter üblicherweise in Grundleistungen, besondere Verwalterleistungen und Zusatzleistungen unterscheiden sowie erfolgsabhängige Komponenten anbieten.

Hinsichtlich der üblichen Grundleistungen, d.h. Objektmanagement in technischer und kaufmännischer Hinsicht, werden von seriösen Anbietern für Wohngebäude je nach Gebäudegröße, Anzahl der Mieteinheiten und Leistungsumfang Verwaltungspauschalen von 2,5 % bis 6,5 % auf die Mieteinnahmen angeboten. Für die

Verwaltung von Eigentumswohnungen werden nicht selten Mindesthonorare vereinbart, die zwischen 15,- € und 30,- € pro Wohneinheit und Monat liegen.

Bei Büroimmobilien liegt die Spannbreite des Honorars für das Objektmanagement, zwischen 1,5 % bis 5 % bezogen auf die Mieteinnahmen.

Üblicherweise wird die Nettokaltmiete als Grundlage für die Berechnung des Honorars genommen. Hierbei sollten – nicht zuletzt aus Gründen der Motivation des Hausverwalters – die Ist-Mieten und nicht die Soll-Mieten herangezogen werden.

Das in der vorgenannten Tabelle aufgeführte Leistungsprogramm sollte als Komplettpaket je nach Größe und Komplexität mit einem Honorar von ca. 0,5 % bis 0,8 % des Investitionsvolumens kalkuliert werden. Hierzu können noch weitere Erfolgshonorare kommen, die jedoch erst nach dem Überspringen von „Erfolgshürden" zum Tragen kommen sollten.

2.4.3 Management von Indirektinvestments

Die Investition in einen Immobilienfonds, eine Immobilien AG, einen REIT oder ein anderes indirektes Immobilieninvestmentvehikel ist üblicherweise keine Investition für mehre Jahrzehnte. Auch bei diesen Investments sind, wie bei Direktinvestments, permanente Überprüfungen der aktuellen Verzinsung des angelegten Geldes vorzunehmen und die künftigen Wertentwicklungen abzuschätzen.

Ein einfaches und brauchbares Verfahren ist zunächst, die investierten Beträge mit den erfolgten Auszahlungen (Dividenden und Zinszahlungen) und Wertentwicklungen, bezogen auf einen bestimmten Stichtag, ins Verhältnis zu setzen. Die hierdurch gewonnene Aussage zur **Performance** ist mit der Performance anderer möglicher Immobilieninvestments zu vergleichen. Wenn sich herausstellt, dass die Anlageprodukte hinter den Ergebnissen vergleichbarer Investments zurückbleiben, ist zu klären, ob die geringere Performance der Preis für mehr Sicherheit ist, oder ob auf der Basis eines vergleichbaren Risikos einfach nur eine geringere Rendite erwirtschaftet wird. Im letzteren Fall sollte an den Austausch des Anlagevehikels gedacht werden, sofern es auch die damit verbundenen Transaktionskosten und die Zukunftsaussichten vergleichbarer Anlagemöglichkeiten ratsam erscheinen lassen.

Gerade bei indirekten Investments verschieben sich die Schwerpunkte eines Depots schneller als bei direkten Investments. Dies folgt aus der höheren Fungibilität und einer üblichen Entwicklung, wonach einzelne erfolgreiche indirekte Investments die zuvor festgelegte Aufteilung des Anlagebetrages zu ihren Gunsten verschieben. Es ist deshalb immer darauf zu achten, dass die als sinnvoll erachtete Aufteilung eines Depots regelmäßig wiederhergestellt wird und die zwischenzeitlich erzielten Gewinne entsprechend der gewünschten **Depotstruktur** wieder angelegt werden.

2.4.4 Behavioral Finance

Im Hinblick auf das aktive Verändern des Portfolios haben Untersuchungen auf dem Fachgebiet der (die Psychologie und die Finanzwirtschaft verbindenden) „Behavioral Finance" gezeigt, dass schlechte Investments ebenso wie gute Investments zu lange im Portfolio gehalten werden. Ersteres liegt an der Hoffnung, dass es sich ja noch verbessern kann und dem Nichteingestehen wollen, dass man einen Fehler gemacht hat. Letzteres in dem verlockenden Gedanken, dass es ja noch lange mit dem bisherigen Aufwärtstrend weitergehen könnte.

Diese „Hürden" muss der Anleger nehmen, um ein wirklich aktives Portfoliomanagement durchführen zu können. Ein gutes Hilfsmittel ist hier, die Handlungsalternativen zuvor mit einem unabhängigen Portfoliomanager durchzusprechen und diesem dann, wenn bestimmte Bandbreiten in der Gewinn- oder Verlustzone erreicht sind, das Handeln zu überlassen.

3. Spezialthemen

3.1 Vermögensverwalter als Immobiliendienstleister

Im Rahmen der Ulrich-Studie zum Management von privaten Immobilienvermögen[20] wurde festgestellt, dass seitens der Vermögensinhaber ein signifikantes Interesse an der vergüteten Inanspruchnahme von Immobilienmanagement-Dienstleistungen besteht. Dieses Interesse nimmt mit der Höhe des Immobilienvermögens in Form der privaten Kapitalanlage zu. Die von Herrn Ulrich befragten Kunden hatten nur zu 20 % ein Interesse ausschließlich an der Dienstleistung des Portfoliomanagements. Demgegenüber wollten 80 % ein umfangreiches Immobilienmanagement inklusive eines Projekt- und Objektmanagements. Dies zeigt, dass sich eine Vermögensverwaltung – sofern sie die Nachfrage befriedigen will – nicht allein auf die Beratung oder das Management auf Portfolioebene konzentrieren kann.

Diese Erkenntnis entspricht noch nicht dem, was die meisten Vermögensverwalter anbieten. Die Lücke zwischen nachgefragter und angebotener Leistung wird umso gravierender, je mehr wir uns von Indirektinvestments in Fonds, Aktiengesellschaften oder anderen Vehikeln wegbewegen hin zu der direkten Investition in Immobilien. Wie weit noch viele Banken und Vermögensverwalter davon entfernt sind, Immobilien als Assetklasse die ihnen gebührende Stellung im Portfolio einzuräumen, wird schon mit der in diesem Zusammenhang gebrauchten Wortwahl deutlich. So wird zum Beispiel über Immobilien als „nontraditional Assets" oder als „alternative Assets" gesprochen, obwohl es kaum eine Assetklasse gibt, die eine solche Tradition als Anlageklasse aufweist und zu den Basisinvestments zählt, wie die der Immobilien. Aufgrund dieser Grundhaltung der Vermögensmanager verwundert es nicht, wenn die Immobilien zunehmend als „Stiefkinder der privaten Vermögensverwaltung" bezeichnet werden.[21]

Der Umfang des in Immobilien gebundenen Vermögens und die hieraus resultierende Nachfrage vermögender Privatkunden sollten jedoch in Zukunft ausreichender Anlass sein, dass sich die Vermögensverwalter auch mit dieser Assetklasse intensiv zu beschäftigen beginnen. Für Vermögensverwalter bietet sich hier neben den potentiellen Erträgen ein wesentliches Differenzierungsmerkmal gegenüber anderen ausschließlich auf Aktien-, Renten-, und Hedgefondsanlagen ausgerichteten Wettbewerbern. Darüber hinaus ist auch der Aspekt der Kundenbindung nicht zu vernachlässigen.

---

[20] Vgl. *Ulrich,* a.a.O.
[21] *Zitelmann / Quint,* Die Bank 2/2004.

In den Fällen, in denen der Privatinvestor kein eigenes **Family Office** besitzt oder für seine Immobilieninvestments keine Mitarbeiter eingestellt hat, macht es Sinn, wenn auch die Immobilieninvestments als Teil des Gesamtportfolios gemeinsam mit den anderen Investments in einer Hand, also der des Vermögensverwalters gemanaged werden.

Hierdurch lässt sich nicht nur viel eigene Arbeit sparen und eine eigene zeitliche oder fachliche Überforderung vermeiden, sondern insbesondere auch eine Ausrichtung des Portfolios „aus einem Guss" erreichen. Wichtig ist dabei, dass sich der Vermögensverwalter nicht allein auf übergeordnete Themen, wie das theoretische Festlegen von Portfoliostrategien beschränkt. Entscheidend ist, dass er unmittelbar an den **Werthebeln** tätig ist und diese zu bedienen weiß. Diese sind – was nicht überrascht – der Einkauf, das Management und der Verkauf. Hier muss der Privatinvestor prüfen, ob der Vermögensverwalter ausreichende personelle Fachkapazitäten sowie Erfahrung und gute Marktkontakte besitzt.

Folgende **Leistungsfelder** sollte der Vermögensverwalter im Idealfall anbieten können:

Abb. 10: Leistungsfelder

Marktresearch, - prognose	• Diverse Immobilienanlagevehikel • Diverse Immobilientypen • Miet- und Verkaufspreise • Länder- und Standortentwicklungen
Strategieentwicklung	• Generelle Anlagestrategie • Einzelanlagestrategie
Beratung	• Ankauf • Management • Verkauf
Management	• Ankauf/Haltephase/Verkauf • Portfolio/Einzelobjekt/Einzelprojekt • Externer Dienstleister
Reporting	• Immobilien als Teil des Gesamtvermögens • Portfolio und Einzelobjekte

Darüber hinaus ist es von Vorteil, wenn der Vermögensverwalter eine möglichst starke Marktstellung und ein exzellentes **Kontaktnetzwerk** besitzt, denn insbesondere hierdurch lassen sich interessante Objekte identifizieren und gute Konditionen bei dem Einkauf von Immobilien und Dienstleistungen erzielen. Aufgrund der Spezialisierung vieler Vermögensverwalter auf Wertpapieranlagen wird der vorgenannte Leistungsumfang nur von einigen Banken und sehr wenigen bankenunabhängigen Vermögensverwaltern angeboten werden können.

Will der Vermögensinhaber auch im Immobilienbereich einen professionellen Vermögensverwalter auswählen, so ist es ferner wichtig, dass dieser die Anlagephilosophie des künftigen Mandanten teilt.

Ferner ist es von erheblicher Bedeutung, dass der Vermögensverwalter unabhängig von anderen Interessen ist, wie z.B. dem Verkauf von Immobilien- oder Finanzierungsprodukten. Darüber hinaus sollte er langjährig – mindestens 5 Jahre – am Markt sein und die wesentlichen Marktteilnehmer kennen.

Hinsichtlich der Entlohnung des Vermögensverwalters ist darauf zu achten, dass diese weniger umsatz- als erfolgsabhängig ist, da der Kunde ansonsten Gefahr läuft nicht mehr neutral, d.h. ohne Eigeninteressen des Vermögensverwalters, beraten zu werden. Aus dem gleichen Grunde sollte der Vermögensverwalter ausschließlich durch den Kunden entlohnt werden und keine Provisionen von Dritten erhalten dürfen.

3.2 Auslandsinvestments

Direktinvestments im Ausland sind aus einer ganzen Reihe von Gründen sinnvoll. So kann man hierdurch nicht nur einen besseren **Diversifikationseffekt** erzielen. Möglich ist auch hier, die Chancen unterschiedlicher **Marktzyklen** durch geschicktes Kaufen und Verkaufen zwecks einer Renditesteigerung zu nutzen.

Dabei dürfen jedoch auch die **Nachteile** nicht vernachlässigt werden. Auch wenn die Entfernung von Frankfurt am Main nach Lissabon mit dem Flugzeug heute ebenso schnell überwunden werden kann, wie eine Autofahrt von Frankfurt nach Dresden dauert, stellt ein Auslandsinvestment den Anleger vor neue Probleme. Hier sind insbesondere zu nennen: Währungsrisiko, Steuerrisiken, geringe Markttransparenz, fehlende Marktmacht, Finden eines verlässlichen Partners vor Ort, rechtliche Durchsetzbarkeit von Ansprüchen, kulturelle Unterschiede, erhöhter persönlicher und monetärer Aufwand in der Investitions-, Management- und Desinvestitionsphase.

Die Frage, ob es für die Investoren erst ab einer bestimmten Investitionsgrößenordnung interessant ist, im Ausland zu investieren, ist pauschal nicht zu beantworten. Grundsätzlich ist nicht die Größenordnung des Investments entscheidend, sondern die Rentabilität. Das entscheidende Kriterium ist also, ob sich die im Ausland zu erzielenden Erträge auch nach dem Abzug der auslandsspezifischen zusätzlichen Kosten und unter Berücksichtigung der zusätzlichen Risiken noch interessant erscheinen. Zu diesen zusätzlichen Risiken zählt immer auch der Aspekt der fehlenden unmittelbaren Kontrolle der handelnden Personen sowie das Fehlen des eigenen Kontaktnetzwerkes. Im Immobilienbereich, wie in anderen Lebensbereichen, gilt die Maxime: „Das Auge des Herrn nährt das Vieh." Ist also der Investor oder sein Vermögensverwalter nicht selbst vor Ort, können ihm durch diverse Umstände erhebliche Teile der ansonsten zu erwartenden Rendite verloren gehen. Dies sollte in der Kalkulation berücksichtigt werden. Als Alternative bleiben die Investitionen in indirekte Immobilienanlageprodukte, wie Immobilienfonds oder Immobilienaktiengesellschaften.

3.3 Steuerliche Komponenten bei Immobilieninvestments

Auf den ersten Blick ist es immer wieder überraschend, dass auch im Investmentprozess vielfach sehr emotional gehandelt wird. Eine Komposition aus persönlichen Erfahrungen, Empfehlungen, Massentrends und Vorurteilen bestimmt das Anlegerverhalten auf breiter Front.

Hierzu zählt selbstverständlich, die „negative Erfahrung" des Steuerzahlens. Ist diese negative Erfahrung im Rahmen eines Investments für die Zukunft zu vermeiden, so ist aus der Sicht der Anleger schon viel gewonnen, andere Aspekte treten deshalb fälschlicherweise in den Hintergrund.

Jeder Berater muss deshalb dringend davor warnen, diesen Aspekt auf der Hitliste im oberen Bereich anzusiedeln. Die Steuerersparnis kann und soll ein Mehrwert sein, aber nicht der wesentliche Faktor. Ein Immobilieninvestment muss sich aus sich selbst heraus rechnen und nicht allein im Wege der Nachsteuerbetrachtung. Diesbezüglich sollten die vielen fehlgeschlagenen steuermotivierten Immobilieninvestments der 70er und 80er sowie die „Ostimmobilien" der 90er Jahre warnende Beispiele genug sein. Eine Ausnahme von dem vorgenannten Grundsatz sollte nur dort zugelassen werden, wo spezielle Erbschafts- und Schenkungssteuermodelle konzipiert werden und diese zum Beispiel ein Immobilieninvestment enthalten. Dabei sollte jedoch darauf geachtet werden, dass nach der Durchführung der Transaktion die „Rückgabe" der Immobilie oder deren anderweitige Verwertung möglich ist.

Die bei Immobilieninvestments zu beachtenden steuerlichen Komponenten sind in Teil 5 dieses Buches im einzelnen ausgeführt.

4. Fazit und Ausblick

Aktuell bestehen Chancen, mit selektiven Direktinvestments in Deutschland wieder gute Renditen zu erzielen. An diesem Zustand wird sich voraussichtlich die nächsten ein bis zwei Jahre nichts ändern. Ein an breiter Front stattfindender Verfall der Immobilienpreise ist in Deutschland, anders als in anderen Ländern, nicht zu befürchten. Demgegenüber ist in den prosperierenden Wirtschaftsregionen mittelfristig eher mit leichten Preisanstiegen zu rechnen.

Die Immobilienwirtschaft in Deutschland wird zunehmend professioneller und transparenter, was dem Vertrauen in die Branche, der immobilienwirtschaftlichen Stabilität und damit der Funktion der Immobilie als Anlagevehikel zugute kommen wird. Der Prozess, wonach Immobilien von einer mit mäßigem Erfolg verwalteten Anlage zu „performing assets" werden, hat begonnen und wird noch weiter andauern.

Die Komplexität von Immobilieninvestments wird vielfach unterschätzt. Es ist deshalb essentiell, dass die privaten Anleger sich entweder sehr gewissenhaft mit dieser Assetklasse auseinandersetzen oder sich entsprechend professionell beraten lassen.

Die offenen Immobilienfonds werden sich künftig immer mehr voneinander unterscheiden und zwar insbesondere hinsichtlich ihrer Strategien und des Risikos. Im Zuge dessen wird die Spreizung der Renditen zunehmen. Es wird deshalb für die Investoren in dieser Anlageklasse in Zukunft deutlich mehr auf eine gewissenhafte und gute Auswahl zwischen den Fonds ankommen als in der Vergangenheit.

Geschlossene Immobilienfonds haben bisher alle „Wirren" gut überstanden und es ist zu erwarten, dass sie sich auch künftig den Marktveränderungen sehr gut anpassen werden. Da es sich bei ihnen um Investments in eine bzw. einige wenige Immobilien handelt, deren Erfolg bzw. Misserfolg in der Regel erst nach vielen Jahren erkennbar ist, bleibt zu hoffen, dass sich die Anleger künftig noch mehr als bisher vor dem Fondsbeitritt mit der Qualität der Immobilie und der sonstigen Rahmenbedingungen der Investition beschäftigen.

Die Immobilienaktiengesellschaften werden ihre Marktposition in Deutschland gegenüber der Konkurrenz bestehend aus offenen und geschlossenen Immobilienfonds voraussichtlich nur dann verbessern können, wenn die REITs auch in Deutschland eingeführt werden. Damit bleibt derzeit fraglich, ob sie für breite Anlegerkreise eine ernsthafte Investmentalternative werden. Für die selektive Vorgehensweise bleiben die am Markt operierenden Gesellschaften jedoch interessant.

Derzeit gibt es am Markt erst wenige Vermögensverwalter, die einen umfassenden und guten Immobilienservice für ihre Mandanten anbieten. Aufgrund der bestehenden und der voraussichtlich noch zunehmenden Nachfrage, ist mit einer Zunahme von Immobiliendienstleistern im Vermögensverwaltungsbereich zu rechnen.

Die Internationalisierung von Immobilieninvestitionen wird in erster Linie im Bereich der indirekten Immobilienanlage stattfinden. Direkt gehaltene Immobilien werden aus guten Gründen, zumindest bis zu einer bestimmten Portfoliogröße, im heimischen Markt eingekauft.

Noch haben Immobilien als Assetklasse in steuerlicher Hinsicht einige Vorteile gegenüber anderen Assetklassen. Grundsätzlich ist zwar mit einem Abbau der Vorteile, aber nicht mit deren vollständigen Beseitigung zu rechnen.

Die Immobilie hat in einem Multi-Asset-Portfolio heute und auch in Zukunft einen festen Platz und es ist eine wesentliche Aufgabe des Vermögensmanagements, direkte und indirekte Immobilieninvestments in das umfassende Betreuungskonzept optimal zu integrieren. Die Bedeutung der indirekten Immobilienanlagen wird dabei weiter zunehmen.

XII. Wohnungsgesellschaften

Übersicht

1. Wohnungsmarkt

Neben Geldvermögen sind Wohnungen der bedeutendste Vermögenswert in Deutschland. Wohngebäude machen rund die Hälfte des gesamten Immobilienvermögens in Deutschland von etwa 5,6 bis 6,2 Billionen € aus[1]. Der durchschnittliche Wert einer Wohneinheit beträgt bei knapp 40 Mio. Wohneinheiten in Deutschland rund 75 Tsd. €. Wenn überwiegend ökonomische Mechanismen das Angebot und die Nachfrage nach einem Gut bestimmen, entstehen Märkte. Die Wohnungspolitik der letzten Jahrzehnte nach dem zweiten Weltkrieg kann hingegen als Epoche staatlicher Subventionen bezeichnet werden. Erst mit dem Wegfall der Gemeinnützigkeit Ende der 80er Jahre und der sukzessiven Verlagerung bundes- und landespolitischer Verantwortlichkeiten der Wohnungspolitik auf die Kommunen kann wieder von einem Markt gesprochen werden; dies gilt mehr für den Kauf- denn für den Mietermarkt.

1.1 Wohnungsnachfrage

Seit der Entspannung der Wohnungsnachfrage in den letzten Jahren sind jedoch die Wirkzusammenhänge von Preis und Nachfrage auch in der Wohnungsvermietung erkennbar. Gleichwohl wird die aktuelle Diskussion um die Zukunft der Wohnungsmärkte in Deutschland durchaus kontrovers geführt. Viele Fachleute sagen als Folge der demographischen Entwicklung einen regional differenzierten Werteverfall bei Wohnimmobilien voraus. Andere sehen dadurch, dass der Wohnungsbau und hier insbesondere der Mietwohnungsbau bundesweit deutlich nachgelassen hat, die Gefahr steigender Mieten.

1.1.1 Überregionale Bestimmungsfaktoren

Vor allem durch Wanderbewegungen in der Bevölkerung gibt es auf der Betrachtungsebene der 440 Kreise und kreisfreien Städte in Deutschland tatsächlich Gewinner und Verlierer. Dies ist zusammengefasst das Ergebnis verschiedener Studien zur Zukunftsfähigkeit des deutschen Wohnungsmarktes[2]. Insbesondere die Studie

---

[1] Vgl. Bulwien AG sowie Eigenrecherchen.

[2] Beispielhaft: InWIS Institut für Wohnungswesen, Immobilienwirtschaft, Stadt- und Regionalentwicklung GmbH, GEWOS Institut für Stadt-, Regional- und Wohnforschung GmbH, Eduard Pestel Institut für Systemforschung e.V. oder empirica Gesellschaft für Kommunikations- und Technologieforschung mbH.

des Berlin-Instituts für Weltbevölkerung und globale Entwicklung zur demographischen Zukunft Deutschlands fand in den letzten Monaten auch in der Publikumspresse viel Beachtung[3]. Generalisierend kommt die Forschung unter Einbeziehung demographischer, ökonomischer und infrastruktureller Aspekte zu dem Schluss, dass der Süden und Südwesten gewinnt und der Osten und Teile des Ruhrgebietes verliert. Hinsichtlich der Demografie wird dabei herausgestellt, dass seit Anfang der 70er Jahre die Kindergeneration in Deutschland um rund ein Drittel kleiner als die ihrer Eltern ist. Würde man diese Entwicklung extrapolieren, wäre das Ende der Nachfrage zumindest rechnerisch absehbar.

Dass dieser Rückgang bislang wohnungswirtschaftlich zu verkraften war, hängt zum einen mit der Lebenserwartung zusammen; sie ist allein im vergangenen Jahrhundert um 31 Jahre gestiegen. Zum anderen leben in Deutschland mittlerweile rund 12 Mio. Menschen mit migrantem Hintergrund. Diese und ältere Bewohner füllen bislang noch die demographischen Lücken.

Allerdings sagen die Prognosen des Statistischen Bundesamtes bis zum Jahre 2050 einen Schwund von rund 10 Mio. Menschen voraus, und zwar unter der Annahme, dass die Lebenserwartung weiter steigt und netto jährlich rund 200.000 Personen einwandern. Bei einer auf jährlich 100.000 reduzierten Netto-Einwanderung würde die Bevölkerung bereits um 16 Mio. zurückgehen.

Weitere Bestimmungsfaktoren der Wohnungsnachfrage sind neben der Bevölkerungsentwicklung der Flächenbedarf der Wohnbevölkerung. Wesentlicher Einflussfaktor für den Flächenbedarf ist das Realeinkommen der Bevölkerung, das in den vergangenen 10 Jahren nur noch geringfügig anstieg. Seit 2001 verringert sich das Realeinkommen sogar[4]. Preissteigerungen sowie Steuern oder Abgaben kompensieren die individuell und tariflich ausgehandelten Lohn- und Gehaltssteigerungen. Die Folge ist ein stagnierender privater Konsum, der sich auch auf die Ausgaben für Wohnraum niederschlägt. Dementsprechend ist die Neigung, Ausgaben für Wohnraum über einen weiteren Flächenverbrauch zu erhöhen, eher gering. Von einer Zunahme des Flächenverbrauchs als Kompensat für den Bevölkerungsschwund ist somit nicht auszugehen.

Abb. 1:

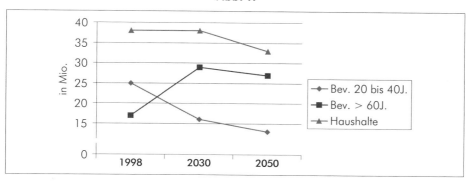

Quelle: Mikrozensus, Birg

---

[3] Vgl. www.berlin-institut.org.
[4] Vgl. verschiedene Veröffentlichungen des ifo – Institut für Wirtschaftsforschung.

Abschließend ist die Haushaltsgröße als nachfragebeeinflussend zu reflektieren. Diese liegt aktuell durchschnittlich bei rund 2,1 Bewohnern je Haushalt[5]. Sie ist in Kommunen mit über 100.000 Einwohnern mit durchschnittlich rund 1,9 wesentlich geringer als in Kommunen mit weniger als 5.000 Einwohnern mit 2,4. Eine zunehmende Konzentration der Bevölkerung auf städtische Verdichtungszentren in Verbindung mit Vereinzelungstendenzen in den Haushalten wird die durchschnittliche Haushaltsgröße auf heute bereits großstädtische Größenordung schrumpfen lassen. Städte wie Freiburg im Breisgrau mit einem überdurchschnittlich hohen Anteil alleinstehend älterer und studentischer Bevölkerung markiert mit knapp über 1,7 Bewohnern je Haushalt paraktisch eine natürliche Untergrenze. In den kommenden fünf bis zehn Jahren dürfte dadurch bundesweit der Demografieeffekt zumindest kompensiert werden. Dennoch wird eine weitere Verknappung der Nachfrage regional differenziert spürbar.

1.1.2 Regionale Bestimmungsfaktoren

Werden weiterhin die urbanen Verdichtungsräume Deutschland miteinander verglichen, ist festzustellen, dass es die Bevölkerung zieht primär dort hinzieht, wo es Arbeit gibt. So erklärt sich die starke Binnenwanderung innerhalb Deutschlands, die in den letzten Jahren stattgefunden hat und weiter stattfinden wird.

Abb. 2:

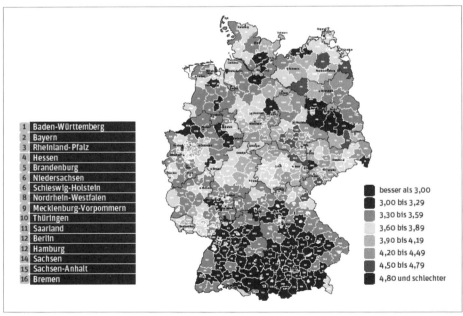

Quelle: Berlin-Institut

---

[5] Vgl. statistisches Bundesamt.

Für ein wohnungswirtschaftliches Investment ist diese Aussage jedoch nicht abschließend. Selbst wenn beispielsweise eine Kommune in den nächsten zehn Jahren 10 % ihrer Bewohner verlieren sollte, wird sie dadurch nicht komplett entvölkert. Auch innerhalb einer Kommune stellt sich die Nachfrage differenziert dar. Eine Stadt wie Essen beispielsweise besteht aus rund 50 wohnungswirtschaftlich mehr oder weniger homogenen Stadtteilen. Diese Stadtteilsicht ist ein Spiegelbild Deutschlands, des jeweiligen Bundeslandes oder wie im Fall der Stadt Essen, des Ruhrgebietes – es gibt wiederum Gewinner und Verlierer.

Eine mögliche Antwort auf die Frage, wie auf kleinräumig-kommunaler Ebene die Gewinner- und Verliererstadtteile, -bezirke oder -quartiere zu erkennen sind, führt zu milieuspezifischen Wohnbedürfnissen und somit zu einer Pluralisierung von Lebensstilen[6]. Die Wohnungswirtschaft hat die zunehmende Differenzierung der Nachfrage dahingehend kommentiert, dass sie ihr Angebot auf marktfähige Gruppen ausrichten müsse. Pluralisierung bedeutet, dass sich die üblicherweise geschichteten, sozialen Großgruppen auflösen, denen sich die Bevölkerung bislang zugehörig fühlte.

Stattdessen orientiert sich die Wohnungswirtschaft zunehmend an Milieus, die sich nach ihrer Alltagskultur, Lebensweise, nach Politikstilen und Werthaltung deutlich unterscheiden. Dabei beobachtet man die stärkste Schrumpfung im kleinbürgerlichen und traditionellen Arbeitermilieu, das mit traditionellen Werten wie Pflichterfüllung, Verlässlichkeit, Ordnung, Sauberkeit und Unauffälligkeit in Verbindung zu bringen ist. Ebenso wie Wachstums- bilden sich Schrumpfungsprozesse in kommunalen Verdichtungsräumen nicht linear, sondern punktuell ab.

Abb. 3:

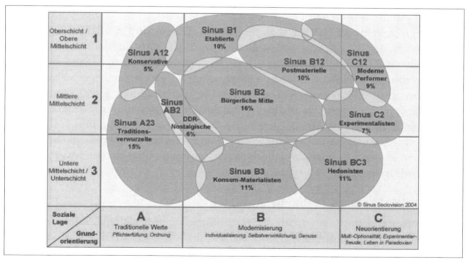

Quelle: sinus-sociovision

---

[6] Vgl. hierzu die Sinus-Milieus des Sozialforschungsinstituts Sociovision.

Zusammenfassend ist festzuhalten, dass sich auch in vergleichsweise nachfragestabilen Städten wie Frankfurt, Hamburg, Düsseldorf oder Köln kleinsträumig regionale Problemzonen abzeichnen. Insbesondere unauffällige Stadtteile mit einem hohen Anteil schrumpfender Milieus und ohne Alleinstellungsmerkmal sind vielfach die Verlierer im interkommunalen Wettbewerb; sie üben aus sich selbst heraus keinen Anziehungseffekt aus. Kommunen werden sich daher im Rahmen ihrer Entwicklung wohnungswirtschaftlich abgestimmter, marktfundierter Strategien für kleinräumige, interkommunale Regionen nicht entziehen können. Es macht somit keinen Sinn, stadträumlich flächendeckend kindergerechtes, urbanes oder sozialdurchmischtes Wohnen zu propagieren. Die Nachhaltigkeit wohnungswirtschaftlicher Investitionen erfordert Städte mit einem „Gesicht", d.h. einem Zielgruppenfokus, der Kannibalisierungseffekte zwischen einzelnen Milieu- beziehungsweise Investorengruppierungen minimiert.

Die leerstandsgefährdeten Wohnungsbestände in den Städten sind primär Schlichtbauten aus den 50er bis 60er Jahren und Wohnbauten entlang der verkehrsimmissionsbelasteten Durchgangsstraßen. Sonderthemen sind in Westdeutschland die hoch verdichteten Wohnbausiedlungen mit ihren Multiproblemfamilien aus migranten oder traditionslosen Arbeitermilieus, deren Durchsetzungskraft auf dem freien Wohnungsmarkt auch bei insgesamt entspannter Nachfragesituation extrem schwierig ist. Ein wirtschaftlich brisantes Sonderthema in den neuen Bundesländern sind renovierte Plattenbauten, die im Vermietungswettbewerb sowohl von den Beständen der revitalisierten Kernstädte als auch von weitgehend unsanierten oder einfach Platten angegriffen werden.

1.2 Wohnungsangebot

Bei einer durchschnittlichen Haushaltsgröße von rund 2,1 zählt der gesamtdeutsche Wohnungsmarkt rund 37 Mio. Wohneinheiten[7]. Davon sind rund 15 Mio. Wohneinheiten in der Hand von Selbstnutzern und 13 Mio. in der Hand privater Kleinanbieter. Es verbleiben knapp 9 Mio. Wohneinheiten in der Hand institutionell-gewerblicher Anbieter. Die im europäischen Vergleich niedrige Selbstnutzerquote von rund 43 % relativiert sich unter Berücksichtigung der in Deutschland vergleichsweise niedrigen Haushaltsgrößen, des hohen Bevölkerungsanteils in städtischen Agglomarationsräumen[8] gegenüber ländlichen Räumen und hohen Anfangsinvestitionen, insbesondere im Neubaubereich. Ein Wachstum der Selbstnutzerquote ist in den kommenden Jahren im Wesentlichen über den preiswerten „Gebrauchtwohnungsmarkt" zu erwarten.

1.2.1 Institutionell-gewerbliche Anbieter

Die wichtigste Gruppe innerhalb der institutionell-gewerblichenAnbieter sind mit rund 3,4 Mio. Wohneinheiten Gebietskörperschaften, hiervon alleine Kommunen

---

[7] Vgl. Wohnungsmarktanalysen der innova-Gesellschaft für Unternehmensentwicklung mbH sowie InWIS Institut für Wohnungswesen, Immobilienwirtschaft, Stadt- und Regionalentwicklung GmbH.

[8] Beispielsweise die Rhein-Main Regionen, das Ruhrgebiet, München, Hamburg, Stuttgart oder Berlin.

mit 2,7 Mio. Wohneinheiten. Die zweitgrößte Gruppe bilden Genossenschaften mit rund 1,7 Mio. Wohneinheiten, gefolgt von Industrieunternehmen, deren Kerngeschäft nicht die Wohnungswirtschaft ist, mit 1,1 Mio. Wohneinheiten. Ein weiteres namhaftes Volumen von rd. 1,6 Mio. Wohneinheiten ist verschiedenen Anbietergruppen zuzuordnen, zu denen auch gemeinnützig-karitativ oder konfessionelle sowie professionelle Private zu rechnen sind.

Abb. 4:

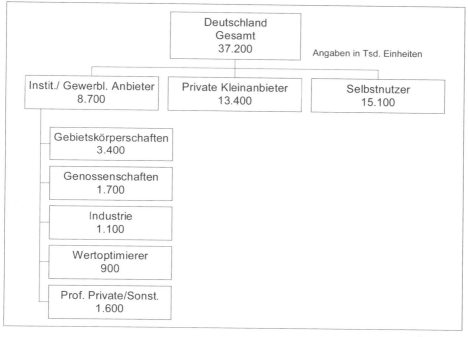

Quelle: innova

Erst seit wenigen Jahren, jedoch mit erheblichem Mengenzuwachs treten sogenannte Wertoptimierer als Wohnungsanbieter auf, die inzwischen einen Bestand von rund 0,9 Mio. Wohneinheiten besitzen dürften. Dies sind Unternehmen, deren Strategie unter Kapitalmarktgesichtspunkten primär darauf abzielt, stille Reserven in den zugekauften Beständen zu identifizieren und zu realisieren. Inländische Vertreter dieser Gruppe sind beispielsweise die Firmen Viterra und Deutsche Wohnen. Als Käufer derzeit besonders präsent sind zudem angloamerikanische „Kapitalsammelstellen" wie Terra Firma, Fortress oder Cerberus.

1.2.2 Transaktionsmengen

Insbesondere Gebietskörperschaften und Industrieunternehmen sind dabei, ihre Engagements in Wohnungsbestände in Frage zu stellen. Der Grund hierfür sind wirtschaftlicher Druck sowie die Unverträglichkeit der Wohnungswirtschaft zur Gesamtstrategie der Eigentümer. Sie argumentieren vielfach mit einem Wegfall des

Versorgungsauftrages, der darin bestand, breite Schichten der Bevölkerung mit preiswertem Wohnraum zu versorgen.

Fachleute gehen davon aus, dass allein in Westdeutschland[9] in der laufenden Dekade über 1 Mio. Wohneinheiten in Form von Großbeständen größer 500 Wohneinheiten oder Unternehmensverkäufen den Eigentümer wechseln werden. Es findet also eine Umschichtung der Bestände insbesondere von den Gebietskörperschaften und der Industrie zu den Wertoptimierern statt. Entsprechend deren Strategie werden diese Bestände vielfach weiter strukturiert, um sie als Fonds- oder Privatisierungsprodukt weitervermarkten zu können. Letzteres bedeutet eine weitere Umschichtung der Bestände von den Wertoptimierern in den Bereich privater Kleinanbieter, Selbstnutzer und Kapitalanleger. Nach Recherchen der Deutsche Wohnen AG differenziert sich bei einer Privatisierung das Weiterveräußerungsverhältnis in etwa 80% Selbstnutzer (davon rd. die Hälfte Mieter) und 20% Kapitalanleger als private Kleinanbieter im regionalen Umfeld des Wohnungsangebotes.

2. Portfoliomanagement

Vor dem Hintergrund der oben skizzierten Wohnungsnachfrage verstärkt sich die Wettbewerbsintensität und damit der Druck auf Wohnungsunternehmen, strategieorientierte Systeme des Immobilienmanagements zu entwickeln und einzusetzen. Wohnungen sind nicht mehr nur Mittel zum Zweck, breite Schichten der Bevölkerung mit preiswertem Wohnraum zu versorgen. Wohnungen sind andererseits auch nicht mehr Anlagegüter, die ihren Wert bei vernünftiger Bewirtschaftung allein durch die Haltedauer erhöhen.

Die Differenziertheit des Wohnungsmarktes erfordert ebenso differenzierte Sichtweisen und Instrumente zur Sicherung einer nachhaltigen Wertentwicklung oder zumindest -stabilisierung. Portfoliomanagement ist ein Hilfsmittel der Unternehmensanalyse und der strategischen Unternehmensplanung. Es ermöglicht den Wohnungsunternehmen die systematische Analyse, Planung und Kontrolle der Zusammensetzung ihres Bestandes an Grundstücken und Gebäuden[10]. Portfoliomanagement ist darauf fokussiert, die „Performance" des Portfolios durch strukturelle Maßnahmen zu verbessern, während das Bestandsmanagement eher von der statischen Nutzungssituation ausgeht[11].

Bei Ausprägung der Instrumente des Portfoliomanagements ist zwischen der Analyse und dem Management einzelner Objekte[12] oder dem Gesamtportfolio als übergreifende Analyse- und Managementebene zu unterscheiden. Bei einer Vielzahl von Objekten[13] an unterschiedlichen Standorten mit jeweils mehreren Handlung-

---

[9] Eine valide Prognose für die neuen Bundesländer aus Gründen der wirtschaftlichen Gesamtsituation nicht möglich.

[10] Vgl. *Bone-Winkel,* Immobilienportfoliomanagement, in: Handbuch Immobilieninvestition.

[11] Eine der gebräuchlichsten Performace-Kennzahlen ist der Total-Return; vgl. DID – Deutsche Immobilien Datenbank.

[12] Objekte als Synonym für Wirtschaft-/Verwaltungseinheiten, Liegenschaften, Gebäude oder Gebäudekomplexe.

[13] Das Portfolio Deutsche Wohnen AG besteht mit rund 23 Tsd. Wohneinheiten aus rund 1.500 Objekten.

optionen (liegen lassen, zukaufen oder veräußern, partielle oder umfassende Investitionen) haben Wohnungsunternehmen ein Komplexitätsproblem. Dieses besteht darin, alle strategischen, also für Investitions- und Desinvestitionsentscheidungen relevanten Informationen der Standorte und Objekte in einen Entscheidungszusammenhang zu stellen.

2.1 Portfolio-Gesamtanalyse

Vor der einzelwirtschaftlichen Entscheidung, Planung oder Bewertung stellt sich zunächst die Frage nach einer übergreifenden Portfolioanalyse oder besser -segmentierung, die in der Regel in fünf Stufen abläuft[14]:

1. Schritt: Bildung und Abgrenzung strategischer Objekte.

2. Schritt: Beurteilung der Attraktivität der Segmente des Immobilienmarktes, in dem die Objekte positioniert sind.

3. Schritt: Beurteilung der Wettbewerbsposition jeder strategischen Geschäftseinheit.

4. Schritt: Analyse des Ist-Portfolios.

5. Schritt: Suche nach Strategien zur Erreichung des Soll-Portfolios.

Durch diese Segmentierung werden verschiedene Handlungsoptionen ausgeschlossen oder zumindest eingeschränkt, so dass die einzelwirtschaftliche Betrachtung fokussiert erfolgen kann. Eine Portfoliosegmentierung kann die Komplexität eines Wohnimmobilienportfolios nicht beseitigen, sie dient jedoch dazu, die Komplexität anschaulich werden zu lassen.

Jedem Objekt wird über bewertete standort- und objektbezogenen Merkmale seine Position in der Matrix zugeordnet. Zusätzlich kann jedem Objekt mittels eines Indikators (Größe oder Farbe) eine weitere strategische relevante Information (Mietumsatzerlöse oder Rentabilität) zugeordnet werden. Damit entsteht eine mehrdimensionale Visualisierung des Portfolios.

Aufbauend auf einer Ausprägung von vier Grundsegmenten sind erste Handlungsoptionen ableitbar. Dabei gilt je nach unternehmensstrategischer Zielsetzung für das Segment I mit überdurchschnittlichen Standort- und Objekteigenschaften oder dementsprechend geringen Standort- und Objektrisiken die Kernbotschaft wert- und ertragsoptimal Halten oder Privatisieren. Demgegenüber sind im Segment III diejenigen Objekte mit der Kernbotschaft Privatisieren identifiziert, deren Zukunft kritisch zu sehen ist. Der zweifelhafte Erfolg unreflektierter Investitionen ohne hinreichenden Standortbezug ist im Segment IV erkennbar. Hingegen werden die Standortpotenziale aus Segment II durch die unterdurchschnittlichen Objekteigenschaften nicht hinreichend ausgeschöpft. Eine Investition verspricht in diesen Objekten wirtschaftlichen Erfolg.

---

[14] In Anlehnung an: *Neubauer*, Portfoliomanagement: Erfolgspotentiale vor Planungsritualen.

Abb. 5:

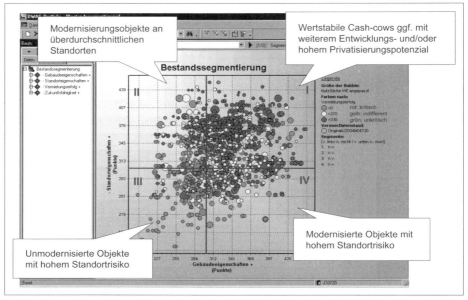

Quelle: innosys-Portfoliomanagementsystem

Die Fragestellung, denen eine Segmentierung folgt, richtet sich dabei nach der marktstrategischen Positionierung des Portfolios. Ein auf Dauer angelegter Bestand, der seinen Wert im wesentlichen aus Miet- und Umschichtungserträgen generiert, ist selbstverständlich anders zu differenzieren, als Immobilienbestände, die sukzessive innerhalb überschaubarer Zeiträume liquidiert werden sollen. Im allgemeinen erfolgt im wohnungswirtschaftlichen Kontext eine Segmentierung nach folgenden Fragestellungen.

– Mikro- und Makrostandorteigenschaften und/oder Risiken
– Objekteigenschaften und/oder Risiken sowie
– Marktwertrentabilität (fair value in relation zu Bewirtschaftungsüberschüssen)

2.1.1 Punktwertverfahren

Abgeleitet aus der Vorgehensweise bei Erwerbs-/Veräußerungstransaktionen institutioneller Wohnimmobilienportfolios haben sich zur Portfoliosegmentierung sogenannte heuristische Ansätze etabliert[15]. In der Regel bestehen diese aus mehrdimensionalen Punktwertverfahren, die finanzwirtschaftlichen beziehungsweise kapitalmarkttheoretischen Überlegungen entlehnt sind[16].

---

[15] Heuristik: methodischen Gewinnung neuer Erkenntnisse mit Hilfe der Erfahrung.
[16] Vgl. Portfolio Selection nach *Markowitz*.

Abb. 6:

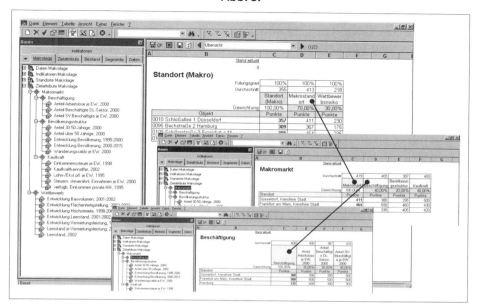

Quelle: innosys-Portfoliomanagementsystem

Der amerikanische Beratungsmarkt hat diesen Ansatz insbesondere für industriebe-trieblichte Produkte weiterentwickelt[17]. Aus beiden Richtungen entwickelte sich eine zweidimensionale Matrix, deren Achsen eine portfoliostrategisch-zweckbezogene Bedeutung hat. In Regel bewegen sich diese Produkt-/Marktbeziehungen in dem Kontext Risiko- und Rendite beziehungsweise (relativer) Marktanteil und Marktattraktivität.

Diese Beziehungsgeflechte lassen sich jedoch nur bedingt auf die Wohnimmobilienwirtschaft übertragen. Der relative Marktanteil beispielsweise findet seine Begründung in der Lernkurventheorie[18], die in der Wohnungswirtschaft nur eine untergeordnete Rolle spielt. Ebenso ist die wohnungswirtschaftliche Aussagekraft der Einflußgröße Risiko in der kapitalmarkttheoretischen Interpretation als Volatilität nicht sonderlich hoch.

In der Praxis erfolgt die wohnungswirtschaftliche Portfoliosegmentierung in der Regel zwischen gebäudebezogenen und standortbezogenen Merkmalen beziehungsweise Risiken. Jedoch sind auch andere oder für nachgelagerte Segmentierungsstufen zusätzliche Achsausprägungen denkbar. Diese Vorgehensweise setzt jedoch ein datenbankgestütztes DV-System voraus[19].

---

[17] Vgl. beispielhaft Boston Consulting Group (BCG-Matrix).

[18] In der betrieblichen Ökonomie wird die Lernkurve verwendet, um Produktivitäts- oder Qualitätssteigerungen gegenüber Mitbewerbern durch Erfahrungsvorsprung zu erklären.

[19] Vgl. beispielhaft das Portfoliomanagementsystem innosys.

2.1.2 Datenbasis

Grundlage hierfür sind betriebs- und finanzwirtschaftlich sowie gebäude- und standortbezogen vorstrukturierte Grunddaten. Diese Ausgangsinformationen werden entsprechend ihrer Aussagerelevanz gewichtet und zu Aussagekomplexen wie beispielsweise dem Standort- oder Objektrisiko zusammengefasst. Dabei hat der Standort für regional fokussierte Wohnungsunternehmen sicher eine andere Bedeutung als für bundesweit gestreute Bestände und ist hinsichtlich der standortbezogenen Ausgangsinformationen dementsprechend anders zu definieren.

Die Gewichtung der Ausgangsinformation zu ihrer jeweiligen Fragestellung ist in der Regel erfahrungsbasiert und wird in Gruppengesprächen kritisch hinterfragt[20]. Da qualitativen Einschätzungen vielfach ein Misstrauen, zumindest jedoch ein Unbehagen entgegengebracht wird, sind hier verschiedene Verifizierungsschritte zu empfehlen. Durch Variation einzelner Punktwerte oder Daten lässt sich die Sensitivität und Stabilität der Bewertung prüfen. Besonders ergebnissensitive Faktoren kann man sich beispielweise kontemplativ, d.h. aus verschiedenen Richtungen nähern. Hierbei wird die jeweilige Einschätzung bzw. das Wissen zum gleichen Einflussfaktor unabhängig von verschiedenen unternehmensinternen und -externen „Experten" eingeholt und verglichen.

Es muß jedoch davon abgeraten werden, das Portfoliomanagement mit einer Bestandsaufnahme zu beginnen. Vielfach gipfelt diese in dem Versuch, „auf Knopfdruck" Antworten auf alle möglichen und unmöglichen strategischen Fragen zur Portfolioentwicklung bereitstellen zu können. Das Jäger- und Sammlerverfahren ist zeitaufwendig und kostspielig. Die in der Wohnungswirtschaft nach wie vor verbreitete Ansatz einer „systemgestützten", Instandhaltungsplanung anhand detailliertester Objekt- und Wohnungsdatenkataloge belegt die nach wie vor bestehende Unsicherheit hinsichtlich der Identifikation relevanter Werttreiber.

Es spricht einiges für eine zweckbezogene, jedoch vergleichsweise grobmaschige Datendetaillierung. Die Analyse- und Bewertungserfahrung zeigt, dass der Grenznutzen einer n-ten Zusatzinformation zum Objekt oder zum Standort in keinem angemessenen Verhältnis zum Erhebungs- und späteren Pflegeaufwand steht.

Während die betriebs- und finanzwirtschaftlich- sowie gebäudebezogenen Daten durch das Wohnungsunternehmen aus den jeweils gegebenen Informationssystemen autonom zu generieren sind, stehen valide Standortinformationen oft nicht in der erforderlichen Aussagequalität zur Verfügung. Insbesondere die Einschätzung von regionalen Bestimmungsfaktoren gehört (noch) nicht zum Tagesgeschäft der Wohnungswirtschaft. Deshalb empfiehlt sich hier durchaus der Zukauf externer Marktexpertisen.

---

[20] Die Delphimethode ist ein strukturierter Gruppenkommunikationsprozess unter Einbeziehung verschiedener interner und ggf. auch externer Fachinstanzen, in dessen Verlauf Sachverhalte, die naturgemäß als unsicheres und unvollständiges Wissen existieren, von den Teilnehmern beurteilt werden. Dementsprechend nutzt das Verfahren intuitiv vorliegende Informationen der Teilnehmer. Hierzu wird in der Regel ein zu bewertendes Kriterienraster vorgegeben.

2.2 Portfolio-Objektanalyse

Die Portfolio-Objektanalyse zielt darauf ab, qualitativ-strategische Einschätzung in ein quantitatives Modell umzusetzen. Hierzu ist in Deutschland nach wie vor die Wertermittlungsverordnung sehr verbreitet, auch wenn die fehlende Möglichkeit einer Dynamisierung von Einnahmen und Ausgaben als wesentliche Schwachstelle anerkannt ist. Der WertV geht es darum, einen Wert zu ermitteln, der im Zeitpunkt, auf die sich die Ermittlung bezieht, im gewöhnlichen Geschäftsverkehr nach den rechtlichen Gegebenheiten und tatsächlichen Eigenschaften der sonstigen Beschaffenheit und der Lage des Grundstücks ohne Rücksicht auf die ungewöhnlichen oder persönlichen Verhältnisse zu erzielen wäre.

Bereits seit Ende der 70er Jahre haben sich insbesondere im anglo-amerikanische Wirtschaftsraum zur Bewertung von Investments dynamische, finanzmathematische Methoden durchgesetzt. Sie werden eingesetzt, um entweder den Gebrauchswert oder bei Verwendung marktorientierter Parameter den Marktwert einer Immobilie zu berechnen. Begrifflich durchgesetzt hat sich hierfür Discounted Cash-Flow (DCF-)Methode.

2.2.1 Objektplanung und -bewertung

Der Ministerrat der Europäischen Union verabschiedete im Juni 2002 eine Verordnung, nach der alle börsennotierten Konzerne in der EU ab dem 1. Januar 2005 bei der Erstellung ihrer Jahresabschlüsse die sogenannten International Financial Reporting Standards (IFRS) zugrunde legen müssen. Ziel dieser Regelung ist die effiziente Steuerung und Vergleichbarkeit der europäischen Kapitalmärkte. Allein in Deutschland sind hiervon knapp 800 Gesellschaften betroffen, europaweit über 7.000 Unternehmen.

Um zum Immobilien-/Objektwert nach der IFRS zu gelangen[21], werden die erwarteten Einnahmen und Ausgaben, die während des zuvor festgelegten Berechnungszeitraumes anfallen, für jedes Jahr einzeln modelliert, auf den Bewertungsstichtag abdiskontiert und addiert[22].

Bei größeren Portfolien mit gegebenenfalls mehreren Hundert Objekten ist die DCF-Methode zur Einzelbewertung extrem aufwendig und teilweise intransparent. Bei den heute geringen Informations-Halbwertzeiten wird letztendlich nicht deutlich, welche Einflussfaktoren die Ermittlung der DCF-Werte tatsächlich bestimmt haben. Auf eine Wertgröße reduziert, suggeriert dieses Verfahren eine Genauigkeit, die ohne eine weitere Wertplausibilisierung nicht hinreichend stabil ist.

---

[21] Vgl. IAS 40.
[22] Bewertung nach dem „fair value"-Modell.

Abb. 7:

	Segmente			
	Í	II	III	IV
Veränderung Marktmiete p.a. (ohne Modanpass .)	1,0%	1,0%	-1,0%	-1,0%
Veränderung Leerstand p.a.	-0,05%	-0,05%	10,0%	5,0%
Veränderung Instandhaltungsaufwendungen p.a.	1,0%	2,5%	3,0%	1,5%
Veränderung sonstiger Aufwand p.a.	0,5%	1,5%	2,0%	3,0%
Veränderung Abschreibung auf Mietforderungen p.a.	0,5%	1,0%	2,0%	0,0%
Instandhaltungsaufwendungen p.a.€/m²	12	12	15	12
Verkaufspreisniveau gemäß Auswahlwerte	Obergrenze	Obergrenze	Mittelwert	Mittelwert

Schon aus diesem Grund erfordert die Bewertung einzelner Objekte eine Bezugnahme auf die strategische Positionierung. Es ist unmittelbar Einsichtig, das beispielsweise der Verlauf der Mieterlöse bei unterdurchschnittlichen Objekt- und
Standorteigenschaften und damit überdurchschnittlichen Vermietungsrisiken kritischer zu sehen ist als umgekehrt. Insofern bietet es sich an, die planungsrelevanten
Parameter wie Mietpreis- und Leerstandsentwicklung, die Entwicklung von In-
standhaltungsausgaben und die Entwicklung der Betriebskostendeckung auf pla-
nungshomogene Segmente zu beziehen. Ausgehend von „normalisierten" und damit von Sondereinflussgrößen der Ausgangsperiode bereinigten Istwerten gelten für
jedes Objekt des entsprechenden Segmentes die gleichen Planungsansätze. Dies entspricht der Forderung nach einer Einzelbewertung[23].

2.2.2 Bewertungsparameter

Neben der Modellierung der Einnahmen und Ausgaben im Zeitablauf fließen in
das DCF-gestützte Bewertungsmodell der Diskontierungszins und der Restwert einer Immobilie ein. Im Diskontierungszins spiegeln sich sowohl Opportunitäts- als
auch Risikoaspekte wider. Da die Bewertung ausgesprochen sensitiv auf die Variation des Diskontierungszinses reagiert, ist hierauf besonders Bezug zu nehmen. Die
Bewertungspraxis empfiehlt, den Diskontierungszins an einer von Investoren geforderten Marktrendite, aus dem Zinssatz für eine risikofreie Anlage sowie einem Zu-
schlag für das liegenschafts- und unternehmensspezifische Risiko, zusammenzuset-
zen. Weiterhin ist die Volatilität der Immobilienwerte, ausgedrückt in dem sogenannten Beta-Faktor, zu berücksichtigen. Dieser demonstriert die Volatilität einer
Immobilie oder eines Portfolios im Verhältnis zum Gesamtmarkt. Aus diesen Faktoren zusammengesetzt liegt der Diskontierungszins bspw. für Wohnungsportfolios bei
4% bis 5%.

---

[23] In der Bewertungspraxis zur IFRS wird hier von einer „clusterung" gesprochen.

Abb. 8:

Werte in € (Beispielwerte)	Jahr 2004	Jahr 2005	Jahr 2006	Jahr 2007	Jahr 2008	Jahr 2009	Jahr 2010	Jahr 2011	Jahr 2012	Jahr 2013
Entwicklung WE (Anfangsbestand)	1.000	1.000	1.000	1.000	1.000	1.000	1.000	1.000	1.000	1.000
Mietfläche [m²] (Anfangsbestand)	53.850,00	53.850,00	53.850,00	53.850,00	53.850,00	53.850,00	53.850,00	53.850,00	53.850,00	53.850,00
Jahresnetto-SOLL-miete	2.649.420	2.714.040	2.778.660	2.778.660	2.778.660	2.778.660	2.649.420	2.649.420	2.649.420	2.649.420
Jahresnetto-SOLL-miete/m²	4,10	4,20	4,30	4,30	4,30	4,30	4,10	4,10	4,10	4,10
Leerstandsquote	10,00%	15,00%	10,00%	5,00%	5,00%	5,00%	5,00%	5,00%	5,00%	5,00%
Jahresnetto-IST-miete	2.384.478	2.306.934	2.500.794	2.639.727	2.639.727	2.639.727	2.516.949	2.516.949	2.516.949	2.516.949
Erlöse Hausbewirtschaftung	**2.384.478**	**2.306.934**	**2.500.794**	**2.639.727**	**2.639.727**	**2.639.727**	**2.516.949**	**2.516.949**	**2.516.949**	**2.516.949**
Verwaltungskosten	300.000	300.000	300.000	300.000	300.000	300.000	300.000	300.000	300.000	300.000
Mod./Inst. Bestand	376.950	376.950	376.950	376.950	376.950	376.950	376.950	376.950	376.950	376.950
Gesamtinstandhaltung [€/m²]	7,00	7,00	7,00	7,00	7,00	7,00	7,00	7,00	7,00	7,00
Aufwendungen Hausbewirtschaftung	**676.950**	**676.950**	**676.950**	**676.950**	**676.950**	**676.950**	**676.950**	**676.950**	**676.950**	**676.950**
Überschüsse Hausbewirtschaftung	**1.707.528**	**1.629.984**	**1.823.844**	**1.962.777**	**1.962.777**	**1.962.777**	**1.839.999**	**1.839.999**	**1.839.999**	**1.839.999**
Verkaufserlöse	0	0	0	0	0	0	0	0	0	0
Vertriebskosten	0	0	0	0	0	0	0	0	0	0
Überschüsse Verkaufstätigkeit	**0**	**0**	**0**	**0**	**0**	**0**	**0**	**0**	**0**	**0**
Cash Flow	1.707.528	1.629.984	1.823.844	1.962.777	1.962.777	1.962.777	1.839.999	1.839.999	1.839.999	1.839.999
Barwerte	1.674.369	1.536.857	1.653.501	1.711.017	1.645.208	1.581.931	1.425.939	1.371.095	1.318.361	1.267.654
Summe Barwerte Cash Flow	**34.080.639**									
Summe Barwerte/m²	633									

4% Diskontierungszins; Restwertfaktor 10

Quelle: Deutsche Wohnen AG

Den End- bzw. Restwert nach Ende eines bspw. 10-jährigen Betrachtungszeitraumes wird in der Regel über eine endliche oder ewige Rente, mithin über die Annahme kontinuierlicher Cash-Flows bestimmt, die grenzwertig gegen Null laufen. Dabei ist besonders bei gewerblichen, inzwischen jedoch auch bei wohnungswirtschaftlichen Portfolios im Zeitraster von rund 10 Jahren, ein regelmäßiges „Refurbishment" zu kalkulieren. Die Erfahrung zeigt, dass diese zunehmend auch in der Wohnungswirtschaft weniger mit Substanzerhaltung, sondern mit einer Markt-/Nachfrageanpassung zu argumentieren ist.

Würde man zwei vor zehn Jahren erstellte Wertgutachten (eines mit dem deutschen Ertragswertverfahren und eines mit der DCF-Methode) über ein Wohnobjekt in einer deutschen Großstadt heute vergleichen, so könnte man wahrscheinlich feststellen, dass man sich mit der DCF-Methode genauer geirrt hat. Es kommt somit in der Tat darauf an, subjektive Einschätzungen nachvollziehbaren Kalkülen entgegen zu stellen.

3. Risikomanagement

Seit Inkrafttreten des Gesetzes zur Kontrolle und Transparenz im Unternehmensbereich (KonTraG) im Jahr 1998 gibt es umfangreiche Erfahrungen mit der Risikoanalyse sowie mit der Einführung von Risikomanagementsystemen in der Wohnungs- und Immobilienwirtschaft[24]. Es hat sich hier gezeigt, dass viele Unternehmen die Pflicht zum Risikomanagement mit einer wertorientierten Unternehmensführung verbinden[25]. International finden sich ähnliche rechtliche Anforderungen beispielsweise im Sarbanes-Oxley Act, einer Rechnungslegungsvorschrift für Unternehmen, die an US-Börsen gelistet sind. Risikomanagement ist eine Komponente des im Sarbanes-Oxley Act geforderten Internen Kontrollsystems.

Die Modifizierungen, die das Handelsgesetzbuch und das Aktiengesetz durch das KonTraG erfahren hat, lassen sich in folgenden Punkten zusammenfassen:

- Verpflichtung zur Einführung eines Risikomanagementsystems
- Beurteilung des Risikomanagementsystems durch den Abschlussprüfer
- Erweiterung des Unternehmenslageberichts um die Würdigung künftiger Risiken
- Beurteilung der Unternehmenslage durch den Abschlussprüfer
- Erweiterung der Haftung von Vorstand, Aufsichtsrat und Abschlussprüfer.

3.1 Risikoidentifikation

Die Risikoidentifikation stellt den ersten Schritt eines Risikomanagements dar. Dieser Phase obliegt die systematische Identifikation aller auf das Unternehmen einwirkenden Risiken – insbesondere der bestandsgefährdenden Risiken. Als Orientierungsrahmen dienen dafür die im KonTraG genannten Risikokategorien[26]:

---

[24] Vgl. Geschäftsberichte deutscher Wohnungsunternehmen.

[25] Nach dem KonTraG sind Aktiengesellschaftenin Deutschland gesetzlich zum Risikomanagement verpflichtet, um den Erhalt des eigenen Unternehmens sicherzustellen.

[26] Bisweilen wird lediglich in interne Risiken der Leistungserstellung oder externe Risiken des Marktes einschl. rechtlich-politischer Rahmenbedingungen unterschieden.

- Markt- oder Geschäftsrisiken,
- Finanz-(markt)risiken,
- rechtliche und politische Risiken,
- sowie Leistungsrisiken aus der allgemein betrieblichen bzw. wohnungswirtschaftlichen Leistungskette.

Wichtiger Aspekt der Risikoidentifikation ist ein strategischer Bezug. Dieser sollte systematisch aufzeigen, welche Risiken die Erreichung der maßgeblichen strategischen Ziele gefährden. Für eine börsennotierte Kapitalgesellschaft[27] hat beispielsweise die Ausschüttung einer nachhaltig attraktiven Dividende unter Berücksichtigung einer ausbalancierten Passivseite der Bilanz einen hohen strategischen Stellenwert.

Risikoidentifikationen ohne Bezug zur Unternehmensstrategie laufen Gefahr, von den wesentlichen Risiken abzulenken. Bestandsgefährdungen werden in der Regel durch ein Scheitern der Unternehmensstrategie in zentralen Punkten verursacht, beispielsweise durch das nicht rechtzeitige Erkennen von Marktentwicklungen oder durch das Eingehen von Risiken in einem Umfang, der nicht durch verfügbare Liquidität als Risikopuffer abgefangen werden kann.

Weiterhin werden diejenigen Risikofelder identifiziert, bei denen neben der Bestandsgefährdung bestimmte Umfeldsituationen (z.B. Marktbedingungen) immer wieder ähnliche Risikoprofile aufweisen. Beispielsweise ist zu erwarten, dass sich bei einem Wohnungsunternehmen erhebliche Risiken im Bereich der Refinanzierung von Modernisierungsmaßnahmen verbergen. Daher sollte das jeweils vermietungsmarktliche Umfeld intensiver durchleuchtet werden als andere Risikofelder.

Die betriebswirtschaftliche Forschung belegt, dass die für den betrieblichen Erfolg maßgeblichen Entscheidungen der Unternehmer und Führungskräfte nicht nur von deren Fach- bzw. Methodenkompetenz und von der Qualität der verfügbaren Informationen abhängt. Nicht selten führen psychologisch bedingte „Denkfallen" zu bestimmten typischen Fehlentscheidungen und hohen unternehmerischen Risiken. Auf die Modernisierungsmaßnahmen zurückzukommen, kann eine typische Denkfalle dazu führen, Vermietungsprobleme primär mit dem Zustand oder den Ausstattungsmerkmalen eines Gebäudes in Verbindung zu bringen und weniger auf die derzeitige Vermietungszielgruppe zurückzuführen. Die wirtschaftlichen Folgen einer marktlich unreflektierten Modernisierungspolitik werden am Beispiel der sanierten Plattenbauten in den neuen Bundesländern anschaulich.

3.2 Risikoquantifizierung und Risikoaggregation

Die identifizierten Risiken werden im Rahmen der Risikoquantifizierung hinsichtlich ihrer Eintrittswahrscheinlichkeit und ihrer quantitativen Auswirkungen bewertet. Besonders zu berücksichtigen ist dabei, dass risikorelevante Vorgänge tendenziell im Vergleich zu auffälligeren Risiken vernachlässigt werden. Beispielsweise sind Instandhaltungsvorgänge nicht im Einzelvorgang, jedoch in der Summe von hoher Bedeutung und zwar unabhängig davon, ob sie letztendlich zu beeinflussen sind. Abgeleitet aus der Risikidentifizierung könnte ein systematisches Risikoinventar tabellarisch wie folgt gestaltet werden:

---

[27] Vgl. beispielhaft die Deutsche Wohnen AG, einer mit einer Marktkapitalisierung von rund 550 Mio. € die größte deutsche börsennotierte Wohnungsgesellschft (Stand: 2004).

Abb. 9:

Beschreibung des Risikos und der möglichen Folgen	Eintritts-Wahrschein-lichkeit	Gegen-maßnahmen	Eintritts-Indikatoren	Verantwort-licher	Eintritts-Wahrschein-lichkeit nach Gegenmaß-nahmen	Potentielle Schadens-höhe nach Gegenmaß-nahmen

Ebenso wichtig ist dabei die Berücksichtigung komplexer Wechselwirkungen zwischen einzelnen Risiken und deren finanziellen Auswirkungen. Eine isolierte Betrachtung einzelner Risiken ist grundsätzlich wenig aussagefähig, weil deren Relevanz sich oft erst im Gesamtkontext bewerten lässt. Immer wieder wird bei dem Studium von Geschäftsberichten in der Wohnungswirtschaft das Leerstandsrisiko betont. Vernachlässigt wird dabei die finanzielle Hebelwirkung, die in Verbindung des Leerstandes mit der Miethöhe entsteht. Ein niedriger Leerstand kann „erkauft" werden. Eine um 10 Cent höhere Miete je qm kompensiert beispielsweise ein dadurch zusätzlichen initiierter Leerstand von einem Prozent um das Doppelte.

Weiterhin spielt die Wirkungsdauer von Risiken eine große Rolle. Risiken, die nur einmalige Wirkungen entfalten und solche mit langanhaltenden Wirkungen, werden nicht unterschieden. Häufig wird bei der Bewertung von Risiken nicht explizit fixiert, auf welchen Zeitraum sich die quantitativen Auswirkungen beziehen bzw. welche Wirkungsdauer ein eingetretener Risikofall hat. Modernisierungsmaßnahmen entfalten ihre finanziellen Wirkungen unter Umständen erste einige Jahre nach ihrem Vollzug. Lokale Standort-/Lagenachteile des modernisierten Bestandes wurden möglicherweise verdrängt; die nachhaltige Vermietung zu dem ursprünglich kalkulierten Preis entpuppt sich dadurch als Fiktion.

Zielsetzung der Risikoaggregation ist die Bestimmung der Gesamtrisikoposition der Unternehmung sowie der relativen Bedeutung der Einzelrisiken. Dabei sind Wechselwirkungen durch Risikosimulationsverfahren explizit zu berücksichtigen. Hierzu werden Wirkungen der Einzelrisiken im Zusammenhang mit der im Unternehmen genutzten Planungsmodelle integriert[28]. Dieses ermöglicht die Verbindung von Risikomanagement und „traditioneller" Unternehmensplanung. Dabei

---

[28] Verbreitet ist hier das sogen. Economic-Value-Added-Modell (EVA).

werden die mit der Eintrittswahrscheinlichkeit relativierten, quantitativen Auswirkungen verschiedener Risiken nicht einfach addiert. Eine solche Addition von
Schadenshöhen einzelner Risiken ist nur für den eher unrealistischen Fall angemessen, dass alle denkbaren Risiken des Unternehmens gleichzeitig eintreten können.

3.3 Risikobewältigung und organisatorische Integration

Nach der Risikoidentifikation, -quantifizierung und -aggregation müssen geeignete
Maßnahmen getroffen werden, die Risikoposition des Unternehmens zu optimieren
– nicht jedoch zu minimieren. Die Existenz von Nachfragerisiken und daraus resultierende Unsicherheiten darf selbstverständlich nicht dazu führen, dass Investitionen
unterbleiben. Selbst unter den Risiko-Transfermöglichkeiten stellt das Versichern
oder die Alternative, Risiken über Kapitalmärkte zu transferieren[29], keine systematische Risikobewältigung dar.

Abb. 10:

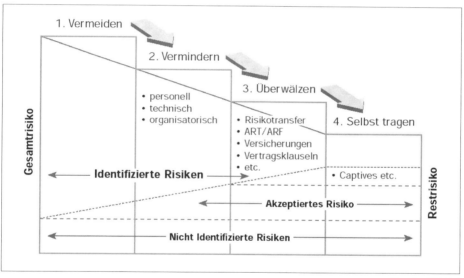

Quelle: RiskNet

Eine Risikobewältigung kann beispielsweise folgende Ansätze umfassen (vgl. auch
Spalte „Gegenmaßnahmen" im Risikoinventar):

– Erhöhung des Eigenkapitals durch Einlagen der bisherigen Gesellschafter oder
  neuer Gesellschafter.

– Vermeiden der Abhängigkeit von nur einem Kreditinstitut.

– Langfristige Finanzierung aller langfristig im Unternehmen verbleibenden Aktiva.

– Verkauf nicht zukunftsfähiger Bestandteile des Anlagevermögens.

---

[29] Vgl. beispielsweise SWAP-Geschäfte.

– Ausbau von Kernkompetenzen, die nachhaltig von den Wettbewerbern abheben.

– Reduzierung der Zielgruppen- und lokalen Marktabhängigkeiten.

– Vermeiden von Preiswettbewerb durch eine wirksame Differenzierung von den Wettbewerbern.

– Regelmäßige Marktbeobachtung zur Früherkennung von Änderungen in Kundenwünschen, oder Konkurrenzverhalten (zum Beispiel durch Vermietungstests „mystery shopping" oder Mieterbefragungen).

– Erstellung und risikoorientierte Analyse der betrieblichen Geschäftsprozesse.

– Kompetenz- und Unterschriftenregelungen nach dem „Vier-Augen-Prinzip".

– Systematische Vorbereitung und Durchführung risikorelevanter Entscheidungsprozesse.

– …

Risikomanagement ist nicht als eigenständiges organisatorisches und planerisches System zu verstehen. Wirksames Risikomanagement erfordert dessen Verankerung in den Geschäftsprozessen des Unternehmens sowie die Einbeziehung aller Mitarbeiter bei der Umsetzung. Funktionale Träger des Risikomanagements sind insbesondere die Bereiche Portfoliomanagement und Controlling,

Das Risikomanagementsystem hat daher durch organisatorische Regelungen, insbesondere durch klare Verantwortungszuordnung, sicherzustellen, dass Risiken frühzeitig identifiziert und regelmäßig bewertet werden. Standardisiert informiert das „Risikoreporting" die Geschäftsführung oder den Vorstand über alle maßgeblichen Risiken.

Der Aufbau von aufwendigen und verwaltungsintensiven Kontrollsystemen kann oft unterbleiben, wenn es durch geeignete Anreizsysteme wie Zielboni oder Prämien gelingt, die Interessen der Mitarbeiter mit den Unternehmensinteressen in Einklang zu bringen und so Risiken zu vermeiden.

XIII. Projektentwicklungsgesellschaften

1. Definition und Abgrenzung der Projektentwicklung

1.1. Begriff, Formen und Ziele

Der Begriff **„Immobilien-Projektentwicklung"** ist weder gesetzlich normiert noch hat sich in der Praxis hierzu eine einheitliche Begriffsdefinition durchgesetzt. In der Immobilienwirtschaft steht der Begriff der Projektentwicklung üblicherweise für die eigen- oder fremdfinanzierte Entwicklung eines Immobilienprojektes – verstanden als Hochbaumaßnahme – vom Projektanstoß bis hin zur Realisierung. Projektentwicklung umfasst üblicherweise auch die Vermarktung der Immobilie, die in Zeiten konjunkturell angespannter Märkte zunehmend Primat der Projektentwicklung ist; denn je früher die marktfähig konzipierte Immobilie im Projektentwicklungsprozess einer Vermarktung zugeführt werden kann, desto geringer sind das Investmentrisiko, die Kapitalbindung und die Liquiditätserfordernisse für den Projektentwickler. Notwendige Komponenten einer Projektentwicklung sind folglich neben der **Projektidee** immer der zur Bebauung vorgesehene **Standort**, das notwendige **Kapital** zur Projektrealisierung und der bzw. die **Nutzer** des fertigen Gebäudes.

Ausgangspunkte der Projektentwicklung

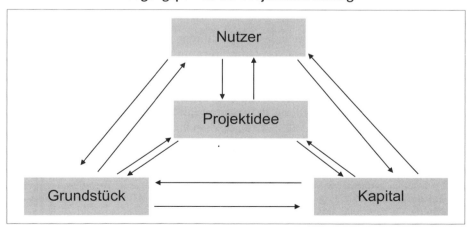

Hinsichtlich der Form der Vermarktung lassen sich idealtypisch unterscheiden die Immobilien-Projektentwicklung, die nach Fertigstellung des Objektes bewusst in den Bestand des Projektentwicklers (sog. **Investor-Developer**) übergehen soll und von diesem an Dritte vermietet wird sowie die Immobilien-Projektentwicklung, die vor, während oder nach Fertigstellung des Objektes durch den Projektentwickler (sog. **Trader-Developer**) an einen Investor zur Eigennutzung oder im (vor-)vermieteten Zustand als Kapitalanlage veräußert wird.[1] Beide Projektentwicklungstypen sind dabei im Zeitablauf nicht überschneidungsfrei. So muss beispielsweise der Trader-Developer bis zur erfolgreichen Veräußerung der Immobilie häufig die Rolle eines Zwischeninvestors einnehmen. Umgekehrt veräußern auch Investor-Developer im Einzelfall ihre Bestandsimmobilien, um zum Beispiel zwischenzeitlich eingetretene Wertsteigerungen des Objektes gewinnmaximierend abzuschöpfen.

Das Ziel einer privatwirtschaftlich orientierten Projektentwicklung besteht demnach für den Investor-Developer darin, aus dem Objekt eine nachhaltig gesicherte **Rentabilität** durch dauerhafte **Mietertragsüberschüsse**, einen langfristigen **Wertzuwachs** und damit einhergehend einen möglichst hohen **Kapitalwert** aus der Investition zu erzielen. Für den Trader-Developer steht dagegen die Erzielung eines möglichst hohen **Trading-Profits** bzw. einer tragfähigen Umsatzrendite aus der frühzeitigen Veräußerung der Immobilie im Vordergrund. Zusammenfassend lässt sich hieraus folgende Begriffsdefinition ableiten: „Immobilien-Projektentwicklung ist die Kombination von Projektidee, Standort, Kapital und Nutzer mit dem Ziel, eine angemessene Verzinsung des eingesetzten Kapitals zu erreichen."[2]

1.2 Aufgabenspektrum

Ausgehend von der vorgenannten Definition umfasst das Tätigkeitsfeld einer Projektentwicklungsgesellschaft üblicherweise die folgenden unterschiedlichen Arbeitsinhalte, die ineinander verzahnt sind:

– Projektidee/Analysephase (inkl. Grundstück-, Standort-, Markt- und Rentabilitätsanalyse)

– Projektkonzeption (inkl. Grundstückssicherung, Nutzungskonzept, Marketingkonzept, Finanzierungskonzept, etc.)

– Bauvorbereitung (inkl. Gemeinde- und Behördenabstimmung, Einrichtung Projektcontrolling, Beauftragung von Gutachtern und Architekten)

– Projektrealisierung (inkl. Bauplanung, Bauausführung und Übergabe)

– Vermarktung

  • Vermietung (inkl. Erstellung Präsentationsunterlagen, Identifikation von potenziellen Mietinteressenten, Vertragsverhandlungen etc.)

  • Verkauf (inkl. Kalkulation, Erstellung der Präsentationsunterlagen, Identifikation potenzieller Kaufinteressenten, Vertragsverhandlungen etc.)

---

[1] Nicht näher betrachtet wird der sog. Service-Developer, der eine reine Dienstleistung im Sinne der Entwicklung eines Projektkonzeptes bis zur Planungsreife bzw. Baufreigabe erbringt und bei dem die Vermarktung i.d.R. nicht Gegenstand der Projektentwicklung ist.

[2] Schäfer/Conzen, Praxishandbuch der Immobilien-Projektentwicklung.

Aufgrund dieser vielschichtigen und miteinander vernetzten Aufgabeninhalte sind Projektentwickler Koordinatoren, deren Aufgabe darin besteht, sämtliche Teilbereiche eines Projekts zu einem Gesamterfolg miteinander zu verbinden, wobei der Prozess der Vermarktung keinesfalls am Ende des Entwicklungsprozesses steht, sondern im Idealfall parallel zur Projektkonzeption, d.h. in einer frühen Phase der Projektentwicklung, eingeleitet wird. Abzugrenzen sind die Aktivitäten der Projektentwicklung vom **Projektmanagement**. In der Praxis bezieht sich der Begriff Projektmanagement üblicherweise mehr auf technische und wirtschaftliche Aspekte, die direkt im Zusammenhang mit der Planung und Ausführung eines Bauwerks stehen. Das Entwickeln einer Projektidee, die Grundstückssicherung sowie Marketing, Vermietung und Objektverkauf zählen üblicherweise nicht zum Projektmanagement. Begrenzt man das Projektmanagement demgemäß auf die Projektleitungs- und Projektsteuerungsfunktionen eines zu realisierenden Bauvorhabens, so ist das Projektmanagement ein Teil der Projektentwicklung und kommt im Wesentlichen in den Bereichen der Bauvorbereitung und der Projektrealisierung zum Einsatz.

Die **Projektsteuerung** kommt ebenso wie das Projektmanagement – jedoch ohne die dem Projektmanagement immanenten weitergehenden Befugnisse – im Wesentlichen in den Bereichen Bauvorbereitung und Projektrealisierung zum Einsatz. Ebenso wie das Projektmanagement ist der Aufgabenbereich der Projektsteuerung ein Teilbereich des Projektentwicklungsprozesses, der Aufgabenbereich der Projektentwickler geht jedoch deutlich darüber hinaus. Ein weiterer Unterschied liegt darin, dass der Projektentwickler üblicherweise die Rolle des Bauherrn innehat, wogegen der Projektsteuerer seine Aufgaben als Dienstleister erfüllt. Abzugrenzen ist die Projektentwicklung darüber hinaus vom **Facility-Management**. Das Facility-Management selbst stellt sich nicht als ein Teil der Projektentwicklung dar. Berücksichtigt man, dass die Projektentwicklung mit dem Verkauf eines errichteten und vermieteten Gebäudes an einen Investor bzw. der Übergabe des Gebäudes an einen Nutzer endet, und die Kernaufgabe des Facility-Managements darin besteht, die weitere Nutzungsphase durch Bewirtschaftung der Immobilie zu begleiten, so zeigt sich, dass zwischen dem Facility-Management und der Projektentwicklung zwar ein fließender Übergang stattfindet, das Facility-Management jedoch kein Teil der Projektentwicklung ist.

2. Marktteilnehmer und Marktsegmente

Marktteilnehmer sind zum einen die Projektentwicklungsgesellschaften, denen auf dem Absatzmarkt die Nutzer bzw. Investoren als Abnehmer des fertigen Immobilienproduktes aus der Projektentwicklung gegenüberstehen. Weitere Akteure, die im Projektentwicklungsprozess eine Rolle spielen, sind i.W. Finanziers (Kreditinstitute), Planer, Generalunternehmer, Makler und diverse Berater, die oft im Vorfeld einer Investitionsentscheidung beauftragt werden, die Erfolgsaussichten und den Wert des Objekts zu beurteilen sowie zunehmend Städte und Kommunen im Rahmen von **Public-Private-Partnerships**. Es hat sich gezeigt, dass die Erstellung und Finanzierung öffentlicher Bauten in Entwicklungspartnerschaften mit der Wirtschaft die Effizienz erhöhen: Denn PPP verstanden als innovative Form der Zusammenarbeit zwischen öffentlichen Verwaltungen und Wirtschaft bietet den Kommunen die Möglichkeit, ein Mehr an Aufgaben zu lösen bei gleichzeitig gesicherter ökonomischer Perspektive der Vorhaben. PPP-Modelle dürfen allerdings kein Selbstzweck sein. Erfolgreich sind sie nur, wenn sie die Kommunen finanziell entlasten und gleichzeitig für die Investoren wirtschaftlich interessant sind. Im Immobilienbereich ist PPP jedoch nicht nur eine Methode zur privatwirtschaftlichen Vorfinanzierung wichtiger öffentlicher Baumaßnahmen. Auch die Anwendung privatwirtschaftlicher Managementmethoden bei öffentlichen Vorhaben verspricht hier beispielsweise weiteres Potential für eine Optimierung der Abläufe.

Bei den Projektentwicklungsgesellschaften lassen sich nach dem räumlichen Aktionsradius und unabhängig vom o. g. differenzierten Aufgabenspektrum regionale (z.B. RAG Gewerbeimmobilien GmbH), überregionale (z.B. HTP, Tercon) und internationale **Projektentwicklungsgesellschaften** (z.B. Tishman Speyer, Hines) unterscheiden. Neben reinen Projektentwicklern engagieren sich auch nicht originäre Projektentwicklungsunternehmen in diesem Markt, so etwa Tochtergesellschaften von Einzelhandelsunternehmen und Baukonzernen.

Gute Erfolgschancen eines Projektes ergeben sich insbesondere bei der Entwicklung durch eine professionelle Entwicklungsgesellschaft, deren Management sich durch ein hohes Maß an Weitblick, Sorgfalt und Erfahrungen auszeichnet. Dies sind vielfach kleinere und wendige Unternehmen, die sich auf diesen Bereich spezialisiert haben. Oft partizipieren in solchen Unternehmen die angestellten Entwickler finanziell am Erfolg ihres Projektes und sind somit dem Gelingen in besonderer Weise verbunden. Erfolgreich sind auch große Projektentwicklungsgesellschaften, die sich auf einen bestimmten Projekttyp spezialisiert haben und in stark standarisierter Form die Projektabläufe steuern. Auch Eigennutzer, die über ihre eigenen Bedürfnisse Klarheit haben und sich professionelle Konzeptions- und Umsetzungsunterstützung einkaufen, können u.a. aufgrund des entfallenen Vermarktungsrisikos erfolgreich entwickeln.

Zunehmend an Bedeutung erlangen unter Risiko- und Finanzierungsgesichtspunkten die Projektentwicklungsgesellschaften im Konzernverbund. Dies u.a. auch deshalb, weil Projektentwicklungen i.d.R. mit einem erheblichen Fremdkapitalanteil finanziert werden und – bedingt durch Basel II – sowohl die Eigenkapitalanforderungen als auch die Finanzierungskosten für den Projektentwickler nicht unerheblich gestiegen sind.

Projektentwicklungsgesellschaften agieren im Allgemeinen auf den Märkten für Wohn- und vor allem Gewerbeimmobilien. Dabei lassen sich folgende wesentliche Marktsegmente unterscheiden:

Marktsegment	Überwiegende Investoren
Wohnimmobilien	• Private • Wohnungsgesellschaften • Immobilienaktiengesellschaften • Opportunity Fonds
Büroimmobilien	• Offene und geschlossene Immobilienfonds • Immobilienaktiengesellschaften • Versorgungswerke/Pensionskassen • Versicherungen • Leasinggesellschaften • Opportunity Fonds
(Einzel)Handelsimmobilien	• Offene und Geschlossene Immobilienfonds • Private • Handelsunternehmen (Eigennutzer)
Lager- und Logistikimmobilien	• Offene und Geschlossene Immobilienfonds • Logistikunternehmen (Eigennutzer) • Immobilienaktiengesellschaften • Leasinggesellschaften
Betreiberimmobilien	• Offene und Geschlossene Immobilienfonds • Versicherungen
Kommunalimmobilien	• Geschlossene Immobilienfonds • Versorgungswerke/Pensionskassen

Nachgefragt werden die Objekte von institutionellen **Investoren** wie z.B. offene und geschlossene Immobilienfonds, Immobilienaktiengesellschaften, Versicherungen, Versorgungswerke/Pensionskassen und Leasinggesellschaften sowie von Privatpersonen und Unternehmen zur Selbstnutzung oder als Kapitalanlage. In den gewerblichen Segmenten spielen die institutionellen Investoren, darunter insbesondere die Fonds, eine bedeutende Rolle. Sie haben den größten Marktanteil und verzeichneten in den letzten Jahren stete Mittelzuflüsse. Da die Fondsinitiatoren in den spezialisierten Teilmärkten oft nicht hinreichend Transparenz haben, sind sie in ihrem Anlegerverhalten allerdings eher restriktiv und kaufen i.d.R. nur langfristig und vollständig vermietete Objekte mit marktüblich indexierten Mieten und bevorzugt in guten Lagen. Anders agieren beispielsweise einige Opportunity Fonds oder private Investoren, die zum Teil preiswerte Objekte mit Leerstandsproblematik bevorzugen. Diese Immobilien bieten durch entsprechende Optimierung (z.B. Refurbishment und Vollvermietung) die Chance auf eine deutliche Wertsteigerung.

3. Projektanalyse und Nutzungskonzeption

3.1 Grundlagen der Investitionsentscheidung

Ausschlaggebend für den Erfolg der Projektentwicklung ist, ob die **Projektidee** des Entwicklers durchführbar und marktfähig ist. Entscheidend für letzteres ist, ob die vorgesehenen Nutzungen tatsächlich benötigt, belegt und nachhaltig zu den kalkulierten Mietansätzen mit Leben gefüllt werden. Zur Qualität der Projektentwicklung gehört, dass die Projektentwicklungsgesellschaft die verschiedenen Nutzungsmöglichkeiten, wie z.B. wohnen, arbeiten oder einkaufen marktgerecht umsetzen kann. Bei der Findung der richtigen Projektidee ist auch zu berücksichtigen, dass die Projektentwicklungsgesellschaft i. d. R. im Vorgriff auf den Ankauf durch den Endinvestor tätig ist. Die Qualität der Projektidee muss sich also daran messen lassen, ob das Endprodukt investmentfähig ist. Hierzu ist es erforderlich, dass die Projektentwicklungsgesellschaft mit dem potenziellen Nutzerkreis in Kontakt ist und somit die (wechselnden) Anforderungen der Nutzer kennt. Darüber hinaus müssen umfassende Markt- und Standortanalysen in das Entscheidungskalkül einbezogen werden.

Aus der Projektidee erwächst die **Projektstudie**, auf deren Basis die Investitionsentscheidungen getroffen werden. Diese Projektstudie enthält die Beschreibung der Projektidee mit entsprechendem Planungsvorschlag inklusive Alternativen sowie die Development-Kalkulation, in welcher die Prognose über den wirtschaftlichen Erfolg des geplanten Projektes abgegeben wird. Weiterhin geht die Projektstudie auf das Nutzungskonzept und potenzielle Nutzer ein. Darüber hinaus wird das Vermarktungskonzept beschrieben und die Finanzierungsfähigkeit dargelegt. Die Projektentwicklungsgesellschaft als Urheber der Projektidee verfolgt weiter die Geschicke des Projektes und steuert als Generalist den Projektverlauf. Durch die Entscheidung für die Investition wird die Voraussetzung geschaffen, die Projektidee zu verwirklichen. Mit Erwerb bzw. Sicherung des Grundstücks oder der grundstücksgleichen Rechte endet die Vorlaufkostenphase und die Investitionsphase beginnt.

Bei Vorliegen eines Grundstücksangebots wird die Projektentwicklungsgesellschaft einen umfangreichen **Prüfungsprozess** einleiten, der insbesondere auch die Marktfähigkeit der Projektidee untersucht. Die Mindestanforderung an den Ankauf des Grundstücks ist aber, dass auf dem Grundstück die geplanten Nutzungsänderungen rechtlich und physisch umgesetzt werden können. Dies ist dann möglich, wenn das entsprechende Baurecht existiert oder geschaffen werden kann, die für das Baurecht erforderliche Erschließung gesichert ist und die Altlastenrisiken überschaubar sind. Somit sind die Ausschlusskriterien vor dem Erwerb des Grundstücks insbesondere Baurecht, Erschließung und Altlasten. Parallel dazu wird die wirtschaftliche Umsetzbarkeit der Projektidee detailliert nach den wesentlichen Elementen der **Investitionsentscheidung** untersucht. Führen die Prüfung der Ausschlusskriterien und der wirtschaftlichen Perspektiven zu einer positiven Ertragsaussicht, eignet sich das Grundstück grundsätzlich zum Ankauf.

Neben der Grundstückslage und dem Timing ist ebenso auf die Qualität des Objekts zu achten. Die Qualitätsanforderungen ziehen sich durch das gesamte Projekt und beginnen bei den Konzeptionsphase, umfassen den Baustandard und dessen Ausführungen, die Qualität der Mietverträge, die Bonität der Mieter und das Management des Objektes. Dies ist insofern bedeutsam, da letztlich das fertige Produkt verkauft werden muss, um die angestrebte Wertschöpfung der Investition zu realisieren. Dabei wird der Entwickler mit dem zunehmend professioneller agierenden Investmentmarkt konfrontiert. Investmentmanager der zumeist institutionellen Investoren überprüfen die Qualität der einzelnen o.g. Qualitätsmerkmale und lassen dieses Ergebnis in die Kaufpreisfindung einfließen.

Es muss das Bestreben der Projektentwicklungsgesellschaft sein, alle für das Gelingen und die Rendite des Projektes wesentlichen Einflussfaktoren vor dem verbindlichen Projektbeginn (zumeist Abschluss des Grundstückskaufvertrages) zu überprüfen. Häufig kollidiert dieses Bestreben mit der Notwendigkeit schnell zu handeln, um z.B. einem konkurrierenden Unternehmen zuvorzukommen. Diesen Zielkonflikt muss die Projektentwicklungsgesellschaft individuell für jedes einzelne Projekt lösen und einschätzen, zu welchem Zeitpunkt ein ausreichendes Maß an Informationen vorhanden ist, um eine Investitionsentscheidung zu treffen. Fehler werden zumeist vor Beginn der Projektentwicklung gemacht, indem wesentliche Aspekte nicht geprüft, nicht berücksichtigt oder falsch gewürdigt werden. Der optimale Start einer Projektentwicklung ist durch die ausreichende Berücksichtigung aller, die Projektentwicklung beeinflussenden Faktoren gekennzeichnet (z.B. Abbruch, Altlasten, Baugenehmigung, Baurecht, Bodendenkmäler, Development-Kalkulation, Denkmalschutz, Erschließung, Finanzierung, Infrastruktur, Konkurrenz, Lage, Nachbarrecht, Revitalisierung, Vorkaufsrecht, Zeitplan).

3.2 Grundstücks-, Standort- und Marktanalyse

Grundlage für eine erfolgreiche Projektentwicklung sind demzufolge aussagefähige Grundstücks-, Standort- und Marktanalysen, die entweder intern oder extern durchgeführt werden können. Dabei sind die Einsatzgebiete vielfältig. Der Projektentwickler muss sich deshalb im Klaren darüber sein, welche zusätzlichen Informationen in den unterschiedlichen Phasen der Entwicklung notwendig sind und welchen Nutzen das Projekt daraus ziehen kann.

3.2.1 Grundstücksanalyse

Bei der **Grundstücksanalyse** ist zu unterscheiden zwischen den unmittelbaren Grundstücksfaktoren und den weiteren mittelbaren Einflussparametern. Zu den unmittelbaren Grundstücksfaktoren gehören z.B. die Bodenbeschaffenheit, die Topographie, der Zuschnitt oder mögliche Altlasten. Die Qualität und Nutzbarkeit eines Grundstücks wird darüber hinaus durch das Baurecht, Gestaltungssatzungen oder stadtplanerische Vorgaben beeinflusst. Ziel der Grundstücksanalyse ist es demzufolge einerseits, zu überprüfen, ob die Rahmenbedingungen für die angedachte Nutzung geeignet sind. Andererseits muss sie aber auch aufzeigen, ob der für die Aufbereitung des Grundstücks notwendige finanzielle Aufwand mit den realistischen Ertragsperspektiven in Einklang steht. Nutzeranforderungen und Grundstücksrahmenbedingungen müssen dabei harmonieren. So sind z.B. sanierte oder gesicherte Altlasten für gewerbliche Nutzungen in der Regel ein geringeres Problem als für Wohnnutzungen. So können in einer sehr frühen Phase der Projektentwicklung Fehler vermieden werden, die nicht oder nur mit erheblichen Anstrengungen zu korrigieren sind.

3.2.2 Standortanalyse

Unterschiedliche Nutzungen weisen auch unterschiedliche Standortanforderungen auf. Wesentliche **Standortfaktoren** sind z.B. Infrastruktur, Bevölkerungsentwicklung, Kaufkraft, Image des Mikrostandortes, Umfeldnutzungen/Ambiente, Genehmigungspraxis der Verwaltung, Wohn- und Freizeitqualität sowie das kulturelle Angebot. Während für den Einzelhändler der Kunde – vor allem in ausreichender Zahl

– im Vordergrund steht, sind es für Büronutzer in der Regel die Mitarbeiter, das Image oder Kostenaspekte. Ob Schulen und Kindergärten in ausreichender Quantität und Qualität vorhanden sind, muss z.B. die Projektentwicklungsgesellschaft im Wohnungsbau berücksichtigen, wohingegen dieser Aspekt für andere Nutzungen relativ unwichtig ist. Darüber hinaus gilt es zu beachten, dass innerhalb der einzelnen Immobilienteilmärkte bzw. den jeweiligen Zielgruppen deutliche Unterschiede hinsichtlich der Standortanforderungen existieren. Gerade hier gibt es Interdependenzen, die nicht auf den ersten Blick erkennbar sind, gleichwohl aber sehr entscheidend sein können. Leicht nachvollziehbar ist es z.B. bei Handelseinrichtungen, dass Fachmärkte auf der „grünen Wiese" vor allem ausreichende Stellplätze und ein großes Einzugsgebiet brauchen, wohingegen die Geschäfte der Innenstadt in erster Linie viele Passanten benötigen. Zu einer professionellen Standortanalyse gehört aber nicht nur die Erfassung und Interpretation der Ist-Situation, sondern auch der Blick in die Zukunft. Vor allem die Frage, inwieweit vorhandene Rahmenbedingungen durch die Projektentwicklungsgesellschaft zu beeinflussen sind, muss hierbei beantwortet werden.

3.2.3 Marktanalyse

Zusammen mit der Standortanalyse bildet die **Marktanalyse** die zweite wesentliche Grundlage für die Entwicklung von Nutzungs-, Optimierungs- und Vermarktungskonzepten. Die Marktanalyse soll Auskunft geben über die bisherige, aktuelle und zukünftig zu erwartende Entwicklung von Angebot und Nachfrage sowie Preisen. Marktanalysen in der Immobilienwirtschaft dienen der allgemeinen Marktbeobachtung von Marktteilnehmern, um die eigenen Aktivitäten entsprechend optimal am Markt ausrichten zu können. Mit Hilfe der Analyseergebnisse lässt sich das Investitionsrisiko abschätzen und gegebenenfalls eingrenzen, indem das geplante Immobilienprodukt möglichst nah an den Nachfragepräferenzen ausgerichtet werden kann. Von besonderem Interesse ist dabei vor allem der Blick in die Zukunft und die Frage nach abseh- und abschätzbaren Marktentwicklungen im Detail. Je nach dem zu untersuchenden Immobilienmarktsegment gelten unterschiedlichen Voraussetzungen und Rahmenbedingungen. So sind Datenlage und verfügbare Quellen der Marktanalyse im Wohnungsmarkt andere als im Büromarkt. Für Spezialmärkte, wie Freizeit- und Hotelimmobilien müssen teilweise Marktdaten erst über Primärerhebungen zusammengetragen werden. Daraus folgt, dass für die verschiedenen Immobilienmarktsegmente zum Teil unterschiedliche Instrumente der Analyse eingesetzt werden müssen. Häufigstes Ziel der Marktanalyse ist die Bestimmung einer geeigneten Zielgruppe für ein geplantes Immobilienprojekt. Ist erst einmal die Nachfrage von Zielgruppen in Umfang und Qualität bestimmt, lassen sich für Immobilienprojekte recht aussagekräftige Nutzungs- und Vermarktungskonzepte entwickeln. Eine besondere Herausforderung ist dabei, neue, latente oder angebotsinduzierte Nachfrage zu erfassen. Denn in den sich differenzierenden Märkten weisen insbesondere diejenigen Immobilienentwickler und -investoren Erfolge auf, die einen Trend frühzeitig erkennen und bisher unterbewertete Standorte in dieser Weise neu nutzen und prägen. In dieser Weise sind die Umnutzungen alter Industrieobjekte für neue Büro-, Einzelhandels-, Logistik- und Wohnnutzungen etwa in Berlin, Hamburg oder auch im Ruhrgebiet zu werten. Diese „unkonventionellen"

Produkte haben sich mitunter an schwierigen Standorten durchgesetzt und konnten mit einer klaren Zielgruppenansprache neue Nachfrage generieren.

3.2.3.1 Angebots- und Wettbewerbsanalyse

Die **Angebots- und Wettbewerbsanalyse** untersucht die Qualität und Quantität der bereits vorhandenen, im Bau befindlichen, sicher projektierten und geplanten Immobilienangebote. Dabei sollte das Angebot möglichst klar in vorhandene bzw. relevante Marktsegmente differenziert werden. So gliedert sich das Büroflächenangebot in Flächen unterschiedlicher Typen (Einzel-, Gruppen-, Großraumbüros etc.) sowie Ausstattungs- und Nutzwertkategorien. Der Wohnungsmarkt kennt ebenfalls sehr differenziert zu betrachtende Segmente, wie zum Beispiel Eigenheime und Mietwohnungsbau. Der Eigenheimbau kann wiederum weiter differenziert werden in die Kategorien Einfamilienhäuser, Doppelhaushälften, Reihenhäuser und Eigentumswohnungen. Zwischen den einzelnen Marktsegmenten bestehen Interdependenzen in unterschiedlicher Ausprägung. Diese Wechselwirkungen zu kennen ist wichtig, um die richtige Einschätzung der Wettbewerbssituation treffen zu können.

3.2.3.2 Nachfrageanalyse

Die Untersuchung der Nachfrage ist das zweite Kernelement der Marktanalyse. Im Vergleich zum Angebot, welches in der Immobilienwirtschaft aufgrund der langen Herstellungszeiten naturgemäß eher „träge" reagiert, handelt es sich bei der Nachfrage um einen höchst sensiblen Faktor. In Phasen eines erheblichen Nachfrageüberhanges gab es wenig Auswahlmöglichkeiten. Das knappe Angebot konnte mit hoher Chance am Markt platziert werden, auch wenn die Nachfragepräferenzen nicht hundertprozentig getroffen worden sind. Während der Entspannungsphasen differenziert sich das Marktgeschehen sehr aus und es wird versucht, möglichst nachfragegerechte Angebote zu schaffen. Für diese maßgeschneiderten Immobilien werden deshalb **Nachfrageanalysen** besonders häufig eingesetzt. Zunächst ist zwischen eigengenutzten und für die Fremdvermietung vorgesehenen Immobilien zu unterscheiden. Da bei der eigengenutzten Immobilie der zukünftige Nutzer bereits bekannt ist, können spezifische Nutzeranforderungen durch Befragung oder Planungsbeteiligung recht einfach ermittelt werden. Da die Lebens- und Nutzungsdauer auch von eigengenutzten Immobilien tendenziell kürzer wird, sollte jedoch in diesem „einfachen" Bereich der Marktanalyse eine Drittverwertungsmöglichkeit in jedem Fall mit berücksichtigt werden. Ob die geplante Immobilie bei Bedarf auch auf dem Mietmarkt erfolgreich platziert werden könnte, interessiert beispielsweise auch die finanzierende Bank oder den Bewerter, der den Marktwert des Objektes für die Bilanz einschätzen soll. Die Anforderungen der noch unbekannten Nutzer bzw. Mieter an eine Mietimmobilie lassen sich demgegenüber nur mit erheblich mehr Aufwand erfassen. Zum einen kann man beobachten, welche Immobilienangebote am Markt bisher erfolgreich absorbiert worden sind und aktuell werden. Dabei ist zwischen gesättigten und engen, unterversorgten Märkten zu unterscheiden. In gesättigten Märkten wird besonders deutlich, welche Angebote im verschärften Wettbewerb bestehen. Im unterversorgten Markt gehen die Nutzer auch Kompromisse ein, so dass erfolgreiche Angebote nicht immer und nicht dauerhaft den Nutzeranforderungen entsprechen müssen. Zum anderen bieten sich direkte Befragungen von potenziellen Nutzern an.

Für die Angebots- und Nachfrageanalyse stehen eine Reihe aus dem Research bekannter Instrumente zur Verfügung wie z.B. die Stärken-Schwächen-Analyse, die Nutzwertanalyse, qualifizierte Prognosen oder Methoden der Szenariotechnik.

3.2.4 Rentabilitätsanalyse

Zur Kalkulation der **Rentabilität** einer Projektentwicklung bedarf es einer **Wirtschaftlichkeitsanalyse** in Form einer **Investitionsrechnung**. Der Detaillierungsgrad dieser Investitionsrechnung kann von einer statischen, auf die wesentlichen Positionen der Aufwands- und Ertragsseite beschränkten Kalkulation des Projekts, bis zu umfangreichen dynamischen Finanzplänen mit definierten Ein- und Auszahlungszeitpunkten sowie Berücksichtigung steuerlicher Gegebenheiten reichen. In der weit verbreiteten statischen **Developmentrechnung** wird den Kosten der Projektentwicklung die erzielbare Jahresnettomiete gegenübergestellt. Die Projektentwicklungsgesellschaft erhält hierdurch Aufschluss darüber, welche Rentabilität die fertig gestellte Immobilie pro Jahr erbringt, wenn sie im Bestand verbleibt. Dabei handelt es sich um eine statische Anfangsrendite, deren reziproker Wert dem Vielfachen der Jahresnettomiete entspricht, zu dem der Entwickler das Projekt realisiert hat. Grundsätzlich vorteilhafter sind dynamische Verfahren der Investitionsrechnung, bei denen die unterschiedlichen Zahlungsströme auf den Investitionszeitpunkt abgezinst werden und somit Zins- und Zinseszinseffekte mit berücksichtigt werden. Bei der Ermittlung des Investitionsvolumens sind neben den Kosten für Grunderwerb und Grundstücksaufbereitung insbesondere die Bau- und Baunebenkosten sowie die Vermarktungs- und Finanzierungskosten zu berücksichtigen. Für den Fall der beabsichtigten Veräußerung wird darüber hinaus der Entwicklungsgewinn als Differenz zwischen Veräußerungserlös und Gesamtinvestition kalkuliert. Wesentlich für die Ermittlung des Erlöses ist der Verkaufsfaktor, mit dem die Jahresnettomiete multipliziert wird. Dieses Multiple ergibt sich üblicherweise aus vergleichbaren, bereits realisierten Transaktionen oder eigenes Marktresearch der Projektentwicklungsgesellschaft beziehungsweise des Investors.

3.3 Nutzungskonzeption und Projektplanung

Die Entwicklung einer **Nutzungskonzeption** ist die wesentliche Aufgabe der Projektentwicklung für einen gegebenen Standort. Die Nutzungskonzeption muss insbesondere gewährleisten, dass das Projekt wirtschaftlich tragfähig ist. Kann sie das nicht, sollte die Projektentwicklung vorzeitig beendet werden. Erst mit Erstellung von Nutzungskonzepten erhält man ein Gesamtkonzept für die Entwicklung eines Standortes. Hierbei untersucht ein Projektteam aus Ökonomen und Planern die zu erwartende Nachfrage, die wirtschaftlichen Erfordernisse und die planerischen Möglichkeiten. Anforderungen des Marktes sind dabei genauso einzubeziehen wie die individuellen Vorstellungen der Eigentümer bzw. möglicher Nutzer oder vorliegende planerische Vorgaben.

In einem ersten Schritt muss der Projektentwickler die Projektidee für den Standort in einer Projektstudie konkretisieren, um die Finanzierung des Projektes begründen zu können. Die Finanzierung sollte nach Möglichkeit vor dem Erwerb des Grundstücks gesichert sein, so dass auch die Projektstudie entsprechend früh fertig gestellt sein muss. Der Finanzierungsbedarf ergibt sich aus der Objektkalkulation. Zu klären ist darüber hinaus die Finanzierungsdauer, das Verhältnis von Fremd- und Eigenkapitaleinsatz sowie die Stellung von Sicherheiten. Nachdem die Finanzierung gesichert ist, ist die Grundstückssicherung zweite und wichtigste Rahmenbedingung für den Erfolg des Projektes. Die Grundstückssicherung geschieht durch eine Grundstücksoption, ein notarielles Kaufangebot oder durch direkten Grundstückserwerb. Die Fragen zu Baurecht, Altlasten und Baugrundbeschaffenheit sollten vor dem Grundstückserwerb geklärt sein. Weitere Voraussetzungen für eine erfolgreiche Projektentwicklung sind die Implementierung einer Projektorganisation sowie die Erarbeitung einer Kommunikationsstrategie. Ziel ist, das eigene Vorhaben im Markt positiv zu positionieren. Hier müssen die Stärken und Schwächen sowie die Konkurrenzfähigkeit der Immobilie und des Nutzungskonzeptes erkannt und argumentativ aufgearbeitet werden.

4. Grundstücksakquisition/-sicherung

Sofern die vorangegangene Analysephase zu der Entscheidung führt, eine bestimmte Projektentwicklung zu realisieren, ist die **Grundstücksakquisition** und -sicherung eine wesentliche Aufgabe im Rahmen der Projektentwicklung. Hierzu stehen mehrere Möglichkeiten zur Verfügung.

4.1 Vorkaufsrecht

Zunächst besteht die Möglichkeit einer Sicherung über ein **Vorkaufsrecht**. Ein Vorkaufsrecht ermöglicht dem Berechtigten, das Grundstück zu denselben Konditionen zu erwerben, zu denen es der Vorkaufsrechtspflichtige an Dritte verkaufen würde. Mit der Ausübung des Vorkaufsrechtes kommt dann ein Kaufvertrag zustande. Dem Vorkaufsrechtsverpflichteten ist es also möglich, weiterhin Einfluss auf das veräußerte Grundstück zu nehmen. Neben den vertraglich zu vereinbarenden Vorkaufsrechten enthalten Bundes- und Landesrecht gesetzliche Vorkaufsrechte, wie beispielsweise das Reichssiedlungsgesetz, welches ein Vorkaufsrecht zu Gunsten von gemeinnützigen Siedlungsunternehmen festsetzt, oder die entsprechenden Regelungen des Baugesetzbuches, die Vorkaufsrechte der Gemeinden beim Kauf bebauter oder unbebauter Grundstücke gestatten. Die gesetzlichen Vorkaufsrechte bedeuten keine Enteignung, wobei ihre Ausübung mitunter rechtsmissbräuchlich sein kann.

4.2 Ankaufsrecht

Eine weitere Möglichkeit zur Grundstücksakquisition besteht in der Vereinbarung eines **Ankaufsrechts**. Das Ankaufsrecht ist das Recht des Käufers, einen bereits inhaltlich festgelegten Vertrag durch eine einseitige, empfangsbedürftige Willenserklärung zustande kommen zu lassen. Durch das Ankaufsrecht wird also der Grundstückseigentümer gebunden, während dem Kaufinteressenten die freie oder eingeschränkte Entscheidung verbleibt, ob er den Vertrag zustande kommen lässt. Das Ankaufsrecht ist von der getrennten Beurkundung von Vertragsangebot und Vertragsannahme zu unterscheiden, bei der es nicht zur Verhandlung der Beteiligten über den Vertragsinhalt unter Mitwirkung des Notars kommt.

4.3 Grundstückskauf

Der im BGB geregelte **Grundstückserwerb** ist gekennzeichnet durch die Einrichtung des Grundbuchs und die Mitwirkung des Notars. Das BGB unterscheidet zwischen Verpflichtungs- und Verfügungsgeschäften. Verpflichtungsgeschäft ist der Grundstückskaufvertrag, der einer notariellen Beurkundung bedarf und durch den sich der eine Teil verpflichtet, das Eigentum an einem Grundstück zu erwerben oder zu übertragen. Verfügungsgeschäfte sind Rechtsgeschäfte, die darauf gerichtet sind, unmittelbar auf ein bestehendes Recht einzuwirken, es also zu verändern, zu übertragen, zu belasten oder aufzuheben. Für Verfügungsgeschäfte über Grundstücke ist einerseits eine dingliche Einigung, die auch Auflassung genannt wird und bei gleichzeitiger Anwesenheit der Vertragteile grundsätzlich vor einem Notar erklärt werden muss, und andererseits eine Eintragung im Grundbuch, die aufgrund Eintragungsbewilligung und Eintragungsantrag erfolgt, erforderlich.

4.4 Kauf von Objektgesellschaften

Besonderheiten können sich beim Erwerb von **Objektgesellschaften** ergeben, die Grundstücke oder Gebäude zum Eigentum haben. Der Kauf von Objektgesellschaften lässt sich nur mit den Regeln des Kaufrechts vollständig erfassen. Der Erwerb einer Objektgesellschaft erfolgt entweder durch Übertragung von Gesellschaftsanteilen (share deal) oder durch die Übertragung aller oder bestimmter Wirtschaftsgüter und Verbindlichkeiten (asset deal).

5. Baurechtsschaffung

Ist das Grundstück gesichert, stellt sich für den bauwilligen Investor die Frage, ob für das von ihm geplante Vorhaben bereits Baurecht besteht. Hierzu wird er sich zunächst bei der Kommune danach erkundigen, ob und wenn ja mit welchem Inhalt ein **Bebauungsplan** besteht oder ob sich ein solcher Bebauungsplan im Aufstellungsverfahren befindet. Besteht ein qualifizierter, vorhabenbezogener oder einfacher Bebauungsplan oder hat ein im Aufstellungsverfahren befindlicher Bebauungsplan Planreife erreicht, so bestimmt sich die Zulässigkeit des Vorhabens i.S.d. § 33 BauGB nach diesen Festsetzungen. Liegt kein Bebauungsplan vor, bestimmt sich die baurechtliche Zulässigkeit nach § 34 oder § 35 BauGB, je nachdem, ob das Grundstück innerhalb des im Zusammenhang bebauten Ortsteils (§ 34 BauGB) oder im Außenbereich (§ 35 BauGB) liegt. In diesem Zusammenhang sollten auch die Festsetzungen eines Flächennutzungsplans geprüft werden. Muss nach Prüfung der bauplanungsrechtlichen Zulässigkeitsvoraussetzungen festgestellt werden, dass das Vorhaben nicht zulässig ist, sei es, dass es nicht den Festsetzungen eines Bebauungsplanes entspricht, die Voraussetzungen des § 34 BauGB nicht vorliegen oder das Grundstück im Außenbereich liegt, stellt sich die Frage der **Baurechtschaffung**. Da die Planungshoheit bei der Kommune liegt, ist dies nur gemeinsam, d.h. im Ein-

vernehmen mit dieser möglich. Baurechtschaffung erfolgt im Rahmen der Bauleit-
planung.

6. Projektrealisierung

6.1 Vergabe von Bauleistungen

Nach Baurechtschaffung kann mit der Realisierung der Projektentwicklung begonnen werden. Erster Schritt ist die Vergabe von Bauleistungen.

6.1.1 Einzel- und Paketvergabe

Unter **Einzelvergabe** versteht man die nach Sachgebieten oder Gewerbzweigen
getrennte Vergabe von Bauleistungen. Gelegentlich wird hier auch noch von der
„gewerkeweisen Vergabe" gesprochen. Gewerk ist dabei die Bezeichnung für die
Leistungen einzelner Gewerbzweige. Die Einzelvergabe ist vorwiegend bei der
Öffentlichen Hand üblich. Diese ist nach VOB gehalten, Bauleistungen für verschiedene Handwerks- oder Gewerbzweige nach Fachgebieten oder Gewerbe-
zweigen getrennt zu vergeben (Fachlose). Dabei dürfen aus wirtschaftlichen oder
technischen Gründen mehrere Fachlose zusammen vergeben werden. Die Einzelvergabe hat ihren Ursprung im Auftrag der Öffentlichen Hand zur Förderung der
Fachwerksbetriebe sowie kleinerer und mittlerer Wirtschaftsunternehmen.

Unter **Paketvergabe** versteht man die Weiterentwicklung der Einzelvergabe. Bei
der Paketvergabe werden nicht mehr eine Vielzahl einzelner Leistungsbereiche gesondert vergeben, sondern die Leistungsbereiche werden nach Leistungsarten zusammengefasst zu drei bis vier großen Vergabepaketen. Übliche Zusammenfassun-
gen sind Rohbauleistungen, Fassade, Ausbauleistungen und Haustechnikleistungen.
Diese Art der Vergabe hat gegenüber der Einzelvergabe klare Vorteile. So wird zum
Beispiel die Vielzahl der Schnittstellen zwischen den einzelnen Leistungsbereichen
bei der Einzelvergabe auf drei bis vier Schnittstellen verringert und so das Risiko
des Auftraggebers hinsichtlich unsauber definierter Schnittstellen minimiert. Die
verbleibende Schnittstellenproblematik wird weitgehend auf den Auftragnehmer
des jeweiligen Vergabepaketes übertragen.

6.1.2 Generalunternehmer/Generalübernehmer-Vergabe

Als Generalunternehmer wird derjenige Hauptunternehmer bezeichnet, der sämtliche für die Herstellung eines Bauwerks erforderliche Bauleistungen in einem Paket anbietet und wesentliche Teile hiervon selbst erbringt. Leistungen, die der Generalunternehmer nicht selbst ausführt, vergibt er im eigenen Risiko an Subunter-
nehmer, die unter seiner Koordination diese Leistungen erbringen. Nach Abschluss
der Leistungen übernimmt der Generalunternehmer die Gewährleistung für die
Baumaßnahme über die Dauer der Gewährleistungsfrist. Der Auftraggeber schließt
also nur einen einzigen Vertrag für die Ausführung der Bauleistungen mit dem Generalunternehmer und entledigt sich so der gesamten Schnittstellenproblematik
zwischen den einzelnen Leistungsbereichen und der Risikoübernahme aus Subun-
ternehmervergabe. Bei der **Generalunternehmervergabe** verbleibt die Erstellung
der Planung im Risikobereich des Auftraggebers.

Bei der Generalübernehmer-Vergabe wird neben der Ausführung der Bauleistungen auch die Planung durch den Generalübernehmer ausgeführt. Die reine Form der Generalübernahme-Vergabe kommt relativ selten vor, da es schwierig ist, ohne Planung das Leistungssoll einer Baumaßnahme so zu definieren, dass es für den Auftragnehmer eindeutig ist und der Auftraggeber auch tatsächlich das Endprodukt erhält, das er sich vorstellt. Häufig werden bei der Generalübernahme Vergleichsbauten als Beschreibung für das Leistungssoll herangezogen.

Projektentwickler wählen oftmals auch einen Mittelweg aus den beiden oben genannten Vergabeverfahren. Der Developer vergibt in seiner Verantwortung die Entwurfs- und Genehmigungsplanung und lässt noch aus der Leistungsphase 5 der HOAI die Leitdetails definieren. Dieser Planungsstand definiert ausreichend die Qualität des zu errichtenden Gebäudes. Der Projektentwickler vergibt nun die restliche Stufe der Leistungsphase 5 HOAI (Ausführungsplanung) in Verbindung mit dem Generalunternehmerauftrag. Dieser Mittelweg ermöglicht dem Developer zweierlei: einerseits hat er als Auftraggeber direkten Einfluss auf die Entwurfs- und Genehmigungsplanung (Leistungssoll für GU), andererseits umgeht er die Schnittstellenproblematik im Rahmen der Ausführungsplanung/Bauausführung.

6.2 Termin-, Kosten- und Qualitätsmanagement

Mit Abschluss des Bauvertrages oder der Bauverträge sind die Eckpfeiler für die **terminliche Ausführung** der Leistungen und die Höhe der damit verbundenen **Kosten** sowie die **Qualität** des Bestellwerkes festgelegt. Es gibt in Deutschland kaum ein Bauvorhaben, bei dem das ursprünglich verabschiedete Bestellwerk ohne Veränderungen während der Bauausführung durchgeführt und nach Ende der Bauzeit im vorgegebenen Termin- und Kostenrahmen sowie mit der bestellten Qualität ohne Mängel dem Auftraggeber übergeben wurde. Auch die Beauftragung eines Generalüber- oder Generalunternehmers bedeutet nicht, dass sich der Auftraggeber vom Zeitpunkt der Beauftragung bis zur Übernahme des Bauwerkes nicht mehr um das Vorhaben kümmern müsste. Vielmehr ist ein enges Controlling einer Baumaßnahme durch den Auftraggeber erforderlich. Der Auftraggeber hat also in der Phase der Baurealisierung sowohl aktive Mitwirkungspflicht als auch Controlling-Funktionen zu übernehmen. Während die Pflichten der aktiven Mitwirkung durch den Bauherrn selbst oder einen von ihm benannten Vertreter wahrgenommen werden müssen, werden die operationalen Vorbereitungen hierzu und die Controlling-Funktionen im Regelfall durch eine Projektsteuerung erbracht. Der Projektsteuerer hat die Interessen des Auftraggebers zu wahren und ihn über etwaige Fehlentwicklungen unter Hinweis auf geeignete Gegenmaßnahmen zu unterrichten. Ferner hat er die vom Auftraggeber zu treffenden Entscheidungen in dem Maße vorzubereiten, dass mit der Entscheidung das angestrebte Ziel am sichersten erreicht werden kann, d.h. die Ausführung der Bauleistung aus der Sicht des Auftraggebers zu steuern. Die Steuerung konzentriert sich auch in der Phase der Baurealisierung auf vier wesentliche Aspekte: Termine, Kosten, Qualität und Organisation.

7. Vermarktung

7.1 Projektmarketing

Die Vermarktung der geplanten, im Bau befindlichen oder fertig gestellten Immobilie ist „das A und O" der Projektentwicklung. Hierzu erforderlich ist ein geeignetes **Projektmarketing**, das alle Aktivitäten einer Projektentwicklungsgesellschaft
umfasst, die zu einem Vertragsabschluss mit einem Nutzer bzw. Investor führen. Da
es heute viele konkurrierende Projekte und vergleichsweise wenig Nutzer gibt, ist
die größte Herausforderung, das Projekt im Marktgeschehen sichtbar zu machen.
Aus einem Immobilienprojekt muss ein Produkt mit Markencharakter werden. Der
wesentliche Kern des Produkts besteht aus der Lage, der Art der Immobilie, ihrem
Image und der Architektur, die sowohl die innere Funktionalität als auch die äuße-
re Erscheinung umfasst. Gut gestaltete Bauten sind einprägsam und geben der neu-
en Adresse etwas Besonderes. Zu diesen wichtigen Renditefaktoren kommen Bau-
und Ausstattungsqualität sowie der zu erwartende Service. Die Preisgestaltung ist
ein entscheidender Regulator und rundet das Angebot ab. Marketing ist ein kom-
munikativer Prozess. Er umfasst Öffentlichkeitsarbeit, Werbung, bestimmte Arten
des Vertriebs bis hin zum Verkaufsgespräch.

7.2 Vermietung

Für den Trader-Developer ist die Vermietung wichtige Voraussetzung für die beabsichtigte Veräußerung der entwickelten Immobilie. Für den Investor-Developer ist
die **Vermietung** demgegenüber der eigentliche Vermarktungszweck. Üblicherweise wird mit den Maßnahmen zur Vermietung der Immobilie projektvorlaufend oder
projektbegleitend begonnen. Der Investor-Developer wird in der Regel ohne eine
ausreichende Vorvermietung aus Risikogesichtspunkten nicht mit dem Bau der Immobilie beginnen; gemeint ist hier die Vermietung von (Teil-)Flächen vor Baubeginn, durch die das Investitionsrisiko minimiert wird. Der Mietpreis bezieht sich jeweils auf eine Mietfläche pro Quadratmeter. Da sich bisher bei den Marktteilnehmern keine einheitliche Berechnungsmethode für die Berechnung der Mietflächen
durchgesetzt hat - ein Ansatz hierfür sollte die gif-Mietflächenberechnung sein –
und somit keine hinreichende Transparenz hinsichtlich der Gesamtmietpreisermitt-
lung besteht, sollte der Mietpreisangabe pro Quadratmeter die Berechnungsmethode zur Mietflächenermittlung beigefügt werden.

Der Entwickler eines Immobilienprojektes steht im Vermietungsprozess vor der
Frage, ob er die Vermietung selbstständig, mit einem oder mehreren Maklern, oder
mit einem exklusiv beauftragten Vermarktungspartner durchführen soll. Leerstand
nach Fertigstellung ist kostspielig, daher sollten alle Chancen genutzt werden. Po-
tenziell verspricht der breite Markt die höchsten Chancen, dies spricht für ein Agieren mit mehreren Maklern (z.B. für 2 bis 3 vertraglich gebundene Makler). Eine
Vermarktung ohne Makler verschlechtert die Aussichten auf eine zügige Vermarktung, da viele potenzielle Mieter sich an einen Makler mittels eines Alleinsuchauf-
trages binden. Dieser suchende Makler wird dem Mietinteressenten das Projekt vermutlich nicht vorstellen, da er lieber mit anderen Entwicklern arbeitet, die ihn frühzeitig vertraglich involvieren beziehungsweise entsprechend honorieren.

7.3 Verkauf

Aufgrund ihrer zentralen Bedeutung sollte bei einer Projektentwicklung die Verkaufsstrategie bereits vor Entscheidung für den Ankauf des Grundstückes feststehen, denn ein Großteil der Marge einer Projektentwicklungsgesellschaft wird durch den Verkauf realisiert. Selbst wenn innerhalb der Projektentwicklung die Baukosten im Rahmen bleiben, der Bauablauf reibungslos funktioniert und die Vermietung auf der kalkulierten Basis erfolgt, kann ein Projekt zum finanziellen Misserfolg werden, wenn der zukünftige Verkauf ursprünglich falsch kalkuliert wurde. Der Projektentwickler muss sich im Klaren sein, welche Investorengruppen als Käufer für das fertige bzw. halbfertige Projekt in Frage kommen und welche Anforderungen die Investoren in Bezug auf Rendite, Ausstattung und Risikobereitschaft haben. Ist dies geklärt, muss der optimale Verkaufszeitpunkt gewählt und der Verkauf strukturiert vorbereitet werden.

Investoren treffen Anlageentscheidungen vor dem Hintergrund einer Rendite- und Risikoabwägung. Dabei orientieren sich die Kunden hinsichtlich der entscheidungsrelevanten **Anlagekriterien** erfahrungsgemäß fast ausschließlich am Immobilienobjekt und an regionalen Faktoren. Volkswirtschaftliche Faktoren werden lediglich bei der allgemeinen Strategiefindung berücksichtigt. Die Anlagezielsetzung lautet: Ein für den Markt passendes Objekt zum richtigen Zeitpunkt aufgrund der Marktsituation (Mietpreis, Rendite) zu kaufen bzw. zu verkaufen. Bei den meisten Investoren werden Immobilienangebote durch eine Akquisitions- oder Einkaufsabteilung geprüft. Im ersten Schritt werden dabei überschlägig die wichtigsten Aspekte überprüft. Im zweiten Schritt erfolgt eine Due Diligence, in der alle wirtschaftlichen, technischen und rechtlichen Gesichtspunkte intensiv und detailliert untersucht werden. Die wichtigsten Prüfungsfaktoren sind Standortqualität, Mieter, Mieterbonität, Mietermix und Vertragsgestaltungen (Mietzahlung, Laufzeit, Nebenkosten, Wertsicherungsklauseln, Mietsicherheiten).

Ein herausragendes Verkaufskriterium ist natürlich auch die Drittverwendungsfähigkeit von Immobilien, die neben der Lage auch von der Flexibilität des Gebäudes abhängig ist. Eine Immobilie zeichnet sich durch Flexibilität aus, wenn sie sowohl für einen Mieter als auch für viele verschiedene Mieter nutzbar ist. Je spezieller ein Gebäude aufgrund der Ausstattung und Nutzung ist, desto höhere Kaufpreisabschläge wird ein Investor aufgrund der geringeren Flexibilität machen. Gebäude mit einer hohen Gebäudeeffizienz zeichnen sich dadurch aus, dass wenig Flächen für minderwertige Nutzungen wie Lager, Flure und andere Verkehrswege genutzt werden müssen oder komplett verloren gehen. Bei ineffizienten Gebäuden werden Nutzer Abschläge im Mietzins machen, da ihnen weniger effektiv nutzbare Flächen zur Verfügung stehen. Potenzielle Investoren werden diese Abschläge wiederum bei der Berechnung eines Kaufpreises berücksichtigen. Die Architektur des Gebäudes sollte passend für seine Nutzung und den Standort sein. Eine zu aufwändige Architektur wird der Nutzer (und damit auch der Investor) nicht mitzahlen, ein Gebäude mit einer minderwertigen oder langweiligen Architektur wird eventuell keine Mieter finden (und somit auch keinen Investor).

Da eine Ankaufsentscheidung für mittel- oder langfristige Zeiträume getroffen wird, ist die Substanz des Gebäudes sehr entscheidend. Kein Investor wird eine gute

Substanz eines Gebäudes loben, sehr wohl wird der Investor aber einen Abschlag beim Ankauf machen, wenn die Gebäudesubstanz mangelhaft ist. Der Faktor Image und Prestige kann bei Immobilien mit besonderer Lage, besonderer Architektur und einer besonderen „Story" aufkommen. Für einige Investoren kann es wichtig sein, die höchste oder spektakulärste Immobilie an einem Standort zu besitzen. Solche Faktoren könnten zu einem gewissen Mehrwert führen, worauf jedoch nicht spekuliert werden sollte.

8. Zusammenarbeit zwischen Projektentwickler und Investoren

8.1 Investoren und ihre Anlagekriterien

Im Rahmen der Begriffsdefinition der Immobilien-Projektentwicklung haben wir festgehalten, dass es Ziel ist, durch eine (marktfähige) Kombination von Projektidee, Standort, Kapital und Nutzer, eine angemessene Verzinsung des eingesetzten Kapitals zu erreichen. Dieses Ziel erreicht der Trader-Developer u.a. nur dann, wenn er regelmäßig einen intensiven Kontakt zu den verschiedenen **Investoren** am Markt hält und jeweils deren aktuelle Investmentkriterien im Detail kennt. Vor diesem Hintergrund pflegen Projektentwickler und Investoren seit je her eine enge Geschäftsbeziehung.

Ein gut informierter Projektentwickler kennt grundsätzlich zu jeder Zeit die wesentlichen **Anlagekriterien** der einzelnen Investoren. Hier sind insbesondere folgende Kriterien zu beachten:

– Objekttypus (u.a. Bürogebäude, Hotels, Einkaufszentren, Logistikimmobilien)
– Standort/Lage (z.B. Citylage in einer Großstadt wie Berlin, Düsseldorf, Frankfurt, Hamburg oder München; Stadtrandlage mit Entwicklungscharakter)
– Minimal- bzw. Maximalvolumen in €
– Kapitalisierungsfaktor/Nettoanfangsrendite
– Mindestlaufzeit der Mietverträge
– Bonität der Mieter
– Flexibilität/Drittverwendungsmöglichkeit

Weitere Spezifikationen können bezüglich Wertsicherungsklauseln, Nebenkostenregelungen, Gebäudestruktur bzw. -ausstattung sowie Anzahl der Parkplätze erfolgen. Diese Anlagekriterien erhält jeder Immobilienverkäufer auf Anfrage bei den Investmentgesellschaften. Wie bereits in den vorhergehenden Erläuterungen dargelegt, weichen die Anlagenkriterien bei den einzelnen Investorengruppen zum Teil erheblich voneinander ab. Insbesondere nach dem Platzen der „New Economy Blase" suchten viele Anleger im Immobilieninvestment die sichere Kapitalanlage. Die offenen Immobilienfonds hatten mit Kapitalzuflüssen von mehreren Milliarden € p. a. „zu kämpfen". Dies führte dazu, dass zahlreiche Investoren wie z.B. die offenen und geschlossenen Fonds auf der Suche nach sicheren Investments waren, d.h. langfristig (mindestens 10 Jahre) vermieteten Immobilien mit nachweislich bonitätsstarken Mietern in guter innerstädtischer Lage. Da sich die Investoren hier zunächst vor allem auf Büroimmobilien konzentrierten, parallel allerdings die Büro-Vermietungsleistungen in den Großstädten deutlich nachließen, hatte dies zur Konsequenz, dass auch andere Immobilientypen in den Focus der Investoren und damit der Projektentwickler gelangten. So wurden in den Großstädten in den vergangenen Jahren vermehrt auch Hotelprojekte angegangen. Ebenfalls wurde verstärkt in Einkaufszentren investiert.

Neben den für den Projektentwickler klassischen Investoren aus dem Bereich der institutionellen Anleger, wie z.B. offene und geschlossene Fonds oder Versicherungen, gelangen mittlerweile auch andere Kaufinteressenten in den Augenschein der Developer. Hier sind insbesondere Vermögensverwaltungsgesellschaften, Immobilienaktiengesellschaften und weltweit agierende Opportunity-Fonds zu nennen. Die Anlagekriterien dieser Investoren können je nach unternehmerischer Ausrichtung (insbesondere Chancen-/Risikoprofil) stark voneinander abweichen.

8.2 Verkaufstiming

Wann tritt nun ein bezüglich der Anlagekriterien der Investoren gut informierter Projektentwickler mit einem interessanten Projekt an den nach seiner Einschätzung richtigen Investor heran? Generell gibt es keinen festen Zeitpunkt, zu welchem der Projektentwickler auf mögliche Investoren zugeht und das Kaufinteresse prüft. Zwei grundsätzliche Wege sind allerdings bezüglich des Verkaufstimings zu unterscheiden:

Einerseits kann der Projektentwickler kurz vor (oder nach) Abschluss und Fertigstellung eines Projektes auf Investoren zugehen und das schlüsselfertig erstellte Objekt anbieten. Der Vorteil dieser Variante ist, dass es der Investor mit einem bereits existierenden Gebäude zu tun hat und somit eine Prüfung der Immobilie am konkreten Objekt möglich ist. Im Weiteren ist zu beachten, dass der Investor den Vorteil hat, keinerlei Risiken aus der Projektentwicklungsphase übernehmen zu müssen. Zu diesem Zeitpunkt kann der Projektentwickler über die Ansprache mehrerer Investoren sicherlich (sofern gewünscht) einen interessanten Wettbewerb bezüglich des Kaufpreises gestalten. Voraussetzung hierbei ist natürlich eine marktgerechte Vermietung.

Andererseits besteht für den Projektentwickler die Möglichkeit, in einer recht frühen Projektphase auf die Investoren zuzugehen. Hier bietet sich zum Verkauf der Zeitpunkt nach Erhalt der Baugenehmigung bzw. nach Vergabe des Generalunternehmervertrages an (Rechts- und Kostensicherheit). Zu diesem Zeitpunkt kann das Grundstück mit Gebäude an einen Investor veräußert werden. Da sich das Gebäude allerdings noch nicht in der Realisierung befindet (oder mit einer Realisierung gerade erst begonnen wurde), erfolgt eine Übernahme der Bauverpflichtung durch den Projektentwickler. Dieses Verkaufsverfahren gestaltet sich dem Grunde nach analog dem Bauträgergeschäft. Der Projektentwickler bleibt bis zur schlüsselfertigen bzw. mängelfreien Übergabe in der wirtschaftlichen Verantwortung für das Gesamtprojekt.

Der Vorteil einer frühzeitigen Vermarktung besteht für den Projektentwickler neben dem Sicherheitsbestreben vor allem in der Möglichkeit, in einer frühen Projektphase vom Investor Abschlagszahlungen auf den Kaufpreis zu erhalten. Optimalerweise entsprechen diese Abschlagszahlungen mindestens den Abschlagszahlungen, die der Generalunternehmer vom Projektentwickler erhält. Somit entspannt sich für den Projektentwickler in der kostenintensiven Phase der Baurealisierung die Finanzierungsthematik. Bei der dargelegten Zahlungsweise nach Baufortschritt wird natürlich der ursprünglich ermittelte Kaufpreis mit Bezugszeitpunkt „schlüsselfertige Übergabe" entsprechend abgezinst.

Es sei an dieser Stelle darauf hingewiesen, dass die Kontaktaufnahme zu Investoren auch über ein Maklerhaus erfolgen kann. Nichts desto trotz müssen dem Projektentwickler die Anlagekriterien der Investoren bestens bekannt sein, da ihm ansonsten die marktgerechte Initiierung eines Projektes nicht möglich ist. Vor diesem Hintergrund ist meistens auch davon auszugehen, dass der Projektentwickler selbst mit seinem Detailwissen zur speziellen Immobilie auf die Investoren zugeht. Unabhängig davon gibt es natürlich auch begründete Fälle, in denen ein **Makler** für diese Aufgabe eingeschaltet wird, z.B. sofern dem Developer kein entsprechendes umfangreiches Netzwerk zu den Investoren zur Verfügung steht, oder wenn es sich um ein eher schwierig zu vermarktendes Objekt handelt. Es kann natürlich auch der Fall eintreten, dass sich der Projektentwickler durch die Involvierung eines Maklers ein besseres Verkaufsergebnis erhofft.

Vor dem Hintergrund der sich immer schwieriger darstellenden Finanzierung für Immobilienprojekte – insbesondere für mittelständisch orientierte Developer (siehe Basel II) – gelangen immer mehr Finanzierungsmodelle in den Vordergrund, bei welchen die Investoren frühzeitig in die Gesellschafterstruktur einer Projektgesellschaft involviert werden. Hier sind u.a. Opportunity-Fonds und Private Equity Fonds zu nennen. Aufgrund der vorzeitigen Involvierung und der damit einhergehenden Übernahme von Risiken aus dem Projektentwicklungsgeschäft werden von diesen Investoren deutlich höhere Renditemöglichkeiten erwartet.

Es wird deutlich, dass sich das Zusammenspiel zwischen Projektentwickler und Investoren bereits heute erheblich komplexer als in der Vergangenheit darstellt. Dieser Trend wird sich in Zukunft noch verschärfen. Nicht ändern wird sich die Situation, dass Immobilieninvestoren interessante, d.h. marktfähige und rentable Anlageprodukte, von Projektentwicklern erwarten. Diese Entwicklung erfordert zukünftig eine noch engere Zusammenarbeit zwischen Developern und Immobilieninvestoren. Wer diese Notwendigkeit missachtet, wird an der Nachfrage (Investmentmarkt) vorbei produzieren und keine angemessene Verzinsung des eingesetzten Kapitals erreichen.

Teil 3
Finanzierung von Immobilieninvestitionen

1. Von der statischen zur dynamischen Immobilien-Finanzierung

Die Immobilien-Finanzierung hat sich gerade in der letzten Dekade gravierend verändert. Ursache dafür sind die Internationalisierung der Immobilien-Investitionen mit der Angleichung an internationale Finanzierungsstandards und andererseits die mediengestützte Akquisition mit hochgradiger Automatisierung der Kreditprozesse. Entsprechend sind 2 Entwicklungsstränge zu beobachten:

Zum einen wird das kleinteilige private Baufinanzierungsgeschäft zunehmend rationalisiert, industriell organisiert und über Internet und Call-Center angeboten. Dieses Direktgeschäft ist durch hohe Standardisierung und Automatisierung (Kreditfabrik), ausgefeilte Informationstechnik und geringe Beratungsintensität gekennzeichnet. Die Rationalisierungsvorteile dieses Geschäftes schlagen sich in den enorm günstigen Finanzierungskonditionen für die Kunden nieder. Dieser Trend wird sich mit der Weiterentwicklung der Informationstechnologie und deren zunehmenden Einzug in die privaten Haushalte, der nach Basel II geringeren Eigenkapitalunterlegung und damit noch günstigeren Konditionengestaltung fortsetzen. Für die Banken wirkt sich dieses Geschäft wegen der breiten Risikostreuung, geringen Ausfallwahrscheinlichkeit und der guten Eignung zur Verbriefung positiv auf das Rating aus. Diese Art des Geschäftes ist zunehmend in den Fokus der Banken und Bankengruppen gerückt.

Demgegenüber wird das größervolumige, beratungsintensive Investorengeschäft weiter individualisiert und zunehmend als strukturierte Finanzprodukte, bis hin zu Investmentbanking-Lösungen in Kombination mit verschiedenen Dienstleistungen angeboten. Dieses Whole-Sale-Banking beinhaltet individuell zusammengesetzte Finanzierungs- und Servicebausteine als maßgeschneiderte Finanzlösung nach internationalen Finanzierungsstandards. Diese Finanzierungen werden so ausgestaltet, dass eine zuverlässige Syndizier- und Verbriefbarkeit auch auf den internationalen Finanzmärkten gegeben ist. Dies erhöht die Finanzierbarkeit auch komplexer Investitionen für die Kunden und erweitert die Refinanzierungsmöglichkeiten der Banken. Individualisierung, Flexibilität und Mobilität der Finanzierung werden gleichermaßen für Kunden und Banken erreicht. Die nachfolgenden Ausführungen beziehen sich vor allem auf das Investorengeschäft.

1.1 Klassische Immobilien-Finanzierung

Traditionell baut die klassische Immobilien-Finanzierung auf dem nach der Wertermittlungsverordnung vom Sachverständigen ermittelten Verkehrswert und dem von der Bank dann festgesetzten Beleihungswert der Immobilie auf. Der grundbuchlich erstrangig abgesicherte Anteil des Beleihungswertes von 60 % wird als Realkredit, der Anteil von über 60 % bis 80 % des Beleihungswertes als Personalkredit und die darüber hinausgehenden Teile werden als Blankokredit klassifiziert.

Einstellung in die Deckungsmasse

↑

60 % Realkredit	80% Personalkredit	Rest Blanko

100 % Beleihungswert

(etwa 80 % des Verkehrswertes)

Entsprechend können die Realkreditteile nach dem Hypothekenbankgesetz bzw. dem öffentlichen Pfandbriefgesetz in die Deckungsmasse eingestellt und über Pfandbriefemissionen und begrenzt durch ergänzende ungedeckte Schuldverschreibungen refinanziert werden. Gerade diese langfristige Finanzierung über Pfandbriefe, gekoppelt mit der traditionellen Buy-and-hold-Strategie deutscher Investoren hat zu einer ausgeprägten Stabilität auf den deutschen Immobilienmärkten beigetragen. Die Kernelemente der klassischen Finanzierung in Form des Realkredits mit grundbuchlicher Absicherung und die relativ günstige Refinanzierung der Banken über die Emission von Pfandbriefen werden auch in Zukunft die europäischen Immobilienmärkte prägen. Diese Entwicklung wird durch das neue deutsche Pfandbriefgesetz, die zwischenzeitliche Schaffung analoger pfandbriefähnlicher Systeme in zahlreichen anderen europäischen Ländern mit der entsprechenden Gründung von Covered Banks weiter forciert.

1.2 Cashflow-basierte Bewertung und Finanzierung

Die klassische Finanzierung ist mit den Primärkriterien „Beleihungsauslauf" und „Tilgung" eher statisch angelegt und trägt der Volatilität der Märkte bei zunehmender Buy-and-sell-Strategie der Investoren nicht ausreichend Rechnung. Nach den internationalen Finanzierungsstandards steht eindeutig der nachhaltig mit der Immobilie generierbare Cashflow im Vordergrund. Entsprechend erfolgt die Immobilienbewertung zukunftsbezogen nach der Discounted Cashflow-Methode (DCF-Methode). Die Immobilie wird damit einer dynamischen Betrachtung unterzogen und nach ihrem künftig generierbaren Cashflow bewertet und auch finanziert. Dabei werden Mietausläufe, Leerstände, Instandhaltungskosten, Drittverwendungsfähigkeit, Marktschwankungen bis zu den mehr oder weniger auf den Mieter abwälzbaren Mietnebenkosten einbezogen. Um die in der Zukunft liegenden Unsicherheiten einzugrenzen, werden in der Regel im Sinne einer Sensitivitätsanalyse unterschiedliche Szenarien (Best-, Business- und Worst-Case) mit jeweils geänderten Parametern durchgespielt. Dies hat zum Ziel, den künftigen Netto-Cashflow als entscheidendes Kriterium für die nachhaltige Kapitaldienstfähigkeit (Zins, Tilgung inkl. Darlehensrückzahlung) mit allen in der Zukunft liegenden Unsicherheiten und Einflussfaktoren möglichst klar zu ermitteln. Nachhaltigkeit und Höhe des Cashflows bestimmen ganz wesentlich die darauf aufsetzende Finanzierungsstruktur.

1.3 Mieterbonität als Sekundärrisiko

Die dynamische Cashflow-Betrachtung der Immobilie rückt automatisch die Qualität der Mieter gerade bei komplexen Immobilien, Betreiberimmobilien oder Immobilienportfolien in den Vordergrund. Der langfristige, möglichst über 20 Jahre abgeschlossene Mietvertrag wirkt für den Investor und gerade für die finanzierende Bank zunächst beruhigend, sofern er tatsächlich über eine so lange Zeit erfüllt werden kann. Deshalb werten die Banken entsprechend den aufsichtsrechtlichen Mindestanforderungen an das Kreditgeschäft (MAK) auch die Mieterbonitäten aus und analysieren regelmäßig die Kreditportfolien im Hinblick auf Risikokonzentrationen bei einzelnen Groß- und Mehrfachmietern sowie bei den Mieterbranchen. Die Bonität der Mieter wird als Teil der Risikoeinschätzung der Immobilieninvestition im Sinne eines Sekundärrisikos bzw. Chance einbezogen.

1.4 Wirkungsweise von Basel II

Wesentliches Ziel von Basel II ist die nachhaltige Stabilisierung der Finanzsysteme. Deshalb steht die risikoadäquate Kapitalunterlegung und Bepreisung der auszureichenden Kredite im Vordergrund. Kredite mit höherem Risiko sind daher relativ stärker und Kredite mit geringerem Risiko mit weniger Eigenkapital zu unterlegen bzw. können günstiger bepreist werden et vice versa. Im Schnitt soll die Eigenkapitalunterlegung der Banken insgesamt in Höhe von 8 % der Kreditsumme unverändert bleiben. Dies bedeutet, dass gute Kreditbonitäten zu günstigeren und schwache Kreditbonitäten zu höheren Kreditkonditionen finanziert werden; eine Subvention schwacher Bonitäten zu Lasten guter Bonitäten soll ausgeschlossen werden. Der Wirkungszusammenhang von Kreditrating und Kreditzins lässt sich vereinfacht wie folgt darstellen:

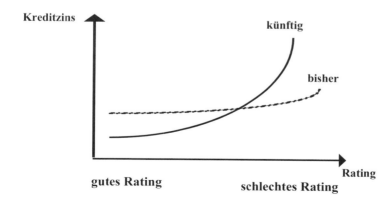

Das Kreditrisiko bemisst sich vor allem anhand des nachhaltigen, mit der Immobilie generierbaren Cashflows (Nettomiete) in Relation zum Kapitaldienst (Zins und Tilgung). Diese Debt-Service-Coverage-Ratio (DSCR) wird in alternativen Szenarien über die gesamte Finanzierungslaufzeit betrachtet und deren Einhaltung durch ergänzende Bedingungen (Covenants) bis zum Finanzierungsauslauf gesteuert. Jedes zu finanzierende Objekt und jeder Kreditnehmer werden unter Einbeziehung aller wesentlichen Einflussfaktoren nach einem durchgängigen und systematischen Ratingverfahren erfasst. Das Objekt- und das Kreditnehmerrating werden miteinander verknüpft und zum Kreditrating zusammengefasst als Basis für die Kreditentscheidung und Bepreisung des Kredites. Z.B. ist das Kreditrating für eine gewerbliche Immobilien-Finanzierung bei der Westdeutschen ImmobilienBank nach den folgenden Schemata aufgebaut:

Aufbau des Ratingbogens (1)

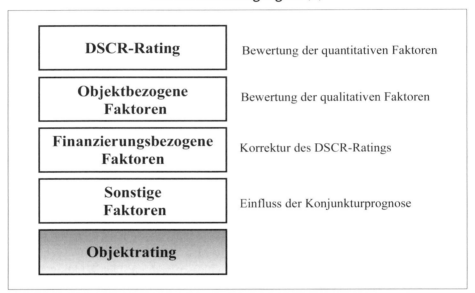

DSCR-Rating	Bewertung der quantitativen Faktoren
Objektbezogene Faktoren	Bewertung der qualitativen Faktoren
Finanzierungsbezogene Faktoren	Korrektur des DSCR-Ratings
Sonstige Faktoren	Einfluss der Konjunkturprognose
Objektrating	

Aufbau des Ratingbogens (2)

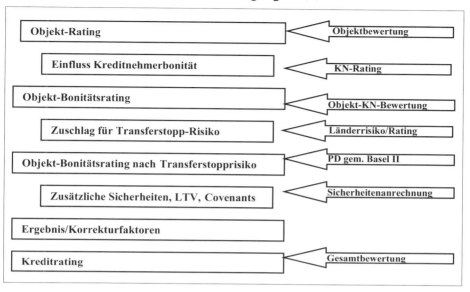

Durch das Ratingverfahren werden Kredite vergleichbar gemacht und einzelnen Ratingklassen zugeordnet. Dies ist Grundlage für eine risikoorientierte Betrachtung und Steuerung des gesamten Kreditportfolios einer Bank. Die Qualität, Risikostreuung und Granularität des Kreditportfolios sind wiederum wesentliche Bestimmungsteile für das Rating der Bank insgesamt und damit auch für die Kosten und Möglichkeiten der Refinanzierung der Bank selber. Bonität der Kunden und Kredite sowie Bonität der Bank beeinflussen sich wechselseitig, sodass Basel II auch als volkswirtschaftlicher Ansatz gewertet werden kann. Das Verhältnis von Bank und Kunden oder Kreditnehmer und Kreditgeber wird auf eine neue rationale und transparente Grundlage gestellt. Der nachhaltige DSCR als Kriterium der Kapitaldienstfähigkeit, die Höhe des einzusetzenden Eigenkapitals als Risikopuffer im Verhältnis zur Höhe der Finanzierung (Loan-To-Value oder LTV), die Drittverwendungsfähigkeit und Fungibilität der Immobilie und damit das Kreditrating unter Berücksichtigung der Portfoliostruktur der Bank sind die Schlüsselfaktoren für die Kreditvergabe.

1.5 Eine vergleichende Betrachtung zur klassischen Immobilien-Finanzierung

Die Kernelemente für die klassische Immobilien-Finanzierung sind der Beleihungswert auf der Basis der Lage und der Qualität des Objektes, die Bonität des Kreditnehmers, die Höhe des Eigenkapitaleinsatzes, die Drittverwendungsfähigkeit sowie die Entschuldung (Tilgung). Die heutige Finanzierung im Sinne von Basel II ist streng Cashflow-orientiert. Es werden die gesamten Einnahmen- und Ausgabenströme unter Berücksichtigung von Mietermix, Bonität des Mieters, Laufzeiten der Mietverträge sowie Mietnebenkosten über zumindest die gesamte Finanzierungsperiode betrachtet. Entsprechend Cashflow-orientiert ist auch die Bewertung nach der DCF-Methode (Discounted Cashflow-Methode). Damit wird die Immobilie gegenüber der statischen klassischen Finanzierung dynamisch unter Ertragsgesichtspunkten betrachtet und bewertet. Entsprechend werden die Finanzierungsleistungen primär am Cashflow des Objektes ausgerichtet und strukturiert. Diese Betrachtung der Immobilie als unternehmerisches Investment führt zu einer tendenziellen Verkürzung der Finanzierungs- und Investitionszeiträume. Gerade bei den angelsächsischen Investoren, geprägt durch die Buy-And-Sell-Strategie, steht im Vordergrund die Zielsetzung, eine Immobilie zu erwerben, um sie nach einer überschaubaren, wertsteigernden Haltedauer von 5 bis maximal 10 Jahren wiederum zu veräußern. Zusätzlich zu der Verkürzung der Finanzierungslaufzeit spielt aus der Sicht der Bank neben der Strukturierung der Finanzierung auch die Exit-Möglichkeit der Immobilie bzw. die Anschlussfinanzierung eine bedeutende Rolle. Mit entsprechenden Covenants und laufenden Reportings über die Einhaltung dieser Covenants begleitet die Bank im Sinne eines dynamischen Prozesses die Immobilie über die gesamte Kreditlaufzeit.

2. Prozessorientierung der Finanzierung

2.1 Art und Wirkungsweise der Covenants

Die Cashflow-orientierte Finanzierung wird über die gesamte Kreditlaufzeit mit Hilfe von vornherein vereinbarter Covenants (Bedingungen) risikoorientiert gesteuert.

Die typischen Covenants, die in der Regel periodisch und ggf. auch zukunftsbezogen ermittelt werden, sind

Loan-To-Value-Ratio (LTV)	Kredithöhe zu Verkehrswert
Loan-To-Colliteral-Value	Kredithöhe zu Beleihungswert (Beleihungsauslauf)
Loan-To-Cost (LTC)	Kredithöhe zu Investitionssumme (bei Neubauten)
Interest-Coverage-Ratio (ICR)	Netto-Cashflow im Verhältnis zum Zinsdienst
Debt-Service-Coverage-Ratio (DSCR)	Netto-Cashflow im Verhältnis zur Zins- und Tilgungsleistung (Kapitaldienstrate)

Gegebenenfalls können diese Covenants noch ergänzt werden im Hinblick auf Mietschwankungen, Kosten des Mieterwechsels oder Instandhaltungsaufwendungen in Form von an die Bank abgetretenen bzw. noch aufzubauenden Liquiditätsreserven (Cash-Sweep-Account, Escrow Account oder Lockbox Account). Von vornherein kann vereinbart werden, dass diese Covenants mit zunehmender Stabilisierung dem Cashflow oder der Wertentwicklung angepasst werden, z.B. durch Freigabe von Reservepositionen oder gar Eigenkapitalanteilen (LTV). Von besonderer Bedeutung ist die Wirkungsweise bzw. die Rechtsfolge der Verletzung der Covenants. Sofern die Covenants durch den zu erwirtschaftenden Cashflow oder den Wertverfall der Immobilie nicht eingehalten werden können, tritt der Event of

Default (Zahlungsverzug) ein und der Kredit kann gekündigt werden. Alternativ zu dieser Rechtsfolge können auch andere Maßnahmen vereinbart werden, wie z.B. dass

- der Kreditnehmer zusätzliche Mittel bis zur Wiedererfüllung der Covenants einbringen muss
- Ersatzsicherheiten gestellt werden
- Freigaberegelungen für Reservepositionen aufgehoben werden und diese Mittel zur Tilgung einzusetzen sind
- künftig frei verfügbarer Cashflow ganz oder teilweise auf ein an die Bank abgetretenes Reservekonto eingezahlt werden muss oder
- das Objekt bzw. Objektteile zu veräußern sind.

Die risikoorientierten Kreditrahmendaten im Sinne der Portfoliosteuerung aus der Sicht der Bank können länder- und objektbezogen wie folgt aussehen:

Kreditrahmendaten Deutschland (1)

	Objekt-art	Büro- und Geschäfts-häuser	Handels-immobilien	Wohnmiet-häuser	Logistik	Betreiber- und Sozial-immobilien	Spezial-immobilien
a	Invest-ments	- 1A Lage (bevorzugte Ballungs-gebiete) - DSCR 120 % LTV 75 %, Mezzanine 85 % - 1A Lage an sonstigen Standorten DSCR 120 % LTV 70 % - Sonstige 125 % LTV 65 %	- 1A Lage (bevorzugte Ballungs-gebiete) - DSCR 120 % LTV 75 %, Mezzanine 85 % - 1A Lage an sonstigen Standorten DSCR 120 % LTV 70 % - Sonstige 125% LTV 65 %	- Sehr gute Wohnlagen DSCR 120 % LTV 75 % - Gute Wohnlagen DSCR 120 % LTV 70 %	DSCR 130 % LTV 70 %	DSCR 130 % LTV 70 %	Tilgung innerhalb von 10 Jahren aus cash-flow gesichert LTV 70 %

Kreditrahmendaten Deutschland (2)

	Objekt-art	Büro- und Geschäfts-häuser	Handels-immobilien	Wohnmiet-häuser	Logistik	Betreiber- und Sozial-immobilien	Spezial-immobi-lien
b	Develop-ments	LTC 75 % + ange-messene (je nach Lage) Vorvermie-tung od. Verkauf zu 120 % des Kreditbe-trages	LTC 75 % + ange-messene (je nach Lage) Vorvermie-tung od. Verkauf zu 120 % des Kreditbe-trages	LTC 75 % + ange-messene (je nach Lage) Vorvermie-tung od. Verkauf zu 120 % des Kreditbe-trages	LTC 75 % + 80 % Vorvermie-tung od. Verkauf zu 120 % des Kredit betrages	LTC 75 % + 100 % Vorver-mietung od. Verkauf zu 120 % des Kredit-betrages	LTC 75 % + 100 % Vorver-mietung od. Verkauf zu 120 % des Kredit-betrages

Kreditrahmendaten International (1)

		Kontinental-Europa		Zentraleuropa	
	Grunds.	**Besonderheiten**	**Grunds.**	**Besonderheiten**	
LTV	80%	■Hotel: 75% ■Industrial: 70% ■Mezzanine: 85%	75%	■Hotel: 70% ■Industrial: 70%	
LTC	75%	■Büro / Einzelhandel: 80% bei Vorver-mietung v. mind. 50 – 80%,und 85% bei Vorvermietung > 80% ■Hotel: 70 %, nur bei 100% Vorvermietung	70%	■ Büro / Einzelhandel: 75% bei Vorvermietung von mind. 50 – 80%, und 80 % bei Vorvermietung > 80% ■ Hotel: 70 %, nur bei 100% Vorvermietung	
ICR	130%	■Industrial: 135% ■Hotel: 135%	130%	■Industrial: 135% ■Hotel: 135%	

Kreditrahmendaten International (2)

	USA			UK	
	Grunds.	**Besonderheiten**	**Grunds.**	**Besonderheiten**	
LTV	75%	■Einzelh.: 70% ■Hotel: 65 – 70% ■Mezzanine: 75%	75%	■Hotel: 70% ■Büro/Einzelh.: 80% abhängig von Tilgungsstruktur	
LTC	75%	■Büro/Einzelh.: 80% bei Vorver-mietung von min. 50% ■Hotel: 60-65%	75%	■Büro / Einzelh.: 80% bei Vorvermietung von min. 50 – 75%	
ICR	125%	■Industrial: 130% ■Einzelh.: 130% ■Hotel: 135%	120%	■Industrial: 130% ■Hotel: 140% ■Freizeit: 140%	

Neben diesen objekt- und länderbezogenen, Cashflow-basierten Rahmendaten wird die Bank weitere Kriterien im Sinne der eigenen Portfoliosteuerung, wie z.B. Strategiekonformität, Einhaltung des Portfoliolimits, Vermeidung von Klumpenrisiken usw., heranziehen, um die Einzelkreditentscheidung in die gesamte Risiko- und Kreditstrategie der Bank einzuordnen:

2.2 Eigenmitteleinsatz und Entschuldung

Die Höhe des Eigenmitteleinsatzes als Risikopuffer für die Finanzierung und der Grad der Entschuldung (Tilgungsrate) über die Kreditlaufzeit zum Abbau des Kreditrisikos sind in der klassischen Finanzierung und auch nach Basel II unabdingbare Kriterien. Während im Ausland immer schon LTVs von nur 60–80% praktiziert wurden, war es in Deutschland steuer- und inflationsgetrieben sportlicher Ehrgeiz der Investoren, eine möglichst weitgehende, annähernde 100%-Finanzierung mit möglichst geringer Tilgung von den Banken zu erhalten. Diese Zeiten sind ein für alle Mal vorbei. Schon alleine durch das Rating in Verbindung mit der risikoorientierten Kreditportfoliosteuerung werden derartige Kreditanträge quasi automatisch ausgesteuert. Durch die Vereinbarung der Covenants (LTV und DSCR) werden gerade diese beiden Kriterien über die gesamte Kreditlaufzeit von den Banken – zum Teil auch prospektiv – sorgfältig überwacht.

Eine geringe Tilgung unter 2–4% je nach Objektart ist nur dann vertretbar, wenn von vornherein der Eigenkapitaleinsatz so hoch bzw. der LTV so niedrig ist, dass in einer retrograden Betrachtung dadurch faktisch ein ausreichend hoher „Tilgungseffekt" bereits zu Beginn der Finanzierung eingetreten ist. Dadurch ist das Anschlussfinanzierungs- oder Exit-Risiko auf ein vertretbares Maß von vornherein reduziert. Typisch dafür sind die Objektfinanzierungen der offenen Fonds nach dem Investmentgesetzt (InvG), die in der Regel Finanzierungen mit einem LTV von 50% über eine Laufzeit von 10 Jahren ohne Tilgung (Bullet Repayment) nachfragen. Dies entspricht – über die Laufzeit betrachtet – einer Regelfinanzierung mit in etwa einem LTV von 75% und einer Tilgung von 2% p.a. Zusätzlich werden diese Kredite durch Grundpfandrechte und/oder Abtretung der Aufwandsersatzansprüche gegenüber dem Sondervermögen abgesichert. Demgegenüber sind Finanzierungen geschlossener Fonds mit – wie früher üblich – hohen weichen Kosten und einer möglichst geringen oder erst nach einigen Jahren einsetzender Tilgung zur hohen anfänglichen Ausschüttungsrentabilität heute im Sinne von Basel II so nicht mehr darstellbar.

Da Eigenkapital gerade bei expandierenden Investoren häufig knapp ist, haben die Banken zusätzlich zur erstrangigen Finanzierung (Senior Loan) spezielle Finanzierungselemente entwickelt, wie z.B. den Einsatz von eigenem oder fremdem Equity, Mezzanine-Tranchen oder nachrangigen Darlehen (Junior Loan). Die aus diesen verschiedenen Bausteinen zusammengesetzte strukturierte Finanzierung kann im Extremfall wie folgt aussehen:

Eigenkapital des Kreditnehmers	Equity von Sponsoren	Mezzanine Tranche	Junior Loan (nachrangig)	Senior Loan (erstrangig)

Diese einzelnen Finanzierungsbausteine werden nach Risikogehalt und Verzinsungsanspruch der Sponsoren jeweils gesondert bepreist. Die Equity- und bisweilen auch die Mezzanine-Tranche beinhalten als Hauptrisikoträger neben einer hohen laufenden Verzinsung häufig auch eine Beteiligung am Projekterfolg. In der Regel werden nicht alle Finanzierungsbausteine miteinander kombiniert, sondern eine Struktur aus Senior-, Junior- und Mezzanine-Loan bzw. Equity dargestellt. In der Regel handelt es sich bei diesen Finanzierungen um so genannte Non-recourse- oder Limited-recourse-Finanzierungen, sodass in erster Linie das Objekt selber haftet und der vorhandene und zu erwartende Cashflow aus der Immobilie für das Risiko maßgeblich ist. Aus dem Netto-Cashflow werden entsprechend den Tranchen zunächst die Senior-, dann die Junior- und danach die Mezzanine- bzw. Equity Loans bedient. Eine derartig strukturierte Finanzierung ist nachfolgend grafisch verdeutlicht:

Strukturierte Projektfinanzierung

2.3 Term Sheet

Da die Immobilien-Finanzierung im Investorenbereich häufig durch die Strukturierung nach unterschiedlichen Finanzierungstranchen und Vereinbarung mehrerer Covenants eine entsprechende Komplexität erreicht, hat sich das im internationalen Geschäft bewährte Instrumentarium des so genannten Term Sheets durchgesetzt. Das Term Sheet ist eine tabellarisch aufgebaute Darstellung mit Kurzbeschreibung aller für die Finanzierung relevanter Eckpunkte und Bedingungen. Dies dient einerseits der Klarstellung der Finanzierung bzw. des Finanzierungsangebotes gegenüber dem Kunden und andererseits als Grundlage für die Finanzierungsentscheidung der Bank und der späteren Ausarbeitung der Kreditverträge. Das Term Sheet trägt ganz erheblich zur internen und externen Transparenz bei, erleichtert die Kreditverhandlungen und die Zusammenstellung von Kreditkonsortien.

Beispielhaft kann ein Term Sheet nach dem folgenden Schema und mit den konkreten Finanzierungskriterien aufgebaut werden:

1. Kreditnehmer	Rechtliche Verhältnisse, Gesellschafter, Beteiligungen etc., Recourse- oder Non-Recourse-Finanzierung (mit oder ohne Haftung des Kreditnehmers)
2. Beleihungsobjekt	Beschreibung des Grundstücks, Lage, Objektart, Nutzungsstruktur, Flächen etc.

3. Investitionsplan	Grundstücks-, Bau- und Baunebenkosten, Kosten für Finanzierung, Vertrieb, Rechtsberatung, Steuern etc. Mit Mittelverwendungs- und Mittelherkunftsplan
4. Eigenmittel	Barmittel, Zusatzsicherheiten, Bürgschaften, Zeitplan für Einsatz der Eigenmittel
5. Kredit	Kontokorrent, langfristiges Darlehen, Linien, Avale, Währung, Zinsfestschreibung, Zinssicherungsinstrumente (Swap, Cap, Collar, Swaption) Syndizierung
6. Tilgung/Rückführung	Laufende Tilgung, Tilgung aus Verkaufserlösen Zeitplan für Tilgung
7. Konditionen	Zinsmargen auf definierter Bezugsbasis, Konditionierung nach einzelnen Risiko- und Laufzeittranchen, Bereitstellungs- und Avalprovisionen, Gebühren für Syndizierung, Strukturierung etc. Änderung der Konditionen in Abhängigkeit vom Vermarktungsstand
8. Besicherung	Grundschulden, Bürgschaften, Garantien für z.B. Baukosten, Termine, evtl. Zinsunterdeckungen; Abtretung von Rechten aus Mietverträgen, Grundstücksverträgen, Verpfändung von Mietkonten etc.
9. Covenants	Voraussetzungen für die Kreditauszahlung, einzuhaltende Covenants über die Kreditlaufzeit, wie z.B. LTV, LTC, ICR, DSCR Regelung von Maßnahmen, falls Covenants verletzt werden; Voraussetzungen für eventuelle Anpassung der Covenants während der Laufzeit
10. Sonstiges	Wertgutachten im Auftrage der Bank, Bestellung eines Projektsteuerers bei Neubauten, Facility- oder Center-Management, spezielle Versicherungen, wie z.B. Terrorismus

Das Term Sheet kann zunächst als indikatives Angebot für weitere Kreditverhandlungen erstellt werden und nach Verhandlungsabschluss als rechtsverbindliches Angebot – in der Regel unter Gremienvorbehalt – von beiden Parteien unterzeichnet werden.

2.4 Mobilität der Finanzierung durch Verbriefung

Die Immobilie war – wie der Name schon sagt – bis Anfang der 90er Jahre in Deutschland eine statische und langfristige Anlage. Das Immobilien-Investment galt stets als immobil. Erst mit der Internationalisierung des Immobiliengeschäftes, dem stärkeren Einfluss angelsächsischer Investitions- und Finanzierungsstrategien wurde die Immobilie zu einer anderen Anlageformen vergleichbaren Assetklasse. Dies hat sich auf die Investitionsentscheidung selbst mit Hilfe der Due-Dilligence, der Einbindung der Einzelentscheidung in eine umfassende Portfoliostrategie, das laufende Portfoliomanagement mit Bestands-, Flächen-, Mieter- und Nebenkostenoptimierung (Facility Management) bis hin zur Art und Weise der Finanzierung ausgewirkt.

Durch Kreditderivate im engeren Sinne, wie z.B. Credit Default Swaps und durch Kreditderivate im weiteren Sinne, wie Asset Backed Securities und hybride Produkte (z.B. Credit Linked Notes) sind die Finanzierungsmöglichkeiten der Investoren und der Banken deutlich erweitert worden. Die Immobilieninvestitionen selber, aber auch die Finanzierungen, sind entsprechend mobiler und die Zeiträume kürzer geworden. Für die Banken ist es bereits zum Zeitpunkt der Kreditentscheidung wichtig, inwieweit der Kredit portfolio- und damit strategiekonform ist und inwieweit die Struktur des Kredites eine Syndizierung oder Verbriefung zur

Portfoliosteuerung zulässt. Gerade die nach den Mindestanforderungen an das Kreditgeschäft (MAK), den Anforderungen nach Basel II und den Anforderungen an das Kredit- und Bankrating notwendigen Fähigkeiten der risiko- und ertragsorientierten Steuerung des Kreditgeschäftes haben den erst jungen Verbriefungsmarkt in Deutschland überaus dynamisch entwickeln lassen.

Durch Verbriefung werden Kredite bzw. das Kreditrisiko wie ein Wertpapier zu einem handelbaren Gut transformiert und in dem dafür bestehenden Investorenmarkt platziert. Entsprechend sind Asset Backed Securities (ABS) Wertpapiere, die durch Forderungen besichert und als verbriefte und fungible Vermögensgegenstände gehandelt werden. Die Emission der ABS erfolgt überwiegend über eine dafür gegründete Tochtergesellschaft. Dadurch ist das Rating der jeweiligen ABS vom Rating des Emittenten losgelöst und wird nur durch die Qualität des Forderungspools bestimmt.

In der Praxis hat sich besonders die Verbriefung von Hypothekarkrediten bewährt, zumal sich deren künftige Zahlungsströme mit hoher Zuverlässigkeit prognostizieren lassen. Diese Mortgage Backed Securities (MBS) werden für gewerbliche Immobilienkredite (Commercial MBS) oder für kleinteilige private Wohnungsbaukredite (Residential MBS) aufgelegt. Daneben werden noch andere Forderungen an Unternehmen oder Private (Konsumentenkredite, Kreditkartenforderungen etc.) verbrieft.

Im Immobilienbereich haben sich in Deutschland bisher vor allem die CMBS- und RMBS-Transaktionen in Form synthetischer Verbriefungen durchgesetzt. Die synthetische Verbriefung ist gegenüber der True Sale-Verbriefung mit geringerem Aufwand und hoher rechtlicher Zuverlässigkeit durchführbar. Darüber hinaus führt die synthetische Verbriefung zu keiner Änderung des Kreditverhältnisses mit den Kunden; die Kredite verbleiben im Gegensatz zum True Sale auf der Aktivseite der Bank. Die Bank verkauft mittels Verbriefung das nach Klassen tranchierte und pro Risikoklasse geratete Kreditrisiko (mit Ausnahme des First Loss) und setzt regulatorisch gebundenes Eigenkapital frei. Dabei ist eine RMBS-Transaktion wegen der breiten Streuung des Kreditrisikos und der zuverlässigen Cashflow-Prognose weniger aufwändig und kostengünstiger durchführbar als eine CMBS-Transaktion. Gleichwohl sind die Kosten für die Verbriefung durch die Rechts-, Beratungs-, Rating- und Platzierungskosten sowie laufendem Investorenreporting relativ hoch. In der Regel rechnen sich synthetische Verbriefungen erst ab einem Kreditvolumen (Portfolio) von etwa 1 Milliarde €, um die hohen Einmal- bzw. Transaktionskosten kalkulatorisch möglichst breit zu verteilen. Eine derartige Verbriefungsstruktur geht aus der nachfolgenden Abbildung hervor:

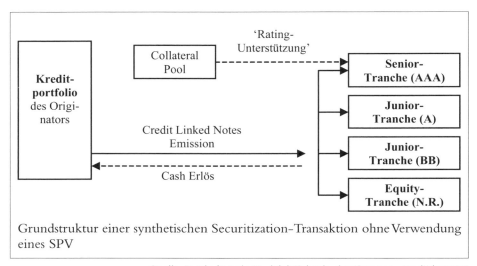

Grundstruktur einer synthetischen Securitization-Transaktion ohne Verwendung eines SPV

Quelle: Burghof/Henke/Rudolph/Schönbucher/Sommer, „Kreditderivate"

Inzwischen werden auch aus Kostengründen nach standardisierten Kriterien Platzierungsplattformen angeboten, wie z.B. die Plattform „PROVIDE" der KfW. Durch die Einbeziehung der KfW als Anstalt des öffentlichen Rechts kann die Bank die Eigenkapitalunterlegung für das verbriefte Portfolio nahezu vollständig vermeiden (mit Ausnahme First Loss). Das nachfolgende Schema zeigt die Grundstruktur für eine derartige Verbriefung unter Einbeziehung der KfW:

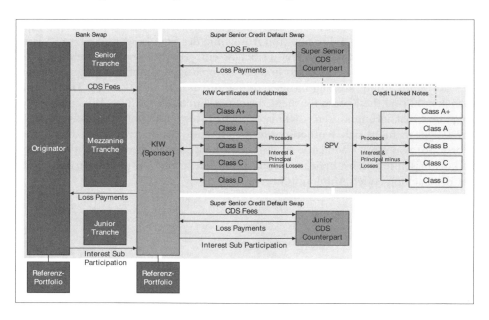

Zusätzlich bietet die KfW den Banken durch die Vergabe eines Globaldarlehens eine ergänzende Refinanzierungsmöglichkeit, auf deren Basis neue Wohnungsbaukredite vergeben werden können. Durch die Vergabe eines Globaldarlehens erhält die Bank günstige Refinanzierungsmittel, mit denen sie nach eigenem Ermessen und unter Berücksichtigung vorher mit der KfW vereinbarter Förderkriterien Kredite für wohnwirtschaftliche Investitionen an Privatpersonen vergeben kann. Die Besonderheit eines derartigen Globaldarlehens liegt in der Weitergabe des durch die besseren Refinanzierungsmöglichkeiten der KfW erzielten Refinanzierungsvorteils an die einzelnen Endkreditnehmer.

WestLB und Westdeutsche ImmobilienBank haben inzwischen ein CMBS-Conduit-Programm für das internationale Immobiliengeschäft implementiert, um neben der Syndizierung eine weitere Ausplatzierungsmöglichkeit im Sinne der Portfoliosteuerung zu erreichen. Dieses CMBS-Conduit-Programm beinhaltet eine fortlaufende Verbriefung (True Sale) einzelner Neugeschäftstranchen im Rahmen einer standardisierten Vorgehensweise, wodurch die Dauer der Umsetzung der Transaktion verkürzt und die Akzeptanz im Kapitalmarkt erhöht wird. Dabei übernimmt die Westdeutsche ImmobilienBank in der Warehouse-Phase Neukredite bis zu einer kritischen Portfoliogröße von etwa 300 Mio. €, die dann über die WestLB im Kapitalmarkt ausplatziert werden. Der Vorteil dieser fortlaufenden Verbriefung ist die Nutzung der Arbitrage zwischen den Kreditmärkten, ohne hierfür ein zusätzliches Risiko eingehen zu müssen.

Mit diesen Verbriefungstransaktionen werden grundsätzlich die Finanzierungsmöglichkeiten der Banken und damit auch für die Kunden erweitert, neugeschäftsrelevantes Eigenkapital freigesetzt und das Kreditrisiko im Sinne einer Portfoliosteuerung breiter gestreut. Dieses Instrument wird auch vor dem Hintergrund von Basel II in Zukunft weiter an Bedeutung gewinnen und fester Bestandteil der Treasury-Aktivitäten sein. Mit den Verbriefungen lassen sich mehrere Ziele der Banken gleichzeitig erreichen:

– Verbesserung der Eigenkapitalrelation und der Bilanzstruktur
– Breitere Streuung des Kreditrisikos und verbesserte Limitsteuerung
– Erhöhung der Liquiditäts- und Refinanzierungsmöglichkeiten
– Steigerung der Rentabilität

Durch Asset Backed Securities und Verbriefungen werden zunehmend auch Unternehmen und institutionelle Anleger einen rating-unabhängigen Zugang zu den Finanzierungsmöglichkeiten an den großen internationalen Kapitalmärkten haben.

3. Besonderheiten der Portfoliofinanzierung

3.1 Investition in Immobilienportfolien

Professionalität, Systematisierung und gesteigertes Risiko- und Chancenbewusstsein haben verstärkt zur Investition in Immobilienportfolien, also dem gleichzeitigen Handel mit mehreren Immobilien, geführt. Dabei spielt das Know-how des Investors eine große Rolle, ob er sich auf Wohnimmobilien oder gewerbliche Immobilien konzentriert. Bei den gewerblichen Immobilien ist zunehmend eine Spezialisierung auf Portfolien aus Büro-, Handels-, Logistik- oder Hotelimmobilien fest-zustellen. Der besondere Reiz der Investition in Portfolien besteht darin, dass ein Risikoausgleich über mehrere Objekte per se gegeben ist. Einerseits wird zwar eine gewisse Homogenität der Objekte angestrebt, andererseits aber eine hinreichende Streuung über unterschiedliche Standorte, Betreiber und Mieter zur Risikodiver-sifikation. Voraussetzung ist stets, dass trotz der Mischung aus Objekten unter-schiedlicher Qualität jedes einzelne Objekt für sich rechtlich und wirtschaftlich hinreichend fungibel und am Markt veräußerbar ist. Investitionen in Portfolien sol-len gerade der Bildung von Klumpenrisiken entgegenwirken. Dadurch ist eine höhere Stabilität des Cashflows gegenüber der Einzelimmobilie wahrscheinlich. In-sofern können derartige Finanzierungen häufig auch ohne oder mit nur begrenzter Rückgriffsmöglichkeit der Bank auf Dritte (Non-recourse- oder Limited-recourse-Finanzierung) dargestellt werden. Die Bank wird Wert darauf legen, dass ihr der In-vestor die mit dem Portfolioerwerb verfolgte Strategie und deren Einbindung in sein gesamtes Immobilienmanagement aufzeigt.

3.2 Voraussetzungen für die Portfoliofinanzierung

Im Grundsatz entspricht die Portfoliofinanzierung[1] durchaus einer Einzelobjektfi-nanzierung, wenngleich einige Besonderheiten zu beachten sind:

– Der Cashflow des Gesamtportfolios muss über die gesamte Finanzierungsperiode und auch zur Anschlussfinanzierung stabil sein

– Der Netto-Cashflow pro Immobilie und des Gesamtportfolios (mit entspre-chender grundbuchlicher Absicherung) sind an die Bank abzutreten

– Bei Portfolien mit Streuung der Immobilien über mehrere Länder wird die Zu-sammenfassung des Cashflows über eine Holding (z.B. Luxemburg S.A.) er-reicht, deren Cashflow und Gesellschaftsanteile an die Bank abgetreten werden

– Die Struktur des Portfolios muss eine ausgewogene Risikostreuung im Hinblick auf Lage, Mietermix, Erhaltungszustand usw. aufweisen

– Die Einzelimmobilie muss wirtschaftlich und rechtlich selbstständig und eigen-ständig veräußerbar sein

– Das Portfolio muss qualifiziert und professionell gemanagt werden (Facility- oder Center-Management)

– Für eventuelle Umschichtungen in einem Bestandsportfolio sind vorab Rege-lungen (Sondertilgung, Kapitalnachschuss etc.) mit der Bank zu treffen, damit der Investor das Portfolio im Zeitablauf wirtschaftlich optimieren und günstige Marktsituationen zum Zu- oder Abverkauf einzelner Immobilien nutzen kann

– Bei einem Veräußerungsportfolio wird sich die Bank ein entsprechendes Freiga-be- und Sondertilgungsrecht vor Verkauf einräumen lassen, damit das Portfolio nicht durch zunächst den Verkauf guter Objekte geplündert und die Kreditrück-führung dadurch gefährdet wird

– Wie bei der Einzelobjektfinanzierung erfolgt die kreditmäßige Steuerung über Covenants, die sich in der Regel auf das Gesamtportfolio und nicht auf die

---

[1] Vgl. Jörg Lauer, ZfJR 4/2001.

Einzelimmobilie beziehen (vor allem die Kapitaldienstrate DSCR und Verschuldungsgrad LTV).

Bei dem Portfolioerwerb in Verbindung mit der Übernahme einer Wohnungs- oder Immobiliengesellschaft sind die unternehmerischen Risiken aus dem Beteiligungserwerb zusätzlich zu untersuchen und zu bewerten. Gerade der Erwerb von Wohnungsportfolien erfolgt häufig unter der Prämisse der Mieterprivatisierung bzw. des Abverkaufs zumindest eines Teils des Bestandes im Zeitablauf, um den Erwerbspreis zu amortisieren. Neben der üblichen, mit unterschiedlichen Szenarien belegten Cashflow-Prognose haben hierbei die Auswirkungen aus dem Instandhaltungsbedarf und der preislich wie zeitlich prognostizierte Abverkauf von Wohnungen besondere Bedeutung. Je stärker Kapitaldienst und Kreditrückführung vom Abverkauf der Wohnungen abhängen, umso kritischer ist die Finanzierung zu sehen. Auch ohne Abverkaufsaktivitäten sollte die Finanzierungsstruktur so angelegt sein, dass in hohem Maße in Abhängigkeit von den Zinsbindungsfristen auf jeden Fall die Zinsdienstrate (ICR) erbracht werden kann und die Kredithöhe (Loan-To-Value) so konservativ angelegt ist, dass jederzeit auch Teilverkäufe des Portfolios durchführbar sind.

3.3 Cashflow-Analyse und Covenants

Gerade wegen der Unsicherheiten in der Vermietungssituation, der Bewirtschaftungskosten, dem eventuellen Instandhaltungs- oder Revitalisierungsbedarf, unterschiedlicher Rechtskreise bei länderübergreifenden Portfolien, dem Erwerb von Gesellschaften oder dem beabsichtigten Abverkauf von Objekten ist vor Erwerb eine ausführliche Due-Dilligence (rechtlich, steuerlich und immobilienwirtschaftlich) durchzuführen. In unterschiedlichen Szenarien (Business-Case, Worst-Case) und ergänzend durch Stress Tests ist die Stabilität des Cashflows (Mietausläufe, Kosten Mieterwechsel, Zinsänderungs- und Währungsänderungsrisiken etc.) zu analysieren, um eine Chancen- und Risikobandbreite als Finanzierungsbasis zu ermitteln. Dabei sind auch Branchenentwicklungen (Handel, Hotel, Logistik) bis hin zu den demografischen Veränderungen (Wohnen) in den Szenarien nach entsprechendem Research zu verarbeiten. Bei gewerblichen Portfolien ist die Bonität der Hauptmieter oder bei Mieterkonzentrationen als Sekundärrisiko ebenfalls einzubeziehen.

Die Finanzierungsstruktur wird entscheidend von der in den verschiedenen Szenarien nachgewiesenen Stabilität des Cashflows und der daraus resultierenden Sicherheit der Kreditrückführung bzw. späteren Kreditablösung abhängen. Neben dem Eigenkapitalpuffer sind ggf. aus dem laufenden Cashflow an die Bank abzutretende Risikoreserven (Escrow Account) aufzubauen, mit denen Revitalisierungs-, Mieterwechsel- und Leerstandskosten abgefangen werden.

Bei Portfolien mit Revitalisierungs-, Neuvermietungs- und Abverkaufsobjekten kann bei entsprechend erfolgreichem Verlauf und deutlicher Verbesserung des Verhältnisses von Kredit zu Verkehrswert (Loan-To-Value) und Steigerung der Kapitaldienstfähigkeit auch eine partielle Freigabe von Eigenkapital oder Zusatzsicherheiten erfolgen (et vice versa). Entscheidend für eine derartige Liquiditätsschöpfung wird die nachhaltige Stabilität des Cashflows über die Restfinanzierungsdauer und im Hinblick auf eine spätere Anschlussfinanzierung sowie die eingeschätzte Wertentwicklung des Restportfolios sein. Insofern werden gerade bei Portfoliofinanzierungen Kennzahlen und Bedingungen (Covenants) nicht nur ex post, sondern auch vorausschauend sowie mit periodischen und ggf. mehrstufigen Tests vereinbart. Diese Covenants können risikoorientiert für einzelne Kredittranchen unterschiedlich und mit Anpassungen im Zeitablauf vereinbart werden. Sicherheit der Kapitaldienstfähigkeit und Rückführung des Kredites haben für die Bank höchste Priorität. Daher werden bei diesen laufenden Tests vor allem untersucht:

– Mietauslaufstruktur, Anschlussvermietungen, Mietzinsänderungen
– Entwicklung der Mieterbonitäten
– Kosten für Mieterwechsel mit eventuellen Zusatzinvestitionen
– Instandhaltungsbedarf
– Betreiberbonität
– Weiterentwicklung des spezifischen Objektmarktes (Immobilienzyklus) und der Branche (z.B. Hotel, Logistik, Handel) und damit erwartete Wertentwicklung des Portfolios

Bei einer Recourse- oder Limited-recourse-Finanzierung, d.h. einer Finanzierung mit voller oder teilweiser Haftung Dritter (z.B. Gesellschafter), werden häufig ergänzende Covenants vereinbart, die das zusätzliche Haftungspotenzial im Zeitablauf einbeziehen. Dazu gehören Bonitätskriterien der Garanten, wie Mindestkapitalausstattung, Verschuldungsgrad oder Einhaltung einer Mindestliquidität mit entsprechenden Regelungen bei Verletzung dieser Covenants (Zusatzsicherheiten, Sondertilgung, Objektverkauf etc.)

Cashflow- und Portfolioorientierung haben sich bei den Investoren und finanzierenden Banken verstärkt durchgesetzt, zumal dies elementare Kriterien für die Risikosteuerung und auch für die Bewertung durch Ratingagenturen sind. Die Unternehmensstrategien der Investoren und Kapitalsammelstellen beziehen sich vor allem auf die Steuerung und laufende Optimierung ihrer Portfolien auf der Grundlage definierter Portfoliostrategien. Es liegt deshalb nahe, Portfolioziele durch den Zu- oder Abverkauf von Teil- oder ganzen Portfolien schneller zu erreichen. Der Markt für Portfolio-Transaktionen – auch über Ländergrenzen hinweg – wird weiter zunehmen und im Rahmen von Corporate- oder Public-Real-Estate ein wichtiges Instrument zur Trennung von Immobilienbeständen und zur Konzentration auf die Kernaktivitäten von Unternehmen und öffentlicher Hand sein. Mit einer nach internationalen Kriterien strukturierten Finanzierung sind Portfolien häufig sogar gegenüber der Einzelfinanzierung leichter im Markt platzierbar und für Verbriefungen sogar besser geeignet.

4. Projekt- oder Joint Venture-Finanzierung

4.1 Finanzierung ohne Cashflow

Bei dieser Art der Finanzierung geht es darum, einen Kredit für ein geplantes Projekt auszulegen, das erst noch gebaut, vermietet und ggf. verkauft werden soll. Es handelt sich also um die Finanzierung eines Projektes, das erst in Zukunft einen

Cashflow generieren wird. Kapitaldienst und -rückzahlung sind mit erheblichen Unsicherheiten behaftet. Entsprechend hoch müssen der Einsatz von Eigenkapital und das Haftungspotenzial der Kreditnehmer bzw. einzubeziehender Dritter (Sponsoren) sein oder durch Vorvermarktung bereits eine hinreichende Sicherheit des künftigen Cashflows vorliegen. Im internationalen Projektfinanzierungsgeschäft schließen sich Sponsoren und Developer zu einer Projektgemeinschaft zusammen. Chancen und Risiken aus dem Projekt werden fair zwischen den Partnern aufgeteilt.

Die Sponsoren begrenzen ihre Haftung auf die Kapitaleinlage (Non-recourse) oder haften z.B. für Kapitaldienst oder Kapitalnachschuss nur begrenzt (Limited-Recourse). Wirtschaftliche und technische Risiken werden auf verschiedene Projektpartner (Architekten, Fachingenieure, Generalunternehmer, Versicherungen etc.) aufgeteilt. Für das Risiko ist in erster Linie der erwartete Cashflow maßgeblich. Die Kreditrückführung erfolgt entweder durch Verkauf der Projektgesellschaft oder der Anteile daran (share-deal) oder durch Verkauf des fertig gestellten und vermieteten Gebäudes (asset-deal) an einen Endinvestor.

Eine Alternative zu dieser Art der Projektfinanzierung bietet sich auch in Form des Joint Ventures von Banken und Entwicklern.

4.2 Projektgemeinschaft im Joint Venture

Die finanzierende Bank und der Projektentwickler schließen sich in einer Einprojektgesellschaft (GmbH, KG oder GbR) zusammen. In der Regel wird die Bank aus Konsolidierungsgründen ihren Gesellschaftsanteil unter 50% halten. Entsprechend den Beteiligungsanteilen werden die Projektergebnisse später aufgeteilt. Je nach besonderen Leistungen und bereits erbrachten Vorleistungen des Entwicklers werden auch davon abweichende Regelungen zur Ergebnisverteilung getroffen. Aus Sicht der Bank muss auf konservativer Kalkulationsbasis das Projekt einen Gewinn auf die Gesamtinvestierungskosten von mindestens 15% als realistisch und auch von Dritten nachvollziehbar erreichen. Die Mindestgröße für ein Joint Venture liegt bei 15 Mio. € und die erwartete Projektlaufzeit bei 3–5 Jahren. Die Bank selber wird sich das Recht der Geschäftsführung in der Projektgesellschaft einräumen lassen, um es ggf. in kritischen Situationen auszuüben. Im Rollenverständnis dieser Partnerschaft wird der Entwickler die aktive Rolle des Unternehmers und die Bank die des kontrollierenden und beratenden Partners einnehmen. Auf diese Weise werden im Joint Venture das Know-how, die Erfahrung und das Investitionskapital unterschiedlicher Partner in effizienter Form zusammengeführt. Im Unterschied zur klassischen Finanzierung beteiligt sich die Bank an dem Investitionsrisiko bereits in einem sehr frühen Stadium. Dies kann schon der Zeitpunkt der Projektidee oder noch vor dem konkreten Grundstückserwerb sein. Mit der Bank als Co-Investor wird insgesamt der finanzielle Background für das Projekt gestärkt und die Realisierungschance erhöht.

4.3 Voraussetzungen und Projektphasen

Die entscheidenden Voraussetzungen für ein Joint Venture sind das hohe Vertrauen der Partner, die Zuverlässigkeit, das Know-how und die bisher erfolgreiche Developer-Tätigkeit (track record). Gerade die Projektentwicklung erfordert bei allen Unwägbarkeiten und auch zwischenzeitlichen Anpassungen eine besonders gründliche Projektvorbereitung und stringente Abwicklung. Die Struktur des Joint Ventures und die möglichen Beteiligten an einer Projektfinanzierung lassen sich wie folgt darstellen:

Mögliche Beteiligte am Joint Venture

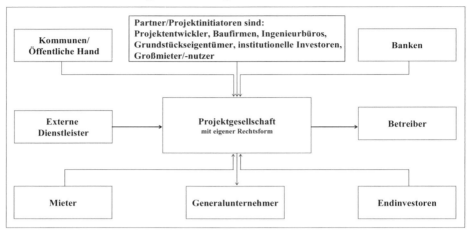

Die Projektentwicklung ist eine der komplexesten Managementaufgaben der Immobilienwirtschaft mit der gleichzeitigen Organisation und Koordination zahlreicher Aktivitäten und Einflussfaktoren. Insofern liegt es nahe, diese komplexe Aufgabe in eng miteinander verbundene Entwicklungsphasen aufzuteilen. In der Praxis haben sich eine gründliche Vorbereitungsphase auf der Basis eines vereinbarten Vorlaufbudgets und die daran anschließende Realisierungs- und Investitionsphase bewährt. Dieses phasenweise Vorgehen soll das Investitionsrisiko stets in einem überschaubaren Verhältnis zur Sicherheit der Projektrealisierung und dem angestrebten Erfolg halten. Projektfortschritt und Erfolgschance sollten eng miteinander korrelieren, d.h. je mehr investiert wird, umso wahrscheinlicher sollte auch die Gewinnrealisierung werden.

4.3.1 Projektvorbereitung

Von besonderer Bedeutung ist die Vorbereitungsphase, um die Projektidee mit überschaubaren Kosten quasi auf dem Papier bereits weitgehend abzusichern. Dazu werden die Projektpartner ein Vorlaufbudget in der Größenordnung von etwa 1% der Gesamtinvestitionskosten zur Verfügung stellen mit folgenden Aktivitäten:

– Grundstück:
 Sicherung der Möglichkeit des Grundstückserwerbs (Option); Klärung von Baurecht, Altlasten, Grundstücksausnutzung, Nutzungsbeschränkungen, Investitionsverpflichtungen und ggf. Vorbereitung eines städtebaulichen Vertrages

- Objekt:
  Entwurfsplanung, Architektenwettbewerb, Bebauungs- und Nutzungskonzeption als Entwurfsplanung; Kalkulation der Kosten, Termine und Qualitäten; Vorbereitung der Ausschreibung bis zur Submissionsreife
- Vermietung:
  Umfassendes Marktresearch hinsichtlich des Bedarf und der Mietansätze, erste Vorvermietungen an Ankermieter
- Exit-Strategien:
  Prüfung von Fungibilität und Drittverwendungsfähigkeit der Immobilie und Ansprache potenzieller Investoren
- Vorbereitung der Gründung einer Projektgesellschaft und Festlegung der Gründungspartner

Mit der Vorbereitungsphase wird der Grundstein für den Erfolg des Projektes gelegt. Dabei spielt auch eine große Rolle, zu welchem Zeitpunkt in welcher Phase des Immobilienzyklus' die Immobilie vermietet und bei Investoren platziert werden soll.

Zahlreiche Projektentwicklungen sind auch daran gescheitert, dass sie wegen unzureichender Vorbereitung eine zu lange Durchführungszeit erforderten und dann in ungünstigen Marktsituationen platziert werden mussten.

4.3.2 Realisierungsphase

Um mit der konkreten Investition in das Projekt zu beginnen, müssen zahlreiche Bedingungen erfüllt sein:

- Sicherung der Gesamtfinanzierung, unter Einbeziehung aller Kosten und der gesamten Projektlaufzeit
- Grundstückskauf, Vertragsabschluss
- Detaillierte Planung, Ausführungsplanung, funktionale Ausschreibung
- Baugenehmigung
- Hinreichende Vorvermietung (60 %), vertragliche Bindung von Ankermietern
- Vergabe der Bauleistungen, vorzugsweise an eine Generalunternehmer-Arbeitsgemeinschaft (Kostensicherheit);
- Einschaltung eines externen Baucontrollers zur neutralen Überwachung
- Einschaltung Facility-Management bzw. bei Einkaufszentren Center-Management

Darüber hinaus ist die Projektgesellschaft gegründet und sind die Beziehungen zwischen den Projektpartnern über Verträge geregelt. Leistungen, die die Partner selber bringen, werden zu Marktkonditionen vergütet. Während in der Vorbereitungsphase der Kreis der Projektpartner möglichst klein gehalten werden sollte, können in der Realisierungsphase weitere Partner und ggf. auch der Endinvestor aufgenommen werden.

4.3.3 Stabilisierungs- und Exit-Phase

Der ideale Verkauf der Projektentwicklung erfolgt bereits vom Plan weg, wenn alle Rahmenbedingungen erfüllt sind. Das Projekt muss dann in der Vorbereitung bereits eine so hohe Stabilität haben, dass auf dem weitgehend gesicherten Cashflow mit dem Investor ein Faktorpreis vereinbart werden kann (prognostizierte Jahresmiete, multipliziert mit dem in der Immobilienwirtschaft üblichen objekt- und lageabhängigen Faktor). Diese Definition des Kaufpreises trägt auch den Besonderheiten Rechnung, dass in der Bauphase mehr als ursprünglich geplante Nutzflächen geschaffen werden können oder die Vermietung (bei Einkaufszentren durch die Gewinnung besonders bekannter Marken) überproportional gut verläuft.

Bei größeren Einkaufszentren mit Freizeit- und Erlebnisteilen ist vielfach eine Stabilisierungsphase erforderlich, um Mietermix und Nebenkosten nach Anlauf des Centers weiter zu optimieren und dann erst zu veräußern.

4.4 Projektentwicklung bei sich wandelnden Märkten

Projektentwickler sind Visionäre, die von der Immobilienwirtschaft zur anspruchsvollen und nutzungsgerechten Fortentwicklung unserer Städte benötigt werden. Das quantitative Wachstum auf den etablierten Immobilienmärkten und in den Ballungsregionen wird zunehmend durch ein qualitatives Wachstum mit Verdichtung und Erneuerung in unseren Städten abgelöst werden. Vision, architektonische Ansprüche, Nutzungsgerechtigkeit und vor allem auch Ökonomie in der Bau- und Betreiberphase sind unabdingbare Erfolgsvoraussetzungen. Verstöße gegen die obigen Kriterien werden in gesättigten Märkten – wie wir sie heute in Westeuropa insgesamt haben – stärker abgestraft als in Entwicklungsmärkten mit quantitativem Wachstum.

5. Immobilien-Investment-Banking

5.1 Königsdisziplin der Immobilien-Finanzierung

Immobilien-Investment-Banking ist eine Antwort auf das

- verändertes Investitionsverhalten der Kunden
- die erweiterten Finanzierungs- und Refinanzierungsmöglichkeiten der Banken
- die Anpassung der nationalen Investitions- und Finanzierungsstrategien an internationale Standards und
- die Betrachtung der Immobilie als Cashflow-generierenden Wert- und Produktionsfaktor

Immobilien-Investment-Banking fasst Finanzierungs- und Serviceleistungen rund um die Immobilie als maßgeschneidertes Angebot für die gesamte Lebensphase von Immobilien zusammen. Schwerpunkt ist selbstverständlich die Finanzierung. Dies lässt sich wie folgt definieren:

Immobilien-Investment-Banking ist die Cashflow-bezogene, nach Risikoklassen tranchierte strukturierte Finanzierung von Immobilienprojekten. Sie wird durch den Einsatz von eigenem Equity oder der Vermittlung von Equity-Partnern meist non- oder limited-recourse dargestellt. Hinzu kommen Consulting-Leistungen, welche die individuellen Bedürfnisse des Kunden berücksichtigen. Diese beinhalten u.a. auch die Portfolio-Analyse, -optimierung und -beratung sowie mögliche Exit-Strategien.

Diese individuell auf den Kunden zugeschnittene komplexe Dienstleistung setzt die Kombination zahlreicher Leistungen durch jeweilige interne und externe Spezialisten voraus. Insofern ist Immobilien-Investment-Banking vor allem Team-Banking.

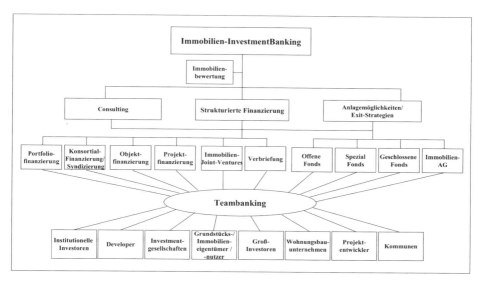

Dabei werden Elemente der klassischen mit denen der strukturierten Finanzierung und kapitalmarktbezogenen Refinanzierung sowie des Immobilienmanagements und Consultings mit folgenden Leistungsschwerpunkten gebündelt:

– Due Dilligence und Bewertung
– Vermögens- bzw. Asset-Management zur Portfoliooptimierung
– Anlagemöglichkeiten und Exit-Strategien
– Strukturierte Finanzierung
– Emissionsgeschäft sowie Verbriefung bzw. Asset Backed Securitization

Immobilien-Investitionen sind stets komplexe Vorgänge, bei denen eine Vielzahl von Einflussfaktoren mit zum Teil sehr nachhaltigen und wenig änderbaren Auswirkungen zu berücksichtigen sind.

5.2 Due Dilligence

Am Anfang von Immobilien-Investitionen steht die umfassende Analyse. Die Due Dilligence hat sich inzwischen als unabdingbares Instrumentarium zur Vorbereitung des Erwerbs größerer Immobilien und vor allem der Transaktion ganzer Portfolien in der Praxis durchgesetzt. Diese Analyse der wertbeeinflussenden und der wertbildenden Faktoren setzt eine fachübergreifende interdisziplinäre Teamarbeit aus Immobiliensachverständigen, Fachingenieuren, Architekten, Immobilienökonomen, Rechtsanwälten, Steuerberatern bis hin zur Finanzdienstleistern voraus. Diese Analyse, die zunächst im Dataroom beginnt und auch die Objektbesichtigung und -analyse vor Ort einschließt, bezieht sich vor allem auf die Prüfung von

- Bausubstanz
  (Instandhaltungsbedarf, Schadstoffe, Umbau-, Erweiterungsmöglichkeiten, Feuerschutz, Fluchtwege)
- Gebäudetechnik und Bewirtschaftungskosten
  (Facility-Management)
- Nutzungsspezifika und Drittverwendungsfähigkeit sowie Fungibilität
  (möglicher Käuferkreis)
- Rechtliche Situation
  (Baurecht, Zuwegung, grundbuchliche Eintragungen, Nachbarschaftsrechte)
- Mietverträge
  (Miete, Laufzeit, Indexierung, Umsatzmieten, Break-Optionen, Umlagefähigkeit der Nebenkosten, Mieter- oder Betreiberbonität)
- Marktsituation
  (Detaillierte Mikro- und Makro-Lage, Regional- und Branchenentwicklung, weiche Standortfaktoren)
- Finanzierbarkeit
- Steuer- und Handelsrecht
  (Grunderwerb-, Gewerbe-, Grundsteuer, Bilanzierung nach HGB oder IAS, Entkonsolidierung über Objektgesellschaften)

Diese Analysen sind durch methodisch möglichst so angelegte Sachverständigengutachten zu untermauern, die später auch als Grundlage für die Banken zur Finanzierung dienen können. Die dokumentierte Analyse ist durch zukunftsbezogene Szenarien zu ergänzen, damit die Due Dilligence als umfassende Entscheidungsgrundlage für eine nachhaltige, wertorientierte Investition dienen kann.

5.3 Zielorientierte Finanzierungsstruktur

Aus den Ergebnissen der Due Dilligence wird die Bank den Netto-Cashflow ermitteln und in alternativen Szenarien sowie mit Hilfe von Stresstests die nachhaltige Kapitaldienstfähigkeit über den gesamten Finanzierungszeitraum darstellen. Von der eingeschätzten Höhe und Stabilität des Cashflows, der Sicherheit einer Anschlussfinanzierung oder des späteren Exits werden

- die Höhe des Eigenkapitals als Risikopuffer
- die Tilgung und Kapitalrückzahlung
- die zu vereinbarenden Covenants
- die Haftung (Recourse, Limited-Recourse, Non-recourse) und
- die Finanzierungsstruktur (nach Finanzierungs- und Risikotranchen)

in einem Term Sheet definiert. Dabei werden vor allem die unternehmerischen Zielsetzungen des Investors berücksichtigt. Gegebenenfalls steht die Bank selber oder mit vermitteltem Equity zur Verfügung, werden Mezzanine-Tranchen einbezogen oder zur Entkonsolidierung eine speziell dafür vorgesehene Objektgesellschaft gegründet. Syndizierungs- und Verbriefungsfähigkeit der Kredite sind für die Bank im Hinblick auf die eigene Kreditportfolio-Steuerung wichtige Kriterien.

Immobilien–Investment-Banking umfasst eine Dienstleistungspaket für große Immobiliendeals, wie z.B. Einkaufszentren, Wohnungsportfolien bzw. Wohnungsgesellschaften, Werkswohnungen, Hotels, Immobilien der öffentlichen Hand und ehemaliger Staatsbetriebe, Sozialimmobilien und Immobilienpakete von Industrie und Handel, die sich im Rahmen des Corporate Real Estate Managements von nicht betriebsnotwendigen Immobilien trennen wollen. Im Rahmen der Portfoliosteuerung institutioneller Anleger (Fonds, Kapitalsammelstellen, Versicherungen) wird der Handel mit Immobilienpaketen im nationalen wie im internationalen Bereich weiter zunehmen.

Teil 4
Rechtliche Aspekte von Immobilieninvestitionen

Übersicht

1. Asset Deal

1.1 Transaktionstypen (Transaktionsgegenstände und Vertragsmodelle)

1.1.1 Überblick über Erwerbsvarianten

Für den Erwerb von Immobilien stehen mehrere Varianten zur Verfügung. Die Vertragsgestaltung hängt entscheidend davon ab, welche Variante gewählt wird. Bevor auf die Besonderheiten einzelner Varianten eingegangen wird, sollen diese zunächst in einem kurzen Überblick gegenübergestellt werden:

1.1.1.1 Transaktion über Einzelimmobilie mit Bestandsgebäude

Der Käufer erwirbt ein Grundstück mit einem bei Vertragsabschluss bereits existierenden Gebäude. Hier ist für die rechtliche Beurteilung zwischen dem Kauf eines „gebrauchten" Bestandsobjekts und dem Kauf eines neuen Objekts nach Projektrealisierung durch den Verkäufer zu unterscheiden.

1.1.1.2 Bauträgervertrag

Der Verkäufer verwirklicht als Bauträger auf eigenem bzw. noch von ihm zu erwerbendem Grundstück ein (schlüsselfertiges) Bauvorhaben. Der Käufer erwirbt vom Verkäufer das Grundstück mit der Verpflichtung des Bauträgers, auf diesem ein bestimmtes Gebäude zu errichten.

1.1.1.3 Generalübernehmermodell

Der Verkäufer verwirklicht als Generalübernehmer auf einem von ihm an den Käufer veräußerten Grundstück ein (schlüsselfertiges) Bauvorhaben.

1.1.1.4 Grundstückskauf mit Vertragsübernahme

Bei dieser Variante tritt der das Grundstück erwerbende Käufer in die vom Verkäufer abgeschlossenen Projektverträge (insbesondere Planung und Bauausführung) im Wege der Vertragsübernahme ein.

1.1.1.5 Portfoliotransaktion

Portfoliotransaktionen sind dadurch gekennzeichnet, dass die Investition auf eine Mehrzahl von Immobilien (das „Portfolio") ausgerichtet ist, die vom Verkäufer zum Zweck des Verkaufs zusammengestellt wurden und gebündelt („im Paket") verkauft werden.

1.1.1.6 Property Outsourcing durch Sale and Leaseback

Property Outsourcing durch Sale and Leaseback ist die Veräußerung von Immobilien (häufig gewerbliche Portfolien), die weiterhin ganz oder zumindest teilweise für das Unternehmen des Verkäufers genutzt werden und deshalb mit Mietverträgen des Verkäufers oder mit diesem verbundener Unternehmen ausgestattet sind.

1.1.1.7 Kauf von Gesellschaftsanteilen

Anders als bei den oben genannten Varianten des „Asset Deal", die immer mit einem Grundstückserwerb verbunden sind, erwirbt der Käufer im Rahmen eines „Share Deal" nicht die Immobilie selbst, sondern die Geschäftsanteile einer Objektgesellschaft, von welcher das Grundstück gehalten wird.

1.1.2 Transaktion über Einzelimmobilie mit Bestandsgebäude

1.1.2.1 Kauf eines „gebrauchten" Bestandsobjekts

Der Erwerb eines gebrauchten Bestandsobjekts, das vom Verkäufer nicht eigens zum Zwecke der Weiterveräußerung hergestellt wurde, erfolgt durch einen klassischen Kaufvertrag und richtet sich ausschließlich nach Kaufvertragsrecht. Darin unterscheiden sich der Kauf des gebrauchten Bestandsobjekts vom Kauf eines neu errichteten Objekts. Bei letzteren ist auf die Planungs- und Bauleistungen Werkvertragsrecht anzuwenden. Dies gilt selbst dann, wenn die Planungs- oder Bauleistung bei Vertragsabschluss bereits vollständig erbracht ist.

1.1.2.2 Kauf eines neu errichteten Objekts

Bei dieser Variante erwirbt der Käufer ein Grundstück, auf dem der Verkäufer ein von ihm bereits fertiggestelltes Bauvorhaben verwirklicht hat. Wenn die Immobilie mit dem fertigen Gebäude verkauft wird, handelt es sich rechtlich um einen Unterfall des Bauträgermodells.

Beim typischen Bauträgermodell ist die Veräußerung nach Fertigstellung regelmäßig auf Vermarktungsschwierigkeiten zurückzuführen oder entspricht einem vorgefassten Plan des Verkäufers. Hinter letzteren kann eine bewusste Risikovermeidungsstrategie des Verkäufers stehen, die ihrerseits eine entsprechende Finanzkraft voraussetzt. Bei der Veräußerung des fertigen Objekts weiß der Verkäufer zum Zeitpunkt des Verkaufs genau, welche Risiken sich verwirklicht haben. Beispielsweise muss er keine Fertigstellungsrisiken, drohende Vertragsstrafen oder gar Ausstiegsszenarien fürchten, wenn der Verkauf erst nach Fertigstellung erfolgt. Außerdem steht ihm längere Zeit für die Vermietung zur Verfügung. Wenn der Mieter gleich mitgeliefert wird, braucht sich der Projektentwickler über Mietgarantien als Vermarktungsmittel keine Gedanken zu machen. Dies vereinfacht aus Sicht des Käufers die Vertragsgestaltung, weil weniger Vorkehrungen für künftige ungewisse Ereignisse getroffen werden müssen.

Die rechtliche Einordnung eines Bauträgervertrages ist für die Mängelhaftung bedeutsam. Gegenüber dem Käufer wird die Mängelhaftung in aller Regel nicht davon abhängen, ob der Verkauf vor oder nach Fertigstellung erfolgt. Entscheidend kommt es darauf an, dass ein „neues" Gebäude veräußert wird. Denn bei „neuen" Gebäuden kann in AGB die Mängelhaftung nicht ausgeschlossen werden, und Beschränkungen der Mängelhaftung sind nur in sehr engen Grenzen zulässig (vgl. § 309 Nr. 8 BGB). Ein vorübergehender Leerstand oder eine kurzfristige Vermietung ändern nichts an der rechtlichen Einordnung als „neues" Gebäude. Weil die Rechtsprechung noch nicht entschieden hat, wie lange Gebäude als „neu" gelten, werden vorsichtige Verkäufer bei den von ihnen hergestellten Gebäuden während der ersten Jahre im Zweifel immer von einem Neugebäude ausgehen. Auch in Individualvereinbarungen werden strenge Anforderungen an Mängelhaftungsausschlüsse gestellt. Nach den umfangreichen Belehrungen durch den Notar, die von der Rechtsprechung hier gefordert werden, wird sich kaum ein Käufer auf einen Mängelhaftungsausschluss einlassen. Aus Käufersicht ist zu beachten, dass für den Verkäufer unter Umständen bei den Fristen Mängelhaftungslücken entstehen, wenn Abnahme gegenüber den Bauunternehmen und Übergabe an den Käufer zeitlich auseinanderfallen, so dass der Bonität des Verkäufers und den von diesem gestellten Mängelhaftungssicherheiten besondere Bedeutung zukommen kann.

1.1.3 Transaktion über Einzelimmobilie mit zu errichtendem Gebäude

1.1.3.1 Bauträgervertrag

Beim Bauträgervertrag verpflichtet sich der Verkäufer ein ihm bereits gehörendes bzw. von ihm noch zu erwerbendes Grundstück zusammen mit einem schlüsselfertig zu erstellenden Gebäude an den Käufer zu übereignen. Der Käufer erhält folglich Grundstück und Bauwerk einschließlich der Planung, Erschließung und der erforderlichen Genehmigungen regelmäßig zu einem Pauschalfestpreis.

Widersprüchlich mag sich für den Nichtjuristen die gleichzeitige Bezeichnung des Bauträgervertrags in der juristischen Literatur und der Rechtsprechung als einheitlicher Vertrag und als gemischter Vertrag anhören. Von einem einheitlichen Vertrag spricht man, weil Grundstücksgeschäft und Bauleistung eine wirtschaftliche und damit auch rechtliche Einheit bilden. Die Bezeichnung als Mischvertrag wird verwandt, weil der Grundstückskauf dem Kaufvertragsrecht unterliegt und auf die Verpflichtung zur Erbringung von Planungs- und Bauleistungen Werkvertragsrecht anzuwenden ist.

Große praktische Unterschiede bestehen zwischen dem Bauträgervertrag und dem Generalübernehmermodell bei größeren Entwicklungsprojekten kaum. Oft ist es so, dass unter unterschiedlichen Bezeichnungen für den Projektentwickler letztlich die gleichen Verpflichtungen geregelt werden. Der Vertragsjurist kann, je nach dem vom Käufer bevorzugten Modell, ohne allzu großen Änderungsaufwand einen Bauträgervertrag in einen kombinierten Kauf-/Generalübernehmervertrag umformulieren und umgekehrt. Der wichtigste Unterschied liegt darin, dass der Verkäufer beim Bauträgervertrag das Eigentum erst nach der Abnahme aus der Hand gibt, während bei dem Generalübernehmermodell die Übereignung schon während der Bauphase stattfinden kann. In der Praxis enthalten Generalübernehmermodelle jedoch häufig eine davon abweichende Regelung. Typischerweise wird die Eigentumsüberschreibung nicht an die Zahlung des Grundstückskaufpreises, sondern vielmehr an die Zahlung der Generalübernehmervergütung gekoppelt. Somit entspricht die vertragliche Ausgestaltung des Generalübernehmermodells oft der Gestaltung von Bauträgerverträgen.

Der Bauträgervertrag ist als einheitlicher Vertrag gemäß § 311 b BGB selbstverständlich in vollem Umfang beurkundungspflichtig.

Die praktischen Unterschiede zwischen Bauträgervertrag und Generalübernehmermodell sind darüber hinaus schon deshalb nicht so groß, weil die grundsätzlich bestehende Einheit der kauf- und werkvertraglichen Elemente des Bauträgervertrages von der Rechtsprechung teilweise durchbrochen wird. So wurde beispielsweise eine isolierte Kündigung der Bauerrichtungsverpflichtung – werkvertragliches Element – für zulässig erachtet, wenn der Bauträger einen wichtigen Grund zur Kündigung gesetzt hat.

Während bei privaten Käufern insbesondere im Wohnungsbau die durch die Makler- und Bauträger-Verordnung (MaBV) vorgegebenen Zahlungsmodalitäten zu beachten sind (vgl. § 3 MaBV), spielen die MaBV-Restriktionen gegenüber institutionellen Käufern in der Praxis keine große Rolle. So kann der Bauträger gemäß § 7 Abs. 2 Nr. 2 MaBV mit dem Käufer in einer gesonderten Urkunde auf die Anwendung der MaBV-Absicherungen verzichten, soweit der Käufer eine juristische Person des öffentlichen Rechts oder ein in das Handels- oder Genossenschaftsregister eingetragener Kaufmann ist. Dabei wird nicht immer beachtet, dass tatsächlich auch mit dem Käufer eine derartige Verzichtsvereinbarung in einer gesonderten Urkunde getroffen werden muss. Diese sollte als Anlage zum Bauträgervertrag mitbeurkundet werden. Wenn von institutionellen Investoren eine gesonderte Verzichtsurkunde unterzeichnet wird, können monatliche Abschlagszahlungen nach Bautenstand und einem Zahlungsplan vereinbart werden, der sich an den MaBV-Raten orientieren kann. Eine Verpflichtung hierzu besteht jedoch nicht. Bei Vorauszahlungen ist es dann zulässig, Freigaben von Vorauszahlungsbürgschaften entsprechend dem Baufortschritt zu vereinbaren, so dass die Bankbürgschaft nicht zwingend in Höhe des gesamten Kaufpreises bis zum Schluss stehen bleiben muss, wenn der Investor mit früheren Bürgschaftsfreigaben einverstanden ist.

1.1.3.2 Generalübernehmermodell

Das Generalübernehmermodell ist eine Verknüpfung von Grundstückskaufvertrag und Generalübernehmervertrag.

Grundstückskaufvertrag und Generalübernehmervertrag können in einer Urkunde zusammengefasst werden. Möglich ist aber auch die Trennung zwischen dem die Errichtung des Gebäudes betreffenden Generalübernehmervertrag und dem Grundstückskaufvertrag. Trotz Trennung der Verträge ist regelmäßig auch der Generalübernehmervertrag gemäß § 311 b BGB beurkundungspflichtig. Nach der Rechtsprechung ist für die Pflicht zur Beurkundung maßgeblich, ob nach dem Willen einer der Vertragspartner der Generalübernehmervertrag mit dem Grundstückskaufvertrag stehen und fallen soll. Dies ist selbst dann zu bejahen, wenn der Generalübernehmer und der Grundstücksverkäufer nicht identisch sind. Entscheidend ist, dass der Grundstückskäufer und Bauherr diese beiden Verträge als Einheit ansieht und dies vom Vertragspartner erkannt wird. Tatsächlich wird eine solche Einheitlichkeit typischerweise dann angenommen, wenn der Generalübernehmer den Grundstückskauf auch vermittelt oder aber die Generalübernehmerleistung gerade für ein bestimmtes Grundstück konzipiert ist.

Wenn zwischen Grundstücksgeschäft und Generalübernehmerleistung ein Zusammenhang besteht, was bei Generalübernehmermodellen praktisch immer der Fall ist, sollten auf jeden Fall beide Verträge beurkundet werden. Sieht man von der Beurkundung des Generalübernehmervertrages ab, geht man das Risiko ein, dass beide Verträge unwirksam sind, solange nicht die Eigentumsumschreibung im Grundbuch erfolgt ist.

Der Generalübernehmervertrag kann in einer separaten Urkunde notariell beurkundet werden. Aus der zweiten Urkunde muss durch Verweisung der rechtliche Zusammenhang mit der ersten Urkunde hervorgehen. Die Grunderwerbsteuer, deren Bemessungsgrundlage der Grundstückskaufpreis und die Generalübernehmervergütung sind, ändert sich durch die getrennte Beurkundung nicht. Der Notar muss dem Finanzamt beide Urkunden vorlegen. Deshalb empfiehlt sich aus Kostengründen die Zusammenfassung in einer Urkunde, da die Notargebühr dann aus dem Gesamtwert berechnet wird und gegenüber den Notargebühren für die Einzelwerte ein Degressionseffekt eintritt.

1.1.3.3 Grundstückskauf mit Vertragsübernahme

Bei dieser Variante erwirbt der Käufer das noch nicht fertiggestellte Projekt, indem der Verkäufer das Grundstück an den Käufer verkauft und zusätzlich mit dem Käufer vereinbart, dass dieser in die vom Verkäufer abgeschlossenen Projektverträge (insbesondere Planung und Bauausführung) im Wege der Vertragsübernahme eintritt. Die Vertragsübernahme funktioniert im Außenverhältnis nur dann mit schuldbefreiender Wirkung zu Gunsten des Verkäufers, wenn die Vertragspartner, deren Verträge auf den Käufer übergeleitet werden sollen, dem Austausch des Verkäufers durch den Käufer zustimmen. Wenn der Verkäufer diese Variante von Anfang an plant, wird er bereits in den Verträgen mit den Projektbeteiligten die Möglichkeit der Vertragsübernahme vorsehen. Teilweise sind die Vorab-Zustimmungen zu einer Vertragsübernahme aber so weit gefasst, dass die Wirksamkeit der Zustimmung fraglich sein kann und vorsorglich noch einmal eine Zustimmung zum Vertragseintritt durch den konkret benannten Käufer eingeholt werden sollte. Stimmen die Projektbeteiligten der Vertragsübernahme nicht zu, bleibt der Verkäufer nach außen der Vertragspartner der Projektbeteiligen. Dann müssen sich der Verkäufer und der Käufer im Innenverhältnis so stellen, als sei die Vertragsübernahme wirksam geworden. Für diesen Fall werden die Parteien vereinbaren, dass der Verkäufer die Verträge wirtschaftlich nach den Weisungen und für Rechnung des Käufers durchführt oder der Käufer entsprechende Vollmachten erhält und der Verkäufer von Ansprüchen der Projektbeteiligten (insbesondere Vergütung) freigestellt wird.

1.1.4 Portfoliotransaktion

1.1.4.1 Definition und Vorteile von Portfoliotransaktionen

Eine Portfoliotransaktion ist der Verkauf eines aus mehreren Immobilien bestehenden Pakets (das „Portfolio"), welches der Verkäufer nach besonderen Kriterien zum Zweck des Verkaufs zusammengestellt hat. Nach der Zusammensetzung der Portfolien lassen sich Wohnungsportfolien, gewerbliche Portfolien oder gemischte Portfolien aus Wohnimmobilien und Gewerbeimmobilien unterscheiden. Eine Portfoliotransaktion kann auch als Share Deal strukturiert werden. In diesem Fall bezieht sich der Verkauf auf Anteile an einer oder mehreren Gesellschaften, von der bzw. denen die Immobilien gehalten werden.

Verkäufe von Portfolien werden häufig von Unternehmen durchgeführt, die sich von ihrem Immobilienbestand ganz oder teilweise trennen möchten, um sich auf ihr Kerngeschäft konzentrieren zu können. Die Portfoliotransaktion kann ferner der Liquiditätsbeschaffung durch Unternehmen oder der öffentlichen Hand dienen. Weitere Ziele können die Reduzierung von Kosten durch effektiveres Immobilienmanagement und die Steigerung der Eigenkapitalrendite sein. Diese Ziele können zwar auch durch Einzelverkäufe der Immobilien erreicht werden. Ein Portfolioverkauf hat jedoch für den Verkäufer den Vorteil, dass die Transaktionsziele bei erfolgreicher Transaktion relativ schnell auf einmal erreicht werden können. Durch die Zusammenfassung einer Vielzahl von Immobilien und das damit verbundene Transaktionsvolumen können auch finanzstarke Käufer erreicht werden, für die das niedrigere Transaktionsvolumen der Einzelverkäufe nicht in Frage käme. Die Portfoliotransaktion hat darüber hinaus für den Verkäufer den Vorteil, dass im Paket auch die für Käufer weniger guten Immobilien verkauft werden können, die bei einem Einzelverkauf unter Umständen nicht ohne weiteres verkäuflich wären. Diese Vorteile für den Verkäufer werden freilich oft dadurch erkauft, dass bei einem Portfolioverkauf ein Paketabschlag hingenommen werden muss.

1.1.4.2 Bieterverfahren

Bei komplexeren Portfoliotransaktionen werden zunehmend Bieterverfahren durchgeführt. Gegenüber dem auch bei Portfoliotransaktionen möglichen stillen Verkauf kann selbst durch ein beschränktes Bieterverfahren ein größerer Kreis potentieller Investoren angesprochen werden. Das Bieterverfahren hat gegenüber dem stillen Verkauf den Vorteil geordneter Abläufe und größerer Transparenz hinsichtlich der Käuferauswahlentscheidung, die regelmäßig gegenüber Gremien des Verkäuferunternehmens begründet werden muss. Aus Sicht des Verkäufers soll das Bieterverfahren nicht zuletzt der Kaufpreisoptimierung dienen, indem der Wettbewerb mehrerer Bieter möglichst lange aufrecht erhalten wird. Für Bieterverfahren haben sich typische Abläufe entwickelt, wobei der Verkäufer für die konkrete Transaktion regelmäßig (z.B. in einem Process Letter) bestimmte Verfahrensregelungen vorgibt.

Nach interner Aufbereitung des Portfolios sowie der Vorbereitung der Transaktion nehmen der Verkäufer oder seine Berater Kontakt zu potentiellen Kaufinteressenten auf. Die Kaufinteressenten unterzeichnen eine vom Verkäufer vorbereitete Vertraulichkeitsvereinbarung und erhalten dann genauere Informationen über das Portfolio, die z.B. in einem hierfür vom Verkäufer vorbereiteten Informationsmemorandum zusammengefasst sind. Der Verkäufer bittet diese Bieter in der ersten Stufe ein vorläufiges, indikatives Angebot (Indicative Offer) vorzulegen.

Nach Auswertung der indikativen Angebote entscheidet der Verkäufer, von welchen ausgewählten Bietern er in der zweiten Stufe endgültige Angebote (Final Bids) anfordern möchte. Regelmäßig wird der Bieterkreis auf drei bis fünf potentielle Käufer reduziert. Dieses endgültige Angebot wird als verbindliches Angebot (Binding Offer) bezeichnet, obwohl es jedenfalls bei einem Asset Deal wegen des Beurkundungserfordernisses rechtlich regelmäßig nicht bindend ist. Spätestens mit den endgültigen Angeboten müssen die Bieter meist auch Finanzierungsbestätigungen vorlegen. Die endgültigen Angebote basieren auf einer gründlichen Prüfung der den Bietern in dieser Runde überlassenen Informationen und Unterlagen sowie den Ergebnissen der durch die Bieter durchgeführte Due Diligence-Prüfung.

In der dritten Stufe entscheidet der Verkäufer nach Prüfung und Auswertung der endgültigen Angebote, mit welchen Bietern konkrete Kaufvertragsverhandlungen geführt werden sollen. Um möglichst lange einen hohen Wettbewerbsdruck aufrecht zu erhalten, wird häufig parallel mit zwei, teilweise sogar mit drei Bietern verhandelt. Der Verkäufer kann aber auch eine Rangfolge von Bietern bestimmen und zunächst exklusiv mit einem favorisierten Bieter verhandeln, während der oder die nachrangig plazierten Bieter in Wartestellung bleiben. Sind die Verhandlungen erfolgreich, endet die dritte Stufe mit dem Abschluss des Kaufvertrages und gegebenenfalls dem Eintritt bestimmter (Closing-)Bedingungen.

1.1.5 Property Outsourcing durch Sale and Leaseback

Der Begriff Property Outsourcing wird teilweise in einem weiten Sinne auch für den Verkauf von Immobilien verwendet, die der Verkäufer nicht selbst nutzt und die auch sonst keine betriebliche Funktion mehr erfüllen. In diesem Sinne könnte wohl fast jeder Verkauf größerer Immobilienbestände als Property Outsourcing bezeichnet werden. Property Outsourcing im engeren Sinne ist der Verkauf von Immobilien, die weiterhin ganz oder zumindest teilweise für das Unternehmen des Verkäufers genutzt werden. Typischer Fall ist der Verkauf betriebsnotwendiger Immobilien im Rahmen einer Sale and Leaseback-Transaktion.

Property Outsourcing-Transaktionen durch Sale and Leaseback beziehen sich regelmäßig auf gewerbliche Portfolien, die zu einem wesentlichen Teil mit Mietverträgen des Verkäufers oder mit diesem verbundener Unternehmen ausgestattet sind. Motive und Ziele des Verkäufers können – wie allgemein bei Portfolioverkäufen – die erwünschte Konzentration auf das Kerngeschäft, die Verlagerung von Immobilienrisiken, Liquiditätsbeschaffung oder die Verbesserung der Kosten- bzw. Eigenkapitalstruktur sein.

Property Outsourcing durch Sale and Leaseback ist aber nicht nur durch Portfolioverkauf, sondern auch durch Einzelverkäufe möglich, und zwar jeweils als Asset Deal oder als Share Deal. Die Wahl der Transaktionsstruktur ist häufig durch Steuermodelle geprägt. Die Immobilie kann gegen Beteiligung an der Leasing-Objektgesellschaft in diese eingebracht (sogenanntes Einbringungsmodell) oder an die Leasing-Objektgesellschaft verkauft werden.

Das Grundmodell des Property Outsourcing durch Sale and Leaseback besteht aus den vertraglichen Elementen der Immobilienveräußerung und des Leasing-

Mietvertrages, wobei die Mietforderungen häufig an die finanzierende Bank forfaitiert werden. Teilweise übernimmt der Käufer aber auch zusätzliche Dienstleistungen im Zusammenhang mit dem Betrieb des Gebäudes. Je komplexer die Transaktionen über die Standardmodelle hinaus im Sinne von Partnerschaften strukturiert werden, desto höher sind naturgemäß die Anforderungen an die juristische Vertragsgestaltung.

1.2 Hinweise zur Gestaltung des Grundstückskaufvertrages

1.2.1 Kaufgegenstand

1.2.1.1 Grundstück / Teilfläche an einem Grundstück

Gegenstand des Kaufvertrages sind Grundstücke. Hierbei ist ein Grundstück im Rechtssinne ein im Bestandsverzeichnis des Grundbuchs unter einer bestimmten Nummer bezeichnetes Grundstück, das aus mehreren Flurstücken bestehen kann. Als möglicher Kaufgegenstand kommt auch eine noch nicht vermessene Teilfläche eines Grundstücks in Betracht. Zwingend erforderlich ist es jedoch dann, die Teilfläche im Kaufvertrag hinreichend zu bezeichnen. Nicht ausreichend ist hier beispielsweise allein die Angabe der Grundstücksgröße oder eine Erklärung der Parteien, sie seien sich über den Grenzverlauf einig. Die Fläche sollte im Vertragstext beispielsweise durch Verweisung auf bestimmte Merkmale, so insbesondere die jeweiligen Eckpunkte des Grundstücks sowie durch Einzeichnung in einen der Urkunde beizufügenden Lageplan weitestgehend bezeichnet werden. Hinsichtlich des danach grundsätzlich möglichen Verkaufs von noch nicht vermessenen Teilflächen bleibt anzumerken, dass der schuldrechtliche Verkauf zwar möglich ist, der dingliche Vollzug, d.h. die Eintragung im Grundbuch, jedoch mangels möglicher grundbuchrechtlicher Erfassung erst nach Abschluss des Teilungsverfahrens erfolgen kann.

1.2.1.2 Wesentlicher Bestandteil / Erbbaurecht

Grundsätzlich ist ein Gebäude sogenannter wesentlicher Bestandteil eines Grundstücks und kann daher nicht Gegenstand besonderer Rechte sein. Demzufolge wechselt mit dem Eigentum am Grundstück auch das Eigentum an dem auf dem Grundstück aufstehenden Gebäude. Hiervon bildet das Erbbaurecht eine Ausnahme. Erbbaurecht ist das Recht, ein Bauwerk auf in der Regel fremdem Grund und Boden zu errichten und zu unterhalten. Bei Vorliegen eines Erbbaurechts kann daher Kaufgegenstand sowohl das aufgrund Erbbaurecht errichtete Bauwerk als auch das Grundstück oder aber beides gemeinsam sein. Als Alternative zum Grundstückskauf kommt dem Erbbaurecht insbesondere dann Bedeutung zu, wenn der Grundstückskauf aufgrund des hohen Kapitaleinsatzes wirtschaftlich nicht sinnvoll erscheint. Vergleichbar dem Erbbaurecht können auch durch die Vereinbarung und Eintragung entsprechender Dienstbarkeiten Bauwerke vom Grundstück dergestalt losgelöst werden, dass ein gesonderter Erwerb oder Verkauf von Grundstück oder Bauwerk möglich ist. So wird bei Errichtung diverser Anlagen (so beispielsweise Windkraftanlagen) häufig zwischen Grundstückseigentümer und Anlagenbetreiber eine entsprechende Dienstbarkeit vereinbart, um so die Anlagen im Wege der Sicherungsübereignung zur Finanzierung verwenden zu können.

1.2.1.3 Zubehör

Soweit von den Parteien nichts anders vereinbart wird, zählt zum Kaufgegenstand eines Grundstückskaufvertrages auch das sogenannte Zubehör. Als Zubehör werden bewegliche Sachen bezeichnet, die, ohne Bestandteil des Grundstücks zu sein, dem wirtschaftlichen Zweck des Grundstücks zu dienen bestimmt sind und mit ihm in einem dieser Bestimmung entsprechenden räumlichen Verhältnis stehen. Als Beispiel können Baumaterial auf einer Baustelle, Kühlanlagen in einem Restaurant, Maschinen auf einem Fabrikgrundstück oder Alarmanlagen in einem Wohngebäude genannt werden. Soll Zubehör nicht mitverkauft werden, empfiehlt sich somit eine entsprechende ausdrückliche Regelung im Vertrag.

1.2.2 Form des Grundstückskaufvertrages

Gemäß § 311 b BGB bedarf ein Vertrag, durch den sich eine Partei verpflichtet, das Eigentum an einem Grundstück zu übertragen oder zu erwerben, der notariellen Beurkundung. Wird diese Form bei Vertragsschluss nicht beachtet, ist der Vertrag unwirksam. Der formnichtige Vertrag wird jedoch durch Auflassung und Umschreibung des Eigentums im Grundbuch wirksam, d.h. der Formmangel wird geheilt. Häufig werden in Verbindung mit dem Grundstückskaufvertrag diverse weitere Nebenabreden getroffen, so beispielsweise Bau- und Mietverträge abgeschlossen. Besteht zwischen dem Grundstücksvertrag und diesen Nebenabreden ein solcher Zusammenhang, dass die einzelnen Vereinbarungen nach dem Willen der Parteien nicht alleine gelten, sondern miteinander „stehen und fallen" sollen, so erstreckt sich das Beurkundungserfordernis auch auf diese Nebenabreden. Auch bei Beurkundung des Grundstückskaufvertrages kann daher eine unterlassene Beurkundung der Nebenabrede zur Unwirksamkeit aller Verträge und damit auch des Grundstückskaufvertrages führen. Beurkundung bedeutet hierbei, dass den Beteiligten die Urkunde vollständig vorgelesen werden muss. Von diesem Erfordernis ausgenommen sind grundsätzlich nur andere notarielle Urkunden, auf die in der Urkunde Bezug genommen wird. Gerade bei Großtransaktionen wird von dieser Vereinfachungsmöglichkeit häufig Gebrauch gemacht. Hierbei errichtet der Notar sogenannte „Bezugsurkunden". In dieser Urkunde fasst der Notar die meist umfangreichen Anlagen des Grundstückskaufvertrages, so beispielsweise Leistungsbeschreibungen, zusammen. Nachdem der Notar diese Bezugsurkunde einer beliebigen Person, so z.B. einem Angestellten seines Büros, vorab vorgelesen hat, muss diese Urkunde dann nicht nochmals den Parteien im eigentlichen Beurkundungstermin vorgelesen werden. Allerdings muss dafür die Bezugsurkunde in beglaubigter Abschrift bei der Beurkundung vorliegen und die Beteiligten müssen erklären, dass ihnen deren Inhalt bekannt ist und sie auf Verlesung verzichten.

1.2.3 Kaufpreis

1.2.3.1 Bestimmung

Als Gegenleistung für den Kaufgegenstand werden die Parteien in der Regel die Zahlung eines Festpreises vereinbaren. Dessen Festlegung kann jedoch aus vielfältigen Gründen bei Vertragsabschluss noch nicht möglich sein. So kann bei Veräußerung einer Teilfläche die exakte Grundstücksgröße noch nicht feststehen oder bei

Verkauf eines unbebauten Grundstücks die bauliche Nutzungsmöglichkeit fraglich sein. Wie das Erfordernis einer genauen Beschreibung des Kaufgegenstands, sind die Parteien auch bei Vereinbarung des Kaufpreises gehalten, die Parameter der nachträglichen Bestimmung exakt zu beschreiben. Soll für die Berechnung des Kaufgegenstandes beispielsweise die Größe der letztendlich errichteten Mietflächen entscheidend sein, ist die Angabe der Berechnungsmethode – DIN oder gif – ratsam. Auch sollten die Parteien gegebenenfalls eine Regelung darüber treffen, wer im Streitfall eine für beide Seiten insoweit verbindliche Entscheidung trifft.

1.2.3.2 Fälligkeit

Die bei Abwicklung eines Grundstückskaufvertrages notwendige Beteiligung Dritter – Grundbuchamt, Gemeinden, Banken etc. – führt dazu, dass häufig erst geraume Zeit nach Abschluss des Vertrages das Eigentum umgeschrieben und damit die Verkäuferpflicht erfüllt werden kann. Vor diesem Hintergrund ist wesentliches Gestaltungsziel eines Grundstückskaufvertrages sicherzustellen, dass keine Partei Vermögenswerte ohne adäquate Sicherheit preisgibt. Da der Käufer meist vor Eigentumsumschreibung zahlen und damit in Vorleistung treten soll, besteht im Hinblick auf sein Sicherungsbedürfnis insbesondere bei der Festlegung der Fälligkeitsvoraussetzungen erheblicher Regelungsbedarf.

Wesentliche Fälligkeitsvoraussetzung ist in der Regel, die Auszahlung des Kaufpreises von der Eintragung einer Auflassungsvormerkung abhängig zu machen. Festzulegen ist in diesem Zusammenhang, an welcher Rangstelle diese im Grundbuch einzutragen ist, da der Vormerkung im Rang vorangehende Eintragungen den Sicherungszweck vereiteln können. Daneben ist zwischen der Vereinbarung rechtlicher und tatsächlicher Fälligkeitsvoraussetzungen zu unterscheiden. Zu ersteren zählt beispielsweise die Rechtswirksamkeit des Vertrages. So sollte die Wirksamkeit nicht mehr von ausstehenden Genehmigungen, Bedingungen oder Vollmachtsbestätigungen abhängig sein. Bei Veräußerung von Teilflächen sollte die gegebenenfalls nach Landesbauordnung oder kraft Ortssatzung erforderliche Teilungsgenehmigung oder ein Negativattest eingeholt worden sein. Ebenso sollten für alle gesetzlichen Vorkaufsrechte Verzichtserklärungen oder das Negativattest der Gemeinde sowie hinsichtlich aller vom Käufer nicht zu übernehmenden Grundstücksbelastungen die Löschungsunterlagen vorliegen. Eine tatsächliche Fälligkeitsvoraussetzung wäre demgegenüber beispielsweise die Fertigstellung vom Verkäufer noch zu erbringender Leistungen, so häufig die Räumung des Grundstücks. Zur weitergehenden Sicherung des Käufers kann insbesondere hinsichtlich der Räumungsverpflichtung des Verkäufers eine Zwangsvollstreckungsunterwerfung vorgesehen werden.

1.2.3.3 Grunderwerbsteuer/Umsatzsteuer

Der Abschluss eines Grundstückskaufvertrages unterliegt der Grunderwerbsteuer. Diese beträgt zur Zeit 3,5 % des Kaufpreises. Obgleich gesetzlich beide Parteien gesamtschuldnerisch für die Grunderwerbsteuer haften, trägt in der Regel der Käufer diese Steuerlast. Kaufvertragsparteien sind deshalb nicht selten versucht, zur Reduzierung der Steuerlast in der Urkunde zum Schein einen niedrigeren Kaufpreis auszuweisen. Diese Vorgehensweise ist unabhängig von strafrechtlichen Sanktionen bereits deshalb riskant, weil die Beurkundung des unrichtigen Kaufpreises als sogenanntes Scheingeschäft nichtig ist. Der mündlich vereinbarte Verkauf ist mangels Formwahrung ebenfalls unwirksam. Wie auch bei sonstigen Formmängeln wird der formnichtige Vertrag jedoch durch Auflassung und Eigentumsumschreibung im Grundbuch wirksam. Legales Mittel zur Reduzierung der Steuerlast ist dagegen die Ausweisung des auf die Übertragung des Zubehörs entfallenden Kaufpreisanteils, da dieser der Grunderwerbsteuer nicht unterliegt. Aus Käufersicht relevant ist in diesem Zusammenhang, dass auch eine Maklerprovision Teil des Kaufpreises und damit der Bemessungsgrundlage der Grunderwerbsteuer sein kann. Dies gilt dann, wenn der Makler im Auftrag des Verkäufers tätig wurde und der Käufer sich zur Tragung der Provision verpflichtet hat.

Um insbesondere hinsichtlich der Baukosten den Vorteil des Vorsteuerabzugs nutzen zu können, ist von den Parteien zu entscheiden, ob zur Umsatzsteuer optiert werden kann. Bei Ausübung der Option wäre Umsatzsteuer auf den Kaufpreis zu zahlen. Wegen Einzelheiten hierzu und der Frage der Bemessungsgrundlage für Umsatzsteuer und Grunderwerbssteuer wird an dieser Stelle auf die Ausführungen in Teil 5 dieses Buches verwiesen.

1.2.3.4 *Sicherheiten des Verkäufers*

Neben der Abwicklung über ein Treuhand- oder ein Notaranderkonto (vgl. dazu unter 1.2.5) stehen dem Verkäufer im Hinblick auf die Sicherung der Kaufpreiszahlung die üblichen Sicherungsmittel, d.h. Stellung einer Bürgschaft, die Abgabe einer Patronatserklärung und/oder die Vollstreckungsunterwerfung des Käufers zur Verfügung. Für den Fall, dass der Kauf scheitert, sollte im Interesse des Verkäufers sichergestellt werden, dass die Auflassungsvormerkung gelöscht werden kann.

Voraussetzung des Grundstückserwerbs ist eine vom schuldrechtlichen Grundstückskaufvertrag zu unterscheidende dingliche Einigung zwischen Verkäufer und Käufer, die sog. Auflassung. Zur Sicherung des Erhalts der Kaufpreiszahlung wäre naheliegend, die Auflassung seitens des Verkäufers erst nach Kaufpreiszahlung zu erklären. Dies würde jedoch eine getrennte Beurkundung von Kaufvertrag einerseits und Auflassung andererseits – verbunden mit höheren Notargebühren – erforderlich machen. In der Praxis wird daher die Auflassung bereits mit Abschluss des Kaufvertrages erklärt und der Notar angewiesen, von der Auflassung erst nach Zahlung des Kaufpreises – bestätigt durch eine schriftliche Erklärung des Verkäufers oder der die Überweisung ausführenden Bank – Gebrauch zu machen.

1.2.4 Finanzierung

Üblich ist, dass der Käufer zur Finanzierung des Grundstückskaufs ein Darlehen aufnimmt und dieses durch den Kaufgegenstand – so in der Regel durch Eintragung einer Grundschuld oder Hypothek – dinglich abgesichert wird. Die im Auftrag des Käufers finanzierenden Banken sind zur Auszahlung des Darlehens grundsätzlich nur bereit, wenn die Eintragung der Sicherheit im Grundbuch sichergestellt ist. Voraussetzung der Eintragung eines Grundpfandrechts ist jedoch, dass der jeweilige im Grundbuch eingetragene Eigentümer der Eintragung zustimmt. Wie vorstehend ausgeführt, wird der Käufer als Eigentümer grundsätzlich erst nach Kaufpreiszahlung eingetragen. Dieses Spannungsverhältnis löst die Praxis überwiegend durch die vertragliche Verpflichtung des Verkäufers an der Belastung des Grundstücks mitzuwirken. Zu seiner Sicherheit ist in diesem Fall im Kaufvertrag und der Urkunde zur Bestellung des Grundpfandrechts eine dahingehende Abrede zu treffen, dass der Grundpfandgläubiger – d.h. die finanzierende Bank – zur Verwertung der Sicherung nur dann berechtigt ist, wenn tatsächlich Zahlung mit Tilgungswirkung auf den Kaufpreis geleistet wurde. Festzulegen ist hier auch, inwieweit Zahlungen direkt an den Verkäufer oder – zur Freistellung des Grundstücks von eingetragenen Belastungen – an Dritte zu erfolgen haben. Sollten entsprechende Regelungen in der Bestellungsurkunde des Grundpfandrechts nicht mit aufgenommen werden, ist der Notar anzuweisen, die Eintragung des Grundpfandrechts erst dann in die Wege zu leiten, wenn der Grundpfandgläubiger ihm gegenüber schriftlich bestätigt hat, die im Kaufvertrag niedergelegte Sicherungsabrede und Zahlungsanweisung zu beachten.

Alternativ zu vorstehender Finanzierung durch Darlehensaufnahme kann der Käufer auch bestehende Darlehen des Verkäufers übernehmen. Die dazu erforderliche Zustimmung des Darlehensgebers vorausgesetzt, können hier ggf. Finanzierungskosten in nicht unbeträchtlicher Höhe – so insbesondere Notar- und Gerichtskosten auf Käuferseite und Vorfälligkeitsentschädigungen auf Verkäuferseite – eingespart werden.

1.2.5 Anderkonto

Wie vorstehend ausgeführt, ist wesentliches Ziel der Gestaltung eines Grundstückskaufvertrages, dem Sicherungsbedürfnis aller Beteiligten Rechnung zu tragen. Im Hinblick hierauf kann vereinbart werden, dass der Kaufpreis auf einem Anderkonto, in der Regel einem Konto des beurkundenden Notars, zu hinterlegen ist. Vergleichbar den vorgenannten Voraussetzungen der Fälligkeit, den Sicherungsabreden und Zahlungsanweisungen, ist dem Notar durch Treuhandauftrag vorzugeben, wann und unter welchen Voraussetzungen bestimmte Handlungen – so insbesondere Antragstellungen – sowie Verfügungen über den hinterlegten Kaufpreis vorzunehmen sind. Der Vorteil einer ggfs. höheren Abwicklungssicherheit ist dabei ins Verhältnis mit den durch das Anderkonto erhöhten Notarkosten zu setzen.

1.2.6 Mängelhaftung und Verjährung

Wesentliche Pflicht des Verkäufers ist, dem Käufer den Besitz und das Eigentum am Kaufgegenstand zu verschaffen. Hierbei muss der Kaufgegenstand frei von Sach- und Rechtsmängeln sein (§ 433 Abs. 1 BGB).

1.2.6.1 Sachmängel

Der Kaufgegenstand ist frei von Sachmängeln, wenn er bei Gefahrübergang, d.h. in der Regel bei Einräumung des Besitzes am Kaufgrundstück, die vereinbarte Beschaffenheit hat (§ 434 BGB). Soweit eine Beschaffenheit nicht vereinbart ist, ist der Kaufgegenstand frei von Sachmängeln, wenn er sich für die nach dem Vertrag vorausgesetzte Verwendung eignet oder wenn er sich für die gewöhnliche Verwendung eignet und eine Beschaffenheit aufweist, die bei Sachen der gleichen Art üblich ist und die der Käufer nach der Art der Sache erwarten kann. Ausgehend von dieser gesetzlichen Definition des Sachmangels kommt der Beschaffenheitsvereinbarung im Kaufvertrag die entscheidende Rolle zu. Die Parteien sind deshalb gehalten, den Kaufgegenstand entsprechend ihren Erkenntnissen und Erwartungen so genau wie möglich zu umschreiben. Hierdurch schafft der Käufer die Grundlage, ggf. im Wege der Mängelhaftung, den Erhalt eines seinen Vorstellungen entsprechenden Kaufgegenstandes sicherzustellen. Da Mängelrechte des Käufers ausgeschlossen sind, wenn dem Käufer der Mangel bei Abschluss des Vertrages bekannt war, dient die möglichst genaue Beschreibung des Kaufgegenstandes andererseits dem Verkäufer zur Einschränkung der Mängelhaftung. Sachmängel sind beispielsweise Verunreinigungen von Boden oder Grundwasser des Kaufgrundstücks sowie Baumängel bereits errichteter Gebäude (Hausschwamm, Verwendung mangelhaften Baumaterials, Feuchtigkeitsschäden etc.).

1.2.6.2 Rechtsmängel

Der Kaufgegenstand ist frei von Rechtsmängeln, wenn Dritte im Hinblick auf den Kaufgegenstand keine oder nur die im Kaufvertrag übernommenen Rechte gegen den Käufer geltend machen können. Dem steht ein im Grundbuch eingetragenes jedoch nicht bestehendes Recht gleich (§ 435 BGB). Rechte Dritter können hierbei alle im Grundbuch eingetragenen Rechte, wie z.B. Auflassungsvormerkungen, Dienstbarkeiten oder Vorkaufsrechte, sein. Auch obligatorische Rechte können einen Rechtsmangel begründen. Dies setzt jedoch voraus, dass diese den Dritten zum Besitz der Sache berechtigten und gegenüber dem Käufer als Einwendung wirken und diesen in seiner Verfügungsbefugnis über den Kaufgegenstand oder seiner Nutzung beeinträchtigen. Hier sind insbesondere bestehende Miet- oder Pachtverhältnisse als Beispiel zu nennen. Schließlich können auch die zu Gunsten einer juristischen Person des öffentlichen Rechts bestehende Befugnisse zu Eingriffen, Bindungen und Beschränkungen einen Rechtsmangel darstellen.

1.2.6.3 Rechte wegen Mängeln der Kaufsache

Liegt ein Sach- oder ein Rechtsmangel vor, kann der Käufer alternativ am Vertrag festhalten und Nacherfüllung, d.h. Mängelbeseitigung verlangen, vom Vertrag zurücktreten oder den Kaufpreis mindern. Neben Nacherfüllung, Rücktritt oder Minderung kann der Käufer im Falle eines Mangels auch Schadensersatz oder Ersatz vergeblicher Aufwendungen verlangen, wenn ein diesbezügliches Verschulden des Verkäufers vorliegt. Unabhängig von diesem Verschuldenserfordernis haftet der Verkäufer dagegen auch auf Schadensersatz, wenn er die entsprechende Beschaffenheit des Kaufgegenstandes im Vertrag garantiert hat (sog. Beschaffenheitsgarantie). Auf diese gesteigerte Haftung deuten Formulierungen wie etwa „voll einzustehen", „uneingeschränkt gewährleisten" oder auch „zusichern" hin.

Dem Käufer stehen keine Mängelrechte zu, wenn er den Mangel bei Abschluss des Vertrages kannte. Ist dem Käufer ein Mangel in Folge grober Fahrlässigkeit unbekannt geblieben, kann er Rechte wegen dieses Mangels nur geltend machen, wenn der Verkäufer den Mangel arglistig verschwiegen oder eine Garantie für die Beschaffenheit des Kaufgegenstandes übernommen hat.

Bei Grundstückskaufverträgen versuchen Verkäufer regelmäßig die Haftung für alle oder einzelne Mängel auszuschließen oder die Mängelhaftung zumindest zu beschränken. Gebräuchlich ist die Regelung: „Das Grundstück wird übernommen, wie es steht und liegt". Soweit mit Bodenverunreinigungen zu rechnen ist, werden häufig Vereinbarungen darüber getroffen, wie etwaige Kosten einer Entsorgung und Sanierung zwischen den Parteien aufgeteilt werden. Zu beachten ist auf Verkäuferseite hierbei jedoch, dass der Ausschluss oder die Beschränkung der Mängelhaftung bei neuen Gebäuden der Inhaltskontrolle nach den Bestimmungen der §§ 305 ff. BGB, dem ehemaligen AGB-Gesetz, unterliegt und danach unwirksam sein kann.

1.2.6.4 Verjährung

Ansprüche des Käufers wegen Mängeln an einem Grundstück verjähren in zwei Jahren, wegen solcher an einem Bauwerk in fünf Jahren. Besteht der Mangel in einem dinglichen Recht, aufgrund dessen gegenüber dem Käufer Herausgabe der Kaufsache verlangt werden kann oder in einem sonstigen Recht, das im Grundbuch eingetragen ist, beträgt die Verjährungsfrist 30 Jahre. Die Verjährungsfristen beginnen mit Übergabe des Kaufgegenstands. Weist der Kaufgegenstand nicht die vom Verkäufer garantierte Beschaffenheit auf oder hat der Verkäufer den Mangel arglistig verschwiegen, beginnt die Verjährung grundsätzlich mit Entdeckung des Mangels. Die Frist beträgt drei Jahre.

Vertragliche Verlängerungen der Verjährungsfristen sind möglich. Lediglich eine Verlängerung über die Dauer von 30 Jahren hinaus ist gesetzlich untersagt. Im Interesse des Käufers ist eine entsprechende Verlängerung dann angezeigt, wenn er über die Mangelfreiheit innerhalb der gesetzlichen Frist keine Gewißheit erlangen kann. Als Beispiel kann hier der bei Kaufvertragsabschluss ungewisse Baubeginn und damit der ungewisse Zeitpunkt des Bodenaushubs genannt werden. Hinsichtlich verunreinigten Bodens kann die zweijährige Verjährungsfrist entsprechend verlängert werden. Bei Bauwerken findet sich häufig eine Verlängerung der Verjährungsfrist im Hinblick auf die Dichtigkeit des Daches, der Fassade und der unterirdischen Bauteile auf 10 Jahre.

1.2.7 Besondere Fallgestaltungen: „Kauf bricht nicht Miete"

Gemäß dem Grundsatz „Kauf bricht nicht Miete" tritt der Käufer anstelle des Verkäufers bei Veräußerung eines vermieteten Kaufgegenstandes mit Eigentumsübertragung in die sich aus dem Mietverhältnis ergebenden Rechte und Pflichten ein. Entscheidende Voraussetzung dieses Eintritts in die Vermieterstellung ist, dass dem Mieter der Mietgegenstand im Zeitpunkt des Abschlusses des Grundstückskaufvertrages bereits übergeben war. Ist dies nicht der Fall, bleibt der Verkäufer Vermieter. Dann können Vermieter und Eigentümer auseinanderfallen.

Dieser Eintritt des Käufers in den Mietvertrag führt zu Regelungsbedarf im Grundstückskaufvertrag. Ist der Besitzübergang wie üblich zeitlich vor der Eigentumsumschreibung, ist zu überlegen, ob der Käufer entgegen der gesetzlichen Regelung bereits mit Übergabe des Grundstücks und damit nicht erst mit Eigentumsübergang alle Ansprüche aus dem Mietvertrag geltend machen kann. Soweit die Parteien nicht mit der hierfür erforderlichen Zustimmung des Mieters eine vorzeitige Vertragsübertragung auf Vermieterseite vereinbaren, kann der Verkäufer den Käufer im Grundstückskaufvertrag zur Vornahme aller für die Geltendmachung der entsprechenden Ansprüche erforderlichen Handlungen bevollmächtigen. In Verbindung damit steht die Regelung des sog. Lasten- und Nutzenübergangs, d.h. insbesondere desjenigen Zeitpunkts, ab welchem dem Käufer der Mietzins zustehen soll.

Klarstellungsbedarf besteht auch hinsichtlich des Umfangs der übernommenen Rechte und Pflichten. Zu denken ist hier beispielsweise an Zahlungspflichten, die in Verbindung mit dem Mietvertrag bestehen, so z.B. Ausbaukostenzuschüsse und Mieterdarlehen. Kalkulationsgrundlage des Kaufpreises und wesentlicher Parameter der Renditeerwartung des Käufers ist häufig die Höhe der mit dem Kaufgegenstand erzielten oder zu erzielenden Mieteinnahmen. Vor diesem Hintergrund kann es im Interesse des Käufers sein, die Wirksamkeit der Mietverträge und deren Inhalt in entsprechende Beschaffenheitsvereinbarungen oder -garantien zu kleiden. Gedanken sollten sich die Parteien auch darüber machen, wer die Nebenkostenabrechnung hinsichtlich der im Zeitpunkt des Kaufvertragsabschlusses und des Eigentumsübergangs laufenden Abrechnungsperiode vornimmt.

1.3 Grundstücksverträge mit Auslandsbezug

Ein Auslandsbezug des Grundstückskaufvertrages kann sich insbesondere aus der Belegenheit des Grundstücks, entsprechender Eigenschaften der Vertragsparteien (Staatsangehörigkeit, Wohn-/Geschäftssitz), des Orts des Vertragsabschlusses oder der Rechtswahl ergeben. Nahezu weltweit ist anerkannt, dass der Vollzug des Grundstückskaufes – und hier insbesondere die Verschaffung des Eigentums – nach dem Recht desjenigen Landes zu erfolgen hat, in dem das Grundstück belegen ist (lex rei sitae oder Recht des Lageorts). Anders ausgedrückt: Rechte an einem Grundstück unterliegen dem Recht des Staates, in dem sich das Grundstück befindet. Vor diesem Hintergrund soll nachstehend danach differenziert werden, ob ein Grundstück in Deutschland oder im Ausland belegen ist.

1.3.1 Verträge über Grundstücke in Deutschland

Anders als der bei dem Vollzug des Grundstückskaufs geltende Grundsatz der Maßgeblichkeit der lex rei sitae sind die Parteien auf schuldrechtlicher Seite grundsätzlich frei, dasjenige Recht zu bestimmen, welches für die Vertragspflichten gelten soll. Gerade zur Vermeidung der Beurkundungskosten stellt sich bei rein nationalen Grundstücksgeschäften, d.h. bei solchen, die nach den allgemeinen Kriterien keinen Auslandsbezug aufweisen, die Frage, inwieweit durch Rechtswahl das Formerfordernis des § 311b BGB abbedungen werden kann. Hierbei ist zu beachten, dass der Grundsatz der freien Rechtswahlmöglichkeit aufgrund nationalen oder internationalen zwingenden Rechts begrenzt sein kann. So bleibt gemäß § 27 Abs. 3 EGBGB national zwingendes Recht – und hier beispielsweise das gesetzliche Formerfordernis gemäß § 311b BGB – dann anwendbar, wenn der Grundstückskaufvertrag bis auf die Rechtswahl keinen Auslandsbezug aufweist. Ein zur Einsparung der Notarkosten u.U. geeigneterer Weg kann bei Grundstückskaufverträgen die Beurkundung des Kaufvertrages in einem Land sein, welches entsprechende Formerfordernisse nicht kennt. Vertraglich sollte in diesem Fall jedoch ausdrücklich sowohl die Geltung des Rechts des Orts des Vertragsabschlusses als auch das im übrigen geltende Recht festgelegt werden. Aufgrund der Maßgeblichkeit des Rechts des Lageorts muss beim Vollzug des Kaufvertrags, also beim Eigentumsübergang, bei deutschen Grundstücken die Auflassung gemäß § 925 BGB bei gleichzeitiger Anwesenheit beider Parteien vor einer zuständigen Stelle erklärt werden. Zur Entgegennahme der Auflassung, unbeschadet der Zuständigkeit weiterer Stellen, ist jeder Notar zuständig. Nach herrschender Meinung muss hierbei die Auflassung eines deutschen Grundstücks zwingend vor einem deutschen Notar bzw. einem diesen gleichstehenden deutschen Konsularbeamten erklärt werden. Auch bei Abschluss des Grundstückskaufvertrages im Ausland wird daher eine Beurkundung vor einem deutschen Notar nicht entbehrlich.

Häufigster Auslandsbezug bei dem Verkauf deutscher Grundstücke dürfte die Beteiligung ausländischer Vertragsparteien sein. Handelt es sich dabei um ausländische Gesellschaften, die nicht unter dem Schutz der im EG-Vertrag garantierten Niederlassungsfreiheit stehen, ist von entscheidender Bedeutung, an welchem Ort diese Gesellschaften ihren Verwaltungssitz haben. Entsprechend der nicht unumstrittenen „Sitztheorie" beurteilen sich die gesellschaftsrechtlichen Verhältnisse nach dem Recht desjenigen Staates, in dem sich der tatsächliche Sitz der Hauptverwaltung (effektiver Verwaltungssitz) befindet. Hat die ausländische Gesellschaft danach ihren Sitz in Deutschland, muss diese Gesellschaft somit auch den Anforderungen des deutschen Rechts entsprechen. Erfüllt die ausländische Gesellschaft diese Anforderungen nicht, wird sie in Deutschland nicht anerkannt und kann somit keine wirksamen Geschäfte vornehmen.

1.3.2 Verträge über Grundstücke im Ausland

Wie eingangs dieses Abschnitts ausgeführt, regelt bei Auslandsgrundstücken das Recht des Lageorts – zwingend – alle dinglichen Verfügungen über Grundstücksrechte. Hierzu zählen nicht nur die Wirksamkeitsvoraussetzungen dieser Verfügungen – wie beispielsweise des Eigentumsübergangs –, sondern auch die inhaltliche Ausgestaltung der Sachenrechte sowie Begründung und Inhalt beschränkter dinglicher Rechte. Zu letzteren zählen beispielsweise die Grundpfandrechte (Grundschulden und Hypotheken) sowie das Nießbrauchsrecht. Sind an einem Grundstückskaufvertrag über ein im Ausland belegenes Grundstück deutsche Parteien beteiligt, stellt sich die Frage, ob und inwieweit deutsches Recht dem schuldrechtlichen Vertrag zugrunde gelegt werden kann. Gleiches gilt für die Kaufpreisfinanzierung, soweit das Auslandsgrundstück als Sicherungsmittel eingesetzt werden soll. Ausgehend von der eingangs erwähnten Rechtswahlfreiheit im Vertragsrecht ist die Frage hinsichtlich des „ob" grundsätzlich zu bejahen. So ist die Rechtswahlfreiheit in Deutschland wie auch den weiteren Ländern der Europäischen Union anerkannt. Sollte nach dem Recht des Lageorts die entsprechende Rechtswahl entgegen vorgenannter Regel unwirksam sein, droht ein Rechtsverlust derjenigen Partei, in deren Interesse die Rechtswahl erfolgte. Bei Vereinbarung eines vom Recht des Lageorts sich unterscheidenden Vertragsrechts sollte daher die Wirksamkeit dieser Wahl geprüft werden. Zu denken ist in diesem Fall auch an die Vereinbarung einer ausschließlichen Zuständigkeit deutscher Gerichte, da dann die freie Rechtswahl entsprechend den Regeln des deutschen internationalen Privatrechts wieder gewährleistet ist. Hinsichtlich der Frage, „inwieweit" deutsches Recht bei Kauf von Auslandsgrundstücken vereinbart werden kann, ist darüber hinaus zu prüfen, ob das Recht des Lageorts – so insbesondere hinsichtlich der vorgeschriebenen Form des Vertrages – nach dortigem Verständnis international zwingend ist. Vorstehende Ausführungen machen deutlich, dass eine deutsche Vertragspartei bei Erwerb eines

Grundstücks im Ausland eine gute anwaltliche Beratung vor Ort in Anspruch nehmen sollte.

2. Share Deal

2.1 Abgrenzung zum Asset Deal

Ein Share Deal ist dadurch gekennzeichnet, dass der Investor nicht die Immobilie selbst sondern die Geschäftsanteile einer Objektgesellschaft erwirbt, von der ein Grundstück gehalten wird. Veräußerungsgegenstand des Asset Deal sind einzelne Vermögensgegenstände, die auch einzeln übertragen werden müssen. Veräußerungsgegenstand des Share Deal ist dagegen die Beteiligung an der Objektgesellschaft. Das Eigentum an der Immobilie bleibt bei der Objektgesellschaft und wird nur mittelbar, nämlich über die Gesellschafterstellung, erworben.

2.2 Steuerliche Vorüberlegungen

Die Entscheidung, ob die Immobilie selbst oder die Anteile an der Objektgesellschaft verkauft bzw. gekauft werden, wird häufig unter steuerlichen Gesichtspunkten getroffen. Wegen der Einzelheiten kann hierzu auf die Ausführungen in Teil 5 dieses Buches verwiesen werden.

Für die Grunderwerbsteuer ist die 95%-Grenze entscheidend. Erwirbt ein Käufer 95% der Anteile oder mehr, fällt Grunderwerbsteuer an. Behält der Verkäufer auf Dauer mehr als 5% der Anteile, kann Grunderwerbsteuer vermieden werden. Bei Personengesellschaften fällt Grunderwerbsteuer ferner dann an, wenn innerhalb eines 5-Jahreszeitraums ein vollständiger Gesellschafterwechsel stattfindet, auch wenn die Käufer voneinander unabhängig sind. Dabei sind auch mittelbare Beteiligungsverhältnisse zu beachten. Aus Käufersicht sollte daher sichergestellt werden, dass Grunderwerbsteuervorteile nicht durch spätere Anteilsveräußerungen zunichte gemacht werden. Kritisch sind nicht nur Anteilsveräußerungen durch den Verkäufer selbst (bezogen auf dessen verbleibende Anteile an der Objektgesellschaft) sondern auch Anteilsveräußerungen durch eine Konzernobergesellschaft des Verkäufers (unmittelbar oder mittelbar bezogen auf Anteile am Verkäufer und dadurch mittelbar auch auf die verbleibende Beteiligung des Verkäufers an der Objektgesellschaft). Bei Kapitalgesellschaften schadet ein vollständiger Gesellschafterwechsel nicht, solange auf Käuferseite keine Anteilsvereinigung stattfindet. Trotz der Überlegungen zu möglichen Grunderwerbsteuervorteilen kann ein Käufer sich entscheiden, letztlich doch alle Anteile an der Objektgesellschaft und damit wirtschaftlich das gesamte Objekt zu erwerben, auch wenn dadurch Grunderwerbsteuer anfällt.

Als Objektgesellschaften werden Personengesellschaften, meist in der Rechtsform der Kommanditgesellschaft, insbesondere deshalb eingesetzt, um eine direkte Zuweisung von Verlusten zu den Gesellschaftern zu erreichen. Aus Sicht des Veräußerers können Kapitalgesellschaften interessant sein, weil nach derzeitiger Steuergesetzgebung Veräußerungsgewinne aus dem Verkauf von Anteilen an Kapitalgesellschaften steuerfrei erzielt werden können, wenn die Anteile von einer Kapitalgesellschaft gehalten und veräußert werden. Bei Veräußerung von Gesellschaftsanteilen an Kapitalgesellschaften durch natürliche Personen oder Personengesellschaften gilt das Halbeinkünfteverfahren (nur die Hälfte des Veräußerungsgewinns wird der Einkommensteuer unterworfen, wenn der Veräußerer wesentlich (mindestens 1%) beteiligt ist und/oder der Verkauf innerhalb eines Jahres seit dem Erwerb erfolgt. Den steuerlichen Vorteilen stehen auch steuerliche Nachteile gegenüber, wie z.B. eingeschränkte Verlustabzugsmöglichkeiten auf der Gesellschafterebene und geringeres Abschreibungsvolumen des Investors. Für die Abschreibung maßgebend sind die Anschaffungskosten und/oder Herstellungskosten der Objektgesellschaft für das Gebäude und nicht der – in der Regel höhere – Wert der entwickelten Immobilie, der dem Anteilskaufvertrag zugrunde gelegt wird.

2.3 Besonderheiten des Share Deal gegenüber dem Asset Deal

Im Rahmen der Investitionsentscheidung sind nicht nur die steuerlichen Vor- und Nachteile eines Anteilskaufs gegenüber dem unmittelbaren Erwerb der Immobilie sorgfältig gegeneinander abzuwägen. Bei der Investitionsentscheidung muss außerdem geprüft werden, ob die Anteile an der konkreten Objektgesellschaft aufgrund der Besonderheiten eines Share Deal, insbesondere unter Risikogesichtspunkten, ein geeigneter Erwerbsgegenstand sind.

2.3.1 Unternehmenskauf mit Grundstücksvertragselementen

Bei dem Erwerb von Geschäftsanteilen handelt es sich rechtlich um einen Unternehmenskauf. Wirtschaftlich läuft dieser Unternehmenskauf aber auf ein Grundstücksgeschäft hinaus. Deshalb müssen die meisten Fragen, die bei einem Grundstückskaufvertrag eine Rolle spielen, auch bei der Gestaltung des Anteilskaufvertrages bedacht werden. So wird der Käufer Wert darauf legen, dass er durch entsprechende Beschaffenheitsvereinbarungen und -garantien im Anteilskaufvertrag hinsichtlich der Mängelhaftung für die Immobilie nicht schlechter steht als bei einem „Asset Deal". Hinzu kommen für Anteilskaufverträge spezifische Regelungsinhalte. Hierzu gehören Zusicherungen, dass die Anteile zur freien Verfügung des Verkäufers stehen und die Objektgesellschaft keine Vorbelastungen hat. Da bei dem Verkauf von Geschäftsanteilen Elemente von Grundstücksverträgen mit Elementen von Unternehmenskaufverträgen verbunden werden, ist es für den Käufer wichtig, dass seine juristischen Berater in beiden Bereichen die erforderliche Erfahrung haben.

2.3.2 Aufwendigere Due Diligence

Einem Anteilskauf ist üblicherweise eine sogenannte Due Diligence durch den Käufer vorgeschaltet, die sich nicht nur auf die Immobilie, sondern auf das gesamte Unternehmen (der Objektgesellschaft) erstreckt. Der Käufer wird dabei grundsätzlich alle Verträge sehen wollen, die von der Objektgesellschaft abgeschlossen wurden. Der Käufer wird insbesondere Wert darauf legen, dass für die Projektentwicklung eine „jungfräuliche" Gesellschaft verwendet wurde, die nicht schon für andere Zwecke Verbindlichkeiten oder Risiken begründet hat. Wichtig ist auch, dass die Projektverträge rechtlich von anderen Projekten des Veräußerers völlig getrennt abgeschlossen wurden. So kann ein Kreditvertrag, in dem die Projektfinanzierung der Objektgesellschaft zusammen mit der Finanzierung anderer Projekte des Veräußerers geregelt wird, zu Komplikationen führen, wenn über Kreditsicherheiten oder gar Haftungsübernahmen vertragliche Querverbindungen zu anderen Projekten geschaffen wurden.

2.3.3 Transaktionskosten

Die durch die Übertragung unmittelbar ausgelösten Transaktionskosten (d.h. ohne Kosten der Due Diligence und Beraterkosten) des Share Deal sind im Vergleich zu den Kosten des Asset Deal in der Regel niedriger. Bei einer Gesamtbetrachtung der Kosten ist allerdings zu berücksichtigen, dass die Vorbereitung eines Share Deal im Vergleich zu einem Asset Deal oft aufwendiger ist.

Grunderwerbsteuer kann beim Share Deal vermieden werden, wenn weniger als 95 % der Gesellschaftsanteile erworben werden. Bei Personengesellschaften ist weiterhin erforderlich, dass innerhalb eines 5-Jahreszeitraums kein vollständiger Gesellschafterwechsel erfolgt.

Notarkosten entstehen bei einem Asset Deal zwingend für die Grundstücksveräußerung. Die Bestellung sofort vollstreckbarer Finanzierungsgrundpfandrechte löst zusätzliche Beurkundungskosten aus. Hinzu kommen jeweils die Kosten der Grundbucheintragung. Beim Share Deal entstehen Beurkundungskosten in der Regel lediglich bei der Übertragung von GmbH- bzw. GmbH & Co. KG-Anteilen und ihrer Verpfändung zum Zweck der Finanzierung. Obwohl bei einer GmbH & Co.KG eigentlich der gesamte Unternehmenskauf beurkundungsbedürftig ist, wird häufig aufgrund einer hierdurch möglichen Heilung des Formmangels (vgl. § 15 GmbHG) nur die Übertragung des GmbH-Anteils beurkundet, um Beurkundungskosten zu sparen (vgl. hierzu auch Ziffer 2.4.2). Die Übertragung von Anteilen an Aktien- und Personengesellschaften (mit Ausnahme der GmbH & Co. KG) ist nach h.M. auch dann nicht beurkundungsbedürftig, wenn der einzige Vermögensgegenstand dieser Gesellschaft ein Grundstück ist. Im Falle des Share Deal können zusätzliche Kosten durch Handelsregistereintragungen entstehen, die jedoch im Rahmen der Gesamtkosten nicht sehr ins Gewicht fallen.

Wenn die den Käufer finanzierende Bank zusätzlich zu einer Verpfändung der Gesellschaftsanteile auch Grundschulden an der mittelbar erworbenen Immobilie als Kreditsicherheit wünscht, müssen auch die hierfür anfallenden Kosten in die Vergleichsrechnung einbezogen werden. Dabei sind nicht nur die Beurkundungs- und Eintragungskosten zu beachten. Die Besicherung der Anteilskaufpreisfinanzierung durch Grundschulden an Gesellschaftsimmobilien, deren Zulässigkeit stets gesellschaftsrechtlich geprüft werden muss, ist in aller Regel nur gegen eine angemessene Vergütung der Gesellschaft durch den begünstigten Gesellschafter möglich (vgl. hierzu auch Ziffer 2.4.4.).

Bei einem Vergleich der Transaktionskosten ist zu berücksichtigen, dass sich die Notargebühren bei einem Asset Deal nach dem Grundstückskaufpreis richten, während bei einem Share Deal der in der Regel niedrigere Anteilskaufpreis maßgeblich ist. Anders als bei einem Asset Deal können die Transaktionskosten eines Share Deal durch Beurkundung im Ausland (z.B. in der Schweiz) teilweise deutlich reduziert werden.

2.3.4 Haftungsrisiken der Gesellschaft und des Käufers

Der Immobilienerwerb im Wege eines „Share Deal" kann für den Käufer mit zusätzlichen Risiken verbunden sein, die daraus resultieren, dass dieser ein Unternehmen bzw. eine wesentliche Beteiligung an einem Unternehmen kauft. Er erwirbt das Unternehmen mit sämtlichen in der Vergangenheit begründeten Verbindlichkeiten, unabhängig davon, ob diese aus der Bilanz ersichtlich oder ihm sonst bekannt sind. Daneben kommt eine persönliche Haftung des Käufers in Betracht, wenn der Veräußerer Gesellschaftereinlagen nicht erbracht hat, Sacheinlagen unzutreffend bewertet wurden oder Gesellschaftereinlagen unter Verstoß gegen Kapitalerhaltungsregeln zurückgewährt wurden (vgl. hierzu auch Ziffer 2.4.2). Neben den oben angesprochenen typischen Risiken sind weitere Risiken denkbar, die im Rahmen dieser Darstellung nicht abschließend aufgezählt werden können.

Zur Vermeidung unerwarteter Belastungen des erworbenen Unternehmens und persönlicher Haftungsrisiken und Durchgriffsrisiken des Käufers ist zunächst eine gründliche Due Diligence-Prüfung erforderlich. Da diese Risiken selbst bei unvermeidbarer Unkenntnis nicht vollständig ausgeschlossen werden können, wird der Käufer versuchen, sich durch möglichst umfassende Garantien des Veräußerers zu schützen. Die konkrete Ausgestaltung dieser Garantien ist daher ein zentraler Punkt der Vertragsgestaltung und Vertragsverhandlung. Selbst bei optimaler Ausgestaltung ist aber stets zu beachten, dass der tatsächlich erzielte Schutz von der tatsächlichen Durchsetzbarkeit der Garantieansprüche, letztlich also insbesondere von der Bonität des Veräußerers und der Qualität etwa gestellter Sicherheiten abhängt.

2.3.5 Sicherung und Wirksamkeitsvoraussetzungen des Anteilserwerbs

Während der Käufer eines Grundstücks durch eine im Grundbuch einzutragende Vormerkung einen dinglichen lastenfreien Übergang selbst für den Fall der Unrichtigkeit des Grundbuchs sicherstellen kann, gibt es beim Share Deal anders als beim Asset Deal keinen gutgläubigen Erwerb von Nichtberechtigten. Auch entfällt beim Share Deal vor der Anteilsübertragung der durch eine Vormerkung im Grundbuch bewirkte Schutz vor anderweitigen Verfügungen (Veräußerungen oder Belastungen) des Verkäufers, vor Insolvenz des Verkäufers und vor Zwangsvollstreckung durch dessen Gläubiger. Auch ist der Käufer nicht dinglich davor geschützt, dass die Gesellschaft, deren Anteile er erwirbt, bis zur Anteilsübertragung über die Immobilie verfügt.

Zum Schutz vor Verfügungen durch Nichtberechtigte muss sich der Käufer zunächst im Rahmen seiner Due Diligence-Prüfung davon überzeugen, dass die Gesellschaftsanteile dem Verkäufer auch tatsächlich gehören und keine Belastungen vorgenommen wurden. Dies setzt eine Prüfung der Entwicklung der Anteilsinhaberverhältnisse (lückenlose Erwerbskette) voraus. Da auch dies wegen des fehlenden Gutglaubensschutzes keine absolute Sicherheit bewirkt, sind auch hier die Garantien des Verkäufers besonders wichtig. Zur Sicherung des Leistungsaustauschs sind außerdem vertragliche Regelungen notwendig, die das Risiko von Zwischenverfügungen über den verkauften Anteil oder von Zugriffen Dritter möglichst ausschließen. Hier ist insbesondere an (durch Kaufpreiszahlung) aufschiebend bedingte Anteilsübertragungen zu denken. Nicht abschließend geklärt ist, ob der aufschiebend bedingte Anteilsübertragung den Käufer analog § 107 InsO wirksam vor einer Insolvenz des Verkäufers schützen kann.

Oberhalb bestimmter Umsatzgrößen der beteiligten Unternehmen kann der Anteilserwerb als Zusammenschluss der Fusionskontrolle des Bundeskartellamtes oder der EU-Kommission unterliegen. Oft setzt die Wirksamkeit einer Anteilsübertragung nach den einschlägigen gesetzlichen oder gesellschaftsvertraglichen Bestimmungen die Zustimmung einer Mehrheit der Gesellschafter (durch Beschluss der Gesellschaftsversammlung) oder gar sämtlicher Gesellschafter oder von Organen der Gesellschaft (z.B. des Aufsichtsrates) voraus. Eine Teilung von Gesellschaftsanteilen kann eine vorherige Änderung des Gesellschaftsvertrages erfordern (vgl. § 17 Abs. 6 S. 2 GmbHG). Der Käufer muss sicherstellen, dass spätestens zum Zeitpunkt der Kaufpreiszahlung die kartellrechtliche Klärung erfolgt ist sowie sämtliche Zustimmungserfordernisse und etwaige sonstige gesellschaftsvertragliche Anforderungen erfüllt sind.

2.3.6 Übergang von Vertragsverhältnissen

Beim Asset Deal gehen immobilienbezogene Verträge grundsätzlich nur dann auf den Käufer über, wenn dies mit dem Verkäufer vereinbart ist und die jeweiligen Vertragspartner zugestimmt haben. Eine Ausnahme gilt für Versicherungsverträge (§ 69 VVG), Mietverträge (§§ 566, 578 Abs. 2 und 3 BGB) und u.U. für Arbeitsverhältnisse (§ 613 a BGB). Im Gegensatz zum Asset Deal übernimmt beim Share Deal der Anteilserwerber die Gesellschaft mit allen Verträgen, so dass insbesondere Verträge mit Finanzierungsunternehmen, Versorgungsunternehmen, Facility-Managern und sonstigen Dienstleistungsunternehmen nicht einzeln übertragen werden müssen. Dies kann die Transaktion insbesondere bei größeren Portfolien erleichtern, hat aber die Kehrseite, dass der Erwerber die Inhalte sämtlicher Verträge und ggf. auch ihre Kündigungsmöglichkeiten vor dem Erwerb gründlich prüfen muss.

2.4 Hinweise zur Gestaltung des Anteilskaufvertrages

2.4.1 Kaufgegenstand

Gegenstand des Anteilskaufvertrages sind die Geschäftsanteile an der Besitzgesellschaft, die im Wege der Abtretung vom Verkäufer – dem Altgesellschafter – an den Käufer – den Neugesellschafter – übertragen werden. Übergeleitet wird somit die Gesellschafterstellung des Verkäufers, nicht das Eigentum an der Immobilie. Genau zu bezeichnen sind daher die verkauften Anteile und die damit verbundenen Nebenrechte, so insbesondere das Bezugsrecht für den Gewinn. Soweit nicht anders geregelt, steht dem Käufer das Gewinnbezugsrecht für das laufende Geschäftsjahr pro rata temporis – d.h. für die Dauer seiner Berechtigung – zu. Bei Kapitalgesellschaften wird hier häufig vereinbart, dass dem Käufer das Bezugsrecht für das gesamte Geschäftsjahr zusteht und dies mit dem Kaufpreis abgegolten wird. Bei Personengesellschaften sollten zur Vermeidung zusätzlicher Kosten in Verbindung mit den andernfalls entstehenden Kosten einer erforderlichen Zwischenbilanz die Anteile zum Wirtschaftsjahresende veräußert werden.

Obgleich nicht Gegenstand des Anteilskaufvertrages steht wirtschaftlich der Erwerb der Immobilie im Mittelpunkt. Ebenso wie beim Grundstückkaufvertrag sollten daher die Immobilien wie auch die weiteren wesentlichen Vermögensgegenstände im Anteilskaufvertrag näher – so insbesondere auch durch Nennung bestehender dinglicher Belastungen des Grundstücks – beschrieben werden.

2.4.2 Form und Vollzug des Anteilskaufvertrages

Verträge, durch welche die Verpflichtung eines Gesellschafters zur Übertragung eines GmbH-Geschäftsanteils begründet werden und die Abtretung des entsprechenden Geschäftsanteils bedürfen zur Wirksamkeit der notariellen Beurkundung. Wie auch bei der Gesellschaft bürgerlichen Rechts ist dem gegenüber die Abtretung des Anteils an einer Kommanditgesellschaft formfrei möglich. Bei einem Erwerb der Anteile an einer GmbH & Co. KG sollte wegen der Verbindung mit dem Erwerb eines GmbH-Geschäftsanteils zusammen mit dem Vertrag über die Abtretung der GmbH-Geschäftsanteile auch derjenige über die KG-Anteile beurkundet werden. Zur Heilung von etwaigen Formmängeln ordnet das GmbH-Gesetz an, dass die notarielle Beurkundung der Abtretung einen vorher unwirksam geschlossenen Verpflichtungsvertrag heilt. Mit der Abtretung des GmbH-Geschäftsanteils ist der Anteilserwerb grundsätzlich abgeschlossen. Sieht etwa der Gesellschaftsvertrag einer GmbH etwaige Zustimmungserfordernisse vor, sollten bei Abschluss des Anteilskaufvertrages bereits alle erforderlichen Erklärungen vorliegen.

Die Abtretung eines Kommanditanteils bedarf demgegenüber grundsätzlich der Zustimmung aller Gesellschafter. Hiervon kann im Gesellschaftsvertrag abweichendes vorgesehen werden. Bei der Abtretung eines Kommanditanteils sollte im Anteilskaufvertrag die Wirksamkeit der Abtretung unter der aufschiebenden Bedingung der Eintragung ins Handelsregister stehen. Grund hierfür ist, dass andernfalls der Käufer gegenüber den Gläubigern der KG bis zur Eintragung persönlich und unbeschränkt haftet. Auch den Verkäufer trifft in diesem Fall ein Haftungsrisiko, da seine Einlage, die er auf den Kommanditanteil geleistet hat, nach der Abtretung nicht mehr ihm, sondern dem Erwerber zugerechnet wird. Der Verkäufer haftet folglich gegenüber den Gläubigern der Gesellschaft persönlich bis zur Höhe der im Handelsregister für ihn eingetragenen Haftsumme. Zur Sicherung einer hinreichenden Einflußnahmemöglichkeit des Käufers auf die Besitzgesellschaft bis zur Eintragung im Handelsregister kann im Anteilskaufvertrag vorgesehen werden, dass der Verkäufer den Kommanditanteil treuhänderisch für den Käufer hält und an dessen Weisungen gebunden ist. Auf Besonderheiten bei der Aktiengesellschaft soll hier nicht eingegangen werden, da für Immobiliengesellschaften diese Gesellschaftsform aufgrund der komplizierten Struktur und gesellschaftsrechtlicher Besonderheiten selten gewählt wird.

2.4.3 Kaufpreis

2.4.3.1 Bestimmung

Wie auch beim Grundstückskaufvertrag kann der Kaufpreis beim Anteilskaufvertrag genau bestimmt oder nur bestimmbar sein. Besonderheit beim Anteilskaufvertrag ist häufig, dass zur Ermittlung des vorläufigen Kaufpreises auf eine sogenannte Planbilanz verwiesen wird. In dieser werden – bezogen auf einen von den Parteien festzulegenden Stichtag – bestimmte Wertansätze getroffen. Liegt die endgültige Bilanzierung zum Stichtag – die sog. Stichtagsbilanz – schließlich vor, errechnet sich eine etwaige Anpassung des Kaufpreises aus einem Vergleich beider Bilanzen. Einzelheiten dieser Ermittlung – so insbesondere hinsichtlich der anzuwendenden Bilanzierungsgrundsätze – sind vertraglich festzulegen.

2.4.3.2 Fälligkeit

Bei Anteilskaufverträgen üblich ist die Vereinbarung der Kaufpreisfälligkeit zu einem bestimmten Stichtag. Soweit die Lastenfreiheit der mit der Besitzgesellschaft zu erwerbenden Immobilien sichergestellt werden soll, wird häufig bestimmt, dass die Fälligkeit daneben die Vorlage entsprechender Löschungsunterlagen voraussetzt. Auch im Übrigen können die Parteien – wie beim Grundstückskaufvertrag – weitere rechtliche oder tatsächliche Fälligkeitsvoraussetzungen vereinbaren, so beispielsweise die Registereintragung weiterer Gesellschafter, die Anmeldung einer Satzungsänderung, die Räumung des Grundstücks oder das Erreichen eines bestimmten Vermietungsstands. Die Besonderheit beim Anteilskaufvertrag ist des weiteren, dass der Käufer sich nicht wie beim Grundstückskaufvertrag durch Eintragung einer Auflassungsvormerkung vor sogenannten Zwischenverfügungen des Verkäufers und vor Zwangsvollstreckungsmaßnahmen durch dessen Gläubiger schützen kann. Für den Käufer kann daher angezeigt sein, die Fälligkeit auch davon abhängig zu machen, dass bis zum Fälligkeitszeitpunkt keine weiteren Belastungen bewilligt wurden. Bestätigt werden könnte dies beispielsweise durch einen Notar, der unmittelbar vor dem Stichtag Einsicht in Grundbuch und Grundakten nimmt.

2.4.3.3 Sicherheit des Verkäufers

Zur Absicherung des Verkäufers, die Anteile nicht ohne Erhalt des Kaufpreises zu übertragen, wird häufig der Anteilskaufvertrag aufschiebend bedingt abgeschlossen. Übliche Bedingungen sind die Zahlung des Kaufpreises oder die Stellung entsprechender Zahlungssicherheiten, wie Bürgschaften, Patronatserklärungen etc. Anders als bei einem Grundstückskaufvertrag, bei dem die Auflassung als wesentliche Voraussetzung der Eigentumsübertragung nicht unter eine Bedingung gestellt werden kann, kommt dieses Sicherungsinstrument der bedingten Übertragung beim Anteilskaufvertrag in Betracht. Aus Verkäufersicht kann auf die Vereinbarung entsprechender Bedingungen lediglich dann verzichtet werden, wenn bereits im Closing, d.h. im Zeitpunkt der Anteilübertragung durch Abtretung, der Kaufpreis – so beispielsweise durch Übergabe eines LZB-Schecks – gezahlt wird.

2.4.4 Finanzierung

Im Unterschied zum Grundstückskaufvertrag kann der Käufer die Immobilien nicht ohne weiteres als Sicherheit im Rahmen der Kaufpreisfinanzierung einsetzen. Dies liegt daran, dass der Käufer des Gesellschaftsanteils als Darlehensnehmer nicht identisch ist mit dem Sicherungsgeber, der Besitzgesellschaft.

Eine Besicherung sollte somit vor dem Hintergrund sowohl des GmbH- als auch des Personengesellschaftsrechts nur bei gleichzeitiger Vereinbarung einer angemessenen Gegenleistung des Gesellschafters gegenüber seiner Gesellschaft für die Einräumung der Sicherungsmöglichkeit gewählt werden. Andernfalls drohen im GmbH-Recht Verstöße gegen den Kapitalerhaltungsgrundsatz bis hin zum Vorwurf der Veruntreuung des Gesellschaftsvermögens. Bei der Kommanditgesellschaft kann eine nicht marktgerechte Vergütung als Rückgewähr der Kommanditeinlage angesehen werden mit der Folge des Wiederauflebens der persönlichen Haftung des Kommanditisten. Als Sicherheit des Käufers kommt auch die Sicherungsabtretung oder die Verpfändung des Gesellschaftsanteils in Betracht. Da im ersten Fall alle Rechte an dem Gesellschaftsanteil einschließlich der Verwaltungs- und Vermögensrechte auf den Sicherungsnehmer übergehen würden, spielt die Sicherungsabtretung in der Praxis keine Rolle.

2.4.5 Mängelhaftung und Verjährung

Voraussetzungen und Rechtsfolgen für die Mängelhaftung sind bei einem Grundstückskaufvertrag, d.h. einem Sachkauf, und einem Anteilskaufvertrag, d.h. einem Rechtskauf, grundsätzlich gleich. Auf die entsprechenden Ausführungen beim Grundstückskaufvertrag kann daher verwiesen werden. Die Praxis zeigt, dass bei einem Anteilskaufvertrag die Beschaffenheitsvereinbarungen und -garantien in einem wesentlich größeren Umfang getroffen bzw. abgegeben werden als bei einem Grundstückskaufvertrag. Dies hat die Ursache in dem im Vergleich fehlenden grundbuchrechtlichen Schutz – insbesondere kein Schutz des guten Glaubens – sowie den zusätzlichen gesellschaftsrechtlichen Risiken. Da beim Anteilskaufvertrag alle Vertragsverhältnisse und Verbindlichkeiten der Besitzgesellschaft durch den Käufer mittelbar übernommen werden, – so beispielsweise Bau-, Planungs-, Miet-, Facility- Management-, Finanzierungs- oder Arbeitsverträge – sollte deren Ausmaß im Anteilskaufvertrag genau beschrieben und die Richtigkeit dieses Beschriebs zugesichert werden.

Beim Anteilskaufvertrag beträgt die Verjährung grundsätzlich zwei Jahre. Aus Käufersicht bietet sich gerade aufgrund des Kaufs von Immobiliengesellschaften eine Verlängerung beispielsweise auf fünf Jahre an.

3. Rechtliche Due Diligence

3.1 Bedeutung der Due Diligence

Die sogenannte „Due Diligence" ist ein Prüfverfahren, das dem Käufer ermöglichen soll, sich über den Kaufgegenstand umfassend zu informieren und insbesondere Risiken und Mängel zu erkennen. Im Rahmen der Due Diligence werden wirtschaftliche, steuerliche und rechtliche Rahmenbedingungen aufbereitet, so dass der Investor eine möglichst gesicherte Grundlage für seine Entscheidung erhält. Nach den Prüfungsschwerpunkten kann man die Financial Due Diligence, die Technical Due Diligence, die Tax Due Diligence und die Legal Due Diligence, die nachfolgend behandelt wird, unterscheiden.

Die Offenlegung von Informationen während der Due Diligence ermöglicht es dem Verkäufer, vorvertragliche Aufklärungspflichten über die für die Kaufentscheidung des Investors wesentlichen Umstände zu erfüllen. Gleichzeitig kann sich der Verkäufer somit von der Haftung für die dem Käufer vor Vertragsschluss bekannten Mängel befreien (vgl. § 442 BGB).

3.2 Vorbereitung der Due Diligence durch den Verkäufer

Der Verkäufer sollte im eigenen Interesse, nicht zuletzt wegen der von der Rechtsprechung zunehmend verschärften Offenbarungs- und Aufklärungspflichten, die Due Diligence-Prüfung des Käufers sorgfältig vorbereiten. Bei komplexeren Projekten, insbesondere bei Portfoliotransaktionen, kann es sich empfehlen, eine Verkäufer-Due Diligence als Grundlage für die eigene Bewertung des Kaufgegenstandes durch den Verkäufer vorzuschalten. Im Rahmen dieser Verkäufer-Due Diligence kann dann entschieden werden, welche der gesammelten Informationen und Unterlagen dem Käufer präsentiert werden müssen, weil sie für dessen Kaufentscheidung wesentlich sein können. Dabei muss der Verkäufer prüfen, inwieweit vertraglich vereinbarte Vertraulichkeitsverpflichtungen einer Offenlegung entgegenstehen könnten. Die Zusammenstellung und Auswahl der Unterlagen für die Legal Due Diligence erfolgt häufig anhand einer Checkliste, die von den Rechtsberatern des Verkäufers auf den konkreten Fall angepasst wird. Der Umfang der Checkliste hängt von der Transaktionsart ab. So müssen bei einem Share Deal über die grundstücksbezogenen Unterlagen hinaus auch die gesellschaftsrechtlichen Unterlagen und alle wesentlichen Verträge und Rechtsverhältnisse der Gesellschaft einbezogen werden.

Die vom Verkäufer ausgewählten Unterlagen werden dem Käufer bei größeren Transaktionen üblicherweise in einem sogenannten Datenraum präsentiert, der technisch für eine entsprechende Prüfung ausgestattet ist. Zugang zu dem Datenraum erhalten Kaufinteressenten regelmäßig nur, nachdem sie eine Vertraulichkeitsvereinbarung mit dem Verkäufer abgeschlossen haben. Sämtliche im Datenraum vorhandenen Unterlagen werden in einer Liste (Datenraum-Index) dokumentiert, damit der Verkäufer nachweisen kann, welche Informationen dem Käufer gegenüber als bekannt gelten.

Der Verkäufer ist im eigenen Interesse gehalten, organisatorische Vorkehrungen für eine reibungslose Käufer-Due Diligence zu treffen. Bei Bieterverfahren bzw. mehreren Kaufinteressenten kann sich die Einrichtung mehrerer Datenräume empfehlen. Die Rahmenbedingungen für die Due Diligence (z.B. Ort, Zugangszeiten, Zahl der Prüfer, erlaubte technische Geräte) werden üblicherweise in sogenannten Datenraumregeln zusammengefasst.

Auch wenn der Verkäufer, insbesondere bei Transaktionen über einzelne Immobilien, keine Verkäufer-Due Diligence vorschaltet und keinen Datenraum bereitstellt, muss er mit dem Kaufinteressenten den Umfang der Due Diligence abstimmen und die vom Käufer gewünschten Unterlagen bereitstellen. Diese Abstimmung erfolgt meist anhand einer vom Käufer bzw. dessen Rechtsberatern erstellten Due Diligence-Checkliste (Due Diligence Request List). Obwohl diese Listen sehr umfangreich sein können, ist der Verkäufer wegen der oben angesprochenen Aufklärungspflichten gehalten, auch selbst zu prüfen, ob über die vom Käufer erbetenen Unterlagen hinaus im konkreten Fall weitere Informationen gegeben und Dokumente vorgelegt werden sollten.

3.3 Durchführung der Due Diligence

Das vom Käufer zusammengestellte Team prüft die vom Verkäufer vorgelegten Unterlagen und wertet diese insbesondere unter Risikogesichtspunkten aus. Dabei kann der Käufer Schwerpunkte bestimmen und den Umfang (z.B. Stichproben) und die Tiefe der Prüfung vorgeben.

Eine zentrale Bedeutung jeder Due Diligence nehmen öffentliche Register ein (Grundbuch, bei Share Deal auch Handelsregister, Baulastenverzeichnis, ggf. auch Altlastenverzeichnis). Hier muss der Käufer sich auch vergewissern, dass die vom Verkäufer vorgelegten Auszüge noch aktuell sind.

Ein weiterer wichtiger Prüfungspunkt sind Vertragsverhältnisse, die kraft Gesetzes auf den Käufer übergehen (Versicherungsverträge, Mietverträge, u.U. Arbeitsverhältnisse) oder nach den Vorstellungen des Verkäufers auf den Käufer übertragen werden sollen. Bei einem Share Deal erstreckt sich diese Prüfung praktisch auf alle wesentlichen Verträge, die von der Objektgesellschaft abgeschlossen wurden.

Besonderen Wert legt der Käufer verständlicherweise auf die Mietverträge, wobei insbesondere die Miethöhe und die Mietdauer und etwaige Kündigungsmöglichkeiten für die Investitionsentscheidung wesentlich sind. Ein klassisches Problem ist die Schriftform, da der Käufer sicher sein möchte, dass die seiner Kalkulation zugrunde liegenden langfristigen Mietverträge nicht unter Berufung auf Formmängel vorzeitig beendet werden können. Bei den wesentlichen Mietverträgen sollte sich daher die Prüfung auf die kompletten Mietverträge nebst sämtlichen Anlagen und Nachträgen erstrecken und ergänzend auch die Korrespondenz zwischen Vermieter und Mieter einbeziehen.

Der Käufer muss sich ferner von der öffentlichrechtlichen Zulässigkeit der erworbenen Gebäude bzw. Bauvorhabens und ihrer Nutzung überzeugen. Hierzu wird er die Baugenehmigung mit etwaigen Änderungen/Tekturen mit dem tatsächlichen Zustand abgleichen (wichtig vor allem bei späteren Umbauten) und die gesamten Baugenehmigungsunterlagen sichten.

Bei neu errichteten Gebäuden sowie bei Gebäuden, bei denen noch unverjährte Mängelansprüche bestehen, erstreckt sich die Due Diligence regelmäßig auch auf die Planer- und Bauverträge und deren Abwicklung (z.B. Abnahmeprotokolle). Soweit Sicherheiten bestehen, sind diese insbesondere daraufhin zu prüfen, ob sie den immer strengeren Anforderungen der Rechtsprechung noch genügen (z.B. Bürgschaften auf erstes Anfordern). Ein klassischer Prüfungspunkt ist auch das Urheberrecht in Planerverträgen, da der Erwerber sicherstellen möchte, dass er das umfassende Nutzungsrecht an der Planung erwirbt und spätere Änderungen ohne Zustimmung der Planer möglich sind.

Die Durchführung der Due Diligence wird in einem sogenannten Due Diligence Report dokumentiert. Im Due Diligence Report werden die Prüfungsergebnisse zusammengefasst und insbesondere die bei der Prüfung festgestellten Risiken analysiert, welcher für die Investitionsentscheidung relevant sein können.

3.4 Due Diligence-Checkliste

Die nachstehenden Checklisten weisen zum einen auf diejenigen Dokumente hin, in die in der Regel im Rahmen einer Due Diligence Einsicht genommen werden sollte. Insoweit überschneiden sich die Listen teilweise mit einer – in der Regel umfangreicheren – sogenannten Due Diligence Request-Liste. Zum anderen sind in den Checklisten Umstände ausgeführt, auf die bei Prüfung der jeweiligen Dokumente in der Regel besonders geachtet werden sollte. Die Checklisten erheben selbstverständlich keinen Anspruch auf Vollständigkeit, da die Besonderheiten des Kaufgegenstandes auch zu besonderen Erfordernissen bei Festlegung der Prüfungspunkte führen können.

3.4.1 Checkliste bei Asset Deal

1. **Verkäufer**

   Gesellschaftsform
   Konzernzugehörigkeit
   Bonität
   Haltefrist des Kaufgegenstandes

2. **Grundbuch**

   Grundbuchauszug neuesten Datums
   Eigentumsverhältnisse
   Herrschvermerk
   Eintragungen in Abt. II
   Eintragungsbewilligungen
   Eintragungen in Abt. III
   Unerledigte Anträge
   ggf. Erbbaurechtsvertrag

3. **Baulastenverzeichnis**

   Baulastenverzeichnisauszug neuesten Datums
   Eintragungsbewilligungen
   Unerledigte Anträge

4. **Baurecht**

   Zulässigkeit von Art und Maß der baulichen Nutzung
   Städtebauliche Verträge
   Absehbare Planungsänderungen
   Kommunale Gestaltungssatzung
   Flächennutzungsplan
   Baugenehmigung
   Abstandsflächenübernahme
   Stellplatznachweis/Ablösevereinbarung
   Lärm- und Wärmeschutz
   Einsichtnahme in die Bauakte

5. **Erschließung**

   Bezahlung Beiträge/Gebühren nach BauGB/KAG
   Netzkostenbeiträge an Ver- und Entsorgungsträger
   Zugang-/Zufahrtsmöglichkeit

6. **Gebäude/Grundstück**

   Grenzüberbauung
   Scheinbestandteil

Asbest
Altlasten/Kontaminationen/schädliche Bodenveränderungen
Kampfmittel
Behördliche Auflagen
Umlegungsverfahren
Sanierungs-/Entwicklungsgebiet
Restitutionsansprüche
Denkmalschutz
Vorkaufsrechte
Wohnungsbauförderung
Rechtsstreitigkeiten
Nachbarbelange/Nachbarvereinbarungen
Arbeitsstättenrichtlinie
Energiebedarfsausweis
TÜV- und andere laufende technische Prüfungen
Wartungspläne, Bedienungsanweisungen

7. **Mietverträge**

Mietverträge mit sämtlichen Anlagen (Schriftform)
Nachträge
Nebenabsprachen
Laufzeiten der Mietverträge
Miethöhe
Wertsicherung/Staffel
Indexgenehmigung bei Altverträgen
Nebenkostenregelungen/-abrechnungen
Rückbauverpflichtungen
Schönheitsreparaturen
Instandhaltung/Instandsetzung
Mietsicherheiten
Minderungen/Rechtsstreitigkeiten
Rückstände
Baukostenzuschüsse
Kündigungen
Vorausverfügungen über Miete/Nebenkosten
Betriebspflicht bei Ladengeschäften
Konkurrenzschutz
Werbegemeinschaft/Centermanagement

8. **Bauliche Situation**

Bau-/Planungsverträge
Abnahmeprotokolle
Mängelansprüche
Sicherheiten für Mängelansprüche
Architektenurheberrecht (Nutzungs-/Änderungsbefugnis)

9. **Versicherungsverträge**

Policen
Deckungsschutz
Laufzeit/Kündigungen
Prämienzahlung

10. **Andere Dauerschuldverhältnisse**

Arbeitsverträge
Versorgungs-/Contracting-Verträge
Leasing-/Wartungsverträge
Facility-Managementverträge
Verwaltungsverträge

11. **Steuerliche Belange**

Einheitswertbescheid
Grundsteuer/Städtische Abgaben
Stand der Zahlungen
Steuernachfolge § 75 AO
Umsatzsteuersituation
Objektgebundene Abgaben

3.4.2 Checkliste bei Share Deal

Die vorstehende Checkliste für einen Asset Deal ist bei einem Share Deal um weitere Prüfungspunkte zu ergänzen:

1. **Handelsregister**

Auszug neuesten Datums
Anmeldung und Eintragung aller anmeldepflichtigen Umstände

2. **Gesellschaftsvertrag**

Gründungsurkunde
Kopie aller Änderungen

3. **Kapitalaufbringung bei Bargründung/Barkapitalerhöhung**

Einzahlungsnachweis

4. **Kapitalaufbringung bei Sachgründung/Sachkapitalerhöhung**

Sachgründungsbericht
Wertnachweise
dinglicher Einbringungsvertrag

5. **Etwaige Verstöße gegen Kapitalerhaltungsregelungen**

offene/verdeckte Kapitalrückzahlung
Sicherheitsgewährung durch Gesellschaft für Gesellschafter
Rückzahlung kapitalersetzender Darlehen

6. **Anteilserwerb durch Verkäufer**

   Anteilsübernahmeerklärung/Anteilsübernahme bei Gründung
   komplette Kette der Anteilsübertragungen
   bei bedingten Übertragungen: Nachweise für Bedingungseintritt
   bei Anteilsvinkulierung: Zustimmungserklärungen

7. **Etwaige Anteilsbelastungen**

   Pfändung/Verpfändung
   Nießbrauchsbestellung
   Abtretung von Gewinnauszahlungsansprüchen
   Aufhebung etwaiger Belastungen

8. **Gesellschafterbeschlüsse**

9. **Bei Zusammenschlüssen**

   Schwellenwert gemäß § 39 GWB
   Freigaben durch Kartellamt

10. **Geschäftsordnung Geschäftsführung/Aufsichtsrat**

11. **Personal**

    Dienst- und Arbeitsverträge
    Tantiemen, Umsatz- oder Gewinnbeteiligungen
    Vereinbarungen/Zusagen über Altersversorgung
    Verpflichtung gegenüber ausgeschiedenen Mitarbeitern
    Einschlägige Tarifverträge

12. **Sonstige Verträge/Zusagen**

Teil 5
Steuerrechtliche Aspekte von Immobilieninvestitionen und -desinvestitionen

Übersicht

Grundzüge der Immobilienbesteuerung

1. Einleitung

Bei der Immobilienbesteuerung sind verschiedene Steuerarten relevant. Im Bereich der Ertragsteuern sind hier die Einkommensteuer, die Körperschaftsteuer und die Gewerbesteuer zu nennen, bei den Substanzsteuern die Grundsteuer sowie die Erbschaft- und Schenkungsteuer und bei den Verkehrsteuern die Umsatzsteuer und die Grunderwerbsteuer. Bei Immobilieninvestitionen spielen ertragsteuerliche Aspekte und die Grunderwerb- und die Umsatzsteuer eine wichtige Rolle. Schwerpunkte sind in den nachstehenden Ausführungen auf die in der Investitionspraxis wichtigen Themen der Besteuerung von Immobilienpersonen- und -kapitalgesellschaften, die Gewerbesteuerfreistellung sowie die bei Immobilieninvestitionen immer wieder auftauchenden Fragestellungen in den Bereichen Grunderwerb- und Umsatzsteuer gelegt. Die Erbschaft- und Schenkungsteuer spielt bei Immobilieninvestitionen eine Rolle, wenn substanzsteuerliche Effekte bei Vermögensübertragungen von einer auf die nächste Generation ausgenutzt werden sollen. Die möglichen steuerlichen Vorteile werden dargestellt. Kurz eingegangen wird auch auf die Grundsteuer, die aufgrund höherer Leerstände bei Gewerbeimmobilien seit dem Jahr 2002 an Bedeutung gewonnen hat.

2. Einkommensteuer

Bei der einkommensteuerlichen Betrachtung von Immobilieninvestitionen werden zwei in der Praxis wichtige Themen, nämlich die Abgrenzung zwischen der privaten Vermögensverwaltung und dem gewerblichen Grundstückshandel einerseits sowie die Besteuerung von Immobilienpersonengesellschaften andererseits herausgegriffen. Die Besteuerung von Immobilienpersonengesellschaften wird dann bei der Darstellung der Gewerbesteuer nochmals vertieft. Kurz eingegangen wird im Abschnitt zur Körperschaftsteuer auf die Besteuerung von Immobilienkapitalgesellschaften. Auf diese Weise werden alle Informationen zusammengetragen, damit der Rechtsformvergleich zwischen Immobilienpersonengesellschaft und Immobilienkapitalgesellschaft im Kapitel 9 nachvollziehbar ist.

2.1 Abgrenzung private Vermögensverwaltung – gewerblicher Grundstückshandel

Die bloße Verwaltung des eigenen Vermögens stellt keine gewerbliche Tätigkeit dar. Dieser Grundsatz gilt auch dann, wenn es sich um ein sehr großes Vermögen handelt. Eine gewerbliche Tätigkeit im Sinne von § 15 Abs. 2 EStG liegt aber dann vor, wenn sich das Handeln des Steuerpflichtigen/der Personengesellschaft nicht mehr als private Vermögensverwaltung darstellt, sondern mit Gewinnerzielungsabsicht eine selbständige, nachhaltige und nach außen hin hervortretende Tätigkeit entfaltet wird, der Steuerpflichtige mithin im Geschäftsleben wie ein Gewerbetreibender auftritt. Im Immobilienbereich wird die Grenze zwischen privater Vermögensverwaltung und gewerblicher Tätigkeit überschritten, wenn der Steuerpflichtige/die Personengesellschaft wie ein Grundstückshändler agiert.

Private Vermögensverwaltung liegt nach der ständigen Rechtsprechung des Bundesfinanzhofs bei Grundbesitz vor, wenn die Grundstücksgeschäfte sich noch als Nutzung des Grundbesitzes durch Fruchtziehung aus zu erhaltender Substanz (Streben nach höheren Erträgen) einschließlich von Vermögensumschichtungen darstellen, während eine gewerbliche Betätigung dann gegeben ist, wenn die Ausnutzung von Substanzwertsteigerungen über ständige Käufe und Verkäufe des Grundbesitzes im Vordergrund steht. Eine Unterscheidung ist im Einzelfall natürlich schwierig zu treffen. Aus Gründen der Rechtssicherheit hat der Bundesfinanzhof daher die sogenannte „Drei-Objekt-Grenze" entwickelt. Diese besagt im Kern, dass der Steuerpflichtige den Bereich der privaten Vermögensverwaltung in der Regel dann überschreitet, wenn er mehr als drei Objekte veräußert und zwischen dem Kauf bzw. der Errichtung des Objekts und dem Verkauf sowie den Verkäufen selbst ein enger zeitlicher Zusammenhang besteht.

Unter Objekt im Sinne der Drei-Objekt-Grenze wird verstanden:

- eine Wohneinheit (d.h. Einfamilienhaus, Doppelhaushälfte, Reihenhaus, Eigentumswohnung, Zweifamilienhaus); mehrer Eigentumswohnungen sind mehrer Objekte, auch wenn sie in einem Haus liegen;

- unbebaute Grundstücke bzw. Grundstücksparzellen;

- Miteigentumsanteil an einem der vorstehend aufgeführten Objekte;

– Anteile an Grundstückspersonengesellschaften von mindestens 10%;

– Mehrfamilienwohnhäuser und Gewerbebauten; große Gewerbeobjekte wie z.B. ein Supermarkt sind auch ein Objekt im Sinne der Drei-Objekt-Grenze. Dies war lange Zeit streitig, dürfte aber mittlerweile trotz fortbestehender abweichender Meinungen gesichert sein. Allerdings sollen beim Verkauf großer Objekte auch weniger als vier Veräußerungen einen Grundstückshandel begründen können;

– nicht die Beteiligung an einem Immobilienfonds (Akt der privaten Grundstücksverwaltung).

In seinem Beschluss vom 10.12.2001[1] hat der Große Senat des Bundesfinanzhofs zwar an der Drei-Objekt-Grenze grundsätzlich festgehalten, ihre Bedeutung insoweit relativiert, als ihr nur noch eine indizielle Bedeutung zukommt. Danach kann auch bei einer Veräußerung von weniger als vier Objekten aufgrund besonderer Umstände auf eine gewerbliche Betätigung geschlossen werden. Besondere Umstände in diesem Sinn sieht der Große Senat z.B. darin, dass

– das im zeitlichen Zusammenhang mit der Bebauung und Veräußerung erworbene Grundstück schon vor seiner Bebauung veräußert worden ist.

– das Grundstück von vornherein auf Rechnung und nach Wünschen des Erwerbers bebaut worden ist.

Mit dieser Entscheidung hat der Große Senat wieder mehr Rechtsunsicherheit geschaffen. Nur ist die Einstufung als privates oder gewerbliches Handeln von der Beurteilung der Umstände des Einzelfalls abhängig.

Unter Veräußerung ist die entgeltliche Übertragung an einen Dritten zu fremdüblichen Konditionen zu verstehen. Keine Veräußerung sind beispielsweise die Einräumung eines Erbbaurechts, unentgeltliche Übertragungen, Übertragungen im Zuge der Realteilung vermögensverwaltender Personengesellschaften oder Bruchteilsgemeinschaften, die Einlage bzw. Einbringung in eine Personen- oder Kapitalgesellschaft.

Je kürzer der Zeitraum zwischen Anschaffung/Errichtung und Veräußerung des Grundstücks ist, desto eher ist von einer gewerblichen Betätigung auszugehen. Einen engen zeitlichen Zusammenhang nimmt die Rechtsprechung regelmäßig bei einem Zeitraum von bis zu fünf Jahren an. Kein gewerblicher Grundstückshandel liegt bei einer Zeitspanne zwischen Kauf und Veräußerung von mehr als zehn Jahren vor, wobei bei der Errichtung von Gebäuden der Zeitpunkt der Anschaffung des Grundstücks irrelevant ist. Der zeitliche Zusammenhang muss sowohl zwischen der Anschaffung/Errichtung und der Veräußerung des einzelnen Objekts als auch zwischen den Veräußerungen selbst bestehen. Die Vermutung des zeitlichen Zusammenhangs ist widerlegbar. In dem Zeitraum zwischen dem sechsten und dem zehnten Jahr zwischen Ankauf und Veräußerung müssen zusätzliche Kriterien hinzukommen, wie bspw. eine besondere Nähe zu Grundstücksgeschäften aufgrund der Berufstätigkeit des Steuerpflichtigen (bspw. der Makler oder der Architekt, der mehr als drei Objekte in sieben Jahren veräußert hat), um die Gewerblichkeit zu begründen.

Die Feststellung eines gewerblichen Grundstückshandels hat zur Folge, dass sich die steuerlichen Rechtsfolgen nach den allgemeinen Vorschriften über die Gewinn-

---

[1] BFH-Beschl. GrS 1/98, BStBl II 2002, 291.

ermittlung bei Einkünften aus Gewerbebetrieb (§ 15 EStG) bestimmen. Die zur Veräußerung bestimmten Immobilienobjekte stellen danach notwendiges Betriebsvermögen dar, das im Umlaufvermögen zu bilanzieren ist. Im Umlaufvermögen können wiederum keine Abschreibungen vorgenommen werden, auch wenn die Objekte vermietet sind. Im übrigen sind die Veräußerungsgewinne in der Regel nicht begünstigte laufende Gewinne. Ferner besteht Gewerbesteuerpflicht. Die Einstufung als gewerblicher Grundstückshändler bringt demnach erhebliche steuerliche Mehrbelastungen mit sich, weswegen die Steuerpflichtigen, die häufiger Grundstücksgeschäfte tätigen, bestrebt sind, ihr Handeln so auszurichten, dass sie nicht in die Gewerblichkeit hineingleiten.

2.2 Besteuerung von Immobilienpersonengesellschaften

Die Personengesellschaft in der Rechtsform einer GbR oder einer KG ist das am häufigsten gewählte Vehikel für Immobilieninvestitionen. Dies hat insbesondere auch steuerliche Hintergründe. Die Personengesellschaft ist steuerlich flexibel zu handhaben. Mit steuerlichen Gestaltungen kann die Personengesellschaft je nach Lage des Einzelfalls auf die Interessen des Investors zugeschnitten werden. Die Personengesellschaft ist eigenständiges Steuersubjekt für Zwecke der Umsatzsteuer, der Grunderwerbsteuer (auch bei Anteilsverkäufen nach § 1 Abs. 2 a GrEStG – vgl. dazu ausführlich 1.6.6.) und der Gewerbesteuer, wenn die Personengesellschaft eine gewerbliche Tätigkeit ausübt oder gewerblich geprägt ist. Im übrigen, insbesondere für die Einkommen- und Körperschaftsteuer, ist die Personengesellschaft steuerlich transparent. Das bedeutet, dass die Personengesellschaft kein eigenes Steuersubjekt ist und die steuerlichen Folgen quasi durch die Personengesellschaft hindurchgehen und ausschließlich auf der Ebene der Gesellschafter eintreten. Damit können Verluste der Immobilienpersonengesellschaft auf der Ebene des Gesellschafters mit Gewinnen aus anderen Aktivitäten verrechnet werden. Steuerbilanziell gibt es keine Beteiligung an einer Personengesellschaft, sondern nur anteilige Aktiva und Passiva. In der Steuerbilanz des Gesellschafters wird daher (abweichend von der Behandlung in der Handelsbilanz) auf der Aktivseite keine Beteiligung angesetzt sondern lediglich einzelne Vermögensgegenstände. Die Personengesellschaft entfaltet – anders als die Kapitalgesellschaft – keine Abschirmwirkung bei der erweiterten Kürzung im Rahmen des § 9 Nr. 1 Satz 5 GewStG (vgl. dazu ausführlich 1.4.2) oder bei der „Drei-Objekt-Grenze" im Rahmen der Abgrenzung zwischen privater Vermögensverwaltung und gewerblichem Grundstückshandel.

Ertragsteuerlich erfolgt auf der Ebene der Personengesellschaft eine einheitliche und gesonderte Gewinnfeststellung. Dabei ist die Personengesellschaft Einkunfts- bzw. Gewinnermittlungssubjekt. Ausgangspunkt für die Gewinnermittlung ist bei gewerblichen Einkünften der Personengesellschaft die steuerliche Gesamthandsbilanz, die modifiziert wird über Ergänzungsbilanzen und erweitert wird über Sonderbilanzen (ausführlich dazu unter 2.2.3 und 2.2.4). Bei Personengesellschaften, die Einkünfte aus Vermietung und Verpachtung erzielen, wird keine Bilanz erstellt, sondern eine Einnahmen-Überschuss-Rechnung. Bei der Abgrenzung zwischen privater Vermögensverwaltung und gewerblichem Grundstückshandel ist allein die Ebene des Gesellschafters relevant. Es kann zum sogenannten „Zebra-Effekt" kommen, wonach einzelne Gesellschafter Einkünfte aus Gewerbebetrieb und andere Gesellschafter Einkünfte aus Vermietung und Verpachtung erzielen (zur Zebra-Gesellschaft ausführlich die nachfolgenden Ausführungen unter 2.2.2).

Die Gesellschafter einer Immobilienpersonengesellschaft können, wie bereits gesagt, entweder Einkünfte aus Vermietung und Verpachtung oder gewerbliche Einkünfte erzielen. Die Qualifizierung der Einkünfte hängt von folgenden Überlegungen ab:

2.2.1 Einkünfte aus Gewerbebetrieb

Die Gesellschafter einer Personengesellschaft erzielen Einkünfte aus Gewerbebetrieb, wenn die Personengesellschaft

– eine gewerbliche Tätigkeit im Sinne von § 15 Abs. 2 EStG ausübt. Eine gewerbliche Tätigkeit liegt nach der Legaldefinition in § 15 Abs. 2 Satz 1 EStG vor, wenn eine selbständige nachhaltige Betätigung, die mit der Absicht, Gewinn zu erzielen, unternommen wird und sich als Beteiligung am allgemeinen wirtschaftlichen Verkehr darstellt. Dabei darf diese Tätigkeit nicht lediglich vermögensverwaltenden Charakter haben.

– auch eine gewerbliche Tätigkeit im Sinne von § 15 Abs. 2 EStG ausübt gemäß § 15 Abs. 3 Nr. 1 EStG (sogenannte Abfärbungs- oder Infektionstheorie). Danach färbt eine gewerbliche Tätigkeit einer Immobilienpersonengesellschaft (z.B. Maklertätigkeit oder Facility Management) auf die vermögensverwaltende Vermietungs- und Verpachtungstätigkeit derart ab, dass die gesamte Tätigkeit der Immobilienpersonengesellschaft als gewerblich einzustufen ist, und zwar auch dann, wenn die nichtgewerbliche Tätigkeit den weit überwiegenden Teil ausmacht. Die nicht erwünschte Abfärbung einer gewerblichen Tätigkeit auf die Vermietung und Verpachtung kann dadurch vermieden werden, dass die Ausübung der gewerblichen Tätigkeit auf eigene Rechnung einzelner Gesellschafter oder im Rahmen einer zivilrechtlich selbständigen (beteiligungsidentischen) Personengesellschaft erfolgt.

– gewerblich geprägt ist im Sinne von § 15 Abs. 3 Nr. 2 EStG. Eine gewerbliche Prägung liegt danach unter folgenden Voraussetzungen vor:

(1) Personengesellschaft (häufig GmbH & Co. KG);

(2) persönlich haftender Gesellschafter ist eine Kapitalgesellschaft oder eine gewerblich geprägte Personengesellschaft;

(3) nur der persönlich haftende Gesellschafter oder Dritte sind Geschäftsführer;

(4) eine mit Einkünfteerzielungsabsicht unternommene Tätigkeit (z.B. Vermietung) wird ausgeübt und

(5) eine gewerbliche Tätigkeit im Sinne von § 15 Abs. 2 EStG (z.B. Besitzgesellschaft bei Betriebsaufspaltung) liegt nicht vor.

Ob eine Immobilienpersonengesellschaft gewerblich geprägt ist, lässt sich in der Praxis durch die Ausgestaltung der Geschäftsführungsbefugnis regeln. Wird ein Kommanditist zum Geschäftsführer bestellt, kann die Immobilien GmbH & Co. KG Einkünfte aus Vermietung und Verpachtung erzielen, sind nur der persönlich haftende Gesellschafter oder fremde Dritte mit der Geschäftsführung betraut, ist die Immobilien GmbH & Co. KG dagegen gewerblich geprägt. Damit eröffnet § 15 Abs. 3 Nr. 2 EStG häufig genutzte einkommensteuerliche Gestaltungsmöglichkeiten z.B. zur Vermeidung einer Betriebsaufgabe, zur steuerneutralen Ausgliederung von Sonderbetriebsvermögen oder zur Erlangung erbschaftsteuerlicher Vorteile.

2.2.2 Einkünfte aus Vermietung und Verpachtung und Zebra-Gesellschaft

Die Gesellschafter einer Immobilienpersonengesellschaft erzielen Einkünfte aus Vermietung und Verpachtung, wenn die Personengesellschaft eine vermögensverwaltende Tätigkeit wie z.B. eine Vermietungstätigkeit im Hinblick auf die der Gesellschaft gehörenden Immobilien ausübt. Das Vermögen der Personengesellschaft ist, wenn sie keine gewerblichen Einkünfte erzielt, Privatvermögen im steuerlichen Sinn. Betriebsvermögen liegt dagegen bei einer gewerblich geprägten oder gewerblich tätigen Immobilienpersonengesellschaft vor.

Von einer Zebra-Gesellschaft spricht man, wenn an einer vermögensverwaltenden, nicht gewerblich geprägten Personengesellschaft neben Gesellschaftern, die Einkünfte aus Vermietung und Verpachtung erzielen, eine betriebliche Beteiligung (z.B. durch eine Kapitalgesellschaft) gegeben ist. Die Kapitalgesellschaft als Gesellschafterin der vermögensverwaltenden Immobilienpersonengesellschaft würde wegen § 8 Abs. 2 KStG zwingend Einkünfte aus Gewerbebetrieb erzielen. Dann wären die auf die Kapitalgesellschaft entfallenden anteiligen Einkünfte auf der Ebene der Kapitalgesellschaft als Anteilseigner gewerbliche Einkünfte. Sind an der Zebra-Gesellschaft beispielsweise noch natürliche Personen beteiligt und halten diese ihre Beteiligung im steuerlichen Privatvermögen, würden diese Einkünfte aus Vermietung und Verpachtung erzielen. Da damit einzelne Gesellschafter Einkünfte aus Vermietung und Verpachtung und andere Gesellschafter Einkünfte aus Gewerbebetrieb erzielen, spricht man vom sogenannte Zebra-Effekt.

2.2.3 Ergänzungsbilanzen

In Ergänzungsbilanzen werden die Wertansätze aus der steuerlichen Gesamthandsbilanz an die individuellen Umstände angepasst. Eine Ergänzungsbilanz ist unter anderem dann erforderlich, wenn ein Gesellschafter Anteile an einer Immobilienpersonengesellschaft erwirbt und als Kaufpreis mehr als den Buchwert der Anteile zahlt. Die von dem Erwerber im Kaufpreis mitgezahlten stillen Reserven würden dann anteilig den einzelnen Wirtschaftsgütern der Immobilienpersonengesellschaft (Grundstück und Gebäude) zugeschlagen und diese Aufdeckung anteiliger stiller Reserven in der Ergänzungsbilanz ausgewiesen. Entsprechendes gilt, wenn stille Lasten im Rahmen eines Anteilskaufvertrages entstehen. Ferner werden in der Ergänzungsbilanz die Gewährung bzw. Versagung personengebundener Steuervorteile z.B. im Rahmen des § 6 b EStG berücksichtigt.

2.2.4 Sondervergütung und Sonderbetriebsvermögen

Im Rahmen von Sonderbilanzen werden Sondervergütungen und das Sonderbetriebsvermögen erfasst. Sondervergütungen sind in § 15 Abs. 1 Nr. 2 EStG legal definiert. Bei Sondervergütungen, die Einkünfte aus Gewerbebetrieb sind, handelt es sich demnach um Gewinnanteile der Gesellschafter und Vergütungen, die der Gesellschafter von der Gesellschaft für seine Tätigkeit oder für die Hingabe von Darlehen oder für die Überlassung von Wirtschaftsgütern bezogen hat. Damit stellen Vergütungen, die der Gesellschafter für seine Arbeitstätigkeit für die Gesellschaft, Mieteinnahmen für der Gesellschaft überlassene Wirtschaftsgüter oder Zinsen, die er für die Ausreichung von Darlehen erhält, Einkünfte aus Gewerbebetrieb im Rahmen der Sonderbilanz des einzelnen Gesellschafters dar. Wegen § 15 Abs. 1 Nr. 2 EStG unterliegen beispielsweise Arbeitseinkünfte eines Gesellschaftergeschäftsführers einer Personengesellschaft der Gewerbesteuer. Arbeitseinkünfte eines Nichtgesellschafters würden dagegen nicht mit Gewerbesteuer belastet werden, denn er erzielt Einkünfte aus nicht selbständiger Tätigkeit.

Als Sonderbetriebsvermögen werden in der Sonderbilanz zum Beispiel folgende Positionen ausgewiesen: Gesellschafterdarlehen, die Beteiligung an der Komplementär-GmbH und Bankdarlehen zur Refinanzierung der Pflichteinlage. Beim Sonderbetriebsvermögen kommt es daher zu einer vom Handelsbilanzrecht abweichenden Zuordnung. § 15 a EStG beschränkt den Verlustausgleich von Gesellschaftern einer Personengesellschaft, soweit ein negatives Kapitalkonto des Kommanditisten entsteht oder sich erhöht. Verluste, die zu einem negativen Kapitalkonto führen, können aufgrund von § 15 a EStG nur mit zukünftigen Gewinnen ausgeglichen werden und sind gewissermaßen in der KG „gefangen". Dagegen sind Verluste aus der Sonderbilanz (z.B. Darlehenszinsen) uneingeschränkt ausgleichsfähig. Ein negatives oder positives Sonderbetriebsvermögen hat keinen Einfluss auf das Kapitalkonto im Sinne des § 15 a EStG. Dies eröffnet Gestaltungsspielräume bei der Finanzierung von Immobilieninvestitionen über Personengesellschaften. Im übrigen führen ausstehende Pflichteinlagen abweichend von der üblichen Darstellungsweise in der Handelsbilanz nicht zu einer Erhöhung des Kapitalkontos.

2.2.5 Gesellschafterdarlehen

Die Gesellschafter können der Immobilienpersonengesellschaft Mittel als Pflichteinlage oder Gesellschafterdarlehen zur Verfügung stellen. Aus steuerlicher Sicht ist von einem Gesellschafterdarlehen abzuraten, weil die Zurverfügungstellung eines Gesellschafterdarlehens nicht zu einem erhöhten Verlustausgleichspotential im Sinne des § 15 a EStG führt. Außerdem erhöht sich der Verlust in der Gesellschaft wegen der Zinsaufwendungen. Dieser Verlust ist wegen § 15 a EStG in der Gesellschaft „gefangen", während andererseits die Zinseinnahmen von dem Gesellschafter voll versteuert werden müssen. Steuerbilanziell ist das Gesellschafterdarlehen bei der Objektgesellschaft zu erfassen. In der steuerlichen Gesamthandsbilanz der Objektgesellschaft stellt das Darlehen Eigenkapital dar, so dass ein Teilverzicht oder eine Teilwertabschreibung nicht gewinnmindernd möglich ist. Demzufolge ergeben sich bei einem guten Verlauf der Immobilieninvestition keinerlei Vorteile durch Gewährung eines Gesellschafterdarlehens, bei einem schlechten Verlauf der Investition kommt es dagegen zu dramatischen Nachteilen.

2.2.6 Gewerbesteuerliche Schatteneffekte

Personengesellschaften, die gewerblich tätig oder geprägt sind, stellen selbständige Gewerbesteuersubjekte dar. Der Gewerbeertrag wird aus der steuerlichen Gesamtbilanz entwickelt und durch die Ergänzungs- und Sonderbilanzen der einzelnen Gesellschafter beeinflußt. Dabei wird der Gewerbesteueraufwand der Gesellschaft beispielsweise reduziert durch Finanzierungszinsen, Mehrabschreibungen nach einem Step-up sowie Veräußerungsverlusten aus dem Verkauf von Anteilen. Andererseits wird der Gewerbesteueraufwand der Gesellschaft erhöht durch Geschäftsbesorgungsvergütungen für einen Gesellschafter, Minderabschreibungen, Zinsen auf Gesellschafterdarlehen und Veräußerungsgewinne aus dem Verkauf von Anteilen. Bei einem Anteilsverkauf entfällt der Gewerbesteuerverlustvortrag anteilig in Höhe des von dem Altgesellschafter gehaltenen und verkauften Gesellschaftsanteils. Unter gewerbesteuerlichen Schatteneffekten versteht man die Beeinflussung des Gewerbesteueraufwands durch Umstände, die außerhalb der Gesellschaft liegen. Solche Umstände finden auf der Ebene des einzelnen Gesellschafters statt. Demzufolge beeinflussen Umstände, die eigentlich in der Sphäre des einzelnen Gesellschafters liegen, und deren steuerliche Folgen daher auch allein von diesem Gesellschafter zu tragen wären, den Gewerbesteueraufwand der übrigen Gesellschafter. Gesellschaftsvertraglich sollten daher Vorkehrungen getroffen werden, damit die von einem einzelnen Gesellschafter verursachten Mehr- und Minderaufwendungen ergebnis- und liquiditätswirksam auch nur von ihm als dem Verursacher getragen werden bzw. nur ihm zu Gute kommen.

3. Körperschaftsteuer und Besteuerung der Immobilienkapitalgesellschaft

Dem Körperschaftsteuerrecht unterliegen Körperschaften. Das sind im einzelnen Kapitalgesellschaften, wie eine Aktiengesellschaft oder eine GmbH, sonstige juristische Personen, nicht rechtsfähige Vereine, Anstalten, Stiftungen sowie Betriebe gewerblicher Art von juristischen Personen des öffentlichen Rechts. Die Körperschaftsteuer ist das Äquivalent zur Einkommensteuer, die nur natürliche Personen erfasst. Wie die Einkommensteuer ist die Körperschaftsteuer eine Personensteuer, die sich allerdings dadurch unterscheidet, dass für sie ein anderer Tarif gilt und die pesönliche Leistungsfähigkeit der Körperschaft grundsätzlich unberücksichtigt bleibt. Seit dem Jahr 2001 gilt ein neues Besteuerungssystem für Kapitalgesellschaften und ihre Anteilseigner. An die Stelle des Anrechnungsverfahrens ist das klassische Körperschaftsteuersystem mit einer Doppelbesteuerung auf der Ebene der Gesellschaft und auf der Ebene des Anteilseigners getreten. Der einheitliche Körperschaftsteuersatz beträgt 25%. Hinzu kommt der Solidaritätszuschlag von 5,5% auf diesen Steuersatz. Der Solidaritätszuschlag führt zu einer Gesamtbelastung von 26,4%. Der Steuersatz von 25% gilt sowohl für thesaurierte als auch für ausgeschüttete Gewinne. Damit erfolgt im Unterschied zum früheren Recht eine Gleichbehandlung von thesaurierten und ausgeschütteten Gewinnen. Um die Folgen der Doppelbesteuerung zu mildern, unterliegen laufende Gewinne von natürlichen Personen als Anteilseigner der Kapitalgesellschaft dem Halbeinkünfteverfahren. Danach sind Dividenden zur Hälfte steuerfrei (§ 3 Nr. 40 EStG), wobei die Kapitalertragsteuer auf Ausschüttungen in Höhe von 20 % beim Empfänger nach § 36 Abs. 2 Satz 2 Nr. 2 Satz 1 EStG anrechenbar ist. Da nur die Hälfte der ausgeschütteten Dividenden zu versteuern sind, können auch nur 50 % der Werbungskosten bzw. Betriebsausgaben im Zusammenhang mit diesen Dividenden gemäß § 3 c Abs. 2 EStG angesetzt werden (Prinzip der kommunizierenden Röhren). Dies hat Auswirkungen auf die Finanzierung von Immobilienkapitalgesellschaften. Bei zu erwartenden Ausschüttungen sollte eine Finanzierung in jedem Fall nicht unmittelbar auf der Ebene der Objektkapitalgesellschaft erfolgen. Das Halbeinkünfteverfahren ist bei einem hohen durchschnittlichen Steuersatz von mehr als 40 % gegenüber dem früheren Anrechnungsverfahren von Vorteil.

Dem Halbeinkünfteverfahren unterliegen nicht nur die laufenden Gewinne sondern auch Gewinne aus der Veräußerung von wesentlichen Beteiligungen an Kapitalgesellschaften durch natürliche Personen im Sinne des § 17 EStG, also Gewinne (Beteiligung von mindestens 1 %) sowie Gewinne aus privaten Veräußerungsgeschäften nach § 23 EStG vor Ablauf der einjährigen Haltefrist. Nach dem Prinzip der kommunizierenden Röhren können Veräußerungsverluste und Veräußerungskosten in diesen Fällen auch nur zur Hälfte angesetzt werden. Ist der Anteilseigner nicht wesentlich (d.h. mit weniger als 1 %) beteiligt und wird die Haltefrist von mindestens einem Jahr beim Verkauf eingehalten, kann die Beteiligung an der Kapitalgesellschaft durch die natürliche Person steuerfrei verkauft werden. Entsprechend sind Veräußerungsverluste und Kosten, die im Zusammenhang mit dieser „steuerfreien" Veräußerung stehen, steuerlich nicht berücksichtigungsfähig.

Eine weitgehende Steuerfreistellung für Gewinnausschüttungen und Veräußerungsgewinne gilt im Kapitalgesellschaftskonzern, also dann, wenn eine andere Kapitalgesellschaft Anteilseigner einer (Immobilien-) Kapitalgesellschaft ist. Gewinnausschüttungen und andere Bezüge im Sinne des § 8 b Abs. 1 KStG sind bei der sie empfangenden Kapitalgesellschaft außer Ansatz zu lassen, wenn sie aus der Beteiligung an einer anderen Kapitalgesellschaft resultieren. Nach der Neufassung von § 8 b Abs. 5 KStG gelten aber ab dem Veranlagungszeitraum 2004 5 vom Hundert der Bezüge im Sinne des § 8 b Abs. 1 KStG aus Anteilen an einer inländischen oder – wie bislang schon – ausländischen Kapitalgesellschaft als nicht abzugsfähige Betriebsausgaben. Im Gegenzug wird die Anwendung von § 3 c Abs. 1 EStG ausgeschlossen, so dass mit den Gewinnausschüttungen in unmittelbarem wirtschaftlichen Zusammenhang stehende Aufwendungen (insbesondere Finanzierungsaufwendungen bei Immobilieninvestitionen) abzugsfähig sind. Das pauschale Betriebsausgabenabzugsverbot erstreckt sich über § 7 Satz 1 GewStG auch auf die Ermittlung des Gewerbeertrags. Durch die gesetzliche Neuregelung seit dem 1.1.2004 tritt bei mehrstufigen Kapitalgesellschaftskonzernen ein Kaskadeneffekt ein, wenn mit der jeweiligen Ausschüttung nicht entsprechend höhere Aufwendungen zusammenhängen, weil auf jeder Ausschüttungsstufe weitere 5 vom Hundert der Gewinnausschüttung definitiv mit Körperschaftsteuer belastet werden. Diese steuerliche Zusatzbelastung könnte durch die Vereinbarung einer steuerlichen Organschaft vermieden werden.

Nach § 8 b Abs. 2 KStG ist – vorbehaltlich der Ausnahmeregelung des § 8 b Abs. 4 Satz 1 KStG – der Gewinn aus der Veräußerung von Anteilen an Kapitalgesellschaften durch eine Kapitalgesellschaft steuerfrei. Seit dem 1.1.2004 gelten aufgrund einer Neufassung von § 8 b Abs. 3 KStG auch hier 5 % des jeweiligen Gewinns als Betriebsausgaben, die nicht abgezogen werden dürfen. Jedoch findet auch hier das Abzugsverbot des § 3 c Abs. 1 EStG keine Anwendung. Die gesetzliche Neuregelung zum 1.1.2004 hat im Ergebnis dazu geführt, dass Gewinne, die eine Kapitalgesellschaft aus der Veräußerung von Anteilen an einer Tochterkapitalgesellschaft erzielt, in Höhe von 5 % der Körperschaftsteuer und über § 7 Satz 1 GewStG auch der Gewerbesteuer unterliegen. Trotz dieser Steuererhöhungen für Gewinnausschüttungen und Veräußerungsgewinne im Kapitalgesellschaftskonzern verbleibt eine weitgehende Steuerfreiheit, die Kapitalgesellschaften besserstellt als vor Inkrafttreten des Unternehmenssteuerreformgesetzes.

Das Einkommen der Körperschaft wird auf der Grundlage der Vorschriften des Einkommensteuergesetzes ermittelt, wobei ein Betriebsvermögensvergleich durchzuführen ist. Auf dieser Grundlage erfolgen körperschaftsteuerlich einige Korrekturen.

4. Gewerbesteuer

4.1 Grundzüge der Gewerbesteuer

Zusätzlich zur Einkommen- bzw. Körperschaftsteuer kann die Gewerbesteuer als weitere Ertragsteuer anfallen. Die Gewerbesteuer ist eine Objektsteuer, weshalb nicht der tatsächlich erzielte Ertrag, sondern ohne Rücksicht auf die Kapitalausstattung der erzielbare Ertrag, also die Ertragskraft, Besteuerungsgrundlage ist. Eine Korrektur des einkommensteuerlichen Gewinns erfolgt über gewerbesteuerliche Hinzurechnungen und Kürzungen.

Für Immobilieninvestitionen bedeutende Hinzurechnungen gemäß § 8 GewStG sind insbesondere

– die Hälfte der Zinsen für Dauerschulden, Renten und dauernde Lasten (§ 8 Nr. 1 und Nr. 2 GewStG),

– die Gewinnanteile eines stillen Gesellschafters, wenn sie beim Empfänger nicht zur Steuer nach dem Gewerbeertrag heranzuziehen sind (§ 8 Nr. 3 GewStG),

– die Hälfte der geleisteten Miet- und Pachtzinsen für nicht in Grundbesitz bestehende Wirtschaftsgüter des Anlagevermögens des Mieters (§ 8 Nr. 7 GewStG),

– Verlustanteile aus Beteiligungen an gewerblichen Personengesellschaften (Mitunternehmerschaften) (§ 8 Nr. 8 GewStG).

Folgende Kürzungen gemäß § 9 GewStG sind für Immobilieninvestitionen von Bedeutung:

– 1,2 % des Einheitswertes des zum Betriebsvermögen des Unternehmers gehörenden Grundbesitzes; wahlweise auf Antrag kann bei grundbesitzverwaltenden Unternehmen die sog. erweiterte Kürzung nach § 9 Nr. 1 Satz 2 GewStG in Anspruch genommen werden (dazu ausführlich 4.2.3),

– auf ausländische Betriebsstätten entfallende Teile des Gewerbeertrags,

– die Hälfte der Miet- und Pachtzinsen für nicht in Grundbesitz bestehenden Wirtschaftsgüter des Anlagevermögens des Vermieters,

– Gewinnanteile aus Beteiligungen an gewerblichen Personengesellschaften (Mitunternehmerschaften) sowie Gewinnanteile an ausländischen Kapitalgesellschaften.

Gegenstand der Besteuerung ist wegen des Objektcharakters nicht eine Person,
sondern ein Gewerbebetrieb als Objekt, soweit er im Inland betrieben wird. Unter
einem Gewerbebetrieb ist ein gewerbliches Unternehmen im Sinne des Einkommensteuergesetzes zu verstehen (§ 2 Abs. 1 Satz 2 GewStG). Kapitalgesellschaften
gelten dabei stets als Gewerbebetrieb (§ 2 Abs. 2 GewStG). Einzelunternehmen und
Mitunternehmerschaften (Personengesellschaften), die ein gewerbliches Unternehmen im Sinne von § 15 Abs. 1 EStG betreiben, sind Kraft ihrer Tätigkeit gewerbesteuerpflichtig. Aufgrund der Abfärbe- oder Infektionstheorie wird die Tätigkeit
einer Personengesellschaft in vollem Umfang als Gewerbebetrieb angesehen, wenn
die Gesellschaft neben anderen – nicht gewerblichen – Tätigkeiten auch eine gewerbliche Tätigkeit ausübt (§ 15 Abs. 3 Nr. 1 EStG). Dabei findet eine „Infektion"
bereits dann statt, wenn die gewerbliche Tätigkeit lediglich einen Bruchteil der gesamten (nicht gewerblichen) Tätigkeit ausmacht. Die nicht gewerbliche, vermögensverwaltende Tätigkeit einer Immobilienpersonengesellschaft (vgl. ausführlich
oben 1.2.4) würde beispielsweise dann infiziert, wenn die Gesellschaft neben der
Vermietung und Verpachtung der im Bestand befindlichen Immobilien eine Maklertätigkeit – und sei es auch nur im geringen Umfang – entfalten würde. Schließlich erzielt eine Personengesellschaft gewerbliche Einkünfte, wenn sie zwar in keiner Weise gewerblich tätig, aber gewerblich geprägt ist. Eine gewerbliche Prägung
wird gemäß § 15 Abs. 3 Nr. 2 EStG angenommen, wenn bei einer Personengesellschaft ausschließlich eine oder mehrere Kapitalgesellschaften persönlich haftende
Gesellschafter sind und nur diese Kapitalgesellschaften oder außenstehende Dritte
(= Nichtgesellschafter) zur Geschäftsführung befugt sind (gewerbliche geprägte
GmbH & Co. KG). Eine ihren Grundbesitz verwaltende GmbH & Co. KG, bei der
kein Kommanditist Geschäftsführer ist, würde daher aufgrund ihrer Prägung als gewerblich gelten.

Ausgangspunkt für die gewerbesteuerliche Bemessungsgrundlage ist der nach
den Vorschriften des Einkommensteuergesetzes oder des Körperschaftsteuergesetzes
zu ermittelnde Gewinn aus dem Gewerbebetrieb. Dieser Betrag wird um gewerbesteuerliche Hinzurechnungen (§ 8 GewStG) vermehrt und um gewerbesteuerliche
Kürzungen (§ 9 GewStG) vermindert. Auf diese Weise erhält man den Gewerbeertrag gemäß § 10 GewStG. Der Gewerbeertrag ist um einen etwaigen Verlustvortrag
nach § 10a GewStG zu vermindern und die Differenz auf 100,00 € abzurun-
den (§ 11 Abs. 1 GewStG). Auf den so ermittelten Betrag wird – bei natürlichen
Personen und Personengesellschaften nach Kürzung um einen Freibetrag von
4.500,00 € – eine Steuermesszahl angewandt. Diese beträgt für den Gewerbeertrag
im Regelfall 5 %. Bei Gewerbebetrieben, die von natürlichen Personen oder von
Personengesellschaften betrieben werden, ist sie bei geringen, den Freibetrag über-
steigenden Gewerbeerträgen gestaffelt zwischen 1 und 5 %. Durch Multiplikation
der Steuermesszahl mit dem Gewerbeertrag ergibt sich der Messbetrag auf den wiederum der Hebesatz der jeweiligen Gemeinde angewandt wird. Der Hebesatz ist ein
Vomhundertsatz, der durch Beschluss der Gemeindevertretung festgesetzt wird und

sich regelmäßig nach dem Steuerbedarf der Gemeinde richtet. Der Hebesatz, der zwischen einzelnen Gemeinden erheblich variiert, kann von entscheidender Bedeutung für die Ansiedlung eines Gewerbebetriebs in einer Gemeinde sein. Er betrug für 2003 z.B. in Frankfurt 515%, in München 490%, in Hamburg 470% und in Berlin 410%. Bis zum 31.12.2003 konnten Gemeinden ihren Hebesatz frei bestimmen. Die Gemeinde Norderfriedrichskoog wurde bundesweit bekannt, weil ihr Hebesatz bei 0% lag und sie dadurch viele Gewerbebetriebe anzog. Seit dem 1.1.2004 ist den Gemeinden ein Mindesthebesatz von 200% gesetzlich vorgeschrieben (§ 16 Abs. 4 GewStG).

Eine Sonderproblematik bei der Berechnung der Gewerbesteuer entsteht dadurch, dass die Gewerbesteuer zu den Betriebsausgaben zählt und deshalb bei der Ermittlung des Gewerbeertrags abzuziehen ist. Dadurch beeinflusst sie ihre eigene Bemessungsgrundlage. Man spricht hier von der Selbstabzüglichkeit der Gewerbesteuer. Um die Selbstabzüglichkeit der Gewerbesteuer rechnerisch zu erfassen, lässt die Finanzverwaltung gem. Abschnitt 20 Abs. 2 der Einkommensteuerrichtlinien die sogenannte 5/6-Methode zu. Mathematisch genauer ist die sogenannte Divisormethode.

Beispiel: Bei einer GmbH mit Sitz in Frankfurt am Main und einem vorläufigen Gewerbeertrag von 1.000.000,00 € beträgt die vorläufige Gewerbesteuerschuld 1 Mio. € x 5% x 515% = 257.700,00 €. Die korrigierte Gewerbesteuerschuld nach der 5/6-Methode entspricht 214.583,33 €. Gemäß der Divisormethode beträgt die korrigierte Gewerbesteuerschuld

$$\frac{257.700,00\ \text{€}}{(1 + 0,05\ \text{x}\ 5,15)} = 204.771,37\ \text{€}$$

Da die Gewerbesteuer als Betriebsausgabe den Gewinn mindert, entlastet sie den Steuerpflichtigen zugleich bei der Körperschaft- oder Einkommensteuer. Bei Kapitalgesellschaften mindert sich die Belastungswirkung der Gewerbesteuer um rd. 25%. In Frankfurt beträgt deshalb die effektive Gewerbesteuerlast

$$\frac{0,05\ \text{x}\ 5,15}{(1 + 0,05\ \text{x}\ 5,15)} \quad \text{x}\ 75\% = \quad \frac{0,2575}{1,2575} \quad \text{x}\ 75\% = 15,36\%$$

Im Ergebnis führt dies dazu, dass die effektive Belastung von Kapitalgesellschaften mit Ertragsteuern rund 40% (Körperschaftsteuer 25% + Solidaritätszuschlag 1,4% + Gewerbesteuer rund 15%) beträgt, wobei die Gesamtbelastung variieren kann, je nach der Höhe des Hebesatzes für die Gewerbesteuer bei der jeweiligen Gemeinde.

Bei natürlichen Personen mindert sich die Belastungswirkung der Gewerbesteuer um den Grenzsteuersatz und die Anrechnung gemäß § 35 EStG. Nach § 35 Abs. 1 EStG wird die tarifliche Einkommensteuer um das 1,8-fache des Gewerbesteuer-Messbetrags gekürzt.

Beispiel: Der Steuerpflichtige A hat im Jahr 2003 einen Gewinn aus einem in Hamburg ansässigen Gewerbetrieb in Höhe von 1 Mio. € erzielt. Die Gewerbesteuer wird wie folgt berechnet:

Gewinn
Vorläufiger Gewinn	1.000.000 €	
– GewSt-Rückstellung	181.044 €	
Gewinn aus Gewerbebetrieb		**818.956 €**

Abrundung gem. § 1 GewStG auf volle 100 €
Gewerbeertrag **818.900 €**

Freibetrag nach § 11 Abs. 1. GewStG – 24.500 €
Maßgebender Gewerbeertrag 794.400 €

Steuermesszahl 1,0 % von 12.000 = 120 €
Steuermesszahl 2,0 % von 12.000 = 240 €
Steuermesszahl 3,0 % von 12.000 = 360 €
Steuermesszahl 4,0 % von 12.000 = 480 €
Steuermesszahl 5,0 % von 746.000 = 37.320 €
Summe 38.520 €

Steuermessbetrag **38.520 €**
Zur Steuerermäßigung nach § 35 EStG in der/den
persönlichen ESt-Erklärung(en):
Das 1,8-fache des Steuermessbetrages 69.336 €

Gewerbesteuer
Gewerbesteuer–Hebesatz **470 %**
Steuermessbetrag 38.520 €
Festzusetzende Gewerbesteuer **181.044 €**

Die effektive Gewerbesteuerbelastung des Steuerpflichtigen A lässt sich wie folgt ermitteln:

Gewerbesteuer 181.044,00 €
./. Schmälerung Einkommensteuer (42 %) 76.038,00 €
./. Anrechnung § 35 EStG 69.336,00 €
= effektive Gewerbesteuerbelastung 35.670,00 €

Der Gesetzgeber hat sein Ziel, die vollständige Beseitigung der Gewerbesteuerlast im Bereich der Einkommensteuerpflicht, nicht erreicht. Nur bei einem maximalen Grenzsteuersatz bei der Einkommensteuer von 42 % und Hebesätzen bis 380 % sowie keinen gewerblichen Verlustquellen führt § 35 EStG zu einer vollständigen Entlastungswirkung.

4.2 Gewerbesteuerfreistellung

Ziel einer langfristigen Immobilieninvestition ist regelmäßig die Gewerbesteuerfreistellung. Eine Freistellung von der Gewerbesteuer kann auf unterschiedliche Art und Weise erreicht werden. Die verschiedenen Möglichkeiten sollen in den folgenden drei Abschnitten ausführlich dargestellt werden, weil sie von zentraler Bedeutung bei einer Immobilieninvestition sind.

4.2.1 Gewerbesteuerfreistellung durch Wahl der Einkunftsart

Investoren, die als natürliche Personen oder als Anteilseigner über Personengesellschaften Immobilien erwerben und diese anschließend verwalten, erzielen in der Regel Einkünfte aus Vermietung und Verpachtung im Sinne von § 21 EStG. Übliche Personengesellschaftsformen für den Erwerb von Objekten sind die Gesellschaft bürgerlichen Rechts und die Kommanditgesellschaft. Eine GmbH & Co. KG erzielt Einkünfte aus Vermietung und Verpachtung, wenn ihre Tätigkeit darin besteht, das eigene Immobilienvermögen zu verwalten und zur Vermeidung einer gewerblichen Prägung zugleich ein Kommanditist Geschäftsführer ist.

4.2.2 Gewerbesteuerentlastung über § 35 EStG

Wird die Objektgesellschaft als gewerblich tätige oder geprägte Personengesellschaft betrieben und stehen hinter dieser Personengesellschaft natürliche Personen, kommt § 35 Abs. 1 EStG zur Anwendung. Soweit im Gesamteinkommen der Gesellschafter gewerbliche Gewinne aus der Objektgesellschaft enthalten sind, kürzt sich die auf diesen Gewinnen ruhende tarifliche Einkommensteuer um das 1,8-fache des Gewerbesteuermessbetrags. § 35 EStG ist durch das Unternehmensteuerreformgesetz eingeführt worden. Ziel des Gesetzgebers war es, mit dem neuen § 35 EStG im Bereich der herkömmlichen Hebesätze von 400 % eine weitgehende Entlastung der gewerblichen Einkünfte von der Gewerbesteuer herbeizuführen. Der Gesetzgeber hat dieses Ziel nur unvollständig erreicht. Dies beruht zum einen darauf, dass der Multiplikator von den geplanten 2 im Laufe des Gesetzgebungsverfahrens auf 1,8 gesenkt worden ist. Dadurch reicht die Kompensationswirkung des § 35 EStG bei dem Einkommensteuerspitzensatz von derzeit 45 % nur für Hebesätze bis ca. 330 %. Im übrigen läuft die Entlastung durch § 35 Abs. 1 EStG ganz oder teilweise ins Leere, wenn der Gewinn aus dem Gewerbebetrieb mit Verlusten aus anderen Gewerbebetrieben verrechnet wird.

Sind an einer gewerblich tätigen oder geprägten Objektgesellschaften nicht nur natürliche Personen, sondern auch Kapitalgesellschaften beteiligt, kommt für letztere eine Anrechnung der Gewerbesteuer nicht in Betracht. § 35 EStG setzt eine Einkommensteuerpflicht voraus und findet im Körperschaftsteuerrecht keine Anwendung. Hier bleibt als Gestaltungsform nur die Inanspruchnahme der erweiterten Kürzung.

4.2.3 Erweiterte Kürzung

Für institutionelle Anleger oder für Objektgesellschaften in der Rechtsform der Kapitalgesellschaft kommt eine Gewerbesteuerfreistellung nur über die erweiterte Kürzung nach § 9 Nr. 1 Satz 2 GewStG in Betracht. Auch für natürliche Personen, die bei (gewerblichen) Immobilieninvestitionen über § 35 EStG nur eine teilweise Gewerbesteuerentlastung erfahren, ist die Gewerbesteuerfreistellung über die erweiterte Kürzung von großem Interesse. Je höher der Hebesatz in der Gemeinde und je umfangreicher die unternehmerischen Tätigkeiten der natürlichen Person (und damit die Möglichkeit, dass § 35 Abs. 1 EStG wegen einer Verlustverrechnung nicht greift) desto größer wird dieses Interesse sein.

Hält der Investor die Beteiligung im steuerlichen Betriebsvermögen, dann sollte für die Objektgesellschaft regelmäßig die Einkunftsart „Gewerbebetrieb" angestrebt werden. Wird die Beteiligung im steuerlichen Betriebsvermögen gehalten und erzielt die Objektgesellschaft Einkünfte aus Vermietung und Verpachtung, würden die in der Objektgesellschaft erzielten Überschüsse bei dem Investor in den Gewerbeertrag einfließen, ohne dass er als Anteilseigner von der Gewerbesteuerfreistellung im Rahmen der erweiterten Kürzung nach § 9 Nr. 1 Satz 2 GewStG Gebrauch machen könnte. Das Betriebsvermögen des Investors (Ebene des Anteilseigners) beschränkt sich nämlich nicht auf privilegierten Grundbesitz. Die erweiterte Kürzung kann mit Aussicht auf Erfolg nur bei der Objektgesellschaft selbst geltend gemacht werden. Sie ist gewerbesteuerpflichtig. Bei ihr steht regelmäßig die erweiterte Kürzung zur Verfügung und die Gewerbesteuer entfällt. Gleichzeitig verhindert § 9 Nr. 2 GewStG (Kürzung von Gewinnanteilen aus Mitunternehmerschaften), dass auf der Ebene des Investors die Gewinnanteile aus der Objektgesellschaft gewerbesteuerlich berücksichtigt werden.

Die Wahl der Einkunftsart Vermietung und Verpachtung auf der Ebene der Objektgesellschaft macht aus Sicht eines betrieblichen Investors nur in dem Fall Sinn, wenn in der Objektgesellschaft hohe Anlaufverluste anfallen, die auch unter Berücksichtigung der Hinzurechnungsvorschriften in § 8 GewStG (insbesondere die Hälfte der Darlehenszinsen für die Finanzierung der Immobilie) zu einem negativen Gewerbeertrag führen. Eine Personengesellschaft, die Einkünfte aus „Vermietung und Verpachtung" erzielt, ist steuerlich transparent, so dass die Verluste der Gesellschaft unmittelbar dem betrieblichen Investor zugerechnet werden würden. Ist in derartigen Fällen, in denen hohe Anlaufverluste erwartet werden, eine gewerbesteuerliche Organschaft nicht möglich, muss man die Verlustverrechnungsmöglichkeit durch die Wahl der Einkunftsart „Vermietung und Verpachtung" in Erwägung ziehen. Erzielt die Objektgesellschaft später Gewinne, ist ein Wechsel in die Einkunftsart „Gewerbebetrieb" zu prüfen. Dies kann bei einer GmbH & Co. KG beispielsweise dadurch erreicht werden, dass die Kommanditisten als Geschäftsführer abgelöst werden, wodurch die gewerbliche Prägung der GmbH & Co. KG herbeigeführt wird.

Die Tatbestandsvoraussetzungen von § 9 Nr. 1 Satz 2 GewStG lassen sich vereinfachend wie folgt zusammenfassen:

– die Gesellschaft verwaltet nur Grundbesitz und Kapitalvermögen, keine sonstigen Vermögensgegenstände;

– die Gesellschaft beschränkt sich auf eine vermögensverwaltende Tätigkeit;

– die Gesellschaft steht auch nicht in einem besonderen Näheverhältnis zu einem Gewerbebetrieb.

Wenn die Tatbestandsvoraussetzungen erfüllt sind, kürzt sich der gesamte Gewerbeertrag wieder heraus. Die Objektgesellschaft ist also von der Gewerbesteuer freigestellt. Lediglich in den Fällen, in denen die Objektgesellschaft neben Grundbesitz auch Kapitalvermögen hält, würde der auf das Kapitalvermögen entfallende Teil des Gewerbeertrages bestehen bleiben. Werden die Tatbestandsvoraussetzungen des § 9 Nr. 1 Satz 2 GewStG erst unterjährig erfüllt, kann für das laufende Jahr die Gewerbesteuerfreiheit nicht gewährt werden. Diese Rechtsfolge ist zwingend, weil die Gewerbesteuer eine Jahressteuer ist.

Auf die vorstehend genannten drei wesentlichen Tatbestandsvoraussetzungen der Gewerbesteuerfreistellung soll nachstehend im Hinblick auf ihre praktische Bedeutung nochmals vertiefend eingegangen werden:

4.2.3.1 Schädliches Vermögen

Die Objektgesellschaft kommt dann nicht in den Genuss der erweiterten Kürzungen nach § 9 Nr. 1 Satz 2 GewStG, wenn sie außer Grundbesitz und Kapitalvermögen weiteres, sogenanntes schädliches Vermögen besitzt. Dabei wird der Begriff des Grundbesitzes bewertungsrechtlich ausgelegt. Nicht zum Grundbesitz i.S.v. § 9 Nr. 1 Satz 2 GewStG gehören beispielsweise

– Inventar
– und Betriebsvorrichtungen im Sinne von § 68 Abs. 2 Nr. 2 BewG

Problematisch hierbei ist insbesondere, dass das „Alles- oder -Nichts-Prinzip" gilt. Falls der Objektgesellschaft neben Grundbesitz auch einzelne Inventargegenstände oder Betriebsvorrichtungen gehören, ist der Tatbestand des § 9 Nr. 1 Satz 2 GewStG nicht erfüllt. Die Gewerbesteuerfreistellung entfällt dann insgesamt, nicht etwa nur anteilig. Diese rigorose Anwendung der Vorschrift läuft ihrem ursprünglichen Zweck zuwider, wonach eine lediglich vermögensverwaltende Tätigkeit unabhängig von der Rechtsform nur mit Grundsteuer und nicht zusätzlich mit Gewerbesteuer belastet werden sollte. Wohl auch aus diesem Grund wendet die Finanzverwaltung das Alles- oder -Nichts-Prinzip erst bei Überschreiten gewisser Wertgrenzen (in der Regel bis zu ca. 5 %) beim mitvermieteten Inventar und bei Betriebsvorrichtungen an. Unterhalb dieser Wertgrenze stellt die Mitvermietung eine „unschädliche Nebentätigkeit" dar, die die erweiterte Kürzung nach § 9 Nr. 1 Satz 2 GewStG – entsprechend dem Zweck der Vorschrift und gegen ihren Wortlaut – nicht gefährdet. Die Handhabung durch die Finanzverwaltung ist allerdings nicht bundeseinheitlich. Der Bundesfinanzhof hat die Mitvermietung von Inventar- und Betriebsvorrichtungen im Einzelfall ebenfalls als eine „unschädliche Nebentätigkeit" angesehen.[2]

Um das Risiko, ob die Wertgrenzen im Einzelfall noch eingehalten werden, abschätzen zu können, muss der Investor Klarheit über den Umfang des schädlichen Vermögens erlangen. Dabei fällt eine Abgrenzung zwischen Grundbesitz und beweglichem Inventar leicht. So gehören bei einer Einzelhandelsimmobilie beispielsweise Regale, Kühltruhen und Kassensysteme zum beweglichen Inventar, bei einer Hotelimmobilie gilt das selbe für Möblierung, Bettwäsche, Besteck und Geschirr sowie Computer.

Ungleich schwieriger ist dagegen die Abgrenzung zwischen Grundbesitz und Betriebsvorrichtungen. Obwohl fest eingebaut und damit zivilrechtlich Bestandteil des Gebäudes bzw. des Grundstücks, werden bestimmte Anlagen und Gebäudeteile steuerrechtlich wie „bewegliche Sachen" behandelt und stellen damit „schädliches Vermögen" bei der Gewerbesteuerfreistellungsvorschrift dar. Besonders relevant wird die Abgrenzung bei Hotel- oder Logistikimmobilien. Betriebsvorrichtungen bei Logistikimmobilien sind beispielsweise das eingebaute Hochregal, die Hebebühne und ein Gleisanschluss. Erschwerend kommt hinzu, dass die Qualifikation eines Gebäudeteils als Betriebsvorrichtung eine schnellere Abschreibung ermöglicht. Die Steuerpflichtigen versuchen daher, so viele Anlagen und Gebäudeteile wie möglich als Betriebsvorrichtungen zu qualifizieren. Bei der Gewerbesteuer ist jedoch die Interessenlage genau umgekehrt. Daher muss der Steuerpflichtige vor einer Immobilieninvestition genau abschätzen, ob er ertragsteuerliche Vorteile zu dem Preis übernimmt, dass ihm die Gewerbesteuerfreistellung versagt wird.

---

[2] BFH vom 22.6.1977 BStBl II 1977, S. 778; BFH vom 22.8.1990 BStBl II 1991, S. 249 f.; BFH vom 26.8.1993 BFH/NV 1994, S. 338.

Ist absehbar, dass eine Gewerbesteuerfreistellung wegen Überschreitung der Wertgrenzen beim schädlichen Vermögen nicht gewährt wird, lohnt es sich, über Gestaltungsalternativen nachzudenken. Zum einen ist denkbar, dass nicht der Vermieter, sondern der Mieter die Betriebsvorrichtungen beschafft. Der Einbau und der Erwerb von Betriebsvorrichtungen durch den Mieter dürfte nur in Ausnahmefällen möglich sein. Zivilrechtlich verbleibt dem Mieter regelmäßig kein Eigentum an den eingebauten Betriebsvorrichtungen mit der Folge, dass er die von ihm erworbenen Betriebsvorrichtungen nicht als Sicherheit der finanzierenden Bank zur Verfügung stellen kann. Anders ist dies bei beweglichem Inventar. Diese Gegenstände können regelmäßig vom Mieter beschafft und bei Laufzeitende aus den Mietflächen entfernt werden. Gleichwohl ist es beispielsweise bei Hotelimmobilien üblich, dass diese schlüsselfertig eingerichtet und betriebsbereit verpachtet werden.

Scheitert die Einbeziehung des Mieters in den Erwerb und die Finanzierung von Betriebsvorrichtungen, empfiehlt es sich, die Investition auf zwei parallelgeschaltete Schwestergesellschaften zu verteilen. In der einen Gesellschaft wird der Grund und Boden sowie die Gebäudehülle gehalten, so dass für diese Gesellschaft die Tatbestandsvoraussetzungen des § 9 Nr. 1 Satz 2 GewStG vorliegen. In der Schwestergesellschaft werden sämtliche Betriebsvorrichtungen und mitzuüberlassenden Inventargegenstände angeschafft. Die beiden Schwestergesellschaften vermieten ihr jeweiliges Vermögen parallel an ein und dasselbe Unternehmen. Zur Vermeidung einer denkbaren Betriebsaufspaltung und zur Erreichung der Abschirmwirkung sollten die beiden Schwestergesellschaften als Kapitalgesellschaften aufgesetzt werden. Ferner sollte das „schädliche Vermögen" vor der Fertigstellung des Gebäudes an die Schwestergesellschaft ausgelagert werden, da nur dann eine Steuerneutralität sichergestellt ist. Jedoch können auch bei dieser Gestaltung Schwierigkeiten mit Dritten auftreten. Die Kapitalgesellschaft, die die Betriebsvorrichtungen vermietet, wird häufig über keine ausreichende Beleihungsgrundlage gegenüber der finanzierenden Bank verfügen. Darüber hinaus wird der Mieter ein Interesse daran haben, dass er nur einen einzigen Vertragspartner für das vereinbarungsgemäß ausgestattete Gebäude hat. In diesen Fällen könnte die Grundbesitzgesellschaft den Grundbesitz an die Schwestergesellschaft vermieten, die den Grundbesitz und die Betriebsvorrichtungen sowie andere Ausstattungsgegenstände dann insgesamt an den Mieter in einem Vertrag vermietet.

4.2.3.2 Grenze zwischen Vermögensverwaltung und Gewerblichkeit

Die Gewerbesteuerfreistellung kann nur in Anspruch genommen werden, wenn die Objektgesellschaft ausschließlich vermögensverwaltend tätig ist. Im Fall einer Betriebsaufspaltung wird die gewerbliche Tätigkeit der Betriebsgesellschaft der Besitzgesellschaft zugerechnet. Die Besitzgesellschaft verliert dadurch die Möglichkeit der erweiterten Kürzung. Wenn beide Gesellschaften Kapitalgesellschaften sind, nimmt die Rechtsprechung eine Abschirmwirkung an, so dass es in diesen Fällen nicht zur Zurechnung der gewerblichen Tätigkeit kommt. Ferner darf die vermögensverwaltende Tätigkeit nicht in einen gewerblichen Grundstückshandel umschlagen. Hierauf ist immer zu achten (ausführlich zur Abgrenzung zwischen privater Vermögensverwaltung und gewerblichem Grundstückshandel unter 2.1).

4.2.3.3 Näheverhältnis zwischen Immobilie und Gewerbebetrieb eines Gesellschafters

Nach § 9 Nr. 1 Satz 5 GewStG entfällt die Gewerbesteuerfreistellung, wenn der Grundbesitz ganz oder teilweise dem Gewerbebetrieb eines Gesellschafters dient. Die Gewerbesteuerfreistellung entfällt daher dann, wenn ein Gesellschafter den Grundbesitz für seinen Gewerbebetrieb mietet bzw. nutzt. Auch insoweit gilt das „Alles- oder -Nichts-Prinzip". Selbst wenn der Gesellschafter nur einen Teil der Räume in einem großen Bürogebäude für seinen Gewerbebetrieb anmietet, entfällt die Gewerbesteuerfreistellung insgesamt, selbst wenn die übrigen Flächen an Dritte vermietet werden. Zu beachten ist insoweit auch, dass ein schädliches Näheverhältnis zwischen der Immobilie und dem Gewerbebetrieb des Gesellschafters vorliegt, wenn dem Gesellschafter der Grundbesitz nicht aufgrund eines Mietvertrages überlassen ist, sondern der Gewerbebetrieb auf eine andere Art und Weise gefördert wird.

Zu denken ist hier beispielsweise an Fälle, in denen ein Versicherungsunternehmen die ihr gehörende Objektgesellschaft in ihrem Deckungsstock führt. Hier kann die Gewerbesteuerfreistellung gefährdet werden. Bei Investitionen von Versicherungsunternehmen ist daher ein besonderer Gestaltungsaufwand erforderlich. Problematisch sind auch die Fälle, in denen das Grundstück als Kreditunterlage für ein Darlehen des Gewerbebetriebs dient oder Wohnungen an Angestellte des Gewerbebetriebs überlassen werden. In der Praxis kann auch in den Fällen, in denen ein Näheverhältnis zwischen der Immobilie und dem Gewerbebetrieb besteht, eine Gewerbesteuerfreistellung herbeigeführt werden. Dies erfolgt regelmäßig dadurch, dass das Grundstück nicht dem Gesellschafter selbst, sondern einer weiteren Gesellschaft dient, an der der Gesellschafter ebenfalls beteiligt ist. Diese Gestaltung wird von der Rechtsprechung und der Finanzverwaltung allerdings nur dann zugelassen, wenn es sich bei der anmietenden Schwestergesellschaft um eine Kapitalgesellschaft handelt, die eine steuerliche Abschirmwirkung herbeiführt. Bei einer Personengesellschaft wird das „Dienen" dem Gesellschafter dagegen mit der Folge zugerechnet, dass die Gewerbesteuerfreistellung wegen § 9 Nr. 1 Satz 5 GewStG entfällt.

5. Umsatzsteuer

Bei grundstücksbezogenen Umsätzen kann Umsatzsteuer anfallen. Die Umsatzsteuer knüpft an den Letztverbrauch erworbener Güter und in Anspruch genommener Dienstleistungen durch einen Nichtunternehmer (= Verbraucher) an und nimmt dabei als Verkehrsteuer keine Rücksicht auf die persönlichen, wirtschaftlichen oder sozialen Verhältnisse des Verbrauchers. Steuerschuldner ist grundsätzlich der Unternehmer, wirtschaftlicher Träger der Steuer aber der Verbraucher. Gegenstand der Besteuerung durch die Umsatzsteuer ist ein durch ein Verkehrsgeschäft ausgelöster steuerbarer Umsatz. Gemäß § 1 Abs. 1 UStG unterliegen der Umsatzsteuer insbesondere die Lieferungen und sonstige Leistungen, die ein Unternehmer im Inland gegen Entgelt im Rahmen eines Unternehmens ausführt.

5.1 Steuerbarkeit

Die erste Unterscheidung im Umsatzsteuerrecht ist danach zu treffen, ob ein bestimmter Umsatz steuerbar oder nicht steuerbar ist. Der Verkauf eines Grundstücks im Inland ist grundsätzlich als „Lieferung" und die Vermietung eines Grundstücks im Inland als „sonstige Leistung" nach § 1 Abs. 1 Nr. 1 UStG umsatzsteuerbar, sofern nicht ausnahmsweise dem Verkäufer bzw. dem Vermieter die Unternehmereigenschaft im Sinne des § 2 UStG fehlt, eine umsatzsteuerliche Organschaft besteht oder es sich um eine „Geschäftsveräußerung im Sinne des § 1 Abs. 1 a UStG" handelt (dazu ausführlich unter 5.4 – Umsatzsteuer bei dem Verkauf von Gewerbeimmobilien).

5.2 Steuerfreiheit und Optionsmöglichkeit

Die zweite Unterscheidung ist danach zu treffen, ob ein steuerbarer Umsatz steuerbefreit ist oder nicht. Ist ein steuerbarer Umsatz aufgrund von § 4 UStG steuerfrei gestellt, besteht bei einigen steuerfreien Umsätzen schließlich die Möglichkeit zum Verzicht auf diese Steuerbefreiung gemäß § 9 UStG.

Steuerbare Umsätze führen nur dann zur Umsatzbesteuerung, wenn für sie keine Steuerbefreiung greift, wenn sie also steuerpflichtig sind. Bei den Steuerbefreiungen (§ 4 UStG) sind hierbei solche zu unterscheiden, die

– den Vorsteuerabzug nicht ausschließen (echte Steuerbefreiungen)
– den Vorsteuerabzug ausschließen (unechte Steuerbefreiungen).

Für grundstücksbezogene steuerbare Umsätze finden insbesondere folgende Befreiungsvorschriften Anwendung:

– Umsätze von Anteilen an Gesellschaften (§ 4 Nr. 8 f) UStG)
– Verkauf von Grundstücken (§ 4 Nr. 9 a) UStG); Normzweck ist hier die Vermeidung einer Doppelbesteuerung für Umsätze, die unter das Grunderwerbsteuergesetz fallen
– Vermietung und Verpachtung von Grundstücken (§ 4 Nr. 12 UStG); Normzweck ist hier die Vermeidung der Verteuerung der Wohnraumüberlassung
– Leistungen von Wohnungseigentümergemeinschaften (§ 4 Nr. 13 UStG)

Die Kehrseite der Umsatzsteuerbefreiung bei Grundstücksgeschäften und Vermietungsgeschäften ist, dass der Verkäufer bzw. der Vermieter die von ihm gezahlten Vorsteuern nicht abziehen kann und daher nicht vom Finanzamt erstattet bekommt. Der Verkäufer bzw. Vermieter hat also durch die Umsatzsteuerbefreiung einen Mehraufwand, den er wirtschaftlich entweder über höhere Mieten an seine Mieter oder durch eine Erhöhung des Kaufpreises an den Käufer weitergeben muss bzw. durch Gestaltung zu vermeiden sucht.

Das Umsatzsteuergesetz sieht in § 9 UStG vor, dass der Vermieter bzw. der Verkäufer auf die Umsatzsteuerbefreiung verzichten kann und dadurch zum Vorsteuerabzug berechtigt ist (sogenannte „Umsatzsteueroption"). Wird bei Grundstücksgeschäften nicht zur Umsatzsteuer optiert, können gezahlte Vorsteuern auf Baukosten oder sonstige Kosten im Zusammenhang mit dem Grundstück bzw. Gebäude nicht von der Umsatzsteuer als gezahlte Vorsteuern abgezogen werden. Die an einem Grundstücksgeschäft Beteiligten haben daher häufig ein Interesse daran, zur Umsatzsteuer zu optieren, um dadurch eine Erstattung von Vorsteuern aus Baukosten oder sonstigen grundstücksbezogenen Ausgaben zu erlangen. Dadurch sinken die Investitionskosten und letztlich auch die Mieten.

5.2.1 Voraussetzungen der Umsatzsteueroption

Die Grundvoraussetzungen zur Ausübung der Umsatzsteueroption, die für Grundstückskauf- und Mietverträge gleich sind, beschränken sich nach § 9 Abs. 1 UStG darauf, dass der Mieter

–   ein anderer Unternehmer im Sinne des Umsatzsteuergesetzes ist und die Flächen für sein Unternehmen (und nicht z.B. für private Zwecke, insbesondere Wohnzwecke) anmietet. Danach wäre eine Umsatzsteueroption auch bei einer Vermietung an Banken und Versicherungen möglich, die Unternehmer in Sinne des Umsatzsteuergesetzes sind. Lediglich bei Behörden wäre eine Option zur Umsatzsteuer regelmäßig ausgeschlossen;

–   kein Kleinunternehmer im Sinne des § 19 UStG ist, der umsatzsteuerlich wie ein Privatmann behandelt wird, wenn er nicht nach § 19 Abs. 2 UStG zur sogenannten Regelbesteuerung optiert hat und

–   der Umsatz steuerbar ist.

Aufgrund von § 9 Abs. 2 UStG in der seit 1993 gültigen Fassung ist die Optionsmöglichkeit bei der Vermietung (nicht beim Verkauf) weiter eingeschränkt worden. Nach § 9 Abs. 2 UStG darf der Mieter

–   keine umsatzsteuerbefreiten und den Vorsteuerabzug ausschließenden Umsätze (sogenannte „Ausschlussumsätze") tätigen, wobei eine Bagatellgrenze von 5% gilt.

Damit kann im Ergebnis bei Mietverträgen mit Behörden, Schulen, Banken, Versicherungen und Versicherungsmaklern, Ärzten, Zahnärzten und Heilpraktikern regelmäßig nicht zur Umsatzsteuer optiert werden. Die Mieten erhöhen sich dadurch wirtschaftlich um die Umsatzsteuer auf die Baukosten und sonstige grundstücksbezogenen Ausgaben, weil diese mangels Option nicht als Vorsteuer nach § 15 Abs. 2 Nr. 1 UStG abgezogen werden können. Soweit Mieter teilweise steuerpflichtige und teilweise steuerfreie Umsätze tätigen (z.B. bei einer Bank, die steuerfreie Umsätze aus Darlehens- und Einlagengeschäft einerseits und steuerpflichtige Umsätze aus Beratungtätigkeit im Investmentbankingbereich oder der Vermögensverwaltung andererseits ausführt), kann im Hinblick auf die Räume, die von Abteilungen genutzt werden, die steuerpflichtige Umsätze tätigen, optiert werden und hinsichtlich der anderen Räume nicht (sogenannte Teiloption). Allerdings ist auch bei Mietern, deren Haupttätigkeit steuerpflichtige Umsätze darstellen, darauf zu achten, dass eine steuerfreie Nebentätigkeit des Mieters nicht zur Überschreitung der Bagatellgrenze führt. Bei der Überlassung von Grundstücksflächen an einen Mieter, der steuerpflichtige Umsätze erbringt, kann es bereits problematisch werden, wenn der Mieter eine Teilfläche für eine Hausmeisterwohnung nutzt. Der Vermieter muss angesichts vielfältiger Probleme daher darauf achten, dass er sich im Mietvertrag ausreichend absichert. Der Mietvertrag sollte in jedem Fall eine Klausel vorsehen, in der der Mieter erklärt, dass er ausschließlich steuerpflichtige Umsätze erbringt und in der er sich zur Vorlage der nach § 9 Abs. 2 UStG erforderlichen Nachweise verpflichtet. Ferner sollte dem Mieter das Risiko vertraglich zugewiesen werden, dass die Umsatzsteueroption aufgrund von Nebentätigkeiten oder aufgrund von unrichtigen Angaben unwirksam ist.

5.2.2 Umfang der Umsatzsteueroption

Der Unternehmer kann für jeden Umsatz einzeln optieren. Bei Lieferung vertretbarer Sachen sowie bei aufteilbaren sonstigen Leistungen kann der Verzicht auf die Steuerbefreiung durch ein Teiloption begrenzt werden. Zu beachten ist, dass sowohl bei der Einzeloption als auch bei der Teiloption Grund und Boden sowie das aufstehende Gebäude als Einheit angesehen werden. Die Option kann daher immer nur für das aufstehende Gebäude bzw. den Gebäudeanteil und den Grund und Boden bzw. den anteiligen Anteil am Grund und Boden erklärt werden. Bei der Vermietung kann die Umsatzsteueroption daher auf abgrenzbare Mietbereiche und Räume beschränkt werden (vgl. beispielsweise Abschnitt 148 Abs. 6 der Umsatzsteuerrichtlinien).

5.3 Umsatzsteuer bei der Vermietung von Gewerbeimmobilien

Nachstehend sollen einige Besonderheiten bei der Vermietung von Grundstücken erläutert werden:

5.3.1 Verwendungsabsicht

Ob die Vorsteuern aus den Planungs- und Baukosten in der Planungs- und Bauphase oder während einer sich anschließenden Leerstandsphase abzugsfähig sind, hängt von den Plänen des Vermieters ab. Nach § 15 Abs. 2 Nr. 1 UStG sind vom Vorsteuerabzug ausgeschlossen die Steuern für Lieferungen, die der Unternehmer zur Ausführung von steuerfreien Umsätzen verwendet. Während der Planungs- und Bauphase liegt allerdings noch keine Verwendung vor. Der Wortlaut des § 15 Abs. 2 Nr. 1 UStG sollte daher wie folgt gelesen werden „… verwenden wird oder aber – sofern und soweit die zukünftige Verwendung noch nicht feststeht – zu verwenden beabsichtigt". Der Nachweis der Verwendungsabsicht des Vermieters ist ein zentrales Problem in der Praxis. Hier ist der Vermieter gehalten, den Nachweis zu erbringen, beispielsweise durch Aufträge an Maklerunternehmen, Mietvertragsverhandlungen mit Interessenten, etc., dass er die Absicht hat, das in der Errichtungsphase befindliche Büroobjekt an einen Mieter zu vermieten, der (ausschließlich) steuerpflichtige Umsätze tätigt. Dieser Nachweis ist in Städten, in denen Büroflächen zu einem guten Teil von Banken und Versicherungen nachgefragt werden (etwa Frankfurt am Main) nur schwer zu erbringen. Hier argumentiert die Finanzverwaltung aufgrund des Marktumfelds damit, dass eine (ausschließliche) Vermietung eines größeren Büroobjekts an Mieter, die nur steuerpflichtige Umsätze tätigen, erfahrungsgemäß schwierig ist.

Hat der Vermieter die Verwendungsabsicht nachgewiesen und die Vorsteuern aus den Baukosten abgezogen, schadet ein Leerstand nach Errichtung des Gebäudes dem Vorsteuerabzug grundsätzlich nicht. Häufig ist es in der Praxis aber dann so, dass Vermieter aufgrund der Marktlage ihr ursprüngliches Konzept umstellen müssen. Finden Sie keine oder keine ausreichende Anzahl an Mietern, die steuerpflichtige Umsätze tätigen, werden sie die Büroflächen zur Vermeidung weiterer Leerstände auch an Mieter abgeben, die steuerfreie Umsätze tätigen. Eine Option ist dann unzulässig. In diesen Fällen wird aber nach neuerer Rechtsprechung die gezogene Vorsteuer nicht rückwirkend aberkannt. Sie muss lediglich gemäß § 15 a UStG berichtigt und ratierlich zurückgezahlt werden.

5.3.2 Aufteilung der Vorsteuer bei Teiloption

Wird bei einem gemischt genutzten Gebäude teilweise zur Umsatzsteuer optiert und teilweise ohne Umsatzsteuer vermietet, sind die abzugsfähigen Vorsteuerbeträge nach § 15 Abs. 4 UStG im Wege einer sachgerechten Schätzung aufzuteilen. Die maßgeblichen Grundsätze für die Aufteilung der Vorsteuerbeträge sind in Abschnitt 208 der Umsatzsteuerrichtlinien dargestellt. Danach gilt folgendes: Vorsteuerbeträge, die direkt einem bestimmten Mietbereich zuzurechnen sind (z.B. Sonderausbau), sind gesondert zu erfassen. Sie sind entweder ganz oder gar nicht erstattungsfähig, je nachdem ob der Mietbereich steuerpflichtig oder steuerfrei vermietet wird. Die restlichen Vorsteuerbeträge sind im Verhältnis der tatsächlichen Nutzflächen aufzuteilen. Lediglich dann, wenn die bauliche Ausstattung der einzelnen Mietbereiche voneinander erheblich abweicht, wäre eine differenzierte Berechnung erforderlich. Dies ist in der Praxis beispielsweise bei Tiefgaragenstellplätzen der Fall. Sie sind relativ teuer in der Errichtung, bringen jedoch nur eine unterdurchschnittliche Miete. Eine Aufteilung nach Umsätzen gemäß § 15 Abs. 4 UStG, die bei gemischten Büro- und Wohngebäuden für den Steuerpflichtigen wegen der vergleichsweise höheren Büromiete häufig von Vorteil war und von der Rechtsprechung anerkannt wurde, ist aufgrund einer Gesetzesänderung in § 15 Abs. 4 Satz 3 UStG nicht mehr zulässig.

5.3.3 Unzulässige Umsatzsteueroption

Hat der Vermieter zur Umsatzsteuer optiert und stellt sich später heraus, dass die Option unzulässig war, ist der Vermieter nach § 14c Abs. 2 UStG verpflichtet, den im Mietvertrag oder einer Rechnung gesondert ausgewiesenen Umsatzsteuerbetrag an das Finanzamt abzuführen. Es handelt sich um eine sogenannte Sanktionssteuer für falschen Rechnungsausweis. Gleichwohl ist der Mieter nicht vorsteuerabzugsberechtigt, weil eine bloße Sanktionssteuer nicht genügt, um den Vorsteuerabzug nach § 15 UStG herbeizuführen. Dies hat letztlich wirtschaftlich zur Folge, dass die Umsatzsteuer vom Vermieter an das Finanzamt abgeführt werden muss, ohne dass er die Vorsteuer abziehen kann. Dem Vermieter hilft daher nur die Korrektur der Umsatzsteueroption gemäß § 14c Abs. 1 Satz 2 UStG in Verbindung mit § 14c Abs. 2 Satz 3 ff. UStG durch eine vorherige Beseitigung der Vorsteuerabzugsgefahr beim Mieter und der Einholung einer Zustimmung des Finanzamts. Der Mieter ist nicht verpflichtet, eine bloße Sanktionssteuer zu übernehmen. In jedem Fall könnte er aber die Zahlung mit dem Hinweis auf die Berichtigungsmöglichkeit verweigern.

5.4 Umsatzsteuer bei dem Verkauf von Gewerbeimmobilien

Der zentrale Gesichtspunkt bei der steuerlichen Gestaltung von Grundstückskaufverträgen ist die Frage, ob es sich dabei um eine „Geschäftsveräußerung im Ganzen" im Sinne des § 1 Abs. 1a UStG handelt. Liegt hier nämlich eine Geschäftsveräußerung im Ganzen vor, ist der Verkauf nicht steuerbar und eine Umsatzsteueroption schiede von vornherein aus. Gleichwohl hat der Verkäufer beim Vorliegen einer Geschäftsveräußerung im Ganzen keine umsatzsteuerlichen Nachteile. Der Käufer tritt nämlich umsatzsteuerlich in die Position des Verkäufers wegen § 15a Abs. 6a UStG ein. Es kommt deshalb auch nicht zu einer Änderung der

Verhältnisse i. S. von § 15 a Abs. 1 Satz 1 EStG mit der Folge einer Vorsteuerberichtigung. Nach § 15 a Abs. 6 a Satz 2 UStG ist der Verkäufer im übrigen gesetzlich verpflichtet, dem Käufer seine Umsatzsteueraufzeichnungen zu übergeben und damit seine Kosten nachträglich offenzulegen.

5.4.1 Geschäftsveräußerung im Ganzen

Eine Geschäftsveräußerung im Ganzen liegt nach § 1 Abs. 1 a UStG dann vor, wenn ein Unternehmen oder ein in der Gliederung eines Unternehmens gesondert geführter Betrieb (sogenannter Teilbetrieb im steuerlichen Sinn) im Ganzen entgeltlich oder unentgeltlich übereignet oder in eine Gesellschaft eingebracht wird. Die Veräußerung des Grundstücks muss von einem Unternehmer an einen anderen Unternehmer für dessen Unternehmen erfolgen. Ausgangspunkt bei dieser Betrachtung ist der umsatzsteuerliche Unternehmerbegriff i.S. des § 2 UStG. Hier genügt bereits eine bloße Vermietungstätigkeit für das Vorliegen der Unternehmereigenschaft. Eine komplexe betriebliche Organisation mit Arbeitnehmern, Lieferantenbeziehungen usw. ist dagegen nicht erforderlich. Ein „Vermietungsunternehmen" im umsatzsteuerlichen Sinn liegt bereits dann vor, wenn eine Immobilie fremdvermietet ist oder aber einen in der Gliederung eines Vermietungsunternehmens gesondert geführten Betrieb (Teilbetrieb) darstellt. Die Immobilie darf daher nicht im eigenen umsatzsteuerlichen Organkreis genutzt werden. Bei einem Teilbetrieb genügen nach Auffassung der Rechtsprechung und Finanzverwaltung bereits der vom Gesetz in § 566 BGB angeordnete Übergang aller Mietverträge für das Grundstück und die Übergabe der dazugehörenden Mietakten. Der Kauf von fremdvermieteten Immobilien fällt also grundsätzlich unter den Anwendungsbereich des § 1 Abs. 1 a UStG.

Eine Ausnahme von diesem Grundsatz will die Finanzverwaltung allerdings dann machen, wenn es sich um den Verkauf eines Grundstücks mit einem gerade fertiggestellten Gebäude durch einen Projektentwickler handelt (sogenannter „Development-Verkauf"). In diesen Fällen liege nach Ansicht der Finanzverwaltung kein „Vermietungsunternehmen" sondern ein „Handelsunternehmen" vor. Das Grundstück gehöre zum Umlaufvermögen des „Handelsunternehmens" und könne bereits aufgrund der bilanziellen Einordnung keine wesentliche Betriebsgrundlage darstellen. Bei einem Development-Verkauf sei daher die „Geschäftsveräußerung" i.S. des § 1 Abs. 1 a UStG nicht einschlägig. Das soll nach Ansicht der Finanzverwaltung auch dann gelten, wenn es sich bei dem Verkäufer um eine Ein-Objekt-Gesellschaft handelt, die über kein Anlagevermögen verfügt. Die finanzgerichtliche Rechtsprechung bezweifelt diese Sichtweise der Finanzverwaltung bei der Ein-Objekt Gesellschaft[3]. Gegen dieses Urteil hat die Finanzverwaltung Revision eingelegt. Die Rechtssache ist daher beim Bundesfinanzhof anhängig. Zweifel an der Auffassung der Finanzverwaltung sind auch einem Urteil des Bundesfinanzhofs[4] zu entnehmen. Ein klärendes Wort des Bundesfinanzhofs liegt aber bisher nicht vor. In der Praxis würden sich die von der Rechtsprechung geäußerten Zweifel nur dann auswirken, wenn die verkaufende Gesellschaft nicht in den umsatzsteuerlichen Or-

---

[3] Finanzgericht Hamburg, Urteil vom 18.9.2002, EFG 2003, 267 ff.
[4] BFH vom 8.3.2002, BFHE 194, 522.

gankreis einbezogen ist. Bei Vorliegen einer umsatzsteuerlichen Organschaft geht die verkaufende Gesellschaft für die Zwecke der Umsatzsteuer nämlich in ihrer Muttergesellschaft auf.

Liegt nach Ansicht der Parteien eines Grundstückskaufvertrages ein Bestandsverkauf und damit eine Geschäftsveräußerung im Ganzen im Sinne des § 1 Abs. 1 a UStG vor, darf der Verkäufer in dem Grundstückskaufvertrag nicht zur Umsatzsteuer optieren. Für den Fall, dass die Finanzverwaltung den Erwerbsvorgang entgegen der gemeinsamen Überzeugung der Parteien anders einschätzt, haben die Parteien in dem Kaufvertrag entsprechende Vorkehrungen zu treffen. Dasselbe gilt im umgekehrten Fall, wenn die Parteien bei Kaufvertragsabschluss die Überzeugung haben, dass der Vorgang eine Geschäftsveräußerung im Ganzen darstellt und sie deshalb zur Umsatzsteuer optieren.

5.4.2 Form für die Erklärung der Umsatzsteueroption

Seit dem 1.4.2004 ist eine neue Regelung in § 9 Abs. 3 UStG in Kraft getreten. Danach muss der Verzicht auf die Steuerbefreiung in den gemäß § 311 Abs. 1 BGB notariell zu beurkundenden Verträgen erklärt werden. Die Umsatzsteueroption kann demnach vom Verkäufer nicht mehr (wie früher) formlos und bis zum Ablauf der Festsetzungsverjährung erklärt (und widerrufen) werden, sondern nur noch im Rahmen des Grundstückskaufvertrages. Damit ist die Mitwirkung des Käufers sichergestellt. Die Mitwirkung des Käufers ist nach dem neuen Umsatzsteuerrecht erforderlich, weil der Käufer und nicht mehr der Verkäufer aufgrund von § 13 b UStG zur Abführung der Umsatzsteuer an das Finanzamt verpflichtet ist. Seit dem 1.4.2004 muss der Käufer die auf den Kaufpreis entfallende Umsatzsteuer in seiner Voranmeldung als „steuerpflichtigen Umsatz" berücksichtigen. Die Verpflichtung zur Abführung der Umsatzsteuer korrespondiert mit einem Vorsteuererstattungsanspruch des Käufers bei Erhalt einer Rechnung über den Grundstücksumsatz. Wenn der Käufer rechtzeitig vor Ablauf der Voranmeldefrist auch eine Rechnung gemäß §§ 14, 14 a Abs. 5 UStG erhalten hat, kann er in derselben Voranmeldung den Vorsteuerbetrag in Ansatz bringen, so dass sich die abzuführende Umsatzsteuer und der Vorsteuererstattungsanspruch auf „Null" saldieren. Der Käufer ist dadurch liquiditätsmäßig nicht belastet. Damit entfällt die früher in Grundstückskaufverträgen häufig vereinbarte aber störanfällige Abtretung von Vorsteuererstattungsansprüchen des Käufers an den Verkäufer.

Wird ein Grundstück nebst Betriebsvorrichtungen verkauft, gilt das Folgende: Der Übergang der Steuerschuldnerschaft gemäß § 13 b UStG gilt nicht für Betriebsvorrichtungen. Betriebsvorrichtungen sind steuerlich selbständige bewegliche Wirtschaftsgüter. Schuldner der Umsatzsteuer ist daher bei einem Mitverkauf von Betriebsvorrichtungen im Rahmen eines Grundstückskaufvertrages regelmäßig weiterhin der Verkäufer.

Soweit der Käufer aufgrund einer formgerechten Optionsausübung gemäß § 9 Abs. 3 UStG statt des Verkäufers Schuldner der Umsatzsteuer gegenüber dem Finanzamt ist, benötigt er eine Rechnung im Sinne des § 14 UStG, um einen entsprechenden Vorsteuererstattungsanspruch geltend zu machen. Diese Rechnung kann nur der Verkäufer erstellen. Zweckmäßigerweise wird die Rechnungsstellung im Sinne des § 14 UStG bereits in den Kaufvertrag integriert. Zu beachten sind demnach die allgemeinen Anforderungen an die Rechnungsstellung gemäß § 14 Abs. 4 UStG, insbesondere die Angabe der Steuernummer oder einer Umsatzsteuer-identifikationsnummer des Verkäufers und einer einmaligen Rechnungsnummer im Grundstückskaufvertrag. Die Besonderheit bei der Rechnungsstellung besteht darin, dass nach § 14a Abs. 5 UStG kein gesonderter Ausweis der Umsatzsteuer erfolgen darf und ein ausdrücklicher Hinweis auf die Steuerschuldnerschaft des Käufers aufgenommen werden muss.

5.4.3 Berechnung der Umsatzsteuer

In Grundstückskaufverträgen weist auch die Berechnung der Umsatzsteuer Besonderheiten auf. Dies hängt mit der Grunderwerbsteuer, die in die Bemessungsgrundlage für die Umsatzsteuer mit eingeht, zusammen. Wie die Umsatzsteuer zu berechnen ist, wird in Abschnitt 1.6.2 näher erläutert.

Besonderheiten bei der Berechnung der Umsatzsteuer ergeben sich auch bei Betriebsvorrichtungen. Diese sind bewegliche Wirtschaftsgüter und nicht mit Grunderwerbsteuer belegt. Ihr Wert ist daher nicht Bestandteil der grunderwerbsteuerlichen Bemessungsgrundlage. Sie sind damit auch nicht Bestandteil der hälftigen Grunderwerbsteuer, die in die Bemessungsgrundlage der Umsatzsteuer einfließt. Umsatzsteuerlich ist dem (Netto-)Wert der Betriebsvorrichtung die gesetzliche Umsatzsteuer im Grundstückskaufvertrag hinzuzuschlagen. Der Käufer ist in diesen Fällen verpflichtet, die Umsatzsteuer an den Verkäufer zu zahlen, der sie wiederum an das Finanzamt abführen muss. Es empfiehlt sich daher eine Aufteilung des Gesamtkaufpreises im Grundstückskaufvertrag zwischen Grundstück und Betriebsvorrichtungen vorzunehmen.

5.4.4 Vorsteuererstattung und -korrektur

Der Verkäufer verzichtet auf die Umsatzsteuerbefreiung, um die gezahlten Vorsteuern erstattungsfähig zu machen. Nach § 15 Abs. 2 Nr. 1 UStG sind vom Vorsteuerabzug nämlich steuerfreie Umsätze ausgeschlossen. Ändern sich bei einem Wirtschaftsgut innerhalb von 5 Jahren ab dem Zeitpunkt der erstmaligen Verwendung die für den ursprünglichen Vorsteuerabzug maßgebenden Verhältnisse, so ist für jedes Kalenderjahr der Änderung ein Ausgleich durch eine Berichtigung des Abzugs der auf die Anschaffungs- oder Herstellungskosten entfallenden Vorsteuerbeträge vorzunehmen. Bei Grundstücken tritt an die Stelle des 5-Jahres-Zeitraums ein solcher von 10 Jahren (§ 15a Abs. 1 UStG). Gemäß § 15a Abs. 4 liegt eine Änderung der Verhältnisse auch vor, wenn das noch verwendungsfähige Wirtschaftsgut vor Ablauf des Berichtigungszeitraums veräußert wird und dieser Umsatz anders zu beurteilen ist als die für den ursprünglichen Vorsteuerabzug maßgebliche Verwendung. Die Berichtigung ist nach § 15a Abs. 6 UStG so vorzunehmen, als wäre das Wirtschaftsgut in der Zeit von der Veräußerung bis zum Ablauf des maßgeblichen Berichtigungszeitraums unter entsprechend geänderten Verhältnissen weiterhin für das Unternehmen verwendet worden. Von Bedeutung ist, dass bei einer Geschäftsveräußerung im Ganzen der für das Wirtschaftsgut maßgebliche Berichtungszeitraum gemäß § 15a Abs. 6a UStG nicht unterbrochen wird. Der Wirkungszusammenhang dieser Vorschriften soll anhand folgenden Beispiels verdeutlicht werden:

Ein Projektentwickler hat im Jahr 2003 ein Bürogebäude erstellt und die Vorsteuer aus den Baukosten abgezogen. Er verkauft das Gebäude im Jahr 2004, ohne dass im Kaufvertrag zur Umsatzsteuer optiert worden ist. Da es sich vorliegend um einen sogenannten Development-Verkauf handelt, liegt nach Ansicht der Finanzverwaltung keine Geschäftsveräußerung im Sinne des § 1 Abs. 1a UStG vor. Der Verkauf ohne Umsatzsteuer stellt eine Veränderung der Verhältnisse im Sinne von § 15a Abs. 1 i.V.m. Abs. 4 UStG dar. Diese Veränderung der Verhältnisse wirkt auf den Beginn des Berichtigungszeitraums (1.1.2004) zurück. Der Verkäufer muss daher sämtliche Vorsteuern in einem Betrag zurückzahlen. Würde man entgegen der Ansicht der Finanzverwaltung eine Geschäftsveräußerung im Sinne des § 1 Abs. 1a UStG annehmen, würde der Verkauf nicht zu einer Änderung der Verhältnisse im Sinne des § 15a Abs. 1 i.V.m. Abs. 4 UStG führen. Der Erwerber würde die Rechtsnachfolge des Verkäufers antreten und dessen Berichtigungszeitraum fortsetzen. Der Vorgang wäre nicht steuerbar. Nutzt der Erwerber das Gebäude eigenbetrieblich zu steuerfreien Umsätzen, führt diese Nutzung zu einer Veränderung der Verhältnisse im Sinne des § 15a Abs. 1 UStG. Der Erwerber müsste dann in den folgenden 10 Jahren jeweils 1/10 der gezogenen Vorsteuern als Korrekturbetrag an das Finanzamt abführen. Je nach dem, ob man diesen Fall als Geschäftsveräußerung im Ganzen oder nicht behandelt, ist wirtschaftlich jeweils eine andere Partei mit der Rückführung der Vorsteuern belastet. Darüber hinaus macht es wirtschaftlich einen Unterschied, ob die Rückführung als Einmalbetrag am Anfang der 10-Jahres-Periode oder gestreckt in 10 Raten über einen 10-Jahreszeitraum erfolgen kann.

6. Grunderwerbsteuer

Wenn Grundstücke oder Anteile an grundstücksbesitzenden Gesellschaften verkauft werden, kann für diese Erwerbsvorgänge Grunderwerbsteuer anfallen. Das Grunderwerbsteuerrecht in seiner jetzigen Konzeption besteht seit 1983. Der Neufassung im Jahr 1983 lag die Überlegung zu Grunde, dass ein niedriger Grunderwerbsteuersatz mit wenigen Durchbrechungen besser sei, als ein hoher Steuersatz mit einer schwer abgrenzbaren Vielzahl von Ausnahmen von der Grunderwerbsteuerpflicht. Diesem Ziel folgend, wurde bei der Neufassung des Grunderwerbsteuerrechts zum 1.1.1983 der Steuersatz von 7 auf 2% abgesenkt und gleichzeitig sämtliche zweckbestimmten Vergünstigungen des alten Grunderwerbsteuerrechts gestrichen. Durch das Jahressteuergesetz 1997 ist der Steuersatz für Erwerbsvorgänge, die nach dem 31.12.1996 verwirklicht wurden, freilich wieder von 2 auf 3,5% erhöht worden. Diese Erhöhung des Steuersatzes diente ausschließlich der Erhöhung des Grunderwerbsteueraufkommens und sollte die Mindereinnahmen der Länder aus dem Wegfall der Vermögenssteuer zum 1.1.1997 zum Teil ausgleichen. Durch die Erhöhung des Grunderwerbsteuersatzes um 75% nahm wiederum die Neigung der Steuerpflichtigen zu, die Grunderwerbsteuer insbesondere durch Einsatz von Grundstücksgesellschaften zu vermeiden. Mit der Änderung des Grunderwerbsteuergesetzes durch das Steuerentlastungsgesetz von 1999/2000/2002 und das Steueränderungsgesetz 2001 hat der Gesetzgeber derartigen Gestaltungsmaßnahmen entgegengewirkt. Die Änderungen des Grunderwerbsteuerrechts seit 1997 haben zu einer deutlichen Erhöhung der Steuerlast vor allem im Bereich der grundbesitzenden Gesellschaften und zu einer erheblichen Verkomplizierung der gesetzlichen Regelungen geführt.

6.1 Besteuerungsgegenstand

Gegenstand der Grunderwerbsteuer sind die folgenden Rechtsvorgänge, soweit sie sich auf inländische Grundstücke beziehen:

— ein Kaufvertrag oder ein anderes Rechtsgeschäft, das den Anspruch auf Übereignung begründet;

— die Auflassung;

— der Eigentumsübergang, wenn keiner der vorerwähnten Vorgänge gegeben ist;

— das Meistgebot im Zwangsversteigerungsverfahren;

— Rechtsvorgänge, die es einem anderen rechtlich oder wirtschaftlich ermöglichen, ein inländisches Grundstück auf eigene Rechnung zu verwerten, ohne dass ein Übereignungsanspruch begründet worden ist (§ 1 Abs. 2 GrEStG – sogenannte Verwertungsbefugnis). Dadurch sollen auch Vorgänge grunderwerbsteuerlich erfasst werden, bei denen zwar nicht das Eigentum übertragen, jedoch dem Erwerber die wirtschaftliche Stellung ähnlich der des Eigentümers verschafft wird. Grunderwerbsteuerpflichtig sind damit auch Vorgänge, in denen der nicht als Erwerber oder Zwischenerwerber im Rechtssinn auftretende „andere" in die Lage versetzt wird, ein Grundstück für eigene Rechnung zu verwerten;

— Ein Rechtsgeschäft, das den Anspruch auf Übertragung eines oder mehrere Anteile an einer Personengesellschaft, zu deren Vermögen ein inländisches Grundstück gehört, begründet, sofern sich dadurch der Gesellschafterbestand innerhalb von 5 Jahren unmittelbar oder durch Übergang von mindestens 95 % der Anteile ändert (vgl. dazu ausführlich das Kapitel 1.6.6, „Grunderwerbsteuer bei Share deals").

— Die Anteilsvereinigung in einer Hand nach § 1 Abs. 3 GrEStG (vgl. dazu ausführlich das Kapitel 1.6.6 „Grunderwerbsteuer bei Share deals").

Bei einem Tauschvertrag über zwei Grundstücke fällt zweimal Grunderwerbsteuer an. Im übrigen unterliegt ein unter die zuvor beschriebenen Rechtsvorgänge fallender Erwerb auch dann der Steuer, wenn ihm ein anderer dieser Vorgänge vorausgegangen ist. Die Steuer wird jedoch in diesen Fällen nur insoweit erhoben, als die Bemessungsgrundlage für den späteren Rechtsvorgang den Betrag übersteigt, von dem beim vorausgegangenen Rechtsvorgang die Steuer berechnet worden ist. Dadurch wird eine Doppelbesteuerung vermieden.

6.2 Bemessungsgrundlage

Die Grunderwerbsteuer bemißt sich gemäß § 8 Abs. 1 GrEStG nach dem Wert der Gegenleistung. Als Gegenleistung gelten gemäß § 9 Abs. 1 GrEStG

— bei einem Kauf der Kaufpreis einschließlich der vom Käufer übernommenen sonstigen Leistungen (z.B. Umsatzsteuer) und der dem Verkäufer vorbehaltenen Nutzungen;

– bei einem Tausch die Tauschleistung des anderen Vertragsteils einschließlich einer vereinbarten zusätzlichen Leistung;

– bei einer Leistung an Erfüllung statt der Wert, zu dem die Leistung an Erfüllung statt angenommen wird;

– das Meistgebot im Zwangsversteigerungsverfahren, und zwar einschließlich der Rechte, die nach den Versteigerungsbedingungen bestehen bleiben;

– bei einer Enteignung die Entschädigung. Wird ein Grundstück enteignet, das zusammen mit anderen Grundstücken eine wirtschaftliche Einheit bildet, so gehört die besondere Entschädigung für eine Wertminderung der nicht enteigneten Grundstücke nicht zur Gegenleistung.

Nicht zur Gegenleistung hinzugerechnet wird die Grunderwerbsteuer, die für den zu besteuernden Erwerbsvorgang zu entrichten ist (§ 9 Abs. 3 GrEStG). Soweit zur Umsatzsteuer optiert wird und auf den Kaufpreis Umsatzsteuer zu zahlen ist, gehört die Umsatzsteuer zur grunderwerbsteuerlichen Bemessungsgrundlage. Umgekehrt ist die Grunderwerbsteuer Bestandteil des umsatzsteuerlichen Entgelts und fließt damit in die umsatzsteuerliche Bemessungsgrundlage ein. Umsatzsteuer und Grunderwerbsteuer gehen damit wechselseitig in die Bemessungsgrundlage der jeweils anderen Steuer ein.

Wegen der wechselseitigen Abhängigkeit der Besteuerungsgrundlagen für die Umsatzsteuer und die Grunderwerbsteuer erfordert eine exakte Ermittlung der beiden Steuern komplizierte zusätzliche, aber letztendlich wirtschaftlich nicht ins Gewicht fallende Berechnungen. Zur Vermeidung solcher Berechnungen sind die obersten Finanzbehörden der Länder darin übereingekommen, dass die Umsatzsteuer bei der Berechnung der Grunderwerbsteuer nur insoweit zur Gegenleistung hinzugerechnet wird, als sie in ihrer Höhe noch nicht durch die Grunderwerbsteuer beeinflusst ist.

Beispiel 1:

Nettoentgelt für das Grundstück	1.000.000,00 €
zuzüglich 16% Umsatzsteuer ohne	
grundsteuerbedingte Erhöhung	160.000,00 €
Bruttoentgelt	1.160.000,00 €
Grunderwerbsteuer 3,5 von Hundert	40.600,00 €

Bei der Bemessungsgrundlage der Umsatzsteuer ist, wenn sich der Käufer in dem Grundstückskaufvertrag zur Zahlung der Grunderwerbsteuer verpflichtet hat, die Hälfte der Grunderwerbsteuer nur insoweit heranzuziehen, als sie in ihrer Höhe noch nicht durch die Umsatzsteuer beeinflußt ist.

Beispiel 2:

Nettoentgelt für das Grundstück	1.000.000,00 €
zuzüglich hälftige Grunderwerbsteuer	17.500,00 €
ohne umsatzsteuerbedingte Erhöhung	
Bemessungsgrundlage für die Umsatzsteuer	1.017.500,00 €
davon 16% Umsatzsteuer	162.800,00 €

In dem Beispielsfall 1 wären daher 40.600,00 € an Grunderwerbsteuer gegenüber 35.000,00 € an Grunderwerbsteuer bei Nichtausübung der (Umsatzsteuer-)Option zu entrichten. Bei der Optionsausübung erhöht sich daher die Grunderwerbsteuerbelastung um 0,56 % des Kaufpreises. Bei einem Transaktionsvolumen von 100.000.000,00 € wäre die Mehrbelastung mit Grunderwerbsteuer bei Option zur Umsatzsteuer beispielsweise 560.000,00 €. Noch nicht ganz klar ist, ob auch nach dem 1.4.2004 die Option zur Umsatzsteuer die Grunderwerbsteuer und damit die Investitionskosten um 0,56 % bei der folgenden Fallgestaltung erhöht: mit Wirkung zum 1.4.2004 ist § 13 b UStG geändert worden. Gemäß der Neufassung ist Steuerschuldner der Umsatzsteuer nicht mehr der Verkäufer, sondern der Käufer, wenn er ein Unternehmer oder eine juristische Person des öffentlichen Rechts ist. Da in diesen Fällen die Umsatzsteuer nicht mehr Teil der Gegenleistung ist, dürfte die inzwischen mehrheitlich vertretene Ansicht richtig sein, wonach in diesen Fällen die Umsatzsteuer nicht mehr zur Bemessungsgrundlage der Grunderwerbsteuer zählt.

In Ausnahmefällen sind Bemessungsgrundlage für die Grunderwerbsteuer gemäß § 8 Abs. 2 GrEStG die Bedarfswerte für Immobilien gemäß § 138 Abs. 2, Abs. 3 BewG, und zwar in Fällen, in denen

— eine Gegenleistung nicht vorhanden oder nicht zu ermitteln ist,

— bei Umwandlungen aufgrund eines Bundes- oder Landesgesetzes, bei Einbringung sowie bei anderen Erwerbsvorgängen auf gesellschaftsvertraglicher Grundlage sowie

— bei Erwerb von einer Grundstücksgesellschaft, soweit sich der Erwerbsvorgang nicht auf ein noch zu errichtendes Gebäude erstreckt oder bei einer Änderung des Gesellschafterbestandes, die auf einem vorgefassten Plan zur Bebauung des Grundstücks beruht. Die Bedarfswerte sind daher insbesondere dann heranzuziehen, wenn innerhalb von fünf Jahren 95 % oder mehr der Anteile an einer Personengesellschaft übergehen und dadurch ein Grundstücksübergang vom Gesetz (§ 1 Abs. 2 a GrEStG) fingiert wird. Der Ansatz der Bedarfswerte als Bemessungsgrundlage hat häufig den Vorteil, dass die Bedarfswerte niedriger sind als der Verkehrswert des Grundstücks. Dementsprechend reduziert sich die Grunderwerbsteuerlast.

Zur Gegenleistung gehören auch gemäß § 9 Abs. 2 GrEStG

— Leistungen, die der Erwerber des Grundstücks dem Veräußerer neben der beim Erwerbsvorgang vereinbarten Gegenleistung zusätzlich gewährt;

— die Belastungen, die auf dem Grundstück ruhen, soweit sie auf den Erwerber kraft Gesetzes übergehen.

Nicht zur Gegenleistung gehören dagegen die auf dem Grundstück ruhenden dauernden Lasten, wobei der Erbbauzins als dauernde Last gilt.

6.3 Steuersatz und Steuerschuldner

Der Grunderwerbsteuersatz beträgt 3,5 % (§ 11 GrEStG). Steuerschuldner sind beide Vertragsteile, die an einem Erwerbsvorgang beteiligt sind, bei einem Erwerb kraft Gesetzes der bisherige Eigentümer und der Erwerber, der Meistbietende im Zwangsversteigerungsverfahren und der Erwerber im Enteignungsverfahren. Von Bedeutung ist, dass bei der Änderung des Gesellschafterbestands einer Personengesellschaft gemäß § 1 Abs. 2 a GrEStG die Personengesellschaft und nicht die Anteilseigner in einer Hand Steuerschuldner sind, während bei der Anteilsvereinigung gemäß § 1 Abs. 3 GrEStG der erwerbende Anteilseigner alleiniger Steuerschuldner ist.

6.4 Ausnahmen von der Besteuerung

Von der Besteuerung sind ausgenommen:

– zur Vermeidung von Doppelbesteuerungen der Grundstückserwerb von Todes wegen und Grundstücksschenkungen unter Lebenden im Sinne des Erbschaftsteuer- und Schenkungsteuergesetzes;

– der Erwerb eines zum Nachlaß gehörigen Grundstücks durch Miterben zur Teilung des Nachlasses;

– der Grundstückserwerb durch den Ehegatten des Veräußerers oder durch Personen, die mit dem Veräußerer in gerader Linie verwandt sind;

– der Rückerwerb eines Grundstücks durch den Treugeber bei Auflösung des Treuhandverhältnisses;

– der Übergang von mehreren Miteigentümern auf eine Gesamthand oder umgekehrt, soweit der Anteil des Einzelnen am Vermögen der Gesamthand/Bruchteilsgemeinschaft seinem Gesellschaftsanteil/Bruchteil am Grundstück entspricht;

– das selbe gilt beim Übergang eines Grundstücks von einem Alleineigentümer auf eine Gesamthand, soweit der Alleineigentümer nach der Veräußerung am Vermögen der Gesamthand beteiligt ist und umgekehrt beim Übergang von einer Gesamthand in das Alleineigentum eines der Gesellschafter;

– der Übergang von einer Gesamthand auf eine andere Gesamthand, soweit Gesellschafteridentität besteht.

Die Vergünstigungen beim Übergang auf eine Gesamthand oder von einer Gesamthand entfallen zum Schutz vor Mißbräuchen, wenn sich die Anteilsverhältnisse nach der Inanspruchnahme der Vergünstigung innerhalb von 5 Jahren verändern.

6.5 Besonderheiten bei Grundstückskaufverträgen

Der Kaufpreisteil, der auf Betriebsvorrichtungen und sonstige bewegliche Wirtschaftsgüter entfällt, unterliegt nicht der Grunderwerbsteuer. Die Abgrenzung zwischen der Immobilie und den beweglichen Wirtschaftsgütern erfolgt dabei nicht nach zivilrechtlichen, sondern nach steuerrechtlichen Grundsätzen. Zivilrechtlich kann es sich bei Betriebsvorrichtungen und den sonstigen beweglichen Wirtschaftsgütern durchaus um wesentliche Bestandteile des Grundstücks handeln. Zur Reduzierung der Grunderwerbsteuerlast sind die Parteien in Grundstückskaufverträgen daher regelmäßig bestrebt, Betriebsvorrichtungen und sonstige bewegliche Wirtschaftsgüter mit einem separaten Kaufpreis auszuweisen. An diese Wertbestimmung für die Betriebsvorrichtungen und die beweglichen Wirtschaftsgüter ist die Finanzverwaltung bei der Überprüfung des Kaufvertrages freilich nicht gebunden.

Wird ein unbebautes Grundstück und in einem separaten Vertrag durch einen Generalunternehmer eine Bauleistung verkauft, liegt in den meisten Fällen ein sogenanntes einheitliches Vertragswerk vor. Verkäufer und Generalunternehmer stehen dem Käufer häufig in einem „Lager" gegenüber. In diesen Fällen werden die Baukosten aus dem Generalunternehmervertrag der Grunderwerbsteuer unterworfen, genau wie bei einem einheitlichen Grundstückskaufvertrag mit Bauverpflichtung. Voraussetzung für ein einheitliches Vertragsverhältnis ist nach der finanzgerichtlichen Rechtsprechung und der Praxis der Finanzverwaltung ein sachlicher Zusammenhang zwischen den beiden Verträgen, sei es, dass zivilrechtlich der eine nicht ohne den anderen Vertrag wirksam ist oder dass auf sonstige Weise ein objektiver sachlicher Zusammenhang besteht sowie ferner ein abgestimmtes Verhalten zwischen Verkäufer und Generalunternehmer.

Kaufverträge, die unter einer aufschiebenden Bedingung abgeschlossen werden, werden zivilrechtlich erst mit Bedingungseintritt wirksam. Mit Eintritt der Bedingung entsteht auch erst die Grunderwerbsteuer. Grundstückskaufverträge mit aufschiebenden Bedingungen sind daher unbedingten Grundstückskaufverträgen, in denen den Parteien aber vertragliche Rücktrittsrechte vorbehalten werden, vorzuziehen. Bei unbedingten Verträgen mit vorbehaltenem Rücktrittsrecht entsteht die Grunderwerbsteuer nämlich bei Abschluss des Kaufvertrages und muss entrichtet werden. Wird der Erwerbsvorgang später aufgrund der Ausübung des Rücktrittsrechts rückgängig gemacht, bevor das Eigentum am Grundstück auf den Erwerber übergegangen ist, so wird die gezahlte Grunderwerbsteuer innerhalb von 2 Jahren seit der Entstehung der Steuer zurückerstattet.

Ist in einem Kaufvertrag ein vorläufiger Kaufpreis (beispielsweise im Hinblick auf ein bestimmtes Flächenmaß) vereinbart und unterliegt dieser Kaufpreis der Anpassung, so wird die Grunderwerbsteuer nach § 165 AO nur vorläufig festgesetzt. Wird der Kaufpreis geändert, hat eine Anzeige gegenüber dem Finanzamt zu erfolgen, so dass die nur vorläufig festgesetzte Grunderwerbsteuer geändert werden kann. Vereinbaren die Parteien einen zusätzlichen Kaufpreis bei Eintritt eines ungewissen Ereignisses (beispielsweise im Fall eines Weiterverkaufs innerhalb eines bestimmten Zeitraums ist der Käufer vertraglich verpflichtet, einen bestimmten Prozentsatz des von ihm erzielten Mehrerlöses an den Verkäufer als Kaufpreis abzuführen) wird die Grunderwerbsteuer zunächst auf den Basiskaufpreis festgesetzt. Kommt es zu dem Weiterverkauf, entsteht ein zusätzlicher Kaufpreisanspruch des Verkäufers. Dieser zusätzliche Kaufpreisanspruch ist anzeigepflichtig. Das Finanzamt erlässt dann einen weiteren Bescheid.

6.6 Grunderwerbsteuer bei einem Share Deal

Gehört zum Vermögen einer Personengesellschaft ein inländisches Grundstück und ändert sich innerhalb von 5 Jahren der Gesellschafterbestand unmittelbar oder mittelbar dergestalt, dass mindestens 95 von 100 der Anteile am Gesellschaftsvermögen auf neue Gesellschafter übergehen, gilt dies nach § 1 Abs. 2a GrEStG als ein auf die Übereignung eines Grundstück auf eine neue Personengesellschaft gerichtetes Rechtsgeschäft. Diese Vorschrift fingiert damit eine Grundstücksübertragung zwischen zwei Personengesellschaften bei einem (fast) vollständigen Gesellschafterwechsel. Die Grunderwerbsteuerpflicht wird ausgelöst bei einem Anteilsverkauf von 95 % und mehr an Neugesellschafter innerhalb eines 5-Jahres-Zeitraums. Steuerschuldner ist die Gesellschaft. Zur Vermeidung von Grunderwerbsteuer beim Verkauf von Personengesellschaftsanteilen wird empfohlen, in einem ersten Schritt (höchstens) 94 % der Gesellschaftsanteile an einer Grundbesitz haltenden Personengesellschaft zu verkaufen. Erfolgt der Erwerb der übrigen 6 % erst nach Ablauf von 5 Jahren, liegt lediglich eine Anteilsvereinigung im Sinne von § 1 Abs. 3 GrEStG („kleine Grunderwerbsteuer") vor. 94 % des Erwerbs sind gemäß § 6 Abs. 2 GrEStG befreit. Nur auf 6 % des Bedarfswerts wird Grunderwerbsteuer erhoben. Werden die restlichen 6 % dagegen vor Ablauf von 5 Jahren erworben, ist § 1 Abs. 2a GrEStG („große Grunderwerbsteuer") einschlägig. Eine Ausnahme von der Besteuerung kommt wegen § 6 Abs. 3 GrEStG nicht in Betracht. Die Grunderwerbsteuer wird dann auf den gesamten Bedarfswert erhoben. In der Praxis ist diese Gestaltung häufig problematisch, weil ein Verkäufer sich von der Grundbesitzgesellschaft regelmäßig komplett trennen will und der Käufer ein Interesse daran hat, sämtliche Anteile zu erwerben. Die Parteien sind daher häufig versucht, bei Wahl dieses Gestaltungsmodells, den Verkauf der übrigen 6 % nach Ablauf von 5 Jahren durch Optionsrechte, seien es Kauf- oder Verkaufsoptionen, abzusichern. Derartige Gestaltungen dürften jedoch regelmäßig schädlich sein, so dass davon abzuraten ist.

Nach § 1 Abs. 3 GrEStG löst die Vereinigung von mindestens 95 % der Anteile unmittelbar oder mittelbar in einer Hand Grunderwerbsteuer aus. § 1 Abs. 3 GrEStG ist subsidiär zu § 1 Abs. 2a GrEStG. Im Rahmen der Anteilsvereinigung erfolgt anders als bei § 1 Abs. 2a GrEStG eine Anteilsverschiebung zugunsten von privilegierten Altgesellschaftern. § 1 Abs. 3 GrEStG fingiert eine Grundstücksübertragung auf den neuen Mehrheitsgesellschafter. Steuerpflichtig ist der erwerbende Gesellschafter. Eine Anteilsvereinigung lässt sich beispielsweise dadurch vermeiden, dass zwei Kapitalgesellschaften Anteile an einer Objektgesellschaft erwerben, wobei die Beteiligungsquoten mindestens 6 % und höchstens 94 % betragen dürfen. Bei Kapitalgesellschaften ist nur die Anteilsvereinigung nach § 1 Abs. 3 GrEStG einschlägig, bei Personengesellschaften kann sowohl § 1 Abs. 2a GrEStG als auch § 1 Abs. 3 GrEStG anwendbar sein. Bei Vorliegen des Tatbestands gemäß § 1 Abs. 3 GrEStG kommen − anders als bei Anteilsverschiebungen im Rahmen einer Personengesellschaft − im Hinblick auf Kapitalgesellschaften Ausnahmen von der Besteuerung gemäß § 6 GrEStG nicht in Betracht. Die Ausnahmen von der Besteuerung geltend nur für Gesamthandsgemeinschaften.

6.7 Anzeigepflichten

Gerichte, Behörden und Notare haben dem zuständigen Finanzamt Erwerbsvorgänge innerhalb von 2 Wochen nach Kenntniserlangung anzuzeigen. Der Grundstückserwerber wird erst dann in das Grundbuch eingetragen, wenn eine Bescheinigung des für die Besteuerung zuständigen Finanzamts vorgelegt wird, dass der Eintragung steuerliche Bedenken nicht entgegenstehen (§ 22 Abs. 1 GrEStG). Diese Bescheinigung wird das Finanzamt erst dann erteilen, wenn die Grunderwerbsteuer entrichtet, sichergestellt oder gestundet worden ist oder Steuerfreiheit vorliegt. Anzeigepflichtig sind auch Änderungen des Gesellschafterbestands einer Personengesellschaft, die innerhalb von 5 Jahren zum Übergang von mindestens 95 von

100 Anteilen am Gesellschaftsvermögen auf neue Gesellschafter geführt haben (§ 19 Abs. 1 Nr. 3 a GrEStG). Die Anzeige hat durch die Personengesellschaft als Steuerschuldnerin zu erfolgen. Nach § 19 Abs. 5 Satz 1 GrStG handelt es sich bei der Anzeige um eine Steuererklärung im Sinne der Abgabenordnung. Geben die Geschäftsführer der Personengesellschaft die Anzeige (= die Steuererklärung) nicht ab, setzen sie sich dem Vorwurf einer leichtfertigen Steuerverkürzung gemäß § 378 AO i.V.m. § 370 Abs. 2 Nr. 1 AO aus. Dies kann als Ordnungswidrigkeit mit einem Bußgeld von bis zu 50.000,00 € geahndet werden. Die Finanzverwaltung kann die Geschäftsführer ferner persönlich in Anspruch nehmen (§§ 69 f. AO i.V.m. § 34 AO). Nach § 16 Abs. 5 GrEStG entfällt bei Verletzung der Anzeigepflicht im übrigen die Korrekturmöglichkeit bei Rückabwicklung des Anteilskaufvertrages. Anzeigepflichtig ist ebenfalls die Anteilsvereinigung gemäß § 19 Abs. 1 Nr. 4–7 GrEStG. Anzeigepflichtig ist hier der erwerbende Mehrheits- oder Alleingesellschafter.

7. Erbschaft- und Schenkungsteuer

Immobilienvermögen wird im Fall eines unentgeltlichen Übergangs durch Schenkung oder Erbfall mit dem steuerlichen Bedarfswert angesetzt. Da dieser Bedarfswert häufig unter dem tatsächlichen Verkehrswert von Immobilien liegt, ist es von Vorteil, begünstigtes Immobilienvermögen anstelle von nicht begünstigtem Vermögen (z.B. Wertpapiervermögen) von einer auf die nächste Generation zur Ausnutzung substanzsteuerlicher Vorteile zu übertragen. Der steuerliche Bedarfswert eines bebauten Grundstücks wird mit dem 12,5-fachen der durchschnittlichen Jahresmieteinnahmen der letzten drei Jahre angesetzt, abzüglich einer altersbedingten Wertminderung in Höhe von 0,5% für jedes Jahr seit Bezugsfertigkeit des Gebäudes, maximal 25%, mindestens jedoch mit dem Grundstückswert (§ 146 BewG). Da zum Beispiel Wohngebäude auf dem Immobilienmarkt häufig mit einem Vervielfältiger von deutlich über dem 12,5-fachen angeboten werden und eine Wertminderung von bis zu 25% bei mindestens 50 Jahre alten Gebäuden hinzukommt, liegt der Bedarfswert regelmäßig nur bei 50–80% des Verkehrswertes der Immobilie. Diese Steuervorteile lassen sich noch steigern, wenn der Immobilienbesitz in ein steuerliches Betriebsvermögen (meist in eine gewerblich geprägte GmbH & Co. KG) überführt wird und die Vergünstigungen für Betriebsvermögen beim Todesfall/der Schenkung in Anspruch genommen werden können. Hierzu zählen der Freibetrag von Betriebsvermögen nach § 13 a ErbStG in Höhe von € 225.000, der Bewertungsabschlag für Betriebsvermögen von 35% und die Anwendung der Steuerklasse I. Optimiert werden kann der Übergang von Immobilienbesitz, wenn dieser teilweise fremdfinanziert ist und die Schulden vom Beschenkten/Erben übernommen werden. Dann können die Schulden mit dem Nominalbetrag angesetzt werden und reduzieren die steuerliche Bemessungsgrundlage.

8. Grundsteuerliche Aspekte

Die Grundsteuer spielt bei steuerlichen Überlegungen im Zusammenhang mit Immobilieninvestitionen häufig nur eine sehr untergeordnete Rolle. Dies hängt damit zusammen, dass die Grundsteuer normalerweise im Rahmen der Betriebskostenabrechnung auf den Mieter abwälzbar ist und daher bei dem Eigentümer bzw. Vermieter wirtschaftlich lediglich einen durchlaufenden Posten darstellt. Die Grundsteuer wird jedoch dann bei Immobiliengeschäften zu einer zu beachtenden Rechengröße, wenn ihre Überwälzung auf den Mieter nicht in Betracht kommt. Hauptfälle sind hier in der Praxis leerstehende, d.h. nicht vermietete Flächen, sowie bei Projektentwicklungen, wenn beispielsweise ein ehemaliger Büro- oder Industriestandort erworben und der Gebäudebestand in den nächsten Jahren teils saniert und teils abgerissen wird, so dass in den Jahren des Umbaus/Neubaus die Grundsteuer unmittelbar den Eigentümer belastet.

Die Grundsteuer wird von der Gemeinde für den auf ihrem Gebiet liegenden Grundbesitz erhoben. Man spricht hier vom gemeindlichen Heberecht. Grundlage für die Ermittlung der Grundsteuer ist der Einheitswert des Grundbesitzes. Die Einheitswertfeststellung erfolgt stichtagsbezogen (jeweils zum 1.1. eines Jahres) nach den Vorschriften des Bewertungsgesetzes. Der Einheitswert wird bei Änderung der tatsächlichen Verhältnisse (Ausbaumaßnahmen, Abbruch eines Gebäudes) fortgeschrieben. Zur Berechnung der Grundsteuer wird der Einheitswert mit der Steuermesszahl (meist 3,5‰) multipliziert. Das Produkt aus Einheitswert und Steuermesszahl heißt Steuermessbetrag. Auf den Steuermessbetrag wird der gemeindliche Hebesatz angewandt, wodurch man den Grundsteuerbetrag erhält.

Durch den zunehmenden Leerstand bei Büroimmobilien in Deutschland in den letzten Jahren hat die Grundsteuer an Bedeutung zugenommen. Die Eigentümer/Vermieter suchen nach Möglichkeiten, die Grundsteuerbelastung zu reduzieren, wenn sie schon ihre Gebäude nicht vermieten können und daher Ertragseinbußen in Kauf nehmen. Denkbar ist in diesen Fällen, einen Erlass der Grundsteuer nach § 33 GrStG zu beantragen. Ein Erlassantrag kann gestellt werden, wenn im Hinblick auf das Grundstück eine wesentliche Ertragsminderung vorliegt. Diese wesentliche Ertragsminderung ist gegeben, wenn bei bebauten Grundstücken der Rohertrag um mehr als 20% unverschuldet gemindert ist. Eine Mietminderung kann durch Leerstand, einen Rückgang der Miete oder durch einen Mietausfall wegen Insolvenz des Mieters eintreten. Nach § 34 GrStG wird der Erlass der Grundsteuer nach Ablauf eines Kalenderjahres ausgesprochen. Der Erlassantrag muss bis zum 31.3. des Folgejahres gestellt werden (Ausschlussfrist). Die Grundsteuer kann dann bis zu 4/5 des Minderungsbetrages erlassen werden. Dieser Wert von 4/5 ist so zu erklären, dass der Gesetzgeber pauschal unterstellt, dass 1/5 der Grundsteuer auf das Grundstück entfällt, so dass ein Erlass nicht in Betracht kommt. Bei einer Rohertragsminderung von 50% wird die Grundsteuer für das betreffende Jahr beispielsweise um 40% erlassen, wenn ein begründeter Erlassantrag fristgerecht gestellt wurde. Hauptproblematik in der Praxis ist, ob die Ertragsminderung unverschuldet erfolgt ist.

9. Rechtsformvergleich zwischen Immobilienpersonen- und Immobilienkapitalgesellschaft

Zunächst soll anhand von drei Fallbeispielen mit unterschiedlichen Annahmen ein steuerlicher Belastungsvergleich zwischen der Immobilienkapital- und der Immobilienpersonengesellschaft im Hinblick auf die laufenden Einkünfte durchgeführt werden. Im Ergebnis führt der Einsatz einer Immobilienkapitalgesellschaft bei einem Überschuss der Mieteinnahmen über die Ausgaben und einer Gewerbesteuerfreistellung im Rahmen der erweiterten Kürzung bei der Besteuerung der laufenden Einkünfte zu einem Steuervorteil bei der Kapitalgesellschaft von rund 2%. Kann die Gewerbesteuererfreistellung nicht erreicht werden, ist die Personengesellschaft aufgrund der Gewerbesteueranrechnung nach § 35 EStG bei den laufenden Einkünften von Vorteil.

Fallbeispiel 1:

– Gewerbesteuer kann aufgrund der erweiterten Kürzung vollständig vermieden werden;
– vollständige Ausschüttung der Gewinne;
– Gesellschafter ist jedes Mal eine natürliche Person, deren Grenzsteuersatz dem ESt-Spitzensatz von 42% entspricht;
– der Gesellschafter hat keine Aufwendungen im Zusammenhang mit seinem Anteil, insbesondere keine Finanzierungsaufwendungen.

	Kapitalgesellschaft	Personengesellschaft
I. Gesellschaftsebene		
Gewinn vor Steuern	100,00	100,00
KSt + SolZ 25% + 5,5%	./. 26,38	0,00
Ausschüttungsbetrag	73,62	100,00
II. Gesellschafterebene		
Hiervon einkommensteuerpflichtig	36,81	100,00
ESt-Spitzensatz + SolZ		
(ohne Kirchensteuer)		
42% + 5,5%		
(Gesamtsteuerbelastung 44,31%)	./. 16,31	./. 44,31
III. Gesamtsteuerbelastung	42,69	44,31

Fallbeispiel 2:

– Gewerbesteuerpflicht auf Gesellschaftsebene;
– vollständige Ausschüttung der Gewinne;
– Gesellschafter ist jedes Mal eine natürliche Person, deren Grenzsteuersatz dem ESt-Spitzensatz von 42% entspricht;
– der Gesellschafter hat keine Aufwendungen im Zusammenhang mit seinem Anteil, insbesondere keine Finanzierungsaufwendungen.

	Kapitalgesellschaft	Personengesellschaft
I. Gesellschaftsebene		
Gewinn vor Steuern	100,00	100,00
Gewerbesteuer bei Hebesatz 400%		
(effektiv 16,67%)	./. 16,67	./. 16,67
Zwischenergebnis	83,33	83,33
KSt + SolZ 25% + 5,5%	./. 21,98	0,00
Ausschüttungsbetrag	61,35	83,33

II. Gesellschafterebene

Hiervon einkommensteuerpflichtig	30,66	83,33
ESt-Spitzensatz + SolZ		
(ohne Kirchensteuer)		
42% + 5,5%		
(Gesamtsteuerbelastung 44,31%)	./. 13,59	./. 36,92
GewSt-Anrechnungsbetrag		
(§ 35 EStG)	0,00	+ 7,50
III. Gesamtsteuerbelastung	**52,24**	**46,09**

Fallbeispiel 3:

– Gewerbesteuerpflicht auf Gesellschaftsebene, wobei sich die gewerbesteuerlichen Hinzurechnungen und Kürzungen ausgleichen;
– vollständige Ausschüttung der Gewinne;
– Gesellschafter ist jedes Mal eine natürliche Person, deren Grenzsteuersatz dem ESt-Spitzensatz von 42% entspricht;
– der Gesellschafter hat seinen Anteil fremdfinanziert und hat Zinsaufwendungen in Höhe von 10 €.
– Bei einer Personengesellschaft würde der Zinsaufwand gewerbesteuerlich auf Gesellschaftsebene wahrscheinlich zu einer Hinzurechnung („Dauerschuldzinsen") und auf Gesellschafterebene zu einer Erhöhung des Anrechnungsbetrages führen. Dieser Effekt ist in dem Belastungsvergleich vernachlässigt.

	Kapitalgesellschaft	Personengesellschaft
I. Gesellschaftsebene		
Gewinn vor Steuern	100,00	100,00
Gewerbesteuer bei Hebesatz 400%		
(effektiv 16,67%)	./. 16,67	./. 16,67
Zwischenergebnis	83,33	83,33
KSt + SolZ 25% + 5,5%	./. 21,98	0,00
Ausschüttungsbetrag	61,35	83,33
II. Gesellschafterebene		
Hiervon einkommensteuerpflichtig	30,66	83,33
Abzugsfähiger Zinsaufwand	./. 5,00	./. 10,00
Saldo	25,66	73,33
ESt-Spitzensteuersatz + SolZ		
(ohne Kirchensteuer)		
42% + 5,5%		
(Gesamtsteuerbelastung 44,31%)	./. 11,37	./. 32,49
GewSt-Anrechnungsbetrag		
(§ 35 EStG)	0,00	+ 7,50
III. Gesamtsteuerbelastung	**50,02**	**41,66**

Im Ergebnis ist die Kapitalgesellschaft gegenüber der Personengesellschaft nur in den Fällen der Vollausschüttung, also bei Besteuerung der laufenden Gewinne, vorteilhafter gegenüber der Personengesellschaft, wenn aufgrund der Inanspruchnahme der erweiterten Kürzung gemäß § 9 Nr. 1 Satz 2 GewStG keine Gewerbesteuer anfällt und das Abzugsverbot des § 3 c EStG bei den Finanzierungskosten keine Rolle spielt.

Bei der Veräußerungsgewinnbesteuerung ist die Kapitalgesellschaft vorteilhafter, wenn Anteilseigner eine natürliche Person ist, die Immobiliendesinvestition vor Ablauf von 10 Jahren erfolgt und hier ein Gewinn realisiert wird. Ist die Kapitalbeteiligung unterhalb der Wesentlichkeitsgrenze, also unter 1 %, und wird sie erst nach Ablauf von 12 Monaten verkauft, ist sie komplett steuerfrei. Bei einer wesentlichen Beteiligung oder einer Veräußerung der Kapitalgesellschaftsanteile innerhalb der Jahresfrist unterliegt nur der hälftige Veräußerungsgewinn der Steuer. Bei einer Personengesellschaft ist der Veräußerungsgewinn dagegen innerhalb der Zehn-Jahres-Frist des § 23 EStG in voller Höhe zu versteuern. Bei sehr langfristigen Immobilieninvestitionen ist die Personengesellschaft dagegen vorteilhafter, weil hier der Veräußerungsgewinn nach Ablauf von 10 Jahren zumindest nach derzeitiger Gesetzeslage steuerfrei verkauft werden kann. Es ist aber nicht auszuschließen, dass der Gesetzgeber zukünftig auch für langfristige Immobilieninvestitionen bei Personengesellschaften eine Veräußerungsgewinnbesteuerung einführt. Vertrauensschutz dürfte bei Einführung einer derartigen Regelung nur dann bestehen, wenn die 10-Jahresfrist vor Inkrafttreten der neuen Veräußerungsgewinnbesteuerung ohnehin abgelaufen ist.

Nachteilig ist eine Kapitalgesellschaft gegenüber der Personengesellschaft dann, wenn Anlaufverluste, etwa durch erhöhte Abschreibungen oder die Inanspruchnahme eines Disagios entstehen. Die einkommensteuerliche Transparenz der Personengesellschaft führt dazu, dass diese Anlaufverluste unmittelbar bei dem Gesellschafter ankommen und dort mit positiven Einkünften verrechnet werden können. Verluste, die in einer Kapitalgesellschaft entstehen, können nicht mit Gewinnen des Anteilseigners aus anderen Einkunftsquellen verrechnet werden, sondern nur mit späteren Gewinnen der Kapitalgesellschaft selbst.

Zu beachten ist auch, dass bei Kapitalgesellschaften nicht der Cash-flow sondern nur der (handelsrechtliche) Gewinn nach einem entsprechenden Gesellschafterbeschluss nach Ablauf des jeweiligen Geschäftsjahres ausgeschüttet werden kann. Die Personengesellschaft ist insoweit wesentlich flexibler. Hier können die Gesellschafter Entnahmen tätigen, soweit Liquidität vorhanden ist. Der Nachteil bei Kapitalgesellschaften ließe sich durch Gestaltungen, etwa durch Gewährung eines Darlehens der Gesellschaft an den Gesellschafter, zumindest teilweise wieder aufheben.

Die Freistellung von Veräußerungsgewinnen einer Kapitalgesellschaft aus der Veräußerung von Anteilen an einer Tochterkapitalgesellschaft, die mit dem Unternehmenssteuerreformgesetz eingeführt worden ist, hat für Furore gesorgt. Seit dem 1.1.2004 sind aufgrund des pauschalen Betriebsausgabenabzugsverbots allerdings nur noch 95 % der Veräußerungsgewinne steuerfrei. Die (weitgehende) Steuerfreiheit hat auch in der Immobilienwirtschaft dazu geführt, dass Immobilieninvestitionen häufiger in der Rechtsform einer Objektkapitalgesellschaft mit Blick eben auf diese weitgehende Steuerfreistellung der Veräußerungsgewinne getätigt worden sind. Klar ist dabei, dass im Kapitalgesellschaftskonzern die Veräußerung einer Kapitalgesellschaftsbeteiligung für den Veräußerer steuerlich von Vorteil ist. Für den Erwerber ergeben sich jedoch beim Kauf von Kapitalgesellschaften die folgenden steuerlichen Nachteile, die die steuerlichen Vorteile beim Verkäufer ganz oder teilweise aufwiegen:

— Einmal ist durch die Abschaffung von Step-up bzw. Umwandlungsmodellen mit der Einführung des Unternehmenssteuerreformgesetzes dem Erwerber die Möglichkeit genommen, die Anschaffungskosten der Beteiligung durch Umwandlung der erworbenen Kapitalgesellschaft in eine Personengesellschaft in abschreibungsfähige Wirtschaftsgüter zu transformieren. Der Ansatz einer Kapitalgesellschaftsbeteiligung kann in der Steuerbilanz grundsätzlich nicht (Ausnahme besondere Umstände mit der Folge einer Teilwertabschreibung) abgeschrieben werden. Früher wurde daher häufig eine gerade erworbene Kapitalgesellschaft in eine Personengesellschaft umgewandelt. Da die Immobilien vermietende Personengesellschaft einkommensteuerlich transparent ist (die Gesellschafter erzielen Einkünfte aus Vermietung und Verpachtung), sind in der Steuerbilanz der Muttergesellschaft die einzelnen Wirtschaftsgüter auszuweisen. Zu den historischen Anschaffungskosten der Immobilie konnte daher früher ein im Kaufpreis enthaltener Firmenwert im Wege des Step-up zugeschrieben werden. Dadurch konnte eine Abschreibung unter Einschluss des im Kaufpreis enthaltenen Firmenwerts auf einer höheren Grundlage bei Gebäuden und sonstigen abschreibungsfähigen Wirtschaftsgütern vorgenommen werden. Der Käufer konnte auf diese Weise den Kaufpreis zu einem Teil aus dieser Steuerersparnis refinanzieren.

— Der Erwerber einer Kapitalgesellschaftsbeteiligung ist auf die Abschreibung der fortgeführten Anschaffungs-/Herstellungskosten der Immobilie, die der Kapitalgesellschaft gehört, beschränkt. Dies bedeutet, dass in der Tochtergesellschaft auch nach dem Wechsel des Anteilseigners die abschreibungsfähigen Wirtschaftsgüter (insbesondere Gebäude) weiter, wie bisher, abgeschrieben werden müssen. Der Anteilseignerwechsel hat hierauf keinen Einfluß. Der neue Anteilseigner setzt in seiner Bilanz die Anschaffungskosten für die Beteiligung an, die regelmäßig über den historischen, d.h. fortgeschriebenen Anschaffungs- und Herstellungskosten der Immobilie liegen. Bei einem Abschreibungssatz von 3 % für ein Betriebsgebäude und einem unterstellten Diskontierungssatz von 5 % ergibt sich pro 100,00 €, die im Rahmen eines Anteilskaufs als Kaufpreis für die stillen Reserven des Gebäudes (= Verkehrswert des Gebäudes./. Buchwert des Gebäudes) gezahlt werden, ein steuerlicher Nachteil in Höhe von 43,58 €. Zahlt der Erwerber daher beispielsweise für eine Immobilie einen Verkehrswert, der aufgrund der Mieten berechnet wird, in Höhe von 10 Mio. €, und liegt der Buchwert der Immobilie bei 6 Mio. €, ist der Erwerber gezwungen, in der (Tochter-) Kapitalgesellschaft die Abschreibungen von dem Restbuchwert von 6 Mio. € vorzunehmen. Die zusätzlich gezahlten stillen Reserven von 4 Mio. € verpuffen steuerlich. Die fehlenden Abschreibungen auf die 4 € führen zu einer Verteuerung des Erwerbs in diesem vereinfachten Beispiel von 1.743.200,00 € (4 Mio. € x 43,58 %).

— Diese Steuerlatenz vergrößert sich noch im Zeitstrahl. Durch erwartete Verkehrswertsteigerungen (Ein Anstieg der Verkehrswerte von Immobilien ist allein deshalb erforderlich, um zunächst die Inflation auszugleichen. Erst über der Inflationsrate liegende Verkehrswertsteigerungen begründen einen realen Anstieg.)

werden stille Reserven aufgebaut, während von dem Restbuchwert jährlich die Abschreibungen abgehen und er demzufolge entsprechend sinkt. Dadurch öffnet sich die Schere potentiell immer weiter zwischen Verkehrswert und Buchwert. Je höher die Differenz zwischen dem Verkehrswert und dem Buchwert, also die Steuerlatenz, ist, desto weniger wird ein Erwerber bereit sein, die Kapitalgesellschaftsanteile zum Verkehrswert zu erwerben. Vielmehr wird er daran interessiert sein, die Immobilie unmittelbar zum Verkehrswert zu erwerben, damit er entsprechende Abschreibungsmöglichkeiten auf die tatsächlichen Anschaffungskosten vornehmen kann. Um den Verkehrswert der Immobilie als Kaufpreis zu erzielen, wäre der Verkäufer daher gezwungen, die Immobilie selbst und nicht die Gesellschaftsanteile an der Tochtergesellschaft zu verkaufen. Verkauft er die Immobilie, würde die Tochtergesellschaft einen laufenden steuerpflichtigen Gewinn erzielen, der sich aus der Differenz zwischen dem Veräußerungserlös und dem Restbuchwert der Immobilie ergibt.

Im Ergebnis bleibt daher festzuhalten, dass das Unternehmenssteuerreformgesetz durch die (weitgehende) Steuerfreistellung des Veräußerungsgewinns bei Verkauf von Kapitalgesellschaftsanteilen durch Kapitalgesellschaften zwar Vorteile auf der Seite des Verkäufers gebracht hat, der Erwerber jedoch in seiner betriebswirtschaftlichen Betrachtung die oben beschriebenen Nachteile berücksichtigen muss. Der Erwerber von Kapitalgesellschaftsanteilen wird daher in vielen Fällen nur bereit sein, die Kapitalgesellschaftsanteile mit einem Abschlag gegenüber dem Verkehrswert der Immobilie zu erwerben. Es kommt nun auf den Einzelfall an, ob dieser Abschlag die Vorteile des Verkäufers aus der Steuerfreistellung ganz aufwiegt. Es lässt sich daher auch nicht pauschal sagen, ob die Personengesellschaft oder die Kapitalgesellschaft das bessere Vehikel für eine Immobilientransaktion ist. Auch hier muss eine genau Untersuchung der Vorteilhaftigkeit in jedem Einzelfall durchgeführt werden.

10. Finanzierung von Immobilieninvestitionen im Lichte des §8a KStG

§8a KStG enthält Sonderregelungen für die Gesellschafterfremdfinanzierung von Kapitalgesellschaften. Bis zum Jahresende 2003 hatte der §8a KStG mit seinem Schwerpunkt auf die Inbound-Fremdfinanzierung, das heißt auf die Gesellschafterfremdfinanzierung einer inländischen Kapitalgesellschaft durch ihren ausländischen Gesellschafter, eine nur untergeordnete Bedeutung. Aufgrund einer Entscheidung des Europäischen Gerichtshofs[5] musste die Vorschrift EG-rechtskonform angepasst werden. Um die Vorschrift weniger gestaltungs- bzw. mißbrauchsanfällig werden zu lassen, ist der persönliche und sachliche Anwendungsbereich der Regelung zur Begrenzung der Gesellschafterfremdfinanzierung ab dem 1.1.2004 erheblich ausgeweitet worden. Diese Ausweitung, von der auch die Finanzierung von Immobilienkapitalgesellschaften betroffen ist, ist allgemein kritisiert worden, weil sie im Detail viele komplizierte Fragen aufwirft und die Gesellschafterfremdfinan-

---

[5] EuGH vom 12.12.2002 – Langhorst-Hohorst –, Rs. C-324/00, GmbHR 2003, 44.

zierung erschwert. § 8 a KStG ist durch seinen seit dem 1.1.2004 erweiterten Anwendungsbereich zu einer zentralen Vorschrift des Körperschaftsteuergesetzes geworden.

Ab dem 1.1.2004 sind Vergütungen für Fremdkapital (insbesondere Darlehenszinsen), die eine Kapitalgesellschaft von ihrem wesentlich beteiligten Anteilseigner, einer diesem nahestehenden Person oder einem auf den Anteilseigner oder die nahestehende Person rückgriffsberechtigten Dritten, d.h. einem Kreditinstitut, nicht nur kurzfristig erhalten hat – bei Vorliegen der weiteren Voraussetzungen des § 8 a KStG – als verdeckte Gewinnausschüttung zu behandeln. Wesentliche Anteilseigner sind Anteilseigner, die unmittelbar oder mittelbar zu mehr als 25 % beteiligt sind. § 8 a KStG greift nicht ein, wenn die im Wirtschaftsjahr gewinnmindernd in Abzug gebrachten Vergütungen die Freigrenze von 250.000,00 € nicht übersteigen. Ob die Grenze von 250.000,00 € überschritten wird oder nicht, ist aufgrund einer gesellschaftsbezogenen Betrachtung zu bestimmen. Das bedeutet, dass die Freigrenze in Höhe von 250.000,00 € auch bei mehreren Gesellschaftern, die zu mehr als 25 % beteiligt sind nur einmal und nicht pro Gesellschafter in Anspruch genommen werden kann.

Nach § 8 a Abs. 1 KStG ist zwischen gewinn- oder umsatzabhängigen und nicht gewinn- oder umsatzabhängigen Vergütungen zu unterscheiden. Bei letzteren handelt es sich insbesondere um Darlehenzinsen. Hier tritt die Rechtsfolge des § 8 a KStG nur dann ein, wenn der sogenannte „safe haven" des 1,5-fachen anteiligen Eigenkapitals überschritten ist und kein Fremdvergleich geführt werden kann. Nach § 8 a Abs. 2 KStG ist das zur Bestimmung des „safe haven" maßgebende Eigenkapital des Anteilseigners der Teil des Eigenkapitals der Kapitalgesellschaft zum Schluss des vorangegangenen Wirtschaftsjahres, der dem Anteil des Anteilseigners am gezeichneten Kapital entspricht. Der erhöhte „safe haven" für Holdinggesellschaften wurde gestrichen. Eine Kürzung des Eigenkapitals der Holdinggesellschaft und die Buchwerte von Beteiligungen an Tochterkapitalgesellschaften ist, wie bereits vor Änderung des § 8 a KStG, nicht vorzunehmen.

Der Anwendungsbereich des § 8 a KStG ist auf Darlehensgewährungen des Anteilseigners auf nachgeschaltete Personengesellschaften durch § 8 a Abs. 5 Satz 1 KStG ausgeweitet worden. Dies bedeutet, dass Zinsen auch dann umqualifiziert werden können, wenn die Kapitalgesellschaft selbst kein Darlehen erhalten hat, sondern eine Immobilienpersonengesellschaft, an der die Kapitalgesellschaft alleine oder zusammen mit ihr nahestehenden Personen im Sinne des § 1 Abs. 2 AStG unmittelbar oder mittelbar zu mehr als 25 % beteiligt ist. Gesellschafterdarlehen im Sinne des § 8 a KStG an nachgeschaltete Personengesellschaften werden damit so behandelt, als wäre es dem Anteilseigner in der Rechtsform einer Kapitalgesellschaft selbst überlassen worden. Bei diesem ist dann die Beurteilung hinsichtlich der Abzugsfähigkeit von Zinsen auf die Gesellschafterdarlehen vorzunehmen.

Von Bedeutung ist auch die Sonderregelung des § 8 a Abs. 6 KStG für den konzerninternen fremdfinanzierten Anteilserwerb. Hiernach sind die Vergütungen stets eine verdeckte Gewinnausschüttung, wenn das Fremdkapital für den Erwerb einer Beteiligung aufgenommen wurde und der Veräußerer sowie der Geber des Fremdkapitals zu dem in § 8 a Abs. 1 Satz 1 und Satz 2 KStG bezeichnetem Personenkreis gehören.

Die Finanzverwaltung hat mit einem Schreiben des Bundesministers der Finanzen vom 15.7.2004[6] versucht, hinsichtlich einzelner wichtiger Fragen Rechtssicherheit zu schaffen. Allerdings sind mehrere Aussagen in dem BMF-Schreiben vom 15.7.2004 nicht oder nur sehr schwer mit dem Gesetzeswortlaut in Einklang zu bringen. Deshalb, aber auch wegen der weiterhin bestehenden europarechtlichen Bedenken, werden sich die Finanzgerichte und der Bundesfinanzhof mit dieser Vorschrift verstärkt beschäftigen müssen.

Der Wirkungszusammenhang des § 8 a KStG soll an folgendem Beispiel verdeutlicht werden:

A ist Alleingesellschafter der inländischen B GmbH, die wiederum Alleingesellschafterin von zwei Immobilienpersonengesellschaften in der Rechtsform einer KG ist. Zur Finanzierung von Investitionen hat A der B GmbH und den Personengesellschaften entsprechend ordnungsgemäß im voraus abgeschlossener Darlehensverträge Geldmittel von insgesamt 5 Mio. € zum marktüblichen Zinssatz von 7% zur Verfügung gestellt. Die Zinsen werden monatlich ausbezahlt und bei der B GmbH sowie den Personengesellschaften als Betriebsausgaben gebucht. Das Eigenkapital der B GmbH betrug am 31.12.2003 150.000,00 €.

Die Darlehen sind bei der GmbH bzw. den KG's mit dem Rückzahlungsbetrag zu passivieren (§§ 246 Abs. 1, 253 Abs. 1 HGB, § 6 Abs. 1 Satz 3 EStG). Die Zinsen werden zutreffend als Betriebsausgaben gebucht (§ 4 Abs. 4 EStG). Da die Zinsen marktüblich sind und auch das Rückwirkungsverbot beachtet wurde, finden Abschnitt 31 Abs. 3 und 5 der Körperschaftsteuerrichtlinien keine Anwendung.

Als Vergütung für die gewährten Darlehen ist ein fester Zinssatz vereinbart. A ist zu mehr als 25% und damit wesentlich an der B GmbH beteiligt (§ 8 a Abs. 3 KStG). Die B GmbH ist wiederum wesentlich an den KG's beteiligt, deren Darlehensgewährungen sie sich gemäß § 8 a Abs. 5 KStG zurechnen lassen muss.

überlassenes Fremdkapital insgesamt	5.000.000,00 €
anteiliges Eigenkapital des A (sogenannter „safe haven"):	
150.000,00 € x 100% x 1,5 =	125.000,00 €
übersteigender Betrag	4.775.000,00 €
davon vereinbarter Zins 7% p.a. =	334.250,00 €

Da die Freigrenze von 250.000,00 € überschritten wird, sind für den Veranlagungszeitraum 2004 Zinsen in Höhe von 334.250,00 € als verdeckte Gewinnausschüttung zu behandeln und bei der Einkommensermittlung der GmbH außerhalb der Gewinnermittlung hinzuzurechnen (§ 8 a Abs. 1 Satz 1 Nr. 2 KStG). Lediglich die anteilig auf den safe haven entfallenen Zinsen in Höhe von 15.750,00 € stellen keine verdeckte Gewinnausschüttung dar.

---

[6] BMF vom 15.7.2004, IV A2 – S2742 a – 20/04, BStBL I, 593.

Teil 6
Instrumente der Immobilieninvestitionen

I. Betrachtungen zur kapitalmarktorientierten Immobilienbewertung

Übersicht

> *„Valuation is a human process in which foresight enters.*
> *Coming events cast their shadows before.*
> *Our valuations are always anticipations. "*

Irving Fisher (The Theory of Interest, 1930)

1. Vorbemerkungen

Die Bewertung von Grundbesitz ist die Kunst und Wissenschaft, in einem öffentlich-rechtlich regulierten Rahmen beziehungsweise unter Beachtung berufsständischer Usancen und Vorschriften einer Immobilie einen Wert beizumessen. Unter Zuhilfenahme eines Cocktails aus kaufmännischen, juristischen und bautechnischen Kenntnissen und aufgrund eigener Markterfahrung simuliert der Bewerter eine Transaktion unter bestimmten Marktumfeldbedingungen, die durch die gewählte Bewertungshypothese bestimmt werden. Das Ergebnis dieses Prozesses ist ein Substitut für einen Transaktionspreis: Der Marktwert.

Weltweit wird der Marktwert nach drei grundsätzlichen Bewertungskonzepten abgeleitet, der Bewertung mittels Marktanalogie, durch Ertragsprojektion und Abzinsung und anhand modifizierter Kosten. Eine sachgerechte Anwendung des jeweiligen Bewertungsinstrumentariums und tatsächliche Marktkenntnis vorausgesetzt kann eine Bewertung marktgerechte Ergebnisse leisten. Wenn diese dann wohlbegründet und für den Adressaten nachvollziehbar in einem schriftlichen Gutachten dokumentiert sind, ist diese Immobilienbewertung zu einer bedeutenden Dienstleistung und zu einem im Immobilienkapitalmarkt erhebliche Kapitalallokationen beeinflussenden Produkt geworden.

Kapitalmarktfähig wird dieses Produkt durch eine zielgruppenorientierte Aufmachung und „Sprache" (im erweiterten Wortsinne) und durch die Reputation des

Bewerters und/oder seines Unternehmens (in Verbindung mit einer anlassadäquaten Vermögensschadenhaftpflichtdeckung). Wenn diese Ingredienzien zusammenkommen, ist Immobilienbewertung wertschöpfend.

Die Anforderungen an die Transparenz von Immobilienvermögen sind in jüngster Vergangenheit merklich gestiegen. Ausschlaggebend hierfür waren sich wandelnde regulatorische Rahmenbedingungen, insbesondere im Bereich der internationalen Rechnungslegung, sowie die zunehmende Erstellung von Ratings im Zuge des Basel II-Prozesses. Auch die Offenen Immobilienfonds haben diese Tendenzen gefördert: Kaum als eigene Asset-Klasse etabliert, erlebten sie einen tief greifenden Vertrauensverlust in Bezug auf ihre Performance-Darstellung und Bewertungspraxis. Rufe nach einer Verschärfung des Anleger- und Verbraucherschutzes wurden laut und *Transparenz-*Offensiven lanciert: Gut ein Jahrzehnt nach dem Schneider-Skandal, deren mittelbare Folge übrigens eine *Qualitäts*-Offensive des deutschen Bankengewerbes im Bereich der Immobilienbewertung war, ist eben diese wieder ein Thema.

Bleibt zu hoffen, dass dadurch der Expertenstreit um die verschiedenen Schulen der Immobilienbewertung nicht wieder aufflammt. Denn es schien durchaus, als sei die langjährige Kontroverse zwischen „deutschen" und „angelsächsischen" Bewertungsmethoden, wobei letztere oft nonchalant als „international" bezeichnet wurden, abgeebbt und einer aufgeklärten „friedlichen Koexistenz" öffentlich-rechtlich normierter Wertermittlung für „besondere" Zwecke und einer eher aus dem Markt und seinen Akteuren heraus (also vielmehr „bottom-up" als „top-down") bestimmten Dienstleistung im Immobilienmarkt gewichen. Der folgende Beitrag versucht zu verdeutlichen, dass nicht um die Methoden selbst gestritten werden sollte, sondern um deren praktische Anwendung, um möglicherweise vorhandene auftraggeberseitige Weisungen an den Bewerter und um die Frage, wie begründet, nachvollziehbar und gegebenenfalls auch nachprüfbar er den Marktwert bemessen hat.

2. Grundlagen

Der Kapitalmarkt ist ein Finanzmarkt. Er beschreibt die Gesamtheit aller Institutionen, die der Zusammenführung von Angebot und Nachfrage nach (Finanz-)Kapital dienen. Es handelt sich dabei nicht um einen physischen Ort, sondern um einen Markt im ökonomischen Sinne, also alle am Markt tätigen Personen, Einrichtungen und ihre Beziehungen untereinander.

Bei dem gedanklichen Ort, wo Angebot und Nachfrage nach Immobilien zusammengeführt werden, spricht man hingegen vom Immobilienkapitalmarkt:

- Der *Kapitalgeber* erwirbt mit der Widmung seines Kapital für investive Zwecke gegenüber dem Kapitalnehmer Verfügungsrechte über eine Immobilie und damit einen Anspruch auf zukünftige Zahlungsströme (Miet-, Pachtzahlungen o.ä.) aus dieser Immobilie,

- Der *Kapitalnehmer* tritt als Nachfrager für Kapital an den Kapitalmarkt und als Anbieter von zukünftigen Zahlungsströmen aus einer Immobilie.

Im Gegensatz zu den organisierten Marktsegmenten (Aktienmarkt, Rentenmarkt bzw. dem Markt für Investmentanteile) ist der Immobilienkapitalmarkt nicht organisiert. Er ist im wesentlichen dadurch gekennzeichnet, dass es sich bei den gehandelten Gütern um heterogene Wirtschaftsgüter handelt, zwischen den Marktteilnehmern erhebliche Informationsasymmetrien bestehen, die Markteintrittskosten sowie die Illiquidität aufgrund der Investitionsvolumina hoch sind und dies insgesamt zu einer eingeschränkten Transparenz auf dem Immobilienkapitalmarkt führt.

Auf diesem nicht organisierten Immobilienkapitalmarkt haben sich je nach Immobilienart (Büro-, Einzelhandels-, Industrie- oder auch Wohnimmobilien) bzw. Marktteilnehmern (Nationale wie internationale, private und institutionelle Anleger) Teilmärkte mit individuellen Preisbildungsmechanismen entwickelt, die es im Rahmen einer kapitalmarktorientierten Bewertung abzubilden gilt.

Im Laufe des folgenden Beitrages sollen jedoch nicht die Bewertungsverfahren im einzelnen beschrieben, sondern aktuelle Fragestellungen der Bewertungspraxis betrachtet und diskutiert werden.[1] Dazu werden im folgenden Teilabschnitt kurz die wesentlichen Anlässe einer kapitalmarktorientierten Immobilienbewertung erläutert, bevor auf einige die Bewertungspraxis prägende regulatorische Rahmenbedingungen eingegangen wird. Im dritten Abschnitt werden die methodischen Gemeinsamkeiten und Unterschiede der drei wesentlichen Bewertungsverfahren diskutiert, bevor im vierten Abschnitt einzelne in der heutigen Bewertungspraxis zu beobachtende Problemstellungen der Immobilienbewertung erörtert werden. Der fünfte Abschnitt schließt mit einer Zusammenfassung der gewonnen Erkenntnisse und einer Formulierung möglicher Szenarien für die Zukunft der Bewertungspraxis ab.

2.1 Bewertungsanlässe

Die Anlässe für kapitalmarktorientierte Immobilienbewertung sind vielfältig. Im wesentlichen lassen sich jedoch alle in der Praxis auftretenden Bewertungsanlässe den folgenden drei Bereichen zuordnen: *Transaktion*, *Finanzierung* und *Bilanzierung*. So zielt die Bewertung im Rahmen von Immobilientransaktionen darauf ab, einen möglichen Kauf- bzw. Verkaufspreis zu bestimmen, im Falle einer Finanzierung steht die Bestimmung des Wertes der Kreditsicherheit im Vordergrund und für die Bilanzierung, z.B. nach den International Financial Reporting Standards (IFRS), ist zunehmend eine regelmäßige Ermittlung des sog. „Fair Value" bzw. Zeitwertes des unternehmenseigenen Grundbesitzes gefragt.

Wird eine Immobilie gehandelt, so legen Käufer bzw. Verkäufer für derartige Transaktionen üblicherweise einen „Zeitwert" zugrunde. Sowohl der Verkäufer als auch der Käufer sind als Vorbereitung auf die Kaufpreisverhandlung interessiert, der Immobilie einen Wert beizumessen, der für den Käufer den vorteilhaftesten Kaufpreis und für den Verkäufer den optimalen (höchsten) Betrag darstellt. Ziel der Immobilienbewertung ist, eine Preisprognose für ein hypothetisches Grundstücksgeschäft am Bewertungsstichtag unter Berücksichtigung der Usancen des jeweiligen

---

[1] Für eine detaillierte Darstellung der einzelnen Bewertungsmethoden vgl. u.a. Baum, A./Crosby, N. (2002): *Property Investment Appraisal*, 2. Aufl.; Baum, A. et al. (2002): *The Income Approach to Property Valuation*, 4. Aufl.; Brühl, M. J. (2004): *Bemessung von Marktwerten für Immobilien*; Johnson, T. et al. (2000): *Modern Methods of Valuation*, 9. Aufl.; Kleiber, W. (2004): „Was sind eigentlich die sog. internationalen Bewertungsverfahren?", in: GuG 4/2004, S. 193–207 sowie Kleiber, W. et al. (2002): *Verkehrswertermittlung von Grundstücken: Kommentar und Handbuch zur Ermittlung von Verkehrs-, Versicherungs- und Beleihungswerten unter Berücksichtigung von WertV und BauGB*, 4. Aufl.

Grundstücksmarktes abzugeben. Denn nur wo sich die käufer- und verkäuferindividuellen Preisvorstellungen zu einem Wirtschaftsgut treffen, kann es auch zu einer Transaktion kommen. Die im Rahmen von Transaktionen durchgeführten Immobilienbewertungen spiegeln dabei häufig die zum Zeitpunkt der Transaktion gehegten preisbildenden Zukunftserwartungen wider und dienen zur Untermauerung des vereinbarten Kauf- bzw. Verkaufspreises gegenüber Dritten (Aufsichtsorganen).

Eine Herausforderung für die Bemessung eines hypothetischen Kauf- bzw. Verkaufspreises sind neben den klassischen Einzeltransaktionen die in den letzten Jahren vermehrt zu beobachtenden Portfoliotransaktionen. In Zeiten grenzüberschreitender Firmenzusammenschlüsse, der Privatisierung staatlichen Grundvermögens, der Veräußerung von mit Immobilien besicherten notleidenden Kreditportfolios und der Bilanzbereinigungen von Großunternehmen ist die Bewertungspraxis aufgefordert, unter zumeist hohem Zeitdruck und auf der Basis einer oftmals stark eingeschränkten Informationsbasis eine Portfoliobewertung durchzuführen.

Soll eine Immobilieninvestition u.a. durch Fremdmittel finanziert werden, so ist der Wert der Kreditsicherheit zentraler Bestandteil der Kreditverhandlungen zwischen der kreditgebenden Bank und dem Kreditnehmer. Besonders seit der Formulierung der neuen Eigenkapitalanforderungen im Rahmen von Basel II, die eine Hinterlegung des ausgegebenen Kredits in Abhängigkeit von der individuellen Bonität des Kreditnehmers bzw. der Kreditsicherheit vorschreibt, steht die Werthaltigkeit der Immobilie über die Laufzeit des Kreditvertrages bei der Festlegung der Finanzierungskonditionen im Vordergrund. Je nach Kreditvolumen wird insofern die finanzierende Bank und/oder deren Konsortialpartner eine Bewertung der Immobilie zum Zeitpunkt der Kreditvergabe fordern. In letzter Zeit ist zu beobachten, dass hierzu neben den bankinternen Immobiliensachverständigen zunehmend externe Bewerter herangezogen und in regelmäßigen Zeiträumen die Immobilie(n) zur Anpassung der Kreditkonditionen neu bewertet werden.[2] Ferner ist zu beobachten, dass Bewertungen auf Wunsch der Banken häufiger als in der Vergangenheit mittels der Discounted Cash Flow-Methode durchgeführt werden, um die Kapitaldienstfähigkeit des Beleihungsgegenstandes und das Verhältnis des Darlehensbetrages zum Objektwert („loan-to-value ratio") auf der Zeitachse dynamisch abgebildet zu haben.

Im Rahmen der traditionell in Deutschland vorherrschenden Bilanzierung nach dem Handelsgesetzbuch (HGB) war nur in wenigen Fällen eine einmalige und praktisch nie eine regelmäßige Bewertung des Immobilienbestandes notwendig, denn die Immobilien wurden mit den Anschaffungs- oder Herstellungskosten in die Bilanz aufgenommen und über eine bestimmte Restnutzungsdauer abgeschrieben.[3]

---

[2] Dieser Trend zum Einsatz von externen Immobiliensachverständigen für die Bewertung der Kreditsicherheiten (Immobilien) kann neben dem allgemeinen Trend zum Outsourcing spezifischer Unternehmensfunktionen im Rahmen der Kostenkontrolle sicherlich auch auf einen erhöhten Rückversicherungsbedarf der Banken, quasi zum Outsourcing von Risiken auf Dritte, zurückgeführt werden.

[3] Die Notwendigkeit für eine Bewertung kann nach HGB daraus resultieren, dass Immobilien als Sacheinlagen in die Bilanz eingebracht werden oder der Niederwerttest einen deutlich unter dem Buchwert der Immobilien liegenden Wert ergab und eine Quantifizierung des außerordentlichen Abschreibungsbedarfs erforderlich machte („außerplanmäßige Abschreibung auf den niedrigeren beizulegenden Wert bei voraussichtlich dauernder Wertminderung").

Im Zuge der in den letzten Jahren geführten Shareholder-Value Diskussion wurde jedoch u.a der Wertschöpfungsbeitrag des unternehmenseigenen Grundbesitzes hinterfragt und eine Fokussierung der Unternehmen auf ihre Kernkompetenzen propagiert. Zudem konnten sich die deutschen Aktiengesellschaften die internationalen Kapitalmärkten nur dann erschließen, wenn ihre Rechnungslegung formal wie inhaltlich internationalen Standards genügte. Alle aufgeführten Aspekte drängten insofern hin zu einer stärkeren Transparenz im unternehmenseigenen Grundbesitz: Der Imperativ „Mark to Market!" (etwa: „Weise den Marktwert aus!") zieht sich wie ein roter Faden vor allem durch die Vorschriften der International Accounting Standards (IAS) bzw. International Financial Reporting Standards (IFRS).

Seit im Juni 2000 die Europäische Kommission den Erlass veröffentlicht hat, wonach sämtliche börsennotierten Unternehmen im Euroland ab dem 1.1.2005 ihren konsolidierten Jahresabschluss in Einklang mit IAS erstellen müssen, und es den Mitgliedsstaaten zudem anheim gestellt ist, diese Anforderung auch auf nicht-börsennotierte Unternehmen und sogar auf den Einzelabschluss auszudehnen, ist der Vormarsch der IAS zumindest im europäischen Raum nicht mehr aufzuhalten. Inwiefern damit auch das „Fair Value Accounting" und in der Folge die Immobilienbewertung nach den International Valuation Standards die Aktivseite der Unternehmensbilanzen „aufmischt", bleibt abzuwarten. Fest steht jedenfalls, dass der seit Jahren als magisches Datum beschworene 1.1.2005 nicht der regulatorische Big Bang war, den die Bewertungsgilde versucht hat herbeizureden: Die in den immobilienrelevanten IFRS gewährten Wahlrechte haben die bilanzierenden Unternehmen und deren Wirtschaftsprüfer in Deutschland nicht sonderlich motiviert, stille Reserven aufzudecken[4] oder ihre Bilanz der Volatilität der Immobilienmärkte auszusetzen[5].

Die näheren Umstände einer Bewertung zu Zwecken der *Transaktion*, *Finanzierung* oder *Bilanzierung* determinieren ferner, innerhalb welcher regulatorischen Rahmenbedingungen operiert werden muss. Diese werden im Folgenden erläutert.

2.2 Regulatorische Rahmenbedingungen

Die Immobilienbewertung unterliegt gewissen Regelwerken. Neben der Beachtung gewisser mathematisch-naturwissenschaftlicher Wahrheiten (z.B. 2 + 2 = 4) sind je nach Bewertungsanlass öffentlich-rechtliche oder berufsständische Vorschriften zu berücksichtigen. Bei der Einordnung der unterschiedlichen regulatorischen Rahmenbedingungen der Immobilienbewertung neigte die Fachliteratur in der Vergangenheit ein wenig zur Vereinfachung: Doch leider ist in den vergangenen Jahren die bequeme Schwarz-Weiss Abgrenzung einer nuancierten Unterscheidung von Grautönen gewichen. So können wir zwar weiterhin in nationale und supra- oder internationale Regelwerke unterteilen. Die Konturen von „national" und „international", „normiert" und „nicht-normiert" sind jedoch verwischt, wie nachstehend ausgeführt wird.

---

[4] Zumal die Aufdeckung stiller Reserven bei betriebsnotwendigen Immobilien (geregelt durch IAS 16) ungewollte steuerliche Konsequenzen mit sich bringen kann und zudem der Ausweis eines erweiterten Eigenkapitals eine Reihe von Bilanzkennziffern negativ beeinflussen würde.

[5] Hierbei ist anzumerken, dass in den vergangenen Jahren die heimischen Immobilienmärkte tendenziell gefallen sind, so dass ein regelmäßiger Marktwertausweis die Bilanz und die Gewinn- und Verlustrechnung nach einem einmaligen Einwertungseffekt sicherlich nachhaltig belasten würde.

– Das öffentlich-rechtliche Regelwerk in Deutschland

Die rechtlichen Grundlagen für die Bewertung von bebauten und unbebauten Grundstücken in der Bundesrepublik Deutschland finden sich im wesentlichen in der Legaldefinition des Verkehrswertes nach § 194 Baugesetzbuch (BauGB), der Verordnung über Grundsätze für die Ermittlung der Verkehrswerte von Grundstücken (Wertermittlungsverordnung – WertV)[6] und den Richtlinien für die Ermittlung der Verkehrswerte (Marktwerte) von Grundstücken (Wertermittlungs-Richtlinien – WertR 2002)[7]. Weitere Regelungen finden sich in der Baunutzungsverordnung, der Gutachterausschuss- und in der Erbbaurechtsverordnung sowie den Bauordnungen der Bundesländer.

§ 7 der WertV beschränkt die zulässigen Bewertungsmethoden auf das Vergleichswert-, das Ertragswert- und das Sachwertverfahren. Dabei beziehen sich die Vorschriften nur auf die methodische Vorgehensweise, konkrete Bewertungsmaßstäbe werden nicht vorgegeben. Es liegt also im Ermessen des Sachverständigen, welche der Methoden er im Einzelfall bei der Ermittlung des Verkehrswertes anwendet. Seine Wahl muss sich jedoch an den Usancen des Grundstücks(-teil-)marktes sowie nach der Art des Gegenstandes der Wertermittlung orientieren und begründet werden.

Rein formal erstreckt sich der Anwendungsbereich der WertV nur auf die Ermittlung von Grundstückswerten nach den Vorschriften des BauGB durch die Gutachterausschüsse. Freie Sachverständige, Gerichte und Behörden sind – soweit es nicht durch Verwaltungsvorschriften anders bestimmt ist – nicht an die Regelungen der WertV gebunden. Dennoch werden die Vorschriften der WertV, besonders hinsichtlich der Wertermittlungsverfahren, praktisch vom deutschen Sachverständigenwesen und der Rechtsprechung anerkannt.

Die Anwendung der Wertermittlungsrichtlinien (in Ergänzung zur WertV) soll eine „objektive Ermittlung des Verkehrswerts von Grundstücken nach einheitlichen und marktgerechten Grundsätzen und Verfahren sicherstellen". Die Richtlinien sind verbindlich, soweit ihre Anwendung angeordnet wird. Die WertR wurde im Jahre 2002 einer redaktionellen Überarbeitung und Aktualisierung unter Einbeziehung der zahlreichen Änderungserlasse zu den Wertermittlungsrichtlinien unterzogen. Diese Neufassung ist in zweierlei Hinsicht bemerkenswert: So wird zum einen darin die Ergebnisidentität zwischen Marktwert und Verkehrswert dokumentiert und zum andern eine größere Methodenvielfalt ermöglicht. Insofern enthalten die neuen WertR quasi „aufklärerisches Gedankengut" und sollten damit eigentlich dazu beitragen, dem Antagonismus zwischen „nationaler" und „internationaler" Immobilienbewertung ein Ende zu setzen (siehe hierzu nachstehend Absatz I. c) S. 12).

– Andere nationale Standards am Beispiel Großbritanniens

Anders als in Deutschland wird in Großbritannien die Immobilienbewertung nicht durch kodifizierte Rechtsvorschriften geregelt. Die Definition eines ent-

---

[6] Verordnung über Grundsätze für die Ermittlung der Verkehrswerte von Grundstücken (Wertermittlungsverordnung – WertV) vom 6. Dezember 1988 (BGBl. I S. 2209), zuletzt geändert durch Gesetz vom 18. August 1997 (BGBl. I S. 2081, 2110).

[7] Vom 19. Juli 2002, BAnz. Nr. 238a vom 20.12.2002.

sprechenden Regelwerkes und die Kontrolle seiner konsequenten Anwendung in der Praxis obliegt den Berufsverbänden und somit in erster Linie der Royal Institution of Chartered Surveyors (RICS)[8].

Im Jahre 2003 wurde eine grundlegend überarbeitete Fassung des Red Book (5. Ausgabe) veröffentlicht, am 1. Mai 2003 trat diese offiziell in Kraft.

Abb. 1: „Red Book", 5. Auflage, veröffentlicht im Jahr 2003

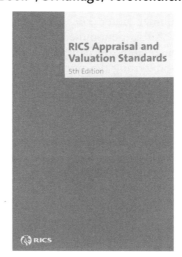

Das neue Red Book findet grundsätzlich Anwendung bei der Erstattung von Wertgutachten. Das Handbuch enthält eine umfassende Liste von Definitionen samt dazu gehöriger Annahmen für alle anerkannten Bewertungsgrundsätze und bestimmt, welche Wertbegriffe in welchen Fällen zu wählen sind. Im Gegensatz zu den vorherigen Auflagen ist es erheblich entschlackt, vereinfacht und internationalisiert worden. Diese Internationalisierung drückt sich darin aus, dass das Red Book Bewertungsvorschriften sowohl für in Großbritannien als auch außerhalb des ursprünglichen Geltungsbereiches des Red Book (im Ausland) belegene Immobilien beinhaltet und spiegelt den Versuch der RICS wider, angesichts des Wettstreites um die Vorherrschaft der Standards international „am Ball" zu bleiben. Denn nachdem die RICS Anfang der 1990er Jahre ihre internationale Expansionsstrategie begonnen hatte, musste sie verfolgen, wie die von ihr zunächst großzügig geförderten Berufsverbände TEGoVA[9] und IVSC[10] ein durchaus erfolgreiches Eigenleben entwickelten und am Ende des Jahrzehnts da-

---

[8] In der Vergangenheit wurde oft der Eindruck erweckt, die deutsche Wertermittlungspraxis sei grundsätzlich hoch reguliert und archaisch, während die angelsächsischen Bewerter frei von öffentlich-rechtlicher Regulierung „näher am Markt bewerten" würden. Dabei wurde verkannt, dass es auch in Großbritannien regulierte Bewertungsanlässe gibt, und diese so genannten „Statutory Valuations" ebenso einem normierten Ansatz folgen.

[9] The European Group of Valuers Associations.

[10] International Valuation Standards Committee.

bei waren, der verkrustet wirkenden RICS den Rang abzulaufen[11]. Deren jeweiligen Standards (Blue Book und White Book, siehe unten) hatten sich in dem
globalisierten Immobilienkapitalmarkt erfolgreich positioniert und es war wohl
an der Zeit, internationales Terrain zurückzuerobern.

– Europäische Wertermittlungsstandards

Durch die zunehmende Globalisierung der Finanz- und auch der Immobilienmärkte wurde in den letzten Jahren der Ruf nach europaweit einheitlichen Be-
wertungsgrundsätzen immer lauter. Die national tätigen Sachverständigenverbände haben dies zum Anlass genommen, gemeinsam auf eine entsprechende
Vereinheitlichung hinzuarbeiten mit dem erklärten (übergeordneten) Ziel einer
größtmöglichen Harmonisierung der uneinheitlichen Grundstücksbewertungs-
praxis innerhalb der Europäischen Union. Daraus entwickelte sich das sog. „Blue
Book", welches inzwischen durch die sogenannten European Valuation Standards
(EVS) ersetzt wurde.

Abb. 2: „Blue Book", 5. Auflage, veröffentlicht im Jahr 2003

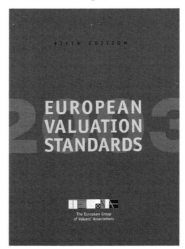

Die im Frühjahr 2003 veröffentlichte 5. Auflage des Blue Book (EVS 2003) beinhaltet Richtlinien für verschiedenste Bewertungsanlässe. Der Gutachter soll auf
Basis der aktuellen EVS sowie Guidance Notes konsistente vergleichbare Wertgutachten erstellen können und dadurch jüngsten Markttrends ebenso gerecht
werden wie dem wachsenden Bedürfnis nach Transparenz.

– Internationale Wertermittlungsstandards

Im Jahre 1981 gründeten Vertreter von zahlreichen nationalen Sachverständigen-
verbänden das „International Valuation Standards Committee" (IVSC). Das über-

---

[11] Symptomatisch war die Chuzpe der in den Geschäftsräumen des RICS-Hauptquartiers re-
sidierenden TEGoVA Ende der 1990er Jahre, die RICS einzuladen, sich doch bei der TEGoVA
akkreditieren zu lassen, um fortan das Qualitätssiegel „approved by TEGoVA" tragen zu dürfen.

geordnete Ziel des IVSC war dabei, seine Standards in Einklang mit internationalen Rechnungslegungsvorschriften zu formulieren und den weltweit tätigen Bewertern von Vermögensgegenständen die Erwartungen anderer Berufsdisziplinen zu verdeutlichen. Zahlreiche Querverweise der International Financial Reporting Standards auf die Anwendung der International Valuation Standards und – *und vice versa* – ist ein Ausdruck der Kooperation der beiden „Standard Setting Bodies".

Heute stellt die im Jahr 2003 veröffentlichte 6. Auflage der Internationalen Valuation Standards den bislang weitreichendsten Konsens der 50 Mitgliedernationen dar. Die Mitglieder des IVSC verpflichten sich zur Beachtung und Verbreitung der Standards, sofern dies nicht zur Kollision mit nationalstaatlichen Gesetzen und Regeln führt.

Abb. 3: International Valuation Standards, 6. Auflage, veröffentlicht im Jahr 2003

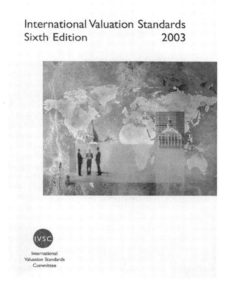

Im Zuge einer zunehmenden Globalisierung der Immobilienmärkte haben sich im Verlaufe der vergangenen Jahre Bewertungsrichtlinien und -standards mit europäischer und internationaler Dimension und Anerkennung etabliert. Die Approved European Valuation Standards (Blue Book) der TeGoVA und die Internationalen Valuation Standards (IVS) des IVSC stellen den „größten gemeinsamen Nenner" dar, den die heterogene Gilde der weltweit tätigen Sachverständigen für die Bewertung von Sachanlagen bis dato zu vereinbaren in der Lage war. Beide Standards enthalten zahlreiche Handlungsanweisungen zur formalen Ausgestaltung der gutachterlichen Tätigkeit. Übergeordnetes Prinzip ist hierbei die *Transparenz der Bewertung* und die Artikulation aller wesentlichen Wertdefinitionen, Annahmen und Informationsgrundlagen im Sinne einer umfänglichen Kommunikation mit dem Auftraggeber der Bewertung.

Zusammenfassend kann festgestellt werden, dass sich in der Tat eine *Harmonisierung der Bewertungsstandards* auf den unterschiedlichen Ebenen eingestellt hat. Dabei ist der Detailgrad (Regulierungsdichte) auf nationalstaatlicher Ebene (z.B. der öffentlich-rechtliche Rahmen in Deutschland) natürlich höher, während die Konsensfähigkeit und der Anwendungsbereich im internationalen Immobilienkapitalmarkt bei den supranationalen Standards größer sind (vgl. Abbildung 4). Der Bewertungsanlass bestimmt hierbei letztlich die Wahl des anzuwendenden Regelwerkes. Je stärker grenzüberschreitende Transaktionen, Finanzierungs- oder Bilanzierungsfragen tangiert sind, desto bedeutender werden die vergleichsweise „dünneren" Standards.

Abb. 4: Ebenen der Wertermittlungsstandards

Im Zuge der zunehmenden Globalisierung der Immobilienmärkte gehört die kompetente Anwendung dieser verschiedenen Regelwerke zum Handwerkszeug eines Sachverständigen im Immobilienkapitalmarkt.

2.3 Wertbegriffe

In der Bewertungspraxis existieren nationale und internationale Wertbegriffe nebeneinander. So haben sich die vorbeschriebenen (internationalen) Sachverständigenverbände bei der Definition des „Market Value" auf einen einheitlichen Wortlaut verständigt. Die gemeinsame IVSC/TEGoVA/RICS-Definition des Market Value lautet im Originaltext:

> *„Market Value is the estimated amount for which an asset should exchange on the date of valuation between a willing buyer and a willing seller in an arm's length transaction after proper marketing wherin the parties had each acted knowledgeably, prudently and without compulsion. "*

Die nachstehende sinngemäße Übersetzung ist der aktuellen deutschen Übersetzung des Blue Book aus dem Jahre 2003, welche in Abstimmung mit dem IVSC erfolgte, entnommen:

> *„Der Marktwert ist der geschätzte Betrag, zu dem eine Immobilie in einem funktionierenden Immobilienmarkt zum Bewertungsstichtag zwischen einem verkaufsbereiten*

Verkäufer und einem kaufbereiten Erwerber nach angemessenem Vermarktungszeitraum in einer Transaktion im gewöhnlichen Geschäftsverkehr verkauft werden könnte, wobei jede Partei mit Sachkenntnis, Umsicht und ohne Zwang handelt. "

Die Grundlage der (öffentlich-rechtlichen) Immobilienbewertung in Deutschland bildet hingegen der in § 194 BauGB definierte Begriff des „Verkehrswertes" (Legaldefinition):

„Der Verkehrswert wird durch den Preis bestimmt, der in dem Zeitpunkt, auf den sich die Ermittlung bezieht, im gewöhnlichen Geschäftsverkehr nach den rechtlichen Gegebenheiten und tatsächlichen Eigenschaften, der sonstigen Beschaffenheit und der Lage des Grundstücks oder des sonstigen Gegenstands der Wertermittlung ohne Rücksicht auf ungewöhnliche oder persönliche Verhältnisse zu erzielen wäre. "

Der gemeinsame Nenner der vorstehenden Wertbegriffe ist, dass es offensichtliches Ziel der Bewertung ist, eine *stichtagsbezogene Preisprognose* abzugeben für einen hypothetischen Grundstücksverkauf unter quasi idealisierten Marktbedingungen[12] zwischen zwei unabhängigen Parteien unter Ausschluss von ungewöhnlichen Umständen und besonderen Interessen der beteiligten Parteien und unter Berücksichtigung der Marktverhältnisse und rechtlichen und physischen Eigenschaften des Wertermittlungsgegenstands.

Zu beobachten ist also in den vergangenen Jahren eine *Konvergenz der Wertbegriffe*, welche sich in der einheitlich formulierten Definition des Marktwertes im Red, Blue und White Book manifestiert. Selbst die RICS hat im neuen Red Book ihren bis dahin sakrosankten Open Market Value auf dem Altar der Internationalisierung geopfert und hat mit der Annahme des Market Value als zentralen Wertbegriff selbst den Vertretern der herrschenden Literaturmeinung in Deutschland den Wind aus den Segeln genommen[13]. Die deutsche Seite revanchiert sich, in dem der Verkehrswert zum Marktwert erklärt (und umgekehrt) und die baugesetzbuchliche Legaldefinition diesem übergestülpt wird[14].

Die jahrelange Diskussion um den richtigen Wertbegriff scheint vor dem Hintergrund der nunmehr allseits anerkannten offensichtlichen *Ergebnisidentität* zwischen Marktwert und Verkehrswert im Rückblick überflüssig gewesen zu sein[15].

---

[12] So impliziert der „gewöhnliche Geschäftsverkehr" einen „funktionierenden Immobilienmarkt", bei dem der gedanklich gehandelten Immobilie eine hinreichende Zahl an Nachfragern gegenüberstehen und in dem die Akteure ökonomisch-rational handeln.

[13] Die Diskussion um den im Open Market Value verankerten „besten erzielbaren Preis" und der darin begründeten geringeren Verlässlichkeit gegenüber dem auf „durchschnittlichen" Vergleichspreisen basierenden deutschen Verkehrswert ist ein Klassiker des deutsch-britischen Expertenstreites der 1990er Jahre.

[14] Vgl. Nr. 1.3 WertR 2002: „Definition des Verkehrswerts (Marktwert) Nach § 194 BauGB wird der Verkehrswert (Marktwert) von Grundstücken durch den Preis bestimmt, der in dem Zeitpunkt, auf den sich die Ermittlung bezieht (Wertermittlungsstichtag), im gewöhnlichen Geschäftsverkehr nach den rechtlichen Gegebenheiten und tatsächlichen Eigenschaften, der sonstigen Beschaffenheit und der Lage des Grundstücks oder des sonstigen Gegenstands der Wertermittlung ohne Rücksicht auf ungewöhnliche oder persönliche Verhältnisse zu erzielen wäre."

[15] Auch der abgeschaffte Wertbegriff Open Market Value lieferte übrigens regelmäßig das selbe Ergebnis wie der Market Value (und somit – laut WertR 2002 – auch wie der Verkehrswert), worauf in Practice Statement 4.1 des alten Red Books stets hingewiesen wurde. Doch so genau haben es die Vertreter der herrschenden Literaturmeinung in Deutschland wohl nie gelesen.

Ein wenig abseits hierzu steht noch der im deutschen Hypothekenbankgesetz (HBG) unter § 12 legaldefinierte Beleihungswert[16]. Dank des großen Einflusses, den der Verband Deutscher Hypothekenbanken (VDH) innerhalb der TEGoVA genießt, hat sich der Beleihungswert als European Mortgage Lending Value im Blue Book etabliert. Hier steht die Nachhaltigkeit im Vordergrund: bankeninterne Beleihungsrichtlinien schreiben mitunter Mindestsätze der Bewirtschaftungskosten und Kapitalisierungszinsen vor, mietvertragliche Überzahlungen („Overrent") werden regelmäßig nicht berücksichtigt und so ist der Beleihungswert im Grunde ein von Vorsicht geprägtes Derivat des Marktwertes, eben ein „risikogeminderter Dauerwert".

3. Bewertungskonzepte

Stärker noch als die Debatte um den „richtigen" Wertbegriff und die Existenzberechtigung einzelner Bewertungsstandards hat jahrelang ein Methodenstreit die Gemüter erhitzt. Dabei wurde ein wenig aus dem Blickfeld verloren, dass Immobilienwerte weltweit nach drei grundsätzlichen Bewertungskonzepten abgeleitet werden: der Bewertung mittels Marktanalogie, durch Ertragsprojektion und Abzinsung und anhand modifizierter Kosten. Trotz aller länderspezifischen Ausprägungen, die alle ihre Meriten und Schwächen aufweisen, sind es stets diese drei Konzepte mittels derer versucht wird, den Preisbildungsmechanismus auf dem bewertungsrelevanten Immobilienteilmarkt abzubilden.

3.1 Bewertung mittels Marktanalogie

Ausgehend von der Überlegung, dass der Wert einer Immobilie sich an dem Preis vergleichbarer Immobilien bemisst, kann eine Immobilienbewertung auf der Basis von auf dem jeweiligen Immobilienteilmarkt beobachtbaren Transaktionspreisen erfolgen. Dieser Ansatz bedingt jedoch, dass eine Vielzahl an Transaktionsdaten verfügbar ist und die werttreibenden Charakteristika (Lage, Grundstücksgröße/ -gestalt, Gebäudequalität/-ausstattung, Baujahr etc.) der Immobilien weitgehend bekannt sind, um eine Vergleichbarkeit zwischen der zu bewertenden und den gehandelten Immobilien herzustellen. Diese Art der Informationen sind in Deutschland bisher nur durch eine sehr aufwendige Führung von Transaktionsdatenbanken und kaum für alle regionalen und immobilientypenspezifischen Teilmärkte möglich.

Die Evidenz des Marktes fließt auch in die anderen Bewertungskonzepte ein, insofern als Verzinsungserwartungen, Mietansätze u.v.a.m. ebenfalls von getätigten Transaktion ableitbar sind und dann beispielsweise in das Ertragswertmodell eingebracht werden können.

---

[16] „Der bei der Beleihung angenommene Wert des Grundstücks darf den durch sorgfältige Ermittlung festgestellten Verkaufswert nicht übersteigen. Bei der Feststellung dieses Wertes sind nur die dauernden Eigenschaften des Grundstücks und der Ertrag zu berücksichtigen, welchen das Grundstück bei ordnungsmäßiger Wirtschaft jedem Besitzer nachhaltig gewähren kann."

3.2 Bewertung durch Ertragsprojektion und Abzinsung

Das der Investitionstheorie entstammende Barwertverfahren wird regelmäßig auch auf Immobilieninvestitionen angewendet. Das Barwertverfahren basiert auf dem Prinzip des Zeitwertes von Kapital, also der Erkenntnis, dass ein rationaler Investor einen Euro, den er heute besitzt, einem Euro, der ihm erst in einem Jahr zufließt, vorzieht. Was der in einem Jahr zu erhaltende Euro zum heutigen Zeitpunkt wert ist, hängt davon ab, wie der Investor sein Kapital in der Zwischenzeit nutzen könnte. Könnte er sein Kapital bei einer bestimmten jährlichen Verzinsung anlegen, so ergibt sich deren Barwert („Net Present Value" oder „NPV") aus einer einfachen Abzinsung zu eben diesem „Opportunitätszinssatz". Das bei einer Immobilieninvestition erworbene Verfügungsrecht an der Immobilie gewährt dem Investor für einen bestimmten oder unbestimmten Zeitraum Ansprüche auf einen Zahlungsstrom. Um die einzelnen (jährlichen oder monatlichen) Bestandteile dieses Zahlungsstroms gleichnamig zu machen, müssen diese auf einen Betrachtungszeitpunkt abgezinst werden.

Unabhängig von der gewählten diesem Barwertprinzip entsprechenden Methodik basiert somit die Bewertung einer Immobilie, bei der das Ertragspotential im Vordergrund steht, auf einer zukunftsgerichteten Quantifizierung des aus der Immobilie realisierbaren Ertrages sowie auf dessen Abzinsung auf einen Betrachtungszeitpunkt.

Der zu kapitalisierende „Ertrag" ist hierbei aber nicht gleich „Ertrag", er kann verschiedene Formen annehmen: Er kann den „nachhaltig erzielbaren Einnahmen" entsprechen (vgl. deutsches Ertragswertverfahren gemäß §§ 15–19 WertV), was etwa dem „Marktmietwert" („rack rental value") der angelsächsischen Ertragswertmethode („Investment Method") entspricht. Die mietvertraglichen Gegebenheiten einer Immobilie werden als wesentliche wertbeeinflussende Zustandsmerkmale anhand der vertraglich vereinbarten Mieterträge, die aufgrund von Marktvolatilität und vertraglichen Mietanpassungsmodalitäten durchaus von der nachhaltigen Miete divergieren können, abgebildet.

„Ertrag" kann aufgrund von Absorptionsleerstand (z.B. bei spekulativem Neubau) im Falle von friktionalem Leerstand (bei Mieterwechsel) auch für eine gewisse Zeit einfach gar nicht fließen. Dann sollte in einer marktnahen Bewertung auch nicht so getan werden, als flösse er trotzdem.

Alle gängigen Ertragswertmodelle eignen sich dazu, die verschiedenen Erscheinungsformen von „Ertrag" realitätsnah abzubilden, sofern dies die auftragsbezogene Bewertungshypothese tatsächlich erfordert. Und dies völlig unabhängig davon, ob nun aufgrund des jeweiligen Bewertungsanlasses (und dem damit verbundenen regulatorischen Umfeld) das Ertragswertmodell nach der deutschen WertV, nach angelsächsischer oder nach der Discounted Cash Flow-Darstellungsform zur Anwendung kommt. Dies schließt selbstverständlich die Bildung von Sonderwerten für Leerstandsfolgen[17] ein. Hierbei muss allerdings eingeräumt werden, dass es sich bei komplexen Sachverhalten (wie z.B. nicht ertragsstabilisierten Immobilien) aus

---

[17] Insbesondere der tatsächliche Ausfall von u.U. zuvor als nachhaltig erzielbar angesetzten Mieterträgen, der tatsächliche Ausfall von Nebenkostenumlagen, die Kosten der Vermietung (Courtage, Marketing), gewährte Mietanreize bei angenommener Vermietung, wie z.B. mietfreie Zeiten, Begrenzung der Nebenkostenumlagen und Ausbaukostenzuschüsse.

„handwerklicher" Sicht möglicherweise empfiehlt, den periodisch und aperiodisch anfallenden Zahlungsüberschuss im Rahmen der Discounted Cash Flow-Methode zu erfassen, wobei hierbei sowohl der Modus der Mietwertsicherung über komplexe Staffelmieten oder Indexierungsklauseln als auch explizite Annahmen zu Instandhaltungsaufwendungen, Sanierungsintervallen, Leerstandsperioden und Verkaufskonditionen bei Wiederveräußerung eingebaut werden können.

In die Quantifizierung des Ertrages fließt somit unabhängig vom angewendeten Bewertungsverfahren eine Vielzahl von unterschiedlichen Annahmen ein, die alle zukunftsgerichtet und somit mit Unsicherheit behaftet sind. Jeglicher Ertragsprojektion haftet daher eine Wahrscheinlichkeitsaussage an, die meist auf der Basis von Erfahrungen aus der Vergangenheit bzgl. z.B. Marktmietentwicklungen, Verhalten der Marktteilnehmer auf den Immobilienmärkten, der allgemeinen mikro- und makroökonomischen Entwicklung formuliert werden. Wiederholt hat sich auf den Immobilienmärkten in den letzten Jahrzehnten jedoch gezeigt, dass eine Zeitstabilität der Verhaltensmuster nicht der Realität entspricht.

Der quantifizierte Zahlungsüberschuss muss natürlich periodengerecht diskontiert werden. Üblich ist die Abzinsung zu einem Zinssatz, der die Summe aus den risikofreien Opportunitätskosten des Investors (etwa: die Verzinsung langläufiger Bundeswertpapiere oder Regierungsanleihen) zuzüglich eines sog. Risikoaufschlags für die verhältnismäßig illiquide und mit einer Reihe von spezifischen Risiken behaftete Immobilienanlage bildet und damit die Vergleichbarkeit auch zu anderen Anlageformen herstellt. Die Gefahr der mehrfachen Berücksichtigung („Double Counting") von Risiken (z.B. der Instandsetzung oder der leerstandsbedingten Aufwendungen) durch die Risikoprämien bei der Abzinsung ist natürlich umso ausgeprägter, je mehr diese Risiken bereits explizit im Cash Flow berücksichtigt wurden. Gleiches gilt beim Ertragswertverfahren nach WertV für das vorsichtige Austarieren des zu bemessenden Liegenschaftszinssatzes in Verbindung mit der gewählten wirtschaftlichen Restnutzungsdauer der baulichen Anlagen vor dem Hintergrund der angesetzten Bewirtschaftungskosten. Immobilienbewertung ist nun mal Wissenschaft und Kunst zugleich.

3.3 Bewertung anhand modifizierter Kosten

Das Sachwertverfahren steht im Vordergrund, wenn im gewöhnlichen Geschäftsverkehr der verkörperte Sachwert und nicht die Erzielung von Erträgen für die Preisbildung ausschlaggebend ist (das in der Literatur stets zitierte Beispiel hierfür sind eigengenutzte Ein- und Zweifamilienhäuser) oder wenn die geringe Anzahl an beobachtbaren Transaktionen bzw. eine mangelnde Vergleichbarkeit der Objekte eine Bewertung mittels Marktanalogie behindert.

Die Anwendung des (deutschen) Sachwertverfahrens wird in der WertV (§§ 21 bis 25) geregelt. Danach ergibt sich der Sachwert aus dem Wert des Bodens sowie dem Wert der baulichen Anlagen und sonstigen Anlagen, die bis zur Gegenwart auf dem Grundstück errichtet wurden und fest mit dem Grund und Boden verbunden sind. Im Gegensatz zum Ertragswert ist der Sachwert primär eine vergangenheitsbezogene Wertgröße. Die im angloamerikanische Umfeld angewendete Methodik des Depreciated Replacement Cost entspricht dem im wesentlichen, auch wenn bei der Alterswertminderung der baulichen Anlagen bisweilen andere Verfahren angewendet werden.

Häufig wird der Sachwert zu Kontrollzwecken zusätzlich zu einer Bewertung auf der Basis von Erträgen bestimmt[18]. Zu beachten ist, dass der Sachwert keinen direkten Marktbezug aufweist, da es keine naturgesetzliche Identität von Kosten und Wert gibt. Bei der Verkehrswertermittlung von Sachwertobjekten muss deshalb die Frage, inwieweit der Markt den Sachwert akzeptiert, besonders kritisch gewürdigt werden.

4. Betrachtungen zur Bewertungshypothese

Das Fundament jeglicher Wertermittlung ist eine Preisprognose. Diese basiert auf der Hypothese, dass sich zum Stichtag der Wertermittlung ein Grundstücksgeschäft unter gewissen Umständen und Rahmenbedingungen vollzieht. Es wird seitens des Gutachters somit ein Markt simuliert, bei dem sich Angebot und Nachfrage bei einem Kaufpreis treffen, welcher dem definierten (und gesuchten) Wertbegriff entspricht. Der Bewertungsanlass mag es hierbei erfordern, dass von der Realität abweichende Annahmen getroffen werden, beispielsweise um dem Adressaten der Bewertung eine Hilfestellung im Entscheidungsprozess zu geben. Drei wesentliche Bereiche, in denen die Bewertungshypothese im Vergleich zur Realität häufig modifiziert wird, sollen im Folgenden diskutiert werden.

4.1 Stichtagswahl

Immobilienbewertung ist stichtagsbezogen. Aufgrund der zu beobachtenden Volatilität der Immobilienmärkte sowie aller in eine Bewertung einfließenden Faktoren kann der ermittelte Wert zu einem anderen Zeitpunkt als dem Bewertungsstichtag unrichtig oder unangemessen sein. Der ermittelte Wert reflektiert die Marktlage und die Umstände des tatsächlichen Bewertungsstichtages, aber nicht unbedingt eines davon abweichenden Zeitpunktes.

Hierbei darf nicht vergessen werden, dass es bei einer Immobilienbewertung eine Reihe von Stichtagen gibt. So ist der *Wertstichtag* maßgebend für die allgemeinen Wertverhältnisse am Grundstücksmarkt. Dieser kann in der Bewertungshypothese durchaus abweichen vom *Zustandsstichtag*, welcher maßgebend ist für die Gesamtheit der wertbeeinflussenden Zustandsmerkmale des Bewertungsgegenstandes (vgl. nachstehend 4.3). Der *Stichtag der Ortsbesichtigung* ist der Zeitpunkt, zu dem vor Ort eine Sachverhaltsklärung vorgenommen und der visuelle Eindruck des Bewertungsgegenstandes gewonnen wird. Schließlich gibt es noch den *Stichtag des Gutachtenabschlusses*, nach welchem mögliche wertbeeinflussende Umstände, die dem Sachverständigen nach diesem Datum bekannt wurden, in einer gutachtlichen Wertermittlung nicht berücksichtigt werden können. Die vorstehenden Stichtage fallen in der Praxis selten zusammen.

---

[18] So wird beispielsweise auch von US-amerikanischen Banken regelmäßig der Wiederherstellungswert („Reinstatement Costs") vom Bewerter abgefordert.

Im Zuge von z.B. für Finanzierungszwecke zu erstellende Immobilienbewertungen sind die Sachverständigen oft aufgefordert, Bewertungen zu zukünftigen Stichtagen so z.B. bei Projektentwicklungen zum Zeitpunkt der voraussichtlichen Fertigstellung oder bei bereits existierenden Immobilien über die gesamte Kreditlaufzeit zu erstellen. Solche „Wertverlaufsprognosen" sind letztlich nichts anderes als Wahrscheinlichkeitsaussagen über zukünftige Wertverhältnisse, basierend auf zahlreichen Annahmen unter Unsicherheit, wobei der Bewerter, unter Annahme der Fortgeltung der Erklärungszusammenhänge seiner Vergangenheitsbeobachtungen, diese in die Zukunft projiziert. Das ist in der Tat ganz schön anspruchsvoll. Wer aber glaubt, dass die in der Rechtsprechung häufig geforderten Bewertungen zu zurückliegenden Stichtagen einfacher sind, irrt. Dass der Mensch „hinterher immer schlauer ist", ist eine alte Lebensweisheit. Sich aber in die Vergangenheit zu versetzen, dabei die zwischenzeitlich gewonnene Empirie auszublenden und sich in den Erkenntnisstand des damaligen (durchschnittlichen) Marktteilnehmers zu versetzen, ist durchaus eine intellektuelle Herausforderung. Wenn der Auftrag darin besteht, trotz des Erfahrungsstandes des Jahres 2004 eine spekulativ zu entwickelnde Büroimmobilie im Leipzig des Jahres 1993 zu bewerten, dann wird Immobilienbewertung zur geisteswissenschaftlichen Disziplin. Insbesondere wenn man sich vor Augen führt, dass es zwischen dem objektiven Eintritt und der subjektiven Wahrnehmung veränderter Marktumfeldbedingungen einen nicht zu unterschätzenden „Time Lag", den im Immobilienmarkt häufiger eintretenden Verzögerungseffekt, gibt.

4.2 Marktumfeldbedingungen

Ebenfalls in der Bewertungshypothese enthalten ist die Vorstellung, dass die Marktteilnehmer des hypothetischen Grundstücksgeschäftes hinreichend über die Beschaffenheit und die Merkmale der Immobilie, deren tatsächliche und mögliche Verwendung sowie die Marktlage am Stichtag der Bewertung informiert sind. Dabei wird vorausgesetzt, dass jeder im eigenen Interesse, mit Sachkunde und Umsicht handelt, um das für sich jeweils vorteilhafteste Ergebnis bei einer Transaktion zu erzielen. Hierbei wird ferner unterstellt, dass die Beteiligten umsichtig im Bezug auf die zum Wertstichtag seitens eines durchschnittlichen Marktteilnehmers wahrgenommene Marktlage handeln.

Auf den Immobilienmärkten sind jedoch Tendenzen zu erkennen, die im Rahmen einer Immobilienbewertung nur schwer abgebildet werden können. So werden z.B. strategische Markteintrittsprämien von institutionellen Investoren auf neu zu erschließenden Immobilienmärkten gezahlt. Die Lösung der Frage, ob und ab wann die gezahlten Preise die tatsächlichen Marktumfeldbedingungen widerspiegeln gehört zu den letzten Abenteuern auf unserem heimischen Immobilienkapitalmarkt, der geradezu überschwemmt wird vom Kapital der angloamerikanischen Private Equity-Häuser. Nach Jahren der Frustration und vergeblichen Due Diligence-Aufwendungen gelingt es diesen nunmehr tatsächlich, Transaktionen in Deutschland durchzuführen. Aber sind die für einzelne Wohnungspakete gezahlten Top-Preise denn Ausdruck eines „gewöhnlichen Geschäftsverkehrs"? Nachdem das Premiumsegment des deutschen Immobilienmarktes jahrzehntelang geprägt war vom Anlagedruck der großen institutionellen Anleger, die mittlerweile Ihre Aktivitäten auf die „globale" Plattform verlegt haben, ist diese Frage aktueller denn je.

4.3 Beschaffenheitsmerkmale

Wie vorstehend ausgeführt markiert der Zustandsstichtag die Gesamtheit der wertbeeinflussenden Zustandsmerkmale des Bewertungsgegenstandes. Diese sind ein wesentlicher Bestandteil der Bewertungshypothese und können durchaus flexibel gehandhabt werden, je nachdem wie es Bewertungszweck und besondere Auftragskonstellation erfordern. So kann beispielsweise ein *tatsächlich* für die Eisenbahnnutzung gewidmetes Grundstück als *fiktiv* entwidmet und freigelegt bewertet werden. Ein mit Baurecht versehenes unbebautes Grundstück kann im Rahmen einer Projektschätzung in seinem zukünftigen Zustand als angenommen mängelfrei fertiggestellte und vollständig vermietete (stabilisierte) Immobilie bewertet werden.

In Verbindung mit der Wahl des Zustandsstichtages können nicht vorhandene Beschaffenheitsmerkmale als gegeben angenommen und vorhandene ausgeblendet werden. Eine Immobilie gemäß den Anforderungen des Kapitalmarktes, aber auch der Rechtsprechung[19], zu bewerten, kann bedingen, auf der Zeitachse auf und abzugehen, und von der Wirklichkeit zu abstrahieren. Diese Abstraktion fällt allerdings unter die besonderen Annahmen, die dem Bewerter zwar zuzumuten, die oft sogar zur Erfüllung des Auftragszwecks erforderlich sind, die aber explizit zu dokumentieren und zu kennzeichnen sind. Denn der Irreführung des Verwenders eines Gutachters, ob vorsätzlich oder versehentlich, ist durch die auftragsbezogene Vorgabe von von der Realität abweichenden Beschaffenheitsmerkmalen Tür und Tor geöffnet. Insbesondere wenn, wie leider oft zu beobachten, ohnehin nur das Executive Summary und die letzte Seite (die mit dem Wert) eines komplexen Gutachtens gelesen wird.

5. Zusammenfassung und Ausblick

Die undifferenzierte Konfrontation von „nationaler" und „internationaler" Bewertungspraxis ist im Immobilienkapitalmarkt am Beginn des 21. Jahrhunderts ein Anachronismus. In den vergangenen zehn Jahren haben sich einige Entwicklungen herausgebildet, die dies unterstreichen: Erstens die *Harmonisierung der Bewertungsstandards*, zweitens die *Konvergenz der Wertbegriffe* und drittens die *Möglichkeit zur Methodenvielfalt*.

Die *Harmonisierung der Bewertungsstandards* wird augenfällig, wenn man den internationalen Teil des Red Books mit den Kernaussagen des Blue Books und des White Books vergleicht: Man fragt sich dabei, wer wohl von wem abgeschrieben hat und ob der Markt denn soviel Redundanz tatsächlich braucht. Auch die Neufassung der deutschen WertR aus dem Jahre 2002 ist in diesem Kontext zu sehen: Die Ergebnisidentität zwischen Marktwert und Verkehrswert in die bundesministerielle Richtlinie aufzunehmen entspricht durchaus dem Zeitgeist.

---

[19] Vgl. Fragestellungen des Zugewinnausgleiches in Scheidungsauseinandersetzungen u.a.m.

Die *Konvergenz der Wertbegriffe* manifestiert sich in der einheitlich formulierten Definition des Marktwertes im Red, Blue und White Book. Selbst die RICS hat im neuen Red Book ihren bis dahin sakrosankten Open Market Value auf dem Altar der Internationalisierung geopfert und hat mit der Annahme des Market Value als zentralen Wertbegriff selbst den Vertretern der herrschenden Literaturmeinung in Deutschland den Wind aus den Segeln genommen. Die deutsche Seite revanchiert sich, in dem der Verkehrswert zum Marktwert erklärt wird und die baugesetzbuchliche Legaldefinition diesem überstülpt wird (vgl. Fußnote 13 zu Nr. 1.3 WertR 2002).

Die größere *Methodenvielfalt* – obwohl eigentlich schon immer vorhanden, denn auf ausländischem oder internationalem Terrain haben die Roten, Blauen und Weißen Bücher ohnehin keine Verfahren normiert und deren Anwendung vorgeschrieben – wurde auch durch die Novellierung der deutschen WertR dokumentiert. In Nr. 1.5.5 WertR 2002 wird denn auch der Erkenntnis Rechnung getragen, dass die drei methodischen Grundprinzipien (Vergleich, Ertrag, Kosten) global anwendbar sind:

> *„Der Verkehrswert ist mit Hilfe geeigneter Verfahren zu ermitteln. Neben den in § 7 WertV genannten Verfahren können auch andere Wertermittlungsverfahren angewandt werden, wenn diese zu sachgerechten Ergebnissen führen und das Wertbild nicht verzerren. […]"*

Das heißt dann wohl auch, dass man ein Projektentwicklungsgrundstück mittels der Residualpreismethode und ein Einkaufcenter anhand der Discounted Cashflow-Methode ohne separaten Bodenwertausweis bewerten und sich im Streitfalle auf die WertR berufen kann, sofern dies Auftragskonstellation und Bewertungszweck verlangen. In Zeiten zunehmender Inanspruchnahme von Gutachtern im Zusammenhang mit Vermögensschadensfragen ist dies nicht zu unterschätzen.

Nachdem diese alten Streitpunkte also alle geklärt scheinen, fragt man sich gegebenenfalls, welche Themen den Berufsstand der Sachverständigen für Grundstücksbewertung, aber auch die gesamte Immobilienbranche die nächsten Jahre über beschäftigen werden. Ein kurzer Ausblick sei an dieser Stelle gewagt. Auch hier wollen wir uns auf drei wesentliche Bereiche beschränken, erstens die *strukturelle Krise unserer heimischen Gewerbeimmobilienmärkte und ihre möglichen Konsequenzen für den deutschen Immobilien-Kapitalmarkt*, zweitens die *möglichen Konsequenzen für die Immobilienbewertungspraxis* und drittens die *Frage der zukunftsfähige Organisation der Bewertung für Offene Immobilienfonds und REITs*.

– Vision des deutschen Immobilien-Kapitalmarktes

In den Immobilien-Metropolen Deutschlands steigen die Leerstände und fallen die Mieten. Die strukturelle (und keineswegs nur zyklische) Krise, insbesondere auf den Büromärkten in den Hochburgen unserer Republik, ist unbestritten. Wozu kann das führen? Wir werden uns u.U. auf höhere stabilisierte Marktleerstandsquoten einstellen müssen. Bekommen wir bald gar amerikanische Verhältnisse und größerer Volatilität (vgl. Abbildung 5)? Der Markt wird sich verstärkt in obsolete und (noch) wirtschaftlich nutzbare Immobilien spalten. Die wirtschaftlichen Nutzungsdauern und Revitalisierungszyklen werden sich verkürzen. Das Redevelopment von obsoleten Gebäuden und das Flächenrecycling wird zunehmen und wir werden billiger bauen müssen. Die Renditen für deutsche Immobilienprodukte werden steigen! Nachdem man noch vor der Einführung des Euro und der Deregulierung der Offenen Immobilienfonds eine Rendite-Konvergenz auf eher „europäischem Niveau" erwartete, wurden in den vergangenen Jahren Top-Immobilien in den Zentren der Eurozone bald so teuer wie in Deutschland. Das kann sich ändern, wenn das Kapital ins Ausland verfrachtet und eine hohe „Deutschland-Exposure" als Portfolio-Makel im Rating Berücksichtigung findet.

Abb. 5: Leerstandsquoten ausgewählter US-Märkte (2. Quartal 2004)

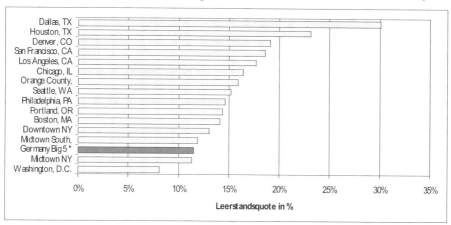

* Durchschnittliche Leerstandsquote 2. Quartal 2004 Frankfurt, München, Hamburg, Düsseldorf, Berlin

– Mögliche Konsequenzen für die Immobilienbewertungspraxis

Unabhängig ob das vorstehend skizzierte (Schreckens-) Szenario eintritt oder nicht, Leerstandsrisiken müssen „angemessen" berücksichtigt werden, am besten explizit (vgl. hierzu vorstehend Nr. 3.2) und Fußnote 17). Kalkulatorische Instandhaltungsrücklagen müssen gegebenenfalls durch eine Modernisierungs-/ Revitalisierungs-Komponente ergänzt werden. Die mitunter schlichtweg zu langen wirtschaftlichen (Rest-)Nutzungsdauern gehören auf den Prüfstand. Bei der Wahl des geeigneten Kapitalisierungszinssatzes ist die laufende Cash-Flow-Rendite zu berücksichtigen, denn während der Nutzungsdauer auftretender temporärer oder permanenter (struktureller) Leerstand ist teurer, als mithin im „Mietausfallwagnis" abgebildet. Leerstand ist Momentaufnahme *und* Teufelskreis zugleich, bei dem einem Ausfall von Mieterträgen und Nebenkostenumlage häufig die Stigmatisierung des Gebäudes und eine schleichende Mietwerterosion folgen (und bei alldem soll der Bewerter noch „Double Counting" vermeiden).

– Organisation des Bewertungsvorganges

Der Bewertungsvorgang für Offene Immobilienfonds wird geregelt durch das Investmentgesetz, nach dessen § 77 ein aus mindestens drei Mitgliedern bestehender Sachverständigenausschuss seitens der Kapitalanlagegesellschaft zu bestellen ist. Die Mitglieder müssen unabhängige, zuverlässige und fachlich geeignete Persönlichkeiten mit besonderen Erfahrungen auf dem Gebiet der Bewertung von Immobilien sein. Dieses System aus den Anfängen der Asset-Klasse (vgl. Kapitalanlagegesetz 1957) wurde in der Vergangenheit vielfach kritisiert, oft auch zu Unrecht, es wird aber vielerorts als Auslaufmodell betrachtet, insbesondere vor dem Hintergrund der zunehmenden Auslandsaktivitäten der Offenen Immobilienfonds. Ob denn eine Sachverständiger eine „Persönlichkeiten mit besonderen Erfahrungen auf dem Gebiet der Bewertung von Immobilien" *weltweit* sein kann, darüber lässt sich streiten. Ohnehin bewegt sich die Bewertung nach Investmentgesetz in so mancher Grauzone: Nach § 70 Absatz 2 ist vom Sachverständigenausschuss der „Wert" einer Immobilie, nicht etwa dezidiert der „Verkehrswert" zu ermitteln. Dennoch ist die Anwendung der WertV von der Bundesanstalt für Finanzdienstleistungsaufsicht (BAFin) vorgegeben. Was anderes als der Verkehrswert kann also damit gemeint sein? Vor dem Hintergrund dieser Unschärfe gewinnen die Streitthemen „Verkehrswerte und gewöhnlicher Geschäftsverkehr in ausländischen Grundstücksmärkten", „Einwertungsgewinne" und „Berücksichtigung von Anschaffungsnebenkosten" aber durchaus eine andere Dimension.

Sollte der Real Estate Investment Trust (REIT) tatsächlich in Deutschland kommen (wobei sich die Finanzmarktregulatoren und das deutsche Bankengewerbe entscheiden müssten, ob der deutsche REIT Wettbewerbs- und Alternativprodukt zum Offenen Immobilienfonds oder dessen Ablöse-Produkt sein wird), so dürfte die Debatte, wie und vor allem *durch wen* die Immobilien der Kapitalsammelstellen zukünftig bewertet werden, wieder aufflammen. Schon heute beauftragen in Luxemburg regulierte Fondsgesellschaften global tätige Bewertungsunternehmen, um das lokale Know-How weltweit sicherzustellen, frei nach dem Motto „best man for the job".

Abschließend kann festgestellt werden, dass sich – vor dem Hintergrund der in diesem Beitrag beschriebenen regulatorischen, definitorischen und methodischen Rahmenbedingungen – die Erkenntnis gefestigt hat, dass qualifizierte Wertermittlungsergebnisse qualifizierte Grundstückmarktkenntnisse voraussetzen. Und dass die Verfahren der Immobilienbewertung der Begründung und Nachvollziehbarkeit der durch Marktkenntnisse gewonnenen Marktwerte dienen: Marktwerte lassen sich nicht errechnen! Die tägliche Herausforderung für denjenigen, der sich der kapitalmarktorientierten Immobilienbewertung widmet, liegt aber in der Frage, ob denn der Bewerter „schlauer" sein soll oder darf als der Markt selbst? Sollen bei Bewertungen zu Ankaufszwecken in potentiell fallenden Märkten die sich hieraus ergebenden Risiken berücksichtigt werden auch wenn der Markt sie zum Transaktionszeitpunkt nicht erkennbar einpreist? Dürfen die Beweggründe für Transaktionen (letztlich geht es doch auch um persönliche Karrieren, gemachte Prospektversprechen, oft auch um regulatorisch induzierten Anlagedruck) hinterfragt werden? Wir orientieren uns also daran, dass die Bewertung von Immobilien den Markt und dessen Preisbildungsmechanismen abzubilden hat. Hierbei kann der Pedant, der sämtliche Risiken berücksichtigt und die komplette *Klaviatur* der möglichen Bewertungsmethoden und

Regularien ausspielt, den Markt ebenso verfehlen wie der Ignorant! Denn letztendlich ist der vereinbarte Preis einer Immobilie – trotz aller möglichen finanz- und wahrscheinlichkeits-mathematischen Kapriolen – stets das Ergebnis einer zwischenmenschlichen Interaktion. Und diese zu simulieren ist wahrlich Kunst und Wissenschaft zugleich.

II. Immobilienmarktprognosen und Immobilienratings

1. Einführung

Investitionsentscheidungen beziehen sich immer auf die zukünftige Entwicklung. Ob die Erwartungen an eine Investition tatsächlich erfüllt werden können, zeigt sich erst in der Zukunft. Dies gilt im Besonderen für Investitionen im Immobilienbereich. Jeder, der eine Immobilie oder einen Immobilienfonds erwirbt, trifft diese Entscheidung also auf der Basis einer Prognose. Eigenartigerweise sind sich die wenigsten Immobilienkäufer dieser Tatsache bewusst.

Prognosen haben die Aufgabe die Unsicherheit über Investitionsentscheidungen zu reduzieren. Im Immobilienbereich werden sie benötigt bei

– Investitions- und Desinvestitionsentscheidungen
– Bewertung von Investitionsalternativen
– Marktwertermittlung
– Risikoanalyse von Immobilienportfolios
– Portfolioanalyse und -steuerung
– Immobilien Asset Allocation

Bei all diesen Aufgaben geht es um Bewertungen im Hinblick auf eine bestimmte Fragestellung. Eine Verdichtung der Bewertungen erfolgt häufig durch Ratings.

Ratings sind in vielen Wirtschaftszweigen nicht mehr aus der täglichen Praxis wegzudenken. Die Bonität von Unternehmern oder Anleiheemittenten wird ebenso in Rating-Noten ausgedrückt wie die Beurteilung von Investmentfonds. Gemeinsam ist allen Ratings, dass einem Dritten auf schnelle und einfache Weise eine Bewertung unterschiedlicher Alternativen ermöglicht werden soll, ohne dass er selbst über alle dafür erforderlichen Informationen verfügen oder detaillierte eigene Untersuchungen anstellen muss. Auch in der Immobilienwirtschaft gewinnt der Rating-Gedanke zunehmend an Bedeutung. So wird seit einiger Zeit – auch unterstützt durch die Diskussion um Basel II – ein Rating von Immobilienmärkten, von Immobilienobjekten und von Immobilienfonds praktiziert.

Auch in der Presse wurde das Thema im Hinblick auf private Anleger bereits intensiv diskutiert, beispielsweise im Zusammenhang mit dem Rating von offenen Immobilienfonds oder von Fondsobjekten geschlossener Immobilienfonds.

Im Folgenden sollen die Grundlagen für Prognosen und Ratings im Immobilienmarkt vorgestellt werden.

2. Immobilienmarktprognosen

2.1 Grundlagen

Eine Prognose ist eine Aussage über den Verlauf und das Ergebnis eines zukünftigen Prozesses. Die Prognose umschreibt dabei eine Entwicklung, die sich aus den vorhandenen Daten und Informationen als die Wahrscheinlichste abzeichnet.

2.1.1 Anforderungen

Prognosen werden insbesondere zur Einschätzung und Steuerung der konjunkturellen Entwicklung benötigt. Hiefür benötigt man kurzfristige Prognosen. Langfristige Prognosen hingegen dienen der Beschreibung struktureller Entwicklungen.

Die **Konjunkturprognose** versucht kurzfristige Entwicklungen in einem Zeitraum von maximal zwei Jahren vorherzusagen. Dabei wird in diesem Zeitraum von einer Konstanz der Wirtschaftsstruktur ausgegangen. Zyklische und saisonale Elemente werden berücksichtigt. Es gibt dabei jedoch das Problem, den exakten Zeitpunkt eines Auf- bzw. Abschwungs vorherzusagen, da Störung mit Zeitverzögerung wirken und diese, innerhalb des kurzen Betrachtungszeitraums, eine erhebliche zeitliche Verschiebung verursachen können.

Die **Strukturprognose** hingegen versucht langfristige Entwicklungen abzubilden und prognostiziert Zeiträume größer als zwei Jahre. Sie ist entgegen weitverbreiteter Meinung einfacher und hinsichtlich ihrer Ergebnisse auch stabiler als die kurzfristige Konjunkturprognose, da die Entwicklung vieler entscheidender Einflussfaktoren schon heute durch die vorherrschenden Bedingungen vorgezeichnet sind. Beispiel: Die weitere Bevölkerungsentwicklung ist durch den heutigen Bevölkerungsaufbau für die nächste Jahre, bereits im erheblichen Maße bestimmt.

2.1.2 Klassifikation von Prognoseverfahren und Prognosebegriffe

Mit der zunehmenden Bedeutung von Prognosen in gesamtwirtschaftlichen und unternehmerischen Planungs- und Entscheidungsprozessen ging die Entwicklung einer unübersehbaren Anzahl von Prognose-Verfahren einher, die für verschiedene Zwecke geeignet sind.

Prognosen können nach verschiedenen Kriterien unterschieden werden:

– Formalisierungsgrad
– Konsistenz
– Zeitliche Reichweite

2.1.2.1 Formalisierungsgrad

Prognosen basieren immer auf Analysen historischer Daten. Sie stellen eine Transformation unseres Erfahrungswissens in die Zukunft dar. Die Unterscheidung nach dem Formalisierungsgrad bezieht sich darauf, wie stark diese Transformation formalisiert ist. Nach diesem Kriterium kann zwischen

– **Qualitative Verfahren** (nicht formalisiert) und
– **Quantitative Prognoseverfahren**

unterschieden werden.

Grundlage von qualitativen Prognosen sind Konsumenten- und Unternehmensbefragungen sowie die Sammlung und Auswertung von Expertenmeinungen. Bei
Prognosen dieser Art wird in der Regel kein numerisch exakter Wert ausgewiesen,
bedeutsam ist lediglich die Entwicklungstendenz.

Liegen zuverlässige Zahlen für die Vergangenheit vor und sind die zu prognostizierenden Zusammenhänge numerisch beschreibbar, so bieten sich quantitative Verfahren an. Sie haben zwar den Nachteil, dass zunächst nur quantifizierbare Informationen berücksichtigt werden können; ihr großer Vorteil besteht jedoch darin,
dass sie eine größere Transparenz besitzen und leichter nachvollziehbar sind. Zu dieser Gruppe von Methoden zählen die Zeitreihenanalyse sowie die Prognose mit
ökonometrischen Modellen.

2.1.2.2 Konsistenz

Bei dem Kriterium der Konsistenz geht es um die Frage, ob einzelne Variablen isoliert prognostiziert werden, oder ob eine Berücksichtigung definitorischer Zusammenhänge erfolgt. Danach unterscheidet man zwischen:

– Singulärprognose und
– Systemprognose

2.1.2.3 Zeitliche Reichweite

Die zeitliche Geltung bezieht sich auf den Prognosehorizont. Hier lassen sich

– Kurzfristige Prognosen (Finanzmarkt – Prognosen, 3 Monate,
  Konjunktur – Prognosen, 3–8 Quartale, Budgetplanung, Operationale Unter-
  nehmensplanung))
– Mittelfristige Prognose (bis 5 Jahre)
– Langfristige Prognose (> 5 Jahre)

differenzieren.

2.1.2.4 Prognosebegriffe

Je nach Zielsetzung der Prognose unterscheidet man zwischen Punkt-, Intervall-
oder Verteilungsprognosen. Bei Immobilienmarktprognosen handelt es sich i.d.R.
um Punkt- oder Intervallprognosen.

– **Punktprognose:** Prognose eines festen Wertes für einen bestimmten Zeitpunkt
– **Intervallprognose:** Prognose eines Intervalls unter Angabe einer Wahrscheinlich-
  keit
– **Verteilungsprognose:** Prognose der Wahrscheinlichkeitsverteilung

Abb. 1: Prognosearten

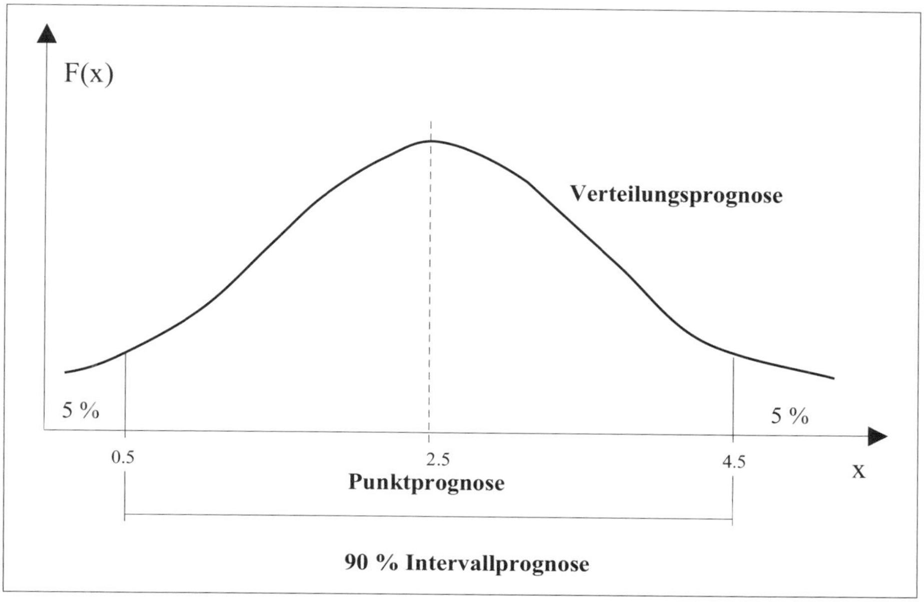

Weiterhin ist eine Unterscheidung in bedingte und unbedingte Prognosen möglich. Wissenschaftlich Prognosen sind immer bedingte Prognosen, deren Eintreffen nur unter der Voraussetzung klar definierter Annahmen postuliert wird.

Prognoseunsicherheit

Prognosen sind immer mit Unsicherheit behaftet. Dies liegt zum Einen daran, dass die tatsächlichen Wirkungszusammenhänge nur unzureichend erfasst werden können. Zum Anderen basieren Prognosen immer auf Annahmen, deren Eintreffen selbst unsicher sind. Schließlich beruht die Unsicherheit auf dem Eintreten unvorhersehbarer Ereignisse, wie Veränderungen der politischen Rahmenbedingungen oder dem Auftauchen neuer gesellschaftlicher Trends.

Grundsätzlich gilt, dass mit zunehmendem Zeithorizont auch die **Unsicherheit** der Prognoseaussagen zunimmt. Dies gilt jedoch nur dann, wenn für kurzfristige wie für langfristige Prognosen der gleiche Anspruch unterstellt wird. Tatsächlich wird man für langfristige Prognosen nicht erwarten, dass der Wert einer bestimmten schwankenden Größe für jedes einzelne Jahr prognostiziert werden kann. Vielmehr kommt es langfristig nur darauf an, eine durchschnittliche Entwicklung zutreffend zu erfassen. Eine Prognose dieser trendmäßigen Entwicklung ist jedoch leichter, als eine kurzfristige Prognose einer stark schwankenden Variablen.

Beispiel: Die kurzfristige Prognose der stark schwankenden Aktien- oder Währungskurse ist mit großen Fehlen behaftet, da die Kursentwicklungen durch nicht ökonomisch erklärbare psychologische Faktoren geprägt wird. Dagegen folgt die langfristige Entwicklung fundamentalen ökonomischen Gesetzmäßigkeiten, die sehr zuverlässig erfasst werden können.

2.2 Prognosemethoden

Vereinfachend lassen sich drei Prognoseverfahren unterscheiden:

Qualitative Prognoseverfahren: Erfahrungswerte aus der Vergangenheit, Annahmen, Vermutungen und gesicherte Informationen werden unter Zuhilfenahme subjektiver Wertungen und Erwartungen miteinander verknüpft. Durchgängige, mathematisch formulierte Gesetzmäßigkeiten werden in der Regel nicht anerkannt.

Zeitreihen-Prognoseverfahren: Der Prognostiker versucht, aus dem bereits bekannten Verlauf des Wirtschaftsprozesses einen Trend herzuleiten, der in die Zukunft fortgeschrieben wird.

Ökonometrische Prognoseverfahren: Wichtige Gesetzmäßigkeiten des Wirtschaftsprozesses werden abgeleitet, indem man herauszufinden versucht, welche Faktoren die vergangene Entwicklung beeinflusst haben. Die mutmaßliche Weiterentwicklung dieser Einflussgrößen bildet die Grundlage für die Prognose.

2.2.1 Qualitative Prognoseverfahren

Qualitative Prognoseverfahren sind methodisch anspruchslos; sie sind kaum formalisiert. Trotzdem sind sicherlich die meisten im Immobilienmarkt verwendeten Prognosen qualitativ. Der Begriff „qualitativ" kann sich dabei zum Einen auf die Art der Aussage beziehen, zum Andern auch auf die Art der Ableitung der Prognose.

Im ersten Fall spricht man auch von Tendenzaussagen, d.h. von Aussagen, die sich nur auf die Richtung, nicht jedoch auf das konkrete numerische Ergebnisse beziehen. „Die konjunkturelle Wende steht unmittelbar bevor" oder „die Mietpreise werden im nächsten Jahr anziehen" sind typische qualitative Prognosen.

Bezieht sich „qualitativ" auf die Ableitung der Prognose, so bedeutet dies, dass die Prognose nicht formal mit Hilfe eines bestimmten Verfahrens abgeleitet wird. Vielmehr wird eine freie Schätzung auf Grund von Erfahrung und Intuition des Prognostikers vorgenommen. Dies muss nicht unbedingt zu schlechten Prognosen führen. Der Nachteil dieser Vorgehensweise ist jedoch, dass Konsistenz zwischen verschiedenen Prognosen für sachlich zusammenhängende Probleme, die auf den gleichen Grundannahmen beruhen, nicht garantiert ist. Wenn der Untersuchungsgegenstand hinreichend komplex ist, reicht die Intuition des Prognostikers oft nicht aus, um konsistente Prognoseszenarien zu erstellen. Ein weiterer Nachteil dieser Vorgehensweise besteht darin, dass die Qualität der Prognosen von der Qualität, Intuition und der Erfahrung des Prognostikers abhängt und für den Anwender der Prognosen die Ergebnisse nicht transparent und nachvollziehbar gestaltet werden können.

2.2.2 Zeitreihen-Prognoseverfahren

Alle Prognosen basieren letztlich auf der Übertragung von Wissen über die Vergangenheit auf die Zukunft. Bei **Zeitreihen-Prognoseverfahren** steht eine explizite Modellvorstellung im Vordergrund: Aus den Daten der Vergangenheit wird mit Hilfe mathematisch-statistischer Verfahren versucht, konstante Strukturen zu ermitteln. Hat man eine solche Struktur gefunden, die durch die Daten der Vergangenheit bestätigt wurde, so geht man davon aus, dass diese auch in Zukunft Gültigkeit behält.

Quantitative Prognosemethoden haben den Vorzug, dass die Prognoseerstellung klar nachvollziehbar ist, jederzeit reproduziert werden kann und kaum durch subjektive Einflüsse des Prognostikers geprägt ist. Dieser Vorteil wird jedoch dadurch erkauft, dass nur solche Größen prognostiziert werden können, für die eine für die Anwendung statistischer Methoden ausreichende Anzahl von Vergangenheitsdaten vorliegt.

Grundlage von Zeitreihen-Prognosen ist eine **Zeitreihe**, d.h. die Entwicklung einer ökonomischen Größe innerhalb eines bestimmten Zeitraums, wobei üblicherweise Monats-, Quartals- und Jahresdaten unterschieden werden.

Die am häufigsten eingesetzten Verfahren sind die Methoden der **Trendextrapolation**. Dabei wird nicht die Zielsetzung verfolgt, den genauen Wert der zu prognostizierenden Zeitreihe in der Zukunft zu treffen, sondern lediglich einen Durchschnittswert, die langfristige Entwicklungsrichtung. Dieser geringere Anspruch führt dazu, dass Trendaussagen eine höhere Genauigkeit als Punktprognosen aufweisen.

Ähnlich vielfältig wie bei der Trendextrapolation ist die Auswahl der Methoden, die für die Verlaufsprognose zur Verfügung stehen. Hier wurden in den letzten Jahren eine Reihe statistisch-methodisch sehr anspruchsvoller Verfahren entwickelt, die auf der Anwendung der Theorie der stochastischen Prozesse basieren. Bei diesen Verfahren der modernen Zeitreihen-Analyse wird angenommen, dass die Zeitreihe die Realisation eines stochastischen Prozesses ist, d.h. das Ergebnis eines statistischen Vorgangs, der nach Wahrscheinlichkeitsgesetzen in der Zeit abläuft. Beispiele für solche Prozesse finden sich vor allem in den Naturwissenschaften (z.B. periodische Prozesse in Physik und Nachrichtentechnik, Meteorologie und Klimatologie). Aber auch für wirtschaftliche Fragestellungen ist dieser Ansatz nutzbar.

Die Kunst des Prognostikers besteht darin, den stochastischen Prozess zu erkennen, der die Zeitreihe generiert hat. Man spricht dabei von Identifikation. Hat man schließlich ein geeignetes Modell gefunden, das die Entwicklung der Zeitreihe in der Vergangenheit gut beschreibt, können auf sehr einfache Weise Prognosewerte erzeugt werden.

2.2.3 Ökonometrische Prognoseverfahren

Zeitreihenanalytische Methoden haben den Vorteil, dass man vergleichsweise wenig Informationen für die Prognose benötigt: Es genügt eine Sammlung der historischen Daten und eine Vorstellung über einen Funktionstyp oder den Modellansatz. Der zukünftige Verlauf einer Zeitreihe wird aus sich selbst heraus prognostiziert. Diese sparsame Verwendung von Information hat aber auch Nachteile. Die Möglichkeiten, zusätzliche Kenntnisse, theoretische Vorstellungen, Ursache-Wirkungszusammenhänge unmittelbar zu berücksichtigen, sind begrenzt.

Wenn es gelingt, Einflussfaktoren zu finden, durch die der Verlauf der interessierenden Variablen statistisch erklärt werden kann, steigt die Güte der Prognosen. Das Instrumentarium für solche Kausalanalysen stellt die **Ökonometrie** zur Verfügung. Hierbei wird analysiert, wie stark die zu prognostizierende Variable von bestimmten Einflussfaktoren abhängt. Beispielsweise kann man versuchen, die Entwicklung der Mietpreise an einem Immobilienstandort durch Nachfrage- und Angebotsfaktoren zu bestimmen.

Die theoretische Beziehung zwischen Ursache- und Wirkungsgrößen, d.h. zwischen erklärenden und abhängigen Variablen, wird in Form von Gleichungen dargestellt. Dazu ist es erforderlich, eine mathematische Funktionsform auszuwählen und Zeitreihendaten für alle Variablen zusammenzustellen. Alle unsystematischen Einflüsse werden durch eine sog. Störvariable berücksichtigt.

Besonderes Charakteristikum solcher Modelle ist es, dass auch wechselseitige Abhängigkeitsbeziehungen, sog. **Interdependenzen** oder Rückkopplungsprozesse, berücksichtigt werden können. So wird einerseits die Miethöhe durch Angebots- und Nachfragefaktoren bestimmt, andererseits beeinflusst aber die Miethöhe wiederum das Angebot, da steigende Renditen Immobilieninvestitionen attraktiver machen, und verringert die Nachfrage.

Versucht man alle Abhängigkeitsbeziehungen dieser Art in Gleichungen umzusetzen, so entstehen große vernetzte, nicht-lineare Differenzengleichungssysteme. In solchen **ökonometrischen Modellen** können jedoch nicht alle Variablen durch Gleichungen erfasst werden, weil sie durch den Wirtschaftsprozess nicht beeinflusst werden oder weil es sich um wirtschaftspolitische Instrumentvariablen (wie z.B. Zentralbank-Zinssätze) handelt. Solche Größen nennt man exogene Variablen im Gegensatz zu den im Modellzusammenhang erklärten Variablen, die endogene Variablen genannt werden.

Der wichtigste Vorteil ökonometrischer Modelle besteht in der Möglichkeit, nicht nur eine Prognose zu ermitteln, sondern auch Alternativszenarien mit unterschiedlichen Annahmen bezüglich der exogenen Variablen zu berechnen. So kann beispielsweise berechnet werden, welche Auswirkungen unterschiedliche Annahmen über die konjunturelle Entwicklung auf das zu erwartende Mietpreisniveau der verschiedenen Immobilienstandorte haben.

2.3 Anwendungsbereiche von Prognosen im Immobilienmarkt

Bei Prognosen im Immobilienmarkt kann zum Einen in allgemeine betriebliche und volkswirtschaftliche Anwendungen unterschieden werden. Zum Anderen gibt es jedoch auch nur für Immobilienanalysen relevante Anwendungen. Angesichts der Vielzahl der möglichen Fragestellungen, können hier nur einige wichtige Anwendungsgebiete exemplarisch aufgezählt werden.

2.3.1 Allgemeine Prognoseanwendungen

- **Unternehmensplanung**
  Umsatz-, Lager- und Produktionsplanung
- **Marketing**
  Preise, Vertriebswege, Werbeaufwendungen
- **Kapazitätsplanung**
  Marktvolumen, Marktanteile, Marktreife, Marktdurchdringung
- **Ausgabenplanung**
  Budgetierung
- **Finanzmärkte**
  Asset Allocation

- **Risiko Management**
  Volatilität

- **Wirtschaftspolitik**
  Arbeitsmarkt-, Konjunktur-, Energiepolitik, Finanzplanung

- **Demographische Entwicklung**
  Bevölkerungswachstum
  Bevölkerungsstruktur

2.3.2 Spezielle Prognoseanwendungen

- **Immobilienzyklus**

  Prognose der Marktsituation am Immobilienmarkt. Wann ist der richtige Zeit-punkt, um zu investieren oder zu desinvestieren:

  Prognose von

  Marktmiete
  Kaufpreis
  Rendite

  für bestimmte Immobilientypen.

- **Wertermittlung, Cashflow Prognose, Prospektierung von Fonds**

  Prognose von

  Mieteinnahmen
  Bewirtschaftungskosten
  Finanzierungskosten
  Wertentwicklung

  eines Immobilienobjekts.

2.4 Informationsquellen für Prognosen

Prognosen werden nur selten selbst erstellt. Meist bedient man sich der Hilfe von Institutionen, die regelmäßig Prognosen zur Verfügung stellen. Der folgende Überblick kann keinen Anspruch auf Vollständigkeit erheben.

2.4.1 Träger allgemeiner Wirtschaftsprognose in Deutschland

- **Konjunkturprognose**

  Sachverständigenrat zur Begutachtung der gesamtwirtschaftlichen Entwicklung: Gutachten, November für das Folgejahr
  Bundesregierung: Jahreswirtschaftsbericht (Januar)
  Wirtschaftsforschungsinstitute (DIW, ifo, HWWA, IfW, RWI, IfW Halle): Gutachten Frühjahr und Herbst, Gemeinschaftsprognose und eigene Prognosen
  OECD: Economic Outlook
  Prognoseinstitute: BAK, Feri, Oxford Economics
  Universitäten
  Banken, Unternehmen

– **Mittel und Langfristige Prognosen**

Bundesregierung: Mittelfristige Finanzplanung (5 Jahre)
Statistisches Bundesamt: Bevölkerungsentwicklung
Prognoseinstitute: Feri, PROGNOS
Spezialuntersuchungen (z.B. Arbeitsmarkt, Energie)

2.4.2 Prognosequellen im Immobilienmarkt

Immobilienmarktprognosen werden von verschiedenen Institutionen durchgeführt. Will man sich eine Überblick darüber verschaffen, so sind im Wesentlichen drei Quellen zu nennen:

1. Maklerunternehmen
2. Immobilien Unternehmen
3. Real Estate Research-Institute

Die folgende Übersicht enthält die wichtigsten Quellen, wobei explizite Prognosen, die langfristig orientiert sind, ausschließlich von Real Estate Research-Instituten erstellt werden.

Während Berichte, die von Maklern und Immobilien Unternehmen veröffentlicht werden, kostenlos oder nur gegen eine geringe Schutzgebühr erhältlich sind, können die Analysen und Prognosen der Real Estate Research-Institute käuflich erworben oder abonniert werden.

2.4.2.1 Maklerunternehmen

Atis Real Müller

Allgemein:	Quartalsweise: „City News" für 9 Büroimmobilienmärkte in Deutschland. Einmal pro Jahr: „City Report" für 5 Büroimmobilienmärkte in Deutschland (ausführlicher als „City News"); „Office Market Report Germany" und „Investment Market Germany" mit Berlin, Frankfurt, Essen, Hamburg, Düsseldorf, Stuttgart; „Einzelhandelsmieten in Europa" für etwa 25 Großstädte; „European Office Market" mit 22 europäischen (darunter auch deutschen) Bürostandorten.
Büro:	Betrachtet werden Flächenumsatz, Leerstand, Bautätigkeit, Mieten, Investitionstätigkeit, Renditen.
	Prognose als *Trendaussage* für die nächsten 1–1,5 Jahre; hauptsächlich bzgl. Büromieten und Flächenumsatz.
Einzelhandel:	Stichwortartige Beschreibung des Konsumklimas auf Länderebene; Mieten für 3 verschiedene Shopgrößen ($120\,m^2$, $250\,m^2$, $500\,m^2$) für die bedeutenden Einkaufstraßen in den jeweiligen Städten.
	Prognose als *Trendaussage* für die Mieten (stabil, steigende, fallend).

Jones Lang Lasalle

Allgemein:	Quartalsweise, halbjährlicher oder jährlicher Marktbericht für die großen europäische, amerikanischen und asiatischen Wirtschaftstandorte. In erster Linie wird der Büromarkt betrachtet, z.T. aber auch der

Einzelhandels-, Logistik- und Wohnimmobilienmarkt (Wohnimmobilienmarkt nur sehr vereinzelt).

Büro: Berichte sind für die einzelnen Regionen nicht alle gleich aufgebaut, meist Aussagen/Einschätzungen zur allgemeinen wirtschaftlichen Lage, Flächenumsatz; Leerstand (mit und ohne Untervermietung), Mieten, Renditen, Angebotsausweitung.

„*Short-Term-Forecast*" (1–2 Jahre) in erster Linie für Angebotserweiterung (wieviel wird insgesamt gebaut, wieviel spekulativ), aber auch für Mietentwicklung (stabil, steigend oder fallend; keine genauen Werte) und Leerstand.

Einzelhandel: In erster Linie werden das aktuelle Konsumklima, Mietniveau und -entwicklung, Investitionstätigkeit, Renditen beschrieben. Es erfolgt keine richtige Prognose, allenfalls eine *Trendaussage*.

CB Richard Ellis

Allgemein: Quartalsweise, halbjährliche oder jährliche Marktberichte entweder für einzelne Regionen oder aber für bestimmte Immobilientypen (z.B. Büroimmobilienmarkt in Europa), europäische, amerikanische und asiatische Wirtschaftszentren; in erster Linie Büroimmobilienmarkt, aber auch Einzelhandel- und Logistik und vereinzelt auch Wohnungsmarkt.

Büro: Beschreibung der aktuellen wirtschaftlichen Lage, Investitionstätigkeit, Bautätigkeit, Leerstand, Mieten, Renditen, Flächenumsatz. Qualitative *Trendaussage* für die kommenden Monate.

Einzelhandel: Vorwiegend werden die Mieten und Renditen betrachtete, zum Teil wird auf das Konsumklima und Flächenumsatz eingegangen. Prognose als kurzfristige *Trendaussage*.

Catella

Allgemein: Jährliche Berichte für die großen europäischen Länder, wobei nur auf die wichtigsten Wirtschaftsstandorte in den Ländern eingegangen wird. In erster Linie Büroimmobilienmarkt, aber auch Einzelhandels- und Logistikmarkt und vereinzelt Wohnimmobilienmarkt.

Büro: Lagebeschreibung der Wirtschaft, Mieten, Bestands- und Leerstandsentwicklung, Flächenumsatz, Investitionstätigkeit, Renditen, Nachfrage.

„*Shortterm Outlook*" für Mieten, Renditen, Leerstand, Angebot und Nachfrage (stabil, steigend, fallend).

Einzelhandel: Beschreibung des aktuellen Konsumklimas, der Investitions- und Bautätigkeit sowie der Mieten.

Ausblick/Prognose für Mietentwicklung und Bestandserweiterungen (für die kommenden Monate).

Colliers

Allgemein:	Jährlich, halbjährliche oder quartalsweise Marktberichte für die großen europäischen, ame irikanischen und asiatischen Wirtschaftszentren. Büro-, Einzelhandels- und Logistikimmobilienmarkt, zum Teil auch Wohnen (Schwerpunkt: Büro).
Büro:	Lagebeschreibung der Wirtschaft, Mieten, Bestands- und Leerstandsentwicklung, Flächenumsatz, Investitionstätigkeit, Renditen, Nachfrage.
	Prognose nur im Sinne einer allgemeinen Trendaussage (fallend, stabil, steigend) für die kommenden 1 bis maximal 2 Jahre.
Einzelhandel:	Beschreibung des aktuellen Konsumklimas, der Investitions- und Bautätigkeit sowie der Mieten.
	Prognose nur im Sinne einer allgemeinen Trendaussage (fallend, stabil, steigend) für die kommenden 1 bis maximal 2 Jahre.

2.4.2.2 Immobilienunternehmen

Degi

Allgemein:	Einmal pro Jahr „Marktreport", in dem der Büro-, Einzelhandels- und teilweise auch Logistikimmobilienmarkt in Berlin, Dresden, Düsseldorf, Frankfurt, Hamburg, Köln, Leipzig, München und Stuttgart betrachtet werden.
Büro:	Beschreibung der aktuellen Wirtschaftslage und Auswirkung auf den Büroimmobilienmarkt, aktuelle Marktsituation: Flächenumsatz, Bautätigkeit, Leerstands-, Miet- und Renditenentwicklung auf dem Büromarkt.
	Prognose: Abbildung eines „Idealisierten Immobilienzyklus" für Deutschland insgesamt – wo befindet sich der deutsche Büroimmobilienmarkt derzeit und wo wird er in den kommenden 12–24 Monaten stehen.
	Für die einzelnen Regionen *Trendaussage* für die Entwicklung von Mieten, Renditen und Leerständen in den kommenden 1–2 Jahren.
Einzelhandel:	Darstellung des aktuellen Konsumklima, Einzelhandelsumsatz, Kaufkraft, Einzelhandelszentralität, Flächenangebot, Bautätigkeit, Nachfrage und Mieten.
	Trendaussage für Miet- und Angebotsentwicklung.

DB Research

Allgemein:	Researchbericht für Standorte weltweit, in Europa werden jährlich etwa 20 Metropolen in einem Bericht betrachtet; dabei jeweils Büro-, Einzelhandels-, Logistik- und Wohnimmobilienmarkt.

Büro: Beschreibung der Wirtschaftlichen Lage, Mietentwicklung, Leerstandsquote, Rendite, Bautätigkeit.

Prognose für die kommenden 2 Jahre für Veränderung der Mieten,
Leerstandsrate, Renditen, Capital Growth und Total Return in Ta-
bellenform.

Einzelhandel: Betrachtung der Einzelhandelsumsätze, Konkurrenzsituation
(durch Einkaufszentren in der Umgebung), Mieten, Renditen.
Keine Prognose.

2.4.2.3 Real Estate Research-Institute

Bulwien – GESA

Allgemein: Immobilienmarktanalyse und -prognose für regionale Wohn-, Büro-
und Einzelhandelsimmobilienmärkte, gesamtwirtschaftliche und demographische Rahmendaten als Ausgangspunkt der Analyse, Darstellung der aktuellen Situation und Prognose für die nächsten 5 Jahre.

Büro: 7 A-Städte, 13 B-Städte in Deutschland.
Analyse: Markt- und Standortanalyse – Chancen und Risiken der
Regionalentwicklung für den Büroimmobilienmarkt, Spitzen-
und Durchschnittsmieten, Vermietungsleistung, Nachfrageent-
wicklung, Entwicklung der Bürobeschäftigten, Fertigstellungen,
Bautätigkeit, Leerstand.

Prognose: 5 Jahre für Spitzenmieten, Durchschnittsmieten, Leerstand, Flächenbestand, Fertigstellung, Bürobeschäftigte

Einzelhandel: 9 A-Städte, 21 B-Städte in Deutschland.
Analyse: Markt- und Standortanalyse – Wettbewerbssituation, Ein-
zugsbereich, Einkommensstruktur, Kaufkraft und einzelhandelsre-
levantes Marktvolumen, Einzelhandelsumsatz, Einzelhandelsmieten, Flächenangebot und -planungen.

Prognose: 5 Jahre für Spitzenmiete und Einwohner.

Empirica

Allgemein: In erster Linie auftragsbezogene Prognosen (auch langfristig) und
Analysen für regionale und überregionale Wohnimmobilienmärk-
te in verschiedenen Ländern.

Feri

Allgemein: Immobilienmarktanalyse und -prognose für mehr als 150 regionale Wohn-, Büro- und Einzelhandelsimmobilienmärkte in 18 Ländern; Gesamtwirtschaftliche und demographische Rahmendaten
als Ausgangspunkt der Analyse; Darstellung der historischen Entwicklung und Prognose für 10 Jahre auf Basis ökonometrischer
Modelle.

Büro: Alle Kreise und kreisfreien Städte in Deutschland, weitere ca. 40 Städte in Europa (außerhalb Deutschland), 44 Standorte in den U.S.A. Analyse: Markt- und Standortanalyse. Regionale Wirtschaftskraft, Nachfrageentwicklung, Entwicklung der Bürobeschäftigten, Angebotsentwicklung, Fertigstellungen, Bautätigkeit, Leerstand, Durchschnittsmieten, Renditen für Büros Innenstadtlage und Randlage.

Prognose: 10 Jahre für Durchschnittsmieten, Leerstand, Flächenbestand, Fertigstellung, Bürobeschäftigte, Renditen.

Einzelhandel: Alle Kreise und kreisfreien Städte in Deutschland, weitere ca. 40 Städte in Europa (außerhalb Deutschland), 44 Standorte in den U.S.A. Analyse: Markt- und Standortanalyse. Regionale Wirtschaftskraft, Einkommensstruktur, Kaufkraft, Einzelhandelsumsatz, Einzelhandelsmieten, Flächenangebot und -planungen.

Prognose: 10 Jahre für Durchschnittsmieten, Flächenbestand, Fertigstellung, Einkommensentwicklung, Einkommensverteilung, Renditen.

Gewos

Allgemein: Keine regelmäßigen Analysen und Prognosen (auch langfristige Prognosen), nur auftragsbezogen für Wohn-, Einzelhandels- und Büroimmobilienmarkt in Deutschland (nur in Deutschland?), regional und überregional.

Markt- und Standortanalysen je nach Inhalt des Auftrags werden z.B. Mieten, Kaufpreise, Kaufkraft usw. analysiert und prognostiziert.

PPR Property and Portfolio Research

Allgemein: Regelmäßige Analyse und Prognose von 54 Urban Areas in den USA, wobei jeweils 5 Immobilientypen betrachtet werden (Wohnungen, Büro, Einzelhandel, Warehouse und Hotel).

Büro: Analyse: Darstellung von demographischen und wirtschaftlichen Rahmendaten wie Bevölkerungsentwicklung, Zahl der Haushalte, Wirtschaftswachstum, Erwerbstätigkeit.

Beschreibung der Situation auf dem Büroimmobilienmarkt unter Berücksichtigung von Angebot, Nachfrage, Leerstand, Fertigstellungen, Mietentwicklung, Renditen, Flächenumsatz.

Prognose: 4-Jahresprognose für die weitere wirtschaftliche und demographische Entwicklung sowie für den Büroleerstand, -fertigstellungen, -mieten.

Dabei wird nur die Veränderungsrate für den gesamten Prognosezeitraum, nicht aber für die einzelnen Jahre angeben (daneben wird der Einzelhandels- und Büroimmobilienmarkt für 50 Städte in 16 europäischen Ländern betrachtet, auch mit Prognose.

Reis

Allgemein: Analyse (quartalsweise) und Prognose von 80 Städten in den USA, wobei jeweils 4 Immobilientypen betrachtet werden (Wohnungen, Büro, Einzelhandel, Logistik).

Sowohl gesamtwirtschaftliche und demographische Daten als auch immobilienspezifische Daten werden berücksichtigt und prognostiziert.

2.5 Beispiel: Das Feri Immobilienmarkt – Prognosemodell

Exemplarisch soll anhand des folgenden Beispiels gezeigt werden, wie ein komplexes ökonometrisches Modell zur Prognose der Entwicklung des Immobilienmarktes aussieht. Das Beispiel bezieht sich auf das Feri Modell zur Prognose des Immobilienmarktes für einen einzelnen Standort.

Der Feri Prognoseansatz folgt einem Top-Down-Ansatz. Den Ausgangspunkt bilden Analysen der gesamtwirtschaftlichen Entwicklung und der Entwicklung der Branchen in dem jeweiligen Land, denn das Entwicklungspotenzial eines bestimmten Wirtschaftszentrums hängt sowohl von der globalen Entwicklung, als auch von der Branchenentwicklung und der regionalen Wirtschaftsstruktur ab. Die dabei zugrundeliegenden makroökonomischen Modelle bilden Zusammenhänge ab, die nicht nur für den Immobilienmarkt relevant sind, sondern die auch für die Prognose anderer Assetklassen genutzt werden können.

Abb. 2: Struktur eines Prognosemodells für den Immobilienmarkt

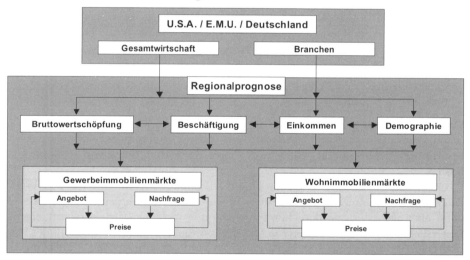

Ausgehend von der **Länderprognose** wird in einem zweiten Schritt mittels eines **Regionalmodells** bestimmt, was diese Grundannahmen für die Prognose der Wirtschaftsentwicklung an dem jeweiligen Standort bedeuten. Die Wirtschaftsentwicklung am Standort ist von ausschlaggebender Bedeutung für die Entwicklung der Immobilienmärkte.

In einem weiteren Schritt werden in Teilmodellen – differenziert nach den Nutzungsarten Büro, Einzelhandel und Wohnen – Immobilienmarktprognosen für Angebot und Nachfrage nach einzelnen **Benchmark-Immobilien** erstellt. Aus dem Zusammenspiel von Angebot und Nachfrage schließlich wird die Entwicklung von Miet- und Kaufpreisen sowie die Entwicklung der Renditen abgeleitet. Insgesamt besteht das Feri Immobilienmarkt Modell aus ca. 500 Gleichungen für jeden Standort.

Eine wesentliche Grundlage für die Prognose ist das **Feri-Branchenrating**, das ursprünglich als Standardprodukt zur Bewertung von Risiken bei der Vergabe von Unternehmenskrediten entwickelt wurde. Dass der Einfluss der Branchenstruktur und konjunktureller Entwicklungen in einzelnen Branchen auf einen bestimmten Standort erheblich ist, lässt sich leicht nachvollziehen, bleibt aber in allzu vielen Prognosen unberücksichtigt. So kann der Immobilienmarkt in Stuttgart beispielsweise von der Branchenkonjunktur des Maschinenbaus in den USA beeinflusst werden, und von einer stabilen Branchenkonjunktur der Chemieindustrie profitiert ein Standort wie das Rhein-Main-Gebiet, während Mecklenburg-Vorpommern wenig davon spürt.

Der Prognosezeitraum für die Feri-Prognosen beträgt jeweils zehn Jahre. Für die ersten beiden Jahre werden Immobilienzyklusprognosen erstellt, während die darüber hinausgehenden Zeiträume durch Strukturprognosen abgedeckt werden.

3. Immobilienrating

3.1 Grundlagen

Rating ist eine multi-dimensionale Bewertung in Hinblick auf eine bestimmte Zielsetzung. Es haben sich grundsätzlich zwei Typen von Ratings in der Praxis bewährt:

– Credit Rating
– Investitions Rating

Das **Credit Rating** ist die Bewertung der Zahlungsfähigkeit eines Schuldners. (Land, Unternehmen usw.) Das **Investitions Rating** bewertet die Qualität einer Investition (Aktie, Immobilie, Fonds usw.) unter Berücksichtigung von Rendite und Risiko.

Gemeinsam ist allen Ratings, dass einem Dritten auf schnelle und einfache Weise eine Bewertung unterschiedlicher Alternativen ermöglicht werden soll, ohne dass er selbst über alle dafür erforderlichen Informationen verfügen oder detaillierte eigene Untersuchungen anstellen muss. Auch in der Immobilienwirtschaft gewinnt der Rating-Gedanke zunehmend an Bedeutung. So wird seit einiger Zeit – auch unterstützt durch die Diskussion um Basel II – das Immobilienobjekt Rating diskutiert.

Im folgenden erfolgt eine detailliertere Darstellung von Ansätzen zum Investitions-Rating. Nicht betrachtet werden die inzwischen bei den meisten Banken existierenden System zum Immobilien Rating im Hinblick auf die Anforderungen von Basel II. Hierbei geht es darum, das Rating der Bonität des Kreditnehmers um ein Rating der zu finanzierenden Immobilie (Objektrating) zu ergänzen. Zielsetzung ist es, eine Prognose der Ausfallwahrscheinlichkeit für ein bestimmtes Objekt abzuleiten. Dabei werden neben einer Analyse der Cashflows aus einer Immobilie auch Fragen zum Standort und zur Qualität der Immobilie, zur Qualität des Managements sowie zum Mieter des Objekts berücksichtigt.

3.1.1 Anforderungen

Damit Ratings den in sie gesetzten Erwartungen gerecht werden können, sind an sie eine Reihe von Anforderungen zu stellen:

- **Prognoseorientiert**
  Ratings sollen Hilfen für Investitionsentscheidungen liefern. Sie müssen deshalb zukunftsorientiert sein.
- **Langfristig**
  Da Immobilieninvestitionen langfristig orientiert sind, müssen auch Ratings langfristig ausgerichtet sein.
- **Vergleichbarkeit**
  Um Investitionsalternativen und Risiken miteinander vergleichen zu können, muss eine Vergleichbarkeit zwischen Standorten und Nutzungsarten gegeben sein.
- **Quantitativ**
  Damit die Ergebnisse überprüfbar sind, müssen Ratings quantitativ gestaltet sein.
- **Transparent**
  Die Ergebnisse müssen so dargestellt werden, dass die Begründungen vom Anwender nachvollzogen werden können.

3.1.2 Ratingbegriff

Obwohl der Begriff Rating in aller Munde ist, gibt es noch immer keine von allen Marktteilnehmern anerkannte Definition.

Moody's definiert Ratings als Meinungen über die Fähigkeit und Bereitschaft eines Emittenten zur vollständigen und fristgerechten Erfüllung seiner Zahlungsverpflichtungen aus der von ihm begebenen Schuldverschreibung während der Laufzeit.

Ratings sind also zukunftsorientierte Aussagen. Sie basieren auf Indikatoren und Prognosen über die Fähigkeit, Zahlungsverpflichtungen zu erfüllen.

Was bedeutet dies für Ratings im Immobilienmarkt?

Nach Feri sind Ratings Bewertungen der Qualität des Immobilienmarktes, eines Immobilienobjekts oder eines Immobilienprodukts im Hinblick auf die zu erwartenden Wertentwicklungspotenziale und Risiken aus der Sicht eines Investors.

HVB Expertise bezeichnet das Markt- und Objektrating für Immobilien als ein standardisiertes Verfahren, um die nachhaltige Qualität einer Immobilie in ihrem relevanten Markt darzustellen. Maßstab der Qualität ist die mittelfristige Verkäuflichkeit der Immobilie zu einem dann angemessenen Preis zwischen Experten, denen alle Markt- und Objektinformationen zur Verfügung stehen.

3.1.3 Ratingagenturen und Ratingprozess

An Ratingagenturen sind einige Anforderungen zu stellen, die die Auswahl der möglichen Agenturen begrenzt.

– **Formale Kriterien**
Es muss sich um eine Kapitalgesellschaft handeln, die über eine Mindestgröße verfügt und die seit geraumer Zeit am Markt etabliert ist.

– **Inhaltliche Kriterien**
Es ist der Nachweis einer am Markt erprobten und wissenschaftlich abgesicherten Analysesystematik zu erbringen. Die Methodik muss prognostischen Gehalt aufweisen.

– **Unabhängigkeit**
Das Analyseinstitut darf keine eigenen Anlageprodukte konzipieren und anbieten. Auch darf keine Abhängigkeit von Gesellschaftern oder Tochterunternehmen bestehen, die Anlageprodukte konzipieren oder anbieten. Die Methodik ist offen zu legen.

– **Überprüfung**
Das Unternehmen muss sich einer Überprüfung der Anforderungen stellen.

Die wichtigsten Marktteilnehmer im Immobilienbereich sind:

– Feri
– Fitch
– HVB Expertise
– Moody's
– Standard & Poors (S & P)

Darüber hinaus gibt es Spezialagenturen, die sich auf Teilaspekte im Immobilienbereich konzentrieren.

– Scope Group (Fondsrating)
– RCP zusammen mit der Deutschen Immobiliendatenbank (Fondsrating)

Der Ablauf eines Ratings erfolgt üblicherweise nach fest vorgegebenen Regeln (Beispiel Feri):

– **Datenanforderung und -erhebung**
Fragenkataloge: Immobilie, Fondskonstruktion, Management, Organisation, etc.

– **Objektbegehung und Interviews**
Durchführung von Objektbegehungen und Interviews mit Geschäftsführung und wesentlichen Mitarbeitern

– **Analyse und Bewertung**
Durchführung der Analysen und Bewertungen anhand der Daten und der Interviews

– **Rückkopplung mit Auftraggeber**
Diskussion der vorläufigen Analyseergebnisse mit dem Auftraggeber

– **Ratingkomitee**
Festlegung der Ratingergebnisse im Ratingkomitee

– **Abschlussgespräch**

Präsentation der Ratingergebnisse beim Auftraggeber, Begründung des Ratings

3.1.4 Ratingskalen

Ergebnis des Ratingprozesses ist die Zusammenfassung der Bewertung mittels einer Ratingnote.

Die Aussage ist um so differenzierter, je mehr Noten vergeben werden. Eine Ausnahme stellt die Feri-Systematik dar. Hier basiert die Bewertung auf einer Unterteilung in 100 Punkte, die zu den 10 unten dargestellten **Ratingklassen** zusammengefasst werden.

Die **Ratingnoten** dienen zum einen der Zuweisung einer bewertenden Kommentierung andererseits erlauben Sie – zumindest in Grenzen – eine Vergleichbarkeit von Ratings verschiedener Agenturen.

Abb. 3: Ratingskalen

Moody's	S&P	Risikogarantie	Feri	Kommentar
Aaa	AAA	Höchste Bonität, geringes Ausfallrisiko	AAA	Absolute Spitze
Aa1	AA+	Hohe Bonität, kaum höheres Risiko		
Aa2	AA			
Aa3	AA-			
A1	A+	Überdurchschnittliche Bonität, etwas höheres Risiko	AA	Hervorragend
A2	A		A	Sehr gut
A3	A-			
Baa1	BBB+	Mittlere Bonität, stärkere Anfälligkeit bei negativen Entwicklungen im Unternehmensumfeld	B+	Weit überdurchschnittlich
Baa2	BBB+			
Baa3	BBB-		B	Leicht überdurchschnittlich
Ba1	BB+	Spekulativ, Zins- und Tilgungszahlungen bei negativen Entwicklungen gefährdet		
Ba2	BB		C	Überdurchschnittlich
Ba3	BB-			
B1	B+	Geringe Bonität, relativ hohes Ausfallrisiko	D	Leicht unterdurchschnittlich
B2	B			
B3	B-		D-	Weit unterdurchschnittlich
Caa	CCC	Geringste Bonität, höchstes Ausfallrisiko	E	Schlecht
Caa	CC			
C	C			
D	D	Schuldner bereits in Zahlungsverzug oder Insolvenz	E-	Sehr schlecht

3.1.5 Ratingtypen

Die vorhandenen Ratings lassen sich in drei Typen unterteilen:

- **Markt- und Standortrating**
  Bewertung der Entwicklung des Immobilienmarktes am Standort der Immobilie, Bewertung von Potenzial und Risiko.
- **Objektrating**
  Bewertung des Entwicklungspotenzials eines einzelnen Immobilenobjekts.
- **Produktrating**
  Bewertung von Immobilienprodukten, wie geschlossene oder offene Immobilienfonds.

3.2 Markt- und Standortrating

Markt- und Standortratings haben die Aufgabe, Immobilienmärkte und Immobilienstandorte bezüglich ihres Entwicklungspotenzials und der Standortrisiken zu bewerten.

Ausgangspunkt ist die Beobachtung, dass die Wertentwicklung einer Einzelimmobilie zu mehr als 60% von der Entwicklung des Standorts abhängt und zu weniger als 40% durch objektspezifische Kriterien beeinflusst wird. Will man also das Wertentwicklungspotenzial einer Einzelimmobilie bewerten, benötigt man zuverlässige Angaben über die Entwicklungsperspektive des Standorts.

3.2.1 Anwendungsbereiche für Marktratings

Anwendungsbereiche für das Markt- und Standortrating sind:

- Investitions- und Desinvestitionsentscheidungen für Immobilien am Standort
- Marktwertermittlung
- Risikoanalyse von Immobilienportfolios
- Portfolioanalyse und -steuerung
- Immobilien Asset Allocation.

3.2.2 Methode: Beispiel Feri Immobilienmarkt Rating

Das *Feri Immobilienmarkt Rating* bewertet Immobilienstandorte (Wirtschaftszentren) in bezug auf die künftige Wertentwicklung von Immobilien unter Berücksichtigung des Risikos.

Es basiert auf einer detaillierten *Regionalprognose*, die in das internationale Prognosesystem für Länder und Branchen der Feri eingebunden ist.

Das *Rating* stellt die systematische Auswertung der Regionalprognose mittels des Feri Rating Algorithmus dar und erlaubt es, die Wertentwicklung von Benchmark-Immobilien zu bewerten.

Die Ergebnisse werden vierteljährlich veröffentlicht und stehen für ca. 150 Standorte in Amerika und Europa und für jeweils 9 Benchmark-Immobilien zur Verfügung.

Abb. 3: Feri Immobilienmarkt Rating

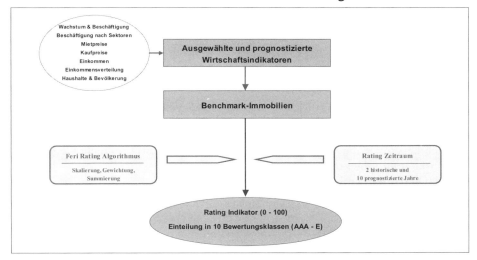

3.3 Objektrating

Objekratings (oder Markt- und Objektratings) dienen zur Bewertung der Leistungsfähigkeit einer Immobilie im Hinblick auf ihre Eignung als Investitionsobjekt (Feri) bzw. zur Beurteilung der Qualität einer Immobilie in Bezug auf die mittelfristige Verkäuflichkeit der Immobilie (HVB Expertise).

In jedem Fall handelt es sich um ein System, bei dem eine Immobilie mit all ihren standort- und marktspezifischen, technischen und wirtschaftlichen Eigenschaften analysiert und bewertet wird.

Auf europäischer Ebene wurde ein System der TEGoVA (The European Group of Valuers' Associations) entwickelt, das im Wesentlichen mit dem für Deutschland von HVB Expertise entwickelten Markt- und Objektrating System „MoriX" identisch ist.

Ein alternativer Ansatz, der eine Immobilie als Investitionsobjekt betrachtet und auf einer **Marktwertermittlung** beruht, wurde von Feri Research entwickelt. Anders als bei dem Ansatz von HVB Expertise basiert dieses Rating auf einer expliziten Prognose der Cashflows aus der Immobilie und aller mit der Immobilie verbundenen Risiken. Zentrales Bewertungskriterium ist die Wirtschaftlichkeit einer Immobilie. Hier steht die Sicht eines Investors im Vordergrund.

3.3.1 Anwendungsbereiche für Objektrating

Anwendungsgebiete für Objektratings sind:
- Kreditanalyse bei der Gewährung von Immobiliendarlehen
- Risikoanalyse von Portfolien
- Investitions- und Desinvestitionsentscheidungen
- Portfolioanalyse und -steuerung
- „Internal Ratings Advanced Approach" nach Basel II
- Marktwertermittlung nach IAS/IFRS.

3.3.2 Methoden

Beispielhaft werden nachfolgend die Ansätze von TEGoVA bzw. MoriX und der Feri Ansatz dargestellt.

3.3.2.1 Immobilien Markt- und Objektrating

Trotz (S. 33) definiert das **Markt- und Objektrating** als „ein standardisiertes Verfahren, um die nachhaltige Qualität einer Immobilie in ihrem relevanten Markt darzustellen. Maßstab der Qualität ist die mittelfristige Verkäuflichkeit der Immobilien zu einem dann angemessenen Preis zwischen Experten, denen alle Markt- und Objektinformationen zur Verfügung stehen. Die Bonität des Mieters und des Darlehensnehmers sowie die Ausfallwahrscheinlichkeit des Kredits sind nicht Gegenstand des Markt- und Objektratings.

Beim Verfahren wird nach den Objektkategorien

- Wohnen
- Handel
- Lager/Logistik/Produktion
- Büro

unterschieden.

Die Bewertung erfolgt im Hinblick auf vier **Kriteriengruppen**, die – ermittelt durch Expertenbefragungen – wesentlichen Einflussfaktoren auf die Verkäuflichkeit einer Immobilie berücksichtigen (Büro- und Wohnimmobilien):

- **Markt**

  National:
    Höhere Gewalt
    Soziodemographie
    Wirtschaft
    Rahmenbedingungen
    Immobilienmarkt
  Regional:
    Höhere Gewalt
    Soziodemographie
    Wirtschaft
    Immobilienmarkt

- **Standort**

  Eignung des Mikrostandorts für die Objektart und die Nutzerzielgruppe
  Image des Quartiers
  Qualität der Verkehrsanbindung
  Qualität der Nahversorgung
  Höhere Gewalt

- **Objekt**

  Architektur/Bauweise
  Ausstattung
  Objektzustand

Grundstückssituation
Umwelteinflüsse aus dem Objekt
Wirtschaftlichkeit der Gebäudekonzeption

– **Qualität des Objekt-Cashflows**

Mieter-/Nutzersituation
Mietsteigerungspotenzial
Wiedervermietbarkeit/Marktgängigkeit
Leerstand/Vermietungsstand
Umlagefähige und nicht umlagefähige Bewirtschaftungskosten
Drittverwendungsfähigkeit

Die jeweiligen Kriterien werden durch Indikatoren operationalisiert und auf einer Skala von 1 bis 10 bewertet. Die einzelnen Kriterien werden nach einem fest definierten Gewichtungsschema zusammengefasst, und schließlich wird ein Gesamtrating ermittelt.

3.3.2.2 Feri Immobilien Objektrating

Zentrales Ratingkriterium des Feri Immobilienobjekt Ratings ist die Bewertung der **Wirtschaftlichkeit einer Immobilie** als Investitionsobjekt. Bei der Bewertung eines einzelnen Objekts wird nach einem Top-Down-Ansatz vorgegangen, der von überregionalen Markttrends bis hin zu spezifischen Merkmalen des Mikrostandorts und des zu bewertenden Objekts die relevanten Einflussfaktoren analysiert und entsprechend ihrer Bedeutung gewichtet.

Die Berechnung der Wirtschaftlichkeit basiert auf einem Vergleich des Marktwerts einer Immobilie mit dem Investitionsvolumen oder anders aufgedrückt, auf einem Vergleich der Investitionsrendite, die – zusammengesetzt aus Mietrendite und Wertänderungsrendite – aus dem Objekt erzielt werden kann mit einer risikogerechten Verzinsung der Immobilie. Anders als bei dem oben dargestellten Ansatz, ist eine Voraussetzung des Feri Ratings, die Ermittlung eines Markt- oder Ertragswertes der Immobilie. Eine Besonderheit des Feri Ansatzes ist zudem, dass er auf expliziten Prognosen über die Cashflows der Immobilie beruht, wobei die Marktprognosen für den Standort hier automatisch einfließen.

Abb. 4: Feri Immobilienobjekt Rating

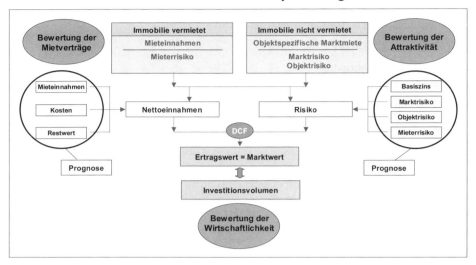

Das Feri Objektrating basiert auf einer Bewertung von

– Attraktivität
– Mietverträgen
– Wirtschaftlichkeit

Die Messung der Attraktivität erfolgt – ähnlich wie beim oben dargestellten Ansatz – durch einen umfassenden Kriterienkatalog (Büroimmobilien),

– **Makrostandort**
  Angebot
  Nachfrage
  Wertentwicklung

– **Mikrostandort**
  Lagequalität
  Verkehrsinfrastruktur
  Versorgungsinfrastruktur

– **Objektqualität**
  Gebäudequalität
  Grundstücksqualität

der auf ca. 150 Einzelkriterien aufgefächert wird.

Die für die Beurteilung der Makrostandortes erforderlichen Prognosen werden dem Feri Immobilienmarkt Rating System entnommen. Die anderen Kriterien werden von einem Gutachter im Rahmen einer Orts- und Objektbegehung ermittelt.

Die **Attraktivität** der Immobilie dient neben einer detaillierten Erfassung aller relevanten Qualitätseigenschaften der Immobile zur Ableitung einer objektspezifischen Marktmiete, die für die zu bewertende Immobile nachhaltig angemessen ist.

Hier fließt auch die Marktprognose der Feri ein, die mit Hilfe der Attraktivitäts-komponenten auf die individuelle Immobilie heruntergebrochen wird.

Darüber hinaus wird die Attraktivität dazu verwendet, um eine risikogerechte Verzinsung der Immobilie zu ermitteln. Dieser Zinssatz, der alle mit der Immobilie verbundenen Risiken berücksichtigt und der im Rahmen der Wertermittlung als Kapitalisierungszinssatz verwendet wird, wird von Feri **„Break Even Rendite"** genannt.

Die Auswertung der Mietverträge erfolgt im Hinblick auf die Berechnung der Cashflows als Basis der Berechnung des Marktwerts der Immobilie im Rahmen des **Discounted-Cashflow-Modells** (DCF) und der Ermittlung der Mieterrisiken.

3.4 Produktratings

Produktratings bewerten Anlageprodukte im Hinblick auf Ihre Eignung als Investitionsobjekt aus der Perspektive eines Investors. Sie haben die Aufgabe, die Unsicherheit eines Anlegers bezüglich eines Investitionsproduktes zu reduzieren, alle Eigenschaften eines Produkts im Hinblick auf sicherheitsrelevante Eigenschaften abzuprüfen und eine Informationsbasis für die Investitionsentscheidung zur Verfügung zu stellen.

Es handelt sich jedoch nicht um eine Anlageempfehlung. Vielmehr erfolgt ein systematischer Check einer Anlagealternative. Die Ratingnote erlaubt einen Vergleich zwischen verschiedenen Anlagen im Immobilienbereich. Produktratings im Immobilienbereich werden z.Zt. für Geschlossene und Offene Immobilienfonds durchgeführt.

3.4.1 Anwendungsbereiche für Produktratings

Anwendungsgebiete für Produktratings sind:

- Investitionsentscheidungen
- Risikoanalysen von Anlageprodukten
- Vergleich zwischen verschiedenen Anlagealternativen
- Basis für Anlageempfehlungen für Vertriebe
- Checkliste für die Konzeption von Fonds

3.4.2 Methode: Beispiel Feri Immobilienfonds Rating

Das Feri Immobilienfonds Rating stellt eine umfassende Bewertung der Qualität eines geschlossenen Immobilienfonds aus der Sicht eines Investors dar. Analysiert werden alle Faktoren, die die zu *erwartende Rendite und das Risiko eines Fonds beeinflussen.*

Das Rating basiert auf der Bewertung der *Fondskonstruktion, der Managementqualität und der Immobilie(n).*

Bei der *Fondskonstruktion* werden die wesentlichen Konstruktionsmerkmale bewertet, die den Erfolg eines Fonds und die Sicherheit für den Investor gewährleisten.

Die *Managementqualität* analysiert ob das Fondsmanagement über die Fähigkeit verfügt, die von ihm aufgelegten Fonds erfolgreich zu vermarkten, zu überwachen und in Problemsituationen steuernd einzugreifen.

Bei der Bewertung der *Immobilie(n)* wird ermittelt, ob die Qualität der Immobilie ausreicht, die von ihr erwarteten Erträge dauerhaft zu erwirtschaften.

Die Bewertung erfolgt mittels eines umfangreichen *Kriterienkatalogs*, bei dem eine Vielzahl von quantitativen und qualitativen Aspekten auf einer Punktskala von 1 bis 100 eingeordnet wird. Durch Verdichtung der einzelnen Aspekte wird eine Punktzahl ermittelt, die einer von *10 Bewertungsklassen von AAA bis E-* zugeordnet wird.

Abb. 5: Feri Immobilienfonds Rating

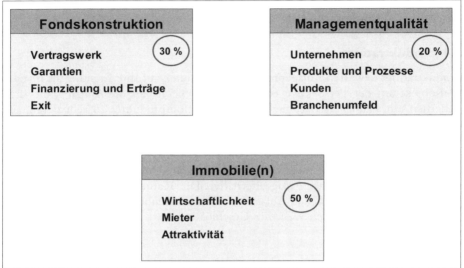

— **Bewertung der Immobilie**

Die Bewertung der Immobilie(n) erfolgt entsprechend dem oben beschriebenen Ansatz des Feri Immobilienobjekt Rating.

— **Bewertung der Fondskonstruktion**

Die Bewertung der Fondskonstruktion basiert auf einem umfangreichen Kriterienkatalog, mit dem die wesentlichen Konstruktionsmerkmale, die für den Erfolg eines Fonds verantwortlich sind, überprüft werden. Dazu zählen

- Bewertung des Vertragswerks
- Garantien
- Finanzierung und Erträge
- Exitoptionen

Die Bewertung des **Vertragswerks** bezieht sich auf die Vertragsbestandteile, die Vertragspartner, auf die bei der Fondskonstruktion vorgesehenen Kontrollfunktionen sowie auf die vorliegenden Gutachten.

Die **Garantien** umfassen Mietgarantien bzw. Generalmietverträge, Plazierungsgarantien, eine Eigenkapitaleinzahlungsgarantie sowie sonstige Garantien, wie etwa Zinsgarantien.

Im Bewertungsabschnitt **Finanzierung und Erträge** wird der Finanz- und Investitionsplan und die Prognoserechnung bewertet. Dabei wird insbesondere auf Abweichungen zwischen den Prospektangaben und den Ergebnissen des Ratings der Immobilie abgestellt. Die Beurteilung des Fremdkapitalrisikos berücksichtigt die Höhe der Fremdfinanzierung (Leverage Risiko). Beim Währungsrisiko wird sowohl die eventuelle Finanzierung in einer Fremdwährung berücksichtigt, als auch Risiken, die dadurch entstehen, dass Einnahmen und Verkaufserlöse der Immobilien in EURO konvertiert werden müssen. Bei der Steuerkonstruktion wird das Verhälnis aus Vor- und Nachsteuerrendite für einen steuertypischen Investor (25.000 € Beteiligung, 35 % Steuersatz) bewertet.

Der Analysebereich **Exit** bewertet die Regelungen aus der Fondskonstruktion, die sich auf den Exit beziehen. Hierbei handelt es sich um die Regelungen bei Kündigung und Verkauf der Beteiligung, um die Qualität der Exitregelung und um Exitoptionen.

— **Bewertung der Managementqualität**

Das Rating der Managementqualität ist Teil des Ratings eines geschlossenen Immobilienfonds und geht dort mit einem festen Gewicht ein.

Die Methodik ist durch die Zielsetzung geprägt, eine Bewertung des Partners des Investors vorzunehmen, um aus neutraler Sicht eine möglichst objektive Einschätzung der künftigen Geschäftspotenziale und -risiken des Managements zu ermitteln.

Innerhalb des Ratingprozesses kommt ein Kriterienkatalog zur Anwendung, der sowohl absolute als auch relative Prüfkriterien (gegenüber Benchmark) beinhaltet, die zum Teil durch branchenspezifische Ausprägungen gekennzeichnet sind.

Der Kriterienkatalog für das Rating setzt sich aus 4 Themenfelder zusammen:
- Unternehmen
- Produkte und Prozesse
- Kunden
- Branchenumfeld

Für jedes Kriterium erhält das Unternehmen eine Punktzahl zwischen Null und Hundert. Sämtliche Ergebnisse werden in gewichteter Form addiert, so dass sich für das Unternehmen eine Gesamtpunktzahl auf der o.g. Punkteskala errechnet. Da auf dieser Punkteskala Ratingklassen definiert sind, lässt sich jedes Unternehmen anhand der Ratingpunktzahl genau einer Ratingklasse zuordnen.

4. Zusammenfassung

Der Immobilienmarkt hat, weit später als andere Anlage-Marktsegmente, erst in den letzten Jahren eine Professionalisierung erfahren. Während in der Vergangenheit Immobilien-Investitionen „Bauchentscheidungen" waren, sind heute fundierte Prognosen und Ratings für langfristig orientierte Entscheidungen am Immobilienmarkt unverzichtbar.

Um Prognosen und Ratings in der Praxis einsetzen zu können, benötigt man Grundkenntnisse der verschiedenen methodischen Ansätze, um unterschiedliche Ergebnisse kritisch zu hinfragen und anwenden zu können.

Prognosen können insbesondere für das Timing von Immobilieninvestitionen, für die Identifikation der attraktiven, wachstumsstarken Zukunftsmärkte, für die Ermittlung von realitätsnahen Marktwerten und für die Identifikation von Standortrisiken in Immobilienportfolios eingesetzt werden.

Ratings, die zukunftsorientierte Bewertungen der Qualität von Immobilienmärkten, Immobilienobjekten und Immobilienprodukten (Offene und Geschlossene Fonds) darstellen, werden insbesondere zur Bewertung von Investitionsalternativen und zur Identifikation von Potenzialen und Risiken von Anlageprodukten eingesetzt.

III. Standort- und Marktanalysen

Übersicht

1. Ziel und Leistungsinhalte einer Standort- und Marktanalyse

1.1 Ziel einer Standort- und Marktanalyse

Standort- und Marktanalysen sind aus Sicht der Verfasser im Zusammenhang mit jeder Immobilienpro-/objektentwicklung bzw. Neu-/Restrukturierung einer Immobilie oder auch zur Unterstützung von Kaufentscheidungen unerlässlich, um alle immobilienwirtschaftlich relevanten Entscheidungstatbestände im Sinne von PRO und CONTRA fundiert aufzubereiten und einen Beitrag für den Langfrist-Erfolg einer Immobilieninvestition zu leisten.

Standort- und Marktanalysen sollten niemals ihrer selbst willen erstellt werden, sondern immer eine oder mehrere zielorientierte Fragestellungen beantworten, um in den unterschiedlichen Phasen der Pro-/Objektentwicklung sachdienliche Hinweise für eine Immobilieninvestition liefern zu können und den größtmöglichen Nutzen hierfür zu ziehen.

Definitorisch ist die **Standort-** und **Marktanalyse** eine objektive, methodisch orientierte, fachlich fundierte standort-, markt- und potenzialseitige Untersuchung aller wesentlichen Rahmenbedingungen für eine Immobilieninvestition.

Ziel einer solchen Analyse ist ganz allgemein die Aufbereitung von ökonomisch nachhaltigen **Wirtschaftlichkeits-/Tragfähigkeitsvoraussetzungen** an einem spezifischen Standort, wobei projektbezogen die Realisierungschancen und -zeiträume sowie bestehende Restriktionen (und unter Umständen auch die ökonomischen und städtebaulichen Auswirkungen) aufbereitet und darauf aufbauend die Erfolgs- und Ertragsaussichten bewertet werden müssen.

1.2 Leistungsbausteine einer Standort- und Marktanalyse

Üblicherweise werden im Rahmen einer Status-Quo-Betrachtung bei der Standort- und Marktanalyse durch eine systematische Eruierung und Bewertung der direkt oder auch indirekt mit der Entwicklung einer Immobilie in Zusammenhang stehenden Informationen, die Chancen und Risiken oder auch Optimierungspotenziale für das spezifische Projekt aufgezeigt.

Die Darstellung zum Aufbau und zu Untersuchungsinhalten orientiert sich in diesem Beitrag primär an den Nutzungen Einzelhandel und Büro, die beide zu den komplexesten Anwendungsfeldern einer Standort- und Marktanalyse zu zählen sind.

In einem ersten Untersuchungs-Schritt sollen – neben den eigentlichen Schlüsselindikatoren – üblicherweise fünf Teilbereiche analysiert werden:

– die makro-standortseitige Rahmenbedingungen,
– die mikro-standortseitigen Rahmenbedingungen,
– die Wettbewerbssituation sowie Struktur- und Leistungsdaten,
– die angebots-/nachfrage und potenzialseitigen Rahmenbedingungen,
– die pro-/objektspezifischen Rahmenbedingungen.

Sollen perspektivische Chancen und Risiken aufbereitet und dargestellt werden, bietet es sich nach Auffassung der Autoren zudem an, die klassische Standort- und Marktanalyse um **alternative Entwicklungszenarien** mit drei unterschiedlichen Varianten (Best Case-, Moderate Case- und Worst Case-Szenario) zu den Erfolgs-/Realisierungs- und Vermarktungszeiträumen zu ergänzen bzw. erweitern.

Szenarien sind Entwicklungsrichtungen und –verläufe, die unter bestimmten, vorher definierten Rahmenbedingungen eintreten können und sollten sich an Extremwerten (in optimistischer wie pessimistischer Hinsicht) orientieren. Ursachen und Folgen bestimmter perspektivischer Standort- und Markt-Entwicklungen und deren Wechselwirkungen können somit aufgezeigt und nachvollziehbarer gemacht werden.

Ein Vergleich von drei alternativen Szenarien untereinander ermöglicht auch, dass die realistischen Entwicklungsspielräume eines Marktes transparenter werden. Durch die intensive Auseinandersetzung mit den Einflussparametern, den Wirkungen und Folgen kann die Eintrittswahrscheinlichkeit von Marktentwicklungen innerhalb eines Entwicklungskorridors besser eingeschätzt werden.

Eine Standort- und Marktanalyse ist nicht nur bei der Projektierung einer neuen Immobilien sondern auch in den verschiedenen ‚Lebensphasen‘ einer Bestandsimmobilie ein notwendiges Instrument zur adäquaten Bewertung von Erfolg und Misserfolg einer Investition oder Kaufentscheidung. In der Planungsphase hilft sie insbesondere bei der Abwägung der generellen Marktchancen eines Projektes sowie der spezifischen Ausformulierung der Immobilienstruktur (etwa bei der Festlegung von Grundrissen, Zuschnitten, Geschossigkeiten, Nutzungselementen oder der optimalen Flächenkonfiguration). Bei der Ankaufentscheidung wird ein Hauptaugenmerk auf der Ermittlung eines angemessenen Kaufpreises und der Nachhaltigkeit des Investments liegen. Ist die Immobilie bereits am Markt etabliert, fungiert die Standort- und Marktanalyse vor allem als Instrument für eine Objekt-/Strukturoptimierung.

Genau wie jede Immobilie ist auch jede Standort- und Marktanalyse ein Unikat, auch wenn die Herangehensweise an eine Studie stets einem ähnlichen Untersuchungsaufbau/-design folgen sollte.

2. Hinweise zu Quellen einer Standort- und Marktanalyse

Ein Standort- und Marktanalytiker kann ganz grundsätzlich auf eine Reihe allgemein zugänglicher Informationen zurückgreifen, wobei an erster Stelle die amtliche Statistik zu nennen ist. So können u.a. die wirtschaftliche Situation eines Standortes, Arbeitsmarkt- und Bevölkerungszahlen oder Pendlerbeziehungen anhand amtlicher Daten und Informationen abgebildet werden. Speziell **immobilienmarktbezogene Daten** sind demgegenüber in der amtlichen Statistik nur begrenzt verfügbar. Relativ günstig stellt sich die Situation vor allem für den Wohnungsmarkt dar, wo teilmarktrelevante Daten (u.a. Zahlen zur Bevölkerung- und Haushaltsentwicklung, Veränderung der Haushaltsgrößen, Wanderungsbewegungen sowie Baufertigstellungen und -genehmigungen, differenziert nach Marktsegmenten) auf räumlicher/regionaler Ebene vorliegen.

Für gewerbliche Immobilien beschränkt sich die amtliche Statistik dagegen auf die nur bedingt aussagefähigen Angaben zu Baufertigstellungen und -genehmigungen (differenziert nach den Kategorien Büro- und Verwaltungsgebäude, Fabrik und Werkstattgebäude, Handels- einschließlich Lagergebäude, Hotels und Gaststätten sowie sonstige Nichtwohngebäude). Hier haben zahlreiche Veröffentlichungen aus der Investmententwickler-, Makler- und Bankenszene in den letzten zehn Jahren für eindeutiges Mehr an Markttransparenz in puncto Bestandszahlen und Leistungskennziffern gesorgt. Weitere Quellen für Informationen sind z.B. Stadtplanungsämter, Wirtschaftsförderungsämter/-gesellschaften, Industrie- und Handelskammern, Berichte von Wirtschaftsförderungen, veröffentlichte Gutachten von Kommunen und Forschungsinstituten, Sonderuntersuchungen statistischer Ämter, Fachzeitschriften, Internet-/Zeitungsarchive, regelmäßige Untersuchungen kommerzieller Anbieter (z.B. Kaufkraftzahlen der GfK), Datenbanken kommerzieller Anbieter (z.B. Einzelhandels-, Büro- und Hoteldatenbanken von Marktforschungsunternehmen).

Regelmäßige Erhebungen zur Kaufkraft, Ausschnitte aus Datenbanken privater Anbieter auch im Internet, Zeitungsarchive u.s.w. sind in der Regel kostenpflichtig.

Um wichtige Marktdaten, zukünftige Entwicklungen, Nachfragepotenziale oder strukturelle Aspekte einbeziehen zu können, die bislang – aus welchen Gründen auch immer – nicht erhoben wurden, können eigene Primärerhebungen erfolgen, wobei die handelnden Akteure über langjähriges Know-How auf diesem Sektor und in puncto Fragebogenentwicklung, Codierung, EDV-Aufbereitung oder bei Expertengesprächen/Verbraucherrunden über einschlägige Erfahrung verfügen sollten.

Als Beispiele für Informationen, die nur mit Primärdatenerhebungen zu gewinnen sind, können das Einzugsgebiet für Handelseinrichtungen, zu realisierende Flächenumsätze, Nachfragezielgruppen für unterschiedliche Bürostandorte, sich verändernde Nutzeranforderungen an Büroflächen, Wettbewerbsanalysen von Konkurrenzobjekten, Ausstattungswünsche von Wohnungseigentümern und vieles mehr benannt werden.

In der langjährigen Praxis der Verfasser haben sich dabei Befragungen (Haushaltsbefragungen, Unternehmensbefragungen, Nutzer-/Mieterbefragungen, Kundenbefragungen, Passantenbefragungen etc.), Gruppendiskussionen (Expertengespräche, Workshops, Moderationen etc.) Kartierungen und last, but not least Vor-Ort-Erhebungen bewährt, wobei Umfang und Inhalt von aufwändigen, aber sicherlich sehr hilfreichen empirischen Analysen unbedingt zielkonform sein müssen, um den gewünschten Beitrag zur Entscheidungsfindung einer Immobilieninvestition zu leisten.

3. Grundlagen einer Standort- und Marktanalyse

3.1 Rahmenbedingungen des Makro-Standortes

Die Analyse der makro-standortseitigen Rahmenbedingungen stellt sich als unverzichtbare Basisinformation bei der Bewertung von Pro-/Objekten in den Bereichen Büro-, Hotel-, Freizeit- und Wohnimmobilien, aber auch bei großflächigen Einzelhandelseinrichtungen wie etwa Shoppingcentern dar. Als relevante Analysefaktoren für einen **Makro-Standort** sind in einem solchen Fall die Lage im Raum, die Verkehrsanbindung, die administrative Funktion, Stadt- und Siedlungsstruktur, Wirtschaftsstrukturen, besondere Charakteristika sowie die soziodemographischen und ökonomischen Rahmendaten einer **Standortanalyse** zu bewerten.

Als wichtiger Faktor ist zunächst die naturräumliche/geografische **Lage** des Makro-Standortes sowie die administrative Staats-, Landes- und Regionszugehörigkeit zu beachten. Darüber hinaus ist aber insbesondere auch die strukturelle Einbindung des Makro-Standortes in die Region zu betrachten. Das heißt, es sind die Fragen zu klären, welche stadtstrukturellen Verknüpfungen bestehen (u.a. Solitärlage, Stadtverbund, Ballungsgebiet), welche benachbarten Städte/Zentren von Relevanz und wie weit diese entfernt sind und wie der Siedlungs- bzw. Wirtschaftsraum abzugrenzen ist.

Abb. 1: Der Makro-Standort Berlin

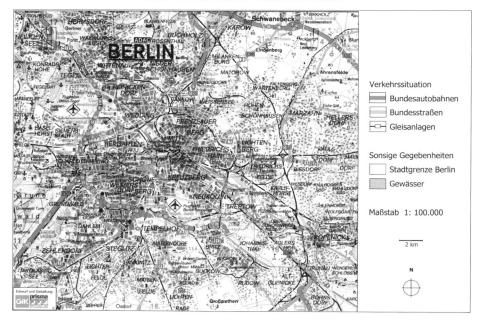

Wichtige Anhaltspunkte für die Abgrenzung solcher Verflechtungsbeziehungen bietet etwa die Betrachtung der lokalen, regionalen und nationalen **Verkehrsanbindung** des **Makro-Standortes**, insbesondere des städtischen Straßennetzes (Führung der Verkehrsachsen, jeweiliger Ausbauzustand) bzw. des ÖPNV (Reichweite und Leistungsfähigkeit des Verkehrsverbundes). Auch ist in diesem Zusammenhang die generelle Anbindung an das regionale/nationale Individualverkehrsnetz (u.a. Verlauf und Belastung von Autobahnen, Bundesstraßen, Ein-/Ausfallstraßen) und an die übergeordneten öffentlichen Verkehrsträger (u.a. Fern-/Regionalverkehr der Bahn, regionaler/internationaler Flughafen, Fährverbindungen) aufzubereiten. Mit Blick auf eine Zukunftsorientierung der Analyse sollten auch immer die relevanten Planungen für die verschiedenen Verkehrsträger eruiert und berücksichtigt werden.

Von Bedeutung für die Bewertung des Makro-Standortes ist ferner die administrative bzw. zentralörtliche **Funktion** des Untersuchungsortes (politische/administrative Funktion, z.B. als Bundes-/Landeshauptstadt oder als Kreisstadt etc. sowie die zentralörtliche Funktion als Ober-, Mittel-, Unter- oder auch Grundzentrum). Des Weiteren sollten auch die spezifische **Stadt- und Siedlungsstruktur** vertiefend betrachtet werden. Handelt es sich um ein kompaktes oder weiträumiges Stadtgebiet und ist diese historisch bedingt um einen ‚Kern' herum gewachsen oder besteht ein durch Eingemeindungen entstandenes polyzentrisches Gebilde? Auch ist zu prüfen, welche Zentrenstruktur (übergeordnete Versorgungszentren, Subzentren, etc.) und welche Gebiete unterschiedlicher Prägung (Wohngebiete unterschiedlicher Dichte und Bausubstanz/Siedlungsform, gewerblich-/industriell geprägte Gebiete, Erholungsgebiete, etc.) bestehen und ob diesbezüglich Ballungen (etwa Entwicklungsachsen und -knoten) zu erkennen sind.

Von erheblicher Relevanz sind zudem die in der Region bestehenden **Wirtschaftsstrukturen**. Diesbezüglich ist zu eruieren, welcher Sektor (primärer, sekundärer, tertiärer) die Wirtschaft des Untersuchungsortes bestimmt, welche Branchen schwerpunktmäßig vor Ort ansässig sind (u.a. Erstellung eines Branchenprofils, Bewertung der wirtschaftlichen ‚Sicherheit' der jeweiligen Branche) und welche Unternehmen von hier aus agieren bzw. die größten örtlichen Arbeitgeber darstellen. Zudem sind die jeweils spezifischen Charakteristika, über die jeder Makro-Standort verfügt, aufzuzeigen.

Hier können etwa historische Besonderheiten, „weiche Standortfaktoren" (wie etwa das Image des Standortes, lokale/regionale Identität, Stadtbild, Landschaft, Lebens- und Wohnqualität, Freizeitmöglichkeiten, Klima), die politischen Rahmenbedingungen (u.a. demokratische versus diktatorische Strukturen, Investitionsklima, politische Mandatsverteilung, etc.) oder auch aktuelle Besonderheiten von Bedeutung sein.

Letztlich sind vor dem Hintergrund der aufgezeigten räumlichen, wirtschafts- und siedlungsstrukturellen Rahmenbedingungen insbesondere die **soziodemographischen** und **ökonomischen Rahmendaten** des Makro-Standortes zu bewerten. Hier sind u.a. Angaben zur Wohnbevölkerung, zur demographischen Entwicklung, zur altersstrukturellen Zusammensetzung der Bevölkerung, dem Anteil ausländischer Mitbürger, der Arbeitslosenquote, der Beschäftigtenzentralität und der Kaufkraft der Bevölkerung von Interesse.

Abb. 2: Kaufkraftniveau im Vergleich

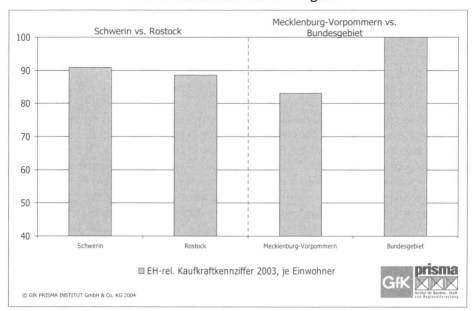

3.2 Rahmenbedingungen des Mikro-Standortes

Die richtige Lageeinschätzung des Mikro-Standortes ist als eine sehr wichtige, manche meinen sogar die wichtigste Grundvoraussetzung für eine erfolgreiche Immobilieninvestition anzusehen, wobei dieses -neben dem klassischen Kriterium „Lage, Lage, Lage"- heutzutage allerdings auch eine in jeder Hinsicht ‚stimmige' Projektentwicklung und Konzeptionierung (siehe hierzu Kapitel 3.4) voraussetzt. Vier Themenbereich müssen insofern hinsichtlich des Mikro-Standortes primär analysiert werden: die Lage/stadtstrukturelle Aspekte, die Grundstücks- und eventuell Objektsituation, die Umfeldgegebenheiten und die verkehrliche Erreichbarkeit.

Hinsichtlich der **stadträumlichen Lage** und Gegebenheiten ist üblicherweise zunächst die Lage des Mikro-Standortes im Orts-/Stadtgebiet bzw. Orts-/Stadtteil/Bezirk aufzuzeigen und die Distanz zu den übergeordneten Zentren/Subzentren zu ermitteln. Auch ist zu zeigen, ob der **Mikro-Standort** sich auf einer städtischen Entwicklungsachse befindet oder möglicherweise (auf raumplanerischer Ebene) als Entwicklungskern ausgewiesen ist. Zur Bewertung der räumlichen Situation des Mikro-Standortes sind diese Angaben durch Aussagen zu den bestehenden stadtstrukturellen Gegebenheiten zu ergänzen (etwa solitäre Lage versus integrierte Lage, Randlage, städtebauliche Gegebenheiten, ggf. unter Bezugnahme auf entsprechende Befunde aus der Makro-Standort-Analyse).

Von Relevanz ist weiterhin die **Grundstücks- und Objektsituation**. Nur auf Basis einer detaillierten Auseinadersetzung mit den grundstücksseitigen Gegebenheiten wird ersichtlich, ob eine bestimmte Nutzung auf einer Liegenschaft überhaupt möglich bzw. sinnvoll ist und der für die Aufbereitung der Liegenschaft erforderliche finanzielle Aufwand mit den möglichen Ertragsperspektiven vereinbar ist.

Zu analysieren sind in diesem Zusammenhang die naturräumliche Lage bzw. Beschaffenheit der Liegenschaft, Grundstücksgröße, -zuschnitt und -topographie, die Einsehbarkeit und die Präsentationsmöglichkeiten, die unter Umständen vorhandene Bebauung (etwa hinsichtlich Zustand, Erscheinungsbild, derzeitiger Nutzung), mögliche Altlasten sowie Planungs- und baurechtlicher Vorgaben.

**Abb. 3: Der Mikro-Standort des „CENTRO COMMERCIALE"
im stadträumlichen Urteil**

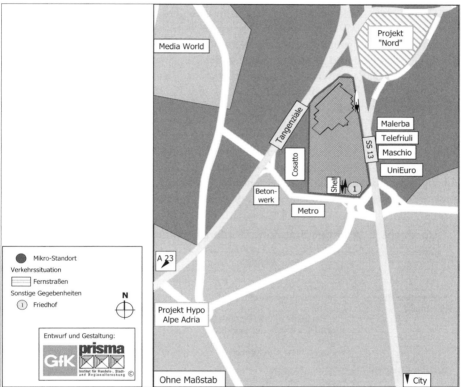

Ob es sich bei dem Mikro-Standort um einen geeigneten Standort für ein bestimmtes Projekt handelt, beeinflussen in starken Maße auch die **Umfeldgegebenheiten.** So dürfte ein auf Luxus und Exklusivität ausgerichtetes Hotelkonzept innerhalb eines mehrgeschossigen, verdichteten Arbeiterwohnbauquartiers ohne jegliche Umfeld- bzw. Zusatzqualitäten kaum richtig platziert werden können. Insofern sind auch die das Umfeld des Mikro-Standortes prägenden Gegebenheiten (u.a. bauliche Strukturen, gewerbliche/Wohnnutzungen, städtebauliche Barrieren) ebenso aufzuzeigen, wie die im Umfeld bestehenden komplementären oder konkurrierenden Nutzungen (Agglomerations-/Synergieeffekte, Wettbewerber, etc.). In diesem Kontext sind zudem auch mögliche Planungen (Einzelhandel, Gewerbe, Wohnen, Verkehrsinfrastruktur) sowie deren möglicher Realisierungshorizont bzw. die Wahrscheinlichkeit der Umsetzung darzustellen.

Von großer Bedeutung für jede Immobilieninvestitionen ist die **verkehrliche Erreichbarkeit**, wobei im Hinblick auf den Individualverkehr neben der guten überregionalen/regionalen Erreichbarkeit des Standortes (etwa über Autobahnen, Bundesstraßen oder Hauptverkehrsachsen) insbesondere auch die kleinräumige Erschließung des Mikro-Standortes (u.a. ausreichende Stellplatzkapazitäten, leistungsfähige Ein-/Ausfahrtssituation ins Straßennetz, adäquate Lösungen für den Anlieferverkehr) eine große Rolle spielt. Darüber hinaus ist aber auch die Erreichbarkeit mit öffentlichen Verkehrsmitteln (u.a. nächstgelegene Haltestellen der relevanten Verkehrsträger U-/S-/Straßenbahn, Deutsche Bahn AG, Busse u.a.), Nähe und Anbindung an Fußgängerfrequenzen, Verbindungen, Fahrzeiten/Taktfrequenz) sowie für Fußgänger und Radfahrer (u.a. gesicherte Straßenübergänge, Zustand der Geh-/Radwege, Passantenfrequenzen) zu prüfen.

Neben diesem Faktorenraster sind zudem eine Reihe weiterer sehr wesentlicher Punkte, wie das Image der „Adresse" bzw. des Mikro-Standortes (samt Umfeld) oder auch Frage, ob der Standort über eine ausreichende immobilienspezifische Vorprägung verfügt oder durch ein entsprechend aggressives Marketing sowie auch über die Größe der Projektentwicklung erst ‚gemacht' werden muss, zu beachten.

Natürlich sind die (mikro-)standortspezifischen Anforderungen in hohem Maße abhängig von der jeweiligen vorgesehenen Nutzung; die nachfolgende Übersicht verdeutlicht ausgewählte wichtige Standortanforderungen von Nutzungen.

Übersicht 1: Wichtige Standortanforderungen ausgewählter Nutzungen

	Sehr wichtig	Wichtig
	Büro	
Hochwertige Büro-Nutzungen	• attraktives infrastrukturelles Umfeld (Einzelhandel, Gastronomie) • positives Image des Standortes, gute Adresse • gute ÖPNV-Anbindung	• ausreichende Individualverkehrsanbindung • Mindestanzahl an Stellplätzen
Backoffice-Bereiche	• gute Individualverkehrsanbindung • ausreichende ÖPNV-Anbindung • ausreichende Parkplätze	• Gastronomieeinrichtungen im Umfeld • ausreichende Nähe zu Arbeitskräften
	Einzelhandel	
Innerstädtischer Handel	• gute Einzelhandelslage • hohe Passantenfrequenz • Nähe zu Parkhäusern • ÖPNV-Anbindung	• Wettbewerbssituation im Umfeld • Synergien zu Gastronomie und Freizeit
Stadtteillagen	• zumindest befriedigende Einzelhandelslage • Nähe zu Wohngebieten • gute Erreichbarkeit (ÖPNV, IV) • ausreichende Parkplätze	• Nähe zu ergänzenden Handelseinrichtungen

	Sehr wichtig	Wichtig
„Grüne Wiese"	• verkehrsorientierte Einzelhandels-lage (derzeit bzw. perspektivisch) • gute Erreichbarkeit mit dem PKW • ausreichende Parkplätze (meist ebenerdig)	• Nähe zu ergänzenden Handelsein-richtungen
	Wohnen	
Einfamilienhäuser/ Reihenhäuser	• attraktives, möglichst „grünes Umfeld" • gute Individualverkehrsanbindung • gute Erreichbarkeit Schule, Kindergarten	• ÖPNV-Anbindung • Nahversorgung in unmittelbarer Nähe
Geschosswohnungs-bau	• gute ÖPNV-Anbindung • gute Nahversorgung in fußläufiger Nähe • gute Erreichbarkeit Schule, Kinder-garten	• ausreichende Parkplätze
	Gewerbepark	
	• Nähe zum großstädtischen Wirtschaftsraum • gute Individualverkehrsanbindung	• moderate Grundstückspreise
	Hotel	
Top-Hotels	• imageträchtiger Standort • zentrale Lage, attraktives Umfeld • attraktives Kultur-/Freizeitangebot	• ÖPNV-Anbindung
Tagungshotels	• gute Individualverkehrsanbindung • leichte Auffindbarkeit • Qualität des Umfeldes (ggfs. ruhige Lage)	• Nähe zum Flughafen
2-Sterne-Hotels	• überregionale Verkehrsanbindung • hohes Verkehrsaufkommen	• moderate Grundstückspreise • gute Auffindbarkeit

Quelle: Müller-Consult GmbH/GfK PRISMA INSITUT GmbH & Co. KG

3.3 Rahmenbedingungen der Marktanalyse

Zusammen mit der Standortanalyse bildet die **Marktanalyse** die zweite wesentliche Grundlage für die Entwicklung von Nutzungs-, Optimierungs- und Vermarktungs-konzepten. Die Marktanalyse soll Auskunft geben über die bisherige, aktuelle und zukünftig zu erwartende Entwicklung von Angebot und Nachfrage sowie Kauf-/ Miet-Preisen und variiert in Abhängigkeit des relevanten Immobilien-Teilmarktes (Büro, Einzelhandel, Hotel, Wohnen, Freizeit, Gewerbe) teilweise erheblich.

Marktanalysen in der Immobilienwirtschaft dienen der allgemeinen Marktbeob-achtung von Marktteilnehmern, um die eigenen Aktivitäten entsprechend optimal am Markt ausrichten zu können. Häufig werden Marktanalysen in Vorbereitung konkre-ter Immobilienprojekte erstellt, um die anstehenden Investitionsentscheidungen auf eine fundierte Grundlage stellen zu können. Mit Hilfe der Analyseergebnisse lässt sich das Investitionsrisiko abschätzen und gegebenenfalls eingrenzen, indem das geplante Immobilienpro-/-objekt möglichst nah an den Nachfragepräferenzen ausgerichtet werden kann. Von besonderem Interesse ist dabei vor allem der Blick in die Zukunft und die Frage nach abseh- und abschätzbaren Marktentwicklungen im Detail.

Anhand von beispielhaften Marktanalysen für die beiden Nutzungsbausteine Einzelhandel (Shoppingcenter) und Büro wollen die Autoren nachstehend die in Abhängigkeit der Nutzung unterschiedliche Herangehensweise verdeutlichen.

3.3.1 Rahmenbedingungen Marktanalyse für ein Shoppingcenter

Für den Erfolg eines Shoppingcenter-Engagements ist die differenzierte Auseinandersetzung und ‚richtige‘ Einschätzung der wettbewerbseitigen Gegebenheiten entscheidend. In dieser Betrachtung wird davon ausgegangen, dass ein Shoppingcenter geplant ist bzw. besteht und der Blickwinkel insofern auf eine einzelhändlerische **Wettbewerbs–** oder **Angebotsanalyse** beschränkt ist.

In einem ersten Schritt sind zunächst die übergeordneten **Struktur- und Leistungsdaten** des örtlichen Einzelhandels, wie die Bestandsdaten (u.a. Verkaufsflächenausstattung[1], Anzahl der Verkaufsstellen, Pro-Kopf-Ausstattung mit Verkaufsfläche) und Leistungszahlen (u.a. Einzelhandelsumsatz, Flächenproduktivität, Einzelhandelszentralität[2]; jeweils differenziert nach Branchen) auf zu zeigen und auf dieser Basis warengruppenspezifische Stärken-/Schwächen-Profile zu erarbeiten.

Abb. 4: Zentralität nach Hauptwarengruppen

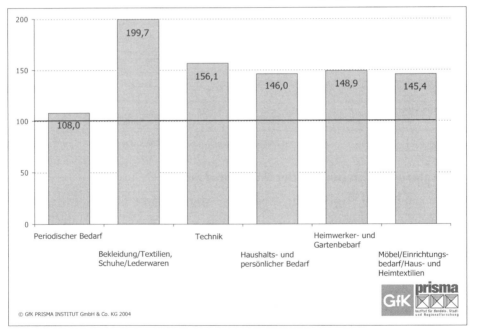

© GfK PRISMA INSTITUT GmbH & Co. KG 2004

---

[1] Unter der Verkaufsfläche eines Handelsbetriebes wird die Fläche verstanden, die dem Verkauf dient, einschl. Gänge, Treppen, Standflächen für Einrichtungsgegenstände, Schaufenster und Freiflächen (anteilig), soweit sie dem Kunden zugänglich sind. Ausgenommen bleiben Parkplätze.
[2] Verhältniszahl von örtlichen Einzelhandelsumsatz zu örtlich vorhandener einzelhandelsrelevanter Kaufkraft.

Stadt-(teil-)räumlich sind die verschiedenen relevanten **Einzelhandelslagen** (etwa Innenstadt/City, Stadtteil-/Nebenzentren, Nahversorgungslagen, Fachmarktlagen /-agglomerationen, Shoppingcenter) zu eruieren und qualitativ zu bewerten. Als Bewertungsraster sind dabei u.a. folgende Fragen zu beantworten: Welche Einzelhändler sitzen wo, mit welcher Verkaufsfläche und welchem Umsatz? Welche Branchen/Betriebe üben eine Leitfunktion in der jeweiligen Lage aus? Wie hoch ist der Filialisierungsgrad? Wie kompetent ist der Besatz und auf welche Zielkundschaft reflektiert dieser? Welche Kunden-/Passantenfrequenzen sind vorhanden? Wie stellt sich die aktuelle Markt- und Mietsituation für Einzelhandelsimmobilien dar?

**Abb. 5: Struktur- und Leistungsdaten des Einzelhandels
– Einzelhandelsumsätze und Verkaufsflächen –**

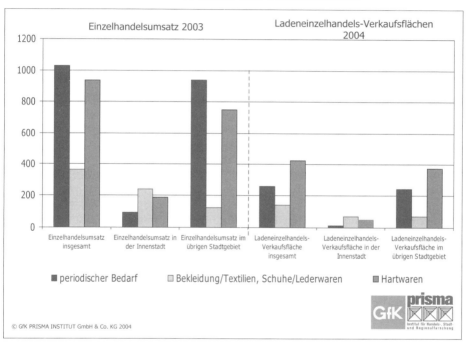

In diesem Kontext sollte der Blick aber auch in die Zukunft gerichtet werden und sind alle wettbewerbsrelevanten **Planungen** sowie deren Kennzahlen zu eruieren, etwa wie viele neue Verkaufsflächen im Bau bzw. geplant sind, wie viele neue Geschäfte und welche Betreiber an den Markt kommen sollen und welches geschätzte Umsatzvolumen diese generieren dürften. Auch sind weitere Details, etwa die Anzahl der entstehenden Pkw-Stellplätze, von Belang. Darauf aufbauend, sind die Realisierungschancen der verschiedenen Projekte bzw. deren bestehende Restriktionen und der Realisierungshorizont einzuschätzen und sodann die Konzepte (u.a. Lagequalität, Projekttyp, mögliche Flächenstruktur, Niveau/Standard) hinsichtlich ihrer Relevanz als potenzielle Wettbewerber zu bewerten.

Über die administrativen Grenzen der Standortgemeinde des Projektes/Objektes hinaus, ist eine zumindest qualitative Wettbewerbs-Analyse selbstverständlich auch für das relevante regionale Umfeld durchzuführen, wobei man sich bei der räumlichen Ausdehnung des Untersuchungsraumes an der Abgrenzung des Einzugsgebietes (siehe unten) orientieren sollte.

Auf Grundlage dieser Informationen (Struktur- und Leistungsdaten, Ist-Wettbewerbssituation und Planungen) ist die perspektivische Wettbewerbssituation (zukünftige Lagequalität, Wettbewerbssituation, Wettbewerbsposition, etc.) für das spezifische Analyseobjekt/-projekt heraus zu arbeiten und dieses Ergebnis bei der Projektentwicklung bzw. Konzeptfindung zu berücksichtigen; unter dem Motto: Wie bin ich mit meinem Shoppingcenter im Wettbewerb positioniert?

Für die Bewertung der absatzwirtschaftlichen Chancen und Risiken einer Centerentwicklung – sprich die wirtschaftliche Nachhaltigkeit einer Investition – ist die Darstellung einer projekt-/objektrelevanten **Potenzialanalyse** unabdingbar. Im Falle eines Shoppingcenters ist dies die Ermittlung eines einzelhandelsrelevanten Nachfragevolumens, auf das dieses nachhaltig sicher reflektieren kann.

Erster Schritt hierzu ist die Bestimmung eines **Einzugsgebietes**, in dem die Centeranlage potenzielle Käufer ansprechen/erreichen kann, wobei schematische Methoden wie etwa die Kreismethode oder die Zeitdistanzmethode keine ‚verwertbaren' Ergebnisse liefern. Bewährt hat sich dagegen die Methode der modifizierten Zeitdistanz. Bei dieser werden zunächst Zeitdistanzzonen um den jeweiligen Standort gezogen (etwa 10-, 20- und 30-Pkw-Fahrminutenradien), die in einem zweiten Schritt anhand verschiedener Kriterien noch einmal modifiziert werden. Das Hauptaugenmerk dieser Modifikation liegt dabei auf der spezifischen Konkurrenzsituation, sprich den Wettbewerbern. Es müssen aber auch Sonderfaktoren wie topografische Barrieren (Überquerung eines Flusses), landsmannschaftliche Orientierungen (Köln versus Düsseldorf) u.ä. berücksichtigt werden.

Des Weiteren hängt die Reichweite eines voraussichtlichen Einzugsgebietes natürlich in besonderem Maße auch von der Größe und Attraktivität eines Pro-/Objektes, der Qualität des Standortes (mögliche Koppelungseffekte) und der regionalen Wettbewerbsstrukturen ab. Auch haben sich in der Praxis maximale Zeitdistanzen, die für bestimmte Handelsformate als zu modifizierende Grundannahme angenommen werden können, herauskristallisiert.

Idealerweise werden die Annahmen zur Abgrenzung des Einzugsgebietes durch empirische Befragungen (z. B. über telefonische Haushaltsbefragungen oder Passantenbefragungen am Projekt-/Objektstandort) abgesichert.

Abb. 6: Das Einzugsgebiet der Innenstadt und die untersuchungsrelevanten Städte in der Region

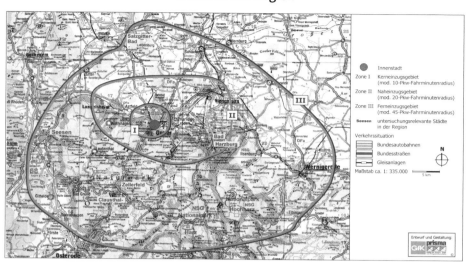

Auf der Basis des abgegrenzten Einzugsgebietes kann dann das in diesem Raum ansässige Einwohnerpotenzial ermittelt werden. Über Indikatoren und Kenngrößen zu den jährlichen Einzelhandels-Pro-Kopf-Ausgaben (u.a. Angaben des Statistischen Bundesamtes, GfK Kaufkraftkennziffern) kann dann ferner das entsprechende **Einzelhandelsnachfragevolumen**, auf das das Shoppingcenter reflektieren kann, errechnet werden.

Abb. 7: Einzugsgebiet und Nachfragevolumen

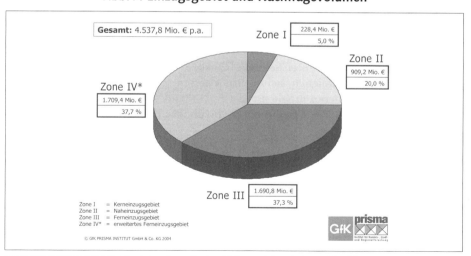

* zzgl. 5 % für sporadische Kunden aus weiter entfernten Städten und Gemeinden und Touristen.

Für die Nachhaltigkeit des Shoppingcenter-Engagements ist es unabdingbar, dass eine hinreichende Nachfrageplattform zur Verfügung steht, auf die das Planvorhaben nachhaltig reflektieren kann. Über die betriebswirtschaftlichen Parameter der Raumleistungen (Umsatz/qm) und dem Branchenumsatz eines Shoppingcenters kann der Centerumsatz einer EKZ-Anlage näherungsweise ermittelt werden; hier gilt grundsätzlich:

| Mieter A |
| Mieter B |
| Mieter C |
| Mieter D |
| ⋮ |
| ⋮ |
| ∑ Mieter im Center |

X

| Umsatz/qm A |
| Umsatz/qm B |
| Umsatz/qm C |
| Umsatz/qm D |
| ⋮ |
| ⋮ |
| ∑ Umsatz/qm im Center |

=

| Umsatz A |
| Umsatz B |
| Umsatz C |
| Umsatz D |
| ⋮ |
| ⋮ |
| ∑ Umsatz im Center |

Welches Umsatzvolumen durch eine Shoppingcenteranlage tatsächlich generiert werden kann, hängt ganz entscheidend davon ab, welcher **Marktanteil** bzw. welche **Kaufkraftabschöpfung** von der EKZ-Anlage am relevanten Nachfragevolumen erzielt werden kann. Mit Kaufkraftabschöpfung/Marktanteil ist der ‚Teil des Kuchens‘ gemeint, den eine Centeranlage auf sich vereinigen kann.

Erfahrungen der Autoren zufolge, schwanken die realisierbaren Marktanteile einer Shoppingcenteranlage zum Teil erheblich und sind u.a. von der Größe des Centers, der Größe des Einzugsgebietes, der Mikro-Standortqualität sowie der aktuellen und absehbaren Wettbewerbssituation abhängig.

3.3.2 Rahmenbedingungen der Marktanalyse für eine Büroimmobilie

Eine Marktanalyse für Büroimmobilien ist zunächst einmal in die beiden Parameter der Angebotsanalyse und der Nachfrageanalyse zu unterscheiden.

Die **Angebotsanalyse** untersucht die Qualität und Quantität des bereits vorhandenen, in Bau befindlichen, sicher projektierten und geplanten Immobilienangebotes, wobei das Angebot möglichst klar in vorhandene bzw. relevante Marktsegmente regionaler/lokaler Art sowie unterschiedlicher Büroimmobilientypen differenziert werden sollte.

So gliedert sich das Büroflächenangebot in Flächen unterschiedlicher Typen (Einzel-, Gruppen-, Großraumbüros usw.) sowie Ausstattungs- und Nutzwertkategorien. Diese Typen und Kategorien können durchaus abweichend voneinander am Markt gehandelt werden, da ein Angebotsüberhang an Großraumbüroflächen für die Nachfrage nach Zellenbüros nicht von nennenswerter Relevanz ist.

Wichtige Parameter der Angebotsanalyse sind der Gesamt-Büroflächenbestand in qm und dessen Entwicklung in den letzten Jahren, wobei hier insbesondere auch die Definition des angebotenen Flächenangebotes zu beachten ist, da die Praxis zeigt, dass immer wieder unterschiedliche Flächendefinitionen verwandt werden.

Lt. Definition der GIF gelten als Büroflächen diejenigen Flächen, auf denen Schreibtischtätigkeiten durchgeführt bzw. durchgeführt werden könnten und die auf dem Büroflächenmarkt gehandelt, d.h. als Bürofläche vermietet werden können. Als weiteres Kriterium gilt darüber hinaus die Marktfähigkeit, die dann gewährleistet ist, wenn die Fläche als abgeschlossene Einheit auf dem Büroimmobilienmarkt frei handelbar ist. In dem Begriff der Bürofläche sind im Übrigen auch die Nebenflächen wie Konferenz-, Sozialräume oder Archive mit eingeschlossen.

Ebenso wichtig sind die räumlichen Strukturen und die erkennbaren Bestandslagen innerhalb einer Stadt bzw. eines städtischen (Sub-)Teilraumes, um die eigene Wettbewerbsposition im aktuellen Angebotsgefüge zu bestimmen; getreu dem Motto: Wo sind die klassischen Bürolagen? Wie haben sich diese in den letzten Jahren entwickelt bzw. verändert?

Auch die Bestimmung der Branchen- und Immobilienstruktur (im Hinblick auf Baualter, Zustand, Ausstattungsmerkmale) sind in diesem Kontext wichtige Einflussgrößen, ebenso wie die aktuelle Leerstandssituation und dessen Entwicklung innerhalb einer Stadt bzw. eines städtischen (Sub-) Teilraumes, wobei hier vor allem von Interesse ist, in welchen Kategorien/Immobilientypen die Leerstände existieren und wie sich diese entwickelt bzw. verändert haben.

Über die Analyse der in Planung (mittel- bis langfristig) bzw. im Bau befindlichen (kurzfristig) Büroflächen und somit die zu erwartenden Flächenangebote/ -volumina kann dann die eigene Wettbewerbsposition im zukünftigen Angebotsgefüge bestimmt werden. Hierzu interessieren insbesondere die projektspezifischen Flächenvolumina, deren Realisierungshorizont bzw. -wahrscheinlichkeit, geplante Mieter, das Ausstattungsniveau und der Objekttyp sowie das vorgesehene/geplante Mietniveau (netto, kalt, pro qm, Monat).

Mit Blick auf die **Nachfrageanalyse** ist vor allem der Jahresumsatz vermieteter/ verkaufter Büroflächen in qm innerhalb einer Stadt bzw. eines städtischen (Sub-) Teilraumes sowie dessen Entwicklung in den letzten Jahren und das Volumen der untervermieteten Flächen von Bedeutung. Flächenseitig wird die Nachfrage der vergangenen Jahre für den Büromarkt mit Hilfe der Aufzeichnung der Vermietungsleistungen durch die großen Maklerhäuser recht gut abgebildet, mitunter sogar differenziert nach Teilmärkten, angemieteten Flächenarten und den Branchen der Nachfrager. Dabei ist zu beachten, dass die Gesamtnachfrage immer kleiner ist als die Summe der einzelnen Nachfragen, da immer auch der Flächenbedarf sowie die aufgegebenen Bestandsflächen zu berücksichtigen sind.

Abb. 8: Bürovermietungen nach Branchen

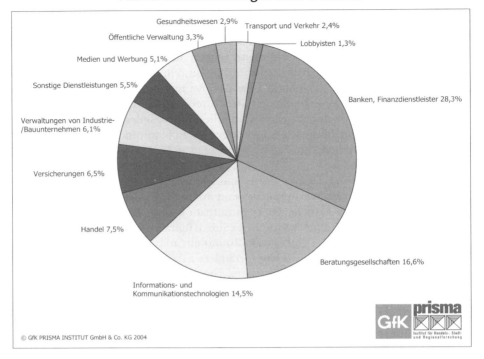

Gesundheitswesen 2,9%   Transport und Verkehr 2,4%

Öffentliche Verwaltung 3,3%   Lobbyisten 1,3%

Medien und Werbung 5,1%

Sonstige Dienstleistungen 5,5%

Banken, Finanzdienstleister 28,3%

Verwaltungen von Industrie-/Bauunternehmen 6,1%

Versicherungen 6,5%

Handel 7,5%

Beratungsgesellschaften 16,6%

Informations- und Kommunikationstechnologien 14,5%

© GfK PRISMA INSTITUT GmbH & Co. KG 2004

GfK prisma Institut für Handels-, Stadt- und Regionalforschung

Bei einer perspektivischen Betrachtung, die naturgemäß mit einigen Schwierigkeiten verbunden ist und für die in aller Regel nur wenig konkrete und verwendbare Daten vorliegen, sind nachfrageseitig auch immer die Gründe für den zusätzlichen Flächenbedarf von Relevanz, wie z.B. folgende Fragen: Wie entwickelt sich perspektivisch die Anzahl der Bürobeschäftigten vor Ort? Wie entwickelt sich, ausgehend von der wirtschaftsstrukturellen Entwicklung, perspektivisch die Flächeninanspruchnahme pro Kopf vor Ort? Inwieweit besteht Ersatzbedarf vor Ort für nicht mehr anforderungsgerechte Flächen?

Wichtig sind in diesem Kontext auch Angaben kommunaler Entscheidungsträger zu größeren stadtentwicklungspolitischen Planvorhaben.

Ganz wesentlich bei der Nachfrageanalyse ist auch die Mietpreisanalyse potenzieller Nutzer(-gruppen) bzw. möglicher konkurrierender Büroimmobilien, um auch hier die eigene Wettbewerbsposition im örtlichen Preisgefüge bestimmen zu können. Wenig hilfreich ist in diesem Zusammenhang in der Regel die Angabe von Spitzenmieten, wobei die Verfasser stattdessen für die Verwendung der effektiven Durchschnittsmiete plädieren.

Näherungsangaben können hier im allgemeinen Bestandsmieten von Nutzer(-gruppen) im Umfeld der projektierten Büroimmobilie geben, um einen eigenen Mietenspiegel nach unterschiedlichen Lage-, Objektqualitäten zu erarbeiten. Auch wäre bei Neuvermietungen immer darauf zu achten, ob und welche Sonderkonditionen gewährt wurden und ob sog. „Incentives" die Regel oder die Ausnahme sind.

Basierend auf diesen Betrachtungen ist eine Prognose der Mietpreisentwicklung unerlässlich, damit das zu untersuchende Büroimmobilienpro-/-objekt auch perspektivisch sich in einer standort- und marktadäquaten Mietpreisbandbreite positionieren kann.

3.4 Rahmenbedingungen der objektseitigen Bewertung von Einzelhandels-/Büroimmobilien

Neben der makro-/mikro-standortseitigen sowie wettbewerbs- und potenzialseitigen Beurteilung von Einzelhandels-/Büroimmobilien sind insbesondere auch objektseitige Aspekte im Rahmen einer Pro-/Objektbewertung von entscheidender Relevanz.

Um hier einige zentrale Aspekte der objektseitigen Bewertung näher darstellen zu können, möchten die Autoren dies erneut am Beispiel eines Shoppingcenters sowie einer Büroimmobilie skizzieren.

Mit Blick auf die Größenordnung des **Shoppingcenters**, bei dem es sich im Gegensatz zu den verschiedenen Ausprägungsformen der gewachsenen Einkaufs-/Geschäftszentren um eine bewusst geplante, errichtete und in aller Regel einheitlich entwickelte, verwaltete bzw. gemanagte Immobilie handelt und insofern die komplexeste Handelsimmobilie überhaupt darstellt, ist grundsätzlich anzumerken, dass für jede EKZ-Anlage die sogenannte ‚kritische Masse‘ von entscheidender Bedeutung ist. Konzeptionell ist damit eine möglichst optimale Größenordnung gemeint, die einerseits ausreicht, um die notwendige Eigenattraktivität und damit Fernausstrahlung zu erreichen und andererseits den Markt nicht überstrapaziert bzw. überfrachtet. Auch muss bei der Flächendimensionierung berücksichtigt werden, dass eine gewisse Mindestgröße der Anlage erforderlich ist, damit das Center intern vernünftig funktional ausgesteuert werden kann.

Ganz wichtig ist, auch die **baulich-strukturelle Konzeption** eines Centers, wobei diesbezüglich die Erschließung und Wegeführung innerhalb des Centers im Mittelpunkt des Interesses stehen. Funktional soll damit die möglichst optimale bzw. sinnfällige ‚Durchflutung‘ des Pro-/Objektes sichergestellt werden, sei es auf einer, zwei oder sogar auf drei (und mehr) Verkaufsebenen. Hier gilt es, optionale Centerbausteine auf den spezifischen Standort zuzuschneiden und der jeweiligen ‚Projektphilosophie‘ des Betreibers anzupassen. Bewährt haben sich bei Shoppingcentern eine bi- (in Einzelfällen auch mehr-)polare Besetzung des Centers mit „Magnetbetrieben", in deren Spannungsfeld der Kundenlauf entlang einer mit Ladeneinheiten bestückten Ladenstraße verläuft. Gelingt es nicht, das Shoppingcenter unter funktionalen Aspekten optimal auszusteuern, so zeigen die vielfältigen Studienergebnisse der Autoren, dass dann merkliche Abstriche in puncto Umsatz und Ertrag zu machen sind.

Ein weiterer, ganz wesentlicher Punkt für den Erfolg eines Shoppingcenters ist die standort- und marktadäquate Aussteuerung des **Branchen-** und **Mietermixes** u.a. hinsichtlich der Bestückung der Branchen, der möglichen Betriebstypen und der Auswahl der Mieterklientel, der standortadäquaten Preis- und Sortimentslagen, einem ausgewogenen Flächenverhältnis zwischen Handels-/Gastronomiebetrieben und Dienstleistern sowie Klein-/Mittel- und Großbetrieben. Bewährt hat sich diesbezüglich die Bestückung mit mehreren flächengroßen Magnetbetrieben (aus Segmenten Warenhäuser/Bekleidungshäuser, Technik-Fachmärkte, Bücherfachmärkte und LM-Spezialisten) sowie einem attraktiven vielfältigen und abwechslungsreichen kleinteiligen bis mittelgroßen Geschäftsbesatz aus den Warengruppen Periodischer Bedarf, Bekleidung/Textilien, Schuhe/Lederwaren sowie Hartwaren, der um ein adäquates ‚Paket‘ von einzelhandelsnahen sowie gastronomischen Dienstleistungen angereichert wird.

Was die spezielle Frage des **Parkplatzangebotes** von Shoppingcentern anbetrifft, so sind ausreichend dimensionierte Stellplatzkapazitäten eine wesentliche Voraussetzung für eine hohe Kunden- und Besucherfrequenz.

Last but not least kommt für ein erfolgreiches Betreiben eines Shoppingcenters ferner einem professionellen und aktiven **Centermanagement** eine wesentliche Rolle zu, das sich über die allgemeine kaufmännisch-wirtschaftliche Verwaltung der Immobilie hinaus auch sehr stark an den funktionalen Erfordernissen der Anlage, die letztlich über Erfolg und Misserfolg entscheiden, orientiert.

Teilweise ähnlich, teilweise gänzlich unterschiedlich muss eine objektseitige Bewertung von **Büroimmobilien** erfolgen.

Neben den Aspekten Dimensionierung und Strukturierung, die auch bei einem Bürogebäude eine zentrale Relevanz aufweisen, sind vor allem auch baulich-konzeptionelle Belange der Büroimmobilie von entscheidender Bedeutung. Dies sind u.a. Fragen/Aspekte des äußeren/inneren Erscheinungsbildes, der Repräsentativität, der Eingangssituation und des Gebäudealters. Ebenso wichtig sind ein Höchstmaß an Flexibilität der Gebäude- und Raumstrukturen, eine möglichst optimale horizontale sowie vertikale Erschließung, möglichst wenig Dunkelflächen sowie ein geringer Anteil an Nebenflächen. Auch der technische Ausstattungsstandard, der sich u.a. in puncto Haus- und Heizungstechnik, Belüftung, Besonnung, Fußboden/Decken/Fenster und EDV-Technik an modernen bzw. modernsten Ansprüchen orientieren sollte, stellen heutzutage ebenso wie das Stellplatzangebot und mögliche Zusatzfacilitäten (u.a. Restaurant/Bar, Kantine, Gym-Räume) sehr wesentliche Assets einer Büroimmobilie dar.

Für die Büroinvestition stellt sich auch immer die Frage der Fungibilität, der (nutzungs-)übergreifenden Drittverwendungsfähigkeit sowie der Umrüstbarkeit der Immobilie für den Fall, dass sich Mieter-/Flächenanforderungen ändern bzw. Teile der Liegenschaft einer neuen Nutzung zugeführt werden sollen.

Last, but not least ist auch bei der Büroimmobilie das Thema der Objekt-/Hausverwaltung bzw. des Managements wichtig, wobei diesbezüglich die Erfahrungen der Verfasser zeigen, dass ein funktionierendes Hausmanagement mit steigender Objektgröße bzw. Mieteranzahl zunehmend an Bedeutung gewinnt.

4. Ausgewählte Entscheidungsparameter zur Ergebnisfindung

Um nachvollziehbare praxis- sowie handlungsorientierte Schlussfolgerungen zu den Chancen und Risiken einer Immobilieninvestition zu ziehen, kann sich in einer Standort- und Marktanalyse vielfältiger Verfahren bedient werden.

Nach Auffassung der Autoren haben sich u.a. die drei Analyseinstrumente Analogieschlussverfahren, Stärken-Schwächen-Analysen bzw. Risiken-Chancen-Analysen und Nutzwertanalysen in der Praxis bewährt und durchgesetzt, so dass diese Instrumentarien nachfolgend etwas näher vorgestellt werden sollen.

Ein sehr probates und einfach zu handhabendes Mittel für die Ergebnisfindung einer Standort- und Marktanalyse ist das **Analogieschlussverfahren**, das beim Anwender allerdings fundierte Kenntnisse, Erfahrungen und langjährige Erfahrungswerte voraussetzt. Hiermit ist eine immobilienwirtschaftliche Betrachtung wesentlicher Einflussgrößen und -parameter einer Immobilieninvestition im Vergleich zu geeigneten Referenzbeispielen gemeint, um mögliche Chancen und Risiken erkennen zu können. Beispielhaft festgemacht an der Etablierung eines Shoppingcenters wären das wesentliche Parameter zu den Struktur- und Leistungsdaten des Einzelhandels, zum Einzugsgebiet und Nachfragevolumen bzw. den notwendigen Kaufkraftabschöpfungsquoten und Marktanteilen. Aber auch die Umsatz-/Ertragsperspektiven eines Shoppingcenters sind im Rahmen von Analogien sehr gut vergleich- und beurteilbar.

Ebenfalls gute und plakative Ergebnisse liefern Stärken-Schwächen-Analysen bzw. Risiken-Chancen-Analysen, die in einer **SWOT-Analyse** („Strengts-Weakness-Opportunities-Threats") zusammengeführt werden.

Untersucht wird bei einer Stärken-Schwächen-Analyse die standort- und markt-/wettbewerbsseitige Position der eigenen Immobilieninvestition im Vergleich (also relativ) zu dem/zu den wichtigsten Wettbewerber(n); in der Praxis werden dabei auch die Methoden des **Benchmarking** eingesetzt.

Die Stärken-Schwächen-Analyse und die Chancen-Risiken-Analyse lassen sich sodann zur SWOT-Analyse kombinieren, wobei hierdurch für die Immobilieninvestition abgeleitet werden kann, welche nachfolgenden strategischen Entscheidungen getroffen werden müssen.

Externe / Unternehmensspezifische	Chancen (O)	Risiken (T)
Stärken (S)	Investieren	Absichern
Schwächen (W)	Ausgleichen	Basisabsicherung

Für die Entscheidung im Hinblick auf das PRO und CONTRA einer Immobilieninvestition können u.a. die Marktstrukturen (u.a. Eintrittsbarrieren, Struktur und Stärke der Mieter/Betreiber, Struktur und Stärke des Wettbewerbs etc.), das Marktpotenzial/-volumen (Zahl der potenziellen Abnehmer, Marktwachstum, Marktsättigung, Investitionsverhalten/Konsumverhalten, demografische Entwicklung etc.), die Kundenstruktur und Kundenwünsche (Kundenstruktur hinsichtlich Größe, Branche, Nachfragemacht, Kundenanforderungen) und der Wettbewerb bzw. die Konkurrenz (Zahl der Wettbewerber, Struktur der Wettbewerber, Marktanteile der Wettbewerber, Strategien/Aktivitäten der Wettbewerber, Stabilität der Wettbewerbsstruktur, Branchenregeln etc.) Gegenstand der Betrachtung sein.

So können neben den Stärken und Schwächen eines Standortes auch die Chancen und Risiken für Immobilieninvestitionen in einzelnen Segmenten benannt und bewertet werden. Bei einer solchen zusammenfassenden Darstellung, die häufig in einer **Vier-Felder-Matrix** aufbereitet werden, werden die Wertungen und Aussagen zu den vier Bereichen in Kurzform in das jeweilige Feld geschrieben.

Die SWOT-Analyse bietet den Vorteil, neben der Bewertung der Standorteignung zugleich auch das Risiko einer Projektentwicklung erörtern zu können. Vorteilhaft ist insbesondere, dass in einer Übersicht „beide Seiten einer Medaille" sicht- und ablesbar und gegeneinander abgewogen werden können. Die SWOT-Analyse sollte deshalb auch eine Diskussion der einzelnen Aussagen umfassen, um letztendlich eine abschließende Wertung des Standortes und Bewertung für die jeweilige Nutzung zu bieten.

Last, but not least soll an dieser Stelle auch kurz auf die **Nutzwertanalyse** eingegangen werden. Eine Nutzwertanalyse kann sowohl für Standorte und (unbekannte) Grundstücke angewandt werden, bei denen noch keine konkreten Nutzungsüberlegungen bestehen, als auch bei Immobilienobjekten, die für eine Neu-/Umstrukturierung bzw. ein Refurbishment vorgesehen sind. Nutzwertanalysen, die ebenfalls fundierte Kenntnisse in puncto Standort- und Immobilienbewertung sowie langjährige Kenntnisse voraussetzen, sollten auf objektiv überprüf- und einstufbaren Kriterien basieren, um Handlungsalternativen einer Immobilieninvestition plakativ aufzeigen zu können.

Die Nutzwertanalyse wird in der Form einer tabellarischen Übersicht erstellt, die die beispielsweise verschiedenen ausgewählten und prüfenden Nutzungssegmente und die standort-, markt-, branchen,- objekt- sowie mieter-/ertragsseitigen Faktoren im gewünschten Detaillierungsgrad enthält.

Die einzelnen Bewertungen ergeben eine Gesamtpunktzahl, wobei die Gesamtwertungen für die einzelnen Nutzungen miteinander verglichen werden. Dabei wird schnell ersichtlich, welche Nutzungen überwiegend gute Bewertungen erhalten haben und damit besonders geeignet sind, am analysierten Standort platziert zu werden.

Das Verfahren einer Nutzwertanalyse lässt sich in die folgenden sieben Stufen gliedern:

A. Alternativen auswählen:

Voraussetzung ist, dass mehrere Alternativen zur Auswahl stehen; zumindest wäre ein Vergleich zwischen dem bisherigen Zustand und der geplanten Änderung vorzunehmen.

B. Kriterien auswählen:

– „KO-Kriterien" (Muss-Kriterien): Mindest/Höchstbedingungen definieren, deren Erfüllung zwingend gefordert wird;
– Soll-Kriterien – möglichst weitgehende Erfüllung wünschenswert;
– Wenn möglich, die Festlegung des Anforderungsprofils für jedes Soll-Kriterium, d.h. wann ist das Kriterium voll, wann teilweise, wann nicht mehr akzeptabel erfüllt.

C. Vorauswahl nach „KO-Kriterien":

Jede Alternative, die eine dieser zwingenden Bedingungen nicht erfüllt, scheidet aus.

D. Gewichtung der Kriterien:

Bedeutung der Kriterien im Verhältnis zueinander festlegen.
Mit anderen Worten: Festlegen, zu wie viel Prozent die Entscheidung von dem jeweiligen Kriterium abhängen soll.

E. Grad der Zielerreichung (Erfüllungsgrade) ermitteln:

Für jedes Kriterium wird getrennt ermittelt, in welchem Ausmaß jede Alternative das Kriterium erfüllt. Wichtig sind die in Zahlen ausgedrückten Erfüllungsgrade der Alternativen im Vergleich zueinander, weniger wichtig sind die absoluten Zahlen der Erfüllungsgrade.

F. Rechnung durchführen:

Einzelnutzwerte und Gesamtnutzen der Immobilieninvestition ermitteln, den Gesamtnutzen mit eigenen ‚Benchmarkvorgaben' abgleichen.

G. Ergebnis interpretieren:

Bewertungssicherheiten, Fehlergrenzen beachten, evtl. „Empfindlichkeitsanalyse" (Sensibilitätsanalyse) durchführen: wie „sensibel" ist das Ergebnis gegenüber Veränderung der Kriteriengewichtung oder des Maßstabs für die Ermittlung des Erfüllungsgrades?

Falls auch Kostenunterschiede bei den Varianten einer Immobilieninvestition bestehen, ist eine Gesamtwürdigung vorzunehmen, bei der Kosten- und Nutzenunterschiede der Alternativen gegenüber gestellt werden. Geringfügige Kostennachteile bei deutlich höherem Nutzen rechtfertigen es in aller Regel, sich für diese Alternative dem höheren Nutzwert zu entscheiden.

Fazit:

Mit einer fundierten Standort- und Marktanalyse und der Aufbereitung aller immobilienwirtschaftlich relevanten Entscheidungssachverhalte können nach Auffassung der Autoren sehr sachdienliche Hinweise für jede Immobilieninvestition beigesteuert werden, unabhängig davon in welcher Lebensphase sich das Pro-/Objekt befindet.

Der kritsch-konstruktive Blick eines unabhängigen, neutralen Dritten (= ‚Second opinion') kann für den Langfristerfolg einer Immobilieninvestition unerlässlich sein.

IV. Veräußerung von Immobilienportfolios im Rahmen strukturierter Verfahren

1. Anlässe und Ziele

Der nachfolgende Beitrag beschreibt das übliche Vorgehen im Rahmen der Veräußerung eines Immobilienportfolios aus Sicht des Verkäufers, da der Verkauf von Immobilienportfolios für zahlreiche Eigentümer tendenziell eine einmalige Angelegenheit ist, so dass für die Zwecke des Immobilienhandbuches der Aufklärungsbedarf hier höher sein dürfte als bei Investoren, für die die Teilnahme an derartigen Prozessen zum Tagesgeschäft gehört. Ziel dieses Beitrages ist nicht die Klärung von inhaltlichen Sachfragen, d.h. wie die einzelnen Arbeitsschritte inhaltlich abgearbeitet werden. Im Vordergrund steht das Prozessmanagement, d.h. welche Arbeitsschritte und in welcher Reihenfolge diese Arbeitsschritte zu durchlaufen sind. Der Beitrag dient somit als Orientierungshilfe insbesondere für Verkäufer, die mit einem derartigen Prozess erstmalig konfrontiert sind.

Ein Eigentümer, der sein Immobilienportfolio verkaufen möchte, muss zunächst eine Entscheidung fällen, auf welche Art er sein Portfolio veräußern möchte.

Die häufigsten Gründe für einen Portfolioverkauf im Gegensatz zum Einzelverkauf, die in der Praxis genannt werden, sind:

– Die strategische Entscheidung sich auf das Kerngeschäft zu konzentrieren und sich vom Immobilienvermögen zügig zu trennen

– Die Notwendigkeit, den Verkauf innerhalb eines vorgegebenen Zeitfensters durchzuführen bzw. zeitnah liquider Mittel freizusetzen. Damit verbunden ist oftmals die Erzielung steuerlicher oder bilanzieller Effekte, die stichtagsbezogen sind

– Die ökonomische Betrachtung, dass der Barwert der Portfolioverkaufserlöse größer ist als der Barwert von Einzelverkäufen. Eng damit verbunden ist die Befürchtung, der Einzelverkauf könnte zu lange Managementkapazität binden und vor dem Hintergrund der Opportunitätskostenbetrachtung ineffizient sein

– Eine angestrebte Bereinigung der Restanten, d.h. der wenig marktgängigen Immobilien, die man durch Beimischung zu marktgängigen Immobilien im Paket mitverkauft

Die nachstehend beschriebene strukturierte Auktion des Gesamtportfolios bzw. von Teilportfolios stellt wiederum nur eine von mehreren Alternativen dar, um den Portfolioverkauf zu realisieren.

Unter strukturierter Auktion versteht man ein in verschiedene Phasen gegliedertes Auktionsverfahren, das mit einer breiteren Ansprache geeigneter Investoren beginnt und über einen mehrstufigen Prozess bzw. mehrere Bietungsrunden, den besten Käufer im unmittelbaren Vergleich zu seinen Mitbietern ermittelt.

Das Hauptziel der strukturierten Auktion ist eindeutig die Maximierung des Wettbewerbs innerhalb eines vorgegebenen Zeitraums. Der Wettbewerb ist letztlich das beste Verhandlungsargument auf dem Weg zur Erzielung des besten Verkaufspreises. Nebenbedingung für die strukturierte Auktion ist, dass aus Sicht des Verkäufers ein transparentes Verfahren akzeptabel ist, das ggf. am Markt wahrgenommen werden darf.

Die strukturierte Auktion ist das Standardverfahren, das von Investmentbanken als Verkaufsberatern angewendet wird und das sich beim Verkauf von Unternehmen am Markt etabliert hat. In den vergangenen Jahren wurden diese Standards auch hinsichtlich ihres formalen Ablaufes zunehmend auf die Verkäufe großer Immobilienportfolios übertragen.

2. Vorbereitung einer Portfolioveräußerung

2.1 Vorstudie

Zur Auswahl und Entscheidung über die Verwertungsstrategie empfiehlt es sich, vor Beginn des eigentlichen Prozesses eine kurze Vorstudie auszuarbeiten. Sie dient dazu, alle Beteiligten innerhalb des Unternehmens auf das Verfahren vorzubereiten und Führungskräfte, die ggf. nicht über detaillierte Marktkenntnis im Immobilienbereich verfügen, über die wesentlichen Sachverhalte aufzuklären.

Die Vorstudie, die nicht mit einer vollständigen Vendor Due Diligence zu verwechseln ist und diese auch nicht ersetzen kann, sollte in Abhängigkeit der Größe des Portfolios und der vorhandenen Datenqualität i.d.R. nicht mehr als 14 Tage in Anspruch nehmen.

Wesentliche Elemente sind:

– Definition der Projektziele
– Grobe Bestandsanalyse
– Markt- und Wettbewerbsanalyse
– Desk-Top Bewertung, auf Basis von vereinfachenden Annahmen
– Erste Überlegungen zu steuerlichen und rechlichen Strukturfragen

Die Ergebnisse der Vorstudie sollten in einer Vorstands- bzw. Geschäftsführungsvorlage zusammengefasst werden. Sie dient letztlich der Vermeidung der Aufnahme eines Prozesses, bei dem die ursprünglichen Absicht bzw. Erwartungshaltungen und die Realität des Marktes nicht übereinstimmen.

2.2 Projektorganisation

Die erfolgreiche Durchführung einer strukturierten Auktion wird wesentlich von einem sorgfältigen Projektmanagement abhängen. Hierzu muss die personelle Organisationsstruktur des Projektes und die damit einhergehende klare Kompetenzabgrenzung frühzeitig vorgenommen werden. Ferner ist es notwendig frühzeitig einen Zeitplan aufzustellen, der mit Fortschritt der Arbeiten laufend angepasst und verfeinert werden muss.

Die nachstehende Abbildung zeigt eine Organisation des Prozesses in 5 Arbeitsgruppen. Sie verdeutlicht ferner, welche Berater für derartige Projekte hinzugezogen werden.

In der Arbeitsgruppe **Datenraum, Due Diligence** werden Vertreter aus allen Fachbereichen und Disziplinen unter Koordination des Investmentbankers sicherstellen, dass alle für die Investoren zur Analyse ihrer beabsichtigten Investition benötigten Informationen zusammengetragen werden. Die Arbeitsgruppe koordiniert die Vendor Due Diligence (s.u.) und wird ferner die Due Diligence der Investoren begleiten bzw. die Fragen der Investoren bearbeiten. Wesentliche Tätigkeiten der Arbeitsgruppe sind:

– Erstellung einer Datenraumliste

– Zusammenstellung aller notwendigen Unterlagen sowie Vorbereitung der Ordner

– Koordination der Vendor Due Diligence

– Koordination des Datenraumes

– Koordination der Fragen aus der Due Diligence der Investoren

– Organisatorische Vorbereitung und Koordination der Managementpräsentationen und der Ortsbesichtigungen (Site Visits)

In der **Arbeitsgruppe Immobilien/-bewertung** wird die Informationsbasis für das Immobilienportfolio erarbeitet. Sie setzt sich z.B. aus Mitarbeitern spezialisierter Beratungsunternehmen zusammen, die die Objektdaten erfassen, um die Datenqualität durch den zielgerichteten Aufbau von Datenbanken zu verbessern. Wesentliche Tätigkeiten sind z.B.:

– Clusterbildung des Immobilienportfolios und Aufbereitung des Portfolios für die Due Diligence

– Erstellung einer Immobilienportfoliobewertung (ggfs. mit Hilfe externer Immobilienbewertungsspezialisten)

– Analyse der immobilienwirtschaftlichen Werttreiber

– Einzelbewertung wesentlicher Einzelobjekte

– Analyse der Entwicklungs- und Vermarktungsfähigkeit

– Ausarbeitung von Wertsteigerungsmaßnahmen (vgl. unten)

Abb. 1: Beispiel für eine Projektorganisation in 5 Arbeitsgruppen:

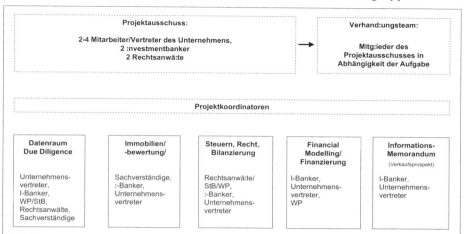

Ferner werden hier Sachverständige vertreten sein, die Aussagen über den technischen Zustand von Gebäuden bzw. die Beschaffenheit des Grundstücks treffen können. Selbstverständlich sollten dieser Arbeitsgruppe auch Sachverständige angehören, die eine Wertabschätzung der Einzelobjekte vornehmen können, bzw. ggf. sogar eine gutachterliche Wertermittlung vornehmen.

In der **Arbeitsgruppe Steuern, Recht, Bilanzierung** analysieren Steuerberater, Rechtsanwälte und Wirtschaftsprüfer die steuerlichen, rechtlichen und bilanziellen Voraussetzungen und Aspekte der Transaktion und erarbeiten gemeinsam mit dem Investmentbanker strukturelle Optionen für den Verkauf des Portfolios. Hier wird anschließend die steuerliche und rechtliche Struktur einschließlich des Kaufvertragentwurfes entwickelt. Im Rahmen der Umsetzung der Transaktion werden darüber hinaus folgende Tätigkeiten ausgeführt:

– Bewertung der Angebote (rechtliche Würdigung)

– Aufbereitung des Verhandlungsstandes und Anpassung der Verträge an Verhandlungsergebnisse

In der Arbeitsgruppe **Financial Modelling, Finanzierung** bildet der Investmentbanker die Ergebnisse der Arbeitsgruppen Immobilienbewertung und Strukturierung in einem integrierten Bewertungs- und Finanzierungsmodell für das Gesamtportfolio ab und analysiert mögliche Finanzierungsstrukturen:

– Zusammenstellung der Finanzzahlen des Portfolios aus Buchhaltung, Kosten- und Erfolgsrechnung bzw. Jahresabschlüssen

– Erarbeitung der Erläuterungen/Ergebniskommentierung

– Erstellung einer integrierten Portfolio- bzw. Unternehmensplanung

– Durchführung einer integrierten Portfolio- bzw. Unternehmensbewertung

– Aufbereitung von Daten für die Arbeitsgruppe Informationsmemorandum

In der **Arbeitsgruppe Informationsmemorandum** wird der Verkaufsprospekt (Informationsmemorandum) vom Investmentbanker erarbeitet, der als vertiefende Information der angesprochenen Investoren dient.

– Beschaffung der relevanten Informationen vom Eigentümer bzw. auf Zulieferung der Arbeitsgruppen Datenraum, Due Diligence bzw. Financial Modelling/Finanzierung

– Erarbeitung der „Portfolio Story" (d.h. der Positionierung am Markt)

– Verfassen des Informationsmemorandums und des Kurzprofils

– Inhaltliche Ausarbeitung der Management-Präsentation

Grundsätzlich sollten alle Arbeitsgruppen durch den Principal, also Vertretern des Verkäufers, besetzt sein, um aus Sicht des Verkäufers eine größtmögliche Transparenz zu erzielen und den Datenfluss aus dem Unternehmen an die Berater zu gewährleisten.

Die einzelnen Arbeitsgruppen werden durch ein oder zwei **Projektkoordinatoren** geführt. Üblicherweise wird hier ein Investmentbanker durch einen erfahrenen Mitarbeiter des Verkäufers unterstützt. Die Projektkoordinatoren gewährleisten den Informationsaustausch zwischen den Arbeitsgruppen, überwachen die Einhaltung der Arbeitsprogramme und Zeitpläne und bereiten die Sitzungen des Projektausschusses vor. Sie stellen sicher, dass dem Projektausschuss alle entscheidungsrelevanten Informationen zugeleitet werden.

Der **Projektausschuss** wird üblicherweise von einem hochrangigen Repräsentanten des Verkäufers geleitet, der über entsprechende Entscheidungskompetenz verfügt, da in diesem Gremium alle wesentlichen prozessualen Fragen diskutiert und entschieden werden. Üblicherweise gehören dem Projektausschuss neben dem Investmentbanker auch die Rechtsanwälte an, da beide Berater den Verkäufer auch in den Verhandlungen mit den Investoren unterstützen. Der Projektausschuss wird dazu aus seinen Reihen Teilnehmer in das Verhandlungsteam entsenden.

Der nachstehende Zeitplan zeigt ein Beispiel für einen Projektablauf in 4 Phasen. Phasen I bis III werden in diesem Kapitel 2 Vorbereitung beschrieben, der Phase IV „Verkaufs- und Platzierungsprozess" wird ein eigenes Kapitel gewidmet.

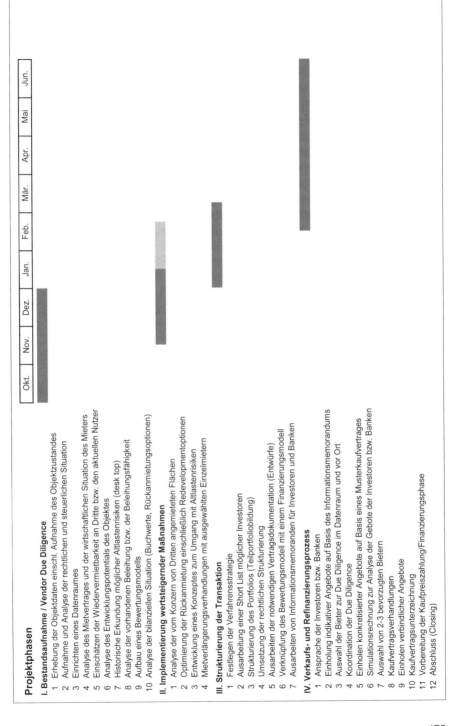

Abb. 2: Beispiel für einen Projektzeitplan

2.3. Bestandsaufnahme und Vendor Due Diligence

Der häufigste Grund für das Scheitern von Portfoliotransaktionen ist sicherlich die unzureichende Datenqualität des Portfolios. Sie führt oftmals dazu, dass Investoren zu keiner ausreichenden Risikoeingrenzung bzw. Bewertung gelangen und dies durch Wertabschläge im Rahmen der Preisermittlung berücksichtigen, die aus Sicht der Eigentümer manchmal inakzeptabel sind. Vor diesem Hintergrund kann die Wichtigkeit dieser Projektphase nicht deutlich genug herausgestellt werden.

Die Erfolgsfaktoren zur Erzielung einer ausreichenden Datenqualität sind:

– Frühzeitige Aufnahme und Erfassung aller Objektdaten weit im Vorfeld des angestrebten Verkaufs. Aufbau entsprechender Datenbanken.

– Beauftragung spezialisierter Beratungsunternehmen, sofern für die eigene Erhebung nicht ausreichend Zeit verbleibt. Insbesondere die großen Immobilienberatungs- und Wirtschaftsprüfungsgesellschaften haben sich mittlerweile auf diese Dienstleistung spezialisiert.

– Einrichtung eines gut strukturierten Datenraumes

– Überprüfung des Datenraumes und der Objekte im Rahmen einer Verndor Due Diligence.

Unter Vendor Due Diligence versteht man die Simulation der von Investoren üblicherweise vorgenommenen Akquisitionsprüfungshandlungen, d.h. die umfassende Standort-, marktseitige, technische, rechtliche, steuerliche und ggf. auch bilanzielle Analyse des Zielbestandes, durch i.d.R. externe Berater. Einbezogen werden sollte unbedingt die Analyse der Organisation der kaufmännischen Objektverwaltung bzw. die gegenwärtige Finanzierung der Objekte.

Die Vendor Due Diligence dient insbesondere auch der Vermeidung von Überraschungen hinsichtlich der Beschaffenheit der Verkaufsobjekte, die zu einer nicht erwarteten Verschlechterung der Verhandlungsposition führen können. Je komplexer und diffiziler ein Immobilienbestand ist, desto größer ist der den Kosten gegenüberstehende Nutzen einer Vendor Due Diligence.

Die Vendor Due Diligence kann auch zum Nachweis des Verkäufers beitragen, dem Erwerber keine Mängel oder Informationen wissentlich vorenthalten zu haben.

Letztlich wird bzw. sollte die Vendor Due Diligence sowohl auf bestehende Defizite als auch auf ungenutzte Potentiale aufmerksam machen, so dass vor Aufnahme des eigentlichen Veräußerungsverfahrens wertsteigernde Maßnahmen implementiert werden können, sofern hierzu die Zeit verbleibt.

Die nachfolgende Checkliste gibt einen groben Überblick über einige wesentliche immobilienbezogenen Daten, die im Rahmen von Portfoliotransaktionen, insbesondere von Wohnungsimmobilien erhoben werden sollten:

Informationsanforderungen für einen Portfolioverkauf (Short List)

– Adresse inkl. Hausnummer & PLZ

– Gebäudeart

– Nutzungsbeschreibung

- Aktueller Grundbuchauszug über alle drei Abteilungen und ebenfalls vorhandene Veränderungsnachweise über Vorgänge, die noch nicht im Grundbuch eingetragen sind.
- Teilungserklärung & Abgeschlossenheitsbescheinigungen sofern vorhanden
- Mietverträge und Aufstellung der tatsächlich vereinnahmten Mieten
- Baujahr inkl. Baujahre der einzelnen Gebäude bzw. Angaben über wesentliche Renovierungen
- Baubeschreibung und Kurzbeschreibung des baulichen Zustands bzw. baulicher Besonderheiten
- Flächennutzungsplan
- Angaben zum Baurecht (Bebauungsplan/§ 34, Baugenehmigungen)
- Amtlicher Lageplan sowie ein aktueller Auszug aus der Flurkarte
- Flächenaufstellung nach DIN oder GIF einschließlich Stellplatzverzeichnis
- sämtliche Baupläne (Schnitt, Fassade, Grundriss)
- Photos des Objektes (Frontansicht, Gebäuderückseite, Innenansichten, Büroraum)
- Nachbarschaftsbeschreibung (Verkehrsanbindung)
- Bodenrichtwert des Gutachterausschusses
- Angaben zur Marktmiete
- Nebenkostenabrechnungen der letzten 3 Jahre
- Eigentumsstruktur (welcher Konzernteil ist Eigentümer)
- Zuständiger Sachbearbeiter des Konzerns

Besondere Angaben, die für Wohnungsportfoliotransaktionen erarbeitet werden sollten:

- Anzahl der Wohnungen, Anzahl der Gebäude
- Quadratmeter Nutz-/Wohnfläche
- Anzahl der KfZ Stellplätze bzw. Garagen
- Miethöhe
- Örtsübliche Vergleichsmiete (Mietspiegel), Marktmiete bei Wiedervermietung (z.B. Auskunft der Maklerverbände)
- Instandhaltungsnachweise der letzten 5 Jahre
- Angaben zum Leerstand
- Mietrückstände
- Kautionsnachweise
- Auflistung der Mieter, Mietbeginn, Datum der letzten Mieterhöhung
- Akten mit Mieterkorrespondenz
- Durchschnittliche Wohnungsgröße (prozentuale Verteilung)
- Anzahl der Zimmer (prozentuale Verteilung)

- Ausstattung der Wohnungen (Bad, Heizungsart, Art der Verglasung, Balkon, Böden, Isolation, Dachkonstruktion, Dachausbau)
- Anzahl der Stockwerke
- Angaben zur öffentlichen Förderung, Belegungsrechte etc. insb. Laufzeit der Rechte, Denkmalschutz
- Bestehende Verwaltungsverträge
- Im Rahmen von Begehungen feststellbare Objektmängel (z.B. Dach, Fassade, Anstrich, Fenster, Türen, Feuchtigkeit)
- Schätzung des Instandhaltungs- bzw. Modernisierungsrückstaus
- Objektzustandsbeschreibung/Kategorisierung (überdurchschnittlich, marktdurchschnittlich, unterdurchschnittlich)
- Mietvertragslaufzeiten
- Mögliche Umweltrisiken, insbesondere Asbest
- Angabe zu laufenden Mieterprivatisierungsprojekten

Vom Umfang des Portfolios wird es abhängen, ob alle diese Informationen, weniger oder sogar mehr Informationen zusammengestellt werden. Je größer das Portfolio ist, desto wichtiger wird es, professionelle Verfahrensabläufe nachzuweisen, so dass anhand von Stichproben die in Managementinformationssystemen abgebildeten Daten zeit- & kosteneffizient verifiziert werden können.

2.4 Implementierung wertsteigernder Maßnahmen

I.d.R. werden Immobilienbestände nicht mit dem Ziel verwaltet, sie plötzlich innerhalb eines kurzen Zeitraumes vollständig zu veräußern. Dies trifft sowohl auf überwiegend selbst genutzte Bestände von Industrie- oder Handelsunternehmen zu als auch auf für Anlagezwecke verwaltete Portfolios. Vor diesem Hintergrund ist es zwingend notwendig, sich über Maßnahmen Gedanken zu machen, die kurzfristig – d.h. im Rahmen des angestrebten Zeitrahmens bis zum Verkauf – implementierbar sind und die sich unmittelbar wertsteigernd auswirken.

Dabei sollte das Augenmerk nur begrenzt auf Maßnahmen im Bereich der Instandhaltung und Modernisierung gelegt werden, die der kosmetischen Verbesserung des Angebotes dienen. Denn im Markt für Immobilienportfolios trifft man nahezu ausschließlich auf hochprofessionelle Marktteilnehmer, deren Urteil nur sehr begrenzt durch kosmetische Maßnahmen beeinflusst wird bzw. die sogar davon überzeugt sind, Instandhaltungs- und Modernisierungsmaßnahmen effizienter durchführen zu können. Der Markt ist hier sehr transparent.

Im Vordergrund sollten daher Maßnahmen stehen, deren erfolgreiche Implementierung aufgrund externer Einflussfaktoren ungewiss ist.

Dazu gehören z.B. folgende Maßnahmen:

- Unmittelbar wertsteigernd ist die vorzeitige Verlängerung eines in naher Zukunft auslaufenden Mietvertrages von Objekten, die sich in Märkten mit hohen Leerständen bewegen. Die rechtzeitige Aufnahme von entsprechenden Verhandlungen insbesondere mit dem gegenwärtigen Mieter bietet sich an

– Ebenso bedeutsam ist die Erhebung des eigenen Flächenbedarfs von Industrie- und Handelskonzernen. Hier kann es sinnvoll sein, von Dritten angemietete Flächen zu kündigen und Projektentwicklern einen entsprechenden Mietvertrag für das auf einem konzerneigenen Grundstück zu entwickelnde Objekt anzubieten.

– Eine Selbstverständlichkeit ist die entsprechende Ausfertigung von Mietverträgen von Sale & Lease Back Objekten.

– Bereits im Vorfeld des Verkaufs ist insbesondere im Bereich möglicher Altlasten eine Gewährleistungsstrategie zu entwickeln, die in den Kaufvertragsentwurf einfließen sollte. Ggf. ist der Verkäufer – z.B. als produzierendes Gewerbe – sehr viel besser in der Lage, ein Altlastenrisiko einzugrenzen als ein Bieter, insbesondere wenn der Verkauf unter Zeitdruck erfolgt.

– Insbesondere bei großen Warenhauskonzernen trifft man häufig auf eine suboptimale Eigentümerstruktur oder Sondernutzungsrechte bei wesentlichen Teilflächen. Der Versuch einer Arrondierung vor dem Verkauf kann das Verkaufsergebnis wesentlich verbessern.

2.5 Strukturierung und Verfahrensstrategie der Transaktion

Eine der wesentlichen Maßnahmen zur Optimierung ist die angemessene Strukturierung der Transaktion. Hier geht es allerdings nicht um die wertsteigernden Maßnahmen am Einzelobjekt sondern um die Optimierung des Verkaufsprozesses des Gesamtportfolios.

Im Vordergrund der auszuwählenden Verfahrensstrategie steht dabei, dass die Strukturierung der Transaktion unter strenger Beachtung der Anforderungen der möglichen Investoren erfolgen muss, um die Nachfrage seitens der Investoren und damit den Wettbewerb zu maximieren. Oftmals erfolgt die Strukturierung der Transaktion vor dem Hintergrund der eigenen Anforderungen des Verkäufers. Über die Konsequenzen, die diese Anforderungen nach sich ziehen, wird oftmals nicht ausreichend nachgedacht. Idealerweise wurden diese Fragen bereits im Rahmen der Vorstudie erstmalig adressiert. Um ein zielgerichtetes Vorgehen zu gewährleisten, sollten im Rahmen dieser Arbeiten ebenfalls die Mindestanforderungen, die der Verkäufer an die Bieter stellt, festgehalten werden. Wesentliche Kriterien sind z.B.:

– Investitionsschwerpunkte (Teilmärkte)
– Risikobereitschaft
– Renditeanforderung
– Ausreichende Finanzkraft und Art der Refinanzierung
– „Deal appetite"
– „Track Record"
– Professionalität und Kapazität zur Bewältigung des angestrebten Prozesses
– Reputation als verlässlicher Verhandlungspartner

Erster Schritt im Rahmen der Strukturierung der Transaktion ist daher eine ausführliche Analyse des Investorenumfeldes einschließlich einer Kategorisierung der Investoren bezüglich ihrer Investitionskriterien. Von besonderer Bedeutung ist in diesem Zusammenhang die Analyse, welche Investoren unter einem spezifischen Investitionsdruck stehen, wie er sich zum Beispiel bei Real Estate Opportunity Funds aufbauen kann, die seit längerem keine Transaktion abgeschlossen haben, oder bei Offenen Immobilienfonds, die über einen außerordentlichen Mittelzufluss verfügen.

Ebenso ist das potentielle vergleichbare Angebot an Immobilienportfolios zu erfassen. Die Analyse des Angebots ist insbesondere für die Festlegung des Timings der Transaktion von Bedeutung, da sowohl der Markt qualifizierter Berater als auch die eigene Analysekapazität der Investoren in Zeiten großen Angebotes zum Engpass werden kann.

Die Portfoliostrukturierung, d.h. die Festlegung, welche Teilportfolios in welchem Zeitrahmen welchen Investoren angeboten werden, erfolgt dann unter Berücksichtung der Anforderungen des Verkäufers, der Anforderungen der Investoren und des Vergleichsangebotes. Pauschale Aussagen, wie eine Teilportfoliobildung erfolgen sollte, sind an dieser Stelle nicht möglich. Zu den schwierigsten Fragen in diesem Zusammenhang gilt sicherlich die Frage, wie mit Problemimmobilien zu verfahren ist, für die keine spezifische Nachfrage zu erwarten ist. Hier muss sich der Verkäufer zwischen Beimischung zu marktgängigen Immobilien, separater Verwertung oder gar Zurückstellung des Verkaufs entscheiden.

Für die einzelnen Teilportfolios ist ferner eine optimale steuerliche und rechtliche Verkaufsstruktur zu entwickeln – dazu gehört insbesondere die Frage, ob man direktes Eigentum an Immobilien (Asset Deal) oder Anteile an einer Immobiliengesellschaft (Share Deal) veräußern möchte. Dieser Arbeitsschritt erfolgt parallel zur Teilportfoliobildung, da die Teilportfoliobildung rechtlichen und steuerlichen Restriktionen unterliegen kann. In diesem Beitrag wird davon ausgegangen, dass rechtliche und steuerliche Aspekte an anderer Stelle in diesem Handbuch detaillierter erläutert werden. Aus Sicht des Prozessmanagements, das in diesem Beitrag im Vordergrund steht, ist von Bedeutung, dass bei der rechtlichen Gestaltung beachtet werden muss, dass für die Umsetzung der erarbeiteten Strukturen ausreichend Zeit eingeplant wird. Insofern ist es wichtig, dass Strukturfragen erstmalig im Rahmen der Vorstudie und im Folgenden auch während der Vendor Due Diligence adressiert und im Projektzeitplan abgebildet werden. Auch an dieser Stelle sei nochmals darauf verwiesen, dass die steuerlichen Anforderungen der Hauptinvestoren ebenso bedeutsam sind, wie die des Verkäufers.

Im Rahmen der rechtlichen Strukturierung der Transaktion ist selbstverständlich auch eine Strategie für den Kaufvertrag zu entwickeln. Im Rahmen von Portfoliotransaktionen sind dabei die Themen Gewährleistung und nachträgliche Kaufpreisanpassungen wesentlich. Auf Basis der Ergebnisse der Vendor Due Diligence sind die einzelnen Gestaltungsoptionen hinsichtlich ihrer Auswirkungen auf die Wertfindung zu quantifizieren. Idealerweise werden mehrstufige Verhandlungspositionen ausgearbeitet, die zu allen kritischen Themen Alternativen abbilden. Eine derartig sorgfältige Vorbereitung begründet in den konkreten Verhandlungen oftmals einen entscheidenden Reaktions- bzw. Zeitvorteil, der die Gegenseite überraschen und unter Entscheidungsdruck setzen kann. So sichert man sich die Kontrolle über den Prozess.

Ein wichtiger Arbeitsschritt im Rahmen der Strukturierung der Transaktion ist die Analyse der Auswirkungen der unterschiedlichen Finanzierungsmöglichkeiten auf den Wert des Portfolios. Zum einen gilt es die Beleihungsfähigkeit des Portfolios auf „stand alone"-Basis möglichst exakt zu ermitteln. Simuliert werden sollten auch alternative Finanzierungsstrukturen in Abhängigkeit unterschiedlicher Bieter.

Eine solche Simulation erfolgt auf Basis eines integrierten Bewertungs- und Finanzierungsmodells. Dieses Modell bildet den vollständigen, mehrjährigen Geschäftsplan der einzelnen Bieter ab und simuliert auf diese Weise ihre Investitionsüberlegungen und Strategie. Es entsteht aus der Verknüpfung eines Bewertungsmodells auf Basis der Discounted-Cash-Flow Methode und der Abbildung der Finanzierungs-, Rechts- und Steuerstruktur. Nur auf Basis eines solchen Modells ist es in den Verhandlungen möglich, eine Vorstellung von den Handlungsspielräumen des Verhandlungspartners zu erhalten und damit auf die von ihm vorgetragenen Argumente zu reagieren. Sicherlich kann man sich auf den Standpunkt stellen, dass allein der Wettbewerb die Verhandlungsposition determiniert. Allerdings werden Investoren insbesondere bei komplexen und damit kostenintensiven Verfahren ab einem gewissen Zeitpunkt darauf bestehen, exklusiv mit dem Verkäufer zu verhandeln. Lässt sich die Exklusivität nicht vermeiden bzw. ist sie aus Zeitgründen sogar geboten, so stellt die Simulation der Investitionsüberlegungen des potentiellen Erwerbers das stärkste Instrument zur Beurteilung der vorgetragenen Argumente dar. Die Simulation stellt damit ein unverzichtbares Instrument zur Schaffung von Transparenz dar.

Abb. 3: Beispiel für die Planung eines integrierten Bewertungs- und Finanzierungsmodells einer Wohnungsgesellschaft

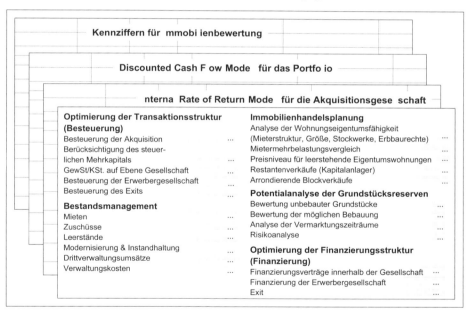

3. Durchführung – Verfahrensschritte

In diesem Kapital wird ein typischer Prozessablauf einer strukturierten Auktion beschrieben.

Die Verfahrensschritte umfassen typischerweise folgendes:

1. Erster Schritt der Vermarktungsbemühungen ist die Ausarbeitung eines aussagefähigen und umfassenden Informationsmemorandums, das so detailliert sein sollte, dass es den Bietern eine indikative Bewertung des Portfolios auf Basis einer Discounted Cash Flow Analyse erlaubt, deren Bewertungsparameter im Rahmen der Due Diligence im wesentlichen nur noch zu bestätigen bzw. zu verfeinern sind. Dadurch reduziert man das Risiko im Rahmen der Bieterselektion, dass Bieter in die nächste Auswahlrunde gelangen, die dem Portfolio keinen ausreichenden Wert beimessen. Das Informationsmemorandum dient auch zur Positionierung des Portfolios. Es sollte daher auf die besonderen Stärken und die Attraktivität des Portfolios eingehen, ohne falsche Tatsachen vorzutäuschen. Nicht unüblich ist es, dass Bieter den Verkäufer für die Angaben im Informationsmemorandum in die Gewährleistungspflicht im Rahmen der Kaufvertragsgestaltung nehmen wollen.

2. Teilweise parallel zur Erstellung des Informationsmemorandums wird in der Regel bereits mit der Ansprache der potentiellen Bieter begonnen. Um einen zeiteffizienten Prozess zu gewährleisten, der durch unseriöse oder finanzschwache Bieter beeinträchtigt werden könnte, ist es oftmals sinnvoll, auf eine Veröffentlichung in der Presse bezüglich des anstehenden Verkaufsprozesses zu verzichten. Die Ansprache sollte daher zunächst auf Basis einer anonymen Kurzbeschreibung der Transaktion erfolgen, die direkt an selektierte Investoren versendet wird. Zahlreiche Investoren verfügen über mehrere Akquisitionsteams. Die Kenntnis, welches dieser Teams unter besonderen Handlungsdruck steht, eine erfolgreiche Transaktion nachzuweisen, kann bei der Ansprache einzelner Personen auf Seiten der Investoren von entscheidender Bedeutung sein, da der Investitionsdruck auch innerhalb der Teams einiger Investoren unterschiedlich ausgeprägt sein kann.

3. Investoren, die ihr Interesse bekunden, wird eine Vertraulichkeitsvereinbarung übersandt.

4. Nach Erhalt der unterzeichneten Vertraulichkeitsvereinbarung kann das Informationsmemorandum als Basis für ein unverbindliches Angebot des Bieters versendet werden. Das Informationsmemorandum sollte von einem Prozessbrief („Process Letter") begleitet werden, der das weitere Verfahren auch in zeitlicher Hinsicht grob skizziert und die Kriterien für die Auswahl der Bieter offen legt. So können die Bieter zum Beispiel aufgefordert werden, ihren „Track Record" zu beschreiben, die Quellen des benötigten Eigenkapitals aufzuzeigen und die Aussage einer Bank beizufügen, die bereit ist, mit dem Bieter bezüglich der Finanzierung der Transaktion zusammenzuarbeiten. Abgefragt werden sollte auch, welche Berater der Bieter zur Transaktion hinzuzieht. Diese Transparenz ist wichtig, um mögliche Interessenkonflikte frühzeitig zu erkennen, aber auch, um die Ernsthaftigkeit der Bieter besser beurteilen zu können. Die Abfrage der

Berater sollte allerdings zu späteren Verfahrenszeitpunkten wiederholt werden, da sich die Beraterteams i.d.R. während des Prozesses vergrößern. Wesentlich für die Transaktion sind die Anforderungen der Bieter an die vorgeschlagene Transaktionsstruktur. Dies gilt insbesondere für den Fall, dass auf Seiten des Verkäufers Flexibilität hinsichtlich der Transaktionsstruktur gegeben ist. Bedeutsam für den erfolgreichen Prozess ist die Setzung klarer zeitlicher Fristen, in denen die Bieter auf die Aufforderung seitens des Verkäufers zu reagieren haben.

5. Nach Erhalt der indikativen Angebote werden diese anhand des Kriterienkatalogs analysiert und bewertet. Der Preis sollte zu diesem Zeitpunkt keinesfalls das alleinige Kriterium sein, da die Gebote zu diesem Zeitpunkt taktischer Natur sein können, um in die nächste Runde zu gelangen. Ebenso bedeutsam ist es, die Qualität des Gebots und seiner Erläuterungen zu analysieren, um die Ernsthaftigkeit der Bieter an dieser Transaktion zu identifizieren. Auf Basis der Analyse der Gebote ist eine Auswahl der Bieter vorzunehmen, die zur Due Diligence zugelassen werden. Diese Bieter sind so früh wie möglich zu benachrichtigen. Die Benachrichtigung sollte einen präzisen Zeitplan für die Due Diligence enthalten. Nach Möglichkeit sollte sie auch Auskunft darüber geben, welchen Konkretisierungsgrad das Angebot nach erfolgter Due Diligence haben sollte.

6. Bezüglich der physischen Organisation des Datenraumes kann zwischen zwei Verfahren unterschieden werden. Traditionell wird der Datenraum an neutralem Ort physisch aufgebaut, d.h. die Unterlagen werden in Ordner zur Verfügung gestellt. Die Due Diligence Teams der Bieter arbeiten unter Aufsicht des Verkäufers bzw. seiner Berater im physischen Datenraum. Neben diesem Verfahren trifft man zunehmend auch auf virtuelle Datenräume. Darunter versteht man, dass alle Datenrauminformationen eingescannt wurden und über einen Server mit vertraulichen Zugangsdaten bereitgestellt werden. Der Vorteil des virtuellen Datenraumes liegt in der Replizierbarkeit, d.h. man kann einer größeren Zahl von Bietern in einem kurzen Zeitraum gleichzeitig die notwendigen Informationen zur Verfügung stellen. Der virtuelle Datenraum wird bezüglich der gebotenen Vertraulichkeit noch mit Skepsis betrachtet, da man sich weltweit mit dem richtigen Passwort Zugang verschaffen kann. Missbrauch ist vergleichsweise einfach. Von daher sollte wohl abgewogen werden, wie der Datenraum eingerichtet wird, aber auch wem man Zugang gewährt. Insbesondere das Risiko, dass Mietvertragsdaten unkontrolliert verbreitet werden, sollte so gut wie möglich eingeschränkt werden.

Die seitens der potentiellen Erwerber den physischen Datenraum besuchenden Mitarbeiter und Berater sollten sich strikt Verhaltensanweisungen unterwerfen, wie sie nachfolgend beispielhaft aufgeführt sind:

★ ★ ★ ★

Verhaltensanweisungen im Datenraum

Der Datenraum befindet sich in den Räumlichkeiten der [Gesellschaft XY]. Die Aufsicht wird durch [den Berater YZ] („Datenraumkoordinator") wahrgenommen.

Die nachstehende Liste enthält Regelungen, die im Datenraum strikt zu befolgen sind:

i.   Bei Ankunft müssen sich die Teilnehmer zunächst beim Datenraumkoordinator registrieren lassen.

ii. Der Datenraum ist in der Zeit von 8:00 h bis 18:00 geöffnet.

iii. Beim ersten Betreten des Datenraumes ist seitens jeder den Datenraum nutzenden Partei eine Person als Teamleiter zu benennen. Der Teamleiter ist dafür zuständig, eine Liste aller teilnehmenden Personen, deren Position und Gesellschaftszugehörigkeit zu erstellen und an den Datenraumkoordinator zu übergeben. Der Teamleiter übergibt ferner die Liste möglicher Fragen und die Anforderung weiterer Informationen an den Datenraumkoordinator. Der Teamleiter stellt die einzige Ansprechperson für den Datenraumkoordinator dar. Die Anzahl der Teilnehmer, die den Datenraum gleichzeitig nutzen dürfen ist beschränkt auf [Anzahl].

iv. Teilnehmer, die den Datenraum während des Tages verlassen wollen, müssen den Datenraumkoordinator informieren, der über die Anwesenheit im Datenraum Buch führt. Teilnehmer, die in den Datenraum während des Tages zurückkehren, müssen sich beim Datenraumkoordinator zurückmelden.

v.   Der Datenraum erhält in erheblichen Umfang vertrauliche Informationen, die in Ordner sortiert und indexiert ist. Diese Informationen dürfen nur innerhalb des Datenraumes eingesehen werden.

vi. Anfragen bezüglich gewünschter Kopien sollten gesammelt und am Abend des jeweiligen Tages an den Datenraumkoordinator übergeben werden. Aufgrund der Vertraulichkeit der Informationen, die im Datenraum enthalten sind, werden nur sehr begrenzt Kopien erstellt werden können.

vii. Die Teilnehmer werden gebeten, ihre Fragen und Bitte um Erläuterung schriftlich zu formulieren. Die Fragen sind nach Themengebieten zu sortieren (z.B. Personal, Finanzinformationen, Recht) und sollten innerhalb eines jeden Themengebietes der Wichtigkeit nach geordnet werden, so dass es der Gesellschaft möglich ist, die wichtigen Fragen mit Priorität zu beantworten.

Der Datenraumkoordinator wird die Fragen zweimal täglich einsammeln, um eine zeitnahe Beantwortung der Fragen zu gewährleisten. Die Gesellschaft wird versuchen, die Fragen schriftlich zu beantworten. In einigen Fällen werden Fragen auch mündlich in Rahmen einer persönlichen Diskussion mit Vertretern der Gesellschaft beantwortet.

viii. Fragen und Informationsanforderungen, die sich nach Beendigung des Datenraumbesuches ergeben, sollten sich auf ein Minimum beschränken und direkt an den Projektleiter des Berater des Verkäufers gerichtet werden, der diese Fragen an die Gesellschaft weiterleiten wird. Die Fragen sollten ebenfalls gemäß Ziffer 7. sortiert werden.

Als Erklärung des Einverständnisses: _____
                                                        Unterschrift

                                    _____   _____
                                          Ort   Datum

                        ★ ★ ★ ★

7. Parallel zum Datenraum oder unmittelbar danach sollte den Bietern eine Ortsbesichtigung der Immobilien ermöglicht werden. Die Bieter sollten sich schriftlich dazu verpflichten, Innenbesichtigungen nur in Begleitung eines Vertreters des Verkäufers durchzuführen, um ein Stören der Beziehungen zwischen Eigentümer und Mieter zu verhindern.

8. Spielen besondere Gestaltungselemente innerhalb des Kaufvertrages für den Verkäufer eine wichtige Rolle, so sollte parallel zum Datenraum auch der Kaufvertrag den Bieter zur Verfügung gestellt werden. Die Bieter werden i.d.R. aufgefordert, diesen zu kommentieren. Gewährleistungsfragen können ebenso Bestandteil des Wettbewerbs sein wie der Kaufpreis.

9. Bestandteil eines jeden Portfolioverkaufs sollte auch eine Präsentation bzw. Diskussion mit dem gegenwärtigen Management des Portfolios sein, insbesondere wenn Personal mit dem Bestand übertragen werden soll. Für die Bieter bietet sich hier die Gelegenheit, in der Due Diligence erarbeitete Fragen mit dem Management zu diskutieren und die Qualität des Managements zu beurteilen. Auf das „Frage-Antwort-Spiel" ist das Management sorgfältig vorzubereiten. Der Verkäufer bzw. seine Berater sollten darauf achten, dass alle Antworten gegenüber den unterschiedlichen Bietern konsistent erfolgen, um die Bevorzugung eines Bieters durch das Management zu verhindern.

10. Ferner wird man den Bietern die Möglichkeit einräumen, Fragen zu formulieren, die sich aus der Due Dilgence ergeben. Diese Fragen und ihre Antworten sind sorgfältig zu dokumentieren. Werden neue Informationen über den Bestand zur Beantwortung von Fragen verteilt, so sollten diese Informationen an dieser Stelle allen Bietern zur Verfügung gestellt werden. Ein bewusstes Zurückhalten von Informationen ist zwar oftmals verlockend, jedoch müssen die juristischen Konsequenzen wohl überlegt sein. Ferner kann ein Bietungsverfahren im Desaster enden, wenn Investoren erst zu einem späteren Zeitpunkt, in dem der Wettbewerb bereits deutlich reduziert ist, zuvor nicht erkannte Mängel entdecken und eine Kaufpreisanpassung vornehmen, auf die der Verkäufer nur noch begrenzt reagieren kann, da sich andere Investoren, die den Mangel zuvor in ihrer Preisfindung berücksichtigt hatten, bereits zurückgezogen haben.

11. Die Due Diligence Phase endet in der Regel mit der Vorlage konkretisierter Angebote. Die Angebote sollten auch durch einen konkretisierten Finanzierungsnachweis begleitet werden. Dies kann z.B. durch ein Bestätigungsschreiben einer Bank geschehen, die ihre Absicht, die Transaktion auf Basis beigefügter Konditionen (Term Sheets) schriftlich gegenüber dem Verkäufer erklärt. Gleichzeitig sollten alle Vorbehalte, die bis zum Transaktionsabschluss ausgeräumt werden müssen, aufgezeigt werden. In der Regel wird an dieser Stelle auch ein „Mark-up" des Kaufvertrages mit übergeben.

12. Auf Basis der konkretisierten Angebote wird der Verkäufer eine Auswahl von zwei bis drei Bietern vornehmen, mit denen konkrete Kaufvertragsverhandlungen aufgenommen werden. In Abhängigkeit der Informationsbedürfnisse der Bieter kann eine Vertiefung der Due Diligence unter Einbeziehung von erneuten Ortsbesichtigungen notwendig sein. Für die verbliebenen Bieter sollten die Berater des Verkäufers eine detaillierte Simulation des Kaufpreiskalküls erstellen, das die steuerlichen, rechtlichen und finanzierungstechnischen Anforderungen der Bieter abbildet. Dieses Modell ist für die Verhandlungen insofern von Bedeutung, als es die Anpassungserfordernisse der Bieter in Bezug auf wertrelevante Fakten transparent macht. Der Analyse der Finanzierungskonzepte kommt eine überragende Bedeutung zu, da Portfolioverkäufe oftmals auch an

der mangelnden Bereitschaft von Banken scheitern, für derartige Transaktionen die Finanzierung zu gewährleisten.

13. Zum Abschluss der Verhandlungen werden die Bieter aufgefordert, verbindliche Angebote vorzulegen. Es kann allerdings nicht ausgeschlossen werden, dass diese Angebote noch einige Vorbehalte enthalten, da ein Kreditvertrag noch nicht ausgefertigt wurde.

14. Üblicherweise wird nach Auswertung der verbindlichen Angebote entweder eine nochmalige Bietungsrunde mit den verbleibenden Bietern durchlaufen, in denen den Bietern z.B. zur Vergleichbarkeit standardisierte Kaufverträge vorgegeben werden oder aber es wird Exklusivität vergeben. Die Exklusivität wird oftmals von Bietern als Bedingung verlangt, um eine vollständige Kreditvertragsdokumentation mit ihren Banken zu verhandeln, was bei Portfolio- und Unternehmensverkäufen mit signifikanten Kosten verbunden sein kann.

15. Auch mit der Unterzeichnung des Kaufvertrages ist die Transaktion noch nicht beendet. Sicherheit besteht erst, wenn der Kaufpreis gezahlt worden ist. Bei den dafür oftmals notwendigen Gremiumsentscheidungen bzw. bei der Erfüllung der Anforderungen der finanzierenden Banken, sollte der Verkäufer den Erwerber unterstützen, da nur der Verkäufer in der Lage ist, die ggf. noch notwendigen internen Informationen zu beschaffen (z.B. aktuelle Mieteinnahmen des laufenden Monats).

4. Verfahrensvariationen

Das oben beschriebene Vorgehen lässt sich in vielerlei Hinsicht in Abhängigkeit der spezifischen Ausgangslage und Bedürfnisse des Verkäufers bzw. Anforderungen der Hauptinvestoren variieren. Vor dem Hintergrund der besonderen Problematik der Wertabschläge, die bei Portfoliotransaktionen gegenüber dem Einzelverkauf anfallen, sei auf eine besondere Variante der Strukturierung einer Verwertungsgesellschaft als Joint Venture zwischen Verkäufer und einem ausgewählten Investor hingewiesen:

Anstatt das Portfolio bzw. die Gesellschaft vollständig zu veräußern, kann die Beteiligung an einer vertraglichen bzw. gesellschaftsrechtlichen Struktur angeboten werden, die vom Verkäufer vorstrukturiert wurde. Idealerweise wird die Bankenfinanzierung für diese Struktur bereits vorbereitet, so dass die Investoren weitestgehend nur noch für die Beteiligung am Eigenkapital bieten. Eine solche Struktur ermöglicht es dem Verkäufer, an möglichen Mehrwerten aus der noch zu erfolgenden Einzelverwertung zu partizipieren. Wird diese Struktur, deren Strukturierungsaufwand nicht unterschätzt werden darf, vertraulich im Hintergrund vorbereitet, kann sie eine sinnvolle Rückfalloption für die eigentliche strukturierte Auktion darstellen. Neben dem Wettbewerb unter den Investoren erhält man somit einen Wettbewerb der Strukturen.

5. Ausgewählte Erfolgsfaktoren

Wesentliche Vorteile einer strukturierten Auktion beruhen auf der Tatsache, dass sie:

– den Wettbewerb um das Portfolio innerhalb eines vorgegebenen Zeitrahmens maximiert

– aus Sicht der Investoren ein transparentes Verfahren darstellt – nicht zu verwechseln mit einer transparenter Datenlage

– zeiteffizient ist

– und dem Verkäufer die Kontrolle des Verfahrens sichert.

Um diesen Vorteil zu bewahren ist – wie oben bereits mehrfach herausgestellt – die sorgfältige Vorbereitung des Prozesses ein wesentlicher Erfolgsfaktor. Nur bei einer sorgfältigen Vorbereitung ist die Kontrolle bzw. Prozessführerschaft des Verkäufers gesichert.

Zahlreiche Fehler lassen sich vermeiden, wenn man sich als Verkäufer mit Beratern umgibt, die ebenfalls über umfangreiche Erfahrung in der Beratung von Käufern verfügen, da sie den Verkäufer in der Antizipation der Verhaltensweise der Erwerber unterstützen können.

Die Analyse der Finanzierbarkeit des Kaufpreises ist insbesondere bei größeren Transaktionen, die mit einem hohen Fremdfinanzierungsanteil finanziert werden, ein wichtiger Bestandteil im Arbeitsprogramm der Berater.

Nachteilig dagegen ist es z.B., wenn die Zusammensetzung der Portfolios nachträglich geändert werden muss, da eine nachträgliche Änderung zahlreiche Investoren, die auf den Status Quo vertraut haben, irritiert und ihre Bereitschaft, in die Due Diligence zu investieren vermindern kann. Jede Änderung des Portfolios kann auch den Wettbewerb beeinträchtigen. Allerdings kann in Ausnahmefällen eine Portfolioveränderung das Ergebnis verbessern, wenn einzelne Objekte die Risikobereitschaft der Investoren derart negativ beeinträchtigt, dass der gesamte Prozess gefährdet wird.

Die Aufrechterhaltung des Wettbewerbs ist ein entscheidender Erfolgsfaktor. Oftmals wird Exklusivität zu einem zu frühen Zeitpunkt bzw. für einen zu langen Zeitraum vergeben und damit das Potential des Wettbewerbs gemindert. Hier sollte man sich dem Druck der Investoren nicht zu früh beugen. Andernfalls läuft man Gefahr, dass Investoren zunächst einen hohen Preis bieten, um Exklusivität zu erhalten, um dann zahlreiche Argumente vorzutragen, warum eine Preisabsenkung angebracht ist. Ein solches Verhalten lässt sich auch durch eine präzise Analyse der Qualität der Due Diligence bzw. der Gebote der Bieter oftmals frühzeitig identifizieren. Dafür ist es notwendig, die umfangreichen Annahmen für die jeweiligen Gebote bei den Bieter abzufragen.

Eine Selbstverständlichkeit sollte die Gleichbehandlung der Investoren sein. Dabei darf nicht übersehen werden, dass man es aufgrund persönlicher Beziehungen oftmals mit einem sehr transparenten Markt zu tun hat. Sollten Investoren den Eindruck erhalten, dass sie benachteiligt werden, ziehen sie sich sofort zurück. Die folgende Beeinträchtigung der Verhandlungsposition gegenüber dem bevorzugten Bieter wird i.d.R. offensichtlich.

V. Wirtschaftlichkeitsberechnungen

Übersicht

1. Einleitung

Die Investitions- oder Wirtschaftlichkeitsberechung (WB) bildet eine der Entscheidungsgrundlagen für die meist langfristige Kapitaldisposition einer Immobilieninvestition.

Dabei kann sie helfen, Antworten auf die immobilienspezifischen Fragestellungen wie die Bestimmung der Vorteilhaftigkeit eines Immobilienobjektes oder -projektes, nicht nur für sich, sondern auch im Vergleich zu anderen alternativen Immobilien, zu geben. Ferner kann die WB Hilfestellungen bezüglich des optimalen Investitions- oder Veräußerungszeitpunktes leisten.

Bei der Wirtschaftlichkeitsberechnung kann man grundsätzlich zwischen der Objektebene, also der Ebene, die lediglich die rein immobilienspezifischen Zahlungsströme berücksichtigt, und der Subjektebene unterscheiden. Bei der Subjektebene wird die gesamte Entscheidungssituation des Investors berücksichtigt. Dazu gehört die Ermittlung der optimalen Finanzierungsstruktur, der optimalen steuerlichen Konzeption, falls gewünscht einer Währungsabsicherungsstrategie sowie die Beantwortung der Frage der optimalen Investitionsstruktur. Letztere trägt nicht nur bei inländischen Immobilieninvestitionen eine zentrale Rolle sondern insbesondere bei Investitionen in ausländische Märkte. Hier stellt sich häufig zunächst die Frage ob die Immobilie direkt erworben werden soll („asset deal") oder indirekt („share deal"). Zu den Unterschieden, Vor- und Nachteilen eines „asset-" oder „share-deals" wird an anderer Stelle dieses Buches ausführlich Stellung genommen. Anzumerken hierzu ist jedoch, dass die Entscheidung der Investitionsstruktur nicht immer allein beim Investor liegt. Häufig zwingt der Markt den Investor dazu eine bestimmte Struktur anzuerkennen, wenn er sich erfolgreich gegen konkurrierende Marktteilnehmer durchsetzen will. Auch beim Verkauf ist die Frage der Struktur von großer Bedeutung für die Fungibilität.

Festgehalten werden sollte aber auch, dass es zwischen dem Ergebnis einer WB und der tatsächlichen Entscheidung über eine Investition oder Desinvestition zu Diskrepanzen kommen kann, wenn andere nicht quantifizierbare Tatbestände vorliegen. Diese Imponderabilien können bspw. nicht-monetäre Investitionsziele wie Marktmacht, Prestige aber auch soziale oder ethische Aspekte sein. Im Folgenden werden diese Aspekte aber außer Acht gelassen.

Bei der nachfolgenden Systematisierung der Investitions- bzw. Wirtschaftlichkeitsberechnungen wird zwischen den statischen und dynamischen Methoden un-

Vespermann

terschieden. Innerhalb der dynamischen Berechungen soll hier wiederum zwischen vermögenswert- und zinssatzorientierten Methoden unterschieden werden. Dabei steht bei den vermögenswertorientierten Methoden der Vermögenswert des Investors im Vordergrund. Hierunter werden auch die Methoden subsumiert, die entnahmeorientiert sind und den Vermögenswert als feste Größe bestimmen. Die zinssatzorientierten Methoden orientieren sich an einem Zins als Zielwert, der einfacher ausgedrückt entweder die „Rendite" oder einen Alternativzins darstellt.

2. Wirtschaftlichkeitsberechnungen für Grundstücke mit Bestand

2.1 Statische Verfahren

Die statischen Berechungen sind einfache Vergleichsverfahren, die meist zur ersten Einschätzung der Vorteilhaftigkeit einer Investition herangezogen werden. Zwar setzt sich die Theorie kaum noch mit diesen Methoden auseinander, jedoch finden sie in der Praxis nach wie vor Anwendung. Gravierender Mangel der statischen Methoden ist vor allem die Vernachlässigung der zeitlichen Komponente, d.h. der über den geplanten Investitionszeitraum erfolgenden Ein- und Auszahlungen.

Zweckmäßig erscheint das Heranziehen von statischen Methoden daher nur um Investitionsobjekte im Markt zu vergleichen. Investorenspezifische Antworten auf die o.a. Fragestellungen nach der optimalen Steuer-, Finanzierungs-, Währungsabsicherungsstruktur oder der Haltedauer einer Investition liefern sie jedoch nicht.

2.1.1 Rentabilitätsberechnung

Die Rentabilitätsberechnung relativiert die Ertragsgröße mit der durchschnittlichen Kapitalbindung einer Investition. In der deutschen Immobilienpraxis wird hierunter die sog. „Maklerrendite" verstanden – d.h. der Vergleich der Brutto-Mieteinnahme (ohne Abzug von Kosten) zum Netto-Kaufpreis – oder der „Multiplikator", wenn der Netto-Kaufpreis zur Brutto-Mieteinnahme ins Verhältnis gesetzt wird. Aus Investorensicht hat diese statische Rendite bzw. der „Multiplikator" jedoch so gut wie keine Aussagekraft. Zweckmäßiger erscheint die im angelsächsischen Markt genutzte Formel der Gegenüberstellung des NOI („Net Operating Income" = Netto-Mieteinnahme) zum Brutto-Kaufpreis, die neben den nicht-umlagefähigen Nebenkosten (Reduktion des Zählers), auch die marktspezifischen Anschaffungsnebenkosten (Erhöhung des Nenners) berücksichtigt.

2.1.2 Kosten- und Gewinnvergleichsrechnung

Die Kostenvergleichsrechnung kann bei alternativen Anlagemöglichkeiten nicht hinreichend zur Investitionsentscheidung beitragen, da die Erlöse nicht berücksichtigt werden und so nur Aussagen über eine relative Wirtschaftlichkeit möglich sind.

Im Einzelfall kann sie jedoch sinnvoll dort herangezogen werden, wo bspw. Entscheidungen im Rahmen der Projektentwicklung über die Bauweise einer Immobilie oder aber bei einer Entscheidung hinsichtlich unterschiedlicher Investitionsstrukturen, bspw. „asset-" oder „share deal", getroffen werden müssen.

Die Gewinnvergleichsrechnung ergänzt die Kostenvergleichsrechnung um die Erlöse. Der Gewinn ermittelt sich wie folgt: Gewinn = Erlöse − Kosten.

Die absolute Vorteilhaftigkeit (Gewinn) ist zwar mit der Gewinnvergleichsrechnung ermittelbar, jedoch stellt die Gewinnvergleichsrechnung wie die Kostenvergleichsrechnung nur eine grobe Durchschnittsrechnung dar. Die Repräsentativität der betrachteten Periode und der berücksichtigten Kosten und Erlöse ist fraglich. Weitere Schwäche beider Berechnungen ist der Verzicht auf Einzelschätzung künftiger Zahlungsgrößen und auf Berücksichtigung der möglicherweise unterschiedlichen Zahlungszeitpunkte. Auch wird das eingesetzte Kapital nicht berücksichtigt.

2.1.3 Amortisationsrechnung

Die statische Amortisationsrechnung ermittelt die Kapitalrückfluss- bzw. die Amortisationszeit unter Berücksichtigung der Anschaffungsauszahlung und der jährlichen Zahlungsüberschüsse. Die statische Amortisationsrechnung wird auch als „Pay-Back-Rechnung" oder „Pay-Off-Rechnung" bezeichnet.

Dabei entspricht eine kurze Amortisationszeit einem geringen Investitionsrisiko, da über die kurze Zeit noch recht sichere Zahlen prognostiziert werden können. Dagegen werden langfristige Investitionen mit hohen Anfangsauszahlungen tendenziell schlechter gestellt.

Mit Hilfe der statischen Amortisationsrechnung kann weder eine absolute noch eine relative wirtschaftliche Vorteilhaftigkeit festgestellt werden. Die Amortisationszeit ist somit neben den anderen Investitionsrechnungsverfahren lediglich eine zusätzliche Entscheidungshilfe bei der Beurteilung von Investitionsobjekten.

2.2 Dynamische Verfahren

Gegenüber den statischen Verfahren stellen die dynamischen Verfahren in zweifacher Hinsicht eine Verbesserung dar:

Zum einen weicht die einperiodische Betrachtungsweise der statischen Verfahren einer Berücksichtigung sämtlicher Ein- und Auszahlungen über den jeweiligen Betrachtungshorizont, zum anderen kann der zeitliche Unterschied der Ein- und Auszahlungen exakt berücksichtigt werden (Zinseszinsrechnung).

Bei den dynamischen Verfahren wird zwischen barwert- und endwertorientierten Vermögenswertmethoden sowie den Zinssatzmethoden unterschieden. Exemplarisch werden im Weiteren die am häufigsten angewandten Berechnungen charakterisiert, die sich wie folgt auch in klassische und moderne Verfahren gliedern lassen.

2.2.1 Klassische Verfahren

2.2.1.1 Kapitalwertmethode

Die Kapitalwertberechnung (auch Net Present Value- oder Discounted Cash Flow-Methode) gehört zu den barwertorientierten Vermögenswertmethoden und ist ein Verfahren, das zur Beurteilung der Vorteilhaftigkeit einer Investition die jährlichen Nettoeinzahlungen (= Einzahlungsüberschüsse) auf den Entscheidungszeitpunkt (= Barwert) diskontiert.

Rechnerisch lässt sich der Net Present Value (NPV) wie folgt ermitteln:

Formel 1: Kapitalwert-Methode

$$NPV = \sum_{t=1}^{n} M_t \frac{1}{(1+i)^t} + R_n \frac{1}{(1+i)^n} - A_0$$

Vereinfacht ausgedrückt werden die erwarteten abgezinsten Mieteinnahmen $[M_t]$, zu dem erwarteten und ebenfalls abgezinsten Verkaufserlös $[R_n]$ addiert und von der Anfangsinvestition $[A_0]$ subtrahiert. Ist der NPV positiv, so ist die Investition vorteilhaft und sollte unter ökonomischen Gesichtspunkten durchgeführt werden, sofern keine anderen Investitionsmöglichkeiten vorhanden sind, die einen höheren NPV liefern. Wichtigster „Hebel" dieser Kalkulationsmethode ist der risikoadäquate Kalkulationszinsfuß $[i]$. Je höher (niedriger) dieser gewählt wird, um so niedriger (höher) fällt der NPV aus.

Die Bestimmung des Kalkulationszinsfußes oder auch der Verzinsungsuntergrenze für das eingesetzte Kapital des Investors hängt von den risikoadäquaten Alternativen des Investors ab.

In der Regel werden Investitionen jedoch mit Hilfe von Eigen- (EK) und Fremdkapital (FK) getätigt. Bei der Bestimmung des Kalkulationszinsfußes kann hier die gewichtete Kapitalkosten-Methode (WACC = weighted average cost of capital-Methode) helfen. Dabei wird der FK-Anteil mit dem FK-Zins multipliziert und zu dem EK-Zins, multipliziert mit dem EK-Anteil, hinzuaddiert. Der EK-Zins ergibt sich aus der Addition von einem risikofreien Zinssatz gewichtet mit der unternehmens- und marktspezifischen Risikoprämie.

Kritik erfährt die Kapitalwertmethode aufgrund dessen, dass sie unterstellt, dass alle Einnahmenüberschüsse zum Kalkulationszinsfuß angelegt werden.

2.2.1.2 Interne Zinsfuß-Methode (Internal Rate of Return)

Während der Kalkulationszinssatz bei der Kapitalwertmethode der Rendite für eine alternative Anlagemöglichkeit entsprechen soll bzw. er die durch den Investor gewünschte Mindestverzinsung seiner Investition darstellt, ermittelt die interne Zinsfuß-Methode die Effektivverzinsung (Rendite) des gebundenen Kapitals.

Der interne Zinsfuß ist somit der Zinssatz, bei dem auf den Kalkulationszeitpunkt bezogene Kapitalwert gleich Null ist, also die Kapitalwerte der Einzahlungsüberschüsse denen der Anschaffungsauszahlungen gleich sind.

Mathematisch bedeutet dies die Auflösung einer n-ten Formel, was zu mehreren unterschiedlichen Ergebnissen führen kann. In der Praxis muss dann jenes Ergebnis gewählt werden, das im ökonomisch relevanten Bereich liegt, also im Prinzip „ökonomisch richtig", ist.

Mathematisch lässt sich die Ermittlung der Internal Rate of Return (IRR) wie folgt darstellen:

Formel 2: Modifizierte Kapitalwertformel zur Bestimmung des internen Zinsfußes

$$K_o = 0 = \sum_{t=1}^{n} M_t (1+r)^{-t} + R_n (1+r)^{-n} - A_0$$

Dadurch, dass im Vergleich zur vorangegangenen Kapitalwertformel $[i]$ durch $[r]$ ersetzt wird, wird zum Ausdruck gebracht, dass die Formel nicht nach dem Kapitalwert $[K_0]$ aufzulösen ist, sondern so umgestellt werden muss, dass der IRR $[r]$ ermittelt werden kann.

In der Praxis sollte man beim Einsatz der gängigen Formeln in Tabellenkalkulationsprogrammen darauf achten, dass nur dann eindeutige Ergebnisse erzielt werden, wenn Zahlungsreihen mit einem Vorzeichenwechsel verwandt werden. Bei diesen Zahlenreihen ergeben sich aus Kapitalwertmethode und interner Zinsfuß-Methode identische Ergebnisse. Beide Methoden können zu einer abweichenden Beurteilung führen, wenn die Zahlungsreihen wie bspw. bei Abbruch- oder Reinvestitionsüberlegungen mehrere Vorzeichenwechsel im Zahlungsstrom aufweisen. Zusätzlich führt insbesondere ein hoher interner Zinsfuß zu einer Überschätzung der Vorteilhaftigkeit einer Investition, wenn die Einnahmenüberschüsse ebenfalls zum internen Zinsfuß wiederangelegt werden.

2.2.2 Moderne Verfahren

Gegenüber den klassischen Verfahren unterscheiden sich die im Weiteren aufgeführten modernen Methoden der vollständigen Finanzplanung (VOFI) durch den Betrachtungszeitpunkt. Die klassischen Verfahren sind barwertorientiert, wohingegen die modernen Verfahren endwertorientiert sind. Das Grundkonzept des VOFI ist die vollständige tabellarische Erfassung sämtlicher investitionsrelevanter Aspekte in chronologischer Reihenfolge unter Verzicht auf eine finanzmathematische Verdichtung. Diese Verdichtung führt, wie bei den klassischen Methoden skizziert, zu erheblichen Nachteilen, wie bspw. dem starren Kalkulationszinsfuß. Dahingegen sind die Prämissen bezüglich der Zinsen im VOFI frei wählbar und können über den Betrachtungszeitraum beliebig verändert werden.

Zusätzlich lassen sich durch Nebenrechnungen im VOFI auch differenzierte Betrachtungen zu Finanzierungen, Währungsrisiken oder Steuern abbilden.

Bei der VOFI-Methode werden verschiedene Varianten, wie das VOFI-Endvermögen, die VOFI-Entnahme, die VOFI-Amortisationsdauer und die VOFI-Eigen- bzw. Gesamtkapital-Rentabilität unterschieden. Da sich die Varianten nur durch den Zielwert unterscheiden, soll hier exmplarisch das VOFI-Endvermögen und die VOFI-Eigenkapital-Rentabilität behandelt werden.

2.2.2.1 Endvermögen nach VOFI-Methode

Die konkrete Berechnung eines vollständigen Finanzplans ergibt sich aus der Tabelle 1. Hier ist anhand einer stark vereinfachten Zahlungsfolge dargestellt, wie sich das Endvermögen aus der Ursprungsinvestition über einen Zeitraum von drei Jahren entwickelt. Dabei wird unterstellt, dass sich die Finanzierung jeweils hälftig aus EK und FK zusammensetzt. Das endfällige Darlehen soll im Beispiel einen festen Zinssatz haben. Nicht berücksichtigt sind sonstige Aspekte wie Steuern oder Währungsabsicherung.

Tab. 1: Beispiel VOFI

Zeitpunkt	t_0	t_1	t_2	t_3
Direkte Zahlungen				
Kaufpreis	– 20.000			
Miete		1.400	1.400	1.400
Verkaufspreis				21.000
Indirekte Zahlungen				
EK	10.000			
Entnahme		0	0	0
FK	10.000			
FK-Zins 6 %		– 600	– 600	– 600
Tilgung 6 %		0	0	– 10.000
Wiederanlage t_1		800		
Guthabenzins 5 %			40	
Rückzahlung			800	
Wiederanlage t_2			1.640	
Guthabenzins 5 %				82
Rückzahlung				1.640
Endvermögen				13.522

Aufgrund der Flexibilität der tabellarischen Darstellung lassen sich problemlos individuelle Annahmen oder Prognoseszenarien einarbeiten. Somit kann diese Methode erweiterte Szenarien wesentlich besser abbilden als die oben beschriebenen statischen oder klassischen dynamischen Methoden.

2.2.2.2 VOFI-Rentabilitätskennziffern

Relativ einfach lassen sich nunmehr aus dem vollständigen Finanzierungsplan Rentabilitätskennziffern ableiten, die bspw. die Verzinsung des Eigen- oder des Gesamtkapital wiedergeben.

So ergibt sich die VOFI-Eigenkapital-Rentabilität [r^{EK}] aus dem radizierten Verhältnis von Endvermögen [EV_n] und eingesetztem Eigenkapital [EK_0] wie folgt:

Formel 3: VOFI-Eigenkapital-Rentabilität

$$r^{EK} = \sqrt[n]{\frac{EV_n}{EK_0}} - 1$$

Die VOFI-Gesamtkapital-Rentabilität ergibt sich entsprechend durch Austausch des Eigenkapitals durch das Gesamtkapital in der Formel.

3. Wirtschaftlichkeitsberechnungen für Grundstücke zur Entwicklung

3.1 Developmentrechnungen

Im Rahmen der Projektentwicklung werden mit Developmentrechnungen grundsätzlich zwei verschiedene Ziele verfolgt. Zum einen will der Projektentwickler wissen, welchen Maximalkaufpreis er für ein Grundstück sinnvollerweise bezahlen kann. Dieses Ziel erreicht er mit einer Rechnung nach dem Residualverfahren, auch Bauträgermethode genannt. Zum anderen ist der Projektentwickler sowohl vor als auch nach dem Start der Projektentwicklung ständig daran interessiert, den zu erwartenden Gewinn der Projektentwicklung zu kalkulieren. Dies erreicht er durch eine Investitionsrechnung. Beide Verfahren werden im Folgenden vorgestellt:

3.1.1 Residualverfahren/Bauträgermethode

Mit dem Residualverfahren wird der Wert eines zur Entwicklung stehenden Grundstückes ermittelt. Der Wert stellt hierbei den für den Entwickler im Hinblick auf eine angemessene Rendite und unter Berücksichtigung des erzielbaren Kauferlöses den vertretbaren Grundstückskaufpreis dar, der vernünftigerweise nicht überschritten werden sollte.

Bei der Berechnung des **Residuums II** (Grundstückswertes) wird folgendermaßen vorgegangen. Berechnet wird zunächst der Verkaufspreis des Grundstückes nach vollendeter Bebauung desselben. Hiervon werden die Bau-, Entwicklungs-, Finanzierungs- und Vermarktungskosten einschließlich des geplanten Projektentwicklergewinnes abgezogen. Es verbleibt das **Residuum I**, das den Grundstückswert zum Zeitpunkt der Projektfertigstellung darstellt. Das Residuum I wird nun unter Berücksichtigung der Finanzierungs- und Erwerbsnebenkosten auf den Betrachtungszeitpunkt (Zahlung des Kaufpreises) abgezinst, um die Zeitspanne zwischen Akquisition des Grundstückes und Vermarktung des fertig gestellten Objektes zu berücksichtigen.

Residualverfahren:

Verkaufspreis nach vollendeter Bebauung des Grundstückes
–
Bau-, Entwicklungs-, Finanzierungs- und Vermarktungskosten einschließlich Projektentwicklergewinn
=
Residuum I (Grundstückswert zum Zeitpunkt der Projektfertigstellung)
–
Abzinsung für Zeitraum der Projektentwicklung und -fertigstellung sowie Abzug der Erwerbsnebenkosten
=
Residuum II (vertretbarer Grundstückskaufpreis)

Während im Ausland das Residualverfahren nicht nur von Projektentwicklern, sondern vielfach auch von Grundstückssachverständigen zur Ermittlung des Grundstückswertes angewandt wird, findet diese Methode in Deutschland bei Grundstückssachverständigen deutlich weniger Anwendung. Der Grund hierfür liegt vornehmlich in der Einschätzung, dass das Ergebnis dieses Verfahrens ein Produkt aus einer Vielzahl von Annahmen sei und deshalb eine „große Streuung" aufweise. Tatsächlich besteht eine sehr hohe Sensitivität des Grundstückswertes gegenüber den Eingabevariablen. Dies zeigt das folgende Beispiel, wonach eine Veränderung der Wert- und Kostenvariablen um 5 % zu einer Verringerung des Grundstückswertes um 70 % führt.

Verkaufserlös	150 Mio. €	142,5 Mio. € (– 5 %)
./. Kosten und Gewinne	130 Mio. €	136,5 Mio. € (+ 5 %)
= Bodenwert	**20 Mio. €**	**6,0 Mio. € (– 70 %)**

Aufgrund der vorgenannten Sensitivität ist bei dem Ansatz der Wert- und Kostenvariablen große Vorsicht, d.h. eine sorgfältige Einschätzung der einzelnen Komponenten geboten.

Beispiel einer Residualwertberechnung:

1. Verkehrswert des Projektes nach vollendeter Bebauung des Grundstücks und nach Vollvermietung

Nutzung	Vermietbare Fläche	Miete monatlich in €/m²	Miete p.a. in €
Büro	20.000 m²	13,25	3.180.000,00
Lager	2.400 m²	7,50	216.000,00
Parkplätze	340 Stck.	77,50	316.200,00

Jahresrohertrag	3.712.200,00 €
./. Bewirtschaftungskosten 22.400 m² x 4,50 €/m² p.a.	100.800,00 €
= Jahresreinertrag	3.611.400,00 €
x Vervielfältiger (6,25 % Rendite) 16,00	
= Zwischensumme	57.782.400,00 €
./. 5,0 % Erwerbsnebenkosten (GrESt. 3,5 % Notar 0,5 %; Makler 1,0 %)	2.889.120,00 €
= Verkaufserlös	**54.893.280,00 €**

2. Projektkosten

Abbruchkosten inkl. Dekontamination					600.000,00 €
+ Reine Baukosten					

Büro	20.00 m²	1.125,00 €/m²	22.500.000,00 €	
Lager	2.400 m²	850,00 €/m²	2.040.000,00 €	
Parkplätze	340 St.	12.500,00 €/St.	4.250.000,00 €	
			28.790.000,00 €	28.790.000,00 €

+	Baunebenkosten (12% der Baukosten)	3.526.800,00 €
+	Vermarktungskosten (0,5% des Verkaufserlöses)	274.466,40 €
+	Vermietungsprovision (3 Monatsmieten)	928.050,00 €
=	Projektkosten ohne ZwiFi	34.119.316,40 €
+	Zwischenfinanzierung auf 50% der Projektkosten (20 Monate Laufzeit/7% p.a.)	1.990.293,46 €
+	Gewinn (15% des Verkaufserlöses)	8.233.992,00 €
=	**Projektkosten gesamt**	**44.343.601,86 €**
Residuum I (für das Grundstück verfügbarer Betrag; Verkaufserlös ./. Projektkosten gesamt)		**10.549.678,14 €**

3. Vertretbarer Grundstückskaufpreis

Residuum I		10.549.678,14 €
./. Zwischenfinanzierung Grundstück (24 Monate Laufzeit/7% p.a. = Abzinsungsfaktor)		1.335.180,68 €
./. 7,5% Erwerbsnebenkosten (GrESt. 3,5%; Notar 1,0% Makler 3,0%)		624.871,92 €
= Residuum II vertretbarer Grundstückskaufpreis)		**8.571.625,55 €**

3.1.2 Investitionsrechnung

Zur Kalkulation der Rentabilität einer Projektentwicklung bedarf es einer Wirtschaftlichkeitsanalyse in der Form einer Investitionsrechnung. Der Detaillierungsgrad einer Investitionsrechnung kann von einer Art „Bierdeckelrechnung" mit nur wenigen überschlägig ermittelten Zahlen bis hin zu einem vollständigen Finanzplan, der nicht nur die direkten Zahlungen (z.B. Investitionsausgaben, laufende Einnahmen und Ausgaben, Verkaufserlös) erfasst, sondern auch indirekte Zahlungen berücksichtigt, die sich als Konsequenz aus direkten Einnahmen und Ausgaben ergeben (z.B. Zwischenfinanzierungen, Ertragssteuern).

An eine praxisgerechte Developmentrechnung sind insbesondere folgende Anforderungen zu stellen:

- Übersichtliche und möglichst exakte Darstellung des Zahlenmaterials
- Transparente und flexible Darstellung der Annahmen
- Einfache Anwendbarkeit
- Möglichkeit den Detaillierungsgrad in den Kostenpositionen, insbesondere in der Bauphase zu erhöhen.

Eine Developmentrechnung, welche von einer Reihe von Entwicklern sowie Gewerbebauberatern mit kleineren Differenzierungen verwendet wird, soll im Folgenden dargestellt werden. Sie erfüllt die vorgenannten Anforderungen und lässt sich je nach Bedarf weiter verfeinern. In der Literatur wird diese Rechnung oftmals als „einfache Developmentrechnung" bezeichnet, was sie im Vergleich zu vollständigen Finanzplänen, welche auch steuerliche Aspekte berücksichtigen, sicherlich auch ist. Solange Investoren jedoch weiterhin bereit sind, Immobilien auf der Basis einer Multiplikation der Mieteinnahmen mit einem bestimmten Faktor zu erwerben, wird diese Form einer Investitionsrechnung im Development-Bereich in den meisten Fällen ausreichen. Sollten spezielle Bewertungsansätze von Investoren bekannt sein, so muss der Developer jedoch bestrebt sein, diese zu erkennen und im Rahmen seiner Developmentrechnung zu berücksichtigen, um einen optimalen Verkaufspreis zu erzielen.

Beispiel einer einfachen Developmentrechnung

Zu Beginn der Developmentrechnung sollten zunächst allgemeine Projektdaten, wie sie im Folgenden dargestellt werden, stehen.

1. Projektdaten	
Objekt/Projekt	Rhein-Carrée
Standort/Lage	Düsseldorf
Eigentümer	Projektgesellschaft Rhein-Carrée mbH
Nutzungsart	Büro- und Geschäftsgebäude

Anschließend sollten allgemeine Informationen über das Grundstück, d.h. insbesondere Ausnutzungskennziffern mitgeteilt werden. Für den in diesem Bereich einzutragenden Mietflächenfaktor ist festzulegen, auf welcher Basis der Developer zu vermieten gedenkt, d.h., ob er zum Beispiel auf Basis der BGF, der NGF, nach GIF-Norm oder gemäß einer anderen Mietflächenberechnung vermieten will.

2.	Grundstückseckdaten	
2.1	Grundstücksgröße	10.902 m²
2.2	GRZ	0,5
2.3	GFZ	2,3
2.4	Anzahl der Geschosse	6 OG & 2 UG
2.5	BGF/davon oberirdisch	25.075 m²
2.6	MFL/davon oberirdisch	21.314 m²
2.7	MFL-Faktor, oberirdisch	0,85
2.8	BGF/davon unterirdisch	3.300 m²
2.9	MFL/davon unterirdich	2.970 m²
2.10	MFL-Faktor, unterirdisch	0,9
2.11	Tiefgaragenstellplätze	500
2.12	Außenstellplätze	20

Die folgende Gesamtkostengliederung entspricht in ihrem Aufbau der DIN 276 und ist daher leicht nachzuvollziehen. Im ersten Schritt werden die Grunderwerbskosten dargestellt. Hierzu zählen auch die Erwerbsnebenkosten, wie Notar- und Gerichtsgebühren, Maklerprovision und Grunderwerbssteuer.

3.	Grunderwerbskosten		€
3.1		10.902 m² x € 850,00	9.266.700,00
3.2			
3.3			
3.4			
3.5			
3.6			
3.7			
	Zwischensumme	10.902 m²	9.266.700,00
3.8	Beurkundungs-/Gerichtskosten	1,00 %	92.700,00
3.9	Grunderwerbsteuer	3,50 %	324.300,00
3.10	Maklercourtage	3,0 %	278.001,00
13.11	**Summe**		**9.961.703,00**

467,00 €/m² Mietfläche (oberirdisch)	397 €/m² BGF (oberirdisch)

Im Bereich Grundstücksaufbereitung werden die Kosten aller vorbereitenden Maßnahmen aufgelistet, um das Grundstück bebauen zu können. Hierzu zählen z.B. Sicherungsmaßnahmen, Abbruchmaßnahmen, Altlastenbeseitigungen, Kosten für öffentliche Erschließung (z.B. Abwasserentsorgung, Wasserversorgung, Gasversorgung) und Kosten für nicht öffentliche Erschließung. Kosten für nicht öffentliche Erschließung sind insbesondere Kosten für Verkehrsflächen und technische Anlagen, die ohne öffentlich rechtliche Verpflichtung oder Beauftragung mit dem Ziel der späteren Übertragung in den Gebrauch der Allgemeinheit hergestellt und ergänzt werden. Die Kosten von Anlagen auf dem eigenen Grundstück sind demgegenüber in dem Bereich Außenanlagen bzw. innere Erschließung in der Developmentrechnung einzusetzen.

In diesem Kostenblock Grundstücksaufbereitung spiegelt sich insbesondere die Genauigkeit einer eingehenden Grundstücksanalyse sowie die Art der Gestaltung des Grundstückskaufvertrages wider.

4.	Grundstücksaufbereitung – Herrichten und Erschließen		
4.1	Abbruchkosten	7.900 m³ x 25,00 €	197.500,00
4.2	Dekontamination		
4.3	Äußere Erschließung		
4.4	Ablösung von Rechten		
4.5	Sonstige Kosten		60.000,00
4.6	**Summe**		**257.500,00**

12,00 €/m² Mietfläche (oberirdisch)	10,00 €/m² BGF (oberirdisch)

Im folgenden Bereich werden die Kosten der Bauleistung und Lieferung zur Herstellung des Bauwerkes inkl. der daran angeschlossenen oder damit fest verbundenen technischen Anlagen dargestellt. Für eine erste überschlägige Developmentrechnung reicht üblicherweise der nachfolgend dargestellte Rahmen. Sofern das Projekt in die Realisierungsphase gelangt, muss dieser Rahmen jedoch erheblich erweitert werden, damit die Developmentrechnung auch im Rahmen der Baurealisierung weiterhin einen guten Überblick gewährleisten kann.

5.	Baukosten (bezogen auf BGF)			
5.1	Büroflächen	22.875 m² x €	1.050,00	24.018.750,00
5.2	Archivflächen (unterirdisch)	3.300 m² x €	650,00	2.145.000,00
5.3	Wohnflächen inkl. MwSt.			
5.4	Einzelhandelsflächen	1.500 m² x €	950,00	1.425.000,00
5.5	Lagerflächen			
5.6	Gastronomieflächen (Ausbau durch Mieter)	700 m² x €	900,00	630.000,00
5.7	Freistellplätze (in Kosten Außenanlage enthalten)			
5.8	Garagen			
5.9	Tiefgaragenplätze	500 St. x €	12.500,00	6.250.000,00
5.10	Ablösung von Stellplätzen			
5.11	Unvorhergesehenes (5 % der Baukosten)			1.723.438,00
	Summe			**36.192.188,00**
	1.698 €/m² Mietfläche (oberirdisch)		1.443 €/m² BGF (oberirdisch)	

Unter dem Begriff Außenanlagen werden die Kosten der Bauleistung und Lieferung für die Herstellung aller Gelände- und Verkehrsflächen, Baukonstruktionen und technischen Anlagen außerhalb des Bauwerkes – soweit sie nicht bereits in den vorgenannten Kostenblöcken erfasst wurden – dargestellt. Hierzu zählen z.B. die Bearbeitung der Geländeflächen, der befestigten Flächen (Wege, Straßen) und Baukonstruktionen in Außenanlagen (Einfriedungen, Rampen, etc.).

6.	Außenanlagen			
6.1	Außenanlagen (inkl. 20 Außenstellplätze)	5.450 m² x €	75,00	408.750,00
6.2	Innere Erschließung			
6.3	Sonstige Kosten			
	Summe			**408.750,00**
	19,00 €/m² Mietfläche (oberirdisch)		16,00 €/m² BGF (oberirdisch)	

Im nächsten Kostenblock werden die Baunebenkosten, d.h. die Kosten, die bei der Planung und Durchführung auf der Grundlage von Honorarordnungen, Gebührenordnungen oder nach weiteren vertraglichen Vereinbarungen entstehen, aufgelistet. Hierzu zählen z.B. Kosten der Projektleitung, der Projektsteuerung, Architekten und Ingenieurleistungen, Gutachten und Beratungen, Kosten für Kunstwettbewerbe. Üblicherweise fallen in den Bereich der Baunebenkosten auch die Finanzierungskosten, die jedoch aus Gründen der Übersichtlichkeit hiervon getrennt dargestellt werden sollten.

7.	**Baunebenkosten**	
	15 % der Baukosten für Architekten, Ingenieure, Gutachter etc.	5.528.766,00
	1,5 % der Baukosten für Projektsteuerung	635.808,00
	Summe	**6.164.574**
	289,00 €/m² Mietfläche (oberirdisch) 246,00 €/m² BGF (oberirdisch)	

In einem weiteren Bereich werden die Kosten erfasst, die dem Projektentwickler bei der laufenden Betreuung des Projektes (intern) anfallen.

8.	**Management-Fee**		
	Projektentwicklungskosten (intern)	2,5 % von 4.–7.	1.075.575,00
	Summe		**1.075.575**
	50,00 €/m² Mietfläche (oberirdisch) 43,00 €/m² BGF (oberirdisch)		

In dem Kostenblock der Vermarktung werden Kosten, die im Rahmen des Verkaufs, der Vermietung, des allgemeinen Marketings sowie weitere Kosten, die im Bereich der Vermarktung anfallen, dargestellt. Darüber hinaus können sonstige Kosten, die mit der Art der Vermarktung zusammenhängen, dargestellt werden. So z.B. der sogenannte MwSt.-Schaden, der anfällt, falls an Nutzer vermietet wird, die keine umsatzsteuerpflichtigen Geschäfte innerhalb der Mieträume tätigen.

9.	**Vermarktung**		
9.1	Marketing	1,5 % auf Verkaufspreis	1.054.433,00
9.2	Erfolgshonorar Vermietung	3 Monatsmieten	1.098.368,00
9.3	Erfolgshonorar Verkauf	2,0 % auf Verkaufspreis	1.405.910,00
9.4	Leerstandsrisiko von	20 % für 12 Monate	878.694,00
9.5	MwSt.-Schaden		
9.6	**Summe**		**4.437.405**
	208,00 €/m² Mietfläche (oberirdisch) 177,00 €/m² BGF (oberirdisch)		

Zur Ermittlung der Finanzierungskosten werden die einzelnen Kostenpositionen – soweit sinnvoll – getrennt ausgewiesen und für jede der Positionen getrennt die Zinsbelastung ermittelt. Der nachfolgenden Darstellung wird in der Literatur vorgeworfen, dass sie durch die Linealisierung der Baukosten Durchschnittswerte ansetzt, welche dem tatsächlichen Verlauf der Baukosten in der Praxis nicht entspricht. Dem ist entgegenzuhalten, dass mit dieser Developmentrechnung ausschließlich die Kostenbelastung errechnet wird, sie jedoch keinen Liquiditätsplan ersetzen soll.

10.	Finanzierungskosten	(Verzinsung mit 5 % p.a.)	
10.1	Grunderwerbskosten	21 Monate zu 100 %	899.695,00
10.2	Grundstücksaufbereitung	21 Monate zu 50 %	11.476,00
10.3	Baukosten bis Vermarktung	18 Monate zu 50 %	1.395.155,00
10.4	Außenanlagen	10 Monate zu 100 %	16.962,00
10.5	Baunebenkosten	10 Monate zu 100 %	255.807,00
10.6	Sonstiges	10 Monate zu 100 %	44.632,00
	Summe		**2.623.727,00**

123,00 €/m² Mietfläche (oberirdisch) | 105,00 €/m² BGF (oberirdisch)

Im Anschluss an die Kostenpositionen wird das Gesamtinvestitionsvolumen dargestellt.

11.	Gesamtinvestition			
		€/m² BGF	€	%
11.1	Grunderwerbskosten	397,00	9.961.703,00	16,30
11.2	Grundstücksaufbereitung	10,00	257.500,00	0,42
11.3	Baukosten	1.443,00	36.192.188,00	59,21
11.4	Außenanlagen	16,00	408.750,00	0,67
11.5	Baunebenkosten	246,00	6.164.574,00	10,09
11.6	Management-Fee	43,00	1.075.575,00	1,76
11.7	Vermarktung	177,00	4.437.405,00	7,26
11.8	Finanzierungskosten	105,00	2.623.727,00	4,29
11.9	**Summe**	**2.438,00**	61.121.421,00	100 %

2.868,00 €/m² Mietfläche (oberirdisch) | 2.438,00 €/m² BGF (oberirdisch)

Zur Ermittlung des erzielbaren Verkaufspreises wird im Folgenden der Nettomietertrag errechnet. Er entspricht dem Mietertrag ohne Abzug des Eigentümeranteils an den Bewirtschaftungskosten und exklusive der Mehrwertsteuer.

12.	Netto-Mieterträge (ohne MwSt. und Bewirtschaftungskosten)		
12.1	Büroflächen	22.875 m² BGF x 85 % 19.443 m² MFL x 14,00 €	272.213,00
12.2	Archivflächen	3.300 m² BGF x 90 % 2.970 m² MFL x 6,50 €	19.305,00
12.3	Wohnflächen inkl. MwSt.		
12.4	Ladenflächen	1.500 m² BGF x 85 % 1.275 m² MFL x 18,50 €	23.588,00

12.5	Lagerflächen		
12.6	Gastronomie	700 m² BGF x 85 % 595 m² MFL x 16,50 €	9.818,00
12.7	Außenstellplätze	20 St. x 60,00 €	1.200,00
12.8	Garagen		
12.9	Tiefgaragenplätze	500 St. x 80,00 €	40.000,00
12.10	Netto-Mieterträge p.M.		366.123,00
12.11	abzüglich Erbpacht p.M.		
12.12	Netto-Mieterträge p.a.		**4.393.470,00**

Anschließend wird die Objektrendite vor Steuern und Abschreibungen errechnet, indem der Nettomietertrag in Bezug zur Gesamtinvestitionssumme gesetzt wird. Es handelt sich hierbei um eine statische Anfangsrendite. Der reziproke Wert der Objektrendite entspricht dem zusätzlich ausgewiesenen Faktor. In diesem Fall entspricht das x-fache der Jahresnettomiete den Gesamtinvestitionskosten.

13.	**Rendite (vor Zinsen, Steuern, Abschreibungen)**	
13.1	Gesamtinvestitionskosten	61.121.421,00
13.2	Netto-Mieterträge p.a.	4.393.470,00
13.3	Anfangsrendite	7,19 %
13.4		13,91-fache Jahresmiete

Im Folgenden wird der Trading Profit errechnet. Wesentlich für die Errechnung des Trading Profits ist die richtige Wahl des Vervielfältigers, von dem der Projektentwickler glaubt ihn am Markt erzielen zu können. Der Trading Profit oder der Projektentwicklergewinn ergibt sich aus der Differenz zwischen dem Verkaufserlös und den Gesamtinvestitionskosten. Sinnvoll ist eine Darstellung in Form einer Alternativmatrix, um das Risiko abschätzen zu können, welches mit einer Abweichung von den prognostizierten Ansätzen einhergeht.

14.a	**Trading Profit**		
14.1	Netto-Mieterträge p.a. x Faktor	**16,0**	70.295.520,00
14.2	Gesamtinvestition		./. 61.121.421,00
14.3	Trading-Profit		9.174.099,00

14.b Alternativ-Matrix	Mieterlös-Varianten / Faktor-Varianten	– 5 %	+/– 0	5 %
Nettoverkaufspreis (VK)	15,5	64.693.846,00 €	68.098.785,00 €	71.503.724,00 €
Trading Profit		+ 3.572.425,00 €	+ 6.977.364,00 €	+ 10.382.303,00 €
in % von GIK		+ 5,8 %	+ 11,4 %	+ 17,0 %
Nettoverkaufspreis (VK)	16,00	66.780.744,00 €	**70.295.520,00 €**	73.810.296,00 €
Trading Profit		+ 5.659.323,00 €	**+ 9.174.099,00 €**	+ 12.688.875,00 €
in % von GIK		+ 9,3 %	**+ 15,0 %**	+ 20,8 %
Nettoverkaufspreis (VK)	16,50	68.867.642,00	72.492.255,00 €	76.116.868,00 €
Trading Profit		+ 7.746.221,00 €	+ 11.370.834,00 €	+ 14.995.447,00 €
in % von GIK		+ 12,7 %	+ 18,6 %	+ 24,5 %

Zum Abschluss soll nochmals festgehalten werden, dass es sich bei der „einfachen Developmentrechnung" lediglich um eine statische Berechnungsmethode handelt. Sie gibt dem Projektentwickler – insbesondere im Rahmen der Akquisition – einen schnellen und aussagekräftigen Eindruck, ob ein Projekt sich rechnet und verfolgenswert erscheint.

Der Wert der Developmentrechnung ist abhängig von der Sorgfalt der eingegebenen Daten und der Erfahrung des Anwenders. Im weiteren Projektverlauf, spätestens mit Abschluss der Akquisitionsphase und Sicherung des Grundstückes, sollten die Daten der Developmentrechnung in ein Projektcontrollingtool überführt werden.

VI. Due Diligence Checklisten

Übersicht

1. Einleitung

In Deutschland wird die Immobilienbranche in zunehmendem Maße mit internationalen Gepflogenheiten im Rahmen von Immobilientransaktionen konfrontiert. Ein Aspekt hierbei ist die Due Diligence, eine sorgfältige und detaillierte Analyse der Immobilie im Hinblick auf kommerzielle, technische, rechtliche und steuerliche Gegebenheiten. Zwar lässt sich aus dem deutschen Recht, anders als beispielsweise aus dem US-amerikanischen Recht (caveat emptor), keine unmittelbare Notwendigkeit zur Durchführung einer Due Diligence ableiten, jedoch kann sie wertvolle Informationen vor Abwicklung einer Transaktion liefern.

Solche Informationen können zu einer angemessenen Bewertung der Immobilie und somit zur Kaufpreisfindung beitragen. Des weiteren liefert die Due Diligence Hinweise auf vorhandene Risiken und kann Hilfestellung zu regelungsbedürftigen Fragen, wie beispielsweise die Fragen zur Gewährleistung und Haftung, leisten.

Die Vorbereitung und Durchführung einer Due Diligence ist eine umfangreiche Aufgabe, die große Sorgfalt und systematisches Vorgehen erfordert, insbesondere auch deshalb, da für die Durchführung der Due Diligence häufig klare und relativ enge Zeitrahmen vorgegeben werden. Von zentraler Bedeutung bei diesem Prozess sind dabei Checklisten, die helfen können, alle wesentlichen Aspekte der Transaktion zu beleuchten und zusammenzufassen. Weiter unten findet sich deshalb eine Checkliste für ein Grundstück mit aufstehendem Bestandsgebäude, in der beispielhaft und stichpunktartig wesentliche Aspekte aufgeführt sind, die im Rahmen einer Due Diligence geprüft werden sollten.

Wichtig erscheint an dieser Stelle der Hinweis, dass standardisierte Checklisten niemals unreflektiert zur Verwendung kommen sollten. Je nach Kaufobjekt und Kaufart müssen unterschiedliche Prüfungsschwerpunkte gebildet werden. So stehen beispielsweise bei der Übernahme von Anteilen an einer Objektgesellschaft (share deal), gesellschaftsrechtliche Themen im Vordergrund, die bei einem Direkterwerb (asset deal) in der Regel keine Bedeutung haben.

2. Due Diligence Checkliste Bestandsgebäude

2.1 Kommerzielle Analyse

– Makroanalyse: soziodemographische, wirtschaftliche und kulturelle Gegebenheiten

– Mikroanalyse: Lage, Umfeld, Stadtentwicklung, Verkehrssituation, öffentlicher Nahverkehr

– Markt- und Wettbewerb: Flächenangebot und -nachfrage, laufende und geplante Projektentwicklungen, Miet- und Renditeniveaus, Preiselastizität, Ausblick

– Grundstück: Größe, Beschaffenheit, Erreichbarkeit, Nachbarn, Denkmalschutz, Bebauungsreserven, Ver- und Entsorgungssituation

– Nutzer: Branche, Kreditwürdigkeitsprüfung (Bonität), Mieterzufriedenheit und -Fluktuation

– Wirtschaftlichkeit: Investitionskosten, Erträge, Nachhaltigkeit der Erträge, Rendite, Fungibilität, Wirtschaftlichkeitsberechnungen, Sensitivitätsanalyse, Wertsteigerungspotential, Betriebskosten, Effizienz der Flächen, Marketing, Image

2.2 Technische Analyse

– Lage, Standort und Objektbeschreibung

– Baurecht

– Grundstück: Baugrund, Altlasten und Kontaminationen

– Umgebung und Umwelt

– Gebäudedaten: Nutz- und Geschossflächen, Flächenökonomie, Tiefgarage und Kellerräume

– Erschließung, außen und innen

– Gebäudezustand: außen und innen, Mieterbereiche

– Innenausbau: Miet- und Allgemeinflächen

– Technische Gebäudeausstattung: Sanitär, Elektro, Heizung, Lüftung, Klimatisierung

– Brandschutzeinrichtungen

– Versorgung und Entsorgung

– Sicherheit

– Vollständigkeit von Wartungsverträgen und -dokumentationen

– Reparatur- und Wartungsstau

2.3 Rechtliche Analyse

– Transaktionsstruktur

– Identität des Vertragspartners, Vertretungsbefugnisse

– Eigentum, grundbuchliche Belastungen wie Dienstbarkeiten und Hypotheken

– Bau- und Planungsrecht: Bau- und Betriebsgenehmigungen

- Miet- und Pachvertragsanalyse
- Garantien und Gewährleistungen
- Versicherungen
- Rechtsstreitigkeiten mit Mietern, Nachbarn, Behörden, Lieferanten etc.

2.4 Steuerliche Analyse

- Umsatzsteuer
- Abschreibungen, Sonder-Abschreibungen
- Grunderwerbsteuer, Transaktionskosten
- Sonst. Immobiliensteuern wie Grundsteuern
- Besteuerung der Erträge und des Wiederverkaufserlöses

3. Due Diligence Checkliste für einen Grundstückskauf mit Entwicklungsabsichten

3.1 Anforderungsprofil

- Nutzung
- Projektgröße
- Profitabilität
- Standort
- Stellplätze
- Lagequalität
- Mietpreisniveau
- Art der Entwicklung
- Entwicklungszeit

3.2 Grundstücksanalyse

- Grundstücksbezeichnung

  Stadt
  Straße, Nr.
  Flur-Nr.
  Flurstück-Nr.
  Eigentümer

- Grundstücksgröße

  Bruttobauland (m²)
  Nettobauland (m²)

- Festsetzung

  B-Plan
  Vorhaben- und Erschießungsplan
  Bauvorbescheid

    Baugenehmigung
    Nutzungsart
    GRZ
    GFZ
    BMZ/BGF
    Geschoss-Anzahl
    Traufhöhe
    Bauweise (offen/geschlossen)
    Sonstiges (z.B. städtebaulicher Vertrag)

– § 34 BauGB/Analyse der Umgebungsbebauung
    GRZ/GFZ
    Geschosse (VG + DG)
    Bauweise
    Nutzung

– Herrichten und Erschließen
    Abbruch (BRI/Kosten)
    Altlasten (Art/Umfang/Kosten)
    öffentliche Erschließung (vorhanden/nicht vorhanden)
    Straße
    Wasser
    Strom
    Gas
    Entwässerung
    Ausgleichsabgaben
    Naturschutz
    Stellplatz
    Sonstiges

– Nutzung
    frühere
    jetzige

– bestehende Mietverträge
    Nutzung
    Laufzeit
    Konditionen (u.a. Index-, Nebenkostenregelung)

– Sonstige vertragliche Bindungen

– Baugrundverhältnisse (Baugrundgutachten vorhanden/nicht vorhanden)

– Altlasten (Altlastenkataster/-gutachten/Kostenschätzung)

– Vertragliche Vorkaufsrechte

– Baulasten

- Grundbuch

  Abt. II (Inhalte)
  (Lasten u. Beschränkungen)

  Abt. III (Betrag/Gläubiger)
  (Hypotheken, Grund- und Rentenschulden)

- Nachbarrechtliche Vereinbarungen

  Grenzbebauung
  Sonstiges

- Festsetzung der Stellplatzsatzung

- Sonstige rechtliche Belastungen

- Lage

  Mikro-, Makrostandort

- Verkehrsanbindung

  ÖPNV
  Individualverkehr
  Sonstiges

- Infrastruktur

- Grundstückspreise

  €
  €/m² Grundstück
  €/m² BGF
  Zahlungsmodalitäten

- Bodenrichtwert

- Bauvorhaben und Planung im Umfeld

- Mietpreisniveau im Umfeld (€/m² MFL, Stellplatz)

  Büroflächen
  Wohnflächen
  EZH/Gewerbe
  sonstige Flächen
  PKW-Stellplätze

- Konkurrenzprojekte/-objekte

- Sonstiges

- Ansprechpartner

  Eigentümer
  Makler/Provisionspflicht
  Planungsamt

Bauamt
Sonstiges

– Anlagen (u.a.)
Stadtplanausschnitt
Flurkarte
Objektfotos
Grundbuchauszug
Auszug aus dem Baulastenverzeichnis, B-Plan

Teil 7
Instrumente des Immobilienmanagements

I. Immobilien-Portfolio-Management und Immobilien-Asset-Management

Übersicht

1. Immobilien-Portfolio-Management und Immobilien-Asset-Management

Die Begriffe „Portfolio-Management" und „Asset Management" im Bereich der Immobilienanlage finden sich in jüngster Zeit in einer Vielzahl von betrieblichen Strategiepapieren der Immobilien- und Finanzwirtschaft, aber auch in wissenschaftlichen Arbeiten im Bereich der immobilienwirtschaftlichen Forschung. Wesentliche Ursache hierfür ist das immer stärker werdende Bewusstsein, dass Immobilien als eigenständige Anlageform, d.h. Asset-Klasse, zu betrachten sind, die um das Kapital mit anderen Anlagealternativen, wie z.B. Aktien- und Rentenanlagen, konkurrieren. Nicht zuletzt auch der erhöhte Wettbewerbsdruck bei Industrie- und Finanzunternehmen, infolgedessen z.B. unternehmenseigene Immobilienbestände ausgelagert werden, und der stetig steigende Performance-Druck bei gleichzeitig stärker werdenden Forderungen nach erhöhter Transparenz bei Immobilien-Asset-Managern treiben diese Entwicklung voran. Als Folge dieser Entwicklungen wird erkennbar, dass Personen, die über die Allokation von Kapital bzw. über die Re-Allokation von in Immobilien gebundenen Mitteln entscheiden, vor die Aufgabe gestellt sind, stets die bestmögliche Verwendung des Kapitals zu finden und getroffene Entscheidungen turnusmäßig zu überprüfen. Das wiederum bedeutet, dass den Entscheidungsträgern dafür

– eindeutige Entscheidungskriterien,
– die für die Entscheidung benötigten relevanten Informationen,
– klar definierte Entscheidungs- und Umsetzungsprozesse,
– effiziente und transparente Instrumente (Verfahren und Tools)

zur Verfügung stehen müssen, damit sie über die optimale Verwendung von Kapital entscheiden können.

Jedoch hat sich aufgrund der Vielfalt der konkreten betrieblichen Problemstellungen, aber auch der unterschiedlichen Forschungsansätze keine allgemein anerkannte Definition der Begriffe „Asset Management" und „Portfolio-Management" im Bereich des Immobilienmanagements etablieren können. Dementsprechend fehlt auch ein einheitliches Verständnis über die relevanten Entscheidungskriterien und Informationen, anhand derer die betrieblichen Entscheidungen zu treffen sind. Auch wurden und werden aufgrund der Heterogenität der jeweiligen betrieblichen Aufgabenstellung in der Immobilienwirtschaft äußerst unterschiedliche Verfahren angewendet und verschiedenste Umsetzungswege beschritten.

Im Rahmen dieses Beitrages soll deshalb kein weiterer neuer Ansatz für ein Immobilien-Asset-Management entwickelt werden, der nur auf bestimmte betriebliche Entscheidungssituationen angewendet werden kann. Stattdessen soll hier aufbauend auf investitions-, finanzierungs- und kapitalmarkttheoretischen Erkenntnissen dargelegt werden, welche Parameter und Informationen Entscheidungen im Rahmen des Immobilienmanagements zugrundegelegt werden sollten, damit daraus individuelle betriebliche Lösungsansätze im Rahmen der Verwaltung von Immobilienvermögen gefunden und implementiert werden können. Dieser Beitrag erhebt somit nicht den Anspruch, die final geltende Antwort auf alle mit dem Immobilien-Asset-Mangement und dem Immobilien-Portfolio-Management verbundenen Fragestellungen zu geben, sondern soll Denkansätze aufzeigen, mit Hilfe derer konkrete betriebliche Fragestellungen entscheidungstheoretisch fundiert bearbeitet werden können.

Insoweit ist der Beitrag dahingehend aufgebaut, dass zunächst theoretisch die zentralen Kriterien und die dafür benötigten Informationen abgeleitet werden, anhand derer Entscheidungen im Bereich der Verwaltung von Immobilienvermögen getroffen werden sollten. Anschließend wird dargestellt, in welche Strukturen und Prozesse immobilienwirtschaftliche Entscheidungen eingebettet werden können bzw. sollten. Abschließend wird diskutiert, welche Systeme diese Entscheidungsprozesse in der betrieblichen Praxis unterstützen können und wie deren weitere Entwicklung sich gestalten könnte.

2. Grundlagen eines entscheidungsorientierten Immobilien-Asset-Management-Ansatzes

2.1 Das Problem der Harmonisierung von Eigentümerinteressen und das Prinzip der Barwertmaximierung

Hinter dem Begriff des Immobilien-Asset-Managements verbirgt sich die Tätigkeit der Verwaltung von Immobilienvermögen. Aus der Natur der Immobilie heraus wird klar, dass es sich nicht um einen statischen, einmaligen Vorgang handeln kann, wie ein Immobilienvermögen aufgebaut, verwaltet und ggf. desinvestiert wird, sondern um einen laufenden, revolvierenden Prozess mit dem Teilschritt des Immobilien-Portfolio-Managements. Als Ausgangspunkt dieses Prozesses, dessen Teilschritte im 4. Abschnitt näher erläutert werden, ist die Grundsatzüberlegung anzustellen, welche Ziele mit dem Aufbau und der Verwaltung von Immobilienvermögen erreicht werden sollen. Die simple Frage, was will man eigentlich im Rahmen der Verwaltung von Immobilienvermögen erreichen, ist dann vom Grundsatz her einfach zu beantworten, wenn der Eigentümer identisch mit dem Verwalter des Immobilienvermögens ist. Der Eigentümer kann anhand seiner individuellen Präferenzen, z.B. anhand seiner Konsumwünsche und/oder seiner sozialen und ethischen Einstellungen, die Vermögensverwaltung ausrichten und die jeweils für ihn zu erreichenden Ziele definieren.

Deutlich schwieriger ist diese Frage jedoch zu beantworten, wenn

— entweder mehrere Eigentümer für die Ausrichtung der Verwaltung von Immobilienvermögen einheitliche Ziele festlegen müssen oder

— wenn angestellte Manager über die zielkonforme Verwaltung von Immobilienvermögen entscheiden müssen, in denen Gelder bzw. Immobilien vieler Anleger gepoolt sind (wie z.B. bei offenen und geschlossenen Immobilienfonds, Immobilien-AG's oder REIT's),

— d.h., wenn zudem Eigentümer und Manager in Person auseinander fallen (Prinzipal-Agent-Problematik).[1]

Im Falle mehrerer oder gar einer Vielzahl von Investoren werden sich die unterschiedlichsten Interessen der Anleger finden, für die Manager eine Harmonisierung der Ziele herbeiführen müssen. Bei Unkenntnis bzw. fehlender Möglichkeit der Harmonisierung der Zielsetzungen von mehreren Investoren, anhand derer die Verwaltung von Kapitalvermögen ausgerichtet werden soll, kann bei der Ableitung einer investorenkonformen Zieldefinition auf die Finanzierungstheorie zurückgegriffen werden.

Aus dem Blickwinkel der Finanzierungstheorie heraus wird als finanzielles Ziel wirtschaftlicher Betätigung von Individuen die Erzielung von Einkommen angesehen. Die Beteiligung an Immobilienvermögen bzw. die Bereitstellung von finanziellen Mitteln zum Erwerb von Immobilienvermögen wird unter Ausschluss von nicht-finanziellen Zielen (z.B. sozialer oder ethischer) als Mittel zu dem Zweck dienen, Einzahlungen aus diesen zu erhalten, die dann gemäß ihren individuellen Präferenzen zu Konsum- oder (Re-)Investitionszwecken verwendet werden können. Dabei wird unterstellt, dass im Rahmen eines alle Handlungsmöglichkeiten umfassenden Entscheidungsfeldes das Ziel der Investoren die Optimierung der Konsumausgaben im Zeitablauf ist. Die Entscheidung über den Beginn, den Verbleib in oder die Beendigung einer Immobilieninvestition wird der Anleger somit anhand des erwarteten Anlageerfolges und Risikos im Vergleich zu den Anlagealternativen gemäß seiner individuellen Präferenzen treffen und dabei die Möglichkeit der Diversifikation, unterschiedliche Grade der Fungibilität sowie unterschiedliche Informations-, Mitwirkungs- und Kontrollrechte bei den verschiedenen Anlageformen berücksichtigen.

Gemäß diesen Überlegungen müssten Immobilien-Asset-Manager ihre Entscheidungen über die Strukturierung der künftigen Zahlungsströme aus dem Im-

---

[1] Zum Problem der Trennung von Eigentümer- und Managementinteressen siehe: *Brealey/ Myers,* Principles of Corporate Finance, 2003, S. 7 ff.

mobilienvermögen anhand der Kenntnis der jeweiligen Konsum- bzw. Reinvestitionspläne sämtlicher Investoren treffen. Für jeden Investor hätten die Ausschüttungen aus Immobilienvermögen einen zieloptimalen Beitrag zur Finanzierung der Konsumausgaben im Zeitablauf zu leisten. Bei einem heterogenen Anlegerkreis kann das Management die einzelnen Pläne oder Ziele realistischerweise nicht kennen. Insbesondere im Hinblick auf getätigte Alternativanlagen (z.B. festverzinsliche Wertpapiere oder Aktien) und damit anderer Einkommensquellen der Investoren muss ein Teil der Optimierungsaufgabe jedoch diesen selbst überantwortet werden.

Dem Management kann lediglich eine Teiloptimierung dahingehend übertragen werden, dass es das Ziel verfolgt, in jedem Zeitpunkt die Reichtumsposition der Investoren über Ausschüttungen und den Wert des Immobilienvermögens zu maximieren (=Barwertmaximierung). Investoren ist somit am besten gedient, wenn ihnen in jedem Zeitpunkt der größtmögliche Betrag aus Periodenausschüttung und Wert des Immobilienvermögens zur Verfügung steht. Wird so verfahren, kann ein Investor gemäß seiner Präferenzen „zu hohe" Ausschüttungen alternativ verwenden, in dem er seine Beteiligungsquote am Immobilienvermögen erhöht, während Investoren, deren präferenzkonforme Ausschüttung „zu niedrig" ist, ihre Beteiligungsquote abbauen können. Gelingt es dem Management, die Summe aus Periodenausschüttung und Wert des Immobilienvermögens (nach Ausschüttung) zu maximieren, schafft dies die beste Ausgangslage für die Zielerreichung der Investoren. Klare Zielsetzung eines Immobilien-Asset-Managers, der für einen heterogenen Investorenkreis tätig wird, sollte daher die Maximierung des Wertes des Immobilienvermögens (vor Periodenausschüttung) sein.[2] Nun ist zu klären, anhand welcher Entscheidungskriterien sich dabei das Management orientieren kann.

2.2 Charakterisierung der Finanzierungsbeziehung zwischen Investor und Immobilienvermögen

Mit einer Beteiligung an einem Immobilienvermögen bzw. mit der Bereitstellung von Mitteln zum Aufbau eines solchen tätigt der Investor eine Finanzanlage. Dabei erwirbt er gegen Zahlung des anteiligen Beteiligungswertes quotales wirtschaftliches Eigentum an Immobilienvermögen. Die dabei eingegangene Beteiligung weist aus ökonomischer Sicht Eigenkapitalcharakter auf, da das Beteiligungskapital nicht wie bei einer Gläubigerposition zu festgelegten Zeitpunkten in vertraglich fixierten Zahlungen zu verzinsen und zurückzuführen ist, sondern der Investor das Recht auf vom Ergebnis der Bewirtschaftung des Immobilienvermögens abhängige Ausschüttungen und bei Liquidation das Recht auf einen anteiligen Liquidationserlös erwirbt. Mit der Beteiligung an einem Immobilienvermögen tauscht der Investor somit den Erwerbspreis gegen einen quotalen Anteil an den zukünftigen Zahlungen aus den Immobilieninvestitionen und partizipiert an dessen Chancen- und Risikostruktur.[3] Das Immobilienvermögen und somit die einzelnen Immobilien re-

---

[2] Zur Maximierung des Wertes des Eigenkapitals als Ziel eigens dafür angestellter Manager siehe auch: *Drukaczyk*, Theorie und Politik der Finanzierung, 1993, S. 67–89.

[3] Zur Analogie der Finanzierungsbeziehungen zwischen Anleger und offenem Immobilienfonds siehe: *Bals*, Die ökonomische Position von Anteilinhabern offener Immobilienfonds, 1994, S. 172 f.

präsentieren damit im Kern Ansprüche auf zukünftige, mit unterschiedlichen Risikograden behaftete Zahlungen an die Investoren. Abstrakt dargestellt, tauscht der Investor einen heutigen, sicheren Geldbetrag (Kaufpreis) gegen einen zukünftigen, unsicheren Zahlungsstrom aus dem Immobilienvermögen (laufender Cashflow plus Liquidationserlös, in dem positive oder negative Wertänderungen realisiert werden).

Angestellte Manager determinieren dabei mit ihren Investitions- bzw. Desinvestitions- sowie Finanzierungsentscheidungen die Struktur und den Risikograd dieser zukünftigen Zahlungen an die Investoren. Damit legen sie die zukünftige Zahlungsverteilung fest, deren Wert in jedem Zeitpunkt maximiert werden soll. Auf diese Weise steht wiederum fest, dass die zukünftige Zahlungsverteilung – d.h. die Höhe und der Risikograd des zukünftigen Zahlungsstromes – aus dem Immobilienvermögen an die Investoren die zentralen Entscheidungsparameter für Immobilien-Asset-Manager sein müssen. Die Handlungsempfehlung an Immobilien-Asset-Manager lautet: Maximiere die zukünftigen Ausschüttungen (Cashflows) an die Investoren aus dem Immobilienvermögen bei gegebenem Risiko oder minimiere bei gegebener Höhe des Cashflows dessen Risikograd! Dabei wird die Betrachtung bzw. Prognose strategieabhängiger Cashflows als Resultat der Verwaltung von Immobilienvermögen noch handhabbar sein, da diese anhand von vollständigen Finanzplänen (VoFi) abbildbar und simulierbar sind. Für die Bewertung dieser strategieabhängigen Zahlungsströme müssen diese durch die Diskontierung zum Barwert zu einer einheitlichen entscheidungsrelevanten Kennzahl über den gesamten Betrachtungszeitraum zusammengefasst werden, um dann die barwertmaximale Strategie verfolgen zu können. Damit stellt sich die Frage, wie sich ein Wert (Marktwert oder Gegenwartswert) eines Immobilienvermögens ergibt und wie dabei das Risiko zukünftiger Cashflows adäquat berücksichtigt werden kann.

2.3 Finanzierungstheoretisches Modell der Preisbildung von Immobilienvermögen

Werden Anteile von Unternehmen (z.B. Aktien) auf Märkten gehandelt, bildet sich für diese ein Marktpreis. Dieser sich einstellende Preis ist Resultat eines interaktiven Austauschprozesses von Individuen in Abhängigkeit von deren Erwartungen, Risikoeinstellungen und Konsum- bzw. Einkommenspräferenzen, dessen explizite oder modellhafte Nachbildung zur Gewinnung von „Marktpreisen" für Immobilienvermögen wenig erfolgversprechend scheint. Greift man indessen auf die Vorstellung zurück, dass Investoren Finanztitel zum Zweck der Einkommenserzielung erwerben und sie die Anteile deshalb im Hinblick auf die aus diesen Titeln zu erwarteten Zahlungen bewerten, lässt sich der Marktpreis analog zum sogenannten „Dividend Valuation Model" als Barwert zukünftiger, unsicherer Ausschüttungen (einschließlich der Liquidationsauszahlung) interpretieren.[4] Man kann danach den Preisbildungsprozess auf Märkten durch ein stark vereinfachendes Bild darstellen: Der Markt bewertet Immobilienvermögen oder Anteile davon so, als ob er die aus ihnen erwarteten, unsicheren Cashflows mit einem dem Risiko dieser Zahlungen berücksichtigenden, also risikoäquivalenten Zinssatz – dem Kapitalkostensatz des Marktes – diskontiert. Damit wird der Blick auf Parameter freigegeben, die bei einer

---

[4] Vgl. *Williams,* The Theory of Investment Value, 1938, S. 55 ff.

kapitalmarktorientierten Bewertung von Immobilienvermögen und damit der Beurteilung unterschiedlicher Strategien im Rahmen der Verwaltung von Immobilienvermögen relevant werden. Diese Parameter sind:

– der von der jeweiligen Strategie der Verwaltung des Immobilienvermögens resultierende Gesamtzahlungsstrom an die Investoren, der nur im Rahmen einer Gesamtbewertung ermittelbar ist und damit implizit

– die Finanzierungsstruktur, d.h. die Aufteilung des Cashflows aus dem Immobilienvermögen zwischen Investoren (Eigenkapitalgeber) und ggf. Fremdkapitalgebern sowie

– der strategieabhängige, risikoäquivalente Diskontierungssatz.

Das Immobilienvermögen liefert einen Zahlungsstrom, der strategieabhängig ist und der zwischen Eigenkapital- und Fremdkapitalgeber aufgeteilt wird. Da Ansprüche aus Fremdkapital als Festbetragsansprüche vorab zu bedienen sind und die Investoren nur das Residuum erhalten, ändern diese die verbleibende Zahlungsverteilung und damit auch den Risikogehalt der Zahlungsstruktur an die Investoren. D.h., die Entscheidungen des Managements im Rahmen der Verwaltung des Immobilienvermögens determinieren das Investitionsrisiko, während deren Entscheidungen über die Finanzierungsstruktur das Finanzierungsrisiko bestimmen. Insoweit muss bei der Bewertung von Zahlungsströmen an die Investoren der risikoäquivalente Diskontierungssatz das Investitions- und Finanzierungsrisiko mit berücksichtigen oder anders formuliert: Entscheidungen über die Finanzierung von Immobilienvermögen beeinflussen nicht den wirtschaftlichen Erfolg der Immobilienstrategie, sondern bestimmen nur die Aufteilung des erwirtschafteten Ertrags an Eigen- und Fremdkapitalgeber. Eine hohe Leverage-Quote, wie sie gerne im Rahmen der Verwaltung von Immobilienvermögen angestrebt wird, macht Eigenkapitalgeber a priori nicht „reicher", sondern der i.d.R. höhere Return auf das eingesetzte Eigenkapital stellt nur ein Äquivalent für das höhere Finanzierungsrisiko des Eigenkapitalgebers dar. Daraus folgt aber, dass Immobilien-Asset-Manager in erster Linie die Optimierung des wirtschaftlichen Erfolgs des Immobilienvermögens im Auge haben müssen und sich erst dann – getrennt in einem zweiten Schritt – Gedanken über die Finanzierung machen sollten.

Wie kann nun der risikoäquivalente Diskontierungs- bzw. Kapitalkostensatz zur Ermittlung des Wertes eines Zahlungsstromes aus dem Immobilienvermögen und damit die barwertmaximale Strategie abgeleitet werden? Grundmaxime hierbei ist, dass Werte von Investitions- und Finanzgütern immer relativ sind, d.h. davon abhängen, welche Renditeerwartungen aus alternativen Anlagen mit vergleichbarem Risiko erzielbar sind. Der Kapitalkostensatz ist damit eine relative Größe und stellt einen Opportunitätskostensatz dar.

Dies wird deutlich, wenn man einen Kapitalkostensatz für die Bewertung sicherer Zahlungsströme zu wählen hat. Naturgemäß wird man dann den laufzeitkongruenten Zinssatz (Marktzinssatz) für sichere Kapitalanlagen wählen, der in Abhängigkeit von den Marktgegebenheiten schwanken kann und ebenso zu Wertschwankungen des zu bewertenden Zahlungsstromes führt. Bei Unsicherheit über die Entwicklung der strategieabhängigen Zahlungsströme wird ein Risikozuschlag und damit eine Risikoprämie zum sicheren Zinssatz erhoben werden. In einem ersten Ansatz könnte man dazu vom Risiko, d.h. von der Volatilität des Zahlungsstromes einer Einzelimmobilie ausgehen, diese mit ihrem individuellen Beitrag zum Gesamtzahlungsstrom gewichten und dann zu einem Gesamtrisiko addieren und daran den Risikozuschlag für das Risiko des gesamten Zahlungsstromes bemessen. Aber während man nach Investitionsbetrag gewichtete Renditen der Einzelimmobilien eines Immobilienportfolios lediglich addieren muss, um zu einer Gesamt-Portfolio-Rendite zu kommen, lässt sich das Gesamtrisiko nicht nur durch Addition der gewichteten Risikozuschläge ermitteln, d.h. das Investitionsrisiko eines Immobilienportfolios ist nicht nur von den Risiken der Einzelobjekte abhängig. Dieses wird im nachfolgenden Abschnitt dargestellt.

3. „Portfolio Selection Theory" nach MARKOWITZ

3.1 Grundlagen

Mit der „Portfolio Selection Theory" legte HARRY M. MARKOWITZ 1952/59 den Grundstein für die „Modern Portfolio Theory" (MPT).[5] Ausgangspunkt war das in der Realität festzustellende Verhalten von Anlegern, die mit der Begründung der Risikostreuung ihr Vermögen auf verschiedene Anlagen verteilen (auch als naive Diversifikation bezeichnet), statt dieses renditemaximal ausschließlich in eine einzige Anlage zu investieren. Abgesehen von einer rein „naiven" Risikostreuung[6] auf der Basis von bloßen Annahmen wurden Investments bis in die 50er Jahre des letzten Jahrhunderts nahezu ausschließlich anhand ihrer Renditen beurteilt. Erstmals mit der Portfolio Selection Theory wurden die mit der Renditeerwartung verbundenen Risiken in einen quantitativen Zusammenhang gebracht. Das Konzept von MARKOWITZ erfuhr eine Weiterentwicklung durch SHARPE, LINTHNER und MOSSIN, die die Theorien mit Hilfe eines Index-Modells praktisch umsetzbar machten bzw. durch das Capital Asset Pricing Model (CAPM) weiterentwickelten.[7]

Das Ziel seiner der Kapitalmarkttheorie entstammenden Theorie war, Wertpapier-Portefeuilles so zusammenzustellen, dass eine optimale Verzinsung des investierten Kapitals bei zielkonformem Risiko erreicht wird. Dies ist nur durch die gleichzeitige Beachtung von Ertrags- und Risikoaspekten sowie die Ausnutzung von unterschiedlichen Renditeverläufen möglich. Ein Risikoausgleich kommt demnach durch im Zeitablauf verschiedene Rendite-Risiko-Verläufe, also statistisch ausgedrückt durch negative Korrelation, der einzelnen Assets zustande. Bei exakt gegenläufiger Korrelation lässt sich das Risiko theoretisch sogar vollständig diversifizieren. Dieser Zusammenhang kann auch bei Immobilien-Portfolios ausgenutzt werden, um eine gezielte Risikoreduzierung bzw. Renditeoptimierung im Portfolio herbeizuführen.

---

[5] Vgl. dazu die grundlegenden Veröffentlichungen von *Markowitz,* Portfolio Selection, 1952 und *Markowitz,* Portfolio Selection, 1959.

[6] Im Sinne von: „Don't put all your eggs in one basket."; *Wilson/Droms,* Don't Put All Your Eggs in One Basket, 1999, S. 24 ff.

[7] Vgl. *Hielscher,* Investmentanalyse, 1999, S. 63; *Steiner/Bruns,* Wertpapiermanagement, 2002, S. 20, siehe auch Abschnitt 3.6.

3.2 Statistisch-mathematische Grundlagen der MPT

Voraussetzung der Anwendung der Modern Portfolio Theory ist die Ermittlung von Rendite und Risiko der einzelnen Portfoliobestandteile. Da es meist schwer fällt, Wahrscheinlichkeiten für den Eintritt verschiedener Renditehöhen anzugeben und dies zudem in der Praxis für alle Portfolioelemente zu aufwendig erscheint, wird zur Vereinfachung auf historische Renditereihen zurückgegriffen. Das setzt die Annahme voraus, dass sich zukünftige Cashflows und Verkehrswerte in ähnlicher Weise entwickeln werden wie in der Vergangenheit.[8] Basis dieser Berechnung ist eine genügend große Anzahl bisheriger Renditen $[r_i]$ gewichtet mit ihren Anteilen bzw. durch deren Anzahl $[n]$ dividiert. Dies entspricht statistisch dem arithmetischen Mittelwert der Renditen $[r_i]$, auch als Erwartungswert $[E(r_i)]$ bezeichnet. Wichtig für die Anwendung in der MPT ist die Berechnung der Renditen auf Basis von Total Returns, also die Zusammenführung von Nettocashflow-Rendite und Wertänderungsrendite in einer Kennzahl.

Das Risiko wird nun durch die Varianz bzw. durch deren Quadratwurzel, die Standardabweichung, vom Erwartungswert berechnet. Wichtig für deren Anwendung ist zuvor die Überführung der diskreten in stetige Renditen, um die Verteilung der Einzelrenditen an die Normalverteilung stärker anzugleichen.[9]

Neben der Bestimmung der Renditen und Risiken für einzelne Assets, sind diese Kennzahlen auch für das gesamte Portfolio zu bestimmen, da einen Anleger weniger der Vergleich der einzelnen Anlagemöglichkeiten untereinander als vielmehr die Ergebnisse der Kombinationsmöglichkeiten zwischen diesen interessiert. Diese Parameter bilden den Ausgangspunkt für die Optimierung der Portfoliozusammensetzung, indem die jeweiligen Asset-Anteile am Portfolio für den Anleger rendite-risiko-optimal berechnet werden.

Der Ertrag des Portfolios, respektive die Portfolio-Rendite, ergibt sich aus der Summe der Einzel-Renditen $[E(r_i)]$ gewichtet mit ihrem Anteil $[x_i]$ am Portfolio:

Gleichung 1: Erwarteter Ertrag des Portfolios[10]

$$E = \sum_{i=1}^{N} x_i E(r_i)$$

Da die Portfolio-Rendite lediglich das gewichtete Mittel der Einzelrenditen darstellt, ist eine Renditemaximierung nur durch eine Übergewichtung des renditemaximalen Portfolio-Bestandteils zu erreichen bis hin zur 100-prozentigen Gewichtung, also alleinigen Investition in das Renditemaximum. Das Risiko entspricht dann genau dem Risiko des Einzelassets, da keine Diversifikation mehr

---

[8] Bei einer entscheidungsorientierten Portfolio-Analyse sind aber, folgend den Ausführungen im ersten Teil dieses Kapitels, die konkreten zukünftigen Cashflows und Wertänderungsprognosen für jede Immobilie zu berücksichtigen.

[9] Vgl. *Wellner,* Immobilien-Portfolio-Management-System, 2003, S. 85 f. sowie *ebenda,* den Verteilungsanpassungstest bei britischen Immobilienrenditen, S. 94 ff.

[10] Vgl. *Geltner/Miller,* Commercial Real Estate Analysis and Investments, 2001, S. 520.

vorliegt. Das eigentliche Potenzial der MPT liegt aber in der Minimierung des Risikos bei gegebenem Renditeziel bzw. der Renditemaximierung bei zielkonformem Risiko.

Das Risiko des Portfolios hängt im Gegensatz zur Rendite nicht nur von den Risiken, d.h. den Schwankungen der Renditen der Einzelbestandteile, sondern vielmehr vom gleichen Ausschlag der Schwankungen ab. Diesen Zusammenhang beschreibt die Korrelation der Renditeverläufe, respektive der Korrelationskoeffizient [c_{ik}].

Gleichung 2: Berechnung des Portfolio-Risikos[11]

$$\sigma_p^2 = \sum_{i=1}^{N} \sum_{k=1}^{N} x_i x_k \sigma_i \sigma_k c_{ik} \; ; \quad \text{mit} \quad \sum_{i=1}^{N} x_i = \sum_{k=1}^{N} x_k = 1$$

Das Portfolio-Risiko ist somit abhängig vom Risiko der einzelnen Portfolioobjekte – ausgedrückt durch ihre Standardabweichungen [σ] –, der Korrelation [c_{ik}] zwischen den Renditen und den wertmäßigen Anteilen [x] der einzelnen Objekte am Gesamtportfolio.

Den wichtigsten Einfluss auf das Portfoliorisiko hat somit die Korrelation der einzelnen Renditeverläufe. Bei nicht vollkommen gleichgerichtetem Verlauf der Renditen ($c_{ik} < 1$) bis völlig gegensätzlichen Verläufen ($c_{ik} = -1$) lässt sich das unsystematische, objektspezifische Risiko bis zu 100 % wegdiversifizieren. Das Diversifikationspotenzial hängt somit von der Ausprägung des Korrelationskoeffizienten ab. Das systematische Risiko entspricht genau dem Marktrisiko, das alle Portfoliobestandteile in gleichem Maße trifft und ist somit nicht diversifizierbar.

MARKOWITZ benutzte als Maß für die Korrelation die Kovarianz. Der Korrelationskoeffizient ergibt sich somit aus der Kovarianz [COV_{ik}] zweier Renditen (dargestellt im Zähler) im Verhältnis zum Produkt ihrer Standardabweichungen (im Nenner der folgenden Fomel):

Gleichung 3: Linearer Korrelationskoeffizient nach PEARSON[12]

$$c_{ik} = \frac{\frac{1}{n-1} \sum (r_i - \mu_{r_i})(r_k - \mu_{r_k})}{\sqrt{\frac{1}{n-1} \sum (r_i - \mu_{r_i})^2} * \sqrt{\frac{1}{n-1} \sum (r_k - \mu_{r_k})^2}} = \frac{COV_{ik}}{\sigma_i * \sigma_k}$$

In einem realen Portfolio sind aber nicht nur zwei Objekte, sondern eine Vielzahl verschiedener, möglichst heterogener Assets. Die Diversifikationseffekte hängen somit zusätzlich noch von der Anzahl der Assets in einem Portfolio ab. Das Portfolio-Risiko nimmt mit steigender Anzahl von Objekten im Portfolio ab, da die aufsummierten Diversifikationseffekte mit den einzelnen unterschiedlichen Renditeverläufen zunehmen.

---

[11] Vgl. *Spremann*, Portfoliomanagement, 2000, S. 144.
[12] Vgl. *Janssen/Laatz*, Statistische Datenanalyse mit SPSS für Windows, 1997, S. 349.

Abb. 1: Trennung von systematischem und unsystematischem Risiko[13]

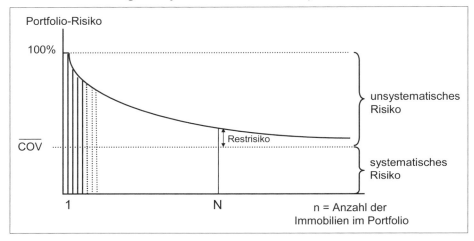

Dies setzt sich bis zur Erreichung des systematischen Marktrisikos fort. Das Marktrisiko entspricht dann genau der durchschnittlichen Kovarianz [COV] über alle Objekte. Allerdings wird das Niveau des Marktrisikos nur in der Unendlichkeit erreicht. In der Praxis bleibt durch eingeschränkte Streuungsmöglichkeiten (wie knappe Investitionsmittel, Timingeffekte und Informationsdefizite) ein Restrisiko zusätzlich zum systematischen Marktrisiko bestehen.

Die Diversifikationseffekte sind am Beginn der Beimischung am größten und nehmen überproportional mit der weiteren Diversifizierung ab.[14] Deshalb ist eine Streuung auch schon bei wenigen Objekten immer sinnvoll, insbesondere da Immobilien aufgrund ihrer Heterogenität – ansonsten immer als Nachteil gegenüber Alternativinvestitionen aufgeführt – sehr unterschiedliche Renditeentwicklungen aufweisen und somit besonders starke Diversifikationsmöglichkeiten bieten.[15] Dies kann an nachfolgender empirischer Untersuchung aufgezeigt werden.

3.3 Anwendung der MPT bei Immobilien

Als Nachweis für die praktikable Anwendbarkeit der Portfolio-Theorie auch bei Immobilieninvestments soll folgendes Beispiel des empirischen Beweises von Diversifikationspotenzialen am europäischen Immobilienmarkt dienen. Dafür wird eine öffentlich zur Verfügung stehende Datenquelle, die IPD Investment Property Databank, London, genutzt. Die Daten geben die Renditen, als für die MPT taugliche Total Returns berechnet, der europäischen Büroimmobilienmärkte von 1996–2003 wieder. Sie stellen ein Beispielportfolio dar, das genau den Gewichtun-

---

[13] In Anlehnung an *Hielscher,* Investmentanalyse, 1999, S. 60.

[14] Untersuchungen des deutschen Aktienmarktes haben ergeben, dass mit der Anzahl von 20 Aktien etwa 90% des unsystematischen Risikos ausschaltbar ist. Vgl. *Hielscher,* Investmentanalyse, 1999, S. 60.

[15] Vgl. *Sanders/Pagliari/Webb,* Portfolio management concepts and their application to real estate, 1995, S. 131.

gen des jeweiligen Indexes entspricht und nicht transaktionsbasiert sondern auf der Basis von Vermietungsportfolios als Datengrundlage berechnet ist.

Die europäischen Bürorenditen und deren Standardabweichung weichen in der gewählten Zeitspanne in ihrem Niveau recht stark voneinander ab, aber mit der Tendenz einer immer stärkeren Angleichung in der Zukunft. Negative Korrelationen sind zwischen den Märkten nicht messbar, aber z.T. liegt Nichtkorreliertheit vor, wie bspw. zwischen Frankreich und Irland mit einen Korrelationskoeffizienten von 0,15. Hohe positive Korrelation besteht bspw. zwischen Irland und Finnland mit 0,94, was auf sehr geringe Diversifikationspotenziale zwischen diesen beiden Ländern schließen lässt.

Abb. 2: Renditeverläufe europäischer Büroimmobilienmärkte und die dazugehörigen Kennzahlen[16]

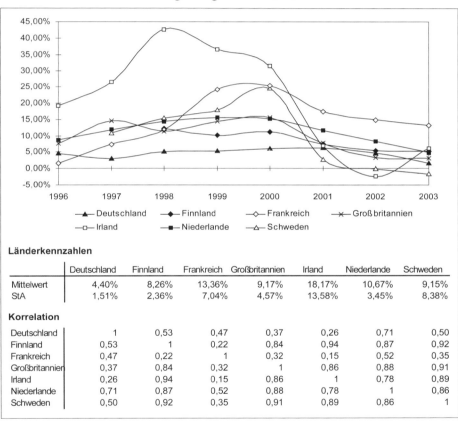

Länderkennzahlen

	Deutschland	Finnland	Frankreich	Großbritannien	Irland	Niederlande	Schweden
Mittelwert	4,40%	8,26%	13,36%	9,17%	18,17%	10,67%	9,15%
StA	1,51%	2,36%	7,04%	4,57%	13,58%	3,45%	8,38%

Korrelation

	Deutschland	Finnland	Frankreich	Großbritannien	Irland	Niederlande	Schweden
Deutschland	1	0,53	0,47	0,37	0,26	0,71	0,50
Finnland	0,53	1	0,22	0,84	0,94	0,87	0,92
Frankreich	0,47	0,22	1	0,32	0,15	0,52	0,35
Großbritannien	0,37	0,84	0,32	1	0,86	0,88	0,91
Irland	0,26	0,94	0,15	0,86	1	0,78	0,89
Niederlande	0,71	0,87	0,52	0,88	0,78	1	0,86
Schweden	0,50	0,92	0,35	0,91	0,89	0,86	1

Die mathematisch-statistisch ermittelten Potenziale sind in nachfolgenden Abbildungen dargestellt. Diese entsprechen einem Benchmarkportfolio, das genau in den angegebenen Gewichtungen in die sieben Länder in Objekte mit eben genau

---

[16] Datenquelle: IPD, http://www.ipdindex.co.uk/results/indices/indices.asp, 2004.

marktdurchschnittlichen Rendite-Risiko-Profilen investiert war und zudem über den gesamten betrachteten Zeitraum gehalten wurde.

Abb. 3: Effizienzkurve, Portfolioanteilsgraphik und Portfoliokennzahlen

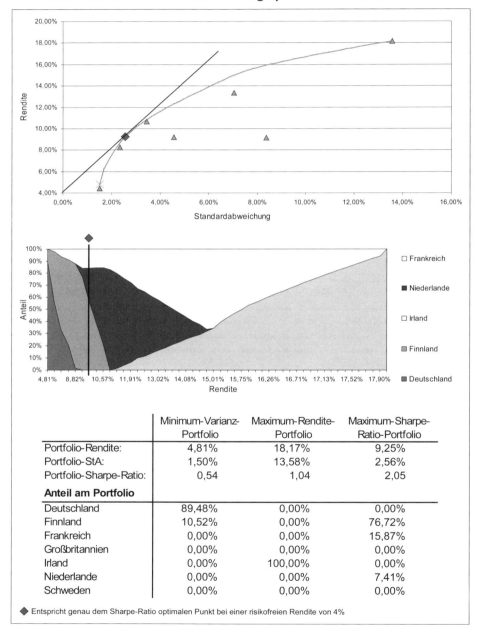

	Minimum-Varianz-Portfolio	Maximum-Rendite-Portfolio	Maximum-Sharpe-Ratio-Portfolio
Portfolio-Rendite:	4,81%	18,17%	9,25%
Portfolio-StA:	1,50%	13,58%	2,56%
Portfolio-Sharpe-Ratio:	0,54	1,04	2,05
Anteil am Portfolio			
Deutschland	89,48%	0,00%	0,00%
Finnland	10,52%	0,00%	76,72%
Frankreich	0,00%	0,00%	15,87%
Großbritannien	0,00%	0,00%	0,00%
Irland	0,00%	100,00%	0,00%
Niederlande	0,00%	0,00%	7,41%
Schweden	0,00%	0,00%	0,00%

◆ Entspricht genau dem Sharpe-Ratio optimalen Punkt bei einer risikofreien Rendite von 4%

Aus den Potfolioberechnungen sind die optimalen Bestandteile entsprechend der dargestellten Effizienzkurve ablesbar. Die Effizienzkurve ist der Ort aller optimalen Portfoliokombinationen, für die gilt, dass keine Kombination existiert, bei der bei gleichem Risiko die Rendite höher ist oder umgekehrt. Aber welche Kombination der Investor wählt, hängt von seiner Risikoeinstellung ab. Ein risikoaverser Investor wählt eher das Minimum-Varianz-Portfolio im unteren linken Bereich der Effizienzkurve. Ein risikobereiter Investor wählt hingegen eher das Maximum-Rendite-Portfolio am rechten Ende. Dazwischen gibt es unendlich viele weitere Kombinationen, die für sich betrachtet ebenfalls optimal sind. Alle Kombinationen unterhalb der Effizienzkurve sind suboptimal, weil man entweder die Rendite noch steigern kann oder das Risiko senken, bei sonst gleichen Ergebnissen. Kombinationen oberhalb sind hingegen mit den gegebenen Portfoliobestandteilen nicht möglich.

Um dem Investor eine weitere Entscheidungsunterstützung bei der Auswahl des für ihn optimalen Portfolios entlang der Effizienzkurve zu bieten, kommt ein aus dem Capital Asset Pricing Modell (CAPM) hervorgegangenes Performancemaß, das Sharpe Ratio, zur Anwendung. Durch Berücksichtigung des risikofreien Zinssatzes kann ein Punkt auf der Kurve gefunden werden, der genau den rendite-risiko-optimalen Punkt definiert, bei dem nur durch einen überproportionalen Anstieg des Risikos die Rendite gesteigert werden kann. Graphisch entspricht dies genau dem Tangentialpunkt mit der Effizienzkurve, bei dem deren Steigung exakt der Steigung der Kapitalmarktlinie ist und deren Ordinatenschnittpunkt in Höhe des risikofreien Zinses liegt. Im dargestellten Beispiel ist dies der Punkt mit den Koordinaten 9,25 % für die Rendite und 2,56 % für das Risiko. Das theoretisch optimale Portfolio setzt sich in diesem Punkt aus lediglich drei Anteilen zusammen, nämlich zu ca. 75 % aus Finnland, ca. 15 % Frankreich und einem kleinen verbleibenden Anteil aus niederländischen Immobilien.

Insgesamt sind auf den betrachteten Märkten anhand ihrer Indizes Renditen zwischen 4,81 % und 18,17 % mit einer Standardabweichung zwischen 1,50 % und 13,58 % möglich. Dies bedeutet statistisch, dass die erwartete Rendite mit einer Wahrscheinlichkeit von 84 %[17] nicht unter 3,3 % im risikominimalen Bereich und nicht unter 4,6 % im höherrentierlichen Bereich liegt, wenn man den Wert der Standardabweichung von der erwarten Rendite abzieht.

3.4 Diversifikationsmöglichkeiten bei Immobilien

Grundsätzlich sind aber nicht nur Streuungen nach dem Standort, wie im Rechenbeispiel gezeigt, sondern auch nach Nutzungsarten und nach einzelnen Objekteigenschaften möglich. Diese Dimensionen sind jeweils wieder weiter untergliederbar, was im Prinzip eine unendliche Menge an Diversifikationsmöglichkeiten durch Kombination dieser drei Dimensionen ermöglicht. Ein schrittweises Vorgehen in Diversifikationsstufen ist deshalb ratsam. Dabei sind entsprechend verschiedener empirischer Untersuchungen Standortdiversifikationen nach Ländern vorteilhafter

---

[17] Bei Annahme der Standardnormalverteilung entspricht dies der Fläche unter der Kurve der zweiseitigen Standardabweichung und der Möglichkeit der positiven Abweichung vom Erwartungswert.

als die Streuung nach Nutzungsarten und diese ist wiederum vorteilhafter als regionale Streuung.[18]

Abb. 4: Dimensionen der Diversifikationsmöglichkeiten[19]

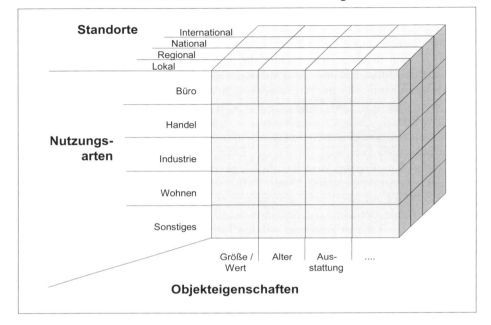

3.5 Grenzen der Anwendung und Kritik der MPT

Grundsätzliche Kritik erfährt dieser Ansatz aus der Tatsache, dass für die Bestimmung des optimalen Portfolios neben der schwer messbaren Risikoneigung des Investors auch die ebenfalls schwer zu prognostizierenden zukünftigen Rendite- und Risikodaten von Bedeutung sind. Denn die Methode der Extrapolation von historischen Daten in die Zukunft ist mit Vorbehalt zu beurteilen.[20]

Eine Methode dies zu umgehen und auch Entwicklungssprünge an den Märkten zu berücksichtigen, ist die Zukunft zwar anhand der historischen Daten – jedoch nicht nur auf Basis dieser – durch weitaus komplexere Immobilienmarktmodelle zu prognostizieren. Dabei sollten zukünftige Entwicklungen anhand des geplanten Flächenangebots und der zu erwartenden Nachfrage abgeleitet werden. Ein weiteres zu lösendes Problem bildet die Auswahl der für die Berechnung relevanten Zeitreihe. Durch die in der Praxis gegebenen Restriktionen aufgrund der bekannten Informationsunzulänglichkeiten sind meist nur sehr kurze Zeitreihen

---

[18] Vgl. *Fisher/Liang,* Is Sector Diversification More Important Than Regional Diversification?, 2000, S. 35–40, sowie *Eichholtz,* How to invest internationally?, 1997, S. 51–56.

[19] In Anlehnung an *Del Casino,* Portfolio Diversification Considerations, 1995, S. 915.

[20] Vgl. *Steiner/Bruns,* Wertpapiermanagement, 2002, S. 21.

vorhanden, die durch eine Prognose nur bedingt verlängert werden können. Dabei ist darauf zu achten, dass man zumindest einen kompletten Marktzyklus von etwa 7 bis 11 Jahren abdecken sollte. Außerdem muss für alle Märkte die gleiche Zeitspanne verwendet werden, was bei unterschiedlichen Marktzyklen die notwendige Datenreihe zusätzlich verlängern kann.

Die Portfolio-Theorie setzt die Standard-Normalverteilung der Renditen voraus. Die Verwendung der Varianz und damit der Standardabweichung als Risikomaß findet aber nicht uneingeschränkt Zustimmung. Bei Verwendung anderer Risikomaße sehen die Ergebnisse einer Portfoliooptimierung z. T. komplett anders aus.

MARKOWITZ hat neben diesen eher praktischen Umsetzungsproblemen weitere Prämissen formuliert, die zur Anwendung der Portfolio Selection erfüllt sein müssen.[21] Nach diesen sind Immobilien mit den ihnen immanenten Eigenschaften keine idealen Anlagegüter im Sinne der Portfolio Selection Theory. Ebenso wenig sind die dazugehörigen Immobilienmärkte vollkommen. Dennoch sind die Annahmen von MARKOWITZ auch auf Immobilien anwendbar, wenn man die theoretische Vorgehensweise versteht und die damit verbundenen Restriktionen kennt, d.h. also die Ergebnisse in den realen Kontext einordnen kann.

3.6 CAPM zur Ableitung risikoäquivalenter Kapitalkostensätze

Die Erkenntnisse aus dem Portfolio-Ansatz von MARKOWITZ lassen sich nicht nur zur Modellierung von Immobilienportfolien nutzen, sondern auch zur Ableitung von risikoäquivalenten Kapitalkostensätzen, wie sie zur Bestimmung der barwertmaximalen Strategie notwendig sind (siehe Abschnitt 2.2). Die Ableitung eines Kapitalkostensatzes zur Bewertung des an die Investoren fließenden Cashflows aus Immobilienvermögen erfordert somit die Kenntnis der Bewertung einzelner Immobilien im Marktzusammenhang bzw. die Kenntnis ihrer Rendite- und Risikobeiträge zum Markt-Portfolio, d.h aller marktrelevanten Immobilienbestände. Während der Renditebeitrag einer Immobilie zur Portfolio-Rendite aus dem Produkt der erwarteten Rendite [r_i] und dem Anteil dieser Immobilie am Gesamtportfolio [x_i] resultiert, ist deren Risikobeitrag zum Portfolio-Risiko von der gewichteten Varianz der erwarteten Rendite und von den gewichteten Kovarianzen der erwarteten Rendite mit den erwarteten Renditen aller anderen sich im Portfolio befindlichen Immobilien abhängig. Dabei kann der Einfluss der gewichteten Varianz der erwarteten Rendite ebenso wie die Kovarianzen der Immobilienrenditen zueinander bei einem hinreichend großen Portfolio vernachlässigt werden, sodass lediglich die Kovarianz der Rendite der zu bewertenden Immobilie zur Rendite des Gesamtportfolios zum bewertungsrelevanten Risiko wird. Somit wird im Marktzusammenhang nicht das isolierte Risiko – das durch die Varianz der erwarteten Rendite einer Immobilie definierte Risiko – sondern das durch eine Portfolio-Bildung nicht beseitigbare Kovarianz-Risiko bewertungsrelevant. D.h. obwohl Immobilien bei isolierter Betrachtung hohes Risiko in Form einer hohen Varianz der erwarteten Rendite aufweisen können – amerikanische Studien zeigen eine Rendite-/Risiko-

---

[21] Siehe dazu die Ausführungen bei *Wellner*, Immobilien-Portfolio-Management-System, 2003, S. 79 f. und vgl. *Bruns/Meyer-Bullerdieck*, Professionelles Portfolio-Management, 2003, S. 69 ff. sowie *Perridon/Steiner*, Finanzwirtschaft der Unternehmung, 1995, S. 229 ff.

struktur auf, die vergleichbar ist mit der von Aktien[22] –, wird die von ihnen geforderte Rendite in der Nähe oder sogar unter der Höhe des sicheren Zinssatzes
liegen, wenn die Kovarianz der erwarteten Rendite der Immobilie mit der des Portfolios nahe 0 oder negativ ist. Im Marktzusammenhang kann man somit nur für
nicht-diversifizierbares systematisches Risiko eine Risikoprämie verlangen.

Als gebräuchliches Maß für das nicht-diversifizierbare Risiko einer Immobilie
dient der β-Faktor. Der Wert β_i gibt an, dass eine erwartete Zunahme (oder Abnahme) der Rendite des Marktportfolios r_m um x Prozent zu der Erwartung berechtigt,
dass die Rendite der betrachteten Immobilie i um $\beta_i \cdot x$ Prozent steigt (oder fällt),
so dass als Umsetzung des CAPMs der risikoäquivalente Kapitalkostensatz [r_i] wie
folgt ermittelt werden kann:

**Gleichung 4: Berechnung des risikoäquivalenten Kapitalkostensatzes
der Immobilie i**

$$r_i = i + \left(r_m - i_{rf}\right) \cdot \beta_i$$

Auch wenn in der Praxis β-Faktoren für einzelne Immobilien nur äußerst schwer –
ggf. unter Zuhilfenahme des „Pure-Play Approaches"[23] bei Immobilien-Aktiengesellschaften – ermittelbar und um das Finanzierungsrisiko zu bereinigen sind, so lässt
sich aus diesem Ansatz wiederum eine Richtschnur für Manager von Immobilienvermögen ableiten: Bei der Bestimmung risikoäquivalenter Diskontierungssätze für
die Ermittlung der Barwerte strategieabhängiger Cashflows aus Immobilienvermögen ist nicht für dessen absolute Volatilität ein Risikozuschlag anzusetzen, sondern
nur für dessen relative, also für den nicht diversifizierbaren Risikobeitrag. Vorteil
dieses Ansatzes ist, dass gemäß dem Prinzip der Additivität von Marktwerten[24] die
Summe der unter Verwendung von immobilienspezifischen risikoäquivalenten Kapitalkostensätzen ermittelten Einzelimmobilienbarwerte den Wert des gesamten
Immobilienportfolios ergibt, sofern keine zusätzlichen, nicht objektspezifischen
Zahlungen vorliegen.

4. Prozess des Immobilien-Asset-Managements

Das Immobilien-Portfolio-Management wird in den Prozess des Immobilien-Asset-Managements, dargestellt in Abbildung 5, eingebunden und bildet dessen Kern-
funktionen. Neben dem Portfolio-Management i.e.S. beinhaltet dieser zusätzlich
noch eine umfassende vorgelagerte Inputphase, die neben den Anlegerzielen auch
rechtliche und sonstige, aus praktischen Zwängen resultierende, Restriktionen in
die Analagephilosophie einbezieht. Im Mittelteil des Prozesses werden die verschie-

---

[22] Vgl. *Zerbst/Cambon,* Real Estate: Historical Returns and Risks, 1984, S. 5–20.
[23] Vgl. *Fuller/Kerr,* Estimating the Divisional Cost of Capital, 1981, S. 997 f.
[24] Vgl. *Brealey/Myers,* Principles of Corporate Finance, 2003, S. 177 f.

denen Funktionalitäten, wie Research, Akquisition, Finanzierung und Management miteinander im Gegenstromprinzip verflochten. Alle Phasen begleitet ein übergeordnetes Risikomanagement.

Abb. 5: Immobilien-Asset-Management-Prozess[25]

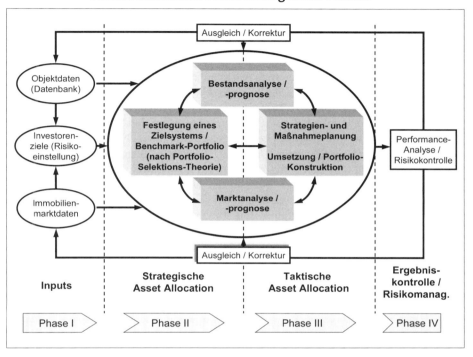

Der in Abbildung 5 dargestellte Prozess bildet ein idealtypisches Vorgehensraster für das Immobilien-Asset- und -Portfolio-Management. In Anlehnung an den quantitativen Ansatz aus dem Wertpapiermanagement besteht dieser aus vier voneinander abzugrenzenden Phasen: dem Input in das Modell, der Strategischen und Taktischen Asset Allokation der Immobilien sowie der Ergebniskontrolle. Phase I schafft die Grundlage, um in den Phasen II und III als gemeinsame Einheit die Kernprozesse des Modells wiederzugeben. Dabei ist eine Zunahme der Detaillierung von Phase II zu Phase III zu verzeichnen. Phase IV bildet den Abschluss des Prozesses, was aber nicht das Ende darstellt. Da der Prozess ein revolvierendes Kreislaufmodell darstellt, beginnt er unter Hinzuziehung aktueller Daten und revidierter Anforderungen in regelmäßigen, sinnvollen Abständen von Neuem. Der Kreislaufgedanke ist einer der wichtigsten Bestandteile des Konzepts, denn er ermöglicht ein simultan ablaufendes Feed-Back und Feed-Forward zwischen den einzelnen Schritten.

---

[25] Quelle: *Wellner,* Immobilien-Portfolio-Management-System, 2003, S. 57.

4.1 Phase I: Inputs

Grundlage für das Portfolio-Management ist eine problemadäquate Erfassung, Aufbereitung und Bereitstellung strategisch relevanter Informationen zur Schaffung eines strategischen Problembewusstseins.[26] Ziel ist die Bestimmung des strategischen Handlungsspielraums im Rahmen der ganz individuellen Situation des Investors bzw. der vom Management festgelegten Ziele.

Über ein Auswahlverfahren, z.B. Scoring oder Rating, sind vorerst die relevanten Märkte auszuwählen, für die dann umfassendere Datenmengen zu beschaffen sind. Kriterien für die Auswahl bilden einerseits volkswirtschaftliche Entwicklungen der einzelnen Märkte und damit erste Angaben zu möglichen Renditen und insbesondere den damit verbundenen Risiken auf den Märkten. Andererseits bilden aber auch Markteigenschaften wie Marktgröße, Transparenz oder Terrorgefahr und Naturkatastrophenhäufigkeit K.O.-Kriterien oder zumindest Auswahlkriterien zur Beurteilung der Investitionswürdigkeit einzelner Standorte. Nur für diese so gefilterten Märkte sind ausführliche Daten zu einzelnen Standorten, wie Mieten, Flächen, Leerstände und Beschäftigtenwachstum zu ermitteln. Sie bilden als mögliches Anlageuniversum den Ausgangspunkt der weiteren Analysen.

Eine weitere wichtige Voraussetzung bildet die Erfassung der Objektdaten des zu optimierenden (Bestands-)Portfolios. Die Beschaffung dieser Daten ist somit abhängig vom Eigentümer des Portfolios und der Anzahl der Objekte, die das Portfolio umfasst bzw. künftig umfassen soll. Maßgebend ist, ob bereits ein Immobilienbestand vorhanden ist oder ob ein neues Portfolio konstruiert werden soll.

Die Daten sollten optimalerweise in einer Immobiliendatenbank gesammelt und aufbereitet werden, die im Idealfall auch externe Marktdaten verarbeitet. Ein zu lösendes Problem bildet die sehr zeit- und kostenaufwendige Datengewinnung, -erfassung und -verarbeitung. Genaues Abwägen hinsichtlich des wirklich benötigten Datenumfangs und des damit verbundenen Aufwandes ist deshalb geboten.

4.2 Phase II: Strategische Asset Allokation

Im zweiten Schritt werden die Eckpunkte der Portefeuille-Strukturierung fixiert. Die Strategische Asset Allokation legt ein Zielsystem Top-Down mit den Parametern des Soll-Portfolios so fest, dass bei der Auswahl der Assets die unternehmens- bzw. personen- und die portfoliorelevanten Ziele berücksichtigt werden. Rechnerische Grundlage bildet dabei die *Portfolio Selection*, die ein sogenanntes Benchmark-Portfolio, also ein den Zielen entsprechend ideales Portfolio, erzeugt.[27] Dies gilt als Leitfaden für die in den weiteren Schritten folgende Umsetzung der Asset Allokation und ist die Voraussetzung zur Kontrolle des Erfolgs des Portfolio-Managements im Schritt vier. Das Benchmark-Portfolio ist somit Ziel und Erfolgs-Maßstab in einem.[28]

Aufgrund der bereits geschilderten Umsetzungsprobleme des quantitativen Portfolio-Ansatzes sind bei der Bestimmung des theoretisch optimalen Musterportfolios

---

[26] Vgl. *Schäfers,* Strategisches Management von Unternehmensimmobilien, 1997, S. 94 f.

[27] Vgl. *Günther,* Praktische Bedeutung und professioneller Einsatz von Benchmarkportfolios, 1998, S. 180 f.

[28] Zu Anforderungen an Benchmarks vgl. *McIntosh,* Real Estate Portfolio Benchmarking, 1997, S. 75.

einige Anpassungen vorzunehmen. Aufgrund der Beschränktheit der zur Berechnung zur Verfügung stehenden Zeitreihe im Gegensatz zur Langlebigkeit von Immobilien und der damit verbundenen Langfristigkeit der Investition sind die maximal möglichen Portfolioanteile auf ein sinnvolles Maß zu beschränken. Dieses Maß kann sich zum Beispiel an Marktgrößen und Marktreife sowie der Transparenz des entsprechenden Marktes und den Transaktionskosten festmachen. D.h., dass bspw. die noch nicht vollentwickelten osteuropäischen Märkte, die gleichzeitig oftmals eher kleine Märkte darstellen, eine Untergewichtung gegenüber ausgereiften großen westeuropäischen Märkten erfahren. Dies führt zu realistischeren und somit auch praktikableren Gewichtungen im Musterportfolio, obgleich es Elemente der naiven Diversifikation einbezieht.

4.3 Phase III: Taktische Asset Allokation

Die Taktische Asset Allokation beinhaltet die konkrete Auswahl der Objekte auf der Grundlage der im ersten Schritt durchgeführten Analysen. Die Koordinaten des Musterportfolios aus Phase II werden in der dritten Phase, der Portfoliokonstruktion, in Handlungsstrategien umgesetzt. Dabei ist aber zu beachten, dass bei Immobilien eine 100-prozentige Umsetzung des Musterportfolios nicht möglich ist. Es ist lediglich eine Annäherung erreichbar, und diese auch nur mit Zeitverzug aufgrund der langen Such- und Transaktionszeiträume bei Immobilien im Vergleich zu anderen Anlagemärkten. Gründe für diese Abweichung liegen in den nicht vorhandenen optimalen Indizes als Grundlage der Berechnungen sowie hauptsächlich in der Heterogenität der Investitionsobjekte. Die Einzelimmobilien entsprechen eben nicht dem Marktindex, der lediglich einen Durchschnitt des betrachteten Teilmarktes darstellt. Objekte können sogar durchaus über den Rendite-Risiko-Kriterien des Marktes liegen und somit können einzelne Objekte in unbrauchbaren Märkten durchaus sinnvoll für eine Investition sein. Deshalb sind genaue Einzelobjektanalysen aller Bestands- und Ankaufsobjekte im Vorfeld unbedingt notwenig.

Dazu gehören Investitions- und Desinvestitionsberechnungen (Interner Zinsfuß, Kapitalwert und VoFi), die verschiedene Handlungsalternativen (Szenarien) bezüglich der künftigen unterstellten Marktentwicklung und des möglichen Ressourceneinsatzes einbeziehen.[29] Außerdem sind Einzelobjektanalysen mit Hilfe von qualitativen Scoring-Modellen, als strategische Portfolioanalyse bekannt, hilfreich. Aus diesen Scoring-Modellen kann dann die Prognose der künftigen Cashflow des Objektes unterstützt werden, wodurch die qualitative Analyse auch Einfluss auf die quantitativen Kennzahlen hat. In dieser Phase kommt es somit zu einer Verbindung der beiden traditionellen Ansätze, indem die eine Analyse die andere stütz und damit die jeweiligen Vorteile der qualitativen und quantitativen Portfolio-Analyse zusammengeführt werden.

In der dritten Phase kommt es zu einer Synthese des top-down-ermittelten Musterportfolios und der bottom-up-gerichteten Einzelanalysen und somit zur Anwendung des sogenannten Gegenstromverfahrens, dargestellt in Abbildung 6. Dabei ist eine stufenweise Erreichung des Musterportfolios respektive eine Angleichung

---

[29] Vgl. *Metzner*, Immobiliencontrolling, 2002, S. 199 ff.

des Bestandsportfolios an das Benchmarkportfolio Ziel. Dieses komplexe Prozedere ist nur durch die Anwendung eines EDV-gestützten Immobilien-Asset- und -Portfolio-Management-Systems möglich. Dies ermöglicht neben der periodenweisen Bestandsanalyse auch die Möglichkeit der Berechnung des Benchmarkportfolios anhand der konkret ausgewählten Objekte des bestehenden Portfolios unter Einbeziehung eventueller Ankaufs- und Verkaufsobjekte.

Abb. 6: Gegenstromprinzip

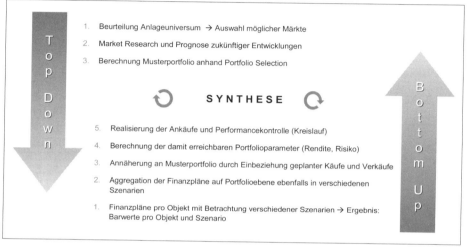

4.4 Phase IV: Ergebniskontrolle und Risikomanagement

Eine abschließende Überwachung und Kontrolle der Zielerreichung erfolgt durch den Vergleich der Kenngrößen des Ist- und Soll-Portfolios. Die tatsächlich erzielte Rendite in Verbindung mit dem jeweils eingegangenen Risiko wird mit den Zielgrößen verglichen. Neben der Kontrolle, ob die gestellten Ziele erreicht wurden, erfolgt die quantitative Kontrolle über die Performanceanalyse.[30] Diese enthält die Ermittlung der portfoliospezifischen Rendite im Vergleich zu einem geeigneten Benchmark-Portfolio. Weil am Immobilienmarkt kein geeignetes Benchmark-Portfolio existiert, wird das erreichte Portfolio mit dem im zweiten Schritt erstellten Soll-Portfolio verglichen.

Da es in der Praxis keine punktgenaue Zielerreichung gibt, beginnt unter Annahme dieser Werte als neue Ausgangsgrößen der Prozess erneut. Dies umfasst ein nochmaliges Durchlaufen vorangegangener Schritte, aufgrund des bereits erwähnten Kreislaufcharakters des Immobilien-Asset-Management-Prozesses. Dabei handelt es sich um einen unendlichen, revolvierenden Kreislauf, denn die Annäherung an die optimale Situation erfolgt im „Schneckenhaus"-Modus, der eine Zielerreichung nur im Unendlichen einräumt. In diesem Prozess bilden die Strategische und

---

[30] Zur Performancemessung vgl. *Wittrock,* Messung und Analyse der Performance von Wertpapierportfolios, 1995, S. 72 ff.

Taktische Asset Allokation eine Art „chemischen Reaktor" (in Abbildung 5 durch einen Ring eingegrenzt), in dem der Kernprozess abläuft. Die Immobilienmarktdaten und die Objektdaten des Portfolios bilden dafür die Basiselemente und die Risikoneigung entspricht dem Katalysator, der die Endproduktentstehung erst ermöglicht.

Nach der erfolgten Kontrolle muss bei Feststellung von Abweichungen zu den Zielen die Taktische Asset Allokation erneut starten. Bei Änderungen der Ausgangslage, z.B. bei in der Praxis ständig erfolgenden Marktveränderungen, muss nach einer erneuten Analyse zusätzlich die Phase der Strategischen Asset Allokation wieder durchlaufen werden, da bei veränderten Inputs auch die Ziele angepasst werden müssen.

Das Risikomanagement ist eng mit der Performancekontrolle verbunden. Es soll einen Rahmen bilden, der die Erreichbarkeit der gestellten Ziele ermöglicht und Eintrittswahrscheinlichkeiten überwacht sowie durch gezielte Maßnahmen sogar erhöht.

Diese komplexen Vorgehensmuster mit verschiedensten Interdependenzen untereinander und Verbindungen zu modellexternen Abläufen und Entscheidungen bedingen eine EDV-technische Umsetzung im Rahmen eines Immobilien-Portfolio-Management-Systems (IPMS).

5. IPM-Systeme

Immobilien-Portfolio-Management-Systeme (IPMS) sollen die Komplexität immobilienwirtschaftlicher Investitions- und Desinvestitionsentscheidungen für das Management handhabbar machen. In der idealtheoretischen Betrachtung sollte ein Immobilien-Portfolio-Management-System (IPMS) investitions- und kapitalmarkttheoretisch fundiert sein und in seiner praktischen Umsetzung konkrete, in jedem Schritt nachvollziehbare Handlungsempfehlungen für das Management zur Erreichung dieses Ziels zur Verfügung stellen können.

Aus dieser Definition sind die Anforderungen an IPMS ableitbar. Insbesondere zählt dazu die Unterstützung von immobilienbezogenen Investitions- und Desinvestitionsentscheidungen durch die Schaffung von Transparenz über den gesamten Immobilienbestand. Die Berechnung finanzmathematischer Standardkennzahlen (wie IRR, Kapitalwert, Total Return, Eigenkapitalverzinsung sowie NAV) ist für eine Bestandsanalyse ebenso notwendig, wie eine prospektive Risikoanalyse und -überwachung durch Szenario-Rechnungen (Estimated Value, Best Case, Worst Case). Transparenzerhöhend wirken auch Sensitivitätsanalysen zentraler Einflussparameter und die Simulationen möglicher zukünftiger Entwicklungen (einschließlich der Berechnung derer Eintrittswahrscheinlichkeiten). Voraussetzung dafür ist eine dynamische Investitionsrechnung, unterstützt durch ein hierarchisches Kennzahlensystem, in dem alle notwendigen Daten in Baumstruktur zu den Topkennzahlen aggregiert werden. Die unterste Kennzahlenebene, durch das Liegenschaftsverwaltungssystem bereitgestellt, bildet die Basis für mehrperiodische Betrachtungen und Aggregationen innerhalb der Objekte sowie über den Gesamtbestand.[31]

---

[31] Vgl. *Metzner*, Immobiliencontrolling, 2002, S. 150 ff.

Aber nicht nur die Möglichkeit der Analyse des eigenen Bestands, sondern auch die integrierte Marktanalyse und Prognose der betrachteten Teilmärkte (zuvor festgelegtes Anlageuniversum) sollte Bestandteil eines IPMS sein.

Die Berechnung der Effizienzlinie mit ihren dazugehörigen Anteilen der effizienten Teilmärkte (= Optimale Musterportfolios) auf Basis des finanzmathematischen Ansatzes nach Markowitz bietet zusätzliche Entscheidungsunterstützung für Unternehmen, die den Methoden der modernen Kapitalmarkttheorie aufgeschlossen sind.

Zu einem funktionsfähigen Informationsmanagement ist die Datenhaltung in einer zentralen Datenbank (Data Warehouse) mit verschiedenen Aggregationsebenen, wie Einzelobjekte, Teilportfolio und Gesamtbestand eine Grundvoraussetzung. Als Ergebnis sollten Strategieempfehlungen mit Auswertungen über mögliche Auswirkungen der Handlungsalternativen stehen. Diese sind durch graphische Auswertungsmodule (z.B. Cashflow- oder Barwert-Entwicklung der einzelnen Szenarien auf Einzelobjekt- und Portfolioebene) dem Nutzer zu veranschaulichen.

Aufgrund der Komplexität der Anforderungen an IPMS empfiehlt sich ein modularer Aufbau, der in den einzelnen Modulen eine Spezialisierung auf bestimmte Systemfunktionen ermöglicht. Dazu zählen die Basis-Module – wie eine Immobilien-Datenbank und das Immobiliencontrolling-System – sowie die Support-Module – bspw. eine regelmäßige Immobilienbewertung und ein Geoinformationssystem (GIS) –, die auf die Basismodule unterstützend wirken. Die Funktionsweise eines IPMS muss sich am zuvor beschriebenen idealen Portfolio-Management-Prozess orientieren.

Der Markt für IPMS ist noch sehr jung, sodass aktuell nur eine geringe Anzahl Portfolio-Management- bzw. Portfolio-Optimierungs-Systeme angeboten werden, die speziell für die immobilienwirtschaftliche Anwendung konzipiert sind. Viele davon sind in Zusammenarbeit von Anwendern, Softwarehäusern und Beratern entstanden. Außerdem gibt es eine Reihe von Inhouse-Entwicklungen von Eigennutzern, die kundenindividuell und anwenderspezifisch konzipiert sind und nur teilweise externen Nutzern angeboten werden.

Gemessen an den zuvor genannten hohen theoretischen Anforderungen an ein IPMS, erfüllen derzeitig vorhandene Software-Lösungen noch nicht alle Anforderungen des optimalen PM-Prozesses vollständig. Dies ist aufgrund der Komplexität der Umsetzung des theoretischen Denkgerüsts in die Immobilienpraxis nicht zu kritisieren, denn die derzeit existierenden Systeme legen unterschiedliche Schwerpunkte auf die bisherigen aus der täglichen Praxis entstandenen Anforderungen der verschiedenen Nutzer bzw. wurden sogar direkt in Kooperation mit Pilotkunden entwickelt und erfüllen somit exakt die Anforderungen dieser Kunden.

Bei IPMS-Tools ist deshalb zwischen mehr oder weniger standardisierten bis zu komplett kundenindividuellen Entwicklungen zu unterscheiden. Dabei erlauben auch die standardisierten Systeme i.d.R. kundenspezifische Anpassungen. Obwohl stark kundenindividuelle Entwicklungen einen höheren zeitlichen und finanziellen Aufwand in der Einführungsphase vermuten lassen, sind sie aber an den zu optimierenden Bestand und die datenliefernden Basissysteme besser angepasst. Die genannten Produkte unterscheiden sich nicht nur im Grad der Standardisierung, sondern auch in der nutzungsspezifischen Ausrichtung – eher wohnungswirtschaftlich oder gewerblich orientiert – und den Anforderungen an die Nutzer – Ausgestaltung der Benutzeroberflächen und Wissenschaftlichkeit der Software. Allen Systemen gemeinsam ist jedoch, dass sie sehr viel Wert auf die Einzelobjektanalyse legen, weshalb sie geeignete Analyse- und Controlling-Instrumente darstellen.

Eine denkbare Weiterentwicklung von IPM-Software-Produkten stellt die Umsetzung der Portfoliooptimierung nach Markowitz in Anlehnung an die Anforderungen des beschriebenen optimalen IPM-Prozesses dar, da die moderne Kapitalmarkttheorie und die genannten Prämissen aus dem 2. Abschnitt auch in der Immobilienbranche zunehmende Akzeptanz finden und somit Basis einer zu treffenden Investitionsentscheidung auch bei Immobilienvermögen werden.

6. Symbolverzeichnis

β	Beta-Faktor
μ	Erwartungswert bzw. Mittelwert der Rendite
σ	Standardabweichung
σ^2	Varianz
σ_p	Standardabweichung des Portfolios
c_{ik}	Korrelationskoeffizient zwischen Asset i und k
COV_{ik}	Kovarianz zwischen Asset i und k
$E(r_i)$	Erwartungswert der Rendite der Anlage i
i	Anlageobjekt i
i_{rf}	Zinssatz für eine risikofreie Anlagemöglichkeit
k	Anlageobjekt k
n	Anzahlindex
R	Rendite
r_i	Rendite der Immobilie i
r_m	Rendite des Marktportfolios m
SR	Sharpe-Ratio
StA	Standardabweichung
x_i, x_k	relativer Portfolioanteil der Anlage i/k

II. Facility Management

Übersicht

1. Ganzheitliche Betrachtung FM und REM

In den Jahren einer stetigen Nachfrage nach Wohn-, Büro- und Gewerbeimmobilien standen die Betriebskosten einer Immobilie beim Eigentümer nicht im Fokus. Die Nebenkosten konnten an die Mieter weitergegeben werden. Aufgrund des Wandels von einem Vermieter- zu einem Mietermarkt und einer Verschlechterung der Marktlage werden niedrige Betriebskosten bei einer gleichzeitig hohen Qualität der Serviceleistungen zu einem wichtigen Erfolgsfaktor für die Immobilie.

Nur mit einem ganzheitlichen Lösungsansatz, der die Leistungen des Real Estate Managements und Facility Managements verzahnt, können alle Erfolgspotenziale einer Immobilie ausgeschöpft werden.

Facility Management (FM) und Real Estate Management (REM) haben sich zeitgleich in Deutschland vor 10 bis 15 Jahren entwickelt. Während sich Real Estate Management aus der klassischen Immobilienverwaltung entwickelte und sich vor allem an finanzwirtschaftlichen Zielen orientiert, hat sich Facility Management in Deutschland aus dem ganzheitlichen Betreiben und der Instandhaltung der Gebäude entwickelt und zielt auf einen kostenoptimierten und zuverlässigen Gebäudebetrieb ab. Im angloamerikanischen Raum wird FM vor allem als Managementfunktion im Unternehmen verstanden, die für die Entwicklung und Bereitstellung von Dienstleisungen zur Unterstützung des Kerngeschäftes verantwortlich ist. Der Erfolg des FM misst sich dort maßgeblich an der Produktivität der Mitarbeiter.

Die Erfolgspotenziale für ein wertschöpfendes Betreiben von Immobilien und ein an Unternehmenszielen ausgerichtetes Managen und Erbringen von Serviceleistungen liegen heute vor allem in der gemeinsamen Betrachtung und Integration der oben dargestellten Ansätze.

Das Real Estate Management institutioneller Anleger, wie z.B. Fonds, Versicherungen und Banken, ist verantwortlich für die Umsetzung der Asset- und Portfoliostrategien. Mit den Zielen

– Gewinnmaximierung
– Risikostreuung
– Werterhaltung
– Performance

liefert es den strategischen Input für ein ganzheitliches Facility Management.

REM und FM orientieren sich heute am Lebenszyklus der Immobilie. Weil die wirtschaftliche Lebensdauer meistens weitaus kürzer ist als die technische Lebensdauer, sollten die vom FM bereitgestellten Services flexibel und aktiv auf Veränderungen im Umfeld oder im Bedarf der Mieter reagieren. Image und Nutzungsqualität eines Gebäudes werden so positiv beeinflusst.

Die Leistungen von Real Estate Management und Facility Management

Quelle: DeTelmmobilien

1.1 Begriffsdefinitionen und Ziele

Für Facility Management gibt es eine Vielzahl unterschiedlicher Definitionen, die aus den oben bereits dargestellten unterschiedlichen Perspektiven und Entwicklungen entstanden sind.

Die IFMA (International Facility Management Association) unterstreicht mit dem amerikanischen Ansatz die Kombination von Mensch, Arbeitsmethode und Arbeitsumfeld:

The practice of coordinating the physical workplace with the people and the work of the organization; it integrates the principles of business administration, architecture, and the behavioral and engineering sciences.

Die Definition der GEFMA (Deutscher Verband für Facility Management e.V.) stellt das Gebäudemanagement in den Mittelpunkt:

Facility Management ist die Betrachtung, Analyse und Optimierung aller kostenrelevanten Vorgänge rund um ein Gebäude, ein anderes bauliches Objekt oder ein im Unternehmen erbrachte (Dienst-) Leistung, die nicht zum Kerngeschäft gehört.

Folgende Definition verbindet beide Ansätze und formuliert die wesentlichen Ziele des FM.

> *Facility Management ist ein unternehmerischer Prozess, der durch die Integration von Planung, Kontrolle und Bewirtschaftung bei Gebäuden, Anlagen und Einrichtungen (Facilities) und unter Berücksichtigung von Arbeitsplatz und Arbeitsumfeld eine verbesserte Nutzungsqualität, Arbeitsproduktivität und Kapitalrentabilität zum Ziel hat.*
>
> *„Facilities" werden als strategische Ressourcen in den unternehmerischen Gesamtprozess integriert.*

Versucht man aus diesen drei Definitionen die Kernaussagen herauszugreifen, so lassen sich folgende Ziele des Facility Managements formulieren:

– Steigern der Qualität und Effizienz der Arbeitsplätze, ausgerichtet an den Zielen und Kernprozessen des Unternehmens, die sich flexibel an sich verändernde Kundenanforderungen anpassen

– Wertschöpfendes Betreiben von Immobilien und Anlagen, das Optimierungspotenziale ausschöpft und die Kapitalrentabilität steigert

– Integration aller Fachdisziplinen, insbesondere der Immobilienwirtschaft, der Betriebswirtschaft, der Ingenieurwissenschaften und der Architektur, um ein ganzheitliches und effizientes Management aller relevanten Prozesse und Arbeitsabläufe zu ermöglichen

1.2 Stand der Entwicklung

Blickt man zurück auf die Entwicklung der vergangenen Jahre, fokussierte sich FM im wesentlichen auf das Erschließen von Einsparpotenzialen und Erzielen von Kostenreduzierungen. Durch mehr Kostentransparenz wird aber die Basis für eine gezielte Planung und Budgetierung der benötigten Dienstleistungen gelegt. Dadurch wird die Voraussetzung für eine kundenorientierte Qualität des Facility Managements geschaffen, das sich an den zu erzielenden Unternehmensergebnissen messen lässt.

Die sich in immer kürzeren Abständen wandelnden Markt- und Arbeitsplatzbedingungen machen ein proaktives Management notwendig. Veränderungsszenarien müssen mit in der Planung berücksichtigt werden.

Ebenso gehört die Lebenszyklusbetrachtung der Immobilien als wesentlicher Baustein in alle immobilienrelevanten Planungen und Entscheidungen. Die Erkenntnis, dass die Betriebskosten die Investitionskosten bereits nach wenigen Jahren erreichen, hat dazu geführt, dass das planungsbegleitendes FM immer häufiger Anforderungen an einen höheren Wirkungsgrad, bessere Materialien, wartungsfreundliche Geräte, eine größere Flexibilität formuliert und durchsetzt.

Beeinflussende Gruppen im Lebenszyklus einer Immobilie

Der ganzheitliche Ansatz des Facilitiy Management setzt eine permanente Kooperation zwischen allen Partnern der am Lebenszyklus einer Immobilie beteiligten Gruppen voraus.

Während Facility Management den gesamten Lebenszyklus umfasst, bezeichnet man alle Leistungen, die sich auf die Nutzungsphase des Gebäudes beziehen, als Gebäudemanagement. In den vergangenen Jahren wurden in Deutschland durch Richtlinien und Normen (DIN GEFMA, VDMA, etc.) einheitliche Strukturen und Beschreibungen für das Gebäudemanagement geschaffen. Sie finden heute im täglichen Umgang breite Anwendung.

Man unterscheidet das

1.2.1 Technische Gebäudemanagement

Instandhaltungsmanagement, Energiemanagement

Die Aufgaben und Ziele des technischen Gebäudemanagements liegen in der gesamten Instandhaltung einer Immobilien und orientieren sich an den Nutzungsanforderungen bezüglich Verfügbarkeit und Qualität sowie den Zielen der Werterhaltung. Wartung, Inspektion, kleine Instandsetzungen, das Bedienen sowie Entstören von technischen Anlagen gehören zu den laufenden Tätigkeiten der Betriebsführung (GEFMA), deren Kosten gemäß der II Berechnungsverordnung auf die Mieter umlegbar sind. Instandsetzungen und der laufende Bauunterhalt einer Immobilien werden soweit möglich durch das Instandhaltungsmanagement geplant und gesteuert, denn diese Kosten beeinflussen direkt das Ergebnis der Immobilie. Das Energiemanagement als weiterer Leistungteil des technischen Gebäudemanagements zielt insbesondere auf das kontinuierliche technische Optimieren der Energieverbraucher in einer Immobilie ab.

1.2.2 Kaufmännische Gebäudemanagement

(Miet-)Vertragsmanagement, Nebenkostenabrechnung, Objektbuchhaltung, Kostenmanagement

Das kaufmännische Gebäudemanagement hat sich aus der klassischen Immobilienverwaltung entwickelt. Hier erfolgt die betriebswirtschaftliche Steuerung und Verwaltung der Immobilie. Von der Mietergewinnung über die Mieterbetreuung, die Mietvertragsverwaltung sowie die Budgetplanung und Steuerung über Wirtschaftsplänen sowie dem Verwalten aller Verträge und der Kostenkontrolle liegen im kaufmännischen Gebäudemanagement alle Leistungteile, die das Ergebnis der Immobilie steuern und verantworten.

1.2.3 Infrastrukturelle Gebäudemanagement

Gärtnerdienste, Pförtnerdienste, Interne Postdienste, Kopier-/Druckereidienste Reinigungs-/Pflegedienste, Sicherheitsdienste

Unter dem Begriff infrastrukturelles Gebäudemanagement sind alle Dienstleistungen zusammengefasst, die die vom Mieter täglich wahrgenommenen Nutzungsqualität einer Immobilie ausmachen. Ein gepflegtes Objekt mit einem kompetenten und freundlichen Empfangsdienst, der zusätzliche Services anbietet wird die Mieterzufriedenheit maßgeblich beeinflussen.

1.2.4 Flächenmanagement

Aufnahme, Dokumentation, Nutzungsanalyse Fläche, Erfassen der Flächenveränderung, Optimierungsplanung

Die kontinuierliche Weiterentwicklung von Softwarelösungen zur Unterstützung der FM-Prozesse und zur Dokumentation aller Bestands- und Bewegungsdaten hat dazu geführt, dass heute leistungsfähige CAFM-Systeme (Computer Aided Facility Management) zur Verfügung stehen. CAFM ist eine unverzichtbare Vorraussetzung für ein durchgängiges Informationsmanagement, das eine strukturierte und konsistente Datenorganisation gewährleistet. Die Datentiefe- und Umfang sind von den jeweiligen Bedarfen abhängig. Graphische und alphanumerische Daten können miteinander verknüpft werden.

Die Qualität der Management- und Serviceleistungen im FM ist maßgeblich von der Qualität und vor allem der Aktualität der Objektbestands- und Vertragsdaten abhängig.

1.3 Kunden- und ergebnisorientierte FM-Strategien

Die Gestaltung einer Leistungsbeziehung im Facility Management – sei es intern oder extern – basiert zunehmend auf definierten Qualitäten und Ergebnissen, die für das Unternehmen erreicht werden sollen.

Ein hohes Maß an Kundenorientierung gewährleistet, dass sich das Facility Management von der Strategie über die Planung und Umsetzung, in Form operativer Services, an den Bedürfnissen des Unternehmens ausrichtet.

Gestaltungshebel für mehr Kundennähe sind:

– Eine flexible und kundenorientierte Organisationsstruktur (Key Account Management)

– Ein kundenorientiertes Qualitätsmanagement

– Innovation aus Perspektive des Kundennutzens

– Benchmarking
– Ein(e) prozess- und bereichsübergreifende(s) Denken/Verantwortung übernehmen im Sinne des Kunden

Wurde vor wenigen Jahren FM-Leistungen vor allem an den erzielten Einsparungen gemessen, so bestimmen heute sogenannte Service-Level-Agrements (SLA),
und Key Performance Indikators (KPI) die Vertragsbeziehung.

Die in Deutschland vorhandenen vielfältigen allgemeingültigen Vorschriften,
Normen und Richtlinien sind üblicherweise auch Basis einer Leistungsbeziehung
im FM.

Diese alleine reichen aber nicht aus, um die individuellen Qualitätsanforderungen der Kunden umzusetzen. So wird heute erwartet, dass ein Betreiberkonzept für
eine Immobilie besondere Erfordernisse der Anlagenverfügbarkeit, Sauberkeit oder
Sicherheit umsetzt. Das für ein Gebäude verantwortliche Serviceteam wird kundenindividuell zusammengesetzt und in Hinblick auf die spezifischen Anforderungen der Eigentümer und Mieter geschult.

In einer erfolgsabhängigen Vertragsbeziehung wird über eine Incentivierung und
Pönalisierung das Erreichen geforderter Qualitätsmerkmale und monetärer Ergebnisse wie eine z.B. eine Objektrendite honoriert, bzw. sanktioniert.

2. Operative Dienstleistungen an der Schnittstelle zum Portfolio- und Asset Management

Das Portfoliomanagement der Anlageabteilungen liefert den strategischen Input für
die Bewirtschaftung eines Portfolios. Ziel ist es, durch eine systematische Planung,
Steuerung und Kontrolle, die Potenziale des Portfolios zu heben.

Aus der Sicht der institutionellen Anleger ist das Real Estate Management und
Facility Management verantwortlich für das jährliche Ergebnis eines Immobilienportfolios.

Die Ziele Gewinnmaximierung und Performancesteigerung, Risikostreuung
und Werterhaltung werden durch die strategische Planung und operative Umsetzung des REM- und FM-Teams maßgeblich beeinflusst.

Ziele	Unterstützende FM-Leistungen
Gewinnmaximierung, Performancesteigerung	• Steigerung der Objektattraktivität durch niedrige Betriebskosten • Transparenz aller Kostenblöcke fördert die Umlegbarkeit der Betriebskosten • Mieterbindung durch unterstützende Serviceleistungen und ein imagefördendes Betreiberkonzept • Steigerung des Verkaufserlöses durch aussagefähige Verkaufsunterlagen (Due Dilligence)
Risikostreuung	• Optimale Vermietung durch ein risikoarmes Mieterportfolio • Quantitative Objektkennzahlen als Basis für das Immobiliencontrolling und für zukunftsfähige Entscheidungen
Werterhaltung	• Enge Verzahnung des Werterhaltungsmanagements und der Instandhaltungsstrategie mit Asset- und Objektstrategie • Effizienter Umgang mit den Mitteln für Bauunterhaltung durch eine Mehrjahresplanung

2.1 Property Management

Das Property Management setzt die Ziele des Eigentümers, des Asset Managements, in der operativen Immobilienverwaltung und Bewirtschaftung um. Es trägt die Verantwortung für das Objektergebnis und fördert so maßgeblich den Erfolg der Immobilie.

Seine Aufgabenschwerpunkte liegen in der

- Unterstützung bei der Ausarbeitung von Objektstrategien zur kurz- und mittelfristigen Planung
- Unterstützung bei An- und Verkäufen sowie bei turnusmäßigen Verkehrswertermittlungen
- Laufende Mieterbetreuung und Sicherstellung der termingerechten Mietzahlungseingänge
- Sicherstellung der fach- und sachgerechter Wartung und Instandhaltung durch Steuerung der technischen Verwalter bzw. des Objektmanagements
- Koordination der Bewirtschaftung nach Eigentümervorgaben mittels Maßnahmenplan
- Sicherstellung der Qualität und Sicherheit bezüglich des Gebäudebetriebes und der Leistungserbringung
- Aufbau des Berichtswesen zur Gewährleistung eines Portfoliocontrollings
- Langfristige Mieterbindung (geringe Fluktuation)
- Zukunftsplanung in Form eines Wirtschaftplanes
- Sicherung bzw. Steigerung der Rendite und Erhöhung der Performance

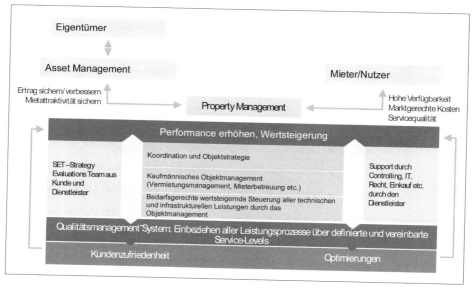

Quelle: DeTeImmobilien

2.2 Werterhaltungsmanagement

Abhängig von den Qualitätsanforderungen der Mieter und den erwarteten Objektrenditen liefert das Werterhaltungsmanagement mit einer Mittelfristplanung die Basis für alle Instandhaltungsmaßnahmen. Neben der Sicherstellung der Funktionalität und Verfügbarkeit der Immobilie mit allen technischen Anlagen sorgt das Werterhaltungsmanagement für den Erhalt des Anlagevermögens. Der Nutzungsvorrat der Anlagen, Einrichtungen und Bauteile wird gesichert. Nutzungsdauer und Ersatzzeitpunkt werden auf die wirtschaftliche Lebensdauer abgestimmt. Betriebskosten und Energiekosten werden optimiert.

Die richtige Auswahl der Instandhaltungsstrategie hat eine besonders hohe Bedeutung. Gezielte Erhöhungen in der Wartung und Inspektion können die Gesamtkosten infolge sinkender Störungsbeseitigung und Instandsetzung positiv beeinflussen. Eine langjährige Überwachung der Instandhaltung ermöglicht über verschiedenen Kennzahlen ein Optimieren der Instandhaltungsbereiche. Jeder Bauteil verfügt abhängig von der Nutzung, dem Verschleiß, der Korrosion und Alterung über einen gewissen Abnutzungsvorrat. Das zur Verfügung stehende Budget kann mittels einer mittel- und langfristigen Planung der Instandhaltungsmaßnahmen, die gezielt auf die Assetstrategie abgestimmt sind, effizient und zielführend eingesetzt werden.

2.3 Bedarfsgerechte Betriebskonzepte

Jedes Gebäude ist anders. Immobilien unterscheiden sich durch ihren Standort, ihre Nutzung und ihre Architektur, Konstruktion und technische Ausstattung. Durch eine detaillierte Objektaufnahme werden mittels standardisierter Checklisten die Basisinformationen für ein bedarfsgerechtes Betriebskonzept ermittelt. Im folgenden sind wesentliche Einflussgrößen dargestellt:

- Nutzung des Objektes
- Qualitätsanforderungen des Eigentümers und der Mieter hinsichtlich Verfügbarkeit, Sauberkeit und Sicherheit
- Alter und Beschaffenheit der Bauteile und techn. Anlagen
- Vertraglichen Regelungen bezüglich der Miete und der umlegbaren Nebenkosten

Bei der Erstellung eines Bewirtschaftungskonzeptes werden eine Vielzahl von Einzelelementen auf den Bedarf des Kunden zugeschnitten. Herzstück bildet der Facility Manager oder Objektleiter mit seinem Serviceteam. Ob in Eigen- oder Fremdleistung erbracht, gilt es hier, möglichst alle Synergien im Zusammenspiel der unterschiedlichen Services, wie Reinigung, Sicherheit, Empfang, Instandhaltung, Energiemanagement, Mietvertragsverwaltung, Objektbuchhaltung und Nebenkostenabrechnung zu nutzen. Serviceteams sollen über die zu erzielenden Ergebnisse hinsichtlich Qualität und Rendite erfolgsabhängig gesteuert werden. Eine hohe Identifikation mit den Wünschen der Mieter trägt maßgeblich zum Erfolg der Immobilie bei. Ebenso individuell in das Betriebskonzept wird das Help-desk und das Störungsmanagement, das Qualitätsmanagement, die Dokumentation und das Berichtwesen für den Eigentümer integriert.

2.4 Due Diligence unterstützende FM-Dienstleistungen

Der Ankaufsprozess wird vom Property Manager und Facility Manager begleitet und unterstützt.

Mit seinem kaufmännischen Know-how kann der Property Manager den Prozess beratend und unterstützend begleiten. Er prüft die Mietverträge hinsichtlich Marktüblichkeit und Ausfallrisiken. Der Facility Manager, als Verantwortlicher für den operativen Gebäudebetrieb, erstellt auf der Basis von Objektbegehungen eine Dokumentation, die alle ankaufsrelevanten Kriterien miteinbezieht. Er prüft die Vollständigkeit und Qualität der Unterlagen und Pläne. Die Überprüfung der bestehenden Verträge mit Dritten, sowie die Überprüfung der Instandhaltung obliegen seiner fachlichen Bewertung. Als letzter Schritt sind Property Manager und Facility Manager für den reibungslosen Übergang der Immobilie in die Verwaltung und Bewirtschaftung verantwortlich.

Beim Verkauf werden vom Real Estate und Facility Management alle notwendigen Unterlagen bereitgestellt. Die Qualität der Pläne und die Genauigkeit der Objektdokumentation beeinflussen den Verkaufspreis eines Objektes mit und tragen somit zum Gesamtergebnis einer Immobilie bei.

3. Informations- und Kommunikationsmanagement

Die Steuerung der komplexen und vielseitigen Prozesse und Leistungen des Facility Managements erfordern ein effizientes Informations- und Kommunikationsmanagement, das ohne eine leistungsfähige Software heute nicht mehr möglich ist.

Zum einen müssen diese sogenannten CAFM-Systeme (Computer Aided Facility Management) alle Bestandsdaten und Vertragsdaten aktuell vorhalten, zum anderen müssen alle FM-relevanten Vorgänge in diesem System dokumentiert werden.

Zwei wesentliche Merkmale eines CAFM-Systems sind die redundanzfreie Datenhaltung und die bidirektionale Bearbeitung von graphischen und alphanumerischen Daten. Zu den Aufgaben dieses Systems zählen die schnelle Bereitstellung von Informationen für die operative Abwicklung der Dienstleistungen, die Produktionssteuerung einerseits sowie zur Verwaltung und Dokumentation aller immobilienrelevanten Daten zur Steuerung der Kosten und Erträge eines Immobilienportfolios andererseits.

Wesentlicher Vorteil eines integrierten Systems ist das Ineinandergreifen aller Informationen. So können die Kosten der Produktion direkt zur Faktura einer Wartungspauschalen führen, die wiederum über den vorgegebenen Nebenkostenschlüssen in die Objektbuchhaltung einfließt. Erst wenn hier eine durchgängige Systemintegration für die Unterstützung der REM- wie auch der FM-Leistungen möglich ist, ist eine redundante Datenpflege nicht mehr notwendig.

Die Kommunikation mit dem Eigentümer erfolgt im wesentlichen aus einem standardisierten Reporting, dass sich an den vertraglich vereinbarten Qualitäten orientiert. Ein effizientes Performance Management System basiert auf fest definierten Qualitätskennzahlen, die regelmäßig aus dem System erhoben werden und turnusmäßig dem Eigentümer und Nutzer einer Immobilie zur Verfügung gestellt werden.

Daten und Berichtswesen
Durch eine stringente Bottom-up und Top-down Struktur liefert das Berichtswesen auf allen Ebenen die gewünschte Transparenz zur Steuerung des Portfolios

Quelle: DeTeImmobilien

4. Kunden- und Objektorientierte Konzepte – Gestaltung der Zusammenarbeit mit externen Dienstleistern

4.1 Life-cycle Konzepte, Bau- und Planungsbegleitendes FM

Als Voraussetzung für eine hohe Performance eines Objektes ist es das Ziel eines nachhaltigen FM-Konzeptes eine fortwährende Optimierung von Qualität und Kosten einer Immobilie über den gesamten Lebenszyklus von der Konzeption über Planung, Bau, Vermarktungsphase, die gesamte Nutzungsdauer und alle Veränderungen bis zum Abbruch sicherzustellen. Diese wird durch nachhaltige Attraktivität und Flexibilität, gute Vermietung und geringe Bewirtschaftungskosten realisiert. Bei Büro- und Verwaltungsgebäuden übersteigen die gesamten Nutzungskosten in der Regel erst nach 10 bis 15 Jahren die baulichen Investitionen. Im Gegensatz hierzu wird bei Produktionsanlagen und Sonderimmobilien wie Krankenhäusern oder Rechenzentren die Schwelle bereits nach 5 bis 8 Jahren überschritten.

Kostenverlauf und Beeinflussungskurve

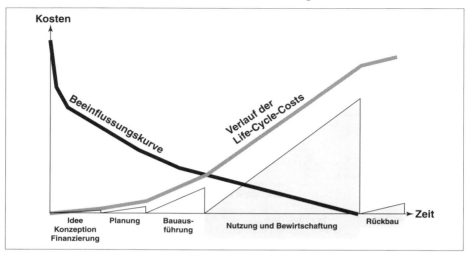

Bei den Betriebskosten von Bürogebäuden liegt der Anteil für Energie, Instandhaltung und Reinigung bei mehr als zwei Drittel der Gesamtausgaben. Auf Versicherungen, öffentliche Abgaben, Hausmeister, Verwaltung, Sicherheit, Wasser und Abwasser, Winterdienst entfällt nur etwa ein Drittel. Es ist deshalb das vorrangige Ziel, die Betriebskosten, ohne wesentliche Erhöhung der Investitionskosten, zu senken. Die Vorraussetzung hierfür ist eine optimierte Konzeption bereits in der Planungs- und Errichtungsphase.

**Verteilung der FM Kosten nach Kostengruppen
(für teilklimatisierte Bürogebäude ca. 10.000 qm/Beispiel)**

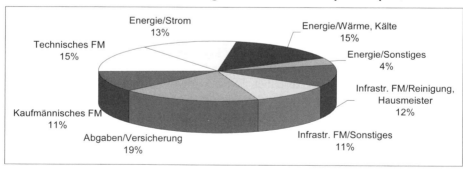

Historisch wurden Materialen, Bauteile und technische Anlagen auf möglichst lange Verwendbarkeit ausgelegt. Darauf beruhen auch die steuerlichen Abschreibungsregelungen mit mehreren Jahrzehnten Lebensdauer. Dies entspricht heute, bedingt durch Marktzyklen und veränderte Ansprüche nicht mehr den Anforderungen. Die wirtschaftliche weicht von der technischen Lebensdauer ab. Der optimale Reinvestitionszeitpunkt wird durch Vertragslaufzeiten und veränderte Nachfrage bestimmt.

Die Umwandlung ehemaliger Produktionsflächen in Lofts mit Büro- oder Wohnnutzung ist ein positives Beispiel für die Flexibilität und Fungibilität des Tragwerks und der Hülle im Lebenszyklus einer Immobilie.

Life-cycle Konzepte sollten nicht nur bei Neubauprojekten sondern auch für umfassende Modernisierungen bzw. Sanierungsobjekte erstellt werden. Bei Due-diligence Prüfungen gewinnt dieser Aspekt in der Praxis künftig ein höheres Gewicht.

Beim baubegleitenden Facility Management werden deshalb in allen Planungsphasen die Konzepte auf Investitionen und nachhaltige Kostenauswirkungen geprüft. Neben den verbrauchsabhängigen Kosten Strom, Kälte, Heizung, Abfall, Wasser und Telekommunikation werden ebenfalls die Kosten der Gebäudebewirtschaftung, technische Anlagen, Betriebsabläufe, Reinigungs- und weitere Betriebskonzepte untersucht und optimiert.

Dafür müssen die Planer bereits bei der Beauftragung mit Vorgaben und Zielstellungen zur der nachhaltigen Wirtschaftlichkeit der Konzepte im Einzelnen und besonders im Gesamtkonzept verpflichtet werden. Bei GU oder GÜ Projekten müssen die Anforderungen auf diese übertragen werden. Alle Konzepte sind am Ende jeder Leistungsphase oder Planungsstufe zu überprüfen.

Bestandteil der Konzeptstudien ist somit auch die Prüfung aller Ausführungspläne. Die Untersuchungen des bau- und planungsbegleitenden FM werden für alle Bereiche, z.B. Haustechnik, Ausstattung, Bauausführung, Flächenverbrauch und Dokumentation durchgeführt.

Bei den Reinigungskonzepten ist dabei u.a. der Einsatz von Baustoffen und der Materialien, die Oberflächenbeschaffenheit sowie die Erreichbarkeit der zu reinigenden Flächen zu berücksichtigen.

Für die Fassadenreinigung ist ein Konzept zur Sicherstellung der Höhenzugangstechnik nachzuweisen. Dabei müssen bei Glasfassaden die Alternativen mit Fassadenbefahranlagen, Zugang über fahrbare Gerüste oder Steigeinrichtungen, Reinigungsplattformen oder andere Möglichkeiten wie Fassadenkletterer mit Betrachtung von Investitionen und Betriebskosten gegenüber gestellt werden.

Für das Abfallmanagement sind die unterschiedlichen Entsorgungskonzepte sowie der Bedarf an Entsorgungsflächen einschließlich Zwischenlagerungen zu prüfen.

Aufgrund von Erfahrungsdatenbanken kann der Einsatz unterschiedlicher Produkte oder Fabrikate (z.B. Pumpen, Sanitärendgeräte etc.) hinsichtlich der Haltbarkeit und Störungsanfälligkeit bewertet werden.

Die Konzepte sind so anzulegen, dass bei Leerstand von einzelnen Etagen oder Gebäudeteilen eine wesentliche Reduzierung der Nebenkosten ermöglicht wird. Auf Basis dieser werden auch die Ausschreibungen für die spätere Erbringung der FM-Dienstleistungen vorbereitet.

In der Praxis werden oft Energieoptimierungen bei Gebäuden isoliert dargestellt, ohne die nachhaltigen Kosten für Instandhaltung und Anpassungen auf künftig erforderliche Flexibilität zu betrachten. Durch ein Facility Management Konzept als Vorgabe für Architekten und Fachplaner wird bereits in der Vorentwurfsplanung auf diese Anforderungen ganzheitlich eingegangen. Nur dadurch kann eine effiziente und sinnvolle Verknüpfung von Gebäude und Betrieb erreicht werden.

Im weiteren Projektverlauf werden detaillierte Untersuchungen angestellt, die die Betriebs- und Nachinvestitionskosten in den unterschiedlichen Bereichen durchleuchten. Mit Alternativbetrachtungen werden bei den Planungen Optimierungen aufgezeigt und sichergestellt. Bei allen Fachplanungskonzepten müssen bereits Prognosen für die zu erwartenden Betriebskosten erstellt werden. Für die künftige Nebenkostenabrechnung wird dabei die Voraussetzung zur Abrechnung geschaffen, z.B. durch geeignete Erfassung der Medien je Mietbereich, Zuordnung der Nebenflächen und Umlageschlüssel einschließlich der Festlegung von Konzepten zur Verteilung der Kosten auf die Mieter. Dabei ist darauf zu achten, dass Umlagefähigkeit in den einzelnen Mietverträgen sichergestellt und bei der späteren Abrechnung vom Verwalter bzw. kaufmännischen Facility Manager umgesetzt wird. Bei Veränderungen und Anpassungen während der Planung oder Bauausführungen sind die Auswirkungen auf die Nebenkosten zu prüfen. Die Folgewirkung auf die Immobilienperformance diesbezüglicher Versäumnisse bei der Umlage der Nebenkosten wird in Kapitel 2.6 dargestellt.

Ein oft vernachlässigter Punkt ist die spätere Verfügbarkeit aller erforderlichen Informationen, die während der Planung und Bauausführung konzipiert werden. Die ordnungsgemäße Dokumentation der Ausführungsplanung einschließlich Schematas und Beschreibungen für die nachhaltige und effiziente Gebäudebewirtschaftung stellt in der Praxis oft einen Schwachpunkt dar und schränkt die Wirtschaftlichkeit im Lebenszyklus einer Immobilie ein.

Die Kosten für das gesamte bau- und planungsbegleitendes FM betragen bei größeren Bauvorhaben unter ein Promille der Bausumme bzw. weniger als ein Prozent der Planungskosten.

4.2 Vom Kaufmännischen Facility Management zum Propertymanagement als Dienstleistung für Kundenportfolios

Das kaufmännische Facility Management stellt eine Basisdienstleistung für den Eigentümer dar. Diese beginnt im einfachsten Fall mit dem Vertragsmanagement und der Aufstellung von zukunftsorientierten Wirtschaftsplänen im Sinne der klassischen Hausverwaltung. Zur nachhaltigen Steuerung von Immobilien ist es jedoch für den Eigentümer erforderlich, zusätzlich Cash-flow-, Performanceprognoseberechnungen, sowie Objekt- und Risikoanlagen und daraus resultierende Objektstrategien im Sinne eines integrierten Propertymanagements vom Dienstleister erstellen zu lassen. Auf Basis dieser komplexen Informationen wird daraus die Anlagestrategie entwickelt.

Die wesentlichsten Aufgaben im Bereich der Vertragsverwaltung sind die Erfassung der Mietvertragsdaten, Kostenplanung und -kontrolle, die Korrespondenz mit Mietern, Dienstleistern und Eigentümern. Dazu gehört auch die Unterstützung der Verhandlungen für Neuvermietung, die Aufbereitung der Vertragsunterlagen, die Durchführung der Betriebskostenabrechnung sowie die Objektbuchhaltung und die Zahlung und Prüfung der für das Objekt eingehenden Rechnungen.

In Zeiten schwieriger Immobilienmärkte bekommt die Sicherung der Bestandsmieter einen besonders hohen Stellenwert.

Für die Neuvermietung werden, neben den bewährten Verfahren Makler, Mailings, Exposes, Schilder und Anzeigen, inzwischen verstärkt innovative Ideen mit u.a. objekt- bzw. standortspezifischen Konzepten, Nutzung von Mietinteressentendatenbanken und das Internet benutzt. Bei der Wohnungsvermietung werden z.B. Eckdaten leerstehender Einheiten aus der Datenbank direkt in verschiedene Internetportale überführt und als Anzeige dort veröffentlicht.

Im wesentlichen werden bei der Vertragsverwaltung historische und aktuelle Daten verarbeitet. Wichtig ist dabei insbesondere eine geeignete Archivierung aller Unterlagen wie Verträge, Liegenschaftsakten, Aktivitäten der Vermietung, Schriftverkehr, Objektunterlagen mit Plänen und Baugenehmigung, Belege des Rechnungswesens und die Nebenkostenabrechnungen.

Der Property Manager unterstützt weiterhin bei An- und Verkauf, sowie der Steuerung des technischen und infrastrukturellen Facility Managements. Die Aufstellung von Wirtschaftsplänen und das Ausweisen des Instandhaltungs-, Modernisierungs- und Optimierungsaufwandes für jedes Objekt sind ebenfalls Aufgaben des Property Managers. Dabei sind die Entwicklung der Mieterträge und die zu erwartenden Betriebskosten als Prognose zu ermitteln. Im einfachsten Fall wird für den Wirtschaftsplan eine Vorausschau auf das folgende Jahr durchgeführt. In einer qualifizierten Form erfolgt eine mehrjährige Planung und ermöglicht dadurch eine nachhaltige Steuerung der Immobilie.

Eine nächst höhere Qualitätsstufe im kaufmännischen Facility Management stellt die Aufstellung von mehrjährigen Cash-Flow-Prognosen dar. Hierzu werden neben den Mietentwicklungen auch Marktdaten für Mietpreise und Nachfrage für erforderliche Nachvermietungsaktivitäten dargestellt, sowie mögliche Preissteigerungen im Baubereich, der Instandhaltung und weiterer Betriebskosten. Das Ergebnis des Cash-Flows ist eine Basis für die Entwicklung des einzelnen Objekts mit Liquiditätsüberschuss bzw. Unterdeckung.

Die Weiterentwicklung ist die Performance-Prognose-Rechnung. Diese ermittelt objektbezogen, unter Berücksichtigung der mehrjährigen Entwicklung der Verkehrswerte, die Performance eines Objektes auf Basis des Disconted-Cash-Flows. Wichtige Faktoren sind die Marktdaten der Standortentwicklung, die Mieten und der Vervielfältiger im Verkaufsfall. Ebenfalls ist die allgemeine Preis- und Zinsentwicklung einzubeziehen, sowie die Fungibilität und Flexibilität der Immobilie für künftige Nutzungen. Die Performance-Prognose-Rechnung wird in der Regel für einen fünf- oder zehnjährigen Zeitraum durchgeführt und sichert eine nachhaltige Betrachtungsweise. (siehe Kap. 2.5). Auf Basis der Performanceprognoserechnung und der Objektanalysen wird jährlich eine Objektstrategie erstellt oder angepasst. Diese beinhaltet eine qualitative Beurteilung des Objekts aus kaufmännischer, technischer und gesamtheitlicher Sicht für den Eigentümer.

Die Objektstrategie bewertet Entwicklungspotentiale aus den bestehenden Mietverträgen, die Mieterstruktur und den Mikromarkt, die baulichen substanziellen Gegebenheiten, notwendige Dienstleistungsanpassungen für das Objekt und eine Prognose der zu erwartenden objektspezifischen Cash-Flows unter Berücksichtigung der Handlungsoptionen investiver oder nichtinvestiver Art für bauliche Maßnahmen. Die fünf- oder zehnjährige Instandhaltungsplanung, eine Strategie zur Werterhaltung und die Vermeidung von Instandhaltungsstaus ist auf der Kostenseite zusammen mit den baulichen Maßnahmen zur Vermietung der entscheidende Einflussfaktor. Zur Optimierung der Bewirtschaftungskosten werden diese mit marktgängigen Benchmarks verglichen.

Über die einzelnen Objekte hinaus werden, für Portfolios oder Teilportfolios/ Baskets, unterschiedliche Szenarien sowie Risikoanalysen ergänzend zur Performance-Prognose-Rechnung untersucht. Diese bewerten z.B. Mietverträge, Bonität einzelner Verträge und mögliche Entwicklungen unterschiedlicher Branchen. Weiterhin wird der Einfluss vom Kapitalmarkt und Immobilienmarkt untersucht und die Risikoverteilung von Portfolios hinsichtlich Nutzungen, Standorte, Zyklen, sowie die steuerlichen und rechtlichen Rahmenbedingungen betrachtet.

Stufen vom kaufmännischen Facility Management zum integrierten Property Management

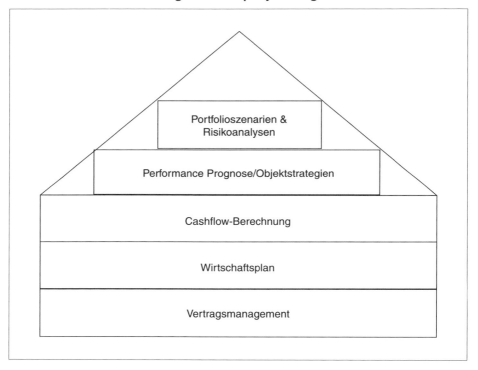

Im Ergebnis bilden diese Ausarbeitungen des Property Managements eine gute Basis für die Invest- und Desinvestionsstrategie des Eigentümers bezogen auf sein Portfolio. Es wird dabei die Nachhaltigkeit von Investitionen dargestellt und es können Risikoobjekte identifiziert werden. Dies ermöglicht auch die Vergleichbarkeit von Investitionsalternativen. Zur nachhaltigen Steuerung eines Portfolios benötigt der Eigentümer/Investor einen Dienstleister, der alle vorgenannten Aufgaben sicherstellt, sofern dies nicht als Eigenleistung erbracht wird.

Die Prognosen der nachhaltigen Wert- und Renditeentwicklung ergeben eine solide Grundlage für die nachhaltigen Entscheidungen des Eigentümers. Er identifiziert somit Chancen und Risiken der Immobilie im Vorfeld.

4.3 Leistungsvergabe als Grundstein der FM Betriebskonzeption

Der stetig steigende Kostendruck rückt die Immobilienportfolios immer weiter in den zentralen Fokus unternehmerischer Optimierungsbemühungen. In der Schraubzwinge Kostensenkung nehmen auch die unterschiedlichen Blickwinkel von Renditeobjekt und Betriebsmittel respektive Selbst- und Fremdnutzungsobjekt eine zunehmend untergeordnete Bedeutung ein. Grundsätzlich gilt aber, dass bereits nach wenigen Jahren des Gebäudebetriebs die kumulierten Nutzungskosten die ursprünglichen Investitionskosten übersteigen und gleichzeitig die Möglichkeiten zur direkten Einflussnahme abnehmen.

Zudem ist die Leistungserbringung in der Nutzungsphase der maßgebliche Qualitätsreiber für die Wahrnehmung bei den Nutzern vor Ort. Jede Dienstleistung ist per se individuell und der jeweilige Produktionszeitpunkt liegt nach Vertragsabschluss. Im Bereich des Facility Managements individualisieren spezifische Ansprüche von Eigentümer und Nutzer, teilweise durchaus divergierend, und die jeweiligen Gebäudespezifika die zu erbringende Dienstleistung zusätzlich. Diese Umstände sorgen zudem für ein gewisses Transparenzproblem am FM Markt; eine objektive Vergleichbarkeit zwischen mehreren Objekten ist kaum möglich.

In dem Zusammenspiel von kosten- und qualitätsgetriebenen Zielstellungen spielt die im Verhältnis kurze Phase der Leistungsvergabe eine übergeordnete Rolle; in ihr werden unter anderem die Leistungsansprüche und -inhalte, die Zielsetzungen und die Schnittstellen und Prozesse zwischen Auftraggeber und Auftragnehmer definiert.

Grundsätzlich kann im Bereich der FM-Leistungsvergabe in drei Hauptmodelle unterschieden werden: Die gewerkereinen Einzelvergaben, gewerkeübergreifende FM-Gesamtvergaben und prozessorientierte Funktionalvergaben. Schematisch können die Kernunterschiede anhand des Indivdualisierungsgrades, des Kapazitätsbedarfs auf Auftraggeberseite, der Übergabe von Betreiber- und Budgetverantwortung, der Ergebnisorientierung und der Laufzeit aufgezeigt werden.

Kernausprägungen der unterschiedlichen Vergabemodelle

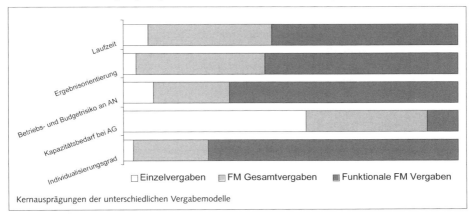

Kernausprägungen der unterschiedlichen Vergabemodelle

□ Einzelvergaben ▨ FM Gesamtvergaben ▨ Funktionale FM Vergaben

4.4 Tätigkeitsorientierte FM Ausschreibungen als Konsequenz margenorientierter Einzelvergaben

Einen großen Anteil an den Leistungsvergaben im FM Markt in Deutschland nehmen die gewerkebezogenen Einzelvergaben von beispielsweise Reinigung, Sicherheits-/Pförtnerdiensten oder Instandhaltungsleistungen ein. Letztere in der Regel unterscheidend nach planbaren und nicht planbaren Leistungen. Für jedes Gewerk im infrastrukturellen, technischen und kaufmännischen Facility Management werden die Einzelleistungen detailliert beschrieben. Neben Umfang, Häufigkeit und Art werden auch die jeweils anzuwendenden Normen und Richtlinien für jede Leistung zitiert. Für ein avisiertes Incentivierungs- und Pönalisierungsmodell ist dies die conditio sine qua non, da der Auftragnehmer lediglich die Erbringung der beschriebenen Leistung schuldet. Eine Verankerung von vereinbarten Ergebnissen ist bei dieser Art der Leistungsvergabe nur schwer möglich, da das hohe Maß an Tätigkeitsorientierung kaum werkvertragliche Vereinbarungen zulässt.

Es verbleibt dementsprechend ein hoher Kapazitätsbedarf auf der Auftraggeberseite für Definition, Vergabe, Steuerung, Abnahme und Abrechnung der Leistungen. Der auftraggeberseitige Bedarf an fachlichem, insbesondere technischem Know-how ist – wie oben beschrieben – bei dieser Vergabeart am Größten. Der Auftraggeber muss die entsprechenden Ressourcen für die operative Steuerung der Leistungen und die gewerkeübergreifende Qualität sichern und in der Gesamtkostenbetrachtung berücksichtigen.

Der bisher viel zitierte Vorteil dieser Form der Leistungsvergabe ist das Potential an Margen-/Einkaufsoptimierung. Der einzelgewerkbezogene geringe Individualisierungsgrad präjudiziert ein hohes Maß an Vergleichbarkeit und aufgrund der umfänglichen Steuerungsressourcen im eigenen Hause werden Zuschläge auf den Best Offer bei gleichzeitig kurzer Laufzeit gegeben.

4.5 FM Gesamtvergaben auf Basis ergebnisorientierter Ausschreibungen

Die Bereitschaft, verschiedene Servicefunktionen auszulagern, respektive ein gesamtes Objekt komplett von einem spezialisierten FM-Generaldienstleister betreuen zu lassen, ist generell vorhanden. De facto beschränkt sich aber die Nachfrage – wie bereits dargestellt – weitestgehend auf die Fremdvergabe einzelner Dienstleistungen. Als Argumente gegen eine vollständige Ausgliederung werden häufig mögliche Abhängigkeiten, Informationspreisgabe, und mangelnde Kompetenzvermutung bei den Anbietern bezüglich der Kernprozesse des eigenen Unternehmens genannt.

Die aufgezeigten Schnittstellenkosten der Einzelvergabe und die mangelnde Ergebnisorientierung bezogen auf die Gesamtimmobilie bewegen Auftraggeber vermehrt in Richtung einer FM Gesamtvergabe.

Diese Gesamtvergaben haben die Immobilie als Ganzes im Fokus; alle Dienstleistungen werden durch einen „Generalunternehmer" gebündelt und koordiniert. Nicht das Ergebnis einer Teilleistung oder eines Gewerkes ist entscheidend, sondern die ganzheitliche und interdisziplinäre Aggregation; Ergebnisvereinbarungen werden Vertragsbestandteil. Quersubvention und Mischkalkulation sind meist nicht nur geduldet sondern zum Zwecke der Synergieerschließung sogar gefordert. Eine Zunahme des Portfolios verstärkt diese Forderung weiter. Die inhaltliche Verantwortung für die Betriebskonzeption beginnt somit auf den Auftragnehmer zu übergehen. Das Konzept der anbietenden Dienstleister entwickelt sich zu einem maßgeblichen Vergabekriterium.

Mit steigendem Individualisierungsgrad werden die Verzahnungsmöglichkeiten von Auftraggeber und Auftragnehmer nachhaltig optimiert. Der Mengenbedarf an fachlich spezialisierten FM Mitarbeitern auf Auftraggeberseite nimmt ab. Je nach Vergabegrad der Steuerungs- und Managementleistungen verbleibt ein Bedarf nach wenigen „kompetenten Auftraggebern" (intelligent client function). Realisierte Synergiepotentiale müssen im Hinblick auf das Immobiliengesamtergebnis auf Auftraggeberseite konsequent freigesetzt werden. Auch aus diesem Grund geht eine erstmalige FM-Gesamtvergabe meist mit Personalübergängen einher.

Der hohe Grad an konzeptioneller Individualisierung verursacht aber auch naturgemäß eine gewisse Intransparenz in der Vergleichbarkeit unterschiedlicher Preis-/Leistungsangebote.

Die Übergabe der Betriebsverantwortung auf den Dienstleister bedarf eines hohen Maßes an Eigenverantwortlichkeit. Die Art der Verrichtung wird nicht in einem vergleichbaren Detaillierungsgrad zur Einzelvergabe vorgegeben; das Ergebnis steht im Fokus.

Die Ansatzpunkte für Mischkalkulation, Quersubventionierung und Risikobewertung liegen beim Auftragnehmer.

Im Vergleich zu Einzelvergaben nimmt die Eigenleistungsquote der Auftragnehmer ab. Die Weitervergabe, beziehungsweise die Verteilung von Teilleistungen auf Subunternehmen, führt zu Verschiebungen in den Angeboten.

Steuerungsanteile und Qualitätssicherungsmaßnahmen werden individuell bewertet.

Diese Unsicherheit auf der Auftraggeberseite bezüglich Preis und Leistung der Angebote hat in der Vergangenheit zu unterschiedlichen Entwicklungen geführt. Vielzeilige Leistungsverzeichnisse beschreiben meist minutiös Leistungsinhalt und -umfang. Hierdurch übernimmt der Auftraggeber, bzw. das begleitende Ingenieurbüro erneut die Verantwortung für den Optimierungsgrad der Konzeption. Der Leistungsbeitrag des Auftragnehmers und somit die vereinbaren Ergebnisse werden reduziert auf die Erbringung, respektive Steuerung der vorgegebenen Inhalte. Oft entsteht eine zusätzliche Zielkonfliktsituation durch die Integration eines weiteren Unternehmens, welches mit Konzeption, LV-Erstellung und Vergabeunterstützung beauftragt wird. Dieses Unternehmen kann seinen Erfolg nur über Margenoptimierung ausweisen; die gesamtintegrative Sicht geht unter Umständen verloren. Auch die derzeit noch vorherrschend stringente Trennung von kaufmännischen, meist eigentümernahen Managementleistungen (z.B. KFM, Property Management, Flächenmanagement.) und den überwiegend operativen Dienstleistungen widerspricht der gesamthaften Immobiliensicht. Mögliche Synergien durch verantwortliche Entscheidung und Ausführung aus einer Hand gehen hierbei verloren und führen zu vermeidbaren Schnittstellenproblemen.

4.6 Prozessorientierte FM Vergabe als Voraussetzung für Verantwortungsübertragung

Prozessorientierte, funktionale FM Vergaben fußen auf der konsequenten Fortführung des ganzheitlichen und interdisziplinären Vergabegedankens. Der Wunsch nach stringenter Fokussierung auf die eigenen Kernprozesse und der damit verbundenen Nachfrage nach Verantwortungs- und somit Risikoübernahme für die Sekundärprozesse durch einen Partner sind die Treiber für die in Deutschland noch zurückhaltend, aber beständig keimenden Funktionalvergaben.

Synonym zu den Funktionalvergaben im Bausektor, sind auch die funktionalen Ausschreibungen im FM zu Beginn die am gröbsten Beschriebenen. Der Auftraggeber definiert hier nicht die Art und Weise der gewünschten Leistungserbringung sondern stellt seine eigenen Prozesse und die eigene Zielsetzung mit der jeweiligen Immobilie in den Vordergrund. Es wird nunmehr beschrieben, für was die Immobilie in der eigenen Wertschöpfung benötigt wird, beziehungsweise vorgesehen ist.

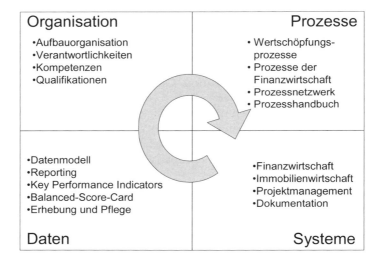

Die Identifikation und Beschreibung von Schnittstellen, besser von den „Informations- und Verantwortungsübergabepunkten" von Auftraggeber und Auftragnehmer stehen im Mittelpunkt des Vergabeprozesses. Der „richtige" Partner wird in der Regel über ein mindestens zweistufiges Verfahren ermittelt. Eine umfängliche Präqualifikationsphase soll die Unternehmungen herausfiltern, die die priorisierten Eigenschaften in der gewünschten Ausprägung mitbringen. Unter anderem werden hier Kennwerte zu Unternehmensgröße, Flexibilitätsbefähigung, Branchenkenntnis, IT-Struktur, Mitarbeiterstruktur, Kernqualifikation und Referenzprojekte abgefragt. Nach Vorauswahl der in Frage kommenden Unternehmen wird eine Art „Ideen-/ Konzeptwettbewerb" ausgerufen. Die bietenden Unternehmen werden aufgefordert, ein erstes Betriebskonzept auf die dargestellte Fragestellung zu erstellen und mit einem „Price-Tag" zu versehen. In den darauf folgenden Verhandlungen werden die Konzepte und Schnittstellenpläne verfeinert und bepreist; der Bieterkreis wird zunehmend verringert. Die detaillierten Endverhandlungen werden mit nicht mehr als zwei bis drei Wettbewerbern geführt. Nicht zuletzt aufgrund des per se sehr hohen Bedarfes an Individualisierung gestaltet sich diese Vergabeart als die komplexeste und langwierigste, doch bietet sie auch die größte Chance für eine nachhaltig positive Win–Win Situation zwischen Auftraggeber und Auftragnehmer, sofern eine stabile Vertrauensbasis in dieser Zeit aufgebaut werden konnte. Entscheidend hierbei ist, dass sich substanzielle Einspareffekte erst bei einem konsequenten und langfristig angelegten Management der Sekundärprozesse einstellen werden.

5. Performanceorientiertes Facility–Management

Die mehrjährige Performancebetrachtung ist heute für die Eigentümervertreter großer Immobilienbestände ein wichtiges Kriterium, um über den Verkauf oder den Verbleib eines Objektes im Portfolio zu entscheiden. Neben den Vermietungsergebnissen haben auch die laufenden Aufwände für Instandhaltung und Modernisierung sowie die weiteren Betriebskosten einen wichtigen Einfluss auf die Performance einer Immobilie oder eines Immobilienportfolios. Die Aufbereitung durch einen Dienstleister ermöglicht es dem Eigentümer die richtigen und notwendigen Entscheidungen rechtzeitig zu treffen.

5.1 Berechnungsmethoden

Die Performanceprognoserechnung wird auf Basis einer Net-Cash-Flow-Betrachtung oder Discounted-Cash-Flow-Betrachtung durchgeführt. Eingangswert ist der aktuelle Verkehrswert, da die Anschaffungs- oder Bilanzwerte keine werthaltige Aussage am Immobilienmarkt darstellen, sondern durch die Historie, bilanzielle Vorgaben bzw. Abschreibungsmöglichkeiten beeinflusst sind. Deshalb kann nur die realistische Ermittlung des Verkehrswertes, die mit den aktuellen Erlösen im Veräußerungsfall übereinstimmen sollte, Anwendung finden. Normalerweise wird das Ertragswertverfahren angewendet, nur in Sonderfällen ist ein Sachwertverfahren angebracht. Neben der Einschätzung der Entwicklung der Mieten und der Nachhaltigkeit der Mieten, sowie die Prognose über Nachfrage, Mieststeigerungspotentiale und Leerstände ist die Einschätzung einer mehrjährigen, d.h. fünf- oder zehnjährigen Abschätzung der Aufwände für Instandhaltung und Modernisierung für die Berechnung erforderlich. Insbesondere sind dabei die Investitionen bei Mieterwechsel von großem Einfluss auf das Ergebnis der Performance.

Die nicht umlegbaren Betriebskosten, resultierend aus den vorhandenen Verträgen oder Perioden mit Leerständen, sind in die Betrachtung mit aufzunehmen. Im vereinfachten Modell einer Fünf- oder Zehnjahres-Performanceprognoserechnung, die auf Basis des Total Return auf Net-Cash-Flow-Basis unter Berücksichtigung der Wertentwicklung erfolgt, bleiben im Basismodell steuerliche Einflüsse, Abschreibungsmöglichkeiten, Finanzierungskosten ausgespart.

Die Basis-Performance einer Büroimmobilien von 6,50 % über einen Zeitraum von fünf Jahren, sinkt bei einer um ein Viertel zu teuer eingekauften Instandhaltungsleistung auf einen Wert von bis zu 6,00 %, d.h. um ca. 50 Basispunkte. Voraussetzungen für eine Vergleichbarkeit der Objekte innerhalb eines Portfolios sind deshalb ein einheitliches Berichtswesen und abgestimmte Verfahren für die Kostenermittlungen aller Dienstleister. Benchmarks erlauben eine objektspezifische Plausibilisierung.

5.2 Einflussfaktoren

Für die Performanceprognose von Immobilien ist neben der Weiterentwicklung und Ertragssituation auch die Kosten- und Aufwandsituation zu betrachten. Wichtige Kosten aus dem Bereich des Facility-Managements sind der Aufwand für Instandhaltung und Modernisierung. Dies ist im Wesentlichen abhängig von der Nutzungsart. Logistikimmobilien und Hallen weisen in der Regel geringe Instandhaltungskosten auf. Mit zunehmendem Technisierungsgrad steigt auch der Aufwand für Instandhaltung. Bei Wohnimmobilien ist ein mittlerer Aufwand notwendig, bei Technik- und Produktionsgebäuden steigt dieser Aufwand deutlich an. Zweiter wichtiger Faktor ist die Mietvertragsgestaltung, insbesondere die Vereinbarungen darüber, welche der Maßnahmen vom Mieter zu bezahlen sind. Dabei ist darauf zu achten, dass die Umlegbarkeit der Kosten aus den Dienstleistungs- und Wartungsverträgen mit den vertraglich vereinbarten umlagefähigen Kosten im Einklang sind und keine Lücke zu Lasten des Eigentümers entsteht.

Bei einer Immobilie mit einer Basis-Performance von 6,50 % reduziert sich bei einem Anteil von 50 % nicht umlagefähiger Betriebskosten die nachhaltige Fünf-Jahresperformance auf 6,15 % und schmälert somit die Performance um 35 Basispunkte. Der Aufwand der Instandhaltungs- und Modernisierungsmaßnahmen ist natürlich auch vom Alter des Objektes bzw. vom Durchschnittsalter eines Portfolios abhängig. In den ersten fünf Jahren ist wegen der Gewährleistungsansprüche der Aufwand stark reduziert. Für Wohnimmobilien die älter als 30 Jahre sind, ist für die Modernisierung von einzelnen Wohnungen ein hoher Aufwand zu kalkulieren. Die jeweilige Qualität der Instandhaltungs- und Modernisierungsmaßnahmen sowie der dafür vorgesehene Zyklus beeinflusst den Aufwand ebenfalls. Bei Sonderimmobilien, wie z.B. 4 oder 5 Sterne Hotels, ist der Ansatz für Instandhaltung und Modernisierung auf besonders hohem Niveau.

Die genannten Einflussfaktoren gelten sowohl für Einzelobjekte als auch für Immobilien-Portfolios. Eine Performanceprognoserechnung zur Beurteilung von Bestandsimmobilien ist für jedes Objekt mindestens einmal jährlich durchzuführen. Darüber hinaus bei Vertragsänderungen, veränderten Investitions- bzw. Markteinschätzungen. Dies erfolgt üblicherweise durch einen integrierten Immobiliendienstleister im Auftrag des Eigentümers.

Die Eliminierung von Spitzenlasten bei jährlicher Ermittlung und gleichmäßige Auslastung in der Aufbereitung der Objektdaten durch hochqualifizierte Spezialisten kann durch periodenverteilte Bearbeitung von Teilportfolios erreicht werden. Die Planungszyklen sind darauf auszurichten.

Durch die regelmäßige Durchführung der Performanceprognoserechnung können problematische Entwicklungen bereits im Vorfeld identifiziert werden und die richtigen Entscheidungen für Portfolioumstrukturierung, d.h. Investitions- oder Deinvestitionsentscheidungen richtig getroffen werden. Bei der Gesamtbetrachtung der Performance eines Immobilienportfolios und der Festlegung der Strategie des Portfolios steht in der Regel die Verwertbarkeit und Vermietung im Vordergrund. Aber die Performancebetrachtung wird nicht nur für den Erwerb, die Beurteilung von Bestandsimmobilien oder mögliche Verkaufsentscheidungen herangezogen, sondern immer häufiger auch, um die Nachhaltigkeit von Investitionen im Bestand zu analysieren und zu sichern.

5.3 Erfolgsabhängige Vergütungsregelungen

Durch den Einsatz erfolgsabhängiger Vergütungsregelungen für ganzheitliche FM-Leistungen inklusiv Property Management gelingt eine Harmonisierung der Interessen von Auftraggeber und Auftragnehmer. Als Basis dient eine auskömmliche Vergütung der Grundleistungen und ein erfolgsabhängiger Anteil der Vergütung mit einer Bonus-/Malusregelung bei Erfolg bzw. Misserfolg.

Basis für die Grundvergütung ist, die Entwicklung eines Portfolios bzw. eines Objekts analog zur Marktperformance. Wird diese übertroffen, so erhält der Auftragnehmer einen Bonus als Erfolgsbeteiligung. Wird die Marktperformance nicht erreicht, greift die Malusregelung. Wichtig dabei ist, dass sich diese erfolgsabhängige Vergütung an der Performanceentwicklung und nicht am jeweiligen Cash-Flow orientiert, da ansonsten kurzfristige Kosteneinsparungen eine schnelle Erhöhung des Cash-Flow ermöglichen, aber langfristig den Wert der Immobilie senken.

Im Vergleich kann die durchschnittliche Marktrendite aus dem DIX (Deutscher Immobilienindex) für eine bestimmten Portfoliostruktur herangezogen werden.

Für das Ausgangsjahr der Betrachtung ist dabei die objektspezifische Lage im Vergleich zu den Objekten des DIX maßgebend. Bei deutlicher Unterschreitung der Zielrenditen gemäß DIX im Ausgangsjahr muss natürlich bereits das kontinuierliche Verbessern der Ertragssituation als Erfolgsfaktor berücksichtigt werden. Erst bei Erreichen der Durchschnittswerte kann die übliche Bonus-/Malusregelung in einer zweiten Stufe Anwendung finden. Die jeweiligen Vergütungen müssen an die Veränderungen der Portfoliostruktur angepasst werden.

Liegen keine ausreichenden Performancedaten vor, kann eine Orientierung des Erfolgsanteils aus den zum Vergleich herangezogenen Entwicklungen der Ist-Mieterträge verwendet werden. Basis ist der Mietpreisspiegel unter Berücksichtigung von Lage, die Objektart und die Objektqualität sowie die daraus resultierende Entwicklung der Mieten.

Voraussetzung für alle diese Gain-share Modelle ist natürlich eine längerfristige und partnerschaftliche Zusammenarbeit zwischen Eigentümer und Dienstleister. Denn nur durch intensive und dauerhafte Betreuung von Immobilien wird dieser Erfolg sichergestellt. Entscheidende Faktoren sind dabei die umfassende Datenbasis, Markt- und Objektkenntnisse, gute Beziehung zu den Bestandsmietern sowie hoch motivierte, kompetente und kundenorientierte Mitarbeiter des Dienstleister.

Eine weitere Leistungskomponente ist die Vergütung von Sonderleistungen. Dazu gehören insbesondere die Durchführung von Erneuerungsmaßnahmen, gegebenenfalls das Mitwirken beim Verkauf von Objekten sowie die Aufbereitung verkaufsvorbereitender Unterlagen. Die Unterstützung beim Ankauf von neuen

Objekten sowie die Aufbereitung verkaufsvorbereitender Unterlagen und die Unterstützung beim Ankauf von neuen Objekten ergänzen die Sonderleistungen.

Ein anderer erfolgsabhängiger Anteil der Vergütung kann auch die Erbringung von Vermietungsleistung darstellen, sowie die Sicherung der Bestandsmieter.

6. Benchmarking und Frühwarnsysteme

6.1 Umgang mit dem natürlichen Dissens zwischen Produkt- und Objektbenchmarks

„Benchmarking ist ein externer Blick auf interne Aktivitäten, Funktionen oder Verfahren, um eine ständige Verbesserung zu erreichen. Ausgehend von einer Analyse der existierenden Aktivitäten und Praktiken im Unternehmen will man existierende Prozesse oder Aktivitäten verstehen und dann einen externen Bezugspunkt identifizieren, einen Maßstab, nach dem die eigene Aktivität gemessen oder beurteilt werden kann."[1] Der Regelablauf eines Benchmarkingprojektes kann schematisch wie folgt dargestellt werden:

Regelablauf im Benchmarking

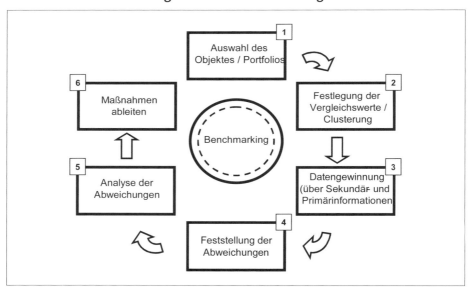

In der Immobilienwirtschaft, in der die Betrachtungsobjekte naturgemäß eher heterogen sind, liegt die Hauptschwierigkeit im Identifizieren der benötigten Bezugspunkte. Im Bereich des Betriebskosten-Benchmarkings kommt zu den baulichen Unterschieden und den regional abweichenden Lohn-/Preisgefügen noch die nutzer-/nutzungsbedingte Heterogenität hinzu.

---

[1] LEIBFRIED, K.H.J.; MCNAIR, C.J. (1993): Benchmarking.

Aus diesen Gründen erscheint es für das Kostenbenchmarking im FM sinnvoll, empirisch ermittelte Durchschnittswerte als Bezugspunkte für die zu definierenden Objektcluster heranzuziehen. Die Cluster sind grundsätzlich so zu bilden, dass sich Objekte, respektive Elemente darin möglichst homogen und unterschiedliche Cluster zueinander heterogen darstellen. Zu berücksichtigende Parameter für die Bildung eines Clusters sind unter anderem Art, Flächen, Baujahr, Technisierungsgrad, Repräsentation, Lage aber auch Vermietungsgrad, Mieter und die Nutzung; eine kumulative Berücksichtigung ist hierbei zu empfehlen.

Kostenvergleiche auf Basis solch konsistenter Cluster bieten belastbare Ergebnisse. Allerdings begrenzt sich deren inhaltliche Aussage auf die relative und nominelle Abweichung zum Clusterdurchschnitt, respektive der Range. Für die Ableitung von möglichen Maßnahmen liefern diese reinen „Objektbenchmarks" zu wenig Inhalte. Ein möglicher Ansatzpunkt in der Auflösung dieser Problemstellung könnte die Integration von Einzelproduktbenchmarks sein, denn in den Einzelprodukten, bzw. Einzelleistungen sind Leistungsintervalle, Leistungsumfänge und Service Level Agreements enthalten. Erst durch Heranziehen dieser Informationen kann beantwortet werden, ob identifizierte Differenzen mengen- oder preisbedingt sind. Systemisch unterstützt lassen sich Einzelproduktbenchmarks beispielsweise über die Definition von Standardausstattungen je Objektcluster unter Verknüpfung von Ausstattungsmerkmal zu Einzelprodukt integrieren.

6.2 Benchmarking als ergänzendes Instrument eines Kostencontrollings

Je umfangreicher ein Immobilienportfolio und je regionalisierter und heterogener seine Struktur ist, desto schwieriger gestaltet sich die Suche nach Kostentreibern und den dazugehörigen Stellhebeln. Absolutkostenansätze auf Basis empirisch ermittelter Werte oder öffentlich publizierter Benchmarkstudien zeigen Handlungsmöglichkeiten eher zufällig als verlässlich auf.

Deutlich belastbarer werden identifizierte Handlungsfelder durch eine stringente Kopplung interner und externer Benchmarkausrichtungen; eine durchgängige Kosten- und Verhältnisanalyse, gespiegelt am eigenen Durchschnitt und validiert über Marktkennzahlen.

Die anzuwendende Methodik sollte im wesentlichen von hoher Indikationssicherheit bei gleichzeitig geringer Anwendungskomplexität geprägt sein. Eine unter dieser Zielsetzung durchaus bewährte Vorgehensweise besteht in der Top-Down Verhältnisanalyse. Die Ergebnisse sind maßgeblich von der Clusterungssystematik, dem Kostenaggregationsmodell und der systemischen Unterstützung abhängig.

Die Cluster sind unter kumulativer Berücksichtigung der kostenbeeinflussenden Parameter so zu bilden, dass die in einem Cluster abgebildeten Elemente/Objekte eine größtmögliche Homogenität zu einander aufweisen[2]. Gleichzeitig muss die betrachtete Menge groß genug sein, um eine statistische Relevanz zu erhalten.

Das Kostenaggregationsmodell sollte entsprechend der Verursachung, die Organisation berücksichtigend aufgebaut sein. Sich inhaltlich direkt bedingende Kosten sollten nach Möglichkeit unter den gleichen Kostensammlern abgebildet werden.

---

[2] *Vgl. mit Kapitel „Umgang mit dem natürlichen Dissenz zwischen Produkt- und Objektbenchmarks".*

Kostenaggregationsmodell FM in Anlehnung an GEFMA 200					
Kaufm. FM	**Service und Betrieb**		**Abfallwirtschaft**	**Energie- & Medien**	

Kaufm. FM

610 Kostenrechnung / Controlling

620 Objektbuchhaltung

630 Vertragsmanagement
640 Vermarktung von Mietflächen

690 sonst. Kaufm. Dienste

Service und Betrieb

Techn. FM

210 techn. Objektmanagement
220 Betriebsführung
Technik
230 Unterhalt (gr. Instandsetzung)

260 Transportdienste
290 sonst. Techn. Leistungen

Infrastr. FM

410 Flächenmanagement
420 Reinigungs- und Pflegedienste

430 Sicherheitsdienste

440 Hausmeister
450 Dienste in Aussenanlagen
460 Speisenverpflegung
470 Wäschereidienste

480 Umzugsdienste

500 Büro - Service
590 sonst. Dienste

Abfallwirtschaft

491 Hausmüllsammlung

492 Hausmüllgebühren

493 Gewerbemüll

494 Gewerbemüllgebühren

495 Sondermüll

499 sonst. Entsorgungen

Energie- & Medien

241 Einleitung von Maßnahmen
242 Durchführung von Maßnahmen
243 Nachweis von Verbesserungen
249 sonst. Energiemanagement

251 Abwassergebühren

252 Abwassertechnik
253 Wassergebühren
254 Wassertechnik
255 Energieträger für Heizzwecke
256 Energieträger für Kühltechnik
257 Strom
258 Umwandlungskosten
259 sonst. Medien (techn. Gase, Druckluft)

Sowohl Clusterung als auch die Kostenaggregationssystematik sollten unter Berücksichtigung der bestehenden IT- und Datenlandschaft gewählt werden. Insbesondere bei umfangreichen Immobilienbeständen ist es unabdingbar, dass die zu berücksichtigenden Objektparameter in dem Immobilienmanagementsystem und die Kostenpositionen in der Finanzbuchhaltung enthalten sind.

Im Rahmen der Top-Down Verhältnisanalyse werden zunächst die Werte aller Kostensammler auf eine Basis von 100 bezogen. Gemäß dem skizzierten Kostenartenbaum in Anlehnung an die GEFMA 200 erhält man auf der Standardebene 1 vier wesentliche Kostensammler der Bewirtschaftung: „Kaufmännisches FM", „Service & Betrieb", „Abfallwirtschaft" und „Energie und Medien". Die Verhältnisse dieser Positionen können für Marktbenchmarks, den Gesamtbestand und beispielsweise für regionale Business Units (Niederlassungen, Profit-Center, ...) ermittelt werden.

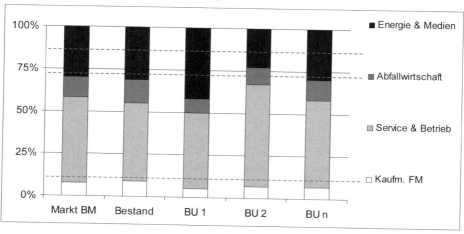

Niesslein/Sievert

Obgleich an dieser Stelle mit einem sehr hohen Aggregationsgrad gearbeitet wurde, sind bereits signifikante Unterschiede und somit potentielle Indikatoren erkennbar und aufgrund der homogenisierenden Clusterbildung sind reine regionale Verschiebungen o.ä. eher unwahrscheinlich geworden. Die sehr ähnliche Verteilung innerhalb des Gesamtbestandes des betrachteten Clusters belegt die Potentialwahrscheinlichkeit zusätzlich.

In der Business Unit 1 (BU 1) sollten daher die verhältnismäßig hohen Aufwendungen für Energie & Medien und in der BU 2 die Aufwendungen für Service & Betrieb näher untersucht werden. Nach der gleichen Methodik kann nun beispielsweise das Verhältnis von Infrastrukturellen zu technischen Facility Management Kosten untersucht und eine erhebliche Verschiebung zum TFM identifiziert werden.

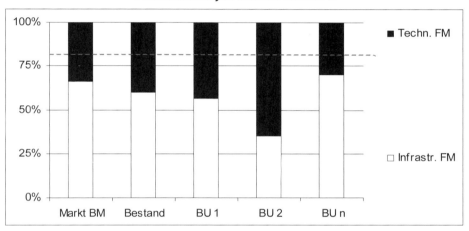

Verhältnisanalyse Standardebene 2

Eine synonym fortgeführte Analyse auf dem nächsten Detaillierungslevel der Standardebene 3 würde bereits aufzeigen, ob beispielsweise Instandsetzungen oder Aufwendungen für die Betriebsführung die Verschiebungen bedingen. Der Ansatzpunkt für eine Detailanalyse wäre bereits zu diesem Zeitpunkt identifiziert.

Neben Identifizierung der möglichen Heterogenitäten und deren Auswirkungen innerhalb des eigenen Bestandes übernimmt der Vergleich mit dem Markt, also die Überprüfung der eigenen Marktkonformität einen wesentlichen Part in der gesamthaften Kosten- und Leistungsanalyse. Eine gewisse Vergleichbarkeit der Bestandszusammensetzung vorausgesetzt, können Benchmarkpools oder Branchenkennwerte in diesem Analyseprozess durchaus nützliche Werkzeuge darstellen.

Auch der zur aufgezeigten Fallbeschreibung gegenläufige Weg hat sich in der Praxis bewährt: Die in der Verhältnisanalyse positiv abweichenden Business Units zu isolieren und deren erfolgsbestimmende Faktoren zu ermitteln, um sie im nächsten Schritt auf die übrigen Units zu übertragen.

7. Praxisbeispiele

7.1 Transfer von Invest- und Instandsetzungsrisiko durch gesamthafte Betreiberverantwortung am Beispiel ipv®

„Integrale Prozess Verantwortung" (ipv®) ist die Bezeichnung für eine neue Produktidee im FM und geht doch weit über den Produktbegriff hinaus; die Etablierung eines „Gütesiegels" hat bereits begonnen.

Folgt man einer „Urdefinition" des United States Library Congress von 1988, so besteht FM aus der Praxis, den physikalischen Arbeitsplatz mit den Menschen und der Arbeit der Organisation zu koordinieren. FM integriert dabei die Belange einer wirtschaftlichen Betriebsführung, der Architektur und der Verhaltens- und Ingenieurwissenschaften. Doch galt FM in der Vergangenheit überwiegend als „eine dieser neumodischen Bezeichnungen für das was wir schon lange tun", beispielsweise Hausmeister, Instandhalter, Gebäudereiniger oder ähnliches, kurz FM galt vordergründig als eine Art Reputationsbegriff. Aus dieser Fehleinschätzung resultiert letztlich auch die besonders in Deutschland verbreitete Identifizierung des Facility Management mit den klassischen Dienstleistungen für den Gebäudebetrieb schlechthin.

ipv® nimmt den ganzheitlichen und interdisziplinären Gedanken von FM auf und entwickelt ihn konsequent und bedarfsgerecht weiter:

Der Markt fragt zunehmend Vertragspakete mit besonderen Anforderungen an die Leistungserbringung nach: Konsequente Anpassung an die Kernprozesse des Kunden, flexibler Umgang mit Veränderungen, fundierte Kenntnisse und Erfahrungen über die Branche des Kunden und die Befähigung Verantwortung zu übernehmen. An Stelle der angestaubten Dienstleistungsverhältnisse sollen Partnerschaften entstehen. Partnerschaft heißt, Chancen und Risiken zu teilen. Es soll eine Win-Win Situation entstehen. Das Dienstleistungsunternehmen soll dabei die Gesamtverantwortung für die auf den Nutzer zugeschnittene Gebäudefunktionalität übernehmen und dafür an den erzielbaren Erfolgen partizipieren. Im Rahmen dieser Gesamtverantwortung trägt der Dienstleister neben der üblichen Leistungserbringung auch das Betriebsrisiko einschließlich Investitions- und Instandsetzungsverantwortung. Die Übergabe dieser wirtschaftlichen Risiken an den Dienstleister entzerrt den vorherrschenden Zielkonflikt zwischen Reduzierung der Herstellkosten, Budgetverantwortung und Umsatzsteigerung nachhaltig. Über die Gesamtlaufzeit eines Vertrags gilt eine feste, respektive eine degressive Rate. Die Instandhaltungsstrategie oder auch die Identifizierung des optimalen Reinvestitions- oder Instandsetzungszeitpunktes obliegt nun dem Dienstleister während der Immobilieneigentümer über eine maximierte Planungssicherheit verfügt – bei vertraglich fixierter Flexibilität und Anpassbarkeit.

Integration unplanmäßiger Leistungen in pauschale Ratierung

Das ipv®-qualifizierte Dienstleistungsunternehmen kann bereits bei der Planung einen Bauherrn hinsichtlich der späteren Bewirtschaftung beraten oder im Rahmen einer Neuausrichtung die Bewirtschaftung eines Bestandsobjektes übernehmen. Damit ein ganzheitliches FM-Dienstleistungsunternehmen die Marke „ipv®" tragen darf, muss es sich einer tiefgreifenden und praxisorientierten Zertifizierung und Auditierung unterwerfen. Aufbauend auf einem gemeinsamen Konzept erfolgen Investitionen und Bewirtschaftung sowie die permanente Anpassung der Sekundärprozesse an die Kundenbedürfnisse durch den Dienstleister. Ziel ist es, die Immobilie für den Nutzer zweckmäßig, wirtschaftlich, effizient und jederzeit verfügbar zu machen.

Doch hierfür ist es auch notwendig, die Art der Ausschreibung und der Vergabe grundlegend zu überarbeiten. Wie bereits dargestellt, ist es bisher üblich, detailliert ausgearbeitete Leistungsverzeichnisse zu erstellen und danach die Aufträge zu vergeben. Diese Leistungsverzeichnisse – und damit naturgemäß auch die erbrachten Dienstleistungen – sind über die Vertragslaufzeit fixiert und hemmen die Kreativität des Auftragnehmers, die bei der heutigen komplexen Verflechtung der Sekundär und Kernprozesse aber dringend erforderlich ist. Deshalb lässt sich die ipv®-Leistung besser mit einer funktionalen Aufgabenbeschreibung und anschließendem Ideen- und Preiswettbewerb berechnen. Hierfür wurden bereits feste und transparente Regeln im Rahmen eines Ausschreibungsleitfadens definiert.

7.2 Synchronisation von Internationalisierungsstrategien im Fokus partnerschaftlicher Zusammenarbeit

Immobilieninvestoren bedienen sich hinsichtlich des Property und Facility Managements in der Regel eines oder mehrerer Immobilien-Dienstleister, um sich selbst auf das Asset und Portfolio Management und damit auf die strategische Ertragsoptimierung und Risikominimierung konzentrieren zu können. Dabei steht nicht nur die totale Transparenz der Betriebskosten im Fokus, sondern auch die Mieterzufriedenheit. Die Balance zwischen optimierten Betriebskosten und einem „umworbenem Mieter" wird in Zukunft immer wichtiger. Anforderungen an den Immobilien-Dienstleister vor sind daher im Wesentlichen:

– Standards in der Berichterstattung sowohl über die Assets als auch über die immobilienbezogenen Kosten (von jährlichen objektbezogenen Wirtschaftsplänen über mehrjährige Cash-Flow-Prognosen bis hin zu langfristigen Performance-Prognose-Berechnungen),

– transparente und effiziente Prozesse und

– Qualitätssicherung zwecks Optimierung der vom Mieter wahrgenommenen Dienstleistungsqualität

Grundlage der Zusammenarbeit zwischen Immobilieneigentümer bzw. Asset Manager und Immobilien-Dienstleister sind entsprechende Erfahrungen und ein belastbares Vertrauen.

Die Portfoliostrategien einer Vielzahl von Immobilieninvestoren sind geprägt von einer zunehmenden internationalen Ausrichtung. Und gerade im Immobiliengeschäft gilt: „All business is local"; dies gilt auch und insbesondere bei der Umsetzung internationaler Immobilieninvestmentstrategien. Die Kernfrage für die Immobilieninvestoren lautet daher: Wie können Effizienz und Transparenz auch auf den internationalen Märkten realisiert werden? Welche Dienstleister werden den Anforderungen des Immobilieninvestors auch über die Grenzen des Heimatlandes hinweg gerecht?

Um bei Dienstleistungsqualität und Reportings national als auch international die gleichen Standards zu garantieren und ggf. auch die Schnittstellenkosten weiter zu minimieren, kann es aus Investorensicht sinnvoll sein, Immobiliendienstleister transnational zu beauftragen.

Für den Kunden ist dies mit folgenden Vorteilen verbunden:

– Konzentration auf das eigene Kerngeschäft

– Leistungserbringung aus einer Hand mit einheitlichen Standards

– Senkung der immobilienbezogenen Kosten durch Know-how-Transfer ins und aus dem europäischen Ausland

– Innovationsimpulse Steigerung der Professionalität und Dienstleistungsqualität durch Austausch und internationales Job Rotation

– Qualitätssteigerung durch Benchmarking und transnationale Transparenz

Auf der anderen Seite gelten für einen Immobiliendienstleister bei einer optionalen internationalen Ausrichtung die klassischen Fragestellungen nach Marktattraktivität und -mechanismen, Kundenpräferenzen und Ressourcenzugang.

Als einer der großen Dienstleister rund um die Immobilie hat sich DeTeImmobilien daher für die sog. „Huckepack-Strategie" entschieden, d.h. die Begleitung der Kunden ins Ausland, um Unwägbarkeiten und Kapitalbedarf weitestgehend zu minimieren. Dabei erfolgt in der ersten Phase eine eindeutige Fokussierung auf die osteuropäischen Märkte. Gemeinsam mit einem Netzwerk von lokalen Partnern vor Ort erfolgt die Erbringung der Dienstleistungen.

III. Controlling

Übersicht

„Die Lehre soll auf Probleme ausgerichtet sein, wie sie in produktiv tätigen, sozialen Systemen im wirtschaftlichen Zweckbereich der Gesellschaft auftreten." Hans Ulrich

Gesammelte Schriften, Band I, Bern 1968 – Hans Ulrich ist der Begründer der Systemorientierten Managementlehre, welche die Hochschule St. Gallen maßgeblich geprägt hat und dem Beratungsansatz des Malik Management Zentrum St. Gallen als theoretisches Fundament unterliegt.

1. Erst die Strategie, dann die Rendite ...

Eine erfolgreiche Investition in die Immobilie ist vor allem eine Frage des richtigen Zeitpunktes der Investition bzw. der Desinvestition. Neben dieser einfachen Erkenntnis, lohnt sich aber für den Finanzinvestor durchaus auch die Frage wie das Asset Management in dem dazwischen liegenden Zeitraum erfolgt. Dahinter steckt die Annahme, dass der Wert der Immobilie im Lebenszyklus des Objektes nicht nur durch ein aktives Mietermanagement bestimmt wird, sondern auch durch Maßnahmen des Refurbishment oder sogar der Projektentwicklung mit Änderung der Nutzungsart.

Diese Leistungen finden in der Berichterstattung für den Finanzinvestor und in der Kennzahlensystematik von Finanzinstituten und Fonds bisher wenig Beachtung. Sie bestimmen jedoch den Grad der Liquidität und den Return on Investment und determinieren Handlungskorridore, für den Ein-/Ausstieg. Insbesondere dann erlangen sie eine neue Bedeutung, wenn der Investor nicht eine Einzelimmobilie hält, sondern ein Protfolio strategisch aufbauen und managen möchte. Interessant wird es, wenn eine Heterogenität hinsichtlich der Lebenszyklen der Immobilien besteht und Wertsteigerungen insbesondere über Baumaßnahmen und Nutzungsänderungen herbeigeführt werden können. Differenziert man in den Investor, der selbst Assets hält und Projektentwicklung aktiv betreibt und den reinen

Finanzinvestor, so ist die erste Gruppe für das Management und das Controlling des Geschäftes verantwortlich, während die zweite Gruppe ein solches unternehmerisches Handeln sichergestellt wissen muss, um die Validität der Aussagen der Berichterstattung nicht stets hinterfagen zu müssen. Fast alle Finanzinvestoren delegieren die Aufgaben des Management und des Controlling der Einzelimmobilie an den Projektentwickler. Vereinzelt wird auch die Steuerung des ganzen Immobilienfolios nicht selbst wahrgenommen. Der Finanzinvestor muss jedoch sicherstellen, dass diese Aufgaben beim Projektentwickler in adäquater Form wahrgenommen werden. Dies bedingt ein Mindestmaß an Grundkenntnissen zur Einschätzung der Leistung des Projektcontrollings.

Investitionen in ein Projektportfolio bestehend aus Projekten und Bestandsimmobilien an unterschiedlichen Standorten mit unterschiedlicher Nutzung und Größe, bedürfen deshalb einer **klaren Strategie für die Gesamtinvestition** über alle Objekt und Projekte.

Vermutlich ist diese einfache Wahrheit im opportunitätsgetriebenen Projektgeschäft dem einen oder anderen Immobilieninvestor erst deutlich geworden, als Banken ihre Investitionsentscheide an die Forderungen nach einem **Management Informationssystem (MIS) auf Unternehmensebene** zu knüpfen begannen. Nur wenige Unternehmer in der Immobilienbranche haben ihre vielen Einzelprojekte als Portfolio verstanden und sie dementsprechend geführt.

Chancen und Risiken liegen in der Immobilienwirtschaft nah beieinander und machen den Reiz der Immobilienentwicklung aus. Je größer die Risikoposition und je stärker der Einfluss kleiner terminlicher Abweichungen auf den Investitionserfolg ist, desto wichtiger wird die Auseinandersetzung mit dem Einfluss des Einzelprojektes auf das Gesamtportfolio. Jeder weiß, dass über lange Zeiträume und viele Unabwägbarkeiten die tatsächliche Rendite oder der in der Akquisitionsphase dargestellte Trading Profit des Einzelprojektes nicht prognostiziert werden können. Die Investitionsbereitschaft wird deshalb üblicherweise mit Bürgschaften und Garantien des Unternehmens unterstützt. Trotz all dieser Bemühungen entscheidet letztlich – Jahre später – allein die Nachfrage der Immobilienmieter über die tatsächliche Performance des Kapitals. Jeder, der auf die falsche Zielgruppe gesetzt hat, wird Renditeerwartungen dann zurücknehmen müssen. Der Leerstand im Osten Deutschlands und die dahinter liegenden Unternehmensschicksale beweisen, welche Auswirkungen falsche Projektentscheide in Summe auf die Lebensfähigkeit von Projektentwicklern haben können.

Zwischen Investitionsentscheid und der Realisierung der Rendite liegen mehrere Jahre. Dieser Zeitraum bedeutet Unschärfe. Daraus ergeben sich hohe Anforderungen an die Auswahl der Projekte und vor allem an die Berichterstattung während der Projektdurchführung. Wenn darüber hinaus Investor und Management institutionell auseinanderfallen, wird die fortlaufende Information über die Projekte ein zentrales Thema. Für den Investor besteht die Notwendigkeit, Investments zu kontrollieren und zu steuern – also Investment-Controlling im eigentlichen Sinne zu betreiben.

Auch wenn die Flut der Wertberichtigungen nach der Konsolidierung der Geschäfte in Ostdeutschland abebbt, ist der Kontrollwunsch der institutionellen Investoren in Zeiten von Basel II mehr als je ein dominanter Faktor in der deutschen Immobilienwirtschaft. Leider besteht diese Kontrolle oft aus einem quantitativen

Kennzahlen-Set, das dem Kontext des Unternehmenscontrollings- und -berichts-
wesen angepasst und dann dem Projektcontrolling übergestülpt wird. Für eine Unterstützung des Managements in der Steuerung mehrerer Projekte ist dieses Kennzahlen-Set nicht zweckmäßig. Auch für den Umgang mit Unschärfen bedeutet ein
ausschließlich auf finanzielle Größen ausgerichtetes Controlling eine ungünstige
Komplexitätsreduktion. Die Berichterstattung bleibt so entkoppelt vom eigentlichen Projektmanagement und -controlling und verkennt die Orientierungsgrößen,
die für eine Steuerung von Projekten notwendig sind. Unnötig zu betonen, dass
auch die Rentabilität der Projekte je nach angelegten Kennzahlen und Profitbe-
rechnungssystematik divergiert. Diese Tatsache erklärt die Stagnation der Projektentwicklungen in Unternehmen, in denen das Kerngeschäft die Kennzahlensystematik und Renditevorgaben dominiert. Waren „Immobilienentwicklungen" früher
ein willkommener „Cashbringer", ist eine renditeschwache Projektentwicklung bei
einer stagnierenden Wirtschaft als Geschäftsfeld in Gefahr die nächste Reorganisa-
tion nicht zu überleben. Längst bestimmen die Treiber und Risikolimite aus der
Bau-, der Energiewirtschaft oder der Kommunikationsbranche wieder die Orientierungsgrößen des Unternehmenscontrolling großer Konzerne.

2. Controlling als Element des integrierten Management–Systems

Der systemorientierte Ansatz nach Ulrich legt ein Verständnis der Unternehmung
als produktives, soziales System an. In der Folge werden Problematik und Lösungsansätze des Controllings von Investitionen in Projektentwicklungen vor diesem
Hintergrund beleuchtet. Controlling wird nicht nur als Funktion, sondern vor
allem als Aufgabe des Managements verstanden. Es ist ein notwendiges Element eines Managementsystems, das eine Umsetzungsstrasse von der unternehmensbezo-
genen Strategie bis zu individuellen Leistungsergebnissen der Mitarbeiter vorgibt.

Abb. 1: Vereinfachte Darstellung des Integrierten Management-Systems

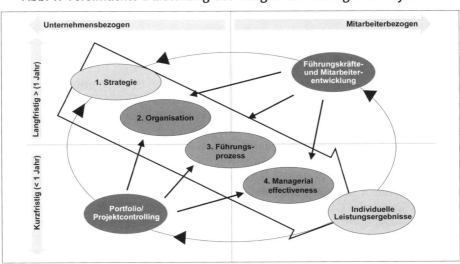

©Malik MZSG

Für die Umsetzung der Strategie ist eine zweckmässige Organisation notwendig, in der mittels geeigneter Führungsprozesse und adäquater Arbeitstechnik individuelle Ergebnisse ermöglicht werden. In diesem Verständnis ist neben der Entwicklung der Führungskräfte und Mitarbeiter das Controlling das wesentliche Element, um eine Rückkopplung der Leistungsergebnisse zu den strategischen Vorgaben zu gewährleisten.

3. Projektcontrolling als Unterstützung des Projektmanagers und der Unternehmensleitung

Controlling wird heute glücklicherweise nicht mehr mit Kontrolle übersetzt. Vielmehr hat sich endlich das Verständnis durchgesetzt, dass Controlling die Steuerung des Unternehmens durch transparente und gut aufbereitete Informationen ermöglicht, während die **Kontrolle** der Ergebnisse und die sich daran anschließende **Entscheidung** darüber dem Management als Führungsaufgaben zuzuweisen sind. Es ist die Aufgabe des Managements sicherzustellen, dass Entscheidungen durch den Controller vorbereitet und Informationen über Einzelprojekte erhoben und zu Aussagen über das Gesamtportfolio verdichtet werden. Die Auswahl der geeigneten Instrumente liegt hingegen im fachlichen Ermessen des Controllings.

Abb. 2: Die Aufgaben der Führungskraft und des Controllings

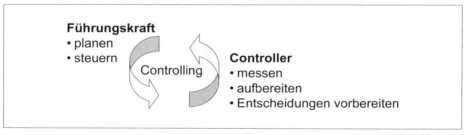

©Malik MZSG

Obwohl Projektcontrolling inzwischen als Kernkompetenz im Immobiliengeschäft gesehen werden kann, muss die **Unabhängigkeit des Projektcontrollers** durch klare Unterstellungsverhältnisse sichergestellt werden. Der Projektcontroller ist weder dem Projektmanager unterstellt, noch kann er seine Aufgabe in einer Doppelfunktion mit dem Unternehmenscontrolling wahrnehmen. Er steuert den Prozess der Berichterstattung auf Projektebene, stellt die geeigneten Instrumenten dafür zu Verfügung und ist ein wichtiger Ansprechpartner für den Projektleiter und für die Geschäftsleitung in den Belangen des Projektcontrollings. Die jeweiligen Aufgaben der Führungskraft und des Controllings lassen sich bildhaft darstellen: Der Kapitän steht am Ruder, der Controller steht ihm als Lotse zur Seite.

4. Anforderungen an die Berichterstattung: Die Stakeholder

Controlling in der Immobilienwirtschaft dient verschiedenen Anspruchsgruppen und muss deshalb unterschiedliche Informationsbedürfnisse befriedigen:

- **Investoren** wollen mittels **Kennzahlen** über die **Investition und Desinvestition der eingesetzten Mittel** entscheiden. Operatives Eingreifen ist jedoch nur über die Projektmanager möglich, was bei der Beteiligung in einer Projektentwicklungsgesellschaft eine Frage des Durchsetzens in Netzwerkbeziehungen ist. Aber wo wären wir, wenn jeder Kleinanleger die Strukturen und das Management von Immobilienfonds einer harten Due Diligence unterziehen und unter subjektiver Problemwahrnehmung operativ eingreifen würde? Fazit ist**: Stimmen die Kennzahlen nicht, verlässt der Investor das Projekt.**

- Die **Geschäftsleitung von projektbezogenen Immobiliengesellschaften**, die für die **Steuerung der Investitionen und der Liquidität im Gesamtgeschäft** eine Gesamtbetrachtung der Projekte anstellt, benötigt Informationen, die über Renditeerwartungen hinausgehen. Die Projektdaten müssen zu einer **Gesamtsicht aus Kosten und Erlösen** verdichtet werden und in die Gewinn- und Verlustrechnung, die Bilanz des gesamten Geschäftsfeldes überführt werden. **Der Unternehmer braucht eine Managementinformation, die ihm ein zielgerichtetes Handeln ermöglicht.**

- **Projektmanager**, die ihre Vorgaben zum Projekt in einem „magischen Dreieck" aus **Leistung, Terminen und Kosten** einzuhalten – oder gar zu übertreffen – versuchen und dabei mit vielen qualitativen Faktoren operieren, brauchen wiederum eine andere Steuerungsinformation. **Die Projektmanager sind diejenigen, die das Projekt operativ managen.**

Dieser **Dreiklang von Anspruchsgruppen** mit unterschiedlichen Anforderungen an die Berichterstattung vereinfacht die Lage nicht. Die Vielzahl von unterschiedlichen Informationsbedürfnissen führt meist dazu, dass das schwächste Glied der Kette, der Projektmanager, unterschiedliche Berichtsformen bedient. Die **Schlüsselperson des Projektmanagers** zu bestimmen, sie mit den richtigen Instrumenten auszustatten, ist von erfolgsentscheidender Bedeutung. Das Vertrauen in die Kompetenz dieser zentralen Figur, die gestellte Aufgabe verantwortlich zu bewältigen und den Projektfortschritt adäquat zu berichten, ist conditio sine qua non. Jeder Banker wird bestätigen: ohne Vertrauen in das Projektmanagement, gibt es kein Geld.

5. Häufige (Fehl-)Entwicklungen im Projektcontrolling

Die Beratungspraxis und zahllose Gespräche mit Branchenexperten benennen eine Vielzahl von Entwicklungen des Projektcontrollings im Immobiliengeschäft, die fast ausschließlich als Fehlentwicklungen zu sehen sind:

5.1 Unklare Projektdefinition

Die Geschäftseinheit in der Immobilienwirtschaft ist das Projekt. Was nun aber ein Projekt ist, in einer Branche, die von der Flächenentwicklung über die Projektentwicklung bis hin zu Bestandsverwaltung reicht, ist häufig Gegenstand langer Diskussionen und unterschiedlicher Auslegungen. Ebenso sind Projektbeginn- und Ende nicht klar festgelegt.

5.2 Zementieren gängiger Praxis

Projektbasierte Unternehmungen bauen meist erst nach dem zehnten Projekt eine übergreifende Berichtsstruktur auf, die dann die Gewohnheiten der eingesetzten Projektmanager konsolidiert. Wird das Immobiliengeschäft erst als neues Geschäftsfeld aufgebaut, stellt sich bald die Frage, wie die Projekte in ein bestehendes Unternehmenscontrolling integriert werden sollen. Spätestens dann prallen die Treiber und Kennzahlen aus der Welt der Immobilienprojekte mit denjenigen aus der Welt des Controllings von kontinuierlicher Produktion und Dienstleistung aufeinander und erfordern eine getrennte Betrachtung.

5.3 Erfüllen rechtlicher Anforderungen an ein Frühwarnsystem

Aus dem Gesetz zur Kontrolle und Transparenz der AG (KonTrAG) ergibt sich die Frage des Haftungsdurchgriffs und des frühzeitigen Erkennens von Abweichungen. Wirtschaftsprüfer interpretieren diese Notwendigkeit mit der Einführung von finanziell ausgerichteten Controllinginstrumenten. Diese Systeme erlauben zwar den Rückblick auf Vergangenes, haben mit dem systematischen Erkennen von Chancen und Risiken aber wenig gemein.

Sollen Controlling und Berichtswesen nicht nur den Gesetzgeber zufrieden stellen, sondern tatsächlich zur **Führungsinformation und Steuerung** eingesetzt werden, ist das Procedere der Bereitstellung eines solchen Systems klar. **Jede Führungsebene muss die notwendigen und hinreichenden Stellhebel des Geschäftes kennen und verfolgen.** Diese Daten sind dann zu verdichten, statt nur auf der unteren Ebene abgefragt und ungefiltert nach oben berichtet zu werden. Resultate solcher Überfrachtung sind das unverhältnismäßige Wachstum des Controllingapparates, die Explosion der Overheadkosten, sowie – auf lange Sicht – eine fragwürdige Qualität der eingepflegten Daten.

5.4 Neue Bewertung

Die Einführung von Controlling hat vor dem Aspekt der Haftung für Organisationsverschulden auch eine weitere Dimension. Bei einer ersten Erfassung der Projekte und der Plausibilisierung der Daten, schlimmer noch bei einer Einführung einer dynamischen Betrachtungsweise in die statische Welt des Trading Profit, mussten Renditeerwartungen in den letzten Jahren oft nach unten angepasst werden. Die Vermietungs- und Verkaufsituation im deutschen Immobilienmarkt haben die Meilensteine der Projekte nach hinten verschoben. Schmerzlich musste auch die deutsche Immobilienwirtschaft lernen, dass Zeit Geld kostet. Die Evaluierung der Immobilienprojekte bei der Einführung von Projektcontrolling haben aber leider auch dazu geführt, dass unternehmerische Chancen aus Angst vor zukünftigen Risiken nicht mehr ergriffen wurden.

5.5 Unflexible Controllingsysteme

Immobilienprojekte werden je nach Größe und Finanzierung rechtlich eigenständig ausgestaltet und/oder mit Projektpartnern durchgeführt. Diese Konstruktionen können äußerst komplex sein und bedingen ein umfangreiches Vertragswerk. Sie bedeuten einen weniger direkten Zugriff auf Informationen aus dem Projekt.

5.6 Unterschätzen der Dynamik

Projekte laufen über einen bestimmten Zeitraum und können aber aufgrund von Genehmigungsverzögerungen, schleppenden Vermietungen etc. immer wieder Verschiebungen erfahren, die für die Planung und Bereitstellung von Ressourcen finanzieller und personeller Art weitreichende Folgen haben. Häufig sind Controllinginstrumente nicht in der Lage, Änderungen im Umfang von Projekten hinreichend abzubilden.

5.7 Missachtung des Subsidiaritätsprinzips

Die Verunsicherung in Geschäftsleitungen und Vorständen hat eine Kontrollwut ausgelöst, die nur noch von den Basel II Bestimmungen der Banken übertroffen wird. Das operative Geschäft aber sollte dort erfolgen, wo es unter Kontrolle gebracht werden kann, d.h. auf der Ebene der Projektleitung; Vorstände sollten keine Aufsichtsratsfunktionen in Projektentwicklungsgesellschaften übernehmen. Denn in letzter Konsequenz würde diese Doppelfunktion von Linie und Projekt bedeuten, über sein eigenes Handeln (und seine Fehler) entscheiden zu müssen. Wichtig ist, so haben Manager und Vorstände von Immobilien AG erkannt, die Frage der Strategie und damit eng verbunden, jene des Portfolios, sowie diejenige der Struktur, in der die Wertschöpfung erbracht werden soll, zu klären. Diese Rückbesinnung auf die eigentlichen Aufgaben der Unternehmensleitung ist neu; zu sehr hat sich die oberste Unternehmensleitung im Projektgeschäft aufgerieben.

5.8 Entkoppelung von den Entscheidungsstrukturen

Als weitere Fehlentwicklung ist aufzuführen, dass das Berichtswesen oft als Blindleistung erbracht wird, weil es von Entscheidungsstrukturen entkoppelt ist. Die einfache Forderung nach Feedbackschleifen bleibt so unerfüllt. Maßnahmen zur Steuerung im Projekt, die auf der übergeordneten Ebene entschieden werden sollten, können vom Projektleiter mangels der fehlenden Position im Formular nicht rapportiert werden. Darüber hinaus bleibt dem Projektmanager – und nicht selten auch der Geschäftsführung – vielerorts die Bedeutung des Projektes im Gesamtportfolio des Unternehmens mangels Transparenz verborgen.

5.9 Fehlende Verzahnung

Viele Berichte laufen heute ins Leere. Es wird nur nach oben berichtet, der Projektleiter erfüllt seine Informationspflicht aufgrund einer Bringschuld. Oft verfügt nur die nächst höhere Ebene über die Information, die ein Projektmanager zu Steuerung des Einzelprojektes braucht. Kritische Finanzierungsstrukturen sind dem Projektleiter selten bekannt; deren Einfluss auf seine Projektrendite ebenso wenig. Viele Controllingabteilungen verfälschen die Führungsinformation bereits auf der untersten Ebene, d.h. der Projektebene, in dem der Projektbericht bereits Abschreibungen, Steuerabzüge und Quersubventionierungen darstellt. Eine Aussage zu treffen, ob das geplante Budget in Zeit, Kosten und Qualität eingehalten wird, ist so nicht möglich.

5.10 Missachtung der handelnden Personen

Der Person des Projektleiters kommt in der Projektentwicklung eine zentrale Bedeutung zu. Ob er sich geschickt im Markt bewegt, Opportunitäten erkennt, wie er mit Risiken umgeht; all das ist ein wesentlicher Erfolgsfaktor. Jeder Projektleiter hat seine persönliche Arbeitsmethodik und steht externer Kontrolle mit gesunder Skepsis gegenüber. Der Projektleiter ist eine Führungskraft, die als Netzwerkmanager, Nutzer, Anleger und Projektentwicklung letztlich zusammenführt. Seine Aufgaben, Kompetenzen und Verantwortlichkeiten geben Aufschluss darüber, ob das Management das Unternehmen führt oder ob das oberste Leitungsgremium selbst operativ im Projektgeschäft die Projektleitungen übernimmt.

6. Ausgestaltung des Projektcontrollings

Aus den beobachteten Fehlentwicklungen und den oben diskutierten Anforderungen aus dem Projektentwicklungsgeschäft ergeben sich klare Konsequenzen für die Ausgestaltung des Projektcontrollings:

Abb. 3: Entwicklungen und Ausgestaltung des Controllings

Entwicklungen	Konsequenz für die Ausgestaltung
Unklare Projektdefinition	• Klare Definition des Projektentwicklungsprozesses mit festgelegten Entscheidungs- und Freigabemeilensteinen
Zementieren gängiger Praxis	• Trennung von Notwendigem und Wünschenswertem; Prioritäten werden auf das Geschäftsnotwendige gesetzt.
Erfüllen rechtlicher Anforderungen	• Primäre Orientierung an den Anforderungen des Geschäfts
	• Aufnahme eines qualitativen Teils in das Projektcontrolling
	• Klare Regelung des Vertragscontrollings
Neue Bewertungsmethoden	• Klare Verbindung zum Rechnungswesen, Durchgängigkeit vom Projektentwickler zum Rechnungswesen sicherstellen

Abb. 3: Entwicklungen und Ausgestaltung des Controllings

Entwicklungen	Konsequenz für die Ausgestaltung
Unflexible Controllingsysteme	• Projektcontrolling ist Schlüsselkompetenz im Immobiliengeschäft. • Projektcontrolling ist so schlank als möglich auszugestalten • Kommentierungen von quantitativen Daten sind explizit einzufordern
Unterschätzte Dynamik	• Qualitativer Teil des Projektcontrollings zur Erfassung vorlaufender Grössen • Regelmässige Aggregation der Daten zum Aufzeigen von Gesamtwirkungen (Portfolioanalyse und Akquisitionsentscheidungen)
Missachtung des Subsidiaritätsprinzips	• Klare organisatorische Entflechtung und unabhängiges Controlling • Interessenkonflikte vermeiden (Entscheidungen über Projekt-Exits müssen unabhängig getroffen werden können)
Entkoppelung von den Entscheidungsstrukturen	• Explizites Einbinden von Entscheidungsprozessen in Controllinginstrumente
Fehlende Verzahnung	• Frühzeitiger Einbezug anderer Funktionen in den Aufbau des Projektcontrollings
Missachtung der handelnden Personen	• Schlanke, einheitliche Instrumente erhöhen die Sicherheit aller und führen zu Win-win-Situationen • Projektcontrolling als Führungsinstrument einsetzen • Frühzeitiger Einbezug der Betroffenen in die Einführung des Projektcontrolling

Erfolgsentscheidend für den Aufbau und das weitere Funktionieren von Controlling- und Berichtssystemen ist, eine hohe Qualität der Basisdaten von den Projektleitern einzufordern und auch nachzuhalten. Dies gelingt, wenn der Projektcontroller in einem ersten Schritt den Projektleitungen eine echte Hilfestellungen anbietet.

7. Die Basis der Information: Der Projektbericht

Basis für ein erfolgreiches und wirkungsvolles Projektcontrolling ist ein klares, gemeinsames Verständnis über den **Projektentwicklungsprozess**. Besonderes Augenmerk ist dabei auf den Projektbeginn mit der Genehmigung einer Vorstandsvorlage und auf das Projektende mit der Nachkalkulation zu legen. Wieviele Projektleiter mussten Projekte ohne klare Budgets und Ursprungsplanung überehmen und wurden so zur Tontaube für jedermann?

Erfolgsentscheidend ist weiter eine **knappe Berichtsstruktur,** die sich an der **Logik des Geschäfts** und an bestehenden Leitlinien im Bereich der Projektentwicklung orientiert (z.B. Honorarordnung für Architekten und Ingenieure (HOAI), Kostengruppen gemäss DIN 276 etc.).

Die mögliche Gliederung eines Projektberichts besteht beispielsweise in 1. Grunddaten, 2. Vermarktungseckwerte, 3. Wesentliche Meilensteine, 4. Kosten, 5. Erlöse, 6. Finanzierung, 7. Ergebnis und Kennzahlen, 8. Verträge, 9. Sachstand. Zudem sollen die Berichtenden explizit zur Kommentierung der Zahlen angehalten werden und die quantitativen Zahlen qualitativ erläutern (z.B. Vermarktungsstände). Planungen abzugeben und Abweichungen frühzeitig zu berichten, sind ein Zeichen hoher Professionalität und sollte als solches vom Management verstanden werden. Mit begründeten Abweichungen von der Planung muss sachlich umgegangen werden. Ebenso ist es eine Entlastung für Projektleitung **und** Unternehmensleitung, wenn durch das Projektberichtswesen ein institutionelles Gefäß für die Adressierung von Entscheidungsbedarf auf der nächsten Hierarchieebene zur Verfügung gestellt wird. Projektmeetings, an denen Projektleiter und Geschäftsführung teilnehmen, können so strukturierter ablaufen.

Abb. 4: Exemplarische Darstellung des Berichtswesens auf Projektebene

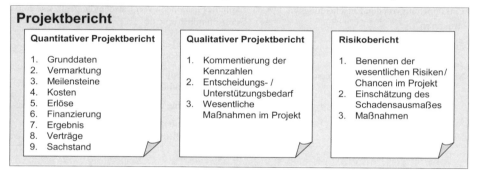

Ein solches Projektberichtswesen als Basis des Projektcontrolling mit möglichst einfachen Mitteln zu realisieren, hat sich vielfach bewährt. Ohne zusätzlichen Schulungsaufwand ist es für das dezentrale Projektentwicklungsgeschäft am besten geeignet und schnell einsetzbar.

8. Die Verdichtung der Projektberichte: Das Management Informationssystem (MIS)

Das Immobiliengeschäft ist opportunitätsgetrieben. Die Anzahl der Projekte wächst oft schleichend und unbeobachtet, denn der Fokus der Branche liegt auf dem einzelnen Projekt – oft sogar nur auf einzelnen Prestigeprojekten. Der oben dargestellte Projektbericht liefert die Entscheidungsgrundlage für Desinvestitions- und Investitionsentscheide auf Einzelprojektebene und unterstützt den Projektmanager in seiner Arbeit. Für das Management des Immobilienunternehmens oder den Manager des Portfolios ist diese Information aber nicht ausreichend, um die richtige Gewichtung und Verteilung der Investitionen auf mehrere Projekte zu beurteilen. Um als **Führungsinformation für die Steuerung des Gesamtportfolios** zu dienen, müssen die Daten der Einzelberichte in sinnvoller Weise verdichtet werden.

Das Vorgehen folgt einer einfachen Logik:

Abb. 5: Die MIS Pyramide: Vom Projektbericht zur Portfolio- und Unternehmenssteuerung

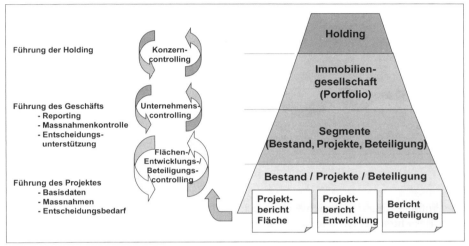

©Malik MZSG

Die Basisdaten aus den Projektberichten am Fuß der Pyramide werden ebenengerecht aggregiert und für die Steuerung des Geschäfts aufbereitet. Dies bedeutet, dass die aktuellen Informationen aus den Projekten für das gesamte Portfolio verdichtet und in Soll-Ist-Vergleichen dargestellt werden. Eine Spiegelung an den in der Strategie festgelegten Eckwerten und Korridoren erlaubt aufschlussreiche Einsichten für die **Steuerung des Geschäftes und für die Strategieerarbeitung**. Das Management Informationssystem MIS bietet eine Grundlage für die Führungsarbeit im Sinne der Konzentration auf das Wesentliche. Beispielsweise ist eine Übersicht über die Vorratsgrundstücke, das Gesamtinvestitionsvolumen der in Entwicklung befindlichen Projekte und die zur Vermarktung stehenden Flächen ein Schlaglicht auf das heutige und auch auf das zukünftige Geschäft. Ein **Zielkorridor,** der das geplante Gesamtinvestitionsvolumen im Strategiezeitraum beschreibt, zeigt dem Unternehmer inwieweit die begonnenen Projektvorhaben in der zeitlichen Perspektive dieses Limit über- oder unterschreiten. Auch wird deutlich, in welchem Verhältnis das stetige Bestandsgeschäft und das volatile, risikoreicherer Projektentwicklungsgeschäft stehen und wie viel Liquiditätspotential im Bestandsgeschäft, bzw. in noch nicht vollständig vermarkteten Projekten, steckt. Die Bedeutung des Erfolges eines großen Einzelprojektes für das Portfolio und für die Lebensfähigkeit des Unternehmen tritt in dieser einfachen Übersicht klar zutage.

Abb. 6: Das Projektgebirge und der Zielkorridor: Die Steuerung des Gesamtinvestitionsbedarfs

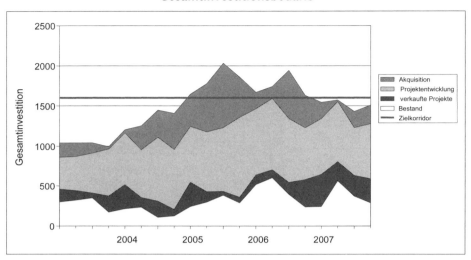

©*Malik MZSG*

Die Aufbereitung der Berichte und auch die Berichtsfrequenz unterscheidet sich je nach Berichtsstufe. Die Gesamtsicht ist jedoch für alle Anspruchsgruppen und insbesondere für Investoren und die Unternehmensleitung interessant.

Ein Management Informationssystem (MIS) sollte rasch die wesentlichen Informationen über das Projektportfolio vermitteln und gleichzeitig das Augenmerk der Geschäftsleitung auf die kritischen Projekte lenken.

Im Folgenden ist eine Gliederung eines solchen Management Informationssystems (MIS) wiedergegeben, wie sie sich etwa für die Gliederung eines periodischen Berichtes zuhanden der Geschäftsleitung eignet:

1 Übersicht Ampelblatt (Budget-Plan-IST)

Eine Ampelübersicht dient der raschen Übersicht über alle Projekte und enthält teilweise in graphischer Form Angaben zu:

- Gesamtinvestitionsvolumen (GIV)
- Gesamterlöse
- Eigenkapital-Anteil
- Rentabilität Umsatzrendite (solange Projektlaufzeit < 3 Jahre)
- Vermarktungsstand/Leerstand
- Handlungsbedarf

2 Übersicht Kosten – Erlöse im Zeitverlauf

Übersicht über geplante Kosten/Erlöse zur Abschätzung des Finanzbedarfs

3 Finanzierung

Finanzierungsbedarf und –struktur (Unter-/Überdeckungen), Eigenkapitalbasis

4 Übersicht vermarktbare Bruttoflächen

Überprüfung des Angebots vs. Nachfrage, Strategiekonformität, Kontinuität des Geschäftes (strukturiert nach Region und Nutzungsart und aufgelöst über die Zeit)

5 Übersicht Projekteckdaten (Tabelle der Eckdaten)

Übersicht über alle Projekte in der Quersicht. Erkennen von wesentlichen Unterschieden in der Kosten/-Erlösstruktur

6 Kommentierung der Projekte

Einzelkommentierung der Projekte zum Handlungsbedarf, wesentliche Meilensteine und offene Massnahmen in den Projekten mit:

– Ampel (siehe vorne)
– Sachstand
– Erreichte Meilensteine
– Handlungsbedarf
– Maßnahmen

7 Sonderauswertungen

Auswertungen des **Projektportfolios** können als Strategievorbereitung, zum Aufdecken von Verbesserungspotentialen bezüglich der optimalen Projektgröße oder sogar zur Ermittlung von Personalbedarf dienen.

Der Schwerpunkt solcher Sonderauswertungen kann auf den **Treibern der Rendite** (z.B. Projektgröße, Projektlaufzeit, Projektleiter, Anteil interner/externer Aufwendungen etc.) oder auf der **Struktur der Risiken** (überproportionale Risiken durch zeitlich parallel laufende Grossprojekte) liegen. Vergleichende Darstellungen der Projekte in Portfolioübersichten liefern Hinweise, ob **Geschäftmodelle** wie Netzwerksteuerung oder eine hoch integrierte Bearbeitung von Projekten für das Unternehmen rentabler sind, kleine oder mittlere Projekte besser und schneller gelingen als große Prestigeobjekte, oder ob eine Ausschreibung von Einzelgewerken ein passenderes Modell sind als eines, das auf Generalunternehmerverträgen basiert.

Abb. 7: Projektportfolio nach Projektvolumina, Projektphase und Vermarktungsstand

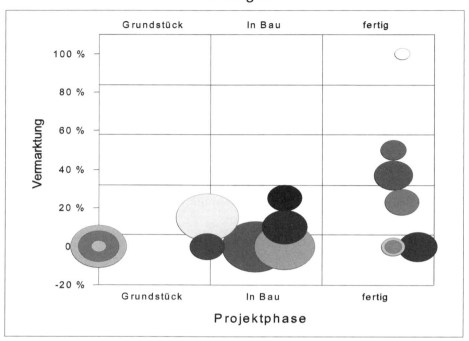

©Malik MZSG

8 Optional: Chancen/Risiken

Quantitative und qualitative Übersicht über die gemeldeten Chancen und Risiken. Durch die Aggregation der in den Projekten gemeldeten Chancen und Risiken werden Klumpenrisiken wie beispielsweise zuviele Verträge mit potentiel insolventen Bauträgern offensichtlich.

Mit dieser einfachen Verdichtung der Projektberichtsstruktur ist es der Unternehmensleitung möglich, sich auf **die wesentlichen Projekte zu fokussieren und das Gesamtgeschäft zu planen und zu steuern.** Anhand der logischen Struktur der Projektberichte lassen sich Akquisitionsvorhaben und Projektbesprechungen sachlich und in kurzer Zeit in Regelsitzungen besprechen. Es können Entscheidungen getroffen werden, die das einmal festgelegte Budget, die Fortführung des Projektes, aber auch das Einleiten von wichtigen Maßnahmen betreffen. Die einheitliche Struktur erlaubt eine rasche Einsicht in jedes Projekt, Stellvertretungen werden vereinfacht – die **Organisation des Projektentwicklungsgeschäftes wird wesentlich effektiver und auch effizienter.**

9. Ein gutes Projektcontrolling benötigt Schnittstellenkompetenz: Die Kernaufgaben des Controllers

Im Idealfall kann ein **erfahrener Projektleiter als Projektcontroller** gewonnen werden. Er hat das Fachwissen die Berichtsdaten zu verstehen, kann die vom Projektleiter dargestellten Chancen und Risiken richtig einschätzen, sowie die Überstimmung von quantitativer und qualitativer Aussage im Projektbericht ermessen. Seine Qualifikation ermächtigt ihn beispielsweise die Auswirkung von Terminverzügen bei städtebaulichen Genehmigungsverfahren auf die Projektrendite sicher zu erfassen. Als ehemaliger Projektleiter wird er als Projektcontroller am ehesten die Akzeptanz der Projektentwickler erlangen. Seine Schnittstellenkompetenz besteht darin, dass er auch die **Anforderungen des betrieblichen Rechnungswesens und des Unternehmenscontrollings versteht und diese bedienen kann.**

Zu den **Kernaufgaben des Projektcontrollers** gehört neben dem Aufbau und der Pflege des Projektcontrollingsystems auch die Unterstützung der Planung. Mit der beschriebenen Aggregation zum Management Informationssystem wird eine Planung von Projekten über mehrere Jahre erst möglich.

Zur Steuerung der aktuellen Projekte können Massnahmen innerhalb des Projektberichts aufgenommen und im MIS zuhanden aller Beteiligten schriftlich festgehalten werden. Der Projektcontroller hat an dieser Stelle mit Hartnäckigkeit für die Umsetzung zu sorgen. Werden bei einzelnen Projekten wesentliche Abweichungen festgestellt, oder ändert sich der Projektrahmen in erheblichem Umfang, so sind zwei weitere Projektcontrollinginstrumente in Betracht zu ziehen: Das **Projekt-Review** und das **Projekt-Audit**. Während im Projekt-Rreview das Projekt und seine zweckmässige Konzeption auf dem Prüfstand steht, prüft man im Projekt-Audit die professionelle Ausführung eines Projektes. Hier können jeweils bestimmte Tatbestände als Auslöser für die genauere Überprüfung von Projekten als Hilfestellung dienen (siehe Kriterienliste im Anhang). Diese einschneidenden Maßnahmen werden durch die Geschäftsleitung angeordnet und vom Projektcontroller vorbereitet. Der Projektbericht dient dabei den Beteiligten als Strukturierungshilfe des Meetings.

So wünschenswert die richtige Besetzung dieser wichtige Schnittstelle zwischen Controlling und Projektentwicklung ist, so sehr mangelt es in Deutschland an intern rekrutierbaren Projektleitern für diese Aufgabe. Es besteht ein wesentlicher Nachholbedarf in der Aus- und Weiterqualifizierung in den Unternehmen und in den Ausbildungseinrichtungen der Immobilienwirtschaft.

10. Resümee: Jedes Projekt ist einzigartig – aber immer Teil einer Strategie ...

An großen Investitionsentscheidungen lassen sich häufig Strategien ablesen. Bei der Einführungen von Projektcontrolling wird meist deutlich, dass sich hinter den vielen projektgebundenen Budgetfreigaben der Vergangenheit eine hohe Gesamtsumme an investiertem Kapital verbergen kann, die die Zukunft des Unternehmens bestimmt. **Risiken, die als Folge von Fehlern der Vergangenheit zu sehen sind,** treten zutage. Nolens volens haben viele Immobilienunternehmen die strategischen Weichen durch schnell getroffene Projektentscheide gestellt, ohne das Ganze zu sehen. Das Management dieser Firmen bearbeitet vielerorts in reaktiver Weise die Konsequenzen, statt antizipativ zu handeln und Strategieentwicklung zu betreiben.

Entscheidend ist, dass **der steigenden Anzahl der Projekte an einem bestimmten Punkt mit einer neuen Führungsqualität – und mit Führungsinstrumenten – begegnet werden muss.** Die notwendige Transparenz und Führungsinformation für ein zielgerichtetes Handeln liegt dem Unternehmen zu diesem Zeitpunkt aber oft nicht vor. Die plötzliche Klarheit über die unausweichlichen Risiken verstellt dann leider den Blick auf **diejenigen Risiken, die es sich einzugehen lohnt, und auf diejenigen, die man sich leisten kann und muss, weil sie Chancen und zukünftige Erfolgspotenziale bedeuten.** Strategieentwicklung, sollte auf solchen Überlegungen beruhen.

Die Immobilienbranche muss nach der Wertberichtigungswelle und den Rückzugsstrategien der Investoren aus der Projektentwicklungsgeschäft heute mit der Schere aus „Anlagedruck" und geringer Nachfrage der Immobiliennutzer umgehen. In Konzernen sind die einstigen Gewinnbringer, die Immobilien-Geschäftsfelder mit Projektentwicklung, jetzt in Gefahr dem stetigeren Geschäft des Bestandsmanagements oder dem angestammten Kerngeschäft zu weichen.

Jedem Immobilienentwickler ist klar, dass Unternehmensteile im „Mengengeschäft" eine andere Wachstumsdynamik an den Tag legen als das volatiles, projektgetriebenes Dienstleistungsgeschäft, das im Risiko betrieben wird. Diese Erkenntnis entbindet aber nicht von der **originären Führungsaufgabe über das Einzelprojekt hinaus zu planen,** Ist- und Sollwerte miteinander zu vergleichen und Entscheidungen über die Zukunft des Unternehmens zu treffen. Nur so können Fehlentwicklungen frühzeitig erkannt und antizipiert werden. Wichtiger Teil eines ganzheitlich verstandenen Controllings ist damit eine seriöse **Strategiearbeit und die Wahrnehmung der Führungsaufgaben des Managements.**

In welcher Institution die Konsolidierung der Daten zum Management Informationssystem (MIS) für die strategische Auswertung letztlich stattfindet, ist zu vereinbaren. Tatsache ist, dass diese Zuweisung von Aufgaben oft im institutionellen Dreieck zwischen Finanzinvestor, Projektsteuerer und Projektentwickler untergeht. Ist der Projektentwickler selbst im finanziellen Risiko, besteht eine höhere Wahrscheinlichkeit eine solche durchgängige Systematik einer Verdichtung von Kennzahlen von Objekt-, bzw. Projektbericht zum Portfolio aufbauen zu können. Die Entwicklungen in der Immobilienwirtschaft haben aber gezeigt, dass auch das Interesse der Finanzinvestoren dahin gehen sollte, durch vertragliche Beziehungen eine solche Durchgängigkeit des Controlling herzustellen. Die zeitlichen Anforderungen an ein Wertmanagement sind deutlich gestiegen und die höhere Dynamik im Lebenszyklus der Immobilie bedarf endlich der Einführung und der sicheren Handhabung von Managementinstrumenten.

Anhang

Kriterien-Pool für Projekt-Reviews/-Audits

1. Wesentliche Kostenabweichungen zur Developmentrechnung (z.B. durch erhöhte Planungs- und Baukosten oder durch unerwartet hohe Gutachter bzw.
   Beraterkosten)

2. Erlösabweichungen zur Developmentrechnung (z.B. durch eine schleppende
   Vermietung bzw. einen geringeren Mietzins

3. Wesentliche Zeitabweichungen vom genehmigten Projektzeitplan (z.B. im Rahmen der Vermarktung oder beim Bauablauf). Durch Zeitabweichungen können
   auch Vertragsrisiken entstehen, so z.B. wenn Übergabetermine an Mieter bzw.
   Investor gefährdet sind (Vertragsstrafen)

4. Änderungen in der Gesellschafterstruktur der Projektgesellschaft

5. Probleme mit Mitgesellschaftern bzgl. der Qualität der Bearbeitung der Aufgabenbereich (bzw. mangelhafte Kommunikation oder fehlender Informationsaustausch zwischen den Gesellschaftern und deren Projektverantwortliche)

6. Wesentliche Änderungen im Rahmen der bereits existierenden Projektplanung
   bzw. des Projektkonzeptes, welche u.a. zu einer Überarbeitung der vorliegenden Baugenehmigung führen kann (z.B. mit dem Ziel, ein marktgerechteres
   Produkt zu entwickeln)

7. Probleme im Rahmen der Schaffung von Baurecht

8. Abweichungen vom genehmigten Finanzierungskonzept (z.B. durch Unterdeckung)

9. Ausstieg oder Wechsel von externen Projektbeteiligten (z.B. Architekt, GU,
   oder Makler)

10. Wechsel der Projektleitung

11. Nicht befriedigende qualitative Leistung der Projektleitung

12. Mangelhafte Projektdokumentation bzw. mangelhafte Gesellschafterinforma-
    tion

13. Veränderte Marktinformation, die zur Abweichung von der Developmentrech-
    nung Gremienbeschluss führt (z.B. durch veränderte Mietpreise oder allgemein
    gestiegene Baukosten)

14. Probleme bei der Bauabwicklung (z.B. unerwartete Altlasten, Nachträgen des
    Generalunternehmers)

15. Leerstand; Mietpreise, Häufigkeit der Mieterausbauten, Refurbishments, Miet-
    vertragsdauer. (Bestand)

16. Es liegt keine Lebenszyklusplanung mit Instandhaltungsmaßnahmen vor. (Be-
    stand)

Stichwortverzeichnis

Stichwortverzeichnis

Stichwortverzeichnis

Stichwortverzeichnis